Wolf Linder   **Schweizerische Demokratie**

Wolf Linder

Schweizerische Demokratie

Institutionen – Prozesse – Perspektiven

Verlag Paul Haupt
Bern · Stuttgart · Wien

Wolf Linder, Professor, lehrt Politikwissenschaft an der Universität Bern und ist Direktor am Institut für Politikwissenschaft. Zu seinen wichtigsten Publikationen gehören «Entscheidungsprozesse und Gesetzesvollzug in der Schweiz» (1988) sowie «Swiss Democracy-Possible Solutions to Conflict in Multicultural Societies» (1994).

Die Deutsche Bibliothek – CIP Einheitsaufnahme

Linder, Wolf:
Schweizerische Demokratie : Institutionen - Prozesse - Perspektiven / Wolf Linder. - Bern; Stuttgart ; Wien : Haupt, 1999
ISBN 3-258-05803-2

Alle Rechte vorbehalten
Copyright © 1999 by Paul Haupt Berne
Jede Art der Vervielfältigung ohne Genehmigung des Verlages ist unzulässig
Umschlaggestaltung: Atelier Nicholas Mühlberg, Basel
Printed in Switzerland

Vorwort

Dieses Buch beschreibt und analysiert das schweizerische Politiksystem vornehmlich unter jenen Fragestellungen, zu denen die Politikwissenschaft einen besonderen Beitrag zu leisten vermag: Wie ist die schweizerische Konkordanz entstanden und was sind ihre besonderen Leistungen? Wie wirken Regierung und Parlament zusammen? Was ist der Beitrag von Parteien und Verbänden im Prozess politischer Willens- und Machtbildung? Was ist die Funktion der Volksinitiative und des Referendums, und welche Regelmässigkeiten im Verhalten der Stimmbürgerschaft entdeckt die empirische Forschung? Wie beeinflusst der Föderalismus die Problemlösungen der Politik, und warum vermeidet schweizerische Politik, dass Verlierer ganz leer ausgehen? Für eine Darstellung solcher Fragestellungen hätte ich auch den politologisch gängigeren Buchtitel «Das Politiksystem der Schweiz» oder «Das schweizerische Regierungssystem» wählen können. Die Benennung «Schweizerische Demokratie» ist indessen nicht zufällig. Das Buch behandelt die schweizerischen Institutionen und Politikprozesse nämlich zuallererst unter der Perspektive, wie weit sie Ansprüche von Demokratie zu realisieren vermögen. Die grundlegende Leitidee von Demokratie zielt weit: sie erstrebt die chancengleiche Entfaltung aller Fähigkeiten und Fertigkeiten der Person in der Gesellschaft. Zwischen diesem utopischen Ideal von Demokratie und seiner realen Verwirklichung klafft eine erhebliche Distanz. Das gilt auch im schweizerischen System. Auch hierzulande gibt es das Gefühl politischer Ohnmacht, den Befund politischer Apathie oder Unzufriedenheit, die Erscheinung wenig kontrollierter oder intransparenter Macht. Wir finden sodann keine Hinweise dafür, dass gesellschaftliche Ungleichheit, die Abhängigkeit von den globalen Zwängen der Ökonomie in der schweizerischen Demokratie stärker abgebaut oder zurückgedrängt werden könnten als anderswo. Und schliesslich gibt es die Kritik jener Kreise, die es vorziehen würden, den Staat nach Effizienzkriterien der privaten Unternehmungswirtschaft zu führen, und die in der Demokratie oder im Föderalismus kaum mehr als Störgrössen im Management des öffentlichen Sektors sehen. Aber all dies rechtfertigt die Preisgabe demokratischer Ansprüche und Ideale nicht. Denn fruchtbarer ist die Fragestellung, aus welcher Situation Demokratisierung als junger geschichtlicher Prozess erst begonnen hat, und ob sie eine Annäherung an jene Ziele bringt, welche Demokratie in Aussicht stellt.

Gerade aus dieser Fragestellung ist eine Analyse der schweizerischen Institutionen ergiebig. Denn die schweizerische Demokratie geht über jene Wahldemokratie hinaus, die sich weltweit durchzusetzen beginnt; sie stellt ihren Bürgerinnen und Bürgern mit den Volksrechten zusätzliche Formen gleicher, unverfälschter und wirksamer Teilnahme in Aussicht. Der Föderalismus erlaubt den Ausdruck kultureller Vielfalt, und, zusammen mit der Machtteilung in der Konkordanz, den Schutz von Minderheiten und die gewaltlose Integration einer vielsprachigen Gesellschaft. Was wir im Alltag nicht selten als politische Spannungslosigkeit, gar langweilige Form helvetischer Kompromissfindung empfinden, ist als Konfliktlösung keineswegs selbstverständlich und aus demokratietheoretischer Sicht überraschungsreich und spannend. Nicht der Sonderfall für sich, aber die besondere Form und Organisation von Demokratie im Vergleich mit anderen Ländern machen den Fall der Schweiz interessant und theoretisch relevant. Schliesslich erscheint das Spannungsfeld zwischen Norm und Realität, zwischen Anspruch und Leistungsfähigkeit von Demokratie gerade am schweizerischen System aufschlussreich: die Frage, wie Bürgerinnen und Bürger mit ihren Rechten erweiterter Teilnahme real umgehen, wo aber auch die Grenzen einer Demokratie der Partizipation liegen, lässt sich am Beispiel der Schweiz weiter verfolgen und beantworten als anderswo. So versteht sich dieses Buch nicht zuletzt als eine Arbeit zur angewandten Demokratietheorie und -kritik.

1994 erschien mein Buch «Swiss Democracy – Possible Solutions to Conflict in Multicultural Societies». Auf knapp 200 Seiten stellte es die wichtigsten Institutionen des Föderalismus, der direkten Demokratie und der Machtteilung durch Konkordanz vor. Es erlebte Nachdrucke und eine Neuauflage, wurde übersetzt auf Polnisch, und wird in einer bosnisch/kroatisch/serbischen Version erscheinen. Das hohe ausländische Interesse an der Darstellung des schweizerischen Politiksystems war für mich überraschend, vielleicht aber nicht ganz zufällig. «Swiss Democracy» enthielt eine Grundthese, die ich heute so formulieren würde: Es gibt Alternativen zum verbreiteten Modell der Mehrheitsdemokratie angelsächsischer Prägung. Das alternative Modell lautet Machtteilung oder, in den Worten des holländisch-amerikanischen Politologen Lijphart, «Consensus Democracy». Konsensdemokratie erlaubt besser als Mehrheitsdemokratie, Konflikte einer multikulturellen Gesellschaft friedlich zu lösen. Das lässt sich am Beispiel der Schweiz zeigen.

Ich wurde von verschiedener Seite ermuntert, eine deutsche Version von «Swiss Democracy» vorzulegen. Bei den Vorarbeiten meines Mitarbeiters Peter Kraut zu einer Übersetzung gewann ich jedoch den Eindruck, dass einer schweizerischen, deutschen oder österreichischen Leserin viele Dinge bekannt sind, die einem amerikanischen oder englischen Publikum erklärungsbedürftig sind. Zudem hatte ich nicht wenige Thesen auf der Grundlage der lebhaften schweizerischen Politikforschung weiter entwickeln können, stand also inzwischen an einem andern Ort. So benützte ich meinen Forschungsaufenthalt im Frühling 1997 am Europainstitut in Florenz zur Konzeption und zum Textentwurf eines völlig neuen und anderen Buchs. «Schweizerische Demokratie – Institutionen-Prozesse-Perspektiven» ist als Lehrbuch für Studierende gedacht, ist darum thematisch breiter, wissenschaftlich systematischer aufgebaut als «Swiss Democracy» und darum auch umfangreicher. Es konnte von vielen neuen Ergebnissen der neuesten schweizerischen Politikforschung profitieren. Amerikanische «textbooks», welche wissenschaftliche Komplexität zu einfachen, aber stringenten und korrekten Texten verdichten und die man, bei der Lektüre neugierig geworden, mit dem Appetit nach mehr aus der Hand gibt, bleiben zwar ein Ideal. Trotzdem hoffe ich, dass dieses Buch auch Politikerinnen, Medienleute, Lehrer oder eine andere politisch interessierte Leserschaft anzusprechen vermag.

Vorwort

Ein Grundanliegen von «Swiss Democracy» findet sich auch in «Schweizerische Demokratie». Es ging mir darum, das Besondere an den schweizerischen Institutionen herauszuheben, und diese gleichzeitig in einen grösseren Zusammenhang zu stellen. Aus politikwissenschaftlicher Perspektive wird der «grössere Zusammenhang» durch zwei Instrumente fokussiert: die Theorie und den systematisch-empirischen Vergleich. Was die Theorie angeht, so kann und will ich als Politologe mit juristischer Erstausbildung meine Vorliebe für den Institutionalismus nicht verleugnen. Ein soziologisch orientierter Politologe hätte womöglich andere Akzente gesetzt. Ein Dilemma blieb mir nicht erspart: die Wahl zwischen konkret-anschaulicher Beschreibung von Politikprozessen und ihrer abstrakt-theoretischen Analyse. Erstere liegt näher an jenen lebensweltlichen Realitäten der Politik, die es zunächst überhaupt zu verstehen gilt. Letztere sucht nach Regelmässigkeiten des Verhaltens, die gerade von den konkreten Umständen der Politik abstrahieren. Ich halte beides für wichtig; Leserinnen und Leser werden darum theorielastigere und eher beschreibende Kapitel finden.

Bleibt mir all jenen zu danken, ohne deren Hilfe das Buch nicht das geworden wäre, was es nun ist. Mit den Politologinnen und Politologen am Istituto Universitario Europeo in Florenz, Adrienne Héritier, Stefano Bartolini, Peter Mair und Philippe Schmitter, Pascal Sciarini und Simon Hug durfte ich während meines Forschungsaufenthalts fruchtbare und lebhafte Diskussionen führen. Hans Hirter und Adrian Vatter, Jürg Steiner sowie Klaus Armingeon vom Institut für Politikwissenschaft gaben mir manche freundschaftliche Hinweise bei der kritischen Durchsicht des gesamten Manuskripts; für die letzten vier Kapitel bekam ich wertvolle Anregung von Günther Bächler und Walter Kälin. Vorarbeiten, Nacharbeiten und Unterstützung in vielen Einzelfragen verdanke ich einer ganzen Reihe von Mitarbeiterinnen und Mitarbeitern des Instituts: Michael Brändle, Marina Delgrande, Claudia Heierli, Andreas Ladner, Georg Lutz, Michael Meyrat, Emanuel von Erlach und Reto Wiesli. Eine besondere Freude waren mir die Anregungen jener Studierenden, die sich in meiner Lehrveranstaltung «Politische Entscheidungsprozesse» an der Universität im Sommer 1998 als Testleserinnen und «proof readers» des Manuskripts beteiligten. Ein ganz besonderer Dank gilt Monika Spinatsch: sie hat in den letzten zwölf Monaten neben all ihrer Sekretariatsarbeit die Endredaktion von drei Fassungen des gesamten Textes bewältigt.

Bern, im Juli 1998 *Wolf Linder*

Inhaltsverzeichnis

Kapitel 1: Einleitung 19
A. Die Schweiz zwischen Erfolgsgeschichte und Identitätskrise 19
B. Zur Rolle der politischen Institutionen für die schweizerische Gesellschaft 20
   1. Die Funktionen von Wirtschaft, Staat und Gesellschaft 20
   2. Die Schweiz als «paradigmatischer Fall politischer Integration» 22
   3. Die eigenständige Form politischer Demokratie 24
   4. Die schweizerischen politischen Institutionen im Kontext
      der Globalisierung 25
C. Zum Aufbau des Buches 26

Kapitel 2: Durch politische Integration zur multikulturellen Gesellschaft 27
A. Die Schaffung des Bundesstaates von 1848 27
B. Aus Nachteilen werden Vorteile, oder:
   Bedingungen, die den Nationalstaat ermöglichten 30
   1. Ein grösserer Markt für die industrielle Wirtschaft 31
   2. Wachsender politischer Druck von aussen 32
   3. Die Kultur gegenseitiger Hilfe und Zusammenarbeit
      in der Kleingesellschaft 32
   4. Die kantonale Demokratisierung 33
   5. Die Verbindung von Demokratie- und Föderalismusprinzip 35
C. Die Integration von konfessionellen und sprachlichen Minderheiten:
   Von der Koexistenz zum Pluralismus 36
   1. Der politische Katholizismus 37
   2. Mehrsprachigkeit: Verständnisse und Missverständnisse 40
   3. Der Jura – die Ausnahme der Integration einer kulturellen Minderheit 45
D. Kapital und Arbeit:
   Vom Klassenkampf zu Sozialpartnerschaft und Konkordanz 47
   1. Arbeiterklasse ohne Heimat 48
   2. Sozialpartnerschaft und Konkordanz 51
E. Grenzen der politischen Integration und des schweizerischen Pluralismus 53

Kapitel 3: Das Volk 59
A. Wer ist das Volk? 59
   1. Ausländerstimmrecht 60
   2. Frauenstimmrecht 60

B. Die Wählerschaft 63
   1. Politische Kultur:
      Einige Einstellungen und Werthaltungen im internationalen Vergleich 63
   2. Politische Teilnahme 65
   3. Das Profil der schweizerischen Wählerschaft 68
   4. Motive des Wahlentscheids 70
   5. Die Schweizerische Wählerschaft zwischen Stabilität und Wandel 72
C. Die aktive Zivilgesellschaft 73
   1. Das Milizsystem 73
   2. Medien und politische Öffentlichkeit 76
   3. Aktive politische Öffentlichkeit 77

Kapitel 4: Parteien und Parteiensystem 79

A. Funktion und Entstehung 79
B. Das nationale Parteiensystem 81
   1. Das Vielparteiensystem und seine politische Fragmentierung 81
   2. Gesellschaftliche Spaltungen als Determinanten des Parteiensystems 84
   3. Die Neutralisierung des kulturell-konfessionellen Konflikts 87
C. Die föderalistische Fragmentierung 88
   1. Das schweizerische Parteiensystem – eine prekäre Einheit? 88
   2. Föderalistische Organisation, innerparteiliche Willensbildung
      und Finanzierung 89
   3. Unterschiedliche Verbreitung und Mehrheitsverhältnisse in den Kantonen .. 90
D. Der Einfluss des Wahlsystems 92
   1. Die Grundidee von Majorz- und Proporzwahl 92
   2. Die Auswirkungen der Proporzregel 93
   3. Die Auswirkungen der Majorzregel 95
   4. Ergebnis und Diskussion 98
E. Die Parteien in der Gesellschaft 100
   1. Verbreitung in den Gemeinden 100
   2. Parteien und Volk 101
F. Zukunft des Parteiensystems 103

Kapitel 5: Verbände 109

A. Entstehung und Funktion 109
B. Die Organisation der Wirtschaftsverbände 110
C. Sozialpartnerschaft 112

Inhaltsverzeichnis 11

D. Die Zusammenarbeit zwischen Wirtschaft und Staat 114
   1. Der Einfluss auf die Gesetzgebung 114
   2. Politikvollzug durch parastaatliche Organisationen 116
E. Wie bilden Verbände politische Macht? 118
F. Verbände und das Demokratiemodell des Gruppenpluralismus 120

Kapitel 6: Soziale Bewegungen 125
A. Zur Entwicklung: Politik für das Volk – Politik durch das Volk 125
B. Neue soziale Bewegungen in der Schweiz 127
C. Soziale Bewegungen zwischen Integration und Repression 129
D. Zur Bedeutung der (neuen) sozialen Bewegungen 131
   1. Soziale Bewegungen und direkte Demokratie 131
   2. Normalisierung und Institutionalisierung 132
E. Demokratietheoretische Perspektiven 133

Kapitel 7: Föderalismus 135
A. Institutionelle Grundlagen 135
   1. Die schweizerischen Ideen des Föderalismus 135
      a. Begriff und politische Wertung 135
      b. Nicht-Zentralisierung 136
      c. Subsidiarität 136
      d. Solidarität, nicht Konkurrenz 137
      e. Kooperativer Föderalismus 138
   2. Föderalistischer Staatsaufbau und Aufgabenverteilung 138
   3. Das Verhältnis zwischen Bund und Kantonen 140
   4. Die vertikalen und horizontalen Institutionen des Föderalismus:
      eine Übersicht 142
B. Die Aufgaben- und Ausgabenentwicklung 144
   1. Die Entwicklung der Bundesaufgaben 144
   2. Ressourcen, Ausgaben und Gesetzgebung im föderalistischen Vergleich 147
   3. Der internationale Vergleich: Bescheidener Staat, geringe Zentralisierung .. 149
      a. Die Staatstätigkeit im internationalen Vergleich 149
      b. Der Anteil des Zentralstaats im internationalen Vergleich 150
   4. Warum in der Schweiz kein grosser Zentralstaat entstehen konnte 150
C. Die Vielfalt politischer Institutionen der Kantone 153
D. Die Bedeutung der Gemeinde und der Gemeindeautonomie 156
   1. Die Gemeindeautonomie 156
   2. Grundzüge des lokalen Regierungssystems 158

E. Empirische Politikanalyse des Föderalismus 159
   1. Kooperativer Föderalismus: Der Vollzug von Bundesaufgaben
      auf kantonaler und kommunaler Ebene (Politikverflechtung) 159
   2. Zwischen politischer Blockierung und Innovation: Die Kernenergie-
      Frage und die experimentellen Energiesparprogramme der Kantone 162
   3. Föderalismus als Politik des regionalen Ausgleichs 165
   4. Umgang mit dem Separatismus:
      Die schwierige Geburt eines neuen Kantons 171
   5. Die Kehrseite kantonaler Autonomie, oder:
      wie das Bundesgericht die Schwäche der politischen Bundesbehörden
      gegenüber den Kantonen kompensiert 174
   6. Der Engpass des schweizerischen Vollzugsföderalismus:
      Politischer Konsens 177
   7. Föderalismus versus Demokratie:
      Wieso eine Urnerin 31 Zürcherinnen überstimmt 179
   8. Ungenutzte Chancen des Föderalismus:
      Das Beispiel der Agglomerationen 185
F. Problematik des Föderalismus: Theorie und Praxis 187

Kapitel 8: Das Parlament 191
A. Die Stellung des Parlaments im politischen System 191
   1. Das Parlament als «oberste Gewalt des Bundes?» 191
   2. Die Eidgenössischen Räte zwischen präsidialem
      und parlamentarischem System 193
   3. Die Eidgenössischen Räte: Rede- oder Arbeitsparlament? 194
   4. Das Zweikammersystem 195
   5. Milizidee oder Semi-Professionalismus 197
B. Die Organisation des Parlaments 199
   1. Allgemeines 199
   2. Die Kommissionen als Organe des Arbeitsparlaments 200
C. Die Funktionen des Parlaments 201
   1. Die Bundesversammlung als Wahlbehörde 201
   2. Die Gesetzgebung 202
   3. Budget, Rechnung, Kontrolle und Oberaufsicht 204
   4. Das Parlament als Forum der Nation 205
D. Der politische Entscheidungsprozess: 209
   1. Die Rolle der Fraktionen 209
   2. Interessengruppen und Interessenbindungen 210

3. Erfolg von Parteifraktionen und -koalitionen 212
4. Parlamentarier zwischen Eigennutz und Altruismus 215
5. Der Entscheidungsbeitrag des Parlaments im politischen Gesamtprozess 217

Kapitel 9: Die Regierung 219

A. Die Stellung des Bundesrats im schweizerischen System 219
B. Wahl und parteipolitische Zusammensetzung 220
C. Der Bundesrat als Kollegialbehörde 223
D. Der politische Entscheidungsprozess im Kollegialsystem 224
E. Die Funktionen der Regierung und der politischen Verwaltung 227
   1. Das Überhandnehmen des Departementalprinzips
      in der Politikformulierung 228
   2. Die Entwicklung der politischen Verwaltung 229
   3. Die Expertenkommissionen 231
F. Regierungsreform 232

Kapitel 10: Direkte Demokratie 235

A. Entwicklung und Grundkonzept der halbdirekten Demokratie 235
   1. Zur Geschichte der Volksrechte 235
   2. Das Grundkonzept der halbdirekten Demokratie 236
   3. Das Volk als institutionelle Opposition 239
   4. Direkte Demokratie als Konkordanzzwang 240
   5. Modifikationen und Erweiterungen des Grundkonzepts
      bei den Kantonen und Gemeinden 240
   6. Ausgestaltung und Begrenzungen des Konzepts
      halbdirekter Demokratie beim Bund 241
B. Die Spielregeln direkter Demokratie beim Bund 242
   1. Übersicht 242
   2. Das obligatorische (Verfassungs-)referendum 243
   3. Das fakultative (Gesetzes-)referendum 245
   4. Das resolutive (aufhebende) Referendum 247
   5. Die Volksinitiative 248
C. Funktionen und Entscheidwirkungen des Referendums 251
   1. Zur Wahrscheinlichkeit des fakultativen Referendums 251
   2. Die innovationshemmenden Entscheidungswirkungen des Referendums 255
   3. Die Integrationswirkungen der Referendumsdemokratie 258
   4. Der Einfluss des Verfassungsreferendums auf die Staatsentwicklung 258

D. Funktionen und Entscheidwirkungen der Volksinitiative 259
   1. Die Volksinitiative als Instrument politischer Innovation 259
   2. Unterschiedliche Funktionen der Initiative 260
   3. Zwischen Erfolg und Innovation:
      Zur Entscheidungslogik der Volksinitiative 261
      a. Geringerer Innovationsgrad als Preis des direkten
         oder des Verhandlungserfolgs 262
      b. Hoher Innovationsgrad bei der Mobilisierung
         neuer Tendenzen und Themen 263
      c. Unterschiedlicher Innovationsgrad der Volksinitiative
         als Wahlhelfer 264
   4. Längerfristige Systemwirkungen der politischen Innovation
      und Integration 264
E. Der Gebrauch des Referendums und der Volksinitiative in den Kantonen 265
F. Die Volksabstimmung 268
   1. Von der Lancierung eines Volksbegehrens bis zur Vorlage vor das Volk 268
   2. Die Meinungsbildung im Abstimmungskampf 269
      a. Die Stimmbürgerschaft 269
      b. Der Bundesrat 270
      c. Die politischen Parteien und ihre Politiker 270
      d. Verbände und weitere gesellschaftliche Organisationen 271
      e. Die Medien 271
      f. Propaganda und politisches Marketing 272
   3. Wählerinnen und Wähler zwischen Wissen, Vertrauen und Propaganda 272
   4. Determinanten des Abstimmungserfolgs 275
      a. Propaganda 275
      b. Abstimmungsparolen der Parteien und Verbände 276
      c. Partei- und Verbands-Koalitionen 276
   5. Der Entscheid und seine Folgen 277
G. Partizipation und Abstimmungsverhalten der Bürgerschaft 278
   1. Die entscheidende Mehrheit 279
   2. Regelmässige, gelegentliche Urnengänger und Abstinente 280
   3. Wer sind die Urnengängerinnen und die Abstinenten? –
      Ein Profil des Stimmvolks 282
   4. Das Problem der Partizipation aus demokratietheoretischer Sicht 283
H. Das Abstimmungsverhalten 286
   1. Ein Beispiel aus der praxisorientierten Abstimmungsforschung:
      das Referendum gegen das Asylgesetz 1987 286
      a. Der Anlass des Referendums 286
      b. Die parteipolitisch geprägten Konfliktlinien im Urnengang 287

Inhaltsverzeichnis 15

    c. Motive der Stimmenden und Verhaltensgruppen
       in der Stimmbürgerschaft 287
  2. Die Bedeutung von Theorien für die Interpretation
     des Abstimmungsverhaltens 288
I. Die Reform der Volksrechte 291

Kapitel 11: Das Entscheidungssystem der Konkordanz 295

A. Konkordanz als System der Machtteilung und
   korporatistischer Interessenvermittlung 295
  1. Das schweizerische Konkordanzsystem als Kind einer Wirtschaftskrise 295
  2. Die schweizerische Konkordanz
     als Modellfall der «Consensus Democracy» 297
  3. Konkordanz und Verbandsstaat als Form des «Neo-Korporatismus» 298
  4. Das vorparlamentarische Verfahren 299
B. Das Gesamtsystem von Volk, Parlament, Regierung,
   Verbänden und Verwaltung 301
C. Die These komplementärer Funktion von Verbandssystem und Parlament, oder:
   wie die Konkordanz bei unterschiedlicher Wetterlage funktioniert 303
D. Konkordanz und Machtteilung – demokratietheoretisch betrachtet 307
  1. Zur Theorie der Verhandlungsdemokratie 307
  2. Das schweizerische System im Vergleich
     zur parlamentarischen Mehrheitsdemokratie 311
  3. Der Trade-off zwischen Wahl- und Abstimmungsdemokratie:
     Wer hat mehr politischen Einfluss: die Britin oder die Schweizerin? 313
E. Kritik an der Konkordanz 316
  1. Die politische Umstrittenheit der Konkordanz 316
  2. Input-Kritik: Ungleiche Beteiligung und die privilegierte Stellung
     der kurzfristigen Partialinteressen 317
  3. Die Output-Kritik: geringe Innovation und die Privilegierung
     der saturierten Interessen 319
F. Alternativen zur Konkordanz 321
  1. Die «grosse» Alternative: Konkurrenz statt Konkordanz 321
  2. Die «kleine» Alternative: Revitalisierung der Konkordanz 323

Kapitel 12: Perspektiven direkter Demokratie 325

A. Zur globalen Verbreitung direkter Demokratie 325
  1. Die Verbindlichkeit 327
  2. Die Auslösung der Volksabstimmung 327
  3. Nationale und sub-nationale Volksabstimmungen 328

B. Praxis und Wirkungen direkter Demokratie: Ähnlichkeiten und Unterschiede zwischen der Schweiz und den US-Einzelstaaten 328
   1. Gemeinsamkeiten 329
   2. Unterschiede 332
C. Die demokratietheoretische Perspektive:
direkte Demokratie zwischen Realität und Utopie 334
   1. Die Kontroverse: Parlamentarismus gegen direkte Demokratie 334
   2. Halbdirekte Demokratie: Das Modell «sensibler Demokratie» 335
   3. Möglichkeiten und Grenzen direkter Demokratie aus theoretischer Sicht 337
D. Fazit 343

Kapitel 13: Föderalismus im internationalen Vergleich 345

A. Kernelemente des institutionellen Föderalismus 345
B. Föderalismus: Eine Struktur, ein Prozess und eine politische Kultur 346
C. Moderne Bedeutungen des Föderalismus 349
   1. Föderalismus im Zeitalter der Globalisierung 349
   2. Der Schutz kultureller Differenz und Vielfalt 352
D. Nicht-territorialer Föderalismus 354
E. Zur Frage der Sezession 356

Kapitel 14: Zur Bedeutung des Modells der Konsensdemokratie 359

A. Die schweizerische Konsensdemokratie im internationalen Vergleich 359
B. Machtteilung als friedliche Lösung des ethnopolitischen Konflikts 362
C. Folgerungen 368

Kapitel 15: Zur Zukunftsfähigkeit der schweizerischen Institutionen 371

A. Ausgangsfragen 371
B. Globalisierung und ihre Auswirkungen 373
   1. Zum Begriff der Globalisierung 373
   2. Globalisierung als politischer Prozess 374
   3. Auswirkungen der Globalisierung auf die Schweiz 378
C. Anpassungen der schweizerischen Entscheidungsstrukturen
für einen EU-Beitritt? 382
   1. Zu den künftigen Handlungsmöglichkeiten direkter Demokratie 383
   2. Europäischer und schweizerischer Föderalismus:
Gemeinsamkeiten und Unterschiede 385
D. Fazit 388

Inhaltsverzeichnis 17

Literatur- und Quellenverzeichnis 391
Abkürzungsverzeichnis 415
Register statistischer Daten 417
Sachregister 419

Kapitel 1: Einleitung

A. Die Schweiz zwischen Erfolgsgeschichte und Identitätkrise

Die Schweiz ist ein privilegiertes Land. Während in der ersten Hälfte des zwanzigsten Jahrhunderts fast ganz Europa in die Katastrophen des Ersten und Zweiten Weltkrieges gezogen wurde, überlebte die Schweiz als Demokratie, als direkter Nachbar der kriegführenden Mächte und als unabhängiger Kleinstaat. Arm im 19. Jahrhundert und ohne eigene Rohstoffe, weist die Schweiz heute den nahezu höchsten Lebensstandard unter den industrialisierten Ländern aus. Dazu hat vor allem ein starkes Wirtschaftswachstum nach dem Zweiten Weltkrieg beigetragen. Neben dem Tourismus, der starken Baubranche und den Mittel- und Kleinbetrieben des Binnenmarktes bauten die schweizerischen Chemie- und Metallindustrie-, Uhren-, Banken- und Versicherungsunternehmen ihre Geschäftstätigkeit weltweit aus. Die Schweiz ist heute eigentlich nur bevölkerungs- und flächenmässig ein Kleinstaat: wirtschaftlich gilt sie als mittlere Macht. Sie ist zweiter Kunde der Europäischen Union (EU) und ihr drittgrösster Lieferant (nach den USA und Japan). Weltweit (die EU als Einheit gerechnet) rangiert sie auf Platz 9 des Warenexportes und auf Platz 5 im Bereich des Dienstleistungsexports (Cottier 1996:232).

Zur wirtschaftlichen Stärke gesellt sich ein leistungsfähiger Staat. Die Schweizerinnen und Schweizer bezahlen weniger Steuern als die meisten Europäer, vor allem aber wenig im Vergleich zu den Leistungen, die sie vom Staat in Anspruch nehmen. Das Bildungswesen weist in einigen Bereichen wie der Berufsbildung hohes Niveau aus; in einzelnen Forschungsbereichen geniesst die ETH Weltruf. Das System des öffentlichen Verkehrs ist zuverlässig und dicht. Es erschliesst nicht nur die grossen Städte, sondern reicht bis in kleine Bergdörfer. Das Preis-Leistungsverhältnis im Gesundheitswesen und bei den Sozialversicherungen ist vergleichsweise gut. Die politische Stabilität gilt als aussergewöhnlich. Seit mehr als dreissig Jahren setzt sich der Bundesrat aus den vier gleichen Regierungsparteien zusammen, die drei Viertel der Wählerschaft hinter sich wissen. Obwohl Volk und Stände im Jahresdurchschnitt etwa sechsmal über Verfassungsänderungen abstimmen, ist die Schweiz nicht das Land politischer Revolutionen. Schon eher beklagt man sich über das geringe Interesse der Stimmberechtigten, von denen sich weniger als die Hälfte zur Urne bewegt.

Neben dieser Erfolgsgeschichte ist eine andere zu hören, diejenige der Schweiz im Umbruch. Die Jahrzehnte jenes Wirtschaftswachstums, in denen unser Land leichter zu Wohlstand kam als andere, sind vorbei. Wie die anderen europäischen Länder unterliegt die Schweiz dem Prozess der Öffnung zum Weltmarkt. Im globalen Wettbewerb und in der internationalen Arbeitsteilung werden die Karten neu verteilt. Die Standortvorteile der Vergangenheit haben nach 1989 an Bedeutung eingebüsst. Mit dem Ende der bipolaren Ost-West-Welt ist auch die Sonderstellung der Schweiz zu Ende gegangen. Aus der Verbindung neutralitätspolitischer Abstinenz bei gleichzeitiger handelspolitischer Verflechtung lassen sich keine besonderen Vorteile mehr ziehen – im Gegenteil, das Risiko politischer Isolation steigt. Die Ablehnung des EWR-Vertrags 1992 durch Volk und Stände hat die Schweiz um die Chance gebracht, ihren Platz im europäischen Integrationsprozess noch vor der Ost-Erweiterung der EU zu finden. Das erhöht auch die Risiken politischer Verletzbarkeit des Landes, wie etwa die Kritik aus den USA an der Rolle der Regierung und am Geschäftsgebaren der schweizerischen Banken im Zusammenhang mit jüdischen Vermögen während und nach dem Zweiten Weltkrieg zeigt. Die Schweiz hat an ideellem Kredit im Ausland eingebüsst. Historiker schreiben Abschnitte der schweizerischen Geschichte neu. Die Schweiz hat nicht nur ihren Platz in einer veränderten weltwirtschaftlichen Arbeitsteilung zu finden, sondern ihre Identität neu zu bestimmen. Zwei bekannte Bonmots drücken die Situation zwischen Erfolgsgeschichte und Identitätskrise aus: «je pense donc je suisse»,»la Suisse n'existe pas».

B. Zur Rolle der politischen Institutionen für die schweizerische Gesellschaft

1. Die Funktionen von Wirtschaft, Staat und Gesellschaft

Die Schweiz teilt mit den liberal-demokratischen, entwickelten Industrieländern eine Reihe von Strukturmerkmalen. Dazu gehört die Ausdifferenzierung der Gesellschaft in die Bereiche eines wirtschaftlichen, sozialen und staatlichen Systems. Diese sind miteinander zwar verflochten, erfüllen aber unterschiedliche Funktionen. Auch ihre Selbststeuerung folgt unterschiedlichen Medien des geldförmigen Tauschs, der sozialen Normen und des rechtlichen Zwangs. Wirtschaftliches, soziales und staatliches System der demokratischen Industriegesellschaft lassen sich auf abstrakter Ebene wie folgt unterscheiden:

Grafik 1.1: Funktionen von Wirtschaft, Staat und Sozialbereich aus systemtheoretischer Perspektive

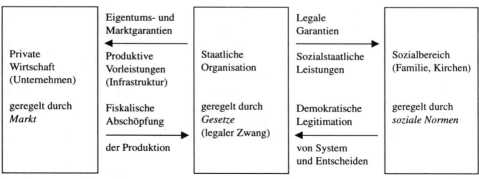

in Anlehnung an: Claus Offe (1972)

1 Einleitung

- *Wirtschaftssystem*: Mit der Industrialisierung werden Formen der Subsistenzwirtschaft durch die kapitalistische Erwerbswirtschaft abgelöst. Produktion und Verteilung der meisten Wirtschaftsgüter erfolgen in Betrieben und Unternehmungen über den Markt. Wahlfreiheit, Gewinnstreben sowie eigennütziges Verhalten von Produzentinnen und Konsumenten prägen den geldförmigen Austausch der Leistungen. Der Wettbewerb stimuliert Innovation, Differenzierung und Wachstum. Die industrielle Wettbewerbswirtschaft wird zum eigentlichen Motor der gesellschaftlichen Entwicklung: sie bringt neben dem materiellen Wohlstand auch neue Schichten, Klassen und Lebensmilieus hervor, sowie die Emanzipation des Individuums aus traditionalen Bindungen. Aus dem Interessengegensatz von Kapital und Lohnarbeit ergeben sich indessen Konflikte um wirtschaftlich-soziale Ungleichheiten; die Nichtbewertung von freien Gütern auf dem Markt produziert Folgeprobleme wie etwa die ökologische Verschwendung.

- *Sozialsystem*: Mit der Industrialisierung werden traditionelle Aufgaben aus der Familie ausgelagert. Der laizistische Staat enthebt die Sozialorganisationen der Kirche gesellschaftlicher Aufgaben des Bildungswesens oder der Regelung der Eherechtsverhältnisse. Der Familie und weiteren sozialen Vereinigungen verbleiben Reproduktions- und Sozialisationsfunktionen, die sich für die Logik der Erwerbs- und Geldwirtschaft nicht eignen. Die Erbringung von Leistungen des Sozialsystems folgt Rollenerwartungen (z.B. der Geschlechter- und Lebenslaufrollen in der Familie), gesellschaftlichen Konventionen und zunehmend individualisierter Moral.

- *Staatliches System:* Mit der Entwicklung des modernen Flächenstaats garantiert die politische Gewalt Unabhängigkeit gegen aussen und gesellschaftliche Sicherheit gegen innen. Das staatliche Gewaltmonopol sichert Eigentum und Freiheit der Bürger, die Organisation des Marktes und die Zivilisierung öffentlicher Konflikte. Die Kontrolle des Gewaltmonopols erfolgt durch den Rechts- und Verfassungsstaat. Die Aufgaben des Staates im Wirtschafts- und Sozialsystem sind beschränkt auf die Bereitstellung öffentlicher Güter[1]. Dazu gehören Vorleistungen für die private Produktion (Infrastruktur), die Kompensation von wirtschaftlichen Ungleichheiten durch sekundäre Verteilung an die Haushalte und die Bereitstellung sozialstaatlicher Leistungen, sowie die Reparatur von Folgeschäden industrieller Produktion und des Konsums (z.B. Umweltschutz). Die Finanzierung staatlicher Leistungen erfolgt durch die fiskalische Abschöpfung der privaten Wirtschaftstätigkeit, die Regelung der Staatstätigkeiten über das Gesetz. Als einzige dauerhafte, friedliche und stabile Legitimationsform des Staates in der entwik-

---

1 Es sind solche, für die der Markt ungeeignet ist. Ökonomen unterscheiden dabei
   a) *Kollektivgüter:* ihre Herstellung verursacht Kosten; sie können aber wegen der Nichtausschliessbarkeit vom Konsum oder der Nicht-Rivalität im Konsum nicht verkauft werden (z.B. Polizei, Gewässerschutz).
   b) *Meritorische Güter:* sie können an sich von Privaten hergestellt, jedoch nicht zur Menge, zum Preis oder zur Qualität, wie sie von der Gesellschaft gewünscht werden (z.B. Bildung, Gesundheit, Kultur).

kelten Industriegesellschaft hat sich die Demokratie durchgesetzt, die ihren Bürgern unverzichtbare Partizipationsrechte gewährt und die Ausübung der Regierungsmacht nach den Präferenzen der Mehrheit erlaubt.

Diese Funktions- und Arbeitsteilung von Wirtschaft, Staat und Sozialsystem (das wir auch als Gesellschaft im engeren Sinn bezeichnen können) folgt in der Schweiz einigen Besonderheiten. Das schweizerische Politiksystem gehört im europäischen Vergleich zu jenen liberal geprägten Staaten, die sich durch geringere Bürokratisierung, geringere Staatsausgaben und eine relativ bescheidene Sozialstaatlichkeit auszeichnen. Gegen aussen verband die Schweiz eine aussenpolitische Abstinenz (Maxime bewaffneter Neutralität) mit wirtschaftspolitischem Engagement (Freihandel). In der Binnenwirtschaft herrschte bis in die jüngste Zeit eine hohe Kartellisierung und Selbstregulierung der Wirtschaft vor, die den Wettbewerb stark beschränkten. Die schweizerische Gesellschaft leistet sich mit ihren 26 Kantonen und 3000 Gemeinden auf bloss sieben Millionen Einwohner eine fast luxuriös zu nennende politische Struktur. Dies bedingt eine starke Verflechtung von Wirtschaft, Staat und Gesellschaft, die sich etwa in den vielen politischen Milizämtern, im hohen politischen Einfluss von Wirtschaftsverbänden und Sozialorganisationen, und in der Erbringung zahlreicher öffentlicher Leistungen durch Private äussert.

2. Die Schweiz als «paradigmatischer Fall politischer Integration»

Staatsbildungen des 19. Jahrhunderst zeigten sich, wie etwa in Deutschland und Italien, als politische Bewegung «nationaler Einigung». Dem entsprechend vereinigte der Nationalstaat ein Volk gleicher Ethnie, Kultur, oder Sprache. Dies gilt für die Schweiz gerade nicht. Der Bundesstaat von 1848 vereinigte die Völker von 25 Kantonen, die sich durch unterschiedliche Geschichte und Kultur auszeichneten und in vier Sprachgruppen zerfielen. Der schweizerische Bundesstaat ist darum der politische Akt einer multikulturellen Staatsgründung, und deren Resultat keine Kulturnation, sondern eine politische Staatsnation[2].

Das verlangte von den politischen Institutionen besondere Integrationsleistungen, und zwar über die Bewältigung jener wirtschaftlich-sozialen Konflikte hinaus, die in allen Staaten im Zuge der Industrialisierung, der Urbanisierung und Modernisierung anzutreffen sind. Die konfessionelle Spaltung nach der Reformation hatte zu vier Bürgerkriegen unter den alten Kantonen der Eidgenossenschaft geführt, und der Staatsgründung ging der Sonderbundskrieg zwischen konservativen Katholiken und fortschrittlichen Protestanten voraus. Die konfessionelle Spaltung setzte sich im »Kulturkampf« fort, und ihre Nachwehen reichen weit ins 20. Jahrhundert. Auch das Verhältnis zwischen Deutschschweiz und Romandie war nicht immer ungetrübt. Trotz der politischen Neutralität kam es in der

2 Zur näheren Unterscheidung vgl. Kapitel 2.

kritischen Zeit des Ersten Weltkriegs zu einer gefährlichen Spaltung des Landes, als die politischen Eliten sich auf die gegnerischen Seiten schlugen: die Mehrheit der Deutschschweiz sympathisierte mit Deutschland, die Romands mit der Position Frankreichs.[3]

Dass die Schweiz an solchen Konflikten nicht zerbrach, sondern trotz kultureller Heterogenität zusammenwuchs, verdankt sie ihren politischen Institutionen. Nicht zufällig bezeichnet der Gesellschaftstheoretiker Karl Deutsch (1976) die Schweiz als «paradigmatischen Fall politischer Integration». Der Aufbau einer schweizerischen Nation gelang, obwohl es, überspitzt gesagt, eine schweizerische Gesellschaft 1848 noch gar nicht gab. Nationale Identität musste über Symbole gesucht werden, von der Figur der Helvetia, des Tells und seiner Armbrust auf den Briefmarken, bis zu den Wirtshausschildern des «Weissen Kreuz» oder der «Drei Eidgenossen» und ihrer idealisierten Geschichte. Aber das eidgenössische Stimm- und Wahlrecht, das Recht auf Niederlassung in jedem Kanton waren etwas Reales, vielleicht das erste Gemeinsame zwischen Appenzellern und Genfern. Geeignete politische Institutionen waren eine Voraussetzung dafür, dass die historischen Konflikte zwischen den Konfessionen in der Folge auskühlen konnten, dass die sprachlichen und kulturellen Minderheiten ihre Identität zu erhalten vermochten. Deren Beteiligung an den politischen Institutionen und deren Stimme in der Politik des Bundes waren bedeutsam dafür, dass durch politische Integration überhaupt eine schweizerische Gesellschaft entstehen konnte. Nicht überall war diese politische Integration gleich erfolgreich. Der industrielle Klassenkonflikt zwischen Lohnarbeit und Kapital blieb bis zum Zweiten Weltkrieg ungelöst. Gewerkschaften und die politische Linke hatten bis zu diesem Zeitpunkt wenig Einfluss auf die Bundespolitik und blieben ausgesperrt aus der rein bürgerlichen Landesregierung. Auch für kulturell-sprachliche Konflikte gibt es Ausnahmen vom Muster politischer Integration. Nach dem Zweiten Weltkrieg brach ein Minderheitenkonflikt offen und heftig aus, als der französischsprachige Teil des Kantons Bern die Legitimität der bernischen Regierung in Frage stellte und in einem langen Kampf 1978 die Errichtung eines eigenen Kantons erzwang.

Trotzdem bleibt die politische Integration, als erfolgreiche Überwindung gesellschaftlicher Spaltungen und als friedliche Lösung ihrer Konflikte, eine herausragende Leistung des schweizerischen Systems. Aus politologischer Sicht spielen dabei die Charakteristiken der schweizerischen Institutionen eine besondere Rolle. Zu diesen gehören insbesondere der Föderalismus, die proportionale Machtteilung und der Politikstil der Konkordanz.

---

3 Der Graben zwischen der Deutsch- und der Westschweiz war in erster Linie ein Problem der politischen Elite und ihrer agitierenden Presse und weniger eines der Bevölkerung (Jost 1983:120).

3. Die eigenständige Form politischer Demokratie

Die Eigenständigkeit schweizerischer Demokratie zeigt sich an mehreren Punkten. Erstens setzt sich das Prinzip demokratischer Legitimation politischer Herrschaft früher durch als in den anderen europäischen Ländern, wo im 19. Jahrhundert der Republikanismus der französischen Revolution zumeist wieder der Monarchie oder der konstitutionellen Monarchie weicht. Ebenso erreicht die schweizerische Demokratie eine Konsolidierung, die sie auch in der ersten Hälfte des 20. Jahrhunderts den Tendenzen des Totalitarismus widerstehen lässt. Zweitens werden im 19. Jahrhundert unter der politischen Devise der «Volkssouveränität» die Partizipationsformen der direkten Demokratie durchgesetzt, die der Stimmbürgerschaft über das Wahlrecht hinaus die Mitwirkung an den wichtigsten Sachgeschäften erlauben. Damit gewährt das schweizerische Politiksystem eine Teilnahme der Stimmbürgerschaft, die erheblich über das hinausgeht, was sich in den Demokratisierungswellen des 20. Jahrhunderts als Repräsentativsystem global durchsetzt. Drittens gehört die Schweiz zu den föderalistischen Systemen. Die föderative Teilung staatlicher Macht zwischen Zentralstaat und Gliedstaaten ist zwar keineswegs einzigartig, und die Lösung zur Kombination von Demokratie und Föderalismus durch das Zweikammersystem des Parlaments wurde auch nicht in der Schweiz erfunden, sondern aus dem amerikanischen Verfassungssystem entlehnt. Dagegen erfüllt der Föderalismus besondere politische Funktionen in der sprachlich-kulturell segmentierten Gesellschaft der Schweiz: 1848 Ergebnis eines politischen Verfassungskompromisses zwischen Katholisch-Konservativen und Protestantisch-Freisinnigen, sichert er bis heute die kulturellen Eigenheiten der Kantone. Schliesslich gehört die Schweiz mit ihren weiten Kompetenzen von Kantonen und Gemeinden und deren hohem Anteil am Staatsbudget zu den föderalistischsten Ländern, und die schweizerische Zentralregierung dürfte die einzige auf der Welt sein, die bis heute über keine dauerhaften, sondern bloss über befristete Einkommenssteuern ihrer Bürger verfügt. Viertens verwandelt sich unter dem Einfluss der Volksrechte das Politiksystem von der Mehrheitsdemokratie zur Verhandlungs- oder Konsensdemokratie. Das sog. Konkordanzsystem ist geprägt durch die proportionale Vertretung der verschiedenen Parteien in allen politischen Organen und ihre Zusammenarbeit in Regierung und Parlament, sowie durch die breite Konsultation aller gesellschaftlichen Gruppierungen und Verbände, die sich über die Fähigkeit ausweisen, ein Referendum auszulösen. Das führt zum Politikstil der Problemlösung durch Verhandeln und Kompromiss, der jene Integrationsleistungen begünstigt, die für die schweizerische Gesellschaft mit ihren vielen kulturellen Minderheiten von vitalem Interesse ist. Direkte Demokratie und Konkordanz resultieren im dauerhaften Einbezug aller wichtigen gesellschaftlichen Gruppen; Opposition kann fallweise durch das Referendum oder die Volksinitiative geltend gemacht werden. Hingegen entfällt im schweizerischen System jener Grundzug aller repräsentativen Demokratien: der Machtwechsel zwischen Regierung und Opposition, der die Ausübung politischer Macht zeitlich begrenzt und durch neue Mehrheiten auch neue Präferenzen der Wählerschaft zum Zuge kommen lässt. Ein fünfter Punkt, zwar bloss historische Erinnerung, darf nicht unerwähnt bleiben: im Gegensatz zur frühen und intensiven Demokratisierung steht die Tatsache, dass die Schweiz das Frauenstimmrecht erst spät, nämlich 1971 eingeführt hat. Diese weniger rühmliche Eigenheit schweizerischer Demokratie hat Gründe, die nicht notwendigerweise auf einer konservativeren Haltung schweizerischer Männer beruhen muss; trotzdem hat die Männerdemokratie bis dahin die Hälfte der Gesellschaft von der politischen Partizipation ausgeschlossen.

4. Die schweizerischen politischen Institutionen im Kontext der Globalisierung

Das Gefühl, schweizerische Demokratie sei etwas Einzigartiges, etwas Querstehendes zur Geschichte, wurde in der ersten Hälfte des 20. Jahrhunderts ein wichtiger Teil gesellschaftlicher Identität und schweizerischen Selbstverständnisses. Es mag in den Bedrohungen vor allem des Zweiten Weltkriegs einen wichtigen Beitrag zur Behauptung äusserer Unabhängigkeit und inneren Zusammenhalts geleistet haben. Seither haben sich die weltpolitischen Verhältnisse grundlegend verändert. Ein feindliches Umfeld europäischer Nachbarn gibt es nicht mehr, dafür die wirtschaftspolitische Integration aller europäischen Nationen, die Frieden kollektiv zu sichern versuchen. Demokratie verbreitet sich weltweit über den Kreis der entwickelten Industrieländer hinaus. Globalisierung, mit all ihren Licht- und Schattenseiten, befördert den weltweiten Freihandel. Staatliche Grenzen öffnen sich. Innenpolitik wird zur Aussenpolitik, Aussenpolitik zur Innenpolitik. Was den Nationalstaaten an der Kontrolle der Zirkulation von Kapital, Gütern, Informationen und Migrationsströmen entgeht, wird teilweise aufgefangen durch internationale, transnationale und supranationale Organismen. Der nationale Staat ist nicht mehr die einzige Ebene der Politik; staatliche Souveränität teilt ihre Ausübung mit der regionalen wie mit der transnationalen Ebene.

Diese Vorgänge erschüttern traditionelles schweizerisches Selbstverständnis. Ob schweizerischer Föderalismus und direkte Demokratie im Falle eines EU-Beitritts gefährdet wären, ist zwar politisch heftig umstritten, im Grunde aber eine noch harmlose Frage. Viel fundamentaler müsste gefragt werden: welcher Stellenwert kommt nationaler Staatlichkeit und nationaler Demokratie in der Entwicklung zur Globalisierung überhaupt noch zu?

In dieser notwendigen Neuorientierung mag politikwissenschaftliches Fragen besonders sinnvoll sein. So zeigen viele empirische Untersuchungen, dass der nationalen Politik viele traditionelle Handlungsmöglichkeiten entgleiten, dass aber der Nationalstaat mit der Globalisierung noch keineswegs irrelevant geworden ist oder abzudanken hätte. Vor allem aber erweitert eine vergleichende Perspektive der Politikwissenschaft den Horizont für das Verständnis der schweizerischen Institutionen. So ist die schweizerische Kombination von direkter Demokratie, Föderalismus und Konkordanz zwar einzigartig – ihre einzelnen Elemente aber sind es nicht. Föderalismus und direkte Demokratie werden ebenfalls in den USA praktiziert, und der Politikstil der Konkordanz findet sich auch in anderen europäischen Ländern. Darüber hinaus zeigt sich, dass das, was wir Konkordanz nennen, z.B. auch in Nordirland oder Südafrika für die Aufgabe politischer Integration eingesetzt werden kann. Die schweizerische Verhandlungsdemokratie erweist sich als Beispiel einer Konsens-Demokratie, deren Grundstrukturen sich zur Lösung multikultureller Konflikte besser eignen als das unter angelsächsischem Einfluss dominierende Modell der Mehrheitsdemokratie. Solche Erkenntnisse bedeuten keine Abwertung der Eigenheiten schweizerischer Demokratie, im Gegenteil. Sie öffnen erstens den Blick dafür, was die eigenen Institutionen im Vergleich zu anderen zu leisten vermögen. Zweitens zeigt die vergleichende Perspektive, wo und warum die Strukturen schweizerischer Demokratie über das eigene Land hinaus von Bedeutung sind.

C. Zum Aufbau des Buches

Die Grobgliederung des Buches folgt den letzten drei Fragestellungen, die wir oben skizziert haben. Der erste Teil «Grundlagen», identisch mit Kapitel 2, behandelt zunächst die Geschichte der Staatsgründung und die Entwicklung der schweizerischen Demokratie unter dem Leitthema der politischen Integration einer multikulturellen Gesellschaft. Den zweiten Teil «Institutionen und Prozesse» bilden die Kapitel 3 bis 11. Es schien mir wichtig, die Stimmbürgerschaft nicht wie üblich auf Teilaspekte von Wahlen, Abstimmungen und Parteien aufzugliedern, sondern dem «Volk» als eigentlichem Subjekt der Demokratie ein eigenes, vorangestelltes Kapitel zu widmen. Parteien, politische Bewegungen, Verbände werden als wichtigste Organisationen der Artikulation und Aggregation von Interessen und in ihren Einflussmöglichkeiten auf die politischen Entscheidungen vorgestellt (Kapitel 4 bis 6). Der Föderalismus ist mehr als eine staatliche Struktur; er beeinflusst auch Art und Ergebnis der Entscheidungsprozesse. Dieser Zusammenhang wird an einer Reihe von Entscheidungsprozessen illustriert. Kapitel 8 bis 10 sind den drei Organen gewidmet, welchen die Verfassung die formalen Entscheidungsbefugnisse zuordnet: der Regierung, dem Parlament und der Stimmbürgerschaft. Der politologischen Analyse der Referendumsdemokratie wurde dabei besondere Beachtung geschenkt, bevor das Konkordanzsystem mit seinen Vernetzungen zwischen vorparlamentarischem, parlamentarischem, direktdemokratischem und administrativem Entscheidungskomplex in Kapitel 11 dargestellt wird. Den vierten Teil «Perspektiven» bilden Kapitel 12–15, welche die direkte Demokratie, den Föderalismus, die Machtteilung der Konkordanz sowie die Integrationsfrage der schweizerischen Institutionen in jenen grösseren Zusammenhang stellen, den wir oben als dritte Fragestellung skizziert haben.

Kapitel 2: Durch politische Integration zur multikulturellen Gesellschaft

A. Die Schaffung des Bundesstaats von 1848

Nach dem Wiener Kongress von 1815, als in Europa viele Strukturen des vorrevolutionären Ancien Régime wieder etabliert wurden, erwartete niemand, dass die schweizerischen Kantone eine der ersten Demokratien und einen eigenen Nationalstaat schaffen würden. Zwar hatten sich Uri, Schwyz und Unterwalden als erste Kantone im 13. Jahrhundert von den Habsburgern unabhängig gemacht. Andere Orte folgten dem Beispiel und traten dem Bündnis bei, in dem sich die Eidgenossen gegenseitige Hilfeleistung zur Wahrung ihrer Unabhängigkeit versprachen. Zur Zeit der französischen Revolution bildeten dreizehn Kantone eine lose Föderation. Hatten diese sogenannten «Alten Orte» zunächst erfolgreich für die Befreiung von feudalistischer Herrschaft gekämpft, so hinderte sie das später nicht, sich selbst Untertanengebiete anzueignen und diese auszubeuten. Kein Wunder also, dass das morsche «Ancien Régime» der alten Kantone auch aus inneren Gründen zusammenbrach, als 1798 Truppen der französischen Revolution auf ihrem europäischen Befreiungszug die Schweiz besetzten.

Mit dem Diktat Napoleons von 1798 wurden die Kantone zu einer Republik nach dem Muster der französischen Direktorialverfassung. Während es gelang, die Vorrechte der alten Orte durch Gleichstellung der Untertanengebiete als neue Kantone zu brechen, scheiterte der Versuch, die Kantone in einem Einheitsstaat der Helvetischen Republik zu verschmelzen. 1803 kamen auf Geheiss Napoleons die Mediationsakte zustande, welche die gliedstaatliche Autonomie der Kantone wieder herstellte. 1815 gewann die Eidgenossenschaft ihre volle Unabhängigkeit zurück. Die Gleichberechtigung aller Kantone blieb als dauerhafte Errungenschaft der französischen Revolution bestehen. Aber man näherte sich wieder dem alten System eines Staatenbunds, einem lockeren Zusammenschluss von fünfundzwanzig Kantonen, die sich als souveräne Staaten betrachteten. In ihrem «Bundesvertrag» garantierten sich die Kantone gemeinsame Sicherheit durch gegenseitige Hilfeleistung. Eine Konferenz von Delegierten – *die Tagsatzung* – konnte gemeinsame Entscheide fällen. Diese Delegierten waren jedoch an die Weisungen ihrer kantonalen Regierungen gebunden, deshalb war ein Konsens nur schwer zu erreichen. Der Staatenbund von 1815 hatte also weder ein Parlament noch ein Exekutivorgan, und der Bundesvertrag enthielt anders als die vorherigen Verfassungen keine Freiheitsrechte zugunsten der Bürger (Kölz 1992:184). Mit andern Worten: Der Schweiz fehlten wichtige Eigenschaften eines Nationalstaates.[1]

[1] Mitunter gibt es Missverständnisse zwischen den Begriffen «Staatenbund» und «Bundesstaat». Staatenbund bezeichnet hier ein Vertragssystem unabhängiger Staaten, während der Begriff «Bundesstaat» oder «Föderation» einen Staat umschreibt, in dem die Macht zwischen einer Zentralregierung und einer Anzahl nichtzentralisierter Regierungen geteilt wird, die den Status von Mitgliedsstaaten haben. Die Schweiz wird deshalb von 1815–1848 als Staatenbund und anschliessend als Bundesstaat bezeichnet.

Die folgenden Jahrzehnte waren von einer zunehmenden Polarisierung zwischen der politischen Bewegung des Freisinns und der Konservativen gekennzeichnet. Die Konservativen stammten vor allem aus katholischen und ländlichen Gebieten. Als Minderheit lehnten sie die Aufhebung der Einstimmigkeitsregel für Beschlüsse der Tagsatzung ab, und noch mehr widersetzten sie sich der Idee einer starken Zentralregierung. In einer Zeit der beginnenden Demokratisierung auf kantonaler Ebene wollten die Konservativen die starke politische und kulturelle Stellung der katholischen Kirche bewahren. Auf der andern Seite stand die Bewegung der Freisinnigen. Sie war vorwiegend in den protestantischen und industrialisierten Gegenden verwurzelt. Ihr politisches Ziel der Demokratisierung erreichte sie in elf Kantonen in der sog. Regenerationszeit nach 1830[2]. Unter der Devise der «Volkssouveränität» und des «Fortschritts» entstanden liberale Verfassungen, die das Stimm- und Wahlrecht für die erwachsenen Männer, die Gewaltentrennung, die Öffentlichkeit der Parlamentsdebatten, aber auch die Trennung von Kirche und Staat brachten (Blum 1983).

Das laizistische Staatsverständnis des Freisinns verweigerte der konservativen Minderheit die Bewahrung der alten gesellschaftlichen Vorrechte ihrer Kirche. Damit verschärfte sich zu Beginn der kantonalen Demokratisierung nochmals der konfessionelle Konflikt. Dieser hatte in der Alten Eidgenossenschaft zu vier Religionskriegen geführt. An deren Ende stand aber immer der Versuch zur Verständigung und des friedlichen Zusammenlebens zwischen den katholischen und protestantischen Kantonen. Statt politischer Vorherrschaft einer Seite kam es zu einem labilen Gleichgewicht (vgl. Kasten 2.1).

Kasten 2.1: Religiöse Konflikte vom 16. bis zum 18. Jahrhundert zwischen protestantischen und katholischen Kantonen

---

1529: Ein militärischer Konflikt zwischen dem protestantischen Zürich und den fünf katholischen Kantonen wird durch den «Ersten Kappeler Landfrieden» verhindert, der konfessionelle Toleranz garantiert.

1531: Die protestantischen Truppen von Zürich und Bern verlieren Kämpfe gegen die Katholiken. Im «Zweiten Kappeler Landfrieden» wird zwar die protestantische Konfession anerkannt, doch setzen die siegreichen Katholiken einige Vorrechte durch. Dieser «Zweite Kappeler Landfrieden» stabilisiert die Machtverhältnisse zwischen katholischen und protestantischen Kantonen im Bündnis bis 1656.

1656: Bern und Zürich versuchen, ihre Position gegenüber den Katholiken zu verbessern, verlieren aber den «Ersten Villmerger Krieg«, der die katholische Dominanz bestätigt.

1712: Den «Zweiten Villmerger Krieg» gewinnen die Protestanten. Der Sieg beendet die katholische Vorherrschaft in der Alten Eidgenossenschaft und sichert den protestantischen Kantonen Bern und Zürich einen ihrer wirtschaftlichen Grösse angemessenen politischen Einfluss.

---

2 Zu den sog. «Regenerationskantonen» zählen Aargau, Basel-Landschaft, Bern, Freiburg, Luzern, Schaffhausen, St. Gallen, Solothurn, Thurgau, Waadt und Zürich. Zu den labilen Kantonen, die z.T. wieder in das konservative Lager wechselten, zählt Kölz (1992:223) Luzern, St. Gallen und Freiburg.

2 Integration multikultureller Gesellschaft

Die Religionsfrage stellte in der Regenerationszeit nicht den einzigen Konfliktpunkt zwischen Freisinnigen und Konservativen dar, bildete aber den Ausgangspunkt vieler anderer Uneinigkeiten unter den Kantonen. Zur Vergiftung des politischen Klimas zwischen den beiden Lagern trug bei, dass freischärlerische Truppen den Kanton Luzern von seiner konservativen Regierung «befreien» wollten, was letztere mit militärischen Mitteln verhinderte. 1845 schlossen sich die katholischen Kantone zur Verteidigung ihrer gemeinsamen Interessen zu einem *Sonderbund* zusammen. Ausserdem versuchten sie auf diplomatischem Wege, Unterstützung ihrer Anliegen von Österreich, Frankreich und Sardinien zu erhalten. Nach erfolglosen Vorstössen zur Änderung des Bündnisses von 1815 verliessen die katholischen Kantone 1846 die Tagsatzung. Das wurde den Sonderbundskantonen als Sezession ausgelegt. Die protestantischen Kantone intervenierten mit ihren Truppen. In einem kurzen Bürgerkrieg und nach 26 Kampftagen mit etwa hundert Toten waren die Sonderbundskantone besiegt.

Für die siegreichen Freisinnigen war der Weg nun frei für ihr Vorhaben der Einrichtung eines Bundesstaats auf der Grundlage einer nationalen, demokratischen Verfassung. Ihre Grundzüge waren:

1. Der *Übergang vom Staatenbund zu einem schweizerischen Bundesstaat*, an welchen die 25 *Kantone* einen *Teil ihrer Hoheitsrechte abtraten*.

2. Eine *Aufgabenteilung zwischen den Kantonen und dem Bund*, wobei letzterer vor allem für die Wahrung der Unabhängigkeit und die Förderung der gemeinsamen Wohlfahrt zuständig war.

3. Das *Prinzip des Föderalismus*, das in den Angelegenheiten des Bundes jedem Gliedstaat eine gleiche Stimme unabhängig seiner Grösse einräumte.

4. Die *Einrichtung einer demokratischen Grundordnung* mit Exekutive und eigenem Parlament, mit Grundrechten, Gewaltentrennung und freien Wahlen, deren Minimalanforderungen auch für alle Kantone verbindlich erklärt wurden.

Der Verfassungsvorschlag wurde 1848 der Volksabstimmung unterbreitet. Da ein schweizerisches Staatsvolk noch nicht existierte, oblag die Abstimmung den Kantonen im Rahmen ihrer eigenen politischen Ordnung. So entschied in Freiburg und Graubünden das kantonale Parlament «im Namen des Volkes». In Luzern kam die Zustimmung des Kantons dadurch zustande, dass die freisinnige Regierung jene dreissig Prozent, die der Urne fern blieben, den Ja-Stimmen zurechnete. Für den Zusammenschluss vom Staatenbund zum Bundesstaat wäre eigentlich die Einstimmigkeit der Kantone erforderlich gewesen, die sich als «souverän» betrachteten. Die freisinnige Mehrheit definierte die Regeln anders: sie liess es bei der unbestimmten Formel einer «genügenden Mehrheit» bewenden. Nachdem zwei Drittel der Kantone zugestimmt hatten, gab die Tagsatzung am 12. September 1848 bekannt, dass die Bundesverfassung von einer grossen Mehrheit angenommen worden sei.[3]

3 Kölz (1992:608–610) und Ruffieux (1983a:10f.).

B. Aus Nachteilen werden Vorteile, oder: Bedingungen, die den multikulturellen Nationalstaat ermöglichten

Die Schaffung des Bundesstaats von 1848 ist nicht selten als «revolutionär» bezeichnet worden. In der Tat: im europäischen Umfeld Mitte des 19. Jahrhunderts war die Einrichtung eines föderalistisch-republikanischen Verfassungstaates auf der Grundlage der Volkssouveränität ein einzigartiger Vorgang. Und ebenso widersprach eine Staatsgründung verschiedener Volksgruppen dem Zeitgeist. Während sich nämlich die nationale Einigung Deutschlands oder Italiens unter der Devise einer gemeinsamen Kultur eines Staatsvolks vollzog, gab und gibt es in der *Schweiz kein Staatsvolk gleicher Ethnie, Sprache, Religion oder Kultur*.[4] In der Bundesverfassung sucht man den Begriff des Staatsvolks vergeblich: es sind die Kantone als Gliedstaaten, die den Bund konstituieren. Mit 1848 beginnt die Schweiz als eine multikulturelle Nation.

Diese Zusammenführung verschiedener Kulturen kantonaler Kleingesellschaften zur gesellschaftlich-politischen Einheit ist von ähnlicher Bedeutung wie die Einrichtung der Demokratie. Der vom Staatsrechtler Carl Hilty betonte Begriff der «Willensnation» hat hier seine Berechtigung, gerade wenn man sich die Schwierigkeiten der Staatsgründung vergegenwärtigt. Hinter den politischen Lagern der widerstrebenden Konservativen und des staatsgründenden Freisinns versteckte sich eine Reihe von gesellschaftlichen Gegensätzen und Konflikten, die zu überwinden waren. Es gab erstens nicht nur die konfessionelle Spaltung zwischen Katholiken und Protestanten, sondern zweitens auch ein voraussehbares Minderheitenproblem für die französisch-, italienisch- und romanischsprachigen Volksteile, denen eine deutschsprachige Mehrheit von 70 Prozent der Bevölkerung gegenüberstand. Wegen dieser sprachlichen und religiösen Teilung mussten die Minderheiten befürchten, in einem Nationalstaat zurückgesetzt zu werden. Drittens unterschied sich die ökonomischen Strukturen der Kantone grundlegend: einzelne Regionen waren Orte früher Industrialisierung. Diese forderten den Abbau von Handelshemmnissen, was den Interessen des Konkurrenzschutzes der Agrarkantone (aber auch den Zünften einzelner Städte wie Basel) entgegen lief. Viertens waren auch einzelne Kantone wenig integriert oder zerbrachen gar an internen Konflikten. In Basel zum Beispiel war die Stadt zu lange nicht bereit, ihre politische Vorherrschaft über die umliegenden Gebiete aufzugeben. Als ein Kompro-

---

4 Altermatt (1996:29ff.), in seiner Abhandlung zum Ethnonationalismus, unterscheidet «Staatsnationen» und «Kulturnationen» wie folgt: für die *Kulturnationen* sind Sprache, Abstammung, Kultur und geschichtliche Überlieferung von zentraler Bedeutung – oft wegen fehlender eigener Staatlichkeit und für die Staatsgründung. Die Nation wird durch vorstaatliche Kriterien gebildet und führt auf einen *ethnischen* Nationenbegriff zurück. Hier sind vor allem Deutschland und Italien im 19. Jahrhundert einzureihen, neuerdings aber auch die im Zuge des Ethnonationalismus in Ex-Jugoslawien gebildeten Staaten Kroatien, Mazedonien, Slowenien oder Jugoslawien (Serbien und Montenegro).
Die *politische* oder *Staatsnation* stellt die politische Gesellschaft in den Vordergrund, und zwar als Gemeinschaft von Bürgern, die vor dem Recht gleich sind, unabhängig von Sprache, Religion oder Abstammung. Als Beispiele *politischer* Nationen können Frankreich, die USA, Grossbritannien oder eben die Schweiz genannt werden.

2 Integration multikultureller Gesellschaft

miss über die Vertretung beider Teile im Parlament scheiterte, spalteten sich Stadt und Landschaft in zwei unabhängige Halbkantone.[5]

Die gesellschaftlichen Spaltungen zwischen Sprache, Religion, sowie Stadt und Land finden sich zwar überall auf den historischen Landkarten Europas. Die Politologen Lipset und Rokkan (1967) haben auf ihre generelle Bedeutung für die modernen Staatsgründungen in ganz Europa hingewiesen. Die Frage lautet aber für uns: warum haben die schweizerischen Kantone angesichts ihrer Spaltungen und ihrer divergierenden Interessen überhaupt zu einer Staatsgründung gefunden? Mindestens so wahrscheinlich wie die Bildung eines modernen Territorialstaats wäre gewesen, dass sich die Kantone in ihren gegenseitigen und internen Machtkämpfen blockiert hätten, um vielleicht eines Tages von der Landkarte zu verschwinden. Was also brachte die Kantone zu einem demokratischen Nationalstaat zusammen?

1. Ein grösserer Markt für die industrielle Wirtschaft

Mitte des 19. Jahrhunderts waren bereits eine beachtliche Anzahl der Kantone industrialisiert. Die Nutzbarkeit der Wasserkraft entlang der Flüsse begünstigte eine dezentralisierte Industrialisierung bis in die Täler der Voralpen. Die erste Eisenbahnstrecke wurde 1847 zwischen Baden und Zürich eröffnet. Die neuen Eliten, deren Macht und Ansehen weniger auf Familientraditionen beruhten als auf Kapital und dem Glück unternehmerischer Initiative, sahen in den Kantonsgrenzen ein Hindernis für ihre ausgreifende Industriewirtschaft. Dem kam die Verfassung entgegen, indem sie versprach, Handelshemmnisse zu beseitigen und einen gesamtschweizerischen Binnenmarkt zu schaffen: Kantonale Zölle wurden aufgehoben, Masse und Gewichte vereinheitlicht, eine Landeswährung eingeführt und ein nationaler Postdienst gegründet. Zusätzlich hielt die Verfassung als Ziel die «gemeinsame Wohlfahrt» fest und garantierte gleiche Rechte sowie die Niederlassungsfreiheit für alle Schweizer Bürger. Dies alles diente dem privaten Handel und der Industrie, was den Historiker Martin (1926:265) zur Aussage veranlasste: «Die Bundesverfassung ist nicht aus einer Idee, sondern aus einem Bedürfnis entstanden... Die wirtschaftliche Einheit ist in der Mitte des 19. Jahrhunderts als Existenzbedingung für den Bund angesehen worden. Aus dieser Notwendigkeit ist die politische Einheit hervorgegangen, und diese hat zur Aufgabe gehabt, die wirtschaftliche Einheit zu schaffen»[6]

---

5 Die Landschaft verlangte 1830 die proportionale Vertretung im kantonalen Parlament, d.h. eine Anzahl Sitze entsprechend der Bevölkerungszahl. Nachdem die Stadt dies verweigerte, brach ein gewaltsamer Konflikt aus, der Verletzte und Tote forderte. Schliesslich anerkannte die Eidgenossenschaft 1833 die Teilung zwischen Basel-Landschaft und Basel-Stadt in zwei Halbkantone und beendete so den Konflikt. Vgl.: Andrey (1983:247–249).

6 Zit. nach Masnata/Rubattel (1991:52). Auf die überragende Bedeutung des wirtschaftlichen Faktors verweisen weitere ältere Wirtschaftshistoriker wie Rappard (1912) oder Nabholz (1954). Neuere historische Arbeiten relativieren sie. Einen Überblick zum Stand der Diskussion vermitteln die Aufsätze von Hans-Ulrich Jost, sowie Patrick Halbeisen und Margrit Müller, beide in: Ernst/Tanner/Weishaupt (1998: 91 und 117ff.).

2. Wachsender politischer Druck von aussen

An den Verhandlungen des Wiener Kongresses 1815 waren die Grossmächte bei der Suche nach stabilen Verhältnissen im nachrevolutionären Europa nicht unglücklich über eine neutrale Zone zwischen Österreich, Sardinien und Frankreich. Damit wurde die aussenpolitische Neutralität des schweizerischen Staatenbundes, welche sich die Alten Orte seit 1648 zu ihrer Vertragspflicht gemacht hatten, zum ersten Mal von den grossen europäischen Mächten anerkannt. Zwischen 1815 und 1848 spürten die Kantone dennoch, dass sie den guten oder weniger guten Absichten der angrenzenden Länder ausgesetzt waren. Zwar war die territoriale Unabhängigkeit der Kantone nie in Gefahr, doch mischten sich die Grossmächte auf diplomatischer Ebene in innere Angelegenheiten ein. Der Sonderbund und die diplomatischen Versuche seiner Kantone, Nachbarstaaten für ihre Zwecke zu gewinnen, wiesen aber auch auf die innere Zerbrechlichkeit des Staatenbunds hin. Ab Mitte des 19. Jahrhunderts kündigten sich für die Schweiz bedeutungsvolle Veränderungen in der Nachbarschaft an: im Prozess der nationalen Einigung wurden die kleinen Königreiche Bayern, Baden, Württemberg Teile Deutschlands, und die Lombardei-Venetien sowie Sardinien-Piemont Teile Italiens. Was würde die Zukunft mit der schwerfälligen Tagsatzung des Staatenbunds bringen, wenn sich die Nachbarn der Schweiz zu grossen Nationalstaaten wandelten? Dem gesteigerten Bedürfnis nach kollektiver Sicherheit der Kantone entsprach ein Bundesstaat. Dessen Verfassung von 1848 nannte denn auch die gemeinsame Wahrung der Unabhängigkeit der Nation in «Einheit, Kraft und Ehre» sowie die Garantie von Ruhe und Ordnung im Innern als eines seiner Hauptziele und übertrug diese Aufgaben einer handlungsfähigen Behörde.

3. Die Kultur gegenseitiger Hilfe und Zusammenarbeit in der Kleingesellschaft

Die Schweizer hatten die moderne Demokratie nicht erfunden; ihre Ideen kamen vielmehr von aussen durch die französische Revolution. Das Verfassungsdiktat der Helvetik hatte Vorrechte der Geburt beendet, individuelle Freiheitsrechte deklamiert, Gewaltentrennung und Gesetzgebung eingeführt. Auch die erste Erfahrung mit einer nationalen «Volkssouveränität» auf der Grundlage individueller politischer Rechte entstammt der Revolutionszeit: 1802 fand anlässlich der Genehmigung der Zweiten Helvetischen Verfassung die erste schweizerische Volksabstimmung statt (Kölz 1992:140). Von aussen stammt auch das Konzept des Föderalismus. Bei der Suche nach einer modernen Verfassung für den Bund standen die USA Modell.[7]

---

[7] Gemäss Hutson (1991) gibt es mehrere Perioden gegenseitiger Beeinflussung. Besonders wichtig waren drei Etappen: a) Im Konflikt zwischen amerikanischen Föderalisten und Anti-Föderalisten verwiesen letztere auf das schweizerische Modell. b) Die Schweizer liessen sich 1848 stark von der amerikanischen Verfassung inspirieren, als sie die Prinzipien von Demokratie und Föderalismus kombinierten. c) Gegen Ende des 19. Jahrhunderts wurde die schweizerische direkte Demokratie von den Weststaaten als Referenz benutzt, als es um die Einführung von Referendum und Initiative ging. Vgl. auch die Aufsätze von Tobias Kästli und Simon Netzle in Ernst/Tanner/Weishaupt (1998:35ff. und 49ff.).

Hingegen gab es im 19. Jahrhundert – anders als heute – keinen globalen Druck zur demokratischen Legitimierung einer Regierung. Monarchische, nicht republikanische Staatsformen waren im Europa des frühen 19. Jahrhunderts die Regel. Bei allen Ideen und Anleihen von aussen musste sich deshalb der schweizerische Demokratisierungsprozess auch auf eigene gesellschaftliche Strukturen stützen können, um Erfolg zu haben. Verschiedenste kulturelle und soziale Traditionen dürften den Weg dazu vorbereitet haben. Die jahrhundertelange Unabhängigkeit war den kleinen Kantonen teuer, denn die meisten von ihnen waren auch arm. Für den Aufbau einer grösseren Verwaltung fehlten die Mittel, für eine spezialisierte, professionelle Machtelite waren die Verhältnisse zu klein. Die Kleingesellschaften der Kantone befriedigten darum ihre gemeinsamen Bedürfnisse auf der Grundlage gegenseitiger Hilfe und Selbstverwaltung. In ländlichen Gebieten wie etwa des Wallis gab es die Einrichtung des «Gemeinwerks»: Jeder Einwohner war verpflichtet, einige Tage oder Wochen des Jahres für gemeinsame Einrichtungen der Gemeinde zu arbeiten (Niederer 1956). Aber auch die lokalen Berufszweige – wie etwa das Handwerk in den Städten – waren in Selbstorganisationen eingebunden, die z.B. die Entscheide über die Marktordnungen gemeinsam fällten. Gegenseitige Abhängigkeit zwang zur lokalen Zusammenarbeit. Selbstbindung zur Zusammenarbeit ermöglichte aber auch die Realisierung gemeinsamer Vorteile in der Kleingesellschaft (Barber 1974). Deren lokale Versammlungen waren vielfach an Eigentum oder berufliche Stellung geknüpft. Dem setzte das französische Revolutionsrecht das politische Bürgerrecht jedes Einzelnen gegenüber und erzwang daher eine Neuschaffung der Kantons- und Gemeindebürgerrechte. Dies bedeutete einen erheblichen Einschnitt in die alte Tradition lokaler Selbstverwaltung. Es kann aber auch als Beginn einer neuen Tradition lokaler Demokratie gesehen werden: die kommunalen Primärversammlungen bildeten in der Helvetik das «institutionelle Fundament des neuen Staates» und bestimmten jährlich die Wahlmänner der kantonalen Behörden (Kölz 1992:112f.).

4. Die kantonale Demokratisierung

Auf diesem kulturellen Boden, und im Sog der französischen Julirevolution setzte in den Kantonen eine politische Demokratisierungsbewegung ein, für welche Historiker den Begriff der «Regeneration» (1831–1848) geprägt haben. Ihre Wortführer kamen aus der neuen bürgerlichen Elite: vor allem Juristen, Ärzte, Lehrer, Industrielle, Kaufleute in den Landstädten der Mittellandkantone. In einer Vielzahl von Flugblättern und Petitionen an die Behörden der Hauptorte fassten sie ihre liberal-demokratischen Forderungen zusammen: Rechtsgleichheit, persönliche Freiheitsrechte, Volksbildung, Gewaltentrennung, Volkssouveränität im Sinne von repräsentativer Demokratie sowie die nationale Reform im Sinne des Bundesstaates. Zwar wuchs die Bewegung schnell über den Kreis der Eliten hinaus und war erfolgreich. Im kleinen Kanton Thurgau etwa, der weniger als 80'000 Einwohner zählte, wurden in den Gemeinden über hundert Petitionen mit 3'000 Vorstössen für eine demokratische Verfassung zusammengetragen und diskutiert (Soland 1980:69ff). Auch anderswo verfehlten die Aufrufe ihre Wirkung auf die Bevölkerung nicht, wie die grossen Volkstage zwischen Oktober 1830 und Januar 1831 zeigten. Das Volk erzwang die *Wahl von Verfassungsräten*, die sofort mit den Verfassungsrevisionen begannen. Im Sommer 1831 verfügten bereits zehn sogenannte liberale Kantone über neue Verfassungen.

Selbstverständlich ging es in dieser staatspolitischen Revolution auch um handfeste, wirtschaftliche Interessen. Kölz (1992:227ff.) nennt drei verschiedene Gruppen als treibende Kräfte der Regeneration: Mit der Erlangung von Bildung und Besitz erstrebte erstens ein neues Bürgertum mehr politischen Einfluss und Zugang zu allen öffentlichen Ämtern. Es verlangte die Aufhebung des Zunftzwangs, Handels- und Gewerbefreiheit sowie die Verminderung von Zöllen und Gebühren. Die bäuerlichen, gewerblichen und ländlichen Schichten als zweite Kraft forderten vor allem die Beseitigung alter Zehnten und Grundlasten, die Aufhebung indirekter Steuern und Abgaben und die Einführung direkter Steuern, die Reform des Hypothekarwesens, die Verkürzung des Militärdienstes, die Senkung des Salzpreises sowie die Verbesserung und Verstaatlichung des Armenwesens. Mit den letzten Forderungen waren auch soziale Fragen angeschnitten, von denen vor allem die industrielle Landbevölkerung betroffen war. Die liberalen Regimes sollten in der Folge allerdings wenig mit ihnen anfangen. Als dritte Gruppe nennt Kölz die aufgeklärten «Stadtliberalen» etwa Zürichs oder Berns, die nicht die Demokratisierung im Auge hatten, sondern vor allem liberale staatspolitische Anliegen vertraten. Trotz der breiten Volksbewegungen bleibt es schwierig zu sagen, ob die liberale Bewegung eine soziale Revolution von «oben» oder von «unten» war. So meinen Masnata/Rubattel (1991:42ff.) kritisch, dass die Demokratisierung die alten Machteliten nicht beseitigte, und dass sie, zusammen mit der Bundesverfassung von 1848, vor allem die politische Voraussetzung für eine ungehinderte Entfaltung des Industriekapitals geschaffen hätte.

Die erfolgreiche Demokratiebewegung in den Kantonen war aber in mehrfacher Hinsicht bemerkenswert. Im Zeichen der *Volkssouveränität* realisierte sie – mit wenigen Einschränkungen – ein allgemeines Männerstimmrecht, wie es zu jener Zeit nur die USA kannten. Und während die amerikanischen Verfassungsväter die Risiken und Launen eines unberechenbaren «Demos» durch viele Regeln – etwa die Teilerneuerung des Senats und die «Checks and Balances» zwischen den staatlichen Gewalten – eindämmten, gingen die Kantone genau den umgekehrten Weg. Sie begnügten sich nicht mit der Rolle des Volks als Wahlkörper, sondern übertrugen ihm auch Entscheidungsbefugnisse. In den Kantonen brachten das «Veto» und das Referendum die Anfänge der Abstimmungsdemokratie, die dem Volk eine direkte Nachkontrolle parlamentarischer Entscheidungen erlauben.

Die kantonale Demokratisierung begünstigte die Gründung des Nationalstaats. Zunächst waren die erfolgreichen liberal-demokratischen Kräfte zugleich Träger der Idee des Bundesstaats. Sodann erleichterte die Erfahrung kantonaler Demokratie die Übertragung des Demokratiekonzepts auf die nationale Ebene. Schliesslich war das allgemeine Stimm- und Wahlrecht in gewissem Sinn ein Ersatz für die noch fehlende schweizerische Gesell-

2 Integration multikultureller Gesellschaft 35

schaft: es gab kaum etwas Gleiches zwischen Deutschschweizern, Romands, Tessinern oder zwischen Protestanten und Katholiken ausser dem demokratischen Recht auf politische Teilnahme am neuen Staat. Das allgemeine Stimm- und Wahlrecht, sowie die Volkssouveränität waren zunächst die wohl wichtigsten symbolischen und realen Elemente, welche die abgekapselten Gesellschaften der Kantone miteinander verbanden und ihre politische Integration gestatteten.

5. Die Verbindung von Demokratie- und Föderalismusprinzip

Unsere letzte Behauptung, dass das Demokratieprinzip der nationalen Einigung förderlich war, stösst sofort auf einen zentralen Einwand: wo bleibt der Einfluss der Minderheiten, wenn die Mehrheit der Stimmen entscheidet? Die theoretische Antwort lautet: die Beschlüsse der Mehrheit sind nie endgültig. Die Minderheit darf versuchen, Entscheide neu zur Diskussion zu stellen. Sie kann auch neu und anders entscheiden, wenn die Mehrheitsverhältnisse im Parlament oder nach Wahlen ändern. Diese theoretische Antwort kann konfessionelle oder ethnische Minderheiten freilich nicht befriedigen. Denn das Wechselspiel zwischen Regierung und Opposition in der Mehrheitsdemokratie ist nur möglich bei der Änderung von Präferenzen, die der Bürgerschaft als ganzes offen stehen. Die Interessen struktureller Minderheiten der Sprache, Kultur, des Geschlechts oder der Ethnie jedoch haben kaum eine Chance, durch veränderte Präferenzen mehrheitsfähig zu werden: Demokratie macht aus Deutschschweizern keine Romands und aus Protestanten keine Katholiken. Für die Interessen struktureller Minderheiten ändern sich darum Mehrheits- und Minderheitsverhältnisse in der Demokratie nicht. Umgekehrt können es sich strukturelle Mehrheiten leisten, die Minderheit systematisch zu übergehen. Eine Mehrheitsdemokratie kann also zu «ewigen» Machtverhältnissen und Diskriminierungen führen. Genau dies waren die Befürchtungen der Minderheitskantone. Katholiken, Romands und Tessiner hatten Grund zur Annahme, dass sie in einem Nationalstaat unter deutschschweizerisch-freisinniger Hegemonie die Verlierer wären, deren Bedürfnisse und Interessen systematisch benachteiligt würden.

Ein zweites Problem kam dazu. Auch die Freisinnigen waren keineswegs frei in der Errichtung des Bundesstaats. Denn auch in ihren Kantonen bedeutete der Zentralstaat den Verzicht auf Teile eigener Autonomie. Die Zentralisierung konnte also nur so weit stattfinden, als den Kantonen plausibel gemacht werden konnte, dass die Vorteile der Zusammenarbeit im Bundesstaat die Nachteile des Verlustes eigener Autonomie überwogen. Die Antwort auf diese Probleme bestand in der Kombination von Demokratie- und Föderalismusprinzip. Dieses beinhaltete zweierlei:

1. Mitwirkung beim Bund als Ersatz für den Verlust kantonaler Souveränität: Die Verfassung gab den Kantonen die Möglichkeit, sich am Entscheidungsprozess auf nationaler Ebene zu beteiligen. Ähnlich dem amerikanischen Zweikammersystem wird der Nationalrat, dessen kantonale Sitzverteilung der Bevölkerungsgrösse entspricht, von einem Ständerat ergänzt, in dem die Kantone unabhängig von ihrer Grösse mit zwei Stimmen repräsentiert sind. Zudem reden die Kantone bei Verfassungsänderungen mit, da neben dem Volksmehr auch eine Mehrheit der Kantone zustimmen muss. In der Gesetzgebungs- wie in der Verfassungspolitik wird also die demokratische Entscheidungsregel «eine Person, eine Stimme» ergänzt durch die föderalistische Entscheidungsregel «jeder Kanton gleiche Stimme». Da bindende Entscheidungen nur durch Zustimmung beider Räte zustande kommen, wurde der Einfluss der kleinen (und das waren vornehmlich konservative) Kantone verstärkt.

2. *Nicht-Zentralisierung:* Die politische Heterogenität der Kantone setzte der Zentralisierung schnelle Grenzen. Dem Bund von 1848 wurden nur wenige Kompetenzen eingeräumt. Damit beliess das Verfassungsprojekt den Kantonen die meisten ihrer Aufgaben und eine grösstmögliche Autonomie. In allen Fragen, die den Kantonen vorbehalten blieben, waren weiterhin unterschiedliche Antworten gemäss den besonderen Präferenzen der jeweiligen kantonalen Mehrheiten möglich. Diese Nicht-Zentralisierung versprach den Fortbestand kulturell verschiedener Lebensstile und den Schutz der konfessionellen und sprachlichen Besonderheiten der Kantone. Sie bedeutete auch eine Konzession an die katholisch-konservative Minderheit. So enthielt das Verfassungsprojekt einen *doppelten Kompromiss*: einen Interessenausgleich zwischen Zentralisten und Bewahrern kantonaler Autonomie, und einen Teilausgleich zwischen Freisinn und Katholisch-Konservativen. Beides erhöhte die Chancen der ersten Volksabstimmung, die für die Gründung des Bundesstaats erforderlich war.

C. Die Integration von konfessionellen und sprachlichen Minderheiten: Von der Koexistenz zum Pluralismus

Die Verfassung von 1848 stellte einen institutionellen Rahmen dar, der die Einheit der Nation ermöglichte und gesellschaftliche Konflikte auf demokratisch-gewaltfreiem Wege zu lösen versprach. Eine Verfassung ist aber zunächst nur ein rechtliches Dokument, das die Spielregeln der Politik festlegt. Kommen wir zu einem der wichtigsten Spiele unter den neuen Regeln: Wie entwickelte sich die Integration zur schweizerischen Gesellschaft im Rahmen ihrer Verfassung? Statt einer allgemeinen Behandlung dieser Frage möchte ich mich zunächst auf die zwei wichtigsten Minderheiten konzentrieren, an denen der schweizerische Integrationsprozess als Ganzes scheitern oder aber Erfolg haben konnte: den Katholiken und den sprachlichen Minderheiten.

2 Integration multikultureller Gesellschaft

1. Der politische Katholizismus

Mitte des 19. Jahrhunderts waren etwa 40 Prozent der schweizerischen Bevölkerung katholisch, wobei die Kantonsgrenzen nur teilweise mit den konfessionellen Grenzen übereinstimmten. 1860 waren zehn Kantone überwiegend protestantisch (über 75 Prozent) und elf mehrheitlich kleinere Kantone katholisch (über 85 Prozentanteile). Nach offiziellen Statistiken wiesen nur Genf, Graubünden, Aargau und St. Gallen ausgeglichenere Verhältnisse aus. Obschon die Katholisch-Konservativen einen annehmbaren Verfassungskompromiss erreicht hatten, wählten sie nach 1848 eher den Alleingang als die Integration. Sie zogen sich auf ihre Kantone zurück und überliessen der freisinnigen Mehrheit die Initiative für nationale Projekte im jungen Staat. Die katholischen Stammgebiete waren vorwiegend ländlich und wenig berührt von den industrialisierten Gebieten der fortschrittlich-protestantischen Mehrheit. 1871 wandte sich das Erste Vatikanische Konzil gegen die Säkularisierung, den wissenschaftlich-technischen Fortschritt sowie die Trennung von Kirche und Staat und versuchte, die Stellung des Papstes als verbindliche Autorität in allen Lebensbereichen auszubauen. Die politische Rückzugshaltung der Katholiken verstärkte sich zur Segregation und zur Herausbildung einer *«katholischen Sondergesellschaft»* (Altermatt 1989:97ff.): In den Jahren nach der Gründung des Bundesstaates hatten die katholischen Kantone ihr konfessionelles oder von der Kirche geleitetes Erziehungswesen schrittweise ausgebaut; 1889 kam mit der Universät Freiburg eine katholische Hochschule dazu. Ein dichtes Netz sozialer und vorpolitischer Organisationen hielt Katholiken jeglicher Schicht zusammen und sicherte die Nähe zur Kirche, auch in der «Diaspora», wo sie in der Minderheit waren. Die Katholiken bauten nicht nur ihre Partei und ihre eigenen Gewerkschaften auf, sondern ebenso ihre Zeitungen und Buchhandlungen. In gemischten Gebieten wussten sie, welches der katholische Metzger, Schlosser, Schreiner war. Sie gingen in «ihr» Gasthaus und kauften loyal katholisch ein, selbst wenn die Qualität des protestantischen Konkurrenten besser war. Diese Art von Segregation fand sich auch auf der andern Seite, wenngleich nicht im selben Ausmass: Der protestantischen Schweiz fehlte die politische Führung durch eine konfessionelle Partei, die, wie auf der katholischen Seite, alle sozialen Schichten auf einer gemeinsamen Basis zusammengefasst hätte. Vor allem aber widersprach eine gesellschaftliche Segregation auf religiöser Grundlage dem Anliegen des freisinnigen Laizismus selbst: dieser wollte die Trennung von Kirche und Staat und deklarierte den religiösen Glauben als Privatsache. So war das Ziel des Freisinns nicht eine protestantische Segregation, sondern die Bekämpfung der gesellschaftlich-dominierenden Rolle der Kirche, wie sie die romtreuen Katholiken anstrebten. Es erstaunt deshalb nicht, dass sich der konfessionelle Konflikt zuspitzte, vor allem in den paritätischen Kantonen. Die Geschichtsbücher sprechen dabei vom *Kulturkampf*, in welchem es zwar in der Sache weniger um die Konfession selbst als um die Gegensätze zwischen dem (katholisch-konservativen) Lager der Kirchentreuen und dem (protestantisch-freisinnigen) laizistischen Lager ging. Trotzdem vertiefte sich die gesellschaftliche Spaltung den Konfessionen entlang, und es mag kein Zufall sein, dass die Bundesstadt Bern das Zentrum der Christkatholischen Kirche wurde, die sich in vielen Ländern als Abspaltung nach dem Vatikanum bildete: der Freisinn sah darin ein willkommenes «Anti-Rom» gegen die unzuverlässigen «Ultramontanen», also romtreuen Katholiken.

Die Totalrevision der Bundesverfassung von 1873/74 fiel in die Zeit des Kulturkampfs. Die freisinnige Mehrheit setzte dabei ihren laizistischen Standpunkt konsequent durch und diskriminierte die katholische Minderheit in einigen Verfassungsbestimmungen (siehe Kasten 2.2). Hundert Jahre später wurden die beiden diskriminierenden Verfassungsartikel des Jesuiten- und des Klosterverbots durch Volksabstimmungen aufgehoben. Die übrigen Streitpunkte von 1874 sind heute politisch nicht mehr virulent. Bis es aber so weit war, vergingen vier Generationen, und der Konfessionskonflikt wurde dabei weit weniger durch politische Aktion «gelöst» als durch die Entwicklung abgekühlt.

Kasten 2.2: Die wichtigsten Streitpunkte zwischen Katholiken und Protestanten in der Verfassungsrevision 1874

> Die Verfassungsrevision von 1873/74 war stark vom Kulturkampf geprägt, welcher seinen Höhepunkt um 1870 erreicht hatte. Die liberale Verfassung von 1874 zielte auf einen laizistischen Staat und entband die Kirche von allen öffentlichen Funktionen. Mehrere ihrer Bestimmungen belegen den antiklerikalen Charakter des freisinnig dominierten Staats und vereinzelt auch die Diskriminierung der Katholiken. Zu den Streitpunkten, die im Sinne der laizistischen Mehrheit gelöst wurden, zählten:
> - Jesuitenverbot (Art. 51 BV, 1973 aufgehoben).
> - Verbot neuer Orden und Klöster (Art. 52 BV, 1973 aufgehoben)
> - Die Errichtung von Bistümern auf schweizerischem Gebiet unterliegt der Genehmigung des Bundes (Art. 50.4)
> - Feststellung und Beurkundung des Zivilstandes ist Sache der bürgerlichen Behörden (Art. 53 BV).
> - Das Recht zur Ehe steht unter dem Schutze des Bundes (Art. 54 BV).
> - Die geistliche Gerichtsbarkeit ist abgeschafft (Art. 58.2 BV).
> - Die Kantone sorgen für genügenden Primarunterricht, der ausschliesslich unter staatlicher Leitung stehen soll (Art. 27.2 BV).
> - Die öffentlichen Schulen sollen von den Angehörigen aller Bekenntnisse ohne Beeinträchtigung ihrer Glaubens- und Gewissensfreiheit besucht werden können (Art. 27.3 BV).
> - Die Glaubens- und Gewissensfreiheit ist unverletzlich (Art. 49 BV).
> - Die freie Ausübung gottesdienstlicher Handlungen ist innerhalb der Schranken der Sittlichkeit und der öffentlichen Ordnung gewährleistet (Art. 50 BV).

Die gesellschaftliche Entwicklung hat diese Abkühlung des Konfessionskonflikts in vielfacher Weise unterstützt. Der Modernisierungsprozess wirkte der Segmentierung zwischen Katholiken und Protestanten entgegen. Die Migration über konfessionelle Grenzen hinweg führte zu gemischten Kantonen, Städten und Gemeinden, aber auch zur stärkeren Verbreitung von Mischehen. Das förderte die Toleranz und Zusammenarbeit. Die geringere politisch-konfessionelle Polarisierung begünstigte pragmatische Lösungen im

2 Integration multikultureller Gesellschaft

sozialen Leben: in kleineren Gemeinden, wo zwei Gotteshäuser zu teuer waren, benützen heute Katholiken und Protestanten die gleiche «paritätische» Kirche. Die katholische Gesellschaft nahm an der Industrialisierung teil; nach dem Zweiten Weltkrieg verschwand ihre wirtschaftliche und soziale Sonderstellung. Katholisches «Ghetto» und «Milieu-Katholizismus» lösten sich auf und gaben Raum für die Entwicklung eines weltoffenen politischen Katholizismus. 1971 änderten die Katholisch-Konservativen ihren Namen zur «Christlichdemokratischen Volkspartei». Mit der Akzeptierung der Trennung von Kirche und Staat und einer sozial verpflichteten Marktwirtschaft vollzog die CVP in der Nachkriegszeit ähnliche Wendungen des politischen Katholizismus wie die Christlich-Demokratische Union CDU in Deutschland oder die Democrazia Cristiana DCI in Italien.

Entscheidend neben der gesellschaftlichen Entwicklung aber war die Integration der Katholiken auf der politischen Ebene. Dazu trug zunächst der Föderalismus bei. Er liess die katholischen Kantone ihre eigene Kultur bewahren, und dies sogar dort, wo der Bund eigene Kompetenzen besass. Obwohl den Freisinnigen z.B. das Monopol des öffentlichen Schulwesens wichtig war, erlaubte die Kantonsautonomie keine einseitige, hoheitliche Durchsetzung des Bundesanspruchs: Noch in der zweiten Hälfte des zwanzigsten Jahrhunderts gab es in einzelnen Kantonen konfessionell getrennte Schulen. Auch die Trennung von Kirche und Staat wird bis heute kantonal unterschiedlich konsequent gehandhabt. Vor allem aber gewann die katholische Minderheit schrittweise Einfluss im Bund. 1848 blieb sie Minderheit im Parlament, und der Freisinn besetzte während Jahrzehnten alle Bundesratssitze. Nach der Einführung des Referendums 1874 brachten die Katholisch-Konservativen zahlreiche Bundesvorlagen zu Fall. Von da an brauchte der Freisinn die Unterstützung der Konservativen, um Erfolg für bestimmte Vorlagen zu haben, und trat ihnen dafür 1891 einen ersten Bundesratssitz ab. Später, 1918, erreichten die Katholiken zusammen mit den Sozialdemokraten die Einführung des Proporz-Wahlsystems für den Nationalrat, was das Ende der Mehrheitspolitik des Freisinns bedeutete. Da von diesem Zeitpunkt an keine der Parteien mehr als ein Drittel der Sitze in der Volkskammer zu besetzen vermochte, wurde die Koalition mindestens zweier Parteien erforderlich. Freisinn und Katholisch-Konservative, die historischen politischen Gegner, verbanden sich als die beiden wichtigsten Parteien des Bürgerblocks in Regierung und Parlament gegen die politische Linke.

Die Integration der Katholiken vollzog sich damit über politischen Machtgewinn und Teilnahme an der Macht in der Gesetzgebung, der Regierung und später der Spitzenpositionen in der Verwaltung. Das wiederum sicherte dem katholischen Teil der Gesellschaft Einfluss, Beachtung und Erfolg. Mit der Überwindung der konfessionellen Spaltung schwand allerdings die frühere Bedeutung des politischen Katholizismus. Wenn die CVP ihren politischen Erfolg halten konnte, so wegen ihrer neuen Rolle, die sie seit 1959 als *Partei der Mitte* zwischen dem bürgerlichen und dem nicht-bürgerlichen Lager suchte. Mit ihrem wirtschaftsnahen Hauptteil und dem kleineren christlich-sozialen Flügel strebte sie damit selbst eine Integrationsrolle an (Altermatt 1986). Die bleibende Spaltung zwischen Laizismus und christlich-konservativen Werten äussert sich zwar auch heute noch, z.B. in der Frage des straflosen Schwangerschaftsabbruchs. Sie hat sich aber von der konfessionellen Spaltung (Katholizismus gegen Protestantismus) weg bewegt. Dennoch sollte nicht übersehen werden, dass die Diskriminierung religiöser Tätigkeiten der Katholiken (Jesuiten- und Klösterverbot) erst nach hundert Jahren aus der Verfassung entfernt werden konnte. Die vergleichende Untersuchung von Lijphart (1980) über die Wahlmotive in den multikulturellen Gesellschaften der Schweiz, Belgiens, Kanadas und Südafrikas zeigt überdies, dass die konfessionelle Konfliktlinie hierzulande noch zu Anfang der siebziger Jahre bedeutsamer war als der Gegensatz zwischen den Sprachgruppen und den sozial-ökonomischen Gruppen. Religiös-kulturelle Gegensätze, die grundlegende Werte und Einstellungen betreffen, lösen Konflikte aus, die politisch offensichtlich nicht über Nacht gelöst werden können. Sie brauchen Zeit, um auszukühlen, unter Umständen auch längere Perioden des Nicht-Entscheidens, um ihr Wiederaufleben zu verhindern.

2. Mehrsprachigkeit: Verständnisse und Missverständnisse

Heute sprechen rund 75 Prozent der schweizerischen Bürgerschaft Deutsch, 20 Prozent Französisch, 4 Prozent Italienisch und 1 Prozent Rätoromanisch.[8] Die gesellschaftliche Integration der Sprachminderheiten und die Verhinderung einer politischen Hegemonie der Deutschschweiz über die anderen Landesteile war die zweite bedeutende Integrationsleistung des Bundesstaats.[9] Die sprachlich-kulturelle Spaltung und ihre Konflikte unterscheiden sich von der konfessionellen in zweierlei Hinsicht: Auf nationaler Ebene wurde sie einerseits kaum je so virulent wie der konfessionelle Konflikt in Zeiten des Kulturkampfs. Andererseits blieben die sprachlich-kulturellen Gegensätze in der Schweiz erhalten. Sie sind auch heute in der Gesellschaft erlebbar und bilden Anlass häufiger Diskussion. Zahlreiche Publikationen dokumentieren über den sogenannten «Röstigraben» hinaus die kulturellen Unterschiede zwischen Französisch- und Deutschsprachigen, das gegenseitige Auseinanderleben der Landesteile oder die wirtschaftliche Dominanz der Deutschschweiz über die Romandie (Kriesi et al. 1996, Du Bois 1991, Favez 1983, Knüsel 1994 und Ruffieux 1983b). Diese Gegensätze sind keinesfalls immer, und nur zum Teil politisch virulent. Sie können aber nach Zeiten der Latenz neu auf der politischen Ebene erscheinen. So zeigt sich in den Resultaten wichtiger Volksabstimmungen der neunziger Jahre ein zunehmender Dissens zwischen Romandie und Deutschschweiz (Trechsel 1994).

Für den Schutz und die Integration der sprachlich-kulturellen Minderheiten sind vier Elemente, nämlich die Verfassungsgarantie der Sprachenfreiheit, der Föderalismus, die Grundsätze proportionaler Vertretung der Sprachgruppen sowie die Sprachenförderung bedeutsam.

---

8 Nimmt man die Gesamtbevölkerung inklusive der ca. 17% Ausländerinnen und Ausländer als Basis, so verändern sich die Anteile der Sprachgruppen wie folgt: 63% Deutsch, 19% Französisch, 8% Italienisch, 1% Rätoromanisch und 9 % andere Sprachen (Volkszählung 1990).

9 Zur politischen Lösung der Sprachenfrage in der Schweiz vgl. etwa McRae (1964), den Sprachenbericht des Eidgenössischen Departementes des Innern (1989:36–53) sowie Windisch et al. (1992).

2 Integration multikultureller Gesellschaft 41

1. Sprachenfreiheit und verfassungsmässiger Schutz der vier Landessprachen: Art. 116 BV garantiert den Schutz der vier Landessprachen. Weder Kantone noch Gemeinden können gezwungen werden, ihre Amtssprache zu ändern. Deutsch, Französisch, Italienisch und Rätoromanisch sind allesamt als *National- und Amtssprachen* definiert.[10] So erscheint der Titel «Schweizerische Eidgenossenschaft» auf Banknoten und allen offiziellen Dokumenten in allen vier Sprachen. Die praktische Umsetzung der Vielsprachigkeit des Bundes findet allerdings schnelle Grenzen. Anders als etwa in Kanada oder Belgien gibt es keine Pflicht des Bundes zur Übersetzung all seiner Dokumente in alle Amtssprachen. Insbesondere Übersetzungen ins Rätoromanische, das nur von 50'000 Bewohnerinnen und Bewohnern Graubündens gesprochen wird, finden sich nur für die wichtigeren Gesetzestexte. Rätoromanisch ist also bloss eine «Teilamtssprache». Wichtig ist der Umstand, dass nicht Volksgruppen im Sinne von ethnisch-kulturellen Minderheiten geschützt sind, sondern nur die Sprachen der im übrigen gleichen Bürgerinnen und Bürger. Dies bedeutet eine Absage an jede Idee eines «völkischen» Staats oder von Vorrechten einzelner Gruppen. Recht und Politik in der Schweiz wollten Multikulturalität gerade nicht durch sprachlich-ethnische Gruppenrechte sichern, sondern durch die Betonung eines allgemeinen Staatsbürgertums und einer Verfassungsgesellschaft.

2. Der Föderalismus: Dem Föderalismus wird oft eine bedeutende Rolle für den Schutz der Sprachminderheiten zugesprochen. Dies hält genauerer Analyse nur teilweise stand und bedarf zumindest der Präzisierung. Zwar sichert die kantonale Autonomie die kulturellen Eigenheiten der Französisch- und Italienischsprechenden, doch nur soweit, als Romands und Tessiner mit ihren Kantonen auch eigene politische Herrschaftsgebiete zu bilden vermochten. Generell schützt der Föderalismus nur räumlich segmentierte Minderheiten, die auf unterer Ebene ihre Autonomie als politische Mehrheiten zu gestalten vermögen. Damit ist die gleichberechtigte Vielsprachigkeit zunächst nur auf Bundesebene und im Verhältnis zwischen den Kantonen geschützt. Was den Umgang mit kantonsinternen Sprachminderheiten angeht, lässt die politische Autonomie alles offen. Einzelne zweisprachige Kantone (Wallis, Freiburg und Bern) oder der dreisprachige Kanton Graubünden kennen spezielle Statute für ihre Sprachminderheiten. Im übrigen herrscht das Prinzip der Assimilation vor: die Kantone verlangen von anderssprachigen Bürgerinnen und Bürgern, dass sie sich in den Schulen oder im Umgang mit Amtsstellen in der vorherrschenden Sprache des Kantons ausdrücken. Ein St. Galler in der Waadt wird also Französisch lernen müssen und kann sich nicht auf die Tatsache berufen, dass sein Deutsch eine verfassungs-

---

10 Der Verfassungsartikel 116 wurde 1938 auf Grund eines Vorstosses der Bündner Regierung eingeführt, um Rätoromanisch als vierte Landessprache offiziell zu etablieren. Die Revision von 1996 stand unter den Zielen der gleichwertigen Anerkennung der vier Landessprachen, der Förderung von Verständigung und Austausch zwischen den Sprachgemeinschaften, der Verpflichtung des Bundes zur Unterstützung der Kantone Graubünden und Tessin bei der Spracherhaltung sowie der Aufwertung des Rätoromanischen zur Teilamtssprache (APS 1996:311, APS 1995:295ff.).

mässige Landessprache ist. Damit sind die Auswirkungen des Föderalismus ambivalent. Er führt unter den räumlich-segmentierten Verhältnissen in der Schweiz zu einem doppelten Modell: auf Bundesebene schützt er die Gleichberechtigung der Sprachen, während er auf kantonaler Ebene der vorherrschenden Sprachmehrheit die Durchsetzung eines Assimilationsmodells durchaus erlaubt. Der Schutz von Minderheiten in gemischtsprachigen Kantonen schliesslich beruht typischerweise auf Garantien der verfassungsmässigen Sprachenfreiheit und nicht des Föderalismus.[11]

3. Proportionale Vertretung der Sprachgruppen: Entscheidend sind nun die Regeln zur proportionalen Teilhabe der sprachlichen Minderheiten an der politischen Macht. Da die unterschiedlichen Sprachkulturen nicht räumlich dispers verteilt, sondern auf ihre Kantone konzentriert sind, bot ihre proportionale Repräsentation im Parlament wegen der kantonalen Wahlkreise kein Problem. Mit der Einrichtung eines siebenköpfigen, gleichberechtigten Regierungskollegiums und mit der Verfassungsvorschrift, dass aus einem einzelnen Kanton nur ein Mitglied in den Bundesrat gewählt werden kann, wurden von allem Anfang an günstige Voraussetzungen zur proportionalen Machtteilung in der Exekutive geschaffen. Bei der Wahl beachtet die Bundesversammlung mehr und mehr die politische Tradition, dass der Bundesrat aus vier Mitgliedern deutscher, zwei Mitgliedern französischer und einem Mitglied italienischer Sprache zusammengesetzt ist.[12] Darüber hinaus ist es zu einer allgemeinen Proportionalisierung der Parlamentskommissionen, der Spitzenpositionen in Behörden und in allen Rängen des Verwaltungspersonals beim Bund gekommen. Ein Blick

---

11 Als einen der jüngsten Entscheide des Bundesgerichts zum Recht einer kantonalen Behörde, nur die eigene Mehrheitssprache als Amtssprache zuzulassen: Urteil 78.91 vom 12.5.1998 (Nichteintreten der Solothurner Justiz auf eine Beschwerde französischer Sprache). Welches Konfliktpotential die kulturell-sprachliche Differenz in mehrsprachigen Kantonen bergen kann, zeigt etwa das Beispiel Freiburgs, wo ehemals rein französischsprechende Gemeinden wie Marly aufgrund der Migration bedeutende deutschsprachige Minderheiten ausweisen. Ein typischer Konflikt entbrannte ob der Frage, ob deutschsprachige Eltern das Recht hätten, ihre Kinder in die deutschsprachigen Schulen nach Freiburg zu schicken. Solche Konflikte regeln die Kantone grösstenteils selbst im Rahmen ihrer politischen Autonomie. In letzter Instanz wirkt in vielen Fällen das Bundesgericht an der Streitschlichtung mit und bestimmt damit den konkreten Gehalt der verfassungsmässigen Sprachenfreiheit. So hat es zum Beispiel in der Frage des Umgangs mit Behörden für unzulässig erklärt, das Rätoromanische nicht als Gerichtssprache zuzulassen, obwohl der Anteil der romanischen Bevölkerung im betreffenden Gebiet nahezu 50 Prozent beträgt (Müller 1991:82). Andererseits ist es nach bundesgerichtlicher Praxis mit der Sprachenfreiheit noch vereinbar, dass im zweisprachigen Freiburger Saanebezirk mit rund 15'000 oder 26 Prozent Deutschsprachigen nur das Französische als Gerichtssprache anerkannt wird (BGE 106 Ia 299ff.). Hinsichtlich der Unterrichtssprache hat das Bundesgericht im BGE 100 Ia 462ff. entschieden, eine kleine Bündner Gemeinde sei nicht verpflichtet, für die Angehörigen der romanischsprachigen Minderheit (20 Prozent) Schulklassen zu führen, in welchen Rätoromanisch unterrichtet wird; die Sprachenfreiheit verlange auch nicht, dass die betreffende Gemeinde die Kosten des Schulbesuchs in einer Nachbargemeinde mit rätoromanischer Unterrichtssprache übernehme (Müller 1991:83).
12 Die Ausnahme betrifft die italienische Schweiz, die nur etwa während der Hälfte der Zeit einen Vertreter in der Regierung hatte. Dieser ging zumeist zulasten der Deutschsprechenden.

2 Integration multikultureller Gesellschaft

auf die Statistik zeigt, dass diese proportionale Verteilung recht genau eingehalten wird. Kritik an der Dominanz der Deutschschweiz, die in der Regel eher aus der Westschweiz als aus dem Tessin kommt, ist also insoweit unbegründet.[13]

Tabelle 2.1: Vertretung der verschiedenen Sprachgruppen in den Bundesbehörden und der Bundesverwaltung

	Deutsch	Französisch	Italienisch
Bevölkerung (nur CH-Bürger)	73,4	20,5	4,1
Repräsentation in Prozent			
Bundesrat	57,1	28,6	14,3
Bundesgericht	66,7	26,7	6,6
Nationalrat	74,0	22,0	4,0
Ständerat	71,7	23,9	4,4
Ausserparlamentarische Kommissionen	76,9	20,0	3,1
Kommissionspräsidenten des Nationalrates	91,7	8,3	0,0
Bundesverwaltung			
– gesamte Beamtenschaft	75,3	17,0	4,8
– Höhere Kader (Klassen 24–31)	74,6	18,6	3,1
– Spitzenbeamte (Überklasse)	72,1	23,9	3,8

Quellen: Volkszählung 1990, Germann (1981:75, 1996:155) sowie eigene Berechnungen und mündliche Auskünfte der Parlamentsdienste und des Bundesgerichts

Von ganz wenigen Ausnahmen abgesehen handelt es sich hier nicht um festgeschriebene Rechtsansprüche, sondern um «politische» Quoten, die sich als Usanz herausgebildet haben und an denen festgehalten wird, weil sie sich bewährt haben. Politische Quoten haben in der Schweiz erstaunliche Resultate für die proportionale Repräsentation der verschiedenen Sprachteile erbracht. Freilich garantiert proportionale Vertretung noch keine proportionale Einflussnahme. Stellen wir uns eine Verhandlungsrunde mit sieben Deutschschweizern, zwei Romands und einer Tessinerin vor. Das entspricht realen Verhältnissen und bevorzugt sogar ein wenig die Südschweiz. Allerdings können nun die sieben Deutschschweizer mit Zweidrittelsmehrheit entscheiden, ohne überhaupt die Argumente der andern zur Kenntnis zu nehmen. Und die andern müssen Deutsch lernen, bevor sie überhaupt verstehen, worum sich die Diskussion dreht. Natürlich haben die Minderheiten das Recht, Französisch oder Italienisch zu sprechen. Sie finden sich aber im Dilemma: reden sie in der Muttersprache, werden sie von den Deutschschweizern vielleicht gar nicht verstanden; reden sie Deutsch, so werden sie ihre Argumente weniger gewandt anbringen können.

13 Die mehrsprachigen Kantone kennen wenig formelle Regelungen zur proportional-politischen Vertretung ihrer Sprachminderheiten. Immerhin sichert das Wahlrecht von BE und VS je einen Sitz für die jeweilige Sprachminderheit in der kantonalen Regierung.

Wir stehen also trotz verfassungsmässiger Sprachenfreiheit, Föderalismus und proportionaler Vertretung vor der Situation, dass die sprachlichen Minoritäten politisch benachteiligt bleiben können. Was sind die Gründe dafür, dass dies nicht systematisch, also ständig geschieht? Die Antwort kann auf zwei Ebenen gefunden werden. Beobachter weisen oft auf die Sensibilitäten der deutschsprachigen Mehrheit hin: es wird tunlichst vermieden, die kulturell-sprachlichen Minderheiten vor den Kopf zu stossen. Diese politische Rücksichtnahme muss nicht unbedingt als typisch schweizerisch interpretiert werden; man kann sie auch als einen Fall «angemessenen» Verhaltens sehen, das Rollenträger je nach den Bedingungen ihrer Institutionen entwickeln (March/Olsen 1989). Für das *Verhaltensmuster sprachlich-kultureller Rücksichtnahme* waren wohl gleich mehrere Faktoren von Bedeutung. Erstens stand der Sprachgegensatz nicht ständig und nicht im Zentrum der politischen Auseinandersetzung; wirtschaftlich-soziale Interessengegensätze haben zumeist grössere Bedeutung. Zweitens sind sprachliche und konfessionelle oder wirtschaftlich-soziale Konfliktlinien nicht deckungsgleich. Die Romands sind nicht zugleich die Katholischen oder die wirtschaftlich Schwächeren. Vor allem aber war entscheidend, dass sich die politischen Parteien über die Sprachgrenzen hinaus national entwickelten. Unter diesen Bedingungen werden die wirtschaftlichen und sozialpolitischen Konflikte nicht ethnisch-kulturell organisiert wie etwa in Belgien. Das führte drittens dazu, dass Romands oder Tessiner sich manchmal in der Mehrheit befinden, während auch Deutschschweizer die Rolle als politische Minderheit erfahren. Wechselnde Koalitionen begünstigen Rücksichtnahme mit kulturellen Minderheiten, weil man sie irgendwann als Mehrheitsmacher benötigt. Insgesamt sind dies auch günstige Bedingungen für die *Neutralisierung des sprachlich-kulturellen Konflikts*.

4. Sprachenförderung: Das Erlernen einer zweiten Landessprache in der Volksschule ist obligatorisch, in höheren Schulen kommt eine dritte Landessprache oder Englisch dazu. Die Mehrsprachigkeit erfordert öffentliche Aufwendungen und Umverteilungen zugunsten der kleineren Sprachgruppen. Solche Kosten werden akzeptiert. Mit Ausnahme des Rätoromanischen wird für jede Sprachgruppe ein volles Fernseh- und Radioprogramm unterhalten. Die kleinste TV-Anstalt, «Radio Televisione della Svizzera Italiana», erhielt 1992 150 Mio. Franken oder 25% des gesamten Budgets für Radio und Fernsehen, was etwa dem Fünffachen des Bevölkerungsanteils entspricht. Schweizer empfinden die Mehrsprachigkeit ihres Landes als normal oder sind sogar stolz darauf. Allerdings ist es ein Mythos zu glauben, die Mehrsprachigkeit des Landes führe zur ausgeprägten Mehrsprachigkeit ihrer Einwohner.[14] Nur eine Minderheit nutzt Medien der anderen Landessprachen, womit auch die politische Kommunikation segmentiert bleibt. Schweizerinnen und Schweizer verständigen sich im persönlichen Gespräch leidlich über die Sprachgrenzen hinweg. Zur

---

14 Ein offizieller Bericht zu Fragen der Mehrsprachigkeit (Eidgenössisches Departement des Inneren 1989) zieht eine eher kritische Bilanz hinsichtlich der mehrsprachigen Kommunikation in der Schweiz. Vgl. auch Kriesi et al. (1996).

2 Integration multikultureller Gesellschaft 45

eigentlichen «lingua franca» wird allerdings zunehmend das Englisch. Viele Beobachtungen über die Sprachverhältnisse lassen sich auf das gesellschaftliche Leben übertragen: die kulturellen Eigenheiten und Unterschiede zwischen Romands, Deutschschweizern, Tessinern und den Rätoromanen bleiben trotz politischer Integration erhalten. Die Differenzen bereichern heute das gesellschaftliche Leben, erschweren es manchmal, sind aber nur in seltenen Fällen direkte Ursache politischen Konflikts. Zum Teil ist das Zusammenleben der Sprachkulturen auch bloss ein Getrennt-Leben in den Kammern des Kantonsföderalismus. Dieser bewahrt die horizontale Segmentierung der schweizerischen Gesellschaft und ermöglicht es den Tessinern, Romands, Rätoromanen und Deutschschweizern, nebeneinander zu leben, ohne sich gegenseitig zu stören (Watts 1991, 1996).

3. Der Jura – die Ausnahme der Integration einer kulturellen Minderheit

Der Jura stellt einen wichtigen Fall der jüngeren Geschichte dar, bei dem die politische Integration misslang. Der nördliche Jura fühlte sich als ethnische, sprachliche, religiöse und wirtschaftliche Minderheit des Kantons Bern benachteiligt. Die Region verlangte in einem über vierzigjährigen politischen Kampf, der von zivilem Ungehorsam und Gewalt gekennzeichnet war, die Trennung vom alten Kanton und politische Autonomie. Die Sezessionsbewegung hatte Erfolg: 1978 wurde der Jura zum eigenen Kanton.

Angesichts der Häufigkeit von ungelösten ethnischen, Sprachen- und Religionskonflikten in vielen Staaten erscheint es erstaunlich, dass die Schweiz bei der Integration ihrer sprachlich-kulturellen Minderheiten übers Ganze gesehen erfolgreich war. Man kann sich aber auch fragen, warum diese Integration in dem einen Ausnahmefall des Juras nicht gelang. Oberflächliche Erklärungen reichen nicht weit: Es gibt schliesslich keine Hinweise dafür, dass die Schweizer von Natur aus friedfertiger wären als Nicht-Schweizer, und der Jura weniger als die übrige Schweiz. Während die Geschichtswissenschaft eher die Besonderheiten einzelner Integrationsprozesse aufzeigt, glaubt die vergleichende Politikwissenschaft an die Möglichkeit, bestimmte Regelmässigkeiten für deren Gelingen oder Scheitern aufzeigen zu können.

Zu den wichtigen Faktoren für das Gelingen oder Misslingen sprachlich-kultureller Integrationsprozesse zählt z.B. Steiner (1998:268ff.):

– *Aussenpolitischen Druck:* Druck von aussen auf die staatliche Unabhängigkeit begünstigt die innergesellschaftliche Integration, allerdings nur dann, wenn Drittmächte nicht ein Direktinteresse mit einer der Minderheiten verfolgen. Ist die staatliche Unabhängigkeit nicht gefährdet, so kann innergesellschaftlicher Konflikt eher zur Desintegration führen.

– *Übereinstimmung oder Nicht-Übereinstimmung der kulturellen, sozialen und ökonomischen Konfliktlinien:* fühlt sich eine kulturelle Minderheit nicht nur sprachlich-kulturell benachteiligt, sondern auch religiös und wirtschaftlich, so sind das wegen des Zusammenfallens mehrerer Konfliktlinien ungünstige Bedingungen für die Integration. Nicht übereinstimmende Konfliktlinien dagegen erleichtern die Integration.

– *Mehrheitspolitik oder Machtteilung:* Mehrheitspolitik ist eine ungünstige Voraussetzung für die Integration religiös-kultureller Minderheiten, während die Beteiligung dieser Minderheiten an der staatlich-politischen Macht ihre Integration begünstigt.

Diese Hypothesen Steiners scheinen recht gut geeignet, sowohl die Regel wie die Ausnahme des Erfolgs schweizerischer Integrationsbemühungen zu erklären.

Für die gesamtschweizerische Integration lagen insgesamt günstige Bedingungen vor.[15] Als unmittelbarer Nachbar von kriegführenden Mächten war die nationale Unabhängigkeit der Schweiz bis 1945 unsicher; unter diesem Druck war das Gemeinsame wichtiger als das Trennende. Ein glücklicher Umstand war dabei, dass keiner der Nachbarn daran interessiert war, die innerschweizerischen Minderheitsprobleme für sich auszunützen. Dann stimmten, wie bereits angedeutet, die geographischen Grenzen der religiösen, sprachlichen und sozio-ökonomischen Segmentierung nicht überein. Unter den Romands finden wir protestantische Kantone wie Waadt und Neuenburg oder katholische wie das Wallis. Reiche und arme Kantone gibt es in beiden Sprachgebieten. Ein kumulativer Konflikt – z.B. der armen, katholischen Romands gegen die reichen, protestantischen Deutschschweizer – konnte sich nie entwickeln. Vielmehr bilden sich in der Politik Mehrheiten aus unterschiedlichen Koalitionen, die für jedes Problem anders zusammengesetzt sind. Jede Gruppe macht die Erfahrung, in bestimmten Situationen in der Minderheit zu verbleiben. Das förderte – neben den institutionellen Einrichtungen des Föderalismus und der proportionalen Machtteilung – eine Kultur politischer Rücksichtnahme und Nicht-Diskriminierung.

Waren damit die theoretischen Voraussetzungen für den schweizerischen Integrationsprozess allesamt günstig, so gilt dies gerade nicht für den Kanton Jura. Sein Gebiet repräsentierte eine katholische, französischsprechende Minderheit im protestantischen, deutschsprachigen Kanton Bern. Wie bereits erwähnt, ist die Gleichberechtigung der Sprachen und ihr Schutz durch den Föderalismus nur im gesamtschweizerischen Verhältnis gewährleistet. Zwar praktizierte der Kanton Bern kein Assimilationsmodell, sondern anerkannte die Minderheitssprache und räumte dem jurassischen Teil in späterer Zeit auch politische Teilhaberechte ein. Aber wie kaum in einem andern Gebiet fielen hier konfliktträchtige Segmentierungen zusammen: der Jura war nicht bloss französischsprechend, er war auch katholisch und ein Armutsgebiet an der Peripherie des Kantons. Diese zusammentreffenden Konfliktlinien führten auch zur ständigen Kumulation von Konflikten unter gleichen Koalitionen, in denen sich der jurassische Kantonsteil benachteiligt fühlen musste.

---

15 Zur vertieften theoretischen Auseinandersetzung vergleiche die Kapitel 11 und 14.

2 Integration multikultureller Gesellschaft

Schliesslich geht der Jurakonflikt auf historische Wurzeln zurück, die weit ins 19. Jahrhundert und früher zurückreichen. Bezeichnenderweise artikulierte er sich als starke Sezessionsbewegung aber erst nach dem Zweiten Weltkrieg, als die Unabhängigkeit der Schweiz von aussen nicht mehr bedroht war. Die theoretischen Voraussetzungen der Integration waren also ungünstig. Die Hypothesen Steiners scheinen demnach recht gut zu erklären, warum der schweizerische Integrationsprozess insgesamt erfolgreich war – aber auch in einem Ausnahmefall misslang.

Der Jura ist aber noch in einer weiteren Hinsicht bemerkenswert: er ist einer der seltenen Fälle, in denen sich auch in der Schweiz eine Ethnisierung der Politik entwickelte. Ein Teil der jurassischen Separatistenbewegung berief sich nämlich auf die andersartige Ethnie des jurassischen Volkes – was im Widerspruch zur «nicht-völkischen» Verfassungstradition stand. Und der Jura, den wir hier als Einheit behandelt haben, war in sich selbst gespalten: sein südlicher Teil war wirtschaftlich stärker und mehrheitlich protestantisch. Wie die schweizerische Politik mit diesen Problemen umging, wird in Kapitel 7 (Föderalismus) ausführlich behandelt.

D. Kapital und Arbeit: Vom Klassenkampf zu Sozialpartnerschaft und Konkordanz

Der sozio-ökonomische Gegensatz zwischen Kapitaleigentümern und Arbeiterschaft bildet die dritte historische Konfliktlinie in der schweizerischen Gesellschaft. Der Grundkonflikt liegt in der Mitproduktion von gesellschaftlicher Ungleichheit als Kehrseite des wirtschaftlichen Wettbewerbs und im Interessengegensatz um Lohn, Arbeitsbedingungen und die Beteiligung an den Rechten des Kapitals. Dieser Konflikt prägt den Industrialisierungsprozess und die Gesellschaft aller liberalen Demokratien. Auf politischer Ebene hat er als «soziale Frage» in den westeuropäischen Ländern zu einem rechten bürgerlichen und zu einem linken nicht-bürgerlichen Lager geführt. Allerdings unterscheidet sich die schweizerische Lösung dieses gesellschaftlichen Konflikts von den meisten anderen Ländern Europas: Es gab nie einen Machtwechsel zwischen bürgerlichen und nicht-bürgerlichen Regierungen wie in vielen Mehrheitsdemokratien, sondern eine lange Periode des Ausschlusses der politischen Linken aus dem bürgerlichen Staat. Erst spät – nach dem Zweiten Weltkrieg – wurde auch die wirtschaftlich-soziale Spaltung der Schweiz auf demselben Weg wie die kulturell-sprachlichen Spaltungen gelöst, nämlich durch politische Integration. Im Unterschied zu den konfessionellen und sprachlichen Spaltungen gab es im wirtschaftlich-sozialen Konflikt kaum räumliche Segmentierungen – weshalb z.B. der Föderalismus nichts zu seiner Lösung beitrug. Industrialisierung und Leistungsgesellschaft führten jedoch zu neuen sozialen Schichten, die sich hinsichtlich Beruf, Einkommen, Bildung und anderer Statusmerkmale unterscheiden. Von grösserer Bedeutung ist daher die Art und Weise der Organisation dieser Schichten sowie der beiden Seiten von Kapital und

Arbeit. Weiter unterscheidet sich der wirtschaftlich-soziale von den konfessionellen und sprachlichen Konflikten dadurch, dass er sich sehr viel stärker mit der wirtschaftlichen Dynamik selbst verändert.

1. Arbeiterklasse ohne Heimat

Die frühe schweizerische Industrialisierung entlang den Flüssen und ihrer nutzbaren Wasserkraft verlief dezentralisiert. Dies verhinderte die plötzliche Entstehung eines Massenproletariats in den Städten, führte aber wie in den anderen kapitalistischen Ländern zu sozialen Spannungen und zur Verarmung einer unterbezahlten, neuen Schicht der Fabrikarbeiter. Die Demokratie verhinderte weder die wirtschaftliche Ausbeutung der Arbeiter noch unmenschliche Arbeitsbedingungen. Der St. Galler Freisinnige Friedrich Bernet meinte dazu: «Die Verfassung von 1848 hat grosse Gewalt, finanzielle und politische, in die Hände weniger gelegt..., aber nur, um die Grossen noch grösser zu machen», während die «bäuerlichen, handwerklichen und Arbeiterschichten in ein gleichförmiges Proletariat absinken.»[16]

Zu dieser Zeit existierten weder eine sozialistische Partei noch eine starke Gewerkschaft. Es war ein Flügel des Freisinns, von Gruner (1964:40) als «Staatssozialisten» bezeichnet, welche die Interessen der Arbeiterschichten verteidigten. Sie waren besorgt über die wachsenden sozialen Ungerechtigkeiten, die in ihren Augen einer modernen Demokratie unwürdig waren. Sie initiierten die ersten Arbeitsschutzbestimmungen und das Verbot der Kinderarbeit. Diese Politik stand in krassem Gegensatz zum Flügel der «Manchester-Liberalen», die jeglichen Eingriff des Staates in den freien Markt unterbinden wollten.

Diese Auseinandersetzung um die Rolle des Staates bekam schnell eine Wende, die von der Sozialpolitik weg auf die unterschiedlichen Interessen im Unternehmerlager selbst führten. Die exportorientierten Industrieunternehmungen forderten Freihandel und wirtschaftspolitische Abstinenz des Staates, das binnenorientierte Gewerbe und die Landwirtschaft dagegen Schutzzölle vor ausländischer Konkurrenz und die Freiheit zur Begrenzung des einheimischen Wettbewerbs. Pragmatisch wurde gegen aussen Freihandel für die Exportwirtschaft und im Innern Schutzpolitik für Bauernschaft und Gewerbe betrieben. Diese Mischung zwischen Liberalismus und Staatsinterventionismus des Unternehmertums blieb kennzeichnend bis in die jüngste Zeit. Sie bildete die Basis für eine wirtschaftspolitische Interessengemeinschaft, die später das bürgerliche Lager von FDP, CVP und SVP zusammenhielt. Im übrigen stützte sich der Staatsinterventionismus von allem Anfang an auf die Selbstorganisation der Unternehmerschaft. Gewerbe, Handel, Industrie und Landwirtschaft hatten sich früh auf Bundesebene zu starken Verbänden organisiert, die den politischen Parteien und dem Parlament in der Wirtschaftspolitik schon um die Jahrhundert-

---

16 Zitiert nach Gruner (1964:40).

2 Integration multikultureller Gesellschaft

wende das Heft aus der Hand nahmen. Sie prägten die Gesetzgebung und wirkten mit im Vollzug.[17] Mit diesem verbandsstaatlichen Muster waren sie in der Lage, ihre Interessen zum Ausgleich zu bringen und den Staat punktuell für ihre Anliegen einzuspannen.

Anders die Lage der Arbeiterschaft. Zwar hatte sie ein gemeinsames Anliegen: die Verbesserung ihrer wirtschaftlich-sozialen Lage. Die Organisation der Arbeiterschaft stiess zu Beginn allerdings auf Schwierigkeiten, zumal in ländlichen Verhältnissen, wo der Paternalismus die Auswirkungen sozialer Ungleichheit lindern, gleichzeitig aber die eigene Identitätsbildung und Organisation der Arbeiter behindern mochte. Immerhin, nach ihrer Gründung 1888 konnte die Sozialdemokratische Partei ansehnliche Erfolge verzeichnen, und 1894 lancierte sie eine der ersten Volksinitiativen: ein Begehren «Recht auf Arbeit», das vierzig Jahre vor Keynes ein wirtschaftspolitisches Programm zur Ankurbelung der privaten Nachfrage forderte. Aber die Hoffnungen, mittels der direkten Demokratie soziale Reformen zu erreichen, verflüchtigten sich schnell. In der Volksabstimmung wurde die Vorlage in einem Verhältnis von 4:1 verworfen.

In den ersten beiden Jahrzehnten des 20. Jahrhunderts verschlechterte sich die Lage der Arbeiterschaft. Für die Zeit vor dem Ersten Weltkrieg stellen Historiker das Entstehen einer konservativen, nationalistischen, oft auch reaktionären und anti-demokratischen Rechten fest, die mit einem «Klassenkampf von oben» zur Radikalisierung der Sozialdemokratie beitrug.[18] Politisch marginalisiert durch das Zusammenspannen der bürgerlichen Kräfte, konnten Sozialdemokraten und Gewerkschaften nicht verhindern, dass die Arbeiterschaft den grössten Teil der Last der wirtschaftlichen Rückschläge während und nach dem Ersten Weltkrieg tragen mussten. Daran änderte auch der landesweite Generalstreik von 1918 nichts: auf ein Truppenaufgebot und ein Ultimatum des Bundesrats hin kapitulierte das Oltener Aktionskomitee. Es erreichte zwar den Achtstundentag, ging aber in seinen übrigen Forderungen leer aus.

In der Folge kam es zur verstärkten Spaltung der schweizerischen Arbeiterbewegung. Während katholische Teile der Arbeiterschaft schon längst in der christlich-sozialen Bewegung mitgingen und sich damit politisch eher ins bürgerliche Lager eingliederten, trennte sich der linke Flügel der SPS von der Mutterpartei und schloss sich 1921 mit den Altkommunisten zur Kommunistischen Partei der Schweiz (KPS) zusammen. Die KPS sah sich als revolutionäre Partei und als Teil der internationalen kommunistischen Bewegung. Sie zielte auf die Entmachtung der Bourgeoisie, sah in der bürgerlichen Demokratie ein blosses Instrument kapitalistischer Interessen und bekämpfte darum auch den Weg der «reformistischen» Sozialdemokratie. Sie setzte auf einen Klassenkampf, der die gesellschaftlichen Verhältnisse revolutionär umgestalten und die Arbeiterklasse an die politische und gesellschaftliche Macht bringen sollte. Neben häufigen Zwisten kam es indessen auch

---

17 Vgl. Gruner (1959:335–342); Katzenstein (1984); Linder (1983a); Farago (1987).
18 Vgl. Gruner (1987/88), Jost (1992) und Craig (1988).

zu Zweckbündnissen mit den Sozialdemokraten. In Genf und Zürich sowie weiteren Städten konnten Sozialdemokraten und Kommunisten durch gegenseitige Unterstützung regierungsfähige Mehrheiten bilden. Auf Bundesebene erreichten die Kommunisten während der ganzen Zwischenkriegszeit allerdings nie die Stärke und Bedeutung der SPS. Sie sorgten aber für eine zusätzliche Polarisierung innerhalb des schweizerischen Parteiensystems[19]. Zunächst schwankend zwischen Integration und Klassenkampf, kamen die Sozialdemokraten ab den dreissiger Jahren auf ihre traditionelle Linie zurück: Ablehnung des Kapitalismus, Bejahung der Demokratie. Die SPS verlangte darum proportionale Beteiligung in allen politischen Institutionen und setzte auf demokratische Reformen. Sie strebte eine Mischwirtschaft mit einem starken öffentlichen Sektor an, in welcher der Staat die sozialen Unterschiede ausgleichen sollte. Alles mit wenig Erfolg: die Bürgerlichen verweigerten der SP trotz vergleichbarer Wahlstärke wie FDP oder CVP den Einsitz im Bundesrat. Das Wirtschafts- und Beschäftigungsprogramm der Sozialdemokraten von 1934 [20] fand beim Volk keine Mehrheit. Statt dessen erliess die bürgerliche Regierung protektionistische Massnahmen zum Schutz von Gewerbe und Landwirtschaft. Sie waren wenig wirksam. Die Weltwirtschaftskrise brachte Massenarbeitslosigkeit, die 1936 mit 100'000 Stellensuchenden ihren Höhepunkt erreichte. Eine Sozialpolitik gab es kaum. Das soziale Klima war gespannt. Mehrere Streiks von aufgebrachten Arbeitern wurden mit militärischen Mitteln niedergeschlagen.

Während vier Jahrzehnten schwankend zwischen Klassenkampf und Hoffnung auf Integration[21], blieb der politischen Linken verwehrt, was Katholiken, Romands oder Bauern erreicht hatten: Einfluss im Bundesstaat[22], Teilhabe an der Regierung und am politischen Kompromiss. Bis zum Zweiten Weltkrieg fand in der schweizerischen Demokratie eine Integration kultureller Minderheiten und die wirtschaftspolitische Beteiligung der Unternehmerschaft aller Wirtschaftszweige statt, aber weder die Integration der Arbeiterschaft in den Staat noch ihre Beteiligung am bürgerlichen Regime.

---

19 Zur Geschichte der KPS: Stettler (1980). Zum Verhältnis von KPS und SPS: von Gunten/Voegeli (1980).
20 Dieses verlangte im Gegensatz zur bürgerlichen Politik nicht den Protektionismus einzelner Branchen, sondern die Ankurbelung der allgemeinen Beschäftigung durch verstärkte staatliche Investitionen. Es wäre etwa vergleichbar dem New Deal Roosevelts in den USA oder einem Keynesianischen Beschäftigungsprogramm.
21 Zum Wandel der wirtschaftspolitischen Konzeptionen der SPS: Scheiben (1987).
22 Anders in den Kantonen: schon um die Jahrhundertwende verschaffte sich die SP in den urbanen Industriekantonen BS, GE und ZH über den freiwilligen Proporz in Volkswahlen Eintritt in die Regierung, und vor Ende des Zweiten Weltkriegs war die SP in den Exekutiven von 15 Kantonen vertreten (AG, AR, BE, BL, BS, GE, GL, NE, SG, SO, SH, TG, TI, ZG und ZH) (Felder 1993).

2. Sozialpartnerschaft und Konkordanz

Es waren äussere Bedrohungen, die schliesslich zur Integration von Gewerkschaften und Sozialdemokratie führten.

a) Zur Regierungsbeteiligung der politischen Linken: Unter dem Eindruck von Hitlers Diktatur und des Faschismus gab die SP ihre antimilitaristische Haltung auf und stimmte für die Kredite zur Modernisierung der Armee vor Kriegsausbruch. Das vordringliche Ziel der Bewahrung der Unabhängigkeit im Zweiten Weltkrieg liess innere Konflikte in den Hintergrund treten. 1943, als die militärische Bedrohung durch Hitlerdeutschland ihren Höhepunkt überschritten hatte, die Probleme wirtschaftlicher und politischer Isolation sich aber eher vergrösserten, wurde mit Ernst Nobs zum ersten Mal ein Sozialdemokrat in den Bundesrat gewählt. Die einigende Wirkung der Kriegsjahre hielt an: die Sozialdemokraten mässigten ihre Kapitalismuskritik und wurden als gemässigte Reformpartei ab 1959 auf Betreiben der CVP gleichberechtigter Regierungspartner. Die Nachfolgeorganisation der kommunistischen Partei, die Partei der Arbeit, verlor dagegen mit ihrer fortgesetzten Klassenkampf-Politik ihren Anhang und wurde im Klima des Kalten Krieges politisch isoliert und diskriminiert. Das Wirtschaftswachstum machte die Zusammenarbeit zwischen Bürgerlichen und Sozialdemokratie attraktiv. Die Regierungskonkordanz nach der Zauberformel strahlte auf die Verfassungs- und Gesetzgebung aus: ein breiter wirtschafts- und sozialpolitischer Kompromiss erlaubte den Ausbau des Wirtschafts- und Sozialstaats (siehe Kasten 2.3) Damit entwickelte sich das, was in der Schweiz «Konkordanzdemokratie» genannt wird. Dieses Muster politischer Wirtschafts- und Sozialintegration war in den letzten zwanzig Jahren zwar mehreren Krisenmomenten ausgesetzt. Es gab Phasen und Bereiche der Polarisierung, in der die Regierungsbeteiligung der SP umstritten war. Mit dem Aufkommen des Neo-Liberalismus bröckelte der sozial-liberale Konsens. Schliesslich verengten die neuen sozialen Bewegungen, die Grünen und der neue Rechtskonservatismus die Handlungsspielräume der Regierungsparteien. Trotzdem hat der Konkordanzzwang der Volksrechte die Regierungsparteien zusammen gehalten. Die Konkordanz- oder Konsensdemokratie wurde zu einem dauernden Charakteristikum des schweizerischen Regierungssystems.

b) Zur Sozialpartnerschaft: Das zweite Element der Integration ist die Herausbildung der Sozialpartnerschaft zwischen Arbeitgeber- und Arbeitnehmerseite. Sie begann 1937 auf Betreiben des Bundesrats mit einem Vertrag zwischen den Arbeitgebern und den Gewerkschaften der Maschinenindustrie. Das sogenannte «Friedensabkommen» anerkannte die Gewerkschaften als die Vertreter der Arbeiterschaft, verlangte die Lösung aller Konflikte zwischen den Sozialpartnern auf dem Verhandlungswege und verbot sowohl Streiks als auch Ausschliessungen.[23] Nach dem Krieg verbreitete sich das Muster friedlicher, kollek-

---

23 Das Friedensabkommen von 1937 war nicht ganz neu. Seit Anfang des 20. Jahrhunderts gab es Gesamtarbeitsverträge zwischen einzelnen Arbeitgebern und Gewerkschaften. Allerdings brachte das Friedensabkommen zwei wichtige Neuerungen: Die Arbeitgeber wurden direkt an die Entscheidungen ihrer Organisation gebunden und Streiks bzw. Ausschliessungen wurden auch für den Fall einer Änderung des Friedensabkommens ausgeschlossen.

Kasten 2.3: Der Schweizerische Wirtschafts- und Sozialstaat

> In der Nachkriegszeit, vor allem seit den sechziger Jahren, weiteten sich die wirtschaftlichen und sozialpolitischen Staatstätigkeiten stark aus. Auf der einen Seite verstärkte der Bund sein Engagement im Ausbau der Infrastruktur für die Volkswirtschaft (Nationalstrassen und öffentlicher Verkehr, Kernenergie, Telekommunikation, Forschung und Hochschulen), betrieb Wettbewerbs-, Regional- und Strukturpolitik. Der Staat unterstützte damit das Wachstum der privaten Produktion sowie die Modernisierung der privaten Wirtschaft und hatte sich später mit der Umweltpolitik auch um die Beseitigung negativer Wachstumsfolgen zu kümmern. Auf der anderen Seite entbanden die staatlichen Sozialversicherungen die gesamte Bevölkerung vom individuellen Risiko der Krankheit, der Invalidität, des Alters oder der Arbeitslosigkeit. Der Ausbau des öffentlichen Gesundheits- und Bildungswesens erhöhte Lebenserwartung und Gesundheit sowie Ausbildungsniveau und Berufsfähigkeiten der Bevölkerung. Der Wirtschafts- und Sozialstaat erfüllte damit bedeutende Funktionen in der Entwicklung zur schweizerischen Wohlstandsgesellschaft.
>
> Der Wirtschafts- und Sozialstaat beruht auch in der Schweiz auf einem gesellschaftspolitischen Grundkonsens: der Staat garantiert den freien Leistungswettbewerb mit privater Gewinnorientierung. Das Wachstum der privaten Wirtschaft und ihre innovative Entwicklung ist das Ziel aller politischen Kräfte, denn dieses ermöglicht Vollbeschäftigung sowie die Finanzierung der wirtschafts- und sozialstaatlichen Leistungen über Steuern und Abgaben. Soziale und wirtschaftliche Ungleichheiten werden sowohl durch steuerliche Massnahmen wie durch die politische Verteilung meritorischer Güter (Bildung, Gesundheit) gemildert.
>
> Der heutige schweizerische Sozial- und Leistungsstaat ist grösstenteils ein Produkt der politischen Konkordanz seit 1960. Im Zuge des neo-liberalen Globalisierungtrends, der Finanzkrise der öffentlichen Hand und wegen ihrer geringen Steuerbarkeit sind einzelne Elements des Sozialstaats heute umstritten, und eine Fortsetzung der bisherigen Entwicklung scheint wenig wahrscheinlich.
>
> Im internationalen Vergleich nimmt sich der schweizerische Sozialstaat allerdings bescheiden aus. Seine Leistungen beanspruchen geringere Anteile des Sozialprodukts als in den meisten europäischen Ländern, und dies trotz der Tatsache, dass die Schweiz zu den reichsten Ländern gehört, aber keineswegs geringere soziale Ungleichheiten ausweist. Nach Armingeon (1996a:76) gehört die Schweiz damit weder zu den konservativen Wohlfahrtsstaaten wie Österreich und Deutschland noch zu den sozialdemokratischen Wohlfahrtsstaaten wie diejenigen Skandinaviens, sondern zu den liberalen, die in reichen Staaten wie Japan oder den USA mit einer eher schwachen politischen Linken vorzufinden sind.

tiver Konfliktregelung zwischen Arbeitgeber- und Arbeitnehmerseite über Gesamtarbeitsverträge in den meisten Wirtschaftszweigen. Von den gegenseitigen Vorteilen dieser Sozialpartnerschaft profitierten die Arbeitnehmerinnen mit steigendem Wohlstand vor allem in der Wachstumsphase bis in die siebziger Jahre. Mit der weltweiten Öffnung der nationalen Volkswirtschaften, die der Kapitalseite grosse Mobilitätsvorteile brachte, ist die Position der Gewerkschaften wie überall schwächer geworden.

Eine besondere Bedeutung hat die Sozialpartnerschaft jedoch durch ihre institutionelle Verknüpfung mit der staatlichen Wirtschafts- und Sozialpolitik erlangt. 1947 wurden, in den sog. «Wirtschaftsartikeln», die Beziehungen zwischen Wirtschaft und Staat verfassungsmässig geregelt. Nach Art. 32 BV werden die «zuständigen Organisationen» in den Fragen der Wirtschaftspolitik in der Gesetzgebung «angehört», und im späteren Vollzug «zur Mitwirkung herangezogen». Nun war eine solche Zusammenarbeit zwischen Staat und Verbänden nichts Neues. Sie existierte, wie bereits erwähnt, seit je, und war in den dreissiger Jahren insbesondere für den Branchenschutz von Gewerbe und Landwirtschaft praktiziert worden. Die Wirtschaftsartikel aber verstärkten diese Zusammenarbeit und verallgemeinerten sie für alle wichtigeren Fragen der Wirtschafts- und Sozialpolitik. Die Gewerkschaften, in der Sozialpartnerschaft gleichberechtigte Partner der Unternehmerschaft, wurden ebenfalls wichtige Partner in der Zusammenarbeit von Wirtschaft und Staat. Damit näherte sich der schweizerische Verbandsstaat jenem tripartiten Integrationsmuster, das die Politikwissenschaft in vielen europäischen Ländern vorfindet und als «Neo-Korporatismus» bezeichnet. Dieser zeichnet sich dadurch aus, dass alle wichtigen Konflikte zwischen Kapital und Arbeit durch deren Organisationen und unter Beizug des Staates geregelt werden. Mit der Verbreitung dieses Konfliktregelungsmusters in der Wirtschafts- und Sozialpolitik kann man auch die Schweiz als ein neo-korporatistisches Land bezeichnen. Allerdings unterscheidet sich der schweizerische Neo-Korporatismus von demjenigen anderer Länder in vier wichtigen Punkten. Erstens ist der Einfluss der Arbeitnehmer in der Schweiz geringer als in anderen europäischen Kleinstaaten wie Schweden, Österreich, Norwegen oder Holland, wo sich Arbeitgeber- und Arbeitnehmereinfluss ungefähr die Waage halten. Zweitens sind die Wirtschaftsorganisationen der Schweiz dezentral geblieben, und in jüngster Zeit verlagert sich die Regelung der sozialpartnerschaftlichen Konflikte zurück auf die Betriebsebene, womit sich die Rolle des Staates und der Einfluss des neo-korporatistischen Integrationsmusters vermindern. Drittens sind verbandsstaatliche Lösungsmuster in allen politischen Aufgabenbereichen anzutreffen und reichen damit über die Politikfelder hinaus, welche die internationale Politikwissenschaft als die Bereiche des Neo-Korporatismus identifiziert.[24] Viertens aber sind mit Beginn der neunziger Jahre die Interessengegensätze zwischen Binnen- und Exportwirtschaft stärker geworden, und mit der Liberalisierungs- und Privatisierungstendenz kommt es zu einer teils stärkeren Trennung von Wirtschaft und Staat. Beides drängt die korporatistischen Integrationsmuster zurück.

E. Grenzen der politischen Integration und des schweizerischen Pluralismus

In den vorangehenden Abschnitten haben wir gezeigt, wie Probleme des Zusammenlebens verschiedener Sprachen und Konfessionen, später auch die Interessengegensätze und Konflikte zwischen Arbeit und Kapital, auf dem Wege politischer Integration gelöst wurden. Diese politische Integration beruhte auf verschiedenen Regeln und Einrichtungen:

---

24 Zur Diskussion des schweizerischen Neo-Korporatismus: Kriesi (1980), Linder (1983), Farago (1987), Armingeon (1996a).

dem Verzicht auf Vorrechte einer einzelnen Kultur bei der Gründung des Nationalstaats, der Minderheitenrechte wie der Sprachenfreiheit, der vertikalen Machtteilung des Föderalismus, der Machtteilung mit Minderheiten durch ihre proportionale Beteiligung und schliesslich der Verhandlungs- oder Konkordanzdemokratie. All dies diente dem Ziel, jene nachteilige Auswirkung der Mehrheitsdemokratie zu vermeiden, an denen die Schweiz hätte scheitern können: die dauernde Zurücksetzung und Benachteiligung einzelner struktureller Minderheiten.

Diese politische Integration war nach aussen wichtig, vor allem in der Zeit beider Weltkriege für die Bewahrung der staatlichen Unabhängigkeit. Sie war aber auch bedeutsam nach innen: die Schweiz ist zu einer pluralistischen Gesellschaft geworden, in der die kulturellen Unterschiede bewahrt bleiben ohne Anlass zur Diskriminierung zu bilden, und in der alle Gruppen gleiche Chancen politischer und gesellschaftlicher Anerkennung haben. Auf politischer Ebene, aber auch als Zivilgesellschaft mit verhältnismässig wenig Aggression und Gewalt[25] hat die multikulturelle Schweiz Bemerkenswertes erreicht. Ein wichtiger Beurteilungsmasstab für die Qualität des politischen und gesellschaftlichen Pluralismus liegt aber auch darin, ob der Staat alle Partikularinteressen gleich behandelt und ob die politische Mehrheit Gesetze erlässt, die Ausdruck verallgemeinerungsfähiger Werte sind. Als solche Werte gelten vor allem: Demokratie, Menschenrechte, Grundrechte und Gleichheit.

In den sechziger Jahren schrieb der damalige Rektor der Hochschule St. Gallen und spätere Bundesrichter Otto K. Kaufmann einen vielbeachteten Beitrag unter dem Titel: «Frauen, Italiener, Jesuiten, Juden und Anstaltsversorgte» [26]. Er wies damit auf die wichtigsten Gruppen hin, die im schweizerischen System nicht nur politisch benachteiligt, sondern auch rechtlich in einer Weise behandelt waren, die den Anforderungen der Europäischen Menschenrechtskonvention nicht entsprachen. Die rechtlichen Diskriminierungen sind in der Zwischenzeit grösstenteils korrigiert worden[27]. Kaufmanns Beitrag weist aber auf ein grundsätzliches Problem hin: dass der schweizerische Integrationsprozess auch seine Kehrseite hatte, nämlich gesellschaftlichen Ausschluss und Marginalisierung (Sciarini et al. 1997).

So wurden Kinder von Fahrenden, die gängigen Vorstellungen bürgerlicher Ordnung nicht entsprachen, von ihren Eltern getrennt und in «sauberen» Heimen erzogen. Während des Zweiten Weltkriegs wurden nach Schätzung des Historikers Stadelmann (1998) etwa

---

25 In der jährlichen Statistik des Europarates nimmt die Schweiz mit rund 75 Inhaftierten pro 100'000 Einwohnern eine mittlere Position unter den europäischen Staaten ein. Betrachtet man die Zahl der Personen, die einem Gewaltverbrechen zum Opfer fallen, so liegt die Schweiz im unteren Bereich der europäischen Staaten. Vgl.: Bundesamt für Statistik (1990).
26 Vgl. Kaufmann (1965).
27 Das Jesuiten- und Klosterverbot wurde 1973 aufgehoben. Auch das Schächtverbot, welches das Schlachten von Tieren nach jüdischem Ritus untersagte, wurde aus der Verfassung gestrichen, aber durch ein entsprechendes Verbot im neuen Tierschutzgesetz von 1978 ersetzt. Vgl. APS 1976:89f, APS 1977:91 sowie APS 1978:87.

2 Integration multikultureller Gesellschaft 55

30'000 Juden an der Grenze zurückgewiesen, um den Behörden zusätzliche Schwierigkeiten mit dem nationalsozialistischen Deutschland zu ersparen. Lange entsprachen persönliche Rechte von Patientinnen und Patienten in psychiatrischen Kliniken, von Gefangenen oder Verhafteten dem europäischen Rechtsstandard nicht. Während und nach dem Kalten Krieg überwachte die Bundesanwaltschaft unter dem Vorwand des Staatsschutzes nicht nur einige extreme Aktivisten, sondern Hunderttausende von Bürgerinnen und Bürgern, die lediglich unorthodoxe politische Ideen oder Aktionen unterstützten. Die Kehrseite gesellschaftlicher Integration ist sozialer Druck zur Konformität, den nicht nur Intellektuelle und Schriftsteller spüren.

Gemessen an den normativen Ansprüchen von Demokratie und gesellschaftlicher Gleichheit stellt die lange Benachteiligung der Frauen den wohl wichtigsten Tatbestand der Diskriminierung dar. Bis 1971 war die Schweiz eine reine Männer- und damit eine halbe Demokratie. Auch die weitere gesellschaftliche Gleichstellung der Frau wurde erst 1981 auf Verfassungs- und 1995 auf Gesetzesstufe zur öffentlichen Aufgabe, also 20–30 Jahre nach den anderen europäischen Ländern oder der Bürgerrechtsbewegung der USA[28]. Immerhin scheint es, als ob die verspätete Gleichstellungspolitik einige Rückstände aufholen könne: so in der raschen Beseitigung aller Nachteile in der Rechtsordnung oder im Zugang der Frauen zu politischen Ämtern (Ballmer-Cao 1988, Ballmer-Cao et al. 1994). Es gibt Gemeindeexekutiven und -parlamente mit Frauenmehrheiten. Der Frauenanteil im eidgenössischen Parlament liegt über dem europäischen Durchschnitt. Das Proporzwahlrecht und die Tradition politischer Quoten für strukturelle Minderheiten mögen die rasche Entwicklung begünstigt haben.

Zum politisch virulentesten Integrationsproblem haben freilich die Beziehungen zwischen der einheimischen und der ausländischen Wohnbevölkerung und den Flüchtlingen aus der weltweiten Migration geführt. Seit den fünfziger Jahren verlangten verschiedenste Wirtschaftsbranchen den Zuzug ausländischer Arbeitskräfte. Diese kamen aus Italien, Deutschland, Frankreich, Österreich, später aus Spanien, Portugal, Jugoslawien und der Türkei. Insgesamt lebten 1997 über eine Million oder rund 20% Ausländerinnen und Ausländer in der Schweiz. Probleme des Zusammenlebens sind unausweichlich: schwierigere Konflikte am Arbeitsplatz, unterschiedliche Mentalitäten und Lebensweisen, geringes gegenseitiges Verständnis europäischer und aussereuropäischer Kultur, Minderheitssituationen von Schweizern in der Schule oder am Arbeitsplatz bergen sozialen Sprengstoff. Fremdenfeindliche Parteien entstanden. Sie verlangten auf parlamentarischer Ebene und mit Volksinitiativen Beschränkungen des Fremdarbeiterbestandes und weitere Massnahmen gegen die «Überfremdung» der Schweiz. In jüngerer Zeit konzentrierten sich die Überfremdungsparteien vor allem auf das Problem der Asylsuchenden aus der Dritten Welt, deren Zahl von Aufnahmegesuchen im Zuge der weltweiten Migrationsbewegungen auch in der Schweiz stark zugenommen hat.

---

28 Vgl. Mesmer (1988); Linder (1987/1988); Eidgenössische Kommission für Frauenfragen (1980–1990).

Tabelle 2.2: Ausländer und Asylsuchende in der Schweiz

Herkunft der Ausländer 1990:	Tausend	Prozent
Italien	379	34,5
Ex-Jugoslawien	141	12,8
Spanien	116	10,6
Portugal	86	7,8
Deutschland	83	7,6
Türkei	64	5,8
Frankreich	50	4,5
Österreich	29	2,6
England	17	1,5
Andere	135	12,3
Total	1'100	100
Asylsuchende	Anzahl Asylgesuche	Anteil der anerkannten Gesuche (%)
1975	1'324	91,5
1980	3'020	66,1
1985	9'703	14,2
1990	37'583	4,9
1995	17'021	14,9

Quellen: Société pour le développement de l'économie suisse (1992); Bundesamt für Flüchtlinge (1992, 1996) und zusätzliche direkte Information des Bundesamtes für Flüchtlinge.

Es ist kaum zu beantworten, ob die heutigen Probleme multikulturellen Zusammenlebens von Schweizern mit der Ausländerbevölkerung schwieriger sind als diejenigen, die sich im letzten Jahrhundert zwischen katholischen und protestantischen Kantonen oder zwischen Romands und Deutschschweizern stellten. Während aber damals die politischen Institutionen als eigentliches Instrument gesellschaftlicher Integration erfolgreich genutzt wurden, ist dies heute wenig der Fall. Eine Vorlage, welche die schwierige Einbürgerung von Ausländerinnen erleichtert und damit die Hürden politischer Integration auf europäisches Niveau gesenkt hätte, scheiterte in der Volksabstimmung von 1994. Und auf die steigende Zahl der Gesuche von Asylsuchenden reagierten die Schweizer Behörden mit einer entsprechenden Senkung der Anerkennungsquote, womit die jährliche Zahl der anerkannten Flüchtlinge bis 1990 ziemlich konstant blieb (vgl. Tabelle 2.2).

Offensichtlich ist es heute nicht möglich, Ausländerinnen und Ausländer auf dieselbe Art wie früher die eigenen Minderheiten zu integrieren. Ein Blick über die Grenzen belehrt uns, dass das Experiment multikulturellen Zusammenlebens heute weltweit stattfindet, und auch in grösserem Masstab als in der Schweiz. Die sog. «Schmelztiegel-Theorien», welche die Assimilation aller Minderheiten an die dominante Kultur voraussagten, haben sich nicht

2 Integration multikultureller Gesellschaft

bewahrheitet, selbst in den USA nicht, wo in San Francisco z.B. nur noch 30 Prozent der Gruppe der «WASP» (White Anglo-Saxon Protestants) angehören und mit rund 100 grösseren ethnischen Gruppen verschiedenster Herkunft zusammenleben. Hier sind es nicht politische Institutionen, sondern die urbane Zivilgesellschaft selbst, welche die kulturelle Integration vorantreiben. Das Vertrauen in die Integrationsfähigkeit der Zivilgesellschaft scheint auch für die Schweiz ein Stück weit berechtigt. Denn die schweizerische Gesellschaft weist immerhin eine lange Tradition innerer Multikulturalität aus und lebt heute mit dem grössten Ausländeranteil in Europa wenigstens vergleichsweise gut zusammen. Aber es gibt auch Grenzen der Integrationsfähigkeit, und für die Schweiz sind zwei Probleme neu.

Erstens hat die schweizerische Gesellschaft relativ wenig Erfahrung im Umgang mit Gruppen aussereuropäischer Herkunft gesammelt, deren Kultur sich deutlich von der christlich-abendländischen Tradition unterscheidet. Nicht nur Weltanschauung und Sprache dieser Gruppen, auch deren strukturelle Kultur (Funktion der Familie, von familialer und geschlechtlicher Rollenteilung, Funktion der Erwerbsarbeit und des Staates, von Ehre und Schande oder Recht und Unrecht etc.) stehen zum Teil in scharfem Gegensatz zu unserer eigenen Lebensweise. Hinter der Frage, ob der muslimische Vater seiner Tochter das Tragen des Tschadors in der Schule befehlen darf, steht bekanntlich die Frage, wie weit religiöse *und* familiale Kultur *innerhalb* einer Immigrantengruppe auch gegen Kernelemente unserer eigenen Gesellschaftskultur verstossen dürfen (z.B. individuelle Grundrechte und Selbstbestimmung).

Ein zweites Problem ist eher ökonomischer Natur. Dieselbe Globalisierung, welche die wirtschaftlichen Ungleichheiten im Weltmasstab verschärft, erleichtert auch die Migration. Die wohlhabende Schweiz ist ein attraktives Land internationaler Migration. Ökonomische Studien gehen oft davon aus, dass entwickelte Länder von der Immigration langfristig Vorteile ziehen. Das schliesst indessen nicht aus, dass für einzelne Regionen und bestimmte Gesellschaftsschichten die Nachteile überwiegen. Nicht unbedeutende Schwierigkeiten stellen sich zudem etwa in öffentlichen Sozialwerken (z.B. Arbeitslosen- oder Altersversicherung), wo etwa der tragende Grundsatz eines identischen Kreises von Beitragspflichtigen und Leistungsempfängern ins Wanken gerät.

Beide Probleme können mit den klassischen, institutionellen Mitteln politischer Integration nicht gelöst werden. In den letzten dreissig Jahre hat sich einiges an Unmut angesammelt und eine neue Polarisierung bewirkt, wie der politische Erfolg von Überfremdunsparteien zeigt. Das ist ein Indiz dafür, dass die Ausländerpolitik der Schweiz zumindest auf die beiden zuletzt erwähnten Fragen eine überzeugende Antwort noch nicht hat finden können.

Kapitel 3: Das Volk

A. Wer ist das Volk?

«Alle staatliche Macht geht vom Volke aus» – dieser Satz drückt einen Kerngehalt von Konstitutionalismus und Demokratie gleichzeitig aus: jede politische Herrschaft beruht auf dauerhaften Einrichtungen und auf Entscheidungen, die sich vor dem Willen des Volkes zu legitimieren haben. Doch wer ist das Volk? Die formale Antwort ist einfach: die Wahlberechtigten. Wer aber das Recht hat, an der Demokratie teilzunehmen, war gleichzeitig eine theoretische Streitfrage wie auch ein ständiger Konflikt in der realen Demokratie. Die europäischen Theoretiker liberaler Demokratie des 19. Jahrhunderts sahen die Demokratie als Einrichtung zum Schutz des aufstrebenden Bürgertums. Sie rechtfertigten die realen Beschränkungen des Zensus, der das Wahlrecht nur dem wirtschaftlich selbständigen Familienoberhaupt gewährte: Fielen die politischen Rechte auch den Lohnabhängigen zu, so würden diese die Vermögenden enteignen, und die «Demokratie als Schutz des Bürgertums» wäre gefährdet. John Stuart Mill war einer der ersten, der, mit dieser Antwort unzufrieden, als liberaler Theoretiker eine Ausweitung hin zum allgemeinen Erwachsenenwahlrecht forderte – freilich mit der interessanten Differenzierung nach geistigem Vermögen: die gut Ausgebildeten hätten ein mehrfaches, die gering Gebildeten ein einfaches Wahlrecht gehabt (Macpherson 1983). Heute sieht die Demokratietheorie in der geschichtlichen Auseinandersetzung vom beschränkten zum allgemeinen Erwachsenenwahlrecht einen der bedeutsamsten Prozesse politischer wie gesellschaftlicher Demokratisierung. Das Prinzip der «Inclusion», von dem der amerikanische Theoretiker Robert Dahl spricht (1989,119ff.), hat sich gegen alle Formen des Zensus durchgesetzt und die Diskriminierungen von Geschlecht, Religion oder Hautfarbe hinter sich gelassen. Dieser geschichtliche Prozess ist noch keineswegs abgeschlossen: noch sind in den meisten Demokratien jene Personen von der Teilhabe ausgeschlossen, die zwar als Einwohner Steuern bezahlen und die meisten zivilen Rechte geniessen, jedoch als Ausländer die Staatsbürgerschaft nicht besitzen. Und schliesslich könnte man sich auch denken, dass eines Tages zwar nicht Unmündige selbst, aber Eltern stellvertretend für ihre Kinder ein Wahl- und Stimmrecht ausüben, bevor diese mündig sind.

In der Schweiz sind gegenüber dieser allgemeinen Entwicklung drei Punkte bemerkenswert: Erstens hat sich in der Schweiz das allgemeine Männerstimmrecht früh durchgesetzt. Die Einschränkungen des Zensus waren relativ selten. Zweitens gab es einen Kanton, nämlich Neuenburg, der den Ausländern bereits 1850 ein beschränktes Stimm- und Wahlrecht gab. Im Gegensatz zu anderen Innovationen hat sich diese Einrichtung aber nicht auf dem föderalistischen Weg verbreiten können. Drittens erfolgte die Einführung des Frauenstimmrechts im Jahre 1971 spät. Die beiden letzten Punkte sollen kurz kommentiert werden.

1. Ausländerstimmrecht

Wenn Neuenburg den Ausländern bereits 1850 das Stimm- und Wahlrecht in kantonalen Angelegenheiten gab, so hat das seine historische Bewandtnis. Der Bund stipulierte die Niederlassungsfreiheit und die Pflicht, Bürgern aus andern Kantonen die politischen Rechte in Bundesangelegenheiten zu gewähren. Dies wurde nicht überall begrüsst, zumal die Beziehungen zwischen einzelnen Kantonen auch von gegenseitigen Animositäten geprägt waren. Das Argument der Neuenburger lautete nun: wenn der Bund verlangt, dass kantonsfremden Bürgern politische Rechte gewährt werden müssen, dann ist es billig, den Ausländern politische Rechte im eigenen Kanton zu geben. Das Beispiel hat keine Schule gemacht. Zwar gewährt auch der Kanton Jura den Ausländerinnen ein beschränktes Stimm- und Wahlrecht[1]. Den Gemeinden des Kantons Appenzell Ausserrhoden erlaubt die Verfassung, das kommunale Stimm- und Wahlrecht für Ausländer einzuführen. Davon hat bisher noch keine Gemeinde Gebrauch gemacht. Auch in jüngerer Zeit sind jedoch zahlreiche kantonale Volksinitiativen, Ausländern nach einer bestimmten Niederlassungszeit politische Rechte zu gewähren, ausnahmslos gescheitert, so in den Kantonen Waadt (1992), Genf (1993), Bern und Basel-Stadt (1994), Uri (1995) und Aargau (1996).[2] Hingegen gibt es in der ganzen Schweiz Kirchgemeinden beider Konfessionen, die das Ausländerstimmrecht kennen.

In der Schweiz – mit einem Ausländeranteil von fast 20 Prozent – wäre das Ausländerstimmrecht von besonderer Relevanz. Befürworter bemängeln, dass heute ein erheblicher Bevölkerungsanteil, der bedeutende Leistungen in Wirtschaft und Gesellschaft erbringt, von der politischen Partizipation ausgeschlossen ist. Das Ausländerstimmrecht wäre auch ein Schritt aktiver Integrationspolitik, an der die Schweizer Wohnbevölkerung ein Interesse haben könnte, weil sie der demographischen Überalterung entgegenwirkt. Offensichtlich überwiegen aber die Bedenken in der Stimmbürgerschaft diese Vorteile. Die Skepsis kann anscheinend auch durch die politologischen Befunde nicht zerstreut werden, wonach das Ausländerstimmrecht keine Veränderungen der parteipolitischen Gewichte bewirkt (Cueni/Fleury 1994:175–183).

2. Frauenstimmrecht

Der Einführung des Frauenstimmrechts 1971 ging ein langer und schwieriger Prozess voraus. Erste Versuche zur Einführung auf kantonaler Ebene scheiterten 1920/21 in Neuenburg, Basel, Glarus, Zürich, Genf und St. Gallen. 1929 wurde eine mit einer

---

1 Die Einschränkungen betreffen die Mindestwohnsitzdauer im Kanton (NE ein Jahr, JU 10 Jahre). Im Jura dürfen Ausländer zudem nicht an kantonalen Verfassungsabstimmungen teilnehmen. Die Einführung des passiven Wahlrechts scheiterte in beiden Kantonen in der Volksabstimmung (NE 1990, JU 1996).
2 Näheres in APS 1992:25, APS 1993:22, APS 1994:24f., APS 1995:23, APS 1996:23.

Viertelmillion Unterschriften versehene Petition für ein eidgenössisches Frauenstimmrecht eingereicht. Bundesrat und Parlament reagierten nicht. Erst 1959 kam es zur ersten Bundesvorlage. Die Männer lehnten im Verhältnis 2:1 ab. Im gleichen Urnengang genehmigten allerdings drei Kantone – Basel, Genf und Waadt – sowie eine Reihe von Gemeinden die politische Gleichstellung der Frau. Dies, und die Einführung in weiteren Kantonen, bereitete den Boden für die zweite eidgenössische Abstimmung vor: 1971 war die politische Gleichberechtigung der Frau erreicht.

Tabelle 3.1: Einführung des Frauenstimmrechts in 21 Ländern

Land	Jahr	Land	Jahr
Finnland	1906	Schweden	1921
Australien	1908	Grossbritannien	1928
Norwegen	1913	Spanien	1869/1931
Island	1915	Frankreich	1946
Dänemark	1918	Italien	1946
Österreich	1918	Japan	1947
Irland	1918/1922	Belgien	1948
Luxemburg	1919	Griechenland	1952
Niederlande	1919	Schweiz	1971
Deutschland/BRD	1919	Portugal	1974
USA	1920		

Quelle: Nohlen 1990:33

Für diesen langen Prozess und seinen späten Erfolg werden unterschiedliche Gründe geltend gemacht. Historikerinnen zeigen, dass es in der Schweiz frühe Frauenbewegungen gab, die aber nach den Rückschlägen in den zwanziger Jahren viel von ihrem Mut verloren hatten, das Frauenstimmrecht überhaupt zu verlangen (Mesmer 1988, Hardmeier 1997). Es mag dahingestellt sein, ob die schweizerische Gesellschaft in den fünfziger Jahren – verschont von den Sozialkatastrophen der Weltkriege – insgesamt konservativer gewesen wäre als andere, aber für Frauenfragen mag das sicherlich der Fall gewesen sein.[3] Als Iris von Roten 1958 ihr Buch «Frauen im Laufgitter» publizierte – ein kritischer und umfassender Bericht zur ökonomischen, politischen und sozialen Benachteiligung der Frau in der Schweiz – wurde das Werk zunächst von der Presse als skandalös zerrissen und die Autorin dann totgeschwiegen.[4] Erst 1991 erlebte das Buch eine zweite Entdeckung und wurde als das schweizerisches Pendant zu Simone de Beauvoirs «Le deuxième sexe» (1949) oder Betty Friedans «The Feminine Mystique» (1963) gepriesen.

---

3 Die erste umfassende soziologische Studie über die gesellschaftliche Stellung der Frau in der Schweiz datiert von 1974 (Held/Levy 1974).
4 von Roten (1991, [1958]). Zur Rezeption des Buches und zur Biographie der Autorin: Köchli (1992).

Aus politologisch-theoretischer Sicht, so meine Hypothese, gab es einen zusätzlichen und bedeutenden Faktor, nämlich das Erfordernis der direktdemokratischen Abstimmung. Das fundamentale Problem demokratischer Einführung des Frauenstimmrechts lag überall darin, dass zur Entscheidung dieser Frage nur die Männer stimmberechtigt waren. Dieser Umstand führte in einer direkten Demokratie zu einer grundlegend anderen Entscheidungssituation als in parlamentarischen Demokratien.

In parlamentarischen Systemen gab es inhärente Anreize für die politische Elite, das Frauenstimmrecht einzuführen: wer dies mit Erfolg versuchte, hatte eine gute Chance, die nächsten Wahlen – mit den Frauen – zu gewinnen. Die einzige Hürde war, dass die Männer mehrheitlich gegen das Frauenstimmrecht sein konnten – wie in der Schweiz. Diese war in parlamentarischen Systemen allerdings gut zu überspringen: die Partei, die das Frauenstimmrecht wollte, machte in ihrer Wahlplattform die übrigen Punkte ihres Programms so attraktiv, dass sie trotzdem von einer Mehrheit gewählt wurde, die ein saures neben vielen süssen Bonbons in Kauf nahm. Man kann dies theoretisch als «Positiv-Summen-Spiel» bezeichnen: eine Situation, bei der beide Seiten etwas gewinnen.

In der direkten Demokratie dagegen gab es keinen Anreiz für eine Parlamentsmehrheit, durch die Einführung des Frauenstimmrechts eine folgende Wahl zu gewinnen. Die direkte Demokratie bot auch keine Möglichkeit, den abstimmenden Männern den Verlust ihres Privilegs durch ein Kompensationsgeschäft zu versüssen: in Volksabstimmungen sind keine Kompensationsgeschäfte möglich wie im Parlament. Theoretisch war dies ein Null-Summen-Spiel: die eine Seite verlor (ihr Machtprivileg), was die andere Seite gewann (die politischen Rechte). So blieben als Ausweg nur die langfristige Überzeugungsarbeit, die zunehmende «Normalität» des Frauenstimmrechts in mehreren Kantonen und vielen Gemeinden sowie der allgemeine Wandel gesellschaftlicher Anschauungen über das Verhältnis von Frau und Mann.[5]

Heute liegt der Frauenanteil in politischen Behörden trotz später Einführung des Stimm- und Wahlrechts über dem europäischen Durchschnitt und dem der Nachbarländer Italien und Frankreich und etwa gleich hoch wie in Deutschland und Österreich. Bei den politischen Parteien der Linken und der Grünen, welche konsequent Frauenförderung betreiben, erreichen Frauen nicht selten paritätische Vertretung. Waren direkte Demokratie und beschränkter Parteienwettbewerb der Einführung der politischen Rechte der Frauen eher hinderlich, so begünstigt umgekehrt das Proporzwahlrecht den Einzug der Frauen in die Politik, vor allem in Wahlkreisen mit grösserer Sitzzahl. Der Frauenanteil in den proportional gewählten Parlamenten liegt durchwegs höher als in Exekutiven und im Ständerat mit Majorzwahl, wie folgende Tabelle zeigt.

---

5 Diese Interpretation widerspricht nicht Banaszaks Studie (1991). Sie vergleicht nicht nur den Einfluss der Initiative, sondern auch die «verschiedenen Dimensionen politischer Beteiligungsstrukturen» und kommt zum Schluss, dass der schweizerischen Frauenstimmrechtsbewegung die Unterstützung anderer Bewegungen oder Parteien fehlte. Den Grund sieht sie im schwachen und vielerorts sogar inexistenten Parteienwettbewerb.

Institutionen und Prozesse 63

Tabelle 3.2: Frauenanteile in Behörden von Bund, Kantonen und Städten 1996

Behörde	Zahl der Sitze	Frauenanteil in Prozent
Bundesrat	7	14,3
Ständerat	46	15,2
Nationalrat	200	21,5
Kantonale Exekutiven	164	14,6
Kantonale Parlamente	2999	23,2
Exekutive acht grösste Städte[6]	54	25,9
Parlament acht grösste Städte	215	35,4

Quelle: APS 1995 und 1996: Tabellenanhang

B. Die Wählerschaft

1. Politische Kultur: Einige Einstellungen und Werthaltungen im internationalen Vergleich

Unter politischer Kultur kann die Gesamtheit der Werthaltungen, Einstellungen und im weiteren Sinne auch der Verhaltensbereitschaft der Bürgerschaft zur Politik und zu ihrem politischen System verstanden werden[7]. Es gibt wenig systematische Untersuchungen, die zeigen könnten, wie sich das Demokratie- und Politikverständnis in der Schweiz von demjenigen anderer Länder unterscheidet. Umfrageergebnisse, die Armingeon/Freitag (1997) in ihrem Dreiländervergleich Schweiz, Deutschland und Österreich zusammengetragen haben, zeigen einige interessante Unterschiede:

---

6 Bern, Biel, Genf, Lausanne, Luzern, St. Gallen, Winterthur, Zürich, ohne Stadt(-kanton) Basel.
7 Linder/Longchamp/Stämpfli 1991:4. Gabriel Almond (1987), der Mitbegründer der Politischen-Kulturforschung, definiert sein Konzept politischer Kultur wie folgt:

1. Politische Kultur bezieht sich auf das Muster subjektiver Orientierungen gegenüber Politik innerhalb einer ganzen Nation oder ihrer Teilgruppen.
2. Politische Kultur hat kognitive, affektive und evaluative Bestandteile. Sie schliesst Kenntnisse und Meinungen über politische Realität, Gefühle über Politik und politische Werthaltungen ein.
3. Der Inhalt von Politischer Kultur ist das Ergebnis von Kindheitssozialisation, Erziehung, Medieneinfluss und Erfahrungen im Erwachsenenleben mit den Leistungen von Regierung, Gesellschaft und Wirtschaft.
4. Politische Kultur beeinflusst die Struktur von Regierung und Politik und ihre Leistungen, schränkt sie ein, aber determiniert sie sicherlich nicht völlig. Die Kausalpfeile zwischen Kultur, Struktur und Regierungsleistungen weisen in beide Richtungen.

Tabelle. 3.3: Politische Einstellungen, Werthaltungen und politische Kultur: Vergleichsdaten aus der Schweiz, Deutschland und Österreich

Zustimmung der Befragten in Prozent zu:	Schweiz	Deutschland	Österreich
Allgemeine Einstellungen			
Politisches Interesse	60	56	66
Einfluss auf Regierungshandeln	41	29	24
Zufriedenheit mit Demokratie	88	66	63
Viel Vertrauen in Parlament	69	50	27
Viel Vertrauen in Rechtssystem	71	65	53
Parteiverbundenheit, Wertorientierungen und politische Ideologie			
Verbundenheit mit einer politischen Partei	46	56	44
Wertorientierung Links	7	14	11
Wertorientierung Mitte	69	50	62
Wertorientierung Rechts	13	11	4
Regierung sollte Differenzen zwischen hohen und tiefen Einkommen reduzieren	43	61	81

Quelle: Armingeon/Freitag (1997:92–124). Die Daten entstammen unterschiedlichen Umfragen der neunziger Jahre mit entsprechenden Grenzen direkter Vergleichbarkeit.

Zunächst fällt das hohe Vertrauen in die Demokratie auf: 1995 waren in der Schweiz 88 Prozent der Befragten mit ihrem Funktionieren zufrieden. Das sind mehr als in Deutschland und Österreich, mehr auch als im Durchschnitt der 12 EG-Länder, in denen der Wert allgemeinen Demokratievertrauens in den letzten 20 Jahren zwischen 50 und 60% oszillierte. Auch in konkreteren Fragen erscheint das Vertrauensfundament schweizerischer Demokratie vergleichsweise gross: Bürgerinnen und Bürger setzen hohes Vertrauen in das Parlament und das Rechtssystem und glauben mehr als in anderen Ländern daran, das Verhalten der Regierung beeinflussen können. Letzteres erstaunt nicht, denn mit dem Referendum kann ja auch tatsächlich eine wirkungsvolle Oppositionsrolle gegen Regierung und Parlament ausgeübt werden. Allerdings bekunden Schweizerinnen und Schweizer trotz der Abstimmungsdemokratie kein höheres Interesse für die Politik als ihre Nachbarn. Auch Verbundenheit oder Sympathie für eine Partei ist in der Schweiz weniger verbreitet als in Deutschland. Schweizerinnen und Schweizer erwarten weniger von der Politik, wenn es um Fragen der Umverteilung geht: befürworten 81 Prozent der Österreicherinnen, dass die Regierung für einen Ausgleich der Einkommensunterschiede sorge, möchten dies nur gerade 43 Prozent der Schweizer. Auch in der generellen Wertorientierung der Bürgerschaft zeigen sich Unterschiede: die politische Mitte wird in der Schweiz noch mehr bevorzugt als in Deutschland und Österreich; linke politische Grundorientierungen sind seltener, rechte häufiger.

Institutionen und Prozesse 65

Es kommt vor, dass Umfragedaten zum Vertrauen in die Regierung oder ins Parlament kurzfristig starke Schwankungen ausweisen. Es wäre indessen verfehlt, solche Trends zu Systemkrisen hochzustilisieren. Zwar sprach man auch in der Schweiz in den sechziger Jahren von der «Vermassungskrise» der Demokratie, nach 1968 von den Legitimations- und Regierbarkeitskrisen des Staats, zehn Jahre später von der Parteienkrise und der Revolution durch soziale Bewegungen und Postmoderne, und in den neunziger Jahren macht die Krise des Nationalstaats in der Globalisierungsdebatte Furore. Solche Systemkrisen erscheinen im Nachhinein bedeutend weniger dramatisch, und über längere Zeiträume betrachtet bleibt auch ein Grossteil der Indikatoren politischer Kultur in den europäischen Ländern erstaunlich stabil (Kaase/Newton 1995:150ff.). Das dürfte insbesondere auch für den Fall der Schweiz gelten[8].

2. Politische Teilnahme

Im Gegensatz zum hohen Vertrauen, das die schweizerische Demokratie geniesst, sind Teilnahmebereitschaft und Teilnahme ihrer Stimmbürgerinnen und Stimmbürger an den Wahlen gering. Wie folgende Graphik zeigt, nimmt heute weniger als die Hälfte der Bürgerinnen und Bürger an eidgenössischen Wahlen teil. Der langfristige Trend der Wahlbeteiligung ist sinkend – und zwar seit der Einführung des Proporzwahlrechts.

Grafik 3.1: Beteiligung an eidgenössischen Volksabstimmmungen und Nationalratswahlen 1919–1995

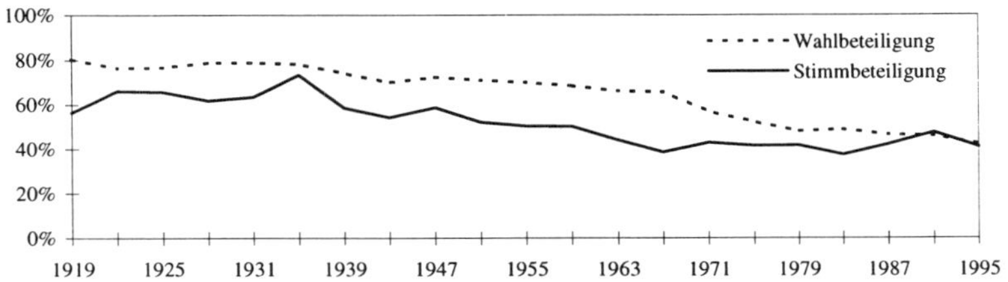

Stimmbeteiligung: Es handelt sich um Durchschnittswerte für die Abstimmungen, welche im Zeitraum von zwei Jahren vor bis zwei Jahre nach den jeweiligen Nationalratswahlen stattfanden. Bis 1931 wurden 1,5 vor bis 1,5 Jahre nach den Wahlen berechnet, entsprechend dem damals üblichen dreijährigen Rhythmus.

Quelle: Bundesamt für Statistik

---

8 Für eine nähere Auseinandersetzung mit der Frage der «Vertrauenskrise» der schweizerischen Institutionen vgl. Brunner/Sgier (1997:107).

Der Trend sinkender Wahlbeteiligung ist keine schweizerische Besonderheit; er findet sich in den letzten 30 Jahren in geringem Ausmass auch in andern Ländern, z.B. Finnland, den Niederlanden oder den USA. Die Forschung nennt dafür vor allem gesellschaftliche Gründe: im Zuge des Wertewandels und der Individualisierung löst sich die einzelne Person aus gesellschaftlichen Bindungen. Politische Teilnahme ist vor allem bei den Jüngeren weniger eingebettet in gemeinschaftliche Formen des Vereins- oder Kirchenbesuchs. Die Bindungen an eine politische Partei lockern sich. Teilnahme an Wahlen wird nicht mehr als staatsbürgerliche Pflicht aufgefasst, sondern als Option, ein Recht, das man ausüben kann oder nicht. An den Nationalratswahlen von 1995, an denen sich nur 42,3 % der Wählerschaft beteiligten, gingen nach Wernli (1998: 71ff.) vor allem noch jene zur Urne, die sich über ein ausgeprägtes politisches Interesse, überdurchschnittliche politische Kenntnisse und die Identifikation mit einer politischen Partei ausweisen konnten. Es sind also vor allem politisch-psychologische Faktoren, welche zu einer Teilnahme an den Wahlen führen. Dies gilt für Männer und Frauen wie für die verschiedenen Bildungs- und Einkommensschichten sowie Berufsgruppen, die sich im Gegensatz zu vielen andern Ländern ziemlich gleichmässig beteiligen.

Erklärungsbedürftig bleibt aber der beträchtliche Niveauunterschied: warum liegt die Wahlbeteiligung in der Schweiz heute mehr als 25 Prozentpunkte tiefer als im langjährigen Durchschnitt der europäischen Länder, wie Tabelle 3.4 zeigt? Dafür werden vor allem institutionelle Gründe angeführt[9]. Schweizerische Wahlen sind weniger bedeutsam als Wahlen in einer parlamentarischen Demokratie: es findet kein Machtwechsel zwischen Regierung und Opposition statt, der Parteienwettbewerb ist begrenzt. Wahlen sind auch entlastet von vielen politischen Konflikten um Sachfragen, die bei anderer Gelegenheit an Volksabstimmungen direkt entschieden werden. Schweizerische Parlamentswahlen sind darum sog. «low salience»-Wahlen, für die eine geringere Beteiligung zu erwarten ist, weil es um weniger geht (Klöti/Linder 1998:304). Derselbe Effekt lässt sich an den Wahlen ins Europäische Parlament feststellen, die, weil weniger bedeutsam für die Wählerschaft, eine erheblich geringere Beteiligung auszulösen vermögen als Landeswahlen in den einzelnen Staaten der Union. Weitere Plausibilität erhält die «low-salience»-These vor dem Hintergrund der Arbeiten des holländischen Wahlforschers Oppenhuis (1995:69ff.). Dieser findet für die europäischen Parlamentswahlen ähnliche politisch-psychologische Faktoren der Teilnahmebereitschaft wie Wernli für die Schweiz, nämlich politisches Interesse und Parteinähe.

Vereinfacht lässt sich also sagen, im Trend der sinkenden Wahlbeteiligung drücke sich ein allgemeiner gesellschaftlicher Wandel aus, den die Schweiz mit anderen Industriegesellschaften teilt, während das tiefere Niveau der Beteiligung vor allem auf die politisch-institutionelle Besonderheit einer geringen Bedeutung der Parlamentswahlen zurückzuführen ist.

9 Zu den europäischen Unterschieden der Wahlbeteiligung aus dieser Perspektive: Freitag (1996).

Tabelle 3.4: Wahlbeteiligung bei Parlaments- und Präsidentschaftswahlen in 15 Ländern (1960–1993)

Land	durchschnittliche Wahlbeteiligung (in %) 1960–1974	durchschnittliche Wahlbeteiligung (in %) 1975–1993
Belgien[1]	91.0	94.0
Italien[1]	93.0	90.3
Niederlande[2]	88.2	84.4
Dänemark	87.4	86.1
Deutschland	88.1	85.9
Finnland	83.4	73.8
Frankreich	77.7	73.5
Grossbritannien	75.5	75.6
Irland	74.8	72.8
Japan	71.8	70.8
Norwegen	82.1	81.5
Österreich	93.0	90.9
Schweden	87.6	89.4
Schweiz	61.7	48.3
USA	62.0	54.8
alle Länder Mittelwert	81.2	78.1

1 Länder mit allgemeiner Wahlpflicht (in Belgien strafrechtliche Sanktionen möglich).
2 Wahlpflicht bis 1970.

Quelle: Freitag (1996:105)

Diese allgemeinen Regelmässigkeiten erklären freilich nicht, warum die Beteiligung in den einzelnen Kantonen um fast 50 Prozentpunkte variiert. So gingen bei den Wahlen von 1995 in Schaffhausen 64,4 Prozent, in Glarus dagegen bloss 24,7 und in Appenzell Innerrhoden gar nur 17,5 Prozent der Stimmberechtigten zur Urne. Tiefste Beteiligungen gibt es in der Regel bei blossen Bestätigungswahlen, dem Extremfall einer «low salience»-Wahl, in denen wegen fehlender Konkurrenz durch andere Kandidaten keine echte Wahl zustande kommt. Das Schaffhauser Resultat zeigt umgekehrt den hohen Einfluss der Wahlpflicht, der nur noch in diesem Kanton praktiziert wird. Es wäre indessen verfehlt, die Wahlpflicht als alten Zopf abzutun: Wernli (1998:89) belegt, dass in diesem Kanton nicht nur die Wahlbeteiligung, sondern auch das politische Interesse, die politischen Kenntnisse und Parteibindungen grösser sind als in andern Kantonen. Wo schliesslich mit häufigen Sachabstimmungen eine intensivere direkte Demokratie praktiziert wird – vor allem in Deutschschweizer Kantonen –, liegt die Wahlbeteiligung höher. Eine Kultur aktiver Referendumsdemokratie stützt also vermutlich auch die Wahldemokratie.

Aus all diesen Befunden darf allerdings nicht auf eine generell geringere und sinkende Partizipationsbereitschaft der Schweizerinnen und Schweizer geschlossen werden. Wie wir in Kapitel 6 über die sozialen Bewegungen näher sehen werden, ist die politische Beteiligung an Aktionen sozialer Bewegungen seit den späten sechziger Jahren stark angestiegen und liegt im Vergleich zu einigen Nachbarländern relativ hoch. Der aktive Teil der Bürgerschaft beteiligt sich nicht nur an Wahlen und Abstimmungen, sondern erweitert sein Repertoire durch andere Teilnahmeformen wie das Unterschreiben von Petitionen, das Mitmachen in neuen Bewegungen wie der Frauen oder des Friedens, in Umweltorganisationen, an Demonstrationen oder Streiks.

3. Das Profil der schweizerischen Wählerschaft

1. Sozialstatistische Merkmale: Als erstes lässt sich fragen, wie weit sich die verschiedenen Alters- oder Bildungsschichten, Einkommensgruppen oder Frauen im Gegensatz zu Männern einer bestimmten, bevorzugten Partei zuwenden. Die bisher grösste Wahluntersuchung des «Selects» Teams hat aus der Befragung von 2000 Personen zur Wahl von 1995 aufschlussreiche Ergebnisse gewonnen.[10]

Tabelle 3.5: Sozialstatistische Merkmale der Wählerschaft der Bundesratsparteien 1995, Angaben in Prozent der Befragten

Sozialstatistische Merkmale der Wählerschaft	SP	CVP	FDP	SVP	Alle Befragten
Geschlecht:					
– männlich	46	47	49	54	48
– weiblich	54	53	51	46	52
Alter					
– 18–44 Jahre	52	44	40	36	46
– 45 Jahre und älter	48	56	60	64	54
Bildungsgrad					
– tief/mittel	57	63	64	72	62
– hoch	43	37	36	28	38
Einkommen					
– tief/mittel	61	69	52	65	62
– hoch	39	31	48	35	38
Sozialer Status					
– Angestellte/Fachkräfte	72	63	61	62	66
– Führungskräfte/Selbständig	28	37	39	38	34
Anzahl Befragte	328	139	236	163	1233

Quelle: Farago (1996:20).

[10] Für die Gesamtdarstellung der Ergebnisse: Kriesi/Linder/Klöti (1998). Das «Selects-Projekt» ermöglichte zudem die Untersuchung der kantonalen Wählerschaft anhand von 10 zusätzlichen kantonalen Stichproben.

Institutionen und Prozesse 69

Die Tabelle zeigt, dass sich die Wählerschaft der grossen schweizerischen Parteien in soziodemographischer Hinsicht nur noch wenig unterscheidet. Zwar weisen drei Merkmale in die gleiche Richtung: Die Wählerschaft wird etwas männlicher, älter und weniger gebildet, wenn wir von den Sozialdemokraten über die Christlich-demokratische Volkspartei und die Freisinnigen zur Schweizerischen Volkspartei blicken. Entgegen gewohnten Vorstellungen ist der Anteil der niedrigen und mittleren Einkommen nicht bei der SP, sondern bei der CVP und der SVP am grössten, obwohl diese beiden Parteien einen gleich hohen Anteil an Führungskräften und Selbständigen ausweisen wie die FDP-Wählerschaft mit den höchsten Einkommen. Hoher Berufsstatus, hoher Bildungsgrad und hohes Einkommen kristallisieren sich also nicht mehr stark bei einer einzigen sozialen Gruppe oder der gleichen politischen Partei. Die Zahlen bestätigen, dass sich die schweizerischen Parteien von einstigen Milieuparteien hin zu Volksparteien gewandelt haben (Neidhart 1986:45).

2. Allgemein-politische Orientierungen und die Bewertung politischer Ziele: Auch wenn sich die Wählerschaft der Bundesratsparteien in soziodemographischer Hinsicht stark angeglichen hat, so unterscheidet sie sich umgekehrt stark in ihren allgemeinen Werthaltungen und Orientierungen sowie in der Bewertung konkreter politischer Ziele:

Tabelle 3.6: Allgemein-politische Orientierung und Bewertung politischer Ziele durch die Wählerschaft der Regierungsparteien, Angaben in Prozent der Befragten

	SPS	CVP	FDP	SVP
Allgemein-politische Orientierung				
Links	69	12	8	4
Mitte	20	46	36	25
Rechts	11	42	56	71
Bewertung politischer Ziele: für				
Eine starke Armee	23	64	69	83
Höhere Sozialausgaben des Bundes	64	23	29	22
Einen EU-Beitritt	76	53	64	11
Gleiche Chancen für Ausländer	70	49	41	31
Verteidigung schweizerischer Traditionen	42	68	67	88
Starke Betonung von Ruhe und Ordnung	50	75	80	85
Priorität von Umweltschutz gegenüber Wirtschaftswachstum	62	45	38	37
Höhere Steuern auf hohen Einkommen	81	60	50	57
Eine Schweiz ohne Kernenergie	72	51	43	40

Quelle: Farago (1996:24ff.)[11]. Gleiche Zahl der Befragten wie in Tabelle 3.5.

11 Die Tabelle fasst die «stark dafür» und «eher dafür» Antworten aus einer Fünfer-Skala zusammen.

Zunächst ist der Links-Rechts-Gegensatz als allgemeine politische Orientierung entgegen häufig geäusserter Meinung in der Wählerschaft durchaus präsent. Er bewirkt eine eindeutige Lagerbildung zu den drei bürgerlichen Parteien auf der einen und zur linken SP auf der anderen Seite. Bürgerliches und linkes Lager weisen einen geradezu spiegelbildlichen Anteil von Wählerinnen mit linker bzw. rechter politischer Orientierung aus. Es liesse sich allerdings auch fragen, ob die allgemeine Orientierung der Wähler nicht auf eine dreiteilige Lagerbildung verweist: die in den Wahlen 1995 nach rechts gerutschte SVP bildete demnach einen Gegenpol zur linken SP, während CVP und FDP, mit ihrem stärkeren Anteil an Mitte-Wählerinnen, das «Mitte-Lager» eines tripolaren Systems repräsentierten. Die Einstellungen der Wählerschaft zu neun politischen Sachfragen, die in der «Selects»-Wahlstudie 1995 mit befragt wurden, raten eher zur Skepsis gegenüber dieser häufig geäusserten These. Zunächst decken sich die Meinungen der Wähler mit den traditionellen Haltungen bürgerlicher Parteien auf der einen, der SPS auf der anderen Seite. Das bürgerliche Lager aus CVP, SVP und FDP kann sich auf klare, befürwortende Mehrheiten ihrer Wählerbasis in einer Reihe ihrer bevorzugten Positionen verlassen: für eine starke Armee, für eine Begrenzung des Sozialstaats, für die Priorität des Wirtschaftswachstums gegenüber der Ökologie, für die Bewahrung schweizerischer Tradition, die Betonung von Ruhe und Ordnung und bessere Chancen für Schweizerinnen gegenüber Ausländerinnen. In all diesen sechs Fragen finden wir das gewohnte Bild einer relativ homogenen bürgerlichen Wählerschaft, welche als Mehrheit dem linken Lager aus Sozialdemokraten (und heute oft auch der Grünen) gegenübersteht.

In drei Sachfragen stimmt diese Lagerbildung nicht mehr, wenn es um die Präferenzen der Wählerschaft geht. Die Idee der Umverteilung über vermehrte Besteuerung hoher Einkommen könnte erstaunlicherweise eine atypische Koalition von SP, CVP und SVP-Wählerinnen gegen die FDP finden. Nur die beiden letzten Sachfragen aus der Selects-Umfrage schliesslich lassen sich im Sinne eines tripolaren Systems interpretieren, bei dem ein Mitte-Lager von FDP und CVP auch mit der politischen Linken koaliert: In der Frage der Kernenergie könnte die CVP-Wählerschaft eine entscheidende Rolle sowohl als Partnerin des links-grünen Lagers für den Ausstieg wie als Mitglied der bürgerlichen Pro-Kernkraft-Koalition spielen. Am auffälligsten ist jedoch die Spaltung der Wählerschaft in der Frage der europäischen Integration. Hier finden sich klare Mehrheiten der Wählerbasis der Linken und der politischen Mitte für einen EU-Beitritt der Schweiz, während die SVP zur bevorzugten Partei der Anti-Europäer geworden ist.

4. Motive des Wahlentscheids

Eine zentrale Hauptfrage politischen Verhaltens lautet: welche Gründe veranlassen eine Wählerin, ihre Stimme für eine bestimmte Partei abzugeben?

1. Sozial-strukturelle Bindungen: Gemäss der ältesten Schule der internationalen Wahlforschung[12] ist die Wählerin eingebunden in gesellschaftliche Organisationen, die ihre individuellen Interessen (z.b. als Unternehmerin, Arbeiterin, Bäuerin) auf politischer Ebene zuverlässig vertritt. Nach dieser Theorie bestimmen gesellschaftlicher Status oder die Zugehörigkeit zu einer Schicht auch den Wahlentscheid. Für einen solchen direkten Zusammenhang finden sich in der schweizerischen Wählerschaft zunächst wenig Hinweise. Die sozialstrukturellen Merkmale von Einkommen, Bildung oder Berufsstatus bleiben ohne statistisch bedeutsamen Einfluss auf die Parteiwahl. Wie bereits erwähnt, sind damit die politischen Parteien von einstigen Milieu- zu unspezifischen Volksparteien geworden. Immerhin sind zwei der vier traditionellen sozialstrukturellen Spaltungen europäischer Industriegesellschaften in der schweizerischen Wählerschaft auch heute noch bedeutsam: Mit einem Katholikenanteil von rund 75 Prozent ist die CVP ist nach wie vor eine Partei katholischer Wählerinnen und Wähler (wenn auch keineswegs die Partei aller Katholiken). Den Gegenpol in der konfessionellen Spaltung bildet die SVP, deren Wählerschaft sich stärker aus dem protestantischen Lager rekrutiert. Die zweite bedeutsame Spaltung ist diejenige der Rechts-Links-Orientierung, die auf den sozialen Interessengegensatz zwischen abhängig Beschäftigten und Unternehmertum zurückgeht. Sie führt zur Wahl einer bürgerlichen oder einer nichtbürgerlichen Partei. Ob die konfessionelle und die Rechts-Links-Orientierung eher dem Einfluss gesellschaftlicher Organisationen, oder, wie Linder (1998:140) aufgrund seiner Befunde vermutet, auf Prägung und Gewohnheiten des Elternhauses zurückgehen, ist noch wenig geklärt. Die zwei weiteren sozialstrukturellen Spaltungen, der Stadt-Land- und der Zentrum-Peripherie-(bzw. Deutschschweiz-Romandie-) Gegensatz sind aufgrund der Selects-Untersuchungen nicht relevant oder aussagekräftig.

2. Sozialpsychologische Faktoren: zu diesen gehören das Interesse für Politik, Einstellungen zu bestimmten politischen Themen oder die Sympathie für eine bestimmte politische Partei. Nach Ansicht des sozialpsychologischen Ansatzes der sog. «Michigan-Schule» bilden sich solche Einstellungen im frühen Erwachsenenalter heraus und bleiben im späteren Leben zumeist konstant. Darum sieht diese Theorie das politische Verhalten weit weniger eingebunden in die vorgegebene Sozialstruktur. Für den Wahlentscheid der schweizerischen Wählerschaft nun erwiesen sich die sozial-psychologischen Faktoren als die einflussreichsten (Linder 1998: 141ff.): Die Nähe zu einer politischen Partei bildet das gewichtigste Motiv für den Wahlentscheid. Das ist deshalb erstaunlich, weil die Parteibindungen der schweizerischen Wählerschaft in den letzten 20 Jahren einer starken Erosion ausgesetzt waren. Konnten sich 1975 noch 60 Prozent aller Wahlberechtigten mit einer bestimmten politischen Partei identifizieren, so sank dieser Anteil in den Wahlen von 1995 auf 42 Prozent. Entgegen den Erwartungen beeinflussen auch die Einstellungen zu

---

12 Für eine ausführlichere Darstellung der drei Schulen des sozial-strukturellen, des sozialpsychologischen und des ökonomischen Rational-Choice-Ansatzes aus schweizerischer Sicht: Hardmeier (1995), Kriesi/Linder/ Klöti (1998) sowie das Kapitel 10.

wichtigen Sachfragen den Wahlentscheid. So vermochte die SVP 1995 mit ihrer pointierten Position gegen die europäische Integration ein zusätzliches Wählerpotential zu mobilisieren, während umgekehrt die integrationsfreundliche Wählerschaft bevorzugt FDP oder SP wählte. Höhere oder geringere Aufwendungen für Armee und Sozialstaat oder die Besteuerung hoher Einkommen sind kontroverse Sachfragen, in welchen SP und FDP prominent gegenteilige Auffassungen vertreten; dies beeinflusst auch die Präferenz der Wählerschaft für eine der beiden Parteien. Obwohl Sachfragen letztlich in Abstimmungen entschieden werden, berücksichtigen Bürgerinnen und Bürger ihre Präferenzen dazu bereits im Wahlentscheid für eine Partei. Wahlen und Abstimmungen sind also nicht zwei verschiedene Paar Schuhe; jedenfalls werden Wahlen durch die Referendumsdemokratie weniger entlastet, als man dies aufgrund der institutionellen Theorie erwarten dürfte. Schliesslich sind schweizerische Wahlen kaum Persönlichkeitswahlen. Schweizerische Politiker können – von Ausnahmen wie des SVP-Wortführers Christoph Blochers in der Wahl von 1995 abgesehen – kaum als Wahlmagneten wirken.

3. Nutzenüberlegungen: Nach der ökonomischen Theorie der Politik bilden Nutzenüberlegungen das zentrale Motiv politischen Verhaltens. Schloeth (1998:161ff.) findet wenig Anhaltspunkte für einen direkten Einfluss wirtschaftlicher Nutzenmotive auf den Wahlentscheid. Wer sich beispielsweise 1995 von der Beschäftigungs-Unsicherheit bedroht fühlte, wählte nicht stärker die SP als andere Parteien. Es gibt auch kaum Hinweise dafür, dass Arme anders wählen – z.B. häufiger für die SP – als die übrige Wählerschaft (Farago 1998:255ff.). Dem ökonomischen Theorieansatz der Politik entsprechen indessen die strategischen Überlegungen der Wählerschaft: Um ihre Stimme in der Ständeratswahl nicht zu verschenken, bevorzugen die Wählerinnen und Wähler die chancenreichsten Kandidaten und Parteien (Kriesi 1998:193ff.). Ständeratswahlen sind daher entgegen landläufiger Ansicht weniger Persönlichkeitswahlen als Parteiwahlen, in denen die stärkste Listenverbindung zusätzliche Vorteile geniesst.

5. Die Schweizerische Wählerschaft zwischen Stabilität und Wandel

In der schweizerischen Wählerschaft scheint es zwei Konstanten zu geben (Nabholz 1998:17ff.): zum einen geht die Wahlbeteiligung kontinuierlich zurück. Zum zweiten bleibt die aggregierte Volatilität, als Mass für Veränderung der Wähleranteile der einzelnen Parteien, mit gut 7 Prozent im internationalen Vergleich tief. Aber die individuelle Volatilität steigt: entschieden sich in der Wahl von 1971 bloss ein Viertel der Wähler für eine andere Partei als 1967, so betrug der Anteil der Wechselwähler 1995 gegenüber 1991 36 Prozent. Drei der klassischen Konfliktdimensionen, nämlich Religion, Stadt-Land und sozialer Status, haben seit 1971 an Einfluss verloren. Die soziale Basis der Parteien ist nicht mehr eindeutig, wie sie es noch in den sechziger Jahren war. Damit haben die stabilen Komponenten der Wahlentscheidung an Bedeutung verloren. Die Bindungen an die

Parteien haben sich gelockert; indessen bleibt die Parteiidentifikation der wichtigste Einflussfaktor der Wahl. Unter der Oberfläche stabiler Wahlergebnisse findet damit ein grösserer Wandel statt, für dessen vertiefte Untersuchung allerdings wenig gesicherte Daten vorliegen. Die Parteibindungen zerfallen bei den Nicht-Wählern stärker als bei den aktiven Bürgerinnen; zur Wahl geht noch, wer sich über Kenntnisse und ein Interesse an der Politik ausweist. Es könnte also sein, dass die Wählerschaft zunehmend in zwei Teile zerfällt: in eine eher parteigebundene Aktivwählerschaft und in ein Lager von Nicht-Wählern, das sich über wenig politische Kenntnisse sowie geringes Interesse für die Politik ausweist und mit den politischen Parteien kaum noch etwas anzufangen weiss (Klöti/Linder 1998:313).

C. Die aktive Zivilgesellschaft

1. Das Milizsystem

1. Begriff und Funktionen: Milizsystem ist die nur in der Schweiz übliche Bezeichnung für die freiwillige, nebenberufliche und ehrenamtliche Übernahme von öffentlichen Aufgaben und Ämtern. Zumeist nicht oder nur teilweise entschädigt, gehört Miliztätigkeit zum weiteren Bereich von Arbeit, die nicht auf Erwerbsziele gerichtet ist. Auf sozial oder öffentlich motivierter Nicht-Erwerbsarbeit beruhen zahllose kulturelle, soziale oder sonstwie gemeinnützige Organisationen[13]. Sie ist in diesem erweiterten Sinn ein Merkmal jeder Zivilgesellschaft. Sie hat aber in der Schweiz im politischen Bereich eine besondere Bedeutung, da sehr viele öffentliche Funktionen und Aufgaben milizmässig erbracht werden.

Das Milizsystem hat historische Wurzeln, die weit zurückreichen. Zu diesen gehört etwa das bereits erwähnte «Gemeinwerk», zu dem in Gemeinden des Kantons Wallis alle erwachsenen Männer für die Errichtung und den Unterhalt der Wasserstege aus den Hochtälern periodisch herangezogen wurden Niederer (1956). Das Milizsystem erfüllt aber auch eine wichtige Funktion in der heutigen schweizerischen Demokratie: Bürgerinnen und Bürger stellen Fähigkeiten aus ihrem Zivilleben und einen Teil ihrer Zeit zur Erfüllung öffentlicher Funktionen und Aufgaben zur Verfügung. Damit wird es überhaupt erst möglich, sich in einem Kleinstaat neben den Bundes- und 26 kantonalen Behörden auch noch rund 3000 Gemeinden als feingliedrig strukturiertes Politiksystem zu leisten. Nach Geser et al. (1987) kompensiert so die Kleingesellschaft ihre begrenzten Fähigkeiten der Arbeitsteilung und Differenzierung sowie die begrenzten Ressourcen für eine professionelle Aufgabenerfüllung.

---

13 Nach einer Umfrage des Bundesamtes für Statistik wendet in der Schweiz etwa jede vierte Person monatlich 3,5 Stunden für solche unbezahlten Tätigkeiten auf. Der Bund, 17.7.1998.

Zur Erweiterung arbeitsteiliger Fähigkeiten und der *Nutzung beschränkter Ressourcen* der Kleingesellschaft kommt eine dritte, demokratietheoretische Funktion hinzu. Das Milizsystem erweitert die Zahl der Aufgaben und Rollen, in denen Bürgerinnen und Bürger, entweder gewählt oder ernannt, über Wahlen und Abstimmungen hinaus zu einer *qualifizierten politischen Partizipation* gelangen. Das Milizsystem ermöglicht also nicht nur eine politische Kultur der «Selbstverwaltung» (Bäumlin 1961), sondern eröffnet vielen Personen die Möglichkeit erweiterter demokratischer Teilnahme. So führt das Milizsystem auch zu anderen Zugängen und einer besonderen Form der Qualifizierung nebenberuflicher politischer Eliten. Nach gängiger Vorstellung verhindert das Milizsystem die Herausbildung einer besonderen politischen Kaste.

2. Verbreitung: Das Milizsystem ist auf allen Ebenen verbreitet. Zu milizmässig erbrachten politischen Mandaten, Ämtern und Aufgaben gehören:

- Alle Parlamentsmandate auf Ebene von Bund, Kantonen und Gemeinden.

- Ein erheblicher Teil der *Exekutivämter* auf Gemeindeebene, vor allem bei den kleineren Gemeinden.

- Ein Teil der *Richterämter* auf Stufe der Bezirke und Kantone.

- *Kommissionen und Gremien* der Spezialverwaltung auf Ebene der Gemeinden (z.B. für Schulen und sonstige Daueraufgaben), der Kantone und des Bundes (z.B. der Wissenschafts- und Hochschulpolitik).

- Ein erheblicher Teil der *leitenden Positionen und Ämter* der politischen Parteien und der Verbände.

Aus politologisch-soziologischer Sicht fallen die Bewertungen des Milizsystems unterschiedlich aus. Geser et al. (1987) unterstreichen am Beispiel der Gemeinden die Bedeutung des Milizsystems für die Funktionsfähigkeit einer dezentralen politischen Kultur in der Kleingesellschaft. Germann (1981 und 1995) weist aber auch auf die Grenzen des Milizsystems hin, das in vielen Verwaltungsbereichen professionell nicht mehr genügt oder organisatorisch der Bewältigung zunehmender Komplexität nicht mehr gewachsen ist. Die schärfste und einhelligste politologische Kritik richtet sich gegen das Milizparlament beim Bund: hier sei das Milizsystem zur ideologischen Fiktion geworden, welche den halbprofessionellen Charakter der eidgenössischen Räte verhüllt. Zudem weise das Parlament schwerwiegende Funktionsdefizite aus, die nur durch echte Schritte zur Professionalisierung gelöst werden könnten (dazu etwa Gruner 1974 und Riklin/Möckli 1991:162f.).[14]

3. Die Verbindung von Miliz- und professioneller Verwaltung: Das Milizsystem ist nicht einfach eine ältere Form von Verwaltung, die durch eine «modernere» professionelle

14 Zur vertieften Auseinandersetzung mit dieser Kritik: Kapitel 8.

Aufgabenerfüllung abgelöst wird. Vielmehr gehen professionelle und Milizverwaltung situationsbedingt stets neue Verbindungen ein. Bei den Gemeinden z.b. findet Geser (1987) einen deutlichen Zusammenhang zur Grösse: erwartungsgemäss sind kleine Gemeinden fast ausschliesslich milizmässig organisiert, während bei den grösseren die professionelle Verwaltung dominiert. Allerdings verschwindet bei den grösseren Gemeinden die Milizverwaltung nicht: auch diese nutzen weiterhin die Möglichkeiten des Milizsystems kreativ für neue politische Funktionen und Einzelaufgaben. Entsprechend findet sich z.b. eine grosse Typenvielfalt in der Verbindung haupt- und nebenberuflicher Ämter in den Gemeindeexekutiven.

4. Soziale Selektivität: Die grosse Offenheit des Milizsystems für die Rekrutierung politischer Eliten durch demokratische Wahl oder Ernennung führt nicht zu einer entsprechenden sozialen Offenheit. Vielmehr ist auf allen Ebenen[15] eine deutliche Untervertretung unterer Bildungs- und Einkommensschichten sowie einfacher Berufsgruppen zu beobachten. Das mag mit fachlichen Anforderungen zusammenhängen, welche die Milizangehörigen eben als «Funktionseliten» prägen. Ein zweiter, wichtiger Umstand kommt dazu. Die Unentgeltlichkeit oder bloss teilweise Entschädigung führt zu einer sozialen Diskriminierung, die oft übersehen wird: Arbeit für die Öffentlichkeit ohne Einkommen setzt privates Einkommen ohne Arbeit voraus. Damit erschwert das Milizsystem – je nach Stufe und Aufgabe – den Zugang unterer Schichten, von Frauen, Jugendlichen, zum Teil auch von Selbständigerwerbenden.

5. Intransparenz von Leistung und Gegenleistung: In der Nutzung ziviler Fähigkeiten der Gesellschaft durch das politische System liegt einer der Hauptvorteile des Milizsystems. Sie hat auch ihre Kehrseite. Mit der engen Verflechtung ziviler und politischer Funktionen werden auch Leistung und Gegenleistung intransparent. Wer sich für politische Ämter zur Verfügung stellt, wird Gegenleistungen erwarten, z.B. Einfluss, Prestige oder Entschädigung. Berufsmässige Politik entschädigt direkt, und als Gegenleistung zum Lohn gibt es auch Unvereinbarkeitsregeln oder Ausstandspflichten, mit denen Interessenkollisionen zwischen privaten und öffentlichen Interessen des Berufspolitikers vermieden werden. Nicht so im Milizsystem. Es gibt keine angemessene Entschädigung. Ausstandsregeln und Unvereinbarkeiten können von einer Amtsperson nicht verlangt werden, die bloss nebenberuflich für die Politik arbeitet. Mehr noch: das Ziel des Milizsystems, die hauptberuflichen Beziehungen und Fähigkeiten der Politikerin zu nutzen, provoziert gerade Interessenkollisionen. Vom Gärtnermeister, der im Gemeinderat sitzt, wird zwar bei der Vergabe von Gärtnerarbeiten durch die Gemeinde erwartet, dass er hier besonders sorgsam zwischen dem öffentlichen und seinem persönlichen Interesse unterscheide. Dieselbe Erwartung gilt für die Parlamentarierin, die Verwaltungsratsmandate von Banken innehat und in der

---

15 Für die soziale Selektivität des Milizsystems im Parlament vgl. Riklin/Möckli (1991), in den eidgenössischen Expertenkommissionen Germann (1984), in den Gemeinden Geser et.al. (1987).

vorberatenden Kommission für die Revision des Bankrechts mitwirkt. Die mögliche Kollusion von «privatem» und «öffentlichem» Interesse im Milizsystem verlangt von den Amtsträgern die Bereitschaft, öffentliche und private Rollen zu trennen. Die öffentliche Meinung fordert eine moralische Standfestigkeit, sich nur jene Vorteile zu verschaffen, die auch öffentlich vertretbar sind. Aber dieselbe öffentliche Meinung zeigt sich schizophren, wenn sie von Milizpolitikern die Vermischung verschiedener öffentlicher Interessen verlangt: schickt die Wählerschaft einen Regierungsrat ins eidgenössische Parlament, so wird er nicht selten dazu aufgefordert, für den eigenen Kanton besondere Vorteile herauszuholen. Diese Situation geht über ein persönliches Dilemma hinaus, denn das Milizsystem selbst ist ambivalent. Es provoziert ungewollte Interessenkollusionen, legitime und weniger legitime Interessenverflechtungen. Statt direkter Bezahlung fördert es indirekte und oft intransparente Entschädigung von Leistungen. Die scheinbar höhere Unabhängigkeit des unbelohnten Politikers hat also auch ihren Preis.

2. Medien und politische Öffentlichkeit

Politik findet im ständigen Informationsfluss zwischen Gesellschaft und politischen Entscheidungsträgern statt: letztere versuchen, über die «politische Kommunikation» (Rickenbacher 1995) in der Öffentlichkeit Verständnis sowie Unterstützung für ihre Absichten und Handlungen zu gewinnen. In der Gesellschaft selbst formieren sich Meinungen, Tendenzen und Forderungen, die auf grössere Verbreitung und Wirkung in der Öffentlichkeit drängen. Hier liegt eine zentrale Funktion der Medien: sie tragen Bedeutsames zur Konstituierung einer «politischen Öffentlichkeit» und zur politischen Meinungsbildung bei. Letztere findet zwar auch in der Familie, im Bekanntenkreis und am Arbeitsplatz statt, aber vor dem Hintergrund einer öffentlichen Meinung und einer politischen Meinungsbildung, die vornehmlich medial vermittelt wird. Dazu gehören vor allem Selektionsleistungen: Medien wählen aus dem kontingenten Strom von Ereignissen aus, was sie für ihre Kunden als «wichtig» erachten; sie unterscheiden Rubriken von «Wirtschaft», «Gesellschaft», «Sport» oder «Politik». Die Zeitungen halten ihrer Leserschaft täglich die Handlungsstrukturen der Politik vor Augen, und zwar schon durch die blosse Gliederung in einen «Ausland-» und einen «Inlandteil», der wiederum mit «Bund», Kantonen» und «Lokalem» etikettiert ist. Medien berichten die Ereignisse aus politischen Institutionen, die Reaktionen des Publikums, sie haben ein Sensorium für neue Entwicklungen und Trends, sie recherchieren, verbinden Ereignisse und Persönliches zu Geschichten, sie pushen neue politische Themen oder Personen und setzen andere ab. Medien kommentieren, vermitteln Zusammenhänge und Orientierung, nehmen Partei, beeinflussen die politische Agenda oder verstärken Trends in der öffentlichen Meinung: den Bereich des für «bedeutsam», «wahr» oder «richtig» Haltens.

Die schweizerischen Medien stehen wie überall in einem rasanten Strukturwandel, der von wirtschaftlicher Konzentration und technischen Veränderungen geprägt ist. Die Printmedien in der Schweiz stützten sich in der Vergangenheit auf eine Vielfalt der regional segmentierten Gesellschaft und gaben sich überwiegend parteigebunden. Von beidem ist heute weniger zu spüren. Die einstigen Parteizeitungen von Freisinn, Katholisch-Konservativen und Sozialdemokraten sind verschwunden oder zu publikumsspezifischen Blättern geworden, wobei es nach wie vor «Monopolgebiete» mit Blättern bürgerlicher Tendenz gibt. Die Pressekonzentration wirkt über Kantons- und gar Sprachgrenzen hinaus; in mehreren Kantonen gibt es keine bedeutsamere eigenständige Presse und auch keine systematische institutionelle kantonale Berichterstattung mehr. Der einstige Verlautbarungsjournalismus, der Politikerinnen oder Behörden im Originaltext zu Worte kommen liess, hat journalistischer Eigenbearbeitung nach professionellen Routinen Platz gemacht (Saxer 1986). Aus diesen Veränderungen auf eine qualitativ schlechtere politische Berichterstattung zu schliessen, wäre freilich verfehlt: ein Grossteil der Blätter weist dem politischen Teil besondere Aufmerksamkeit zu, und ebenso gilt es als Merkmal der Schweizer Presse, dass sie auch der Auslandberichterstattung grosses Gewicht zumisst (Meier et al. 1993). Die elektronischen Medien sind – trotz der Liberalisierungstendenzen und der Lockerung des Monopols der öffentlichen Anstalten von Radio und Fernsehen – grundsätzlich als öffentlicher Dienst mit einem Informationsauftrag konzipiert, der die breite politische Berichterstattung einschliesst. Wie in andern Ländern sind elektronische und Printmedien heute als komplementäres System zu verstehen: Radio und Fernsehen vermitteln die Erstinformationen, die Tages- und Wochenblätter vertiefen sie. Deutschschweiz, Tessin und Romandie bilden heute kommerziell gesehen vergleichsweise kleine, sprachlich segmentierte Teilmärkte. Dies gilt vor allem für das Fernsehen, zum Teil auch für die Printmedien. Welche künftige Medienstruktur sich angesichts der fortlaufenden Unternehmenskonzentration, der verstärkten Konkurrenz und Internationalisierung auf dem dynamischen Medienmarkt abzeichnet, ist offen. Aber die Entkoppelung der Medien von den Parteien und ihre Ausrichtung am kommerziellen Interesse sind folgenreich für die politische Kommunikation (Blum 1995). Rickenbacher (1995:14) stellt eine Selektion und Eigenbearbeitung des Politischen fest, die sich «nicht nur an der Bedeutung des politischen Gegenstandes ausrichtet, sondern je länger je mehr auch an den Informations- und Unterhaltungsinteressen der Leserinnen und Leser. Das schweizerische politische Entscheidungssystem hat sich noch nicht genügend auf die neue Rolle der Medien im politischen Prozess eingerichtet, weder auf anwaltschaftliche Funktionen noch auf die vehemente Interessenvertretung einzelner Medien in spezifischen Sachfragen».

3. Aktive politische Öffentlichkeit

Auch in der Demokratie gibt es populäre und unpopuläre Themen. Die Fragen der einstigen Behandlung der Fahrenden durch schweizerische Behörden, Gewalt in der Ehe, die Bewahrung der Greina-Hochebene vor der Überflutung durch ein Wasserkraftwerk oder die Behandlung psychisch Kranker in Anstalten haben eines gemeinsam: sie wurden als «politische» Probleme mit Handlungsbedarf während langer Zeit nicht beachtet. Für politische Parteien oder Verbände ging es um zu kleine, unbedeutende Gruppen, oder aber ein allgemeines oder ein langfristiges Interesse, das nur die nächste Generation interessierte. Für die Medien mochte die Neugier am Spektakulären dort seine Grenze finden, wo an gesellschaftlichen Tabus gerüttelt wurde. Fehlleistungen gibt es nicht nur bei Behörden – aber sie haben besondere Mittel und Macht, sich vor ihrem Eingeständnis zu drücken.

In solchen Situationen kommt der «aktiven Öffentlichkeit»[16] eine bedeutende Rolle zu: Damit gemeint sind Einzelpersonen, manchmal auch Berufsgruppen, die ihr persönliches oder berufliches Prestige als Fürsprecher nicht-organisierbarer oder nicht-konfliktfähiger[17] Themen einsetzen. Sie mobilisieren neue Tendenzen als «Gegenöffentlichkeit», bis das Problem in das Bewusstsein der öffentlichen Meinung dringt. Sie versuchen, ein Thema auf die politische Agenda zu bringen und bieten ihre Kompetenzen zur Lösung des Problems an. Zu den Beispielen aktiver Öffentlichkeit gehören der Architekt, der sich für die Erhaltung einer Betonfassade einsetzt, die er bereits für ein Denkmal klassisch-moderner Baukunst hält, das Engagement von Juristen für eine Strafrechtsreform oder die Öffentlichkeitsarbeit von Medizinern für die kontrollierte Heroinabgabe an therapiewillige Süchtige. Zur aktiven Öffentlichkeit gehört aber auch die Auseinandersetzung Kulturschaffender mit der Gesellschaft, dem Staat und der Politik. Insbesondere die Liste von Schriftstellern, die sich mit Grundfragen politischer Demokratie, mit öffentlicher Moral oder den Zuständen der Politik auseinandersetzen und damit zum Teil auch Spuren im politischen Bewusstsein hinterlassen haben, ist lang. Erwähnt seien hier etwa Gottfried Kellers Bettagsmandate im letzten Jahrhundert, Karl Spittelers Rede an die Nation zu Beginn des Ersten Weltkriegs, in jüngerer Zeit Karl Schmids «Unbehagen im Kleinstaat» (1963), Peter Bichsels «Des Schweizers Schweiz» (1969), Max Frischs «Willhelm Tell für die Schule» (1971) und «Schweiz ohne Armee» (1989), Niklaus Meienbergs «Der wissenschaftliche Spazierstock» (1985), Adolf Muschgs «Die Schweiz am Ende. Am Ende die Schweiz» (1990) oder Friedrich Dürrenmatts letzte Rede «Das Gefängnis» (1990).

---

16 Zur demokratietheoretischen Funktion «aktiver Öffentlichkeit» ausführlich: Kapitel 12.
17 Zum Begriff der nicht-konfliktfähigen und nicht-organisierbaren Interessen vgl. Kapitel 5.

Kapitel 4: Parteien und Parteiensystem

A. Funktion und Entstehung

Politische Parteien erfüllen zentrale Funktionen im Politiksystem und sind das wichtigste Bindeglied zwischen Bürger und Staat. Im gegenseitigen Wettbewerb versuchen sie erstens, die Stimmen möglichst vieler *Wähler zu gewinnen und Einfluss auf die Machtverteilung und die Entscheidungen der Politik* im Sinne ihrer Anhänger zu nehmen. Der offene Parteienwettbewerb ist eine Grundvoraussetzung politischer Demokratie, denn er ermöglicht Machtbegrenzung und -kontrolle. Zweitens *repräsentieren* politische Parteien die Werte und Interessen ihrer Anhängerschaft dauernd und in allen politischen Belangen. Sie erfüllen dabei drittens die Funktion der *Artikulation* und *Aggregation* (Bündelung) politischer Probleme und Interessen. Viertens *mobilisieren* politische Parteien Wählerinnen und Wähler über ideologische Vorstellungen und gesellschaftspolitische Programme, über konkrete Forderungen und Vorschläge und über ihre Parolen in der Abstimmungspropaganda. Fünftens *rekrutieren* sie das politische Personal auf allen Stufen, vermitteln also den einzelnen Bürgerinnen und Bürgern die Chance zur Karriere als Politikerin oder Politiker, und organisieren über die Auslese ihrer Kandidatinnen und Kandidaten den Wettbewerb der politischen Wahl mit.

Die Anfänge der Parteien in der Schweiz gehen auf die Regenerationszeit zurück: Damals bildeten sich Bürgervereine verschiedenster Art, die mit ihren Bittschriften und Petitionen, später mit dem Veto, dem Referendum und der Volkswahl aller Behörden bis hin zum Dorfschullehrer, die politische Umwälzung und Demokratisierung vieler Kantone erreichten. Gruner (1977:25) hat darum die schweizerischen Parteien als «Kinder der Volksrechte» bezeichnet. Man könnte anfügen: und «Kinder der Kantone», denn die föderalistische Fragmentierung ist bis heute ein Kennzeichen der Parteien geblieben. Erst Jahrzehnte nach der Gründung des Bundesstaats von 1848, und mit grösserer Mühe als den Wirtschaftsorganisationen von Industrie, Gewerbe und Landwirtschaft, gelang es den Parteien, sich auf nationaler Ebene zu organisieren: den Sozialdemokraten (SPS) 1888, den Freisinnigen (FDP) 1894, und zuletzt den Katholisch-Konservativen (heute Christlichdemokratische Volkspartei, CVP) 1912. Ideologisch orientieren sich diese bedeutsamsten Parteien an den drei grossen und bleibenden Strömungen des 19. Jahrhunderts in Europa: dem Sozialismus, dem Liberalismus und dem Konservatismus.

Von 1848 bis 1890 hatten die Freisinnigen im Bundesrat unter Ausschluss der Konservativen allein regiert. Sie taten dies, indem sie die verschiedenen kantonalen Strömungen, die neuen bürgerlichen Schichten und sogar die Interessen der Arbeiterschaft geschickt integrierten. Es war die Zeit der «freisinnigen Grossfamilie». Ihre Hegemonie ging aus verschiedenen Gründen zu Ende. Als 1891 ein katholisch-konservativer Vertreter Einsitz in den Bundesrat nahm, begann der Prozess des Ausgleichs mit den Konservativen und später der Bildung eines Bürgerblocks gegen die politische Linke. Demokraten und Liberale verselbständigten sich. 1920 kam es zur Abspaltung der BGB, Bauern- Gewerbe und Bürgerpartei (heute SVP, Schweiz. Volkspartei), die vor allem ländliche Interessen in den Deutschschweizer Kantonen vertrat und seit 1929 an der Regierung teilhat. Als sich der Interessengegensatz zwischen Unternehmern und Arbeiterschaft verschärfte, wurde die Spaltung zwischen Bürgertum und politischer Linken bedeutsamer als der historische Gegensatz zwischen Freisinn und Konservativen. Es kam zum politischen Klassenkampf. Die Sozialdemokraten, politisch einflusslos bis zur Einführung des Proporz-Wahlrechts, wurden 1931 zur stärksten Partei, blieben aber bis in den Zweiten Weltkrieg von der Regierung ausgeschlossen. Dies alles radikalisierte die politische Linke: die SP selbst schwankte zwischen demokratischer Reform und Klassenkampf; eine kommunistische Partei (später Partei der Arbeit, PdA) spaltete sich ab. Auf der andern Seite des politischen Spektrums stellte die rechtsradikale Frontenbewegung Parlamentarismus und Demokratie in Frage und liebäugelte – im Windschatten von Hitlertum und Faschismus – mit der Etablierung eines autoritären Regimes für die Schweiz.

In der Nachkriegszeit, nach der Bedrohung von aussen und im Zuge des Wirtschaftswachstums, bauten sich einige Gegensätze zwischen dem Bürgertum und der politischen Linken ab. Zwar bot der Kalte Krieg Anlass, kommunistische und marxistische Bewegungen und ihre Anhänger auszugrenzen und zu denunzieren. Aber ab 1959 wurden die Sozialdemokraten dauerhaft mit zwei Sitzen an der Regierung beteiligt. Die Integration der politischen Linken in den bisher bürgerlich regierten Staat[1] erfolgte vor allem auf Betreiben der Katholisch-Konservativen, die sich mit ihren beiden Flügeln der Konservativen und der Christlichsozialen als Partei der Mitte positionierten.

Damit begann die Zeit der Regierungskonkordanz von FDP, CVP, SPS und SVP. Auf der Grundlage des politischen Ausgleichs unter den Regierungsparteien erfolgte der Aufbau eines liberalen Wirtschafts- und Sozialstaats. Kleine Parteien links der SP (PdA, später Progressive Organisationen POCH und RML), der Mitte (die Evangelische Volkspartei EVP, der Landesring LdU seit den dreissiger Jahren) sowie Rechtsparteien (Überfremdungsparteien: früher Republikaner und Nationale Aktion, heute Schweizer Demokraten und Freiheitspartei) fanden politische Nischenplätze, die vom Kartell der Regierungsparteien unbesetzt blieben. Nach den dreissiger Jahren kam es damit zu einer zweiten Phase der Zersplitterung des Parteiensystems. 1995 waren 16 Parteien im eidgenössischen Parlament vertreten.

In den letzten vierzig Jahren haben sich die Koalitionen der parlamentarischen Konkordanzpolitik verändert. Die CVP, zu Beginn in der Rolle der politischen Mitte zwischen linker SP und rechter FDP, tendierte in den achtziger Jahren vermehrt zum Bürgerblock. Kam der Reformdruck in den siebziger Jahren von Mitte-Links, so formierte sich später die

---

1 Bereits vorher, nämlich von 1943 bis 1953, war die SP mit einem Sitz an der Regierung beteiligt gewesen.

politische Initiative im Zuge des Neo-Liberalismus von Rechts. In einer polarisierten Konkordanz verblieben SP, Grüne und Landesring in der Minderheit. Die Wahlen von 1995 machten die SP zur stärksten Partei, und die SVP erreichte annähernd die Stärke der CVP. Diese Situation dürfte wieder näher an die Verhältnisse von 1959 heranführen, aber unter veränderten Konstellationen: die SVP-Parlamentsfraktion – einst das protestantische Pendant zur CVP in der Mitte – rückte seit 1992 zunehmend nach Rechts, nahm viele konservative Positionen relativ geschlossen ein und wurde zum Sammelbecken der Opposition gegen die EU-Integration. Die CVP- wie die FDP-Fraktion dagegen weisen Flügel auf, die eher nach Rechts oder zur politischen Mitte tendieren.

Während die extreme Linke in den achtziger Jahren fast von der politischen Bühne verschwand und in der SP oder den neuen grünen Parteien aufging, fand die radikale Rechte vor allem mit xenophoben Parolen vermehrten Zulauf. Im Gegensatz zu andern europäischen Ländern gab sich der schweizerische Rechtskonservatismus nie autoritär, sondern demokratisch-patriotisch.

Insgesamt stehen die Parteien in der Schweiz heute vor ähnlichen Problemen wie in andern europäischen Ländern. Die Parteiidentifikation nimmt ab; die agile Positionierung der Parteien in den bewegenden Sachthemen, die Personalisierung ihrer Politik sind womöglich wichtiger geworden als Parteiprogramme, um die Bürgerschaft im Zeitalter der massenmedialen Politik zu erreichen. Neue soziale Bewegungen, die spontan mobilisieren und sich nicht an den Politikstil der Konkordanz halten, konkurrenzieren die Parteien. In den siebziger Jahren waren dies vor allem die Friedens-, Frauen-, Umwelt-, Dritte-Welt- oder Quartierbewegungen, während in den neunziger Jahren eher die integrationsfeindliche Aktion für eine Unabhängige und Neutrale Schweiz AUNS oder rechtskonservative Bewegungen gegen die Asyl- und Ausländerpolitik von sich reden machen. Neue soziale Bewegungen ersetzen die Parteien nicht. Sie sind aber ergänzende Artikulationsformen geworden, die mithin auch von parteigebundenen Aktivisten genutzt werden. Weiter haben sich die traditionellen Bindungen zu den Wirtschaftsverbänden – vor allem der SP zu den Gewerkschaften, der FDP zu den Unternehmer- und Arbeitgeberorganisationen – gelockert.

B. Das nationale Parteiensystem

1. Das Vielparteiensystem und seine politische Fragmentierung

Nach Armingeon (1989) weist die Schweiz das europäische Parteiensystem mit der grössten Fragmentierung aus, das heisst: wir finden eine hohe Zahl von Parteien mit je geringen Stimmenanteilen. Zwar gab es in den siebziger Jahren auf nationaler Ebene nur fünf Parteien, die wegen ihrer effektiven Regierungs- oder Oppositionsmacht nach Sartori (1976) im internationalen Vergleich einzubeziehen waren. Aber die Kriterien Sartoris berücksichtigen nicht, dass die direkte Demokratie in der Schweiz auch den Nichtregierungsparteien Teilhabe an politischer Macht eröffnet. Gerade die Kleinparteien haben mit ihren Volksbegehren oft überdurchschnittlichen Einfluss. Das gilt etwa für die Überfremdungsparteien, die zwar nie mehr als 10 Prozent der Wählerschaft mobilisieren, aber im Jahre 1970 mit der ersten ihrer zahlreichen Überfremdungsinitiativen beinahe eine Mehrheit des Stimmvolks überzeugen konnten. Als weiteres Beispiel: der Nationalfeiertag, der 1. August, wurde arbeitsfrei durch eine Volksinitiative der Splitterpartei der Schweizer Demokraten. Sodann sind mehrere Parteien, die auf nationaler Ebene zu den «Kleinen» zählen, in einzelnen Kantonen stark verankert und gehören dort zu den Regierungsparteien – so zeitweise PdA oder POP, vor allem aber die Liberalen in Genf, Neuenburg und der Waadt, oder die Grünen und früher der Landesring in den urbanen Kantonen der Deutschschweiz. Die Fragmentierung des schweizerischen Parteiensystems ist, wie Kriesi (1995:133) zu Recht festhält, nicht nur eine Frage der absoluten Zahl der Parteien. Ebenso bedeutsam ist die Heterogenität der Einzelparteien und die Unterschiedlichkeit der kantonalen Parteisysteme, auf denen das nationale System beruht.

Die Frage stellt sich nun: warum haben sich in der Schweiz so viele Parteien etablieren können? Ihre hohe Anzahl ist um so erstaunlicher, als die Parteien – anders als etwa in Deutschland oder Österreich – keineswegs eine hohe Attraktivität beanspruchen können. Die Parteien sind in der Verfassung nicht einmal erwähnt, sondern bloss Organisationen des privaten Vereinsrechts. Sie werden vom Staat weder besonders gefördert noch finanziert. Die Parteien müssen als Milizorganisationen grösstenteils vom unentgeltlichen Engagement ihrer Mitglieder und den Zuwendungen von Sympathisanten leben[2]. Vor allem aber spielen sie nach politologischer Auffassung keine besonders privilegierte Rolle im schweizerischen Regierungssystem. Im Gesetzgebungsprozess hinkt ihr Einfluss hinter demjenigen der Verbände und der Kantone nach, und die schweizerische Kollegialregierung, einmal gewählt, ist unabhängig vom Einfluss einer einzelnen Partei oder von den Mehrheitsverhältnissen der Parlamentsfraktionen.

Duverger (1959:232), der einflussreiche Jurist und Politologe, formulierte in den fünfziger Jahren ein einfaches «Gesetz» zur Frage der Parteienzahl. Danach spielt das Wahlrecht die entscheidende Rolle: das *Majorzwahlrecht* führt tendenziell zum *Zwei-Parteien-System*, der *Proporz* zur Ausbreitung von *Mehrparteiensystemen*. Spätere Untersuchungen haben diese einfache Regelmässigkeit stark in Frage gestellt. Auch wenn sie für die Schweiz eine gewisse Plausibilität behält, weil die Parteienproliferation seit der Einführung der Proporzwahl 1918 augenfällig ist, so lehren uns internationale Vergleiche, den alleinigen Einfluss des Wahlrechts auf das Parteiensystem nicht zu überschätzen und nach zusätzlichen Einflussfaktoren für die hohe Zahl der Parteien zu suchen (Nohlen 1990:55ff.).

Eine plausible Erklärung liefert die Theorie des *politischen Wettbewerbs* unter den Rahmenbedingungen des Föderalismus. Die Schweiz ist für neue politische Konkurrenz ein Raum mit 26 verschiedenen Marktplätzen. Nicht alle eignen sich gut für die Lancierung

---

[2] Eine Ausnahme bilden etwa die Beiträge des Bundes an die Fraktionen der eidgenössischen Räte.

4 Parteien und Parteiensystem

einer neuen Partei. Aber bevölkerungsreiche Kantone und grosse Städte weisen als Wahlkreise mit vielen Mandaten niedrige Eintrittsschwellen in den Nationalrat aus, und das gleiche gilt, wenn das kantonale Parlament aus wenigen Wahlkreisen bestellt wird. Wo darum wenige Wählerinnenprozente einen Sitz garantieren, kann eine politische Bewegung ohne grössere Anstrengung und Kosten zu politischem Erfolg gelangen. Klöti (1998:45ff.) zeigt denn auch, dass die Zahl der Parteien in einem Kanton eindeutig mit dessen Bevölkerungsgrösse zusammenhängt. Der erfolgreiche Test in einem Teilmarkt kann zur Nachahmung in andern Kantonen führen. Dies findet vor allem dann statt, wenn es sich um ein Problem handelt, das von den bestehenden nationalen Parteien vernachlässigt wird, wie etwa das Problem der Überfremdung oder der Ökologie. Damit wird die Verbreitung auf nationaler Ebene möglich. Die Grenze solcher nationaler Marktnischen liegt darin, dass die Eintrittshürden in kleinen Kantonen hoch sind. Weitere Begrenzungen liegen darin, dass die politischen Angebote der neuen kantonalen Parteien zu unterschiedlich sind für den Zusammenschluss zu einer gemeinsamen Partei, oder dass diese Partei nicht in allen Kantonen gefällt und auf Nachfrage trifft.

Die Rahmenbedingungen des politischen Wettbewerbs im schweizerischen Föderalismus sind damit hilfreich zur Erklärung für die hohe Anzahl der Parteien, die sich in den bevölkerungsreichen Kantonen bilden und dann über die Kantone auf nationaler Ebene ausbreiten. Darüber hinaus erklären sie auch die geringe nationale Homogenität der einzelnen Parteien und die regionale Segmentierung des Parteiensystems: Die Unterschiedlichkeit und grosse Anzahl der Kantone begünstigt auf der einen Seite die Gründung neuer Parteien, setzt aber auf der andern Seite ihrer Integration oder Durchsetzung auf nationaler Ebene Grenzen. Von den 16 in den Eidgenössischen Räten vertretenen Parteien sind nur die grossen Regierungsparteien FDP, CVP und SPS in praktisch allen Kantonen verankert und damit als gesamtschweizerische Parteien zu bezeichnen, während sich die SVP bis in jüngster Zeit in der Romandie und im Tessin kaum durchsetzen konnte. Historisch scheiterten kleinere Parteien des gesamten politischen Spektrums (von der PdA, dem Landesring bis zu den Liberalen) typischerweise an den hohen Eintrittsschwellen in kleineren Kantonen, um sich gesamtschweizerisch auszubreiten.

Einen weiteren Grund für die Proliferation der Parteien finden wir in der *direkten Demokratie*. Insbesondere die Initiative bietet einer sozialen Bewegung die Möglichkeit, ein Thema durch mehrmaligen Gebrauch ständig auf der politischen Agenda zu halten und sich als politische Organisation bei der Wählerschaft dauernd in Erinnerung zu rufen. Dies begünstigt die Entstehung neuer Parteien aus sog. «Einthemenbewegungen» wie der Grünen, der Überfremdungsbewegung oder der Autopartei. Volksinitiativen, häufig vor Wahlen eingereicht, dienen damit nicht nur der Mobilisierung für eine politische Forderung, sondern auch als Wahlhelfer zur nationalen Verbreitung einer neuen Partei oder zur Erhaltung der kritischen Masse ihrer Wählerschaft. Das Instrument der Initiative gibt kleineren Parteien höhere Überlebenschancen, und zwar auch dann, wenn eine ursprüngliche Einthemenpartei wie die Grünen ihr programmatisches Profil erweitert.

2. Gesellschaftliche Spaltungen als Determinanten des Parteiensystems

Viele historisch-politologische Arbeiten betonen die schweizerischen Besonderheiten der Parteien. Dabei kommt zu kurz, dass die Parteien in einem europäisch-kulturellen Kontext entstanden und davon auch ohne formelle Kontakte beeinflusst sind. Bereits vorne haben wir auf die Anlehnung der grössten Regierungsparteien an die europäischen Ideologien und gesellschaftspolitischen Denkrichtungen des Liberalismus, des Konservatismus und des Sozialismus hingewiesen. Noch ausgeprägter ist dies der Fall für die Repräsentation gesellschaftlicher Spaltungen (auch Konfliktlinien oder englisch cleavages genannt) durch das Parteiensystem. Nach der Theorie von Lipset und Rokkan (1967) sind alle europäischen Gesellschaften von *vier geschichtlich bedeutsamen Spaltungen aus der Zeit der Staatsbildung und der Industrialisierung* geprägt: kulturell von den Gegensätzen Kirche und Staat sowie Zentrum und Peripherie, sozial-ökonomisch vom Stadt-Land- (als Industrie – Landwirtschafts-) Konflikt sowie vom Links-Rechts-Gegensatz zwischen Eigentümern und Arbeitern in der Industriegesellschaft. Diese Spaltungen bilden das gesellschaftliche Potential, auf dem in Europa neben anderen sozialen Organisationen auch die Parteien entstehen. Parteien sind also zugleich in bestimmten gesellschaftlichen Segmenten und Schichten verankert. Sie repräsentieren zuverlässig die besonderen Bedürfnisse und Interessen ihrer Anhänger und schöpfen deren Potential als Wählerstimmen aus. Für die Vergangenheit der schweizerischen Traditionsparteien lässt sich unschwer die Relevanz der Lipset/Rokkan'schen Spaltungen zeigen: Auf laizistischer Seite belegte der Freisinn vor allem das städtisch-bürgerliche, die SVP das ländlich-bürgerliche Potential, während die SP die Interessen der sozialen Schichten der Lohnabhängigen vertrat. Als kirchentreue Partei waren die Konservativen nicht nur föderalistische Peripherie, sondern vertraten die besonderen politisch-kulturellen Interessen der Katholiken. Auch wenn wir mit dieser Annäherung an das Lipset-Rokkan'sche Schema grobe Vereinfachungen vornehmen[3], so zeigt sie etwas Wichtiges: in der komplexen schweizerischen Gesellschaft nutzen Parteien in der Regel das Potential aus mehreren Spaltungen. Schliesslich wird bis in die sechziger

---

3 von Beyme (1984:36) schlägt darum ein differenzierteres «Zehnerschema» vor:
  1. Liberalismus gegen das alte Regime
  2. Konservative für dessen Erhaltung
  3. Arbeiterparteien gegen das bürgerliche System
  4. Agrarparteien gegen das industrielle System
  5. Regionale Parteien gegen das zentralistische System
  6. Christliche Parteien gegen das laizistische System
  7. Kommunistische Parteien gegen den Sozialdemokratismus
  8. Faschistische Parteien gegen das demokratische System
  9. Protestparteien des Kleinbürgertums gegen das bürokratisch-wohlfahrtsstaatliche System
  10. Ökologische Bewegungen.

Die Überprüfung der Ausdifferenzierung der schweizerischen Parteien an diesem Schema wäre sicherlich interessant, ist meines Wissens aber noch nicht unternommen worden.

4 Parteien und Parteiensystem

Jahre eine weitere Parallele zum europäischen Umfeld sichtbar: Nach Lipset/Rokkan bildeten die europäischen Parteien ein «festgefrorenes» Parteiensystem: trotz gesellschaftlicher Modernisierung beruhen die Parteien noch auf den traditionellen gesellschaftlichen Spaltungen und ihren Organisationen.

Inzwischen sind in Europa wie in der Schweiz die Parteisysteme «aufgetaut» und flüssig geworden: so wie in Holland die politisch-gesellschaftliche «Versäulung», sind in der Schweiz die «Milieuparteien» verschwunden. Der Zusammenhang zwischen Parteibindung und Zugehörigkeit zu einer bestimmten religiösen Gruppe oder sozialen-ökonomischen Schicht ist schwächer geworden. Zugleich werden *neue Spaltungen* sichtbar, die sich weniger als frühere am sozialen oder kulturellen Status festmachen lassen. Der gesellschaftliche Wertewandel hat nach der Theorie von Ronald Inglehart (1977) global zur Spaltung *in «materialistische» und «postmaterialistische» Werthaltungen* geführt, die politisch vor allem als Gegensatz zwischen Wirtschaftswachstum und Ökologie relevant geworden ist. Als neue Konfliktlinie erscheint zudem ein Rechtskonservatismus, der sich in Europa generell gegen individuell spürbare Kosten der Modernisierung, Liberalisierung und Globalisierung richtet. Für die Schweiz verortet Klöti (1998:45ff.) diese neue Spaltung als Wertkonflikt zwischen den Polen *«Wahrung der Traditionen»* und *«Verbundenheit mit dem Kleinstaat Schweiz»* einerseits und *«Bereitschaft zu Reformen»* sowie *«aussenpolitische Öffnung»* andererseits. Er zeigt sich seit den siebziger Jahren in Abstimmungen als Opposition von Rechts gegen die Regierungsvorlagen (Kerr 1981:127) und zuweilen als «Graben» zwischen Volk und politischem Establishment. Die beiden neuen Spaltungen sind zum einen innerhalb der bestehenden Parteien wirksam, zum andern bilden sie einen Wertepol neuer Parteien, wie der Postmaterialismus für die Grünen oder der Rechtskonservatismus für Überfremdungsparteien. Im übrigen haben die neuen politischen Spaltungen etwas Wichtiges mit den klassischen Konfliktlinien Lipset/Rokkans gemeinsam: sie machen sich gleichzeitig in vielen Ländern Europas bemerkbar.

Häufig wird gesagt, dass der Links-Rechts-Gegensatz mit dem Ende des Klassenkampfs, der Wohlstandsentwicklung und der politischen Konkordanz seit den sechziger Jahren obsolet geworden sei. Die politologische Forschung verweist diese Meinung in den Bereich des Wunschdenkens oder der Ideologie. Die Belege sind zahlreich, wonach der Links-Rechts-Gegensatz die allgemeinste, eindeutigste und in vieler Hinsicht wichtigste politische Orientierung darstellt. Erstens bildet der Links-Rechts-Gegensatz die entscheidende Konfliktlinie zwischen den politischen Eliten. Dies gilt für die Parlamentsfraktionen (Kerr 1981:127), die Entscheidungsspitzen im vorparlamentarischen Verfahren (Kriesi 1980) und die Parteikader (Ayberk et al. 1991). Zweitens ist die Links-Rechts-Orientierung entscheidend für die Interessenaggregierung und Mobilisierung der Parteien. Das gilt für die Parteiparolen zu Volksabstimmungen (Hug 1994a), dann aber auch für die Wahlprogramme (Brändle 1997).

Graphik 4.1: Links-Rechts-Positionierung der Regierungsparteien 1947–1995

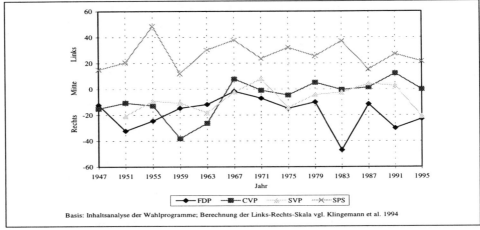

Quelle: Brändle 1997

Wie die Graphik 4.1 zeigt, ist aufgrund einer qualitativ-quantitativen Auswertung der Wahlplattformen in den letzten vier Jahrzehnten zwar eine leichte Verschiebung nach Links, aber *keine Konvergenz der Parteien* auf der Links-Rechts-Dimension erkennbar. Schliesslich bleibt der Links-Rechts-Gegensatz auch für die Wählerschaft bis heute eine bedeutsame Orientierungsgrösse für den Wahlentscheid, wie in Kapitel 3 gezeigt wurde.

Tabelle 4.1: Politische Links-Rechts-Orientierung der Partei-Wählerschaften in Prozent

a) Wählerschaft der Regierungsparteien[4]	SPS	CVP	FDP	SVP
Links	69	12	8	4
Mitte	20	46	36	25
Rechts	11	42	56	71
Durchschnittswert auf Elferskala 0–10	3.8	5.8	6.1	6.8

b) Wählerschaft der Nicht-Regierungsparteien	Grüne	LdU	EVP	FPS	LPS	SD
Links	75	37	29	9	3	0
Mitte	21	41	21	30	14	0
Rechts	4	23	50	61	83	100
Durchschnittswert auf Elferskala 0–10	3.6	5.1	5.8	6.0	7.2	8.0

4 Wir haben hier die Links-Mitte-Rechts-Einordnungen von Farago (1996:44) übernommen. Demnach sind für «Links» (31 % der Befragten) die Skalenwerte 0–4 für «Mitte» (35 % der Befragten) der Wert 5, und für «Rechts» (34 % der Befragten) die Skalenwerte 6–10 zugeordnet.

4 Parteien und Parteiensystem

Die allgemeine Links-Rechts-Orientierung der gesamten Wählerschaft zeigt sodann eine hohe Ähnlichkeit mit der Lagerbildung, wie sie sich im Parlament in wirtschafts- und sozialpolitischen Fragen typischerweise abzeichnet: Unter den Regierungsparteien bilden FDP und SVP im Nationalrat zusammen mit der Zentrumsfraktion der CVP den bürgerlichen Mehrheitsblock. Er erhält in der Regel Sukkurs von den Liberalen, den Schweizer Demokraten und der Freiheitspartei. Diese bürgerliche Lagerbildung im Parlament repräsentiert die politischen Präferenzen ihrer Wählerschaft recht genau, wie Tabelle 4.1 zeigt. Auch die Rechts-Koalition von SVP, Liberalen, FPS und SD, wie sie im Nationalrat hin und wieder vorkommt, findet ihre Entsprechung in der starken Rechts-Orientierung ihrer Wählerschaft. Ähnliches lässt sich für das nicht-bürgerliche Minderheitslager sagen. Die SP erhält im Parlament neben Stimmen des LdU und der EVP vor allem die Unterstützung der Grünen, die sich erstaunlicherweise durch die stärkste Links-Orientierung auszeichnen. Damit repräsentieren die typischen Lager- und Koalitionsbildungen der Parlamentsfraktionen die Links-Rechts-Orientierungen ihrer Wählerinnen und Wähler in auffallender Weise.

3. Die Neutralisierung des kulturell-konfessionellen Konflikts

Im Gegensatz zu anderen multikulturellen Gesellschaften wie etwa in Belgien oder Kanada orientieren sich die Parteien in der Schweiz weder an sprachlichen noch an ethnischen Gruppierungen und nur wenig an den konfessionellen Minderheiten. Es gibt keine ethnischsprachliche Partei der Romands. Zwar finden wir als eine konfessionelle Partei die CVP, aber diese war nie die Partei aller Katholiken: In den katholischen Kantonen, welche im Kulturkampf für die gesellschaftlichen Vorrechte der Kirche eintraten, wurde die laizistische Gegenposition oft durch eine Koalition von Freisinnigen und Sozialdemokraten katholischer Konfession vertreten. Die Neutralisierung der historisch wichtigen Spaltungen des Landes von Sprachkultur und Religion wurde nicht zuletzt darum möglich, weil sich die Parteien nicht als Sprachenparteien und nur wenig als Religionsparteien, sondern vor allem als nationale Parteien konstituierten.

Die These, wonach die schwache Organisierung der kulturell-konfessionellen Spaltungen zum Gelingen des multikulturellen Experiments der Schweiz beitrug, wird gestützt durch Untersuchungen der eidgenössischen Abstimmungen. Die Analyse der VOX-Daten zeigt nämlich, dass die konfessionelle wie die sprachliche Spaltung in der schweizerischen Stimmbürgerschaft bis heute durchaus bewusst und auch verhaltenswirksam bleiben. Vor allem die sprachliche Spaltung wird in jüngster Zeit deutlich an unterschiedlichen Abstimmungsergebnissen zwischen der Romandie und der Deutschschweiz sichtbar. Das augenfälligste Beispiel ist die Abstimmung über den EWR-Vertrag 1992, den die Romands mit 77 Prozent annahmen, die Deutschschweizer dagegen mit 54 Prozent Neinstimmen verwarfen. Diese Spaltung reichte tief bis in die zweisprachigen Kantone hinein, wo die deutschsprachigen Gemeinden verwarfen, die Nachbargemeinden französischer Zunge dagegen annahmen. Dieses und weitere Abstimmungsergebnisse haben die Diskussion um den «Röstigraben», d.h. die sprachlich-kulturellen Differenzen zwischen den beiden Landesteilen, neu entfacht. Diese Spaltung wäre politisch bedeutend konfliktträchtiger, wenn es z.b. eine «Romandie»- oder «Deutschschweizer-Partei» gäbe. Von Vorteil für die politische Integration des Landes bleibt darum auch die Tatsache, dass die bestehenden Parteien kulturelle Differenzen der Sprachregionen nicht politisch ausbeuten, sondern sich als nationale Parteien verstehen, selbst wenn sie nicht in allen Landesteilen gleich gut vertreten sind.

C. Die föderalistische Fragmentierung

1. Das schweizerische Parteiensystem - eine prekäre Einheit?

Schweizerische Parteien sind seit Anbeginn geprägt von den kantonalen Unterschieden politischer Kultur. Konfession, Sprache und Kantonsgrösse sind die entscheidenden Faktoren, welche die Ausprägung der kantonalen Parteisysteme beeinflussen. In den vorwiegend katholischen Kantonen ist die CVP dominierende Regierungspartei, in den übrigen deutschsprachigen Kantonen sind es SVP oder FDP und in den Kantonen der französischen Schweiz sowie in Basel Stadt die FDP oder die LPS. Grössere Kantone weisen eine grössere Zahl von Parteien aus. Klöti (1998:51) gelangt damit zu folgender Typologie der kantonalen Parteiensysteme:

Tabelle 4.2: Typologie der kantonalen Parteiensysteme

nach dominierenden bürgerlichen Parteien	nach Grösse des Parteiensystems		
	1–3 Parteien	4–7 Parteien	10 Parteien
CVP: vorwiegend katholische Kantone	VS, UR, SZ, OW NW, ZG, AI, JU[1]	LU, TI, SG, FR[1]	
SVP/FDP: andere deutschsprachige Kantone	SH, GL, AR	AG, SO, BL, GR[2], TG	ZH, BE
LPS/FDP: Französische Schweiz und BS	NE	VD, GE, BS	

1 CVP und SP stärkste Parteien
2 SVP und CVP als stärkste Parteien

Nach: Klöti (1998:51)

Wegen der kantonalen Unterschiede politischer Kultur ist aber auch mit Differenzen innerhalb derselben Landespartei zu rechnen, und wegen der politischen Autonomie der

4 Parteien und Parteiensystem

Kantone sind die Kosten der nationalen Integration und Kohäsion der Parteien hoch. Das führt Kriesi (1995:144) zur Aussage, das schweizerische Parteiensystem sei «kaum mehr als eine Föderation von kantonalen Parteien, die eine prekäre Einheit auf nationaler Ebene zu halten versuchen». Für diese Meinung sprechen zunächst die häufigen innerparteilichen Auseinandersetzungen über Programm, Politikstil oder Sachfragen, wie etwa 1995 innerhalb der SVP zwischen «Zürcher»- und «Bernerflügel»[5]. Sodann gibt es auch strukturelle Gründe für die «prekäre Einheit» der Parteien. Erstens findet keine politische Wahlkonkurrenz auf nationaler Ebene statt. Eidgenössische Wahlen sind eigentlich gleichzeitig stattfindende kantonale Wahlen in das nationale Parlament, und die Parteien müssen sich vorerst an den politisch-kulturellen Gegebenheiten in den einzelnen Kantonen ausrichten. Zweitens fehlen ohne substantielle Finanzierung durch den Bund Anreize zur Zentralisierung der politischen Parteien.

Nach Ansicht von Klöti/Linder (1998:300) ist die Einheit der schweizerischen Parteien weniger prekär, als Kriesi vermutet: die Parteien verfügen über eine in nationalen Fragen recht geschlossene Wählerschaft, die sich hinsichtlich ihrer politischen Grundorientierung wenig unterscheidet. Armingeon (1998:273) zeigt anhand der Umfragedaten zur Wahl 1995, dass sich auch die Segmentierung des schweizerischen Parteiensystems nicht wesentlich stärker auswirkt als diejenige in anderen föderalistischen Systemen. Schliesslich gibt es für die schweizerischen Parteien noch ein wichtiges Integrationselement zu erwähnen. Mit der Stellungnahme zu Referenden und Initiativen beim Bund – und noch mehr mit ihrer Lancierung – erhalten die Parteien die dauernde Chance einer Mobilisierung ihrer gesamtschweizerischen Wählerschaft zum jeweils gleichen Thema.

2. Föderalistische Organisation, innerparteiliche Willensbildung und Finanzierung

Organisatorisch folgen die Parteien dem föderalistischen Staatsaufbau. Die meisten Parteien verfügen über vereinsmässige Organisationen auf Gemeinde-, Kantons- und Bundesebene, die sich vor allem mit den Aufgaben der jeweiligen Staatsebene beschäftigen. Vollversammlungen auf lokaler, Delegiertenversammlungen auf kantonaler und Bundesebene prägen die Willensbildung von unten nach oben und die Kontakte mit den Mandatsträgern. Zu den politisch relevantesten innerparteilichen Entscheidungen gehört die Aufstellung der Wahllisten und Bezeichnung der Kandidatinnen für die politischen Ämter. Von Bedeutung für die Kohärenz der Parteien sind die nationalen Parteikongresse, an denen neben aktuellen Stellungnahmen, Wahlplattformen und Wahlvorschlägen auch die Parteiprogramme verabschiedet werden. Die eigentlichen Kompetenzen der Zentralorgane sind gering; so sind die Kantonalparteien an die Stellungnahmen der Bundesparteien zu eidgenössischen Abstimmungen nicht gebunden und können abweichende Parolen fassen. Die Autonomie der kantonalen Parteien ist sakrosankt. Sie geht so weit, dass einzelne

---

5 Näheres dazu in: APS (1995:246ff.).

Bundesparteien nicht einmal über Einsicht in die kantonalen Mitgliederdateien verfügen. Dezentrale Struktur und die direkte oder indirekte Mitwirkung der Mitglieder an den wichtigen Geschäften aller Stufen prägen damit die föderalistisch-demokratische Entscheidungsstruktur der Parteien.

Entsprechend der dezentralen Organisation ist der Professionalisierungsgrad gering. Vollberufliche Kräfte setzen die Parteien allenfalls für administrative Aufgaben ein; für die politische Arbeit fehlen sie zumeist. Die Differenz zur Professionalisierung der übrigen europäischen Parteien vergrössert sich eher, als dass sie aufgeholt würde[6]. Für das Wahljahr 1995 wiesen die Regierungsparteien folgende Budgets aus: FDP 2.1 Mio., CVP 2.1 Mio., SPS 3 Mio. und SVP 1.2 Mio. (Ladner 1997:43). Diese Grössenordnung ist um das fünf- bis zehnfache geringer als etwa das Budget der drei grossen holländischen Parteien 1983 (Kriesi 1995:150). Mit Ausnahme der Fraktionsbeiträge des Bundes erhalten die Parteien keine Grundbeiträge vom Staat. Diese Fraktionszuwendungen bestehen aus einem Sockelbeitrag und einem proportionalen Beitrag nach Fraktionsgrösse und erreichten 1993 insgesamt 3.5 Millionen. Eine grössere Professionalisierung des Parlaments mit höheren Zuwendungen an die Fraktionen wurde in einem Referendum 1992 abgelehnt. Über die weitere Finanzierung der Parteien fehlen – mit Ausnahme der Unterstützung des Landesrings durch den Grossverteiler Migros – verlässliche Daten. Während die SPS gegen 80 Prozent ihrer Einnahmen aus einkommensabhängigen Beiträgen ihrer Mitglieder und weiteren Abgaben ihrer Mandatsträger einbringt, stammen die Einnahmen der bürgerlichen Parteien grossteils aus Spenden.

3. Unterschiedliche Verbreitung und Mehrheitsverhältnisse in den Kantonen

Während Kleinparteien in einzelnen Kantonen gar nicht Fuss fassen können, sind selbst die nationalen Regierungsparteien in den einzelnen Kantonen ganz unterschiedlich verbreitet. Entweder erreichen sie nur eine kleine Wählerschaft (wie die SVP in den meisten Kantonen der Romandie), müssen sich mit einem Aussenseiterstatus ohne Regierungsfähigkeit begnügen (wie die SP bis 1998 in Graubünden oder bis 1996 im Kanton Wallis), oder sie haben während Jahrzehnten eine dominierende Mehrheitsstellung gehalten, wie die CVP in den historischen Sonderbundkantonen Appenzell Innerrhoden, Obwalden, Nidwalden, Uri, Schwyz, Zug, Wallis und Freiburg, sowie in Luzern und St. Gallen, oder die FDP in Solothurn und Appenzell Ausserrhoden. Nationale Kleinparteien, die in vielen Kantonen fehlen, erreichen in einzelnen Kantonen beachtliche Wähleranteile und regieren mit, wie die Liberalen und seinerzeit die Partei der Arbeit in Basel, Genf und der Waadt (vgl. Tabelle 4.2).

---

6 Nach Schätzungen von Ladner (1997:43) verfügten die Parteien 1996 auf Kantonsebene über rund 80, beim Bund über rund 50 Vollzeitstellen, verglichen mit 90 Stellen 1975 (Kriesi 1995:150). Diese Zuwachsrate ist nur in Grossbritannien und den Niederlanden geringer (Mair/Katz 1994:5).

4 Parteien und Parteiensystem

Das führte zu Parteiensystemen mit unterschiedlichem politischem Wettbewerb und unterschiedlichen Koalitionsverhältnissen. In den ehemals zahlreichen Kantonen mit CVP-Dominanz gab es häufige Absprachen zwischen FDP und SP zur Durchsetzung laizistischer Postulate oder gar Wahlabsprachen zum Aufbrechen des CVP-Monopols. Die SP dagegen ist in keinem Kanton dominant. Volksrechte und freiwilliger Proporz der Volkswahl haben allerdings früher als im Bund zum Einbezug der Sozialdemokratie in viele Regierungen geführt.

Damit haben sich *Konkordanzregierungen auch in den Kantonen* durchgesetzt. Sie repräsentierten in den achtziger Jahren im Schnitt über 80 Prozent der Wählerstimmen des jeweiligen Kantons (Moser 1985:118). Aufgrund der unterschiedlichen Stärkeverhältnisse müsste es bei proportionaler Berücksichtigung der Parteien theoretisch auch sehr viele unterschiedliche «Zauberformeln» der Regierungszusammensetzung geben, und neben den langjährigen Mitte-Rechts-Koalitionen wie in Graubünden oder im Wallis auch Mitte-Links-Koalitionen. In der Tat finden wir sehr unterschiedliche Zusammensetzungen von Allparteien-Regierungen. Neben den Mitte-Rechts-Koalitionen unter Ausschluss der SP fehlen indessen Mitte-Links-Koalitionen unter Ausschluss einer rechtsbürgerlichen Partei.[7] Die Erklärung für diese Asymmetrie liegt darin, dass der freiwillige Proporz auf der Wahlabsprache der Parteien beruht. Dabei sind volle und allseitige Absprachen selten. In der Regel kooperieren die bürgerlichen Parteien untereinander und überlassen dem nicht-bürgerlichen Lager einen Teil der Sitze entsprechend ihrer Stärke. Zu dieser «gemischten Strategie» des bürgerlichen Lagers kommt es dann, wenn der Vorteil politischer Integration grösser erscheint als der Nachteil des Machtverzichts. Ist dies nicht der Fall, so kann eine kooperierende bürgerliche Mehrheit auch eine starke SP aus der Regierung werfen wie in Genf 1993. Solche Konstellationen sind möglich, weil sich die bürgerlichen Parteien untereinander näher stehen als der SP. Das ist auch der Grund, wieso diese nicht auf die Wahlabsprache mit einer der bürgerlichen Parteien unter Ausschluss ihrer anderen bürgerlichen Partner hoffen kann, und warum es nicht zu Mitte-Links-Koalitionen kommt.

Die *grösste Regelmässigkeit* der kantonalen Parteisysteme ist in der *Links-Rechts-Polarität* zu sehen. Sie äussert sich darin, dass bürgerliche Parteien selbst bei grösster Varianz ihrer relativen Wahlstärken darauf achten, ihr gemeinsames, gegenüber dem linken politischen Lager grösseres und homogenes Wahlpotential als funktionsfähige Mehrheitskoalition auf Parlaments- und Regierungsebene umzusetzen. Wo diese Zusammenarbeit spielt, findet der politische Wettbewerb zwischen den bürgerlichen Parteien enge Grenzen. Im Lichte der individuellen Präferenzen der Wählerbasis ist diese Lagerbildung verständlich. Die einzelnen Wertorientierungen der Wähler der bürgerlichen Parteien variieren zwar leicht von Kanton zu Kanton, doch unterscheiden sich bürgerliche Wählerinnen insgesamt deutlich von den nicht-bürgerlichen (Klöti 1998:65ff.).

---

7 Als Ausnahme könnte etwa die Berner Regierung von 1986–90 gelten, in welcher neben vier SVP- und drei SP-Vertretern auch zwei Grüne mitregierten, die FDP in der Volkswahl aber leer ausging.

Aufgrund der Wahlstärken sind bürgerlich dominierte Kantonalregierungen die Regel, links-grüne Mehrheiten (wie in Bern 1986–90 oder in der Waadt 1996) die seltene Ausnahme. Zu einer mehrheitsfähigen linken Lagerbildung kommt es dagegen häufiger in den Städten, wo sich ein grösseres Wählerpotential linker und grüner Parteien konzentriert. Zürich, Genf, La Chaux-de-Fonds, Biel, Bern und Lausanne sind Beispiele aus jüngerer Zeit, wo die SP zusammen mit kleineren Links- und Mitteparteien Mehrheiten in Parlament und Exkutiven erreichte.

D. Der Einfluss des Wahlsystems

1. Die Grundidee von Majorz- und Proporzwahl

Proporz- und Majorzwahlsystem verfolgen zwei unterschiedliche Grundideen. Beim Majorz geht es darum, eindeutige Mehrheitsverhältnisse im Parlament oder für die Bestellung der Regierung zu begünstigen. Dies kann durch das Erfordernis erreicht werden, dass zur gültigen Wahl das absolute Mehr der abgegebenen Stimmen erreicht werden muss. Eine Partei mit 51 Prozent Wähleranhang hat dann theoretisch die Chance, z.B. alle Sitze einer Kantonsregierung zu besetzen, während eine zweite Partei leer ausgeht, selbst wenn 49% der Wählerinnen ihre Kandidaten unterstützen (the winner takes it all). Erfolgt die Wahl in Einerwahlkreisen wie z.B. im englischen Parlament, so gewinnt die relativ grösste Partei[8] das Mandat, während alle anderen Parteien leer ausgehen. Kleinere Parteien haben in der Regel nur in wenigen Wahlkreisen eine echte Gewinnchance, so dass grössere Parteien die Aussicht haben, auch mit weniger als 50 Prozent der Wählerstimmen komfortable Mehrheiten im Parlament zu erreichen. Konkurrieren zwei annähernd gleich starke Parteien, so genügt ein Wechsel von wenigen Prozenten der Wählerschaft, um die Mehrheitsverhältnisse im Parlament völlig umzukehren. Solche «starken» Wahlsysteme führen also nicht nur zu handlungsfähigen Mehrheiten in Parlament und Regierung; sie stimulieren bei Konkurrenz unter wenigen und annähernd gleich starken Parteien auch den demokratischen Machtwechsel, wie wir das in Grossbritannien sehen können.

Bei Proporzsystemen hingegen geht es darum, die Wählerstärke der Parteien im Parlament möglichst genau abzubilden. Dies wird durch die Einrichtung von Wahlkreisen geschaffen, in denen eine grössere Zahl von Kandidaten zu wählen sind. Die Zahl der Mandate wird den Parteien proportional zu den erreichten Stimmen zugeteilt. Damit kommen die kleinen Parteien zum Zug, die im Majorzsystem leer ausgehen, und das Parlament repräsentiert auch die Minderheiten der Wählerschaft.

---

8 Für die Realisierung des Prinzips «the winner takes it all» in einem Einerwahlkreis braucht es das Erfordernis des absoluten Mehrs nicht – das Wahlsystem kann sich mit dem relativen Mehr in einem zweiten oder schon im ersten Wahlgang begnügen.

4 Parteien und Parteiensystem

In der Schweiz kommen beide Systeme zum Zug: der Majorz bei der Bestellung des Ständerats (in den meisten Kantonen) und der meisten Kantonsregierungen[9], der Proporz bei der Wahl des Nationalrats und der meisten kantonalen Parlamente[10]. Die Ausgestaltungen des Wahlsystems führen aber dazu, dass die idealtypisch scharf kontrastierenden Auswirkungen der Majorz- und Proporzregel gemildert und einander angenähert werden.

2. Die Auswirkungen der Proporzregel

Nach heftigem politischem Kampf wurde 1919 durch eine Volksinitiative der Konservativen und der Sozialdemokraten und im dritten Anlauf die Proporzwahl für den Nationalrat eingeführt. Die Folgen dieses Systemwechsels vom Majorz auf den Proporz waren dramatisch. Der Freisinn verlor die absolute Mehrheit im Nationalrat, die er seit 1848 ununterbrochen innegehabt hatte und fiel von 104 auf 58 Sitze zurück. Die Sozialdemokraten, deren Stimmkraft in den Städten oft durch freisinnige «Wahlkreisgeometrie» neutralisiert wurde, steigerten sich von 19 auf 41 Sitze und zogen mit den Konservativen gleich. Die Bauern-, Gewerbe- und Bürgerpartei BGB (heute SVP) als deutschschweizerische Abspaltung vom Freisinn nutzte die Chancen des neuen Wahlsystems und zog gleich mit 31 Vertretern ins Parlament ein. Auf Liberale und übrige entfielen noch je 9 der 189 Sitze. Die proportionale Bestellung des Nationalrats bedeutete das Ende der freisinnigen Mehrheitspolitik.

Perfekte Proporzsysteme gibt es allerdings nicht, und zwar aus zwei Gründen. Erstens ist jedes Proporzsystem mit dem Problem der sog. Restmandate konfrontiert: Teilansprüche auf ein Mandat müssen in irgend einer Art einer Partei voll zugeteilt werden, was je nachdem zur Bevorzugung kleinerer oder grösserer Parteien führt. Von bedeutsamerer Auswirkung ist zweitens die Grösse der Wahlkreise bzw. die Zahl der auf sie entfallenden Mandate: je kleiner der Wahlkreis, um so höher muss der Anteil von Wählerstimmen sein, damit eine Partei einen sicheren Sitz erreicht (sog. Erfolgswert, vgl. Graphik 4.2). Dieses zweite Problem führt dazu, dass sich der Proporzgedanke in der Schweiz nur unvollständig realisieren lässt, weil die Bevölkerungsgrösse der Kantone und damit die Zahl der Mandate eines Kantons stark variieren. Im Kanton Zürich mit seinen 34 Sitzen genügen knapp 3% der Stimmen als Erfolgswert[11], um einer Partei einen Sitz zu garantieren. In den drei Kantonen SH, AR und JU mit zwei Nationalratssitzen dagegen muss eine Partei 33,3 Prozent der Stimmen erreichen, um einen Sitz zu erlangen. Das benachteiligt die kleinen Parteien, und das Wahlsystem nähert sich dem Majorz.[12]

---

9 Die Ausnahmen sind: Tessin und Zug.
10 Die Ausnahmen sind: beide Appenzell, Uri und Graubünden.
11 Nach den Proporzregeln für den Nationalrat wird die Zahl der gesamthaft abgegebenen Listenstimmen geteilt durch die Zahl der Mandate plus 1. Der genaue prozentuale Erfolgswert für Zürich errechnet sich demnach wie folgt: $100\%:(34+1)= 2.86\%$.
12 Dieser kommt in den fünf Kantonen mit bloss einem Nationalratssitz zur Anwendung (UR, OW, NW, GL, AI).

Graphik 4.2: Der Zusammenhang zwischen Wahlkreisgrösse und Erfolgswert der Stimmen (Prozenthürde) im Nationalratsproporz

Die Probleme der Reststimmen und des ungleichen Erfolgswerts der Stimmen sind systembedingt. Es gibt indessen weitere Ausgestaltungen des Proporzes[13], die politisch ausdrücklich beabsichtigt sind. Auf kantonaler Ebene kennen vor allem die Kantone der Romandie ein Quorum von fünf oder gar 10 Prozent (Neuenburg), um die Parteienproliferation zu vermeiden. Quoren oder hohe Erfolgswerte wiederum werden umgangen durch die Erlaubnis von Listenverbindungen[14]. Kumulieren (das doppelte Aufführen einer Kandidatin auf einer Liste) und Panaschieren (die Übertragung parteifremder Kandidaten auf eine Parteiliste) beeinflussen die Wahlstärken wenig. Sie erlauben aber den Wählerinnen und Wählern, Partei- und Persönlichkeitspräferenzen auf jede erdenkliche Weise zu kombinieren. Eine besondere Form der Listenverbindung stellen getrennte Frauen- und Männerlisten derselben Partei dar. Sie verbessern unter bestimmten Bedingungen die Chancen gleicher Geschlechtervertretung und werden von einzelnen Parteien als Instrument der politischen Frauenförderung genutzt.[15]

13 Für alle Einzelheiten der Proporzwahl beim Nationalrat vgl. das Bundesgesetz über die politischen Rechte vom 17.12.1976.
14 Dabei schliessen sich mehrere Parteien zusammen, um mit einer einzigen Liste an der Sitzverteilung teilzunehmen. Die interne Verteilung erfolgt wiederum nach Proporzregeln. Listenverbindungen dienen damit zwei Zielen: einmal der Erreichung des Quorums oder des Erfolgswerts durch kleine Parteien, sodann der optimalen Ausschöpfung des Wählerpotentials mit Bezug auf Restmandate.
15 Die bisher interessanteste Untersuchung über Erfolg und Misserfolg von getrennten Männer- und Frauenlisten stammt von Rudolf Burger (in: Der Bund vom 26.6.98). Danach sind für einen besseren Wahlerfolg von Frauen die folgenden Bedingungen erforderlich: 1. Beträchtliche Anzahl von Mandaten; 2. Beträchtlicher Wähleranteil bzw. Mandatszahl der betreffenden Partei; 3. Bereitschaft von mindestens einem Viertel der Wählerschaft einer Partei, die Frauenliste einzulegen; 4. Keine weitere Aufspaltung der Listen (z.B. Regionallisten).

4 Parteien und Parteiensystem 95

3. Die Auswirkungen der Majorzregel

Die Majorzregel kommt in allen Kantonen, mit Ausnahme des Kantons Jura, für die Ständeratswahlen zur Anwendung[16]. Dies bedeutet, dass eine Kandidatin im ersten Wahlgang 50% der abgegebenen Stimmen erreichen muss. Wird das absolute Mehr – wegen Zersplitterung auf mehrere Kandidaten – nicht erreicht, so entscheidet im zweiten Wahlgang das relative Mehr. Dies hat eine doppelte Folge. Erstens kann eine Partei, falls sie 50 Prozent der Wählerstimmen erreicht, gleich beide Mandate besetzten (the winner takes it all). Zweitens kann keine Partei, falls sie die 50 Prozent an Wählerstimmen nicht erreicht, aus eigener Kraft auch nur einen Sitz erringen. Eine solche Partei sucht Wahlabsprachen mit einer andern Partei: durch die gegenseitige Unterstützung der beiden Kandidaturen eines «Wahltickets»[17] kann es gelingen, das absolute Mehr zu erreichen. Neben Kandidaturen, die andere Zwecke als die eigentliche Wahl verfolgen[18], sind daher folgende Konstellationen möglich:

a. eine Mehrheitspartei sucht beide Sitze zu gewinnen;
b. eine Mehrheitspartei überlässt – im Sinne einer «gemischten Strategie» – einer anderen Partei einen Sitz;
c. zwei oder mehrere Parteien, die zusammen 50 Prozent erreichen, vereinbaren ein gemeinsames Wahlticket für die beiden Sitze;
d. die Einzelkandidatur einer Partei bekämpft das Wahlticket anderer Parteien;
e. zwei Lager, deren Parteien je 50 Prozent der Stimmen zu erreichen suchen, vereinbaren je ein Ticket.

Gäbe es in den Kantonen z.B. vier Parteien gleicher Stärke, so wären nur die Strategien c und e aussichtsreich. Hätten diese Parteien zudem die gleiche Sympathie bzw. Antipathie füreinander, so wären sie – trotz der Majorzregel – wegen gleicher Wahrscheinlichkeit der Koalitionen auch etwa gleichmässig im Ständerat vertreten. Dies ist nun bekanntlich nicht der Fall. Unter den vier Regierungsparteien sind die bürgerlichen Parteien über- und die Sozialdemokraten massiv untervertreten (vgl. Tabelle 4.3).

Die Gründe für die Übervertretung der Bürgerlichen liegen nicht im Majorzsystem selbst, sondern in den unterschiedlichen Chancen bürgerlicher und nicht-bürgerlicher

---

16 Das Wahlverfahren des Ständerats steht – nach der Logik des Föderalismus – unter kantonalem Recht. Historisch kannten viele Kantone die Bestellung durch das kantonale Parlament. In jüngerer Zeit hat sich indessen die Volkswahl überall durchgesetzt.
17 Ich wähle diesen Begriff, weil er politische Ziele zum Ausdruck bringt, die von den Parteien oft genannt oder angestrebt werden: dasjenige der «ungeteilten Standesstimme», d.h. der Repräsentation eines Kantons im Ständerat durch zwei Vertreter ähnlicher Couleur oder dasjenige der egalitären Vertretung durch eine Frau und einen Mann.
18 Darunter fallen z.B. Kandidaturen kleinerer Parteien, die zwar keine reellen Wahlchancen haben, mit der Kandidatenwerbung aber z.B. die Chancen ihrer Nationalratsliste verbessern möchten.

Parteien, unter den gegebenen kantonalen Wahlstärken durch die oben genannten Strategien eine Mehrheitsstellung zu erreichen. Zunächst gab es nur für die beiden Parteien CVP und FDP Mehrheitsstellungen in den Kantonen. Nur sie haben in früherer Zeit Strategie a ausnützen können oder sich mit Strategie b begnügt. In den meisten Kantonen braucht es darum eine gegenseitige Unterstützung von zwei Parteien, um in die Erfolgszone von 50 Prozent der Stimmen zu gelangen. Nun stehen sich die bürgerlichen Parteien untereinander näher – die Wahlabkommen werden vor allem unter ihnen und unter Ausschluss der Sozialdemokraten getroffen. Strategie c ist darum heute die häufigste, weil aussichtsreichste Gewinnstrategie für die Bürgerlichen. Die Affinität ihrer Parteibasis lässt die 50-Prozenthürde im Ticket zumeist mühelos erreichen, und die Sozialdemokraten sind dabei zumeist auf Strategie d verwiesen, was diesen wenig Chancen im Alleingang lässt[19]. In jüngster Zeit haben die Sozialdemokraten vermehrt versucht, selbst ein Wahlticket zu bilden, was theoretisch vielversprechender ist. Die dazu erforderlichen Koalitionspartner aus dem nicht-bürgerlichen Lager – heute vor allem die Grünen – besitzen allerdings selten das Stimmenpotential, um den Anteil der SP auf die erforderlichen 50 Prozent zu ergänzen und das bürgerliche Ticket erfolgreich herauszufordern (vgl. das Beispiel in Kasten 4.1).

Diese Folgen der Majorzregel sind bei der Wahl der Kantonsregierungen durch den *«freiwilligen Proporz»* deutlich gemildert. Wahlabsprachen unter den Bürgerlichen – seit jeher ein Mittel zur Risikominderung in der Volkswahl – wurden in einzelnen Industriekantonen schon seit der Jahrhundertwende[20] zum freiwilligen Proporz unter Einbezug der SP erweitert: Das bürgerliche Lager beansprucht nicht alle Sitze, sondern überlässt dem linken Minderheitslager einen proportionalen Teil der Mandate im Sinne der Strategie b zur Besetzung. Die Majorzwahl der Kantonsregierungen ist damit annäherungsweise zur Proporzwahl geworden und seit den dreissiger Jahren vermehrt auch eine Strategie zur Integration der Sozialdemokraten. Dies hat zwar, wie oben ausgeführt, die Lagerpolitik im «polarisierten Pluralismus» (Kriesi 1995) nicht verhindert, aber überbrückt und gemildert. Die zwei politischen Hauptgründe sind die folgenden. Erstens ist der freiwillige Proporz wie bereits angedeutet eine *Risikominderungsstrategie*. Daran haben die Parteien in der Regel ein gemeinsames Interesse, weil mit der Volkswahl ungewisse Risiken für ihre Kandidaten vorhanden sind: auch verdiente Regierungsräte können in einer Majorzwahl durchfallen. Diese Risikominderungsstrategie muss aber alle grösseren Parteien ungeachtet ihrer ideologischen Ausrichtung einbeziehen, um wirksam zu sein – auch die SP. Mit der proportionalen Vertretung der Sozialdemokraten und anderer Parteien wurde zweitens die *Legitimation der kantonalen Regierungen und ihre Durchsetzungsfähigkeit bei Referenden*

---

19 Die Strategie ist grundsätzlich schwach. Mindestens ein Teil des Anhangs der Einzelkandidatur besteht aus rationalen Wählern, denen es vorab um die Ausschöpfung ihrer Stimmkraft geht. Diese werden die zweite Stimme einer der Kandidaturen des Tickets geben und damit die Chancen der Einzelkandidatur vermindern.
20 So in Genf und Zürich bereits 1897, in Baselstadt 1902. (Degen 1993:18).

4 Parteien und Parteiensystem

Kasten 4.1: Auswirkung von Proporz und Majorz am Beispiel der National- und Ständeratswahlen 1995 im Kanton Bern

Im Kanton Bern waren 1995 27 Nationalratsmandate zu vergeben. An der Wahl beteiligten sich 12 Parteien mit mehreren Hundert Kandidatinnen und Kandidaten. Für diese wurden insgesamt 7'202'956 Stimmen abgegeben. Nach den gesetzlichen Proporzregeln war diese Summe durch die um eins vermehrte Zahl der Mandate zu teilen (27+1=28). Mit 1/28 oder 4 Prozent der Stimmen, entsprechend einer Verteilungszahl von 257'248, war ein Vollmandat zu holen – ein Erfolgswert, den die 2-Prozent-Parteien der CVP und des Grünen Bündnis dank Listenverbindungen erreichten. Jeder Liste wurden so viele Mandate zugeteilt, als die Verteilungszahl in ihrer Stimmenzahl enthalten war. Für die verbleibenden Restmandate waren zusätzliche Verteilungen vorzunehmen: Die Stimmenzahl jeder Liste wurde durch die um eins vermehrte Zahl ihrer schon zugewiesenen Mandate geteilt. Der Liste, die dabei die grösste Zahl erreichte, wurde ein weiteres Mandat zugeteilt. Dieses Verfahren wird wiederholt, bis alle Mandate verteilt sind. Das Ergebnis zeigte sich wie folgt:

Sitze und (Wähleranteil in Prozent)

Links/Mitte			Bürgerliche Mitte			Bürgerliche Rechte		
SP	8	(24.7)	FDP	4	(15.6)	FPS	1	(5.9)
GPS	1	(6.5)	SVP	8	(26.0)	SD	1	(5.5)
GB	1	(2.5)	CVP	1	(1.9)	EDU	1	(4.2)
LdU	0	(1.9)	EVP	1	(3.8)			
			Lib	0	(0.3)			
Total	10	(35.6)		14	(47.6)		3	(15.6)

Das Ziel der Proporzwahl, nämlich die möglichst getreue Abbildung der Wählerstärken in der Verteilung der Mandate, wurde hier in etwa erreicht, und zwar für die einzelnen Parteien wie für die drei Wählerblöcke mit ähnlichen politischen Präferenzen. Verzerrungen («Proporzglück» und «Proporzpech») sind auf verschiedene Faktoren zurückzuführen (absolute Grösse der Parteien, Listenverbindungen).

Vergleichen wir nun mit der Majorzwahl für die beiden Ständeräte. Für verschiedene Kandidatinnen und Kandidaten wurden 411 980 Stimmen abgegeben. Nach bernischer Majorzregel wird die Zahl der Kandidatenstimmen durch die Zahl zu vergebenden Sitze und dann durch zwei geteilt; die nächsthöhere Zahl bildet das absolute Mehr, in diesem Fall 102'996. Das Resultat fiel wie folgt aus:

Kandidierende	erhaltene Stimmen	in Prozent	
Christine Beerli (FDP)	152'699	61.9	gewählt
Ulrich Zimmerli (SVP)	142'569	57.8	gewählt
Rudolf Strahm (SP)	94'048	38.1	
Luzius Theiler (GPS)	4'797	2.0	
Verschiedene	17'867	7.4	

Gewählt wurden Beerli und Zimmerli, obwohl ihre beiden Parteien nur über eine Wahlstärke von 42 Prozent in den Nationalratswahlen verfügen. Der ebenso bekannte SP-Kandidat Strahm blieb auf der Strecke, obwohl seine Partei mit 25% Wähleranteil fast eben so stark wie die SVP (26%) und bedeutend stärker als die FDP (16%) ist. Das Beispiel zeigt, dass es auf die «Hausmacht» einer Partei weniger ankommt als auf die Bildung eines chancenreichen Tickets. Der Erfolg der bürgerlichen Parteien beruhte auf der vorne erwähnten Strategie c): dank gegenseitiger Unterstützung von SVP und FDP und dank weiterer (bürgerlicher) Unterstützung schöpfte das Ticket Beerli/Zimmerli fast 20 Prozent mehr Stimmen aus, als es dem eigenen Wählerpotential von 42 Prozent entsprach. Auf der andern Seite konnte Strahm auch im Alleingang (also mit der schwachen Strategie d) das Wählerpotential aller Links/Grün/Mitte-Parteien von 36% mobilisieren. Aber es fehlten rund 12% oder 25'000 Zusatzstimmen, um eine der bürgerlichen Kandidaturen zu gefährden: Dazu wäre, wie vier Jahre zuvor mit den Kandidatinnen Schär und Robert, ein attraktives Ticket mit einer bekannten Persönlichkeit der Grünen notwendig gewesen.

gestärkt, was der politischen Integration wie der Stärkung der kantonalen Autonomie dienen mochte. Die Idee der Machtteilung und proportionaler Vertretung in den kantonalen Regierungen ist damit – früher als beim Bund – zu einem wichtigen Bestandteil politischer Kultur bei Wählerschaft und Eliten vieler Kantone geworden. Sie ist schliesslich auch leichter zu realisieren bei der Volkswahl der Regierung mit fünf bis sieben Mitgliedern als beim Ständerat mit bloss zwei Mandaten.

4. Ergebnis und Diskussion

Geschichtlich lassen sich *zwei grosse Trends* herauslesen. Erstens: Das Wahlrecht in Bundesstaat und Kantonen war ursprünglich auf den Majorz und die Idee der Mehrheitsdemokratie ausgelegt. Es begünstigte Hegemoniestellungen einzelner Parteien wie des Freisinns im Bund. Im 20. Jahrhundert wird der Majorz durch den Proporz abgelöst oder zur freiwilligen Proporzwahl umgestaltet. Dies bildet ein wichtiges Element in der Entwicklung zur Konkordanz bzw. Konsensdemokratie. Zweitens: Die Proportionalisierung auf Ebene des Wahlsystems findet zwei Grenzen. Die eine bildet der Föderalismus. In den acht Kleinkantonen mit einem oder zwei Sitzen kommen Parteien mit weniger als 50 bzw. 33 Prozent Stimmenanteil für sich allein in der Regel kaum zum Zug[21]. Die Zusammenlegung solcher Kantone zu einem grösseren Wahlkreis, was zu echteren Proporzwahlen führen würde, dürfte in der politischen Kultur des Kantonsföderalismus kaum Chancen haben. Sodann findet die Proportionalisierung politische Grenzen. Das schweizerische Parteiensystem ist geprägt von einem «polarisierten Pluralismus», der in ein grösseres bürgerliches und ein kleineres, heute links-grünes Lager geteilt ist. In dieser politischen Konstellation – aber nicht wegen des Wahlrechts an sich – bleibt die politische Linke in Majorz- und freiwilligen Proporzwahlen unterhalb ihres Wähleranteils vertreten. Umgekehrt sollte aber nicht unterschätzt werden, dass mit der Proportionalisierung von Wahlrecht und Wahlpraxis die Polarisierung im schweizerischen Parteiensystem begrenzt worden ist.

---

21 Als Gegenbeispiel der Glarner Marti (SP), dessen Partei in kantonalen Wahlen einen Stimmenanteil von knapp 20% ausweist, und der 1991 mit 55% der Stimmen in den Nationalrat gewählt wurde. Grund: FDP und CVP beteiligten sich nicht an der Nationalratswahl, und die SP musste nur die etwa gleich starke SVP schlagen.

4 Parteien und Parteiensystem

Tabelle 4.3: Parteistärken, Sitzverteilung National- und Ständerat 1991 und 1995

Partei	Nationalrat 1991 %	Sitze	1995 %	Sitze	Ständerat 1991 Sitze	1995 Sitze
Regierungsparteien						
FDP	21	44	20.2	45	18	17
SPS	18.5	41	21.8	54	3	5
CVP	18	35	16.8	34	16	16
SVP	11.9	25	14.9	29	4	5
Anteil Regierungsparteien	69.4	145	73.7	162	41	43
Nicht-Regierungsparteien						
Grüne	6.1	14	5.0	8		
Freiheitspartei	5.1	8	4.0	7		
Alternative Linke	1.3	1	1.5	2		
PdA	0.8	2	1.2	3		
Liberale	3.0	10	2.7	7	3	2
Schweizer Demokraten	3.4	5	3.1	3	1	
LdU	2.8	5	1.8	3	1	1
EVP	1.9	3	1.8	2		
Verschiedene	6.2	7	5.2	3		
Anteil Nicht-Regierungsparteien	30.6	55	26.3	38	5	3
Insgesamt	100	200	100	200	46	46

Quelle: APS *1991 und 1995*

Die oben angedeuteten Grenzen des Proporz zeigen sich in den Wahlergebnissen 1991 und 1995 (Tabelle 4.3). Die grösseren Parteien sind mindestens mit ihrem proportionalen Anteil vertreten, kumulieren aber zusätzlich Restmandate, während die Kleinparteien zum Teil deutlich untervertreten sind. Krass zeigt sich indessen die Benachteiligung der politischen Linken beim Ständerat: obwohl grösste Partei 1995, hält die SP nur 5 von den 46 Mandaten.

Was brächten *Modifikationen* des Wahlsystems?

1. Nationalrat: Häufig diskutiert wird die Verteilung der *Restmandate.* Über ihre Verteilung entscheiden oft ganz wenige Stimmen, und dieses Zufallselement kann dazu führen, dass die Verschiebungen durch das «Proporzglück» grösser sind als Verschiebungen durch echte Veränderungen der Wahlstärke. Eine zentrale Verteilung der Reststimmen auf nationaler Ebene, wie sie Dänemark kennt, könnte theoretisch dieses Zufallselement verkleinern. Eine zweite Frage betrifft die Benachteiligung der Kleinparteien, die durch eine homogenere *Wahlkreisgrösse* beseitigt werden könnte. Modellrechnungen (Linder/Hirter 1994) haben indessen gezeigt, dass die Auswirkungen nicht überwältigend wären: die Zusammenlegung der Kleinkantone zu grösseren Wahlkreisen bringt kaum Sitzverschiebungen. Die gleiche

Modellrechnung zeigt übrigens, dass das umgekehrte Problem, nämlich die «Proliferation» der Parteien durch regionale Splitterparteien im Nationalrat, nur durch ein relativ hohes *Quorum* von 10 Prozent gelöst werden könnte.

2. *Ständerat:* Mit dem Ersatz des Majorzwahlrechts durch den *Proporz,* wie ihn heute der Kanton Jura kennt, würde sich der Erfolgswert für ein Mandat von 50 Prozent auf 33 Prozent der Stimmen senken. Von den Kandidaturen des links-grünen Lagers hätten 1995 neun statt deren fünf diese Hürde geschafft[22]. Persönlichkeitseffekte und andere Wahlstrategien sind in dieser Modellrechnung nicht kalkulierbar. Anzunehmen ist jedoch, dass es unter Proporzbedingungen noch in weiteren Kantonen zu Kandidaturen des links-grünen Lagers gekommen wäre. Die Schätzung ist darum eher konservativ. Die Einführung der Proporzregel wäre darum effektiv – aber unter den Mehrheitsverhältnissen zwischen links-grünem und bürgerlichem Lager nur in wenigen Kantonen realisierbar.

E. Die Parteien in der Gesellschaft

1. Verbreitung in den Gemeinden

Ausserordentlich stark sind die Parteien auf kommunaler Ebene verbreitet. Sie widerlegen das Bild der «unpolitischen» Gemeinde. Ladner (1991a:183ff.) zählte anfang der neunziger Jahre über 5000 Lokalsektionen. Nur ein Drittel der Gemeinden weist keine politischen Gruppierungen aus. Dies ist erstaunlich, weil rund 60 Prozent der Kommunen Kleingemeinden mit weniger als 1000 Einwohnern bilden. Es gibt praktisch keine Gemeinde mit mehr als 2000 Einwohnern ohne lokalpolitische Gruppierungen. Fast 70 Prozent der Lokalsektionen entfallen auf die vier Bundesratsparteien, die auch den gleichen Anteil der Sitze in den Gemeindeexekutiven halten. Die starke lokale Verankerung trägt nach Ladner (1997: 48) massgeblich zur grossen Stabilität des Parteiensystems bei. Die Bedeutung der lokalen Parteien kann aber auch aus der grossen Zahl der Mandate erschlossen werden: auf Gemeindeebene sind rund 18'000 Exekutivsitze, ebensoviele Parlamentsmandate und ein Vielfaches davon an Kommissionsmitgliedern zu wählen. Auf der anderen Seite sind gewisse Erosionserscheinungen zu vermerken: Parteiunabhängige Wählergruppen machen sich bemerkbar. Während die Parteien in kleinen Gemeinden oft Mühe haben, Kandidatinnen und Kandidaten für ihre Wahllisten zu finden, profilieren sich statt dessen Parteilose, die heute bereits über 20 Prozent der Sitze in den Exekutiven aller Schweizer Gemeinden halten.

---

22 Und zwar neben den Gewählten aus FR, GE, JU, TG, BS zusätzlich BE, SH, GR, VD.

4 Parteien und Parteiensystem 101

2. Parteien und Volk

Nach Selbstangaben der Parteien aus den Jahren 1994 und 1995 beträgt die Zahl der Parteimitglieder insgesamt etwas über 400'000, davon diejenige der Bundesratsparteien 350'000[23]. Ladner und Brändle[24] korrigieren diese Schätzungen um einen Viertel nach unten. Damit wären rund 6 Prozent der 4.5 Mio. Stimm- und Wahlberechtigten Mitglied einer Partei, was europäischem Durchschnitt entspricht. Aussagekräftiger für die Verankerung der Parteien in der Wählerschaft sind die Parteibindungen: dazu zählen nicht nur die Mitglieder, sondern auch alle Wählerinnen, welche in Befragungen eine Nähe zu einer Partei angeben. Wie bereits im vorangehenden Kapitel im Zusammenhang mit den Wahlen erwähnt, haben die Parteibindungen der Wählerschaft in den vergangenen 25 Jahren deutlich abgenommen (vgl. Graphik 4.3).

Graphik 4.3: Parteiidentifikation der Wählenden bzw. Nichtwählenden zum Zeitpunkt der Nationalratswahlen 1971–1995

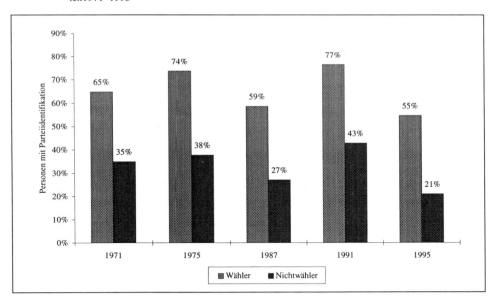

Anmerkung: Eine Parteiidentifikation wurde für diejenigen Personen als gegeben erachtet, die entweder die Mitgliedschaft oder die Sympathie zu einer bestimmten Partei angaben.

Quelle: Nabholz 1998

---

23 Es handelt sich grösstenteils um Schätzungen, da nur die SPS eine genaue Mitgliederstatistik führt.
24 Beitrag in: TA vom 31.1.97

Konnten in Repräsentativ-Umfragen zu Anfang der achtziger Jahre noch 58 Prozent aller Wahlberechtigten Sympathie für eine der politischen Parteien angeben, so waren es 1995 nur noch deren 42 Prozent. Die Verhältnisse zwischen Parteianhängern und Parteiungebundenen haben sich damit gerade umgekehrt. Der Anteil veränderter Listen der Nationalratswahl und solcher ohne Parteibezeichnung, mit denen die Wähler gemischte Präferenzen zwischen Kandidaten und Parteien oder auch Indifferenz zu den Parteien ausdrücken, ist zwischen 1971 und 1995 von 58 auf 65 Prozent angewachsen. Im gleichen Zeitraum stieg die Zahl der eingereichten Listen von rund 150 auf 278[25]. Darin spiegelt sich eine Proliferation von ad-hoc-Gruppierungen, die neben und in Konkurrenz zu den etablierten Parteien an den Wahlen teilnehmen.

Die Bindungen zwischen Parteien und Wählerschaft haben sich damit gelockert. Wie in den anderen europäischen Ländern sind die politischen Parteien vom gesellschaftlichen Modernisierungsprozess stark betroffen. Die Parteipresse hat auch in der Schweiz die Kommerzialisierung und Konzentration der Medien nicht überlebt. Die Milieuparteien sind verschwunden. Ihre Verankerung in gesellschaftlichen Organisationen wie den Wirtschaftsverbänden oder den lokalen Vereinen und damit bestimmten Schichten hat sich abgebaut. Die soziale Kontrolle, die am Sonntag von der Kirche ins Wahllokal und dann ins Wirtshaus führte, ist allenfalls noch in Kleingemeinden wirksam, nicht aber in den städtischen Zentren, wie der Zusammenhang zwischen Wahlbeteiligung und Gemeindegrösse (Graphik 4.4) nahelegt:

Graphik 4.4: Wahlbeteiligung auf den drei Ebenen nach Gemeindegrösse

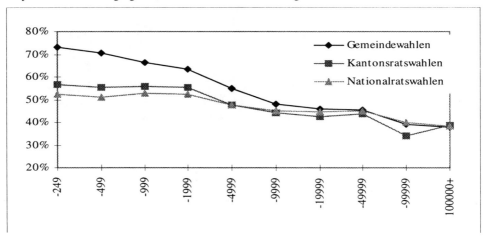

Quelle: Ladner (1991a:201)

25 Bundesamt für Statistik (1997:35).

4 Parteien und Parteiensystem

Aufgrund der Längsschnitt-Untersuchung 1971–95 von Nabholz (1998:40) könnte man grob von einer wachsenden Kluft in der Wählerschaft zwischen einer Gruppe noch parteigebundener Wählerinnen und der mittlerweile grösseren Gruppe Parteiungebundener sprechen, die sich weniger für Politik interessieren und sich auch weniger daran beteiligen. Dies mag zur Stabilität der Wahlergebnisse und des Parteiensystems beitragen, birgt aber gleichzeitig grössere Ungewissheit für die schweizerische Referendumsdemokratie. In wichtigen und kontroversen Sachabstimmungen, in denen die Beteiligung 80 Prozent erreichen kann, steigt auch der Anteil der Stimmenden ohne Parteibindung, ohne grösseres Interesse und ohne tiefere Kenntnisse der Politik. Bundesrat und Parteien haben es dabei schwieriger, die politischen Lösungen des Parlaments mit ihren Empfehlungen und Parolen auch durchzubringen.

F. Zukunft des Parteiensystems

Nach herkömmlicher Auffassung sammeln Parteien Anhänger mit ähnlicher Gesinnung oder ähnlichen Interessen, um auf die Willensbildung des Volkes Einfluss zu nehmen, sei dies bei Wahlen, bei Abstimmungen oder in der politischen Mitwirkung bei der Meinungsbildung (Gruner 1977:12). Sie vertreten in der Regel mehr als ein einziges, singuläres und kurzfristiges Ziel und konkurrieren um staatlich-politische Macht (Ware 1996:5). Die internationale Parteienforschung diskutiert jedoch sehr stark die Frage, ob sich die ursprünglich milieuorientierten Massenparteien Europas nicht zu professionalisierten Eliteorganisationen und professionell geleiteten Wählerparteien wandeln (Katz/Mair 1993:600). Falls dem so wäre, würden die heutigen Ausnahmeerscheinungen von Berlusconis «Forza Italia» oder Jörg Haiders Wählerbewegung in der Zukunft zur Regel; eine Amerikanisierung der Parteien und die Reduktion ihrer Aufgabe auf die Konkurrenz um die politische Macht wären die Folge.

In der Schweiz deutet zunächst wenig auf die Umformung der einzelnen politischen Parteien zu professionalisierten, blossen Wahlmaschinerien einer Elite ohne breite Basis hin. Einer Partei, die z.B. von einem finanzkräftigen Wirtschaftskonzern finanziert und direkt kontrolliert würde, wäre in der schweizerischen politischen Kultur wohl wenig Chancen einzuräumen. Aber das Parteiensystem hat aus andern Gründen Schwierigkeiten: es ist, wie wir gesehen haben, insgesamt fragmentiert und hat wenig Einfluss auf die staatlich-politischen Entscheidungen neben den Verbänden und den Direktinteressierten. Mit der Lockerung der Bindungen zwischen Parteien und Volk beherrschen die Verbände und Sonderinteressen mit ihren ungleich grösseren Ressourcen das Feld der Referendumsdemokratie noch stärker. Die Parteien selbst blieben wegen ihrer Milizorganisation und ihres chronischen Mangels an eigenen Ressourcen seit je in einer gewissen Abhängigkeit der Finanzierung durch Dritte. Die Drittfinanzierung von Parteien bleibt dabei nur solange legitim und schützt nur dann vor Korruption, wenn sie nicht zur direkten Durchsetzung von

Forderungen des Geldgebers verwendet werden kann[26]. Aus diesen Gründen wäre die Stärkung der Parteien als echte Volksparteien wünschenswert: nur innerparteiliche Demokratie trennt politische Machtansprüche vom direkten Einfluss mächtiger Individualinteressen. Eine Stärkung der politischen Parteien über staatliche Mittel jedoch ist in der Vergangenheit in Referenden verschiedentlich abgelehnt worden. So bleiben die Parteien letztlich auf sich selbst gestellt. Vielleicht profitieren sie dabei vom Trend in der Zivilgesellschaft, den eine gesamteuropäische Forschungsarbeit ausgemacht hat: demnach führen Wertewandel und Individualisierung nicht zur politischen Apathie, sondern zu vermehrten und teils neuen Partizipationsbedürfnissen. Bürgerinnen und Bürger sind besser gebildet und besser informiert, sie nehmen mehr, nicht weniger teil an freiwilligen Vereinigungen, bevorzugen Partizipation allerdings in jenen Zusammenhängen, von denen sie direkt, unmittelbar und persönlich betroffen sind (Kaase/Newton 1995:156).

Kasten 4.2:Kurzprofil der Schweizer Parteien

A. Die Regierungsparteien

Freisinnig-demokratische Partei der Schweiz (FDP, Wähleranteil 1995: 20.2%): Geht in ihren Ursprüngen zurück auf die liberalen Gründerväter des Bundesstaates von 1848: die protestantische, progressiv-zentralistische, laizistische Kraft, Trägerin der industriellen Fortschritts. Die miteinander nur lose verbundenen Kantonalparteien schlossen sich erst 1894 in der Auseinandersetzung mit einer erstarkenden Arbeiterbewegung zur Landespartei zusammen. Nach dem Ersten Weltkrieg verlor die FDP mit dem Übergang vom Majorz zum Proporz bei den Nationalratswahlen ihre Vorherrschaft im Parlament und die frühere Integrationskraft (Abwanderung von Wählerschichten, insbesondere zur heutigen SVP).
Bis heute versteht sich die FDP als Interessenvertreterin von Industrie, Banken, Versicherungen und höheren Angestellten. In Wirtschaftsfragen gilt sie als die einflussreichste Kraft im eidgenössischen Parlament. Sie betont die persönlichen Freiheitsrechte («Freiheit und Selbstverantwortung»), insbesondere das Recht auf Privateigentum und unternehmerischen Freiraum gegenüber dem Staat und den Arbeiternehmern. In einer starken Armee und der Neutralität erblickt sie die unabdingbaren Voraussetzungen zur Aufrechterhaltung der staatlichen Unabhängigkeit gegen aussen. Mit der Aufnahme des globalen Trends zum Neo-Liberalismus sind von der FDP starke Impulse zur Begrenzung des Staatswachstums, zur Privatisierung sowie zur Liberalisierung des Binnenmarkts ausgegangen.

Christlich-demokratische Volkspartei der Schweiz (CVP, 16.8%): Hervorgegangen aus der Katholisch-Konservativen Opposition gegen den Bundesstaat 1848, erst 1912 Gründung einer Landespartei unter dem Namen Konservative Volkspartei. Die katholische Arbeitnehmerschaft wurde über die christlichsozialen Organisationen

---

26 Interessant ist in diesem Zusammenhang das Beispiel des Landesrings, der seit seiner Gründung vom Grossverteiler Migros substantiell finanziert wird. Diese Finanzierung dürfte darum als legitim akzeptiert worden sein, weil das Finanzierungsstatut die Unabhängigkeit der (Mitglieder-)Partei von den Unternehmensinteressen der Migros festhält, was auch zu verschiedensten Konflikten zwischen Migros und LdU führte. Im Gegensatz dazu ist die direkte Bezahlung politischer Vorstösse von Parteien durch Wirtschaftsunternehmungen verpönt, wie ein entsprechender Fall der lokalzürcherischen SVP 1997 zeigte: ihr Vertreter Holzreuter setzte sich dem Vorwurf aus, Parlamentsvorstösse gegen direkte Bezahlung eines Autoimporteurs unternommen zu haben.

4 Parteien und Parteiensystem

(z.T. als eigenständige Partei) integriert. 1971 Zusammenschluss der Konservativen und der Christlichsozialen zur CVP. Stark verwurzelt in den katholischen, agrarisch-kleingewerblichen Gebieten. Mit ihrem Kampf für die Souveränität der Kantone und die gesellschaftlichen Vorrechte der katholischen Kirche ging sie anfänglich auf kritische Distanz zum Bundesstaat der liberal-fortschrittlichen Mehrheit in den grossen Mittellandkantonen. Erst nach 1874, als sie das neue Instrument des Referendums für ihre Zwecke nutzen konnte, gewann sie im Bund an Einfluss, war ab 1891 im Bundesrat vertreten und kam allmählich aus ihrer Ghettostellung heraus.

Eckpunkte des heutigen Parteiprogramms bilden die christlichen Grundsätze für die Politik, die Familie als Kern der staatlichen Gemeinschaft und die föderalistische Struktur des Landes. Als wertkonservative Partei will die CVP die immateriellen menschlichen Werte bewahren. Als Volkspartei versucht sie, die Gegensätze zwischen Kapital und Arbeit – repräsentiert im «Wirtschafts»- bzw. «christlichsozialen» Flügel – über christliche Werte und die Gemeinsamkeit der Partei auszugleichen. Innerhalb des schweizerischen Parteiensystems verstand sich die CVP in den siebziger Jahren mit ihrem Bekenntnis zur sozialen Marktwirtschaft als Partei der «dynamischen Mitte», die um einen Ausgleich zwischen der FDP und SPS besorgt war. Nach wirtschaftsfreundlichem Kurs in den achtziger Jahren strebt die CVP heute eher wieder die Position der sozialen Mitte an. Darin kommt ein gewisses Dilemma zum Ausdruck: die Wählerbasis der CVP ist relativ bürgerlich-konservativ, während sich im Machtspiel der Konkordanz eine Mitte-Position mit Angeboten nach Rechts wie Links besser auszahlen.

Sozialdemokratische Partei der Schweiz (SPS, 21.8%): 1888 als politische Interessenvertreterin der Arbeiterschaft – neben dem Schweizerischen Gewerkschaftsbund – gegründet. Die Partei suchte in der Folge einen Ausgleich zwischen drei Strömungen: der linksliberalen (Grütliverein), der sozial-religiösen und der klassenkämpferisch-marxistischen. 1935 bekannte sich die SPS endgültig als Volkspartei, zu einem sozial-reformerischen Pragmatismus und zur Landesverteidigung. Zwei Jahre später boten die Gewerkschaften Hand zum Arbeitsfrieden mit der Unternehmerschaft. Sichtbarer Ausdruck der fortschreitenden Integration der SPS ins politische System war der Eintritt in den Bundesrat im Kriegsjahr 1943 (Ernst Nobs). Der linke Flügel der Arbeiterbewegung, der auf klassenkämpferischen Positionen verharrte, hatte sich 1921 grösstenteils zur Kommunistischen Partei (die spätere Partei der Arbeit, PdA) abgespalten.

Innere Auseinandersetzungen zwischen Idealisten und Pragmatikern prägen die Programmatik der SPS bis heute (etwa in Armee- oder Umweltfragen). Ihre wichtigsten Postulate sind der Schutz der Arbeitnehmerschaft, der Ausbau des Sozialstaates mit einem gerechten Steuersystem, ökologischer Fortschritt und die Gleichstellung von Mann und Frau. Die SPS stützt sich vor allem auf Wähler und Wählerinnen in städtischen Agglomerationen; sie praktiziert bis heute eine Zusammenarbeit mit den Gewerkschaften. Im Vergleich zu vielen europäischen Schwesterparteien hat sich die SPS in den neunziger Jahren bezüglich ihrer wirtschaftspolitischen Vorstellungen sehr viel stärker modernisiert und auf die Bedingungen arbeitnehmerorientierter Politik in der Globalisierung eingestellt.

Schweizerische Volkspartei (SVP, 14.9%): Als letzte der heutigen Regierungsparteien 1918 unter dem Namen Bernische Bauern-, Gewerbe- und Bürgerpartei (BGB) gegründet. Sie entstand als deutschschweizerische Abspaltung von der städtisch-industriell ausgerichteten FDP, welche die bäuerlichen und ländlichen Interessen unzureichend vertrat. 1937 schlossen sich die Kantonalparteien zur schweizerischen BGB zusammen. Mit dem Anschluss der Demokratischen Parteien der Kantone Glarus und Graubünden erfolgte 1971 die Umbenennung in «Schweizerische Volkspartei».

Die Partei vertritt die «Marktwirtschaft des Mittelstandes» und damit schwergewichtig die Interessen des Bauernstandes und des Gewerbes. Sie setzt sich zudem für den Föderalismus und eine starke Landesverteidigung ein. Die SVP ist die Partei des selbständigerwerbenden Mittelstands in protestantischen Kantonen, der sich in den katholischen Kantonen eher an die CVP hält. In den neunziger Jahren profiliert sich ein Teil der SVP unter Anführung ihres Zürcher Flügels gegenüber den andern Regierungsparteien mit einem härteren, zum Teil populistischen Politikstil, mit der Betonung rechtskonservativer Postulate und einem pointierten Anti-Europa-Kurs.

B. Die Nicht-Regierungsparteien

1. Politische Rechte

Liberale Partei der Schweiz (LPS, 2.7%): Repäsentierte im 19. Jahrhundert den rechtsliberalen Flügel des Freisinns. Gilt bis heute als Sammelbecken des gehobenen Bürgertums protestantisch-konservativer Ausrichtung in den Kantonen Genf, Waadt, Neuenburg sowie Basel. 1913 als Landespartei offiziell gegründet (Liberaldemokratische Union). Die Liberalen setzen sich für die Freiheitsrechte des Individuums gegenüber dem Staat und die kantonalen Hoheitsrechte gegenüber dem Bund ein. Sie konnten sich wie in Genf im neo-liberalen Trend der achtziger Jahre neu profilieren, vermochten aber ausserhalb ihrer vier Stammkantone keinen politischen Einfluss zu gewinnen.

Schweizer Demokraten (SD, 3.1%): Nachfolge früherer Überfremdungsparteien. Dazu zählten die Republikaner, eine konservativ-bürgerliche Protestbewegung, die unter der Führung ihres populären Gründers James Schwarzenbach mit ihren Überfremdungsinitiativen zu Beginn der siebziger Jahre ihre grössten Triumphe feierte. Ähnliche Bewegungen existierten in einigen Kantonen der Romandie (vor allem die «Vigilants» in Genf). In der Folge kam es zu Richtungskämpfen und Abspaltungen. Schwarzenbachs Republikanische Bewegung verschwand nach kurzer Zeit; das Wählerpotential erbte Valentin Oehens Nationale Aktion für Volk und Heimat. 1990 Umbenennung in «Schweizer Demokraten». Die am rechten Rand des schweizerischen Parteiensystems stehende Partei vertritt eine unabhängige Schweiz, die frei von fremden Einflüssen bleiben und vor der europäischen Integration bewahrt werden soll. Schwerpunkt bleiben die Forderungen nach einer restriktiven Ausländer- und Asylpolitik.

Freiheitspartei (FP, ehemals Autopartei 4.0%): 1985 gegründet von rechtsbürgerlichen Kreisen als Opposition gegen die Sammelbewegung der Grünen. Versteht sich als Vorkämpferin für die Freiheit des Individuums, insbesondere für das Recht auf freie Wahl des Verkehrsmittels, für geringere Steuern und den Abbau des Sozialstaats. Populistischer Stil. Ähnliche Forderungen nach restriktiver Ausländer- und Asylpolitik wie die Schweizer Demokraten.

2. Politische Mitte

Evangelische Volkspartei der Schweiz (EVP, 1.8%): Gegründet 1920 als protestantisches Gegenstück zur CVP. Betreibt eine soziale und umweltgerechte Politik, die sich an der christlichen Glaubenstradition orientiert. Gelangte auch in protestantischen Kantonen nie zu grösserem Anhang. Die Entwicklung einer christlichen Partei beider Konfessionen wie der CDU in Deutschland ist damit nicht gelungen: die CVP blieb vorwiegend katholisch, das protestantische Pendant der EVP eine Splitterpartei.

Landesring der Unabhängigen (LdU, 1.8%): 1936 zur Zeit der Weltwirtschaftskrise vom Gründer der Migros, Gottlieb Duttweiler, in seinem Kampf gegen Wettbewerbsbeschränkungen seitens der Detaillisten und Behörden ins Leben gerufen. Kernpunkt des sozial-liberalen Programms war der Brückenschlag zwischen Arbeit und Kapital. Der LdU unterstützt wirtschaftspolitisch die Interessen der Konsumentinnen und seit den achtziger Jahren vermehrt auch Forderungen eines umweltgerechten Wirtschaftswachstums. Seit den siebziger Jahren hat der LdU nicht nur an Wählerschaft, sondern auch viel von seiner politischen Bedeutung als initiative Partei der politischen Mitte verloren.

3. Politische Linke

Partei der Arbeit (PdA, 1.2%): Entstanden 1921 aus dem Zusammenschluss des linken Flügels der SPS und den Altkommunisten unter dem Namen «Kommunistische Partei der Schweiz». Im Gegensatz zur SPS verharrte die KPS im Schlepptau der Kommunistischen Internationale und der KPdSU im Dogma des Klassenkampfes und der sozialen Revolution. Sie stiess in der Arbeiterschaft, insbesondere nach ihrer

4 Parteien und Parteiensystem 107

Verwicklung in die Machtkämpfe in der UdSSR, auf wenig Echo und wurde politisch diskriminiert. 1940 wurde sie vom Bundesrat zusammen mit den Fronten-Bewegungen als staatsgefährdende Organisation verboten. 1944/45 trat sie wieder auf unter dem Namen «Partei der Arbeit», wie 1921 mit Zuzug von dissidenten Sozialdemokraten (v.a. in Genf und Basel).
Grössere Erfolge der PdA in der unmittelbaren Nachkriegszeit hielten nicht an. Trotz allmählicher Distanzierung von marxistisch-leninistischen Dogmen (Verstaatlichungen, Planwirtschaft), der Hinwendung zur Reformpolitik und dem Engagement in der Friedensbewegung vermochte die Partei das Odium der Moskau-Treue im Klima des Anti-Kommunismus vor allem in der Deutschschweiz nicht zu überwinden. Am stärksten verankert war die PdA in der Waadt und in Genf, wo die PdA und der Parti Ouvrier Populaire (POP) gemeinsam auftreten. Andere linke Splittergruppen verschwanden nach kurzer Blüte, so z.b. die «Revolutionär-Marxistische Liga» RML (ab 1980 Schweizerische Arbeiterpartei SAP), die 1968 als trotzkistische Abspaltung aus der PdA hervorgegangen war (APS 1980:197), oder die POCH (Progressive Organisation der Schweiz), die sich in den siebziger Jahren als initiative und unorthodoxe Linkspartei hervortat.

Grüne Partei der Schweiz (GPS, 5.0%): In den siebziger Jahren ähnlich wie in der Bundesrepublik Deutschland hervorgegangen aus regionalen Bewegungen zum Schutz der Umwelt (Ablehnung von Strassenbaukrediten und Kernkraftwerken in der Westschweiz, Zürich, Basel). 1983 Zusammenschluss zur Föderation der grünen Parteien und erstmalige Beteiligung an den Nationalratswahlen. Das Spannungsverhältnis zwischen linken und bürgerlichen Grünen verunmöglichte in der Folge den Aufbau einer einheitlichen ökologischen Bewegung in der Schweiz. Die Mehrheit fand sich zusammen mit der «Freien Liste», einer Abspaltung vom Berner Freisinn, in der linksbürgerlichen Grünen Partei der Schweiz (1986), die übrigen bilden zwei Jahre später das linke Grüne Bündnis (1.5%, mit Zuzug aus der aufgelösten POCH und weiteren linken Splitterparteien). Mit ihrem Slogan «global denken – lokal handeln» setzt sich die GPS für ein qualitatives Wachstum der Wirtschaft mit Schonung der natürlichen Umwelt ein, für dezentrale Strukturen, Solidarität mit der Dritten Welt, Abrüstung und eine offene Asylpolitik. Ihre weiteren Prioritäten sind der weitere Ausbau der direkten Demokratie und die Gleichstellung von Mann und Frau.

Kapitel 5: Verbände

A. Entstehung und Funktion

Wir kennen bereits die Gründe, die zu einer starken politischen Stellung der Wirtschaftsverbände in der Schweiz geführt haben: Die Selbstorganisation der Unternehmungen und Wirtschaftszweige im kleinen, historisch vom Zunftwesen geprägten Markt im 19. Jahrhundert war hoch. Schneller als die politischen Parteien organisierten sich Arbeitgeber und Arbeitnehmer zu nationalen Dachverbänden: der Vorort (Schweizerischer Handels- und Industrieverein SHIV) bereits 1869, der Schweizerische Gewerbeverband SGV 1879, der Schweizerische Gewerkschaftsbund SGB 1880 und, wegen interner Konflikte mit Verspätung, der Schweizerische Bauernverband 1897 bzw. 1908. (Gruner 1956:18ff., Siegenthaler 1983:222ff.). Einzelne der Dachverbände wurden zu den eigentlichen Protagonisten wirtschaftspolitischer Kompetenzen des Bundes, der bald nach der Verfassungsrevision von 1874 die einheimische Landwirtschaft durch seine Zollpolitik zu schützen begann. Die Wirtschaftsverbände nutzten ihre Organisationskraft. Vor allem die Dachverbände verstanden es zum Teil besser als Parteien und Parlamentsfraktionen, die regionalen und branchenspezifischen Interessen für eine nationale Politik zu bündeln. Sie wurden zu federführenden Akteuren in der Wirtschaftsgesetzgebung und stellten ihre Organisation für den Vollzug politischer Aufgaben des Bundes zur Verfügung. Dieses verbandsstaatliche Muster wurde mit den Wirtschaftsartikeln von 1947 konsolidiert: es sichert den Wirtschaftsverbänden die Anhörung als zuständige Organisationen in allen Fragen der Wirtschaftspolitik und sieht ihre Mitwirkung im Vollzug vor. Der Bund verzichtete damit in weiten Teilen auf eigene Initiativen der Wirtschaftspolitik und die Einrichtung einer staatlichen Wirtschaftsverwaltung. Die Wirtschaftsverbände wurden zeitweise gar zu «Stellvertretern des Staates», wie Gruner (1956:106) am historischen Beispiel der Zollgesetzgebung belegt. Dafür gibt es auch neuere Beispiele, etwa in der Aussenwirtschaftspolitik. Sowohl das Handelsabkommen mit der EG 1972 als auch die Verhandlungen über den EWR-Vertrag wurden praktisch von einer ständigen Delegation aus Spitzenbeamten und Vertretern der Dachverbände geführt – Parlament und Parteien hatten kaum etwas zu sagen (Sciarini 1992). Der starke *politische Einfluss der Wirtschaftsverbände* beruht auf *mehreren Faktoren*:

1. Referendumsmacht: Falls ihre Interessen in Vorlagen des Parlaments verletzt werden, sind grössere Verbände in der Lage, das Referendum zu ergreifen und gar das Gesetz zu Fall zu bringen. Ebenso kann das Referendum als «Verhandlungspfand» genutzt werden, um Forderungen im vorparlamentarischen Verfahren durchzusetzen (Neidhart 1970).

2. Vollzugsmacht: Verbände sind Akteure, die dem Staat als Gegenleistung für die Berücksichtigung ihrer Interessen eine Gegenleistung anbieten können. Dazu gehören Informationen und Vollzugshilfen, für die der Staat keine eigene Verwaltung aufbauen muss. Verbände sind neben der Bundesverwaltung die einzigen Akteure, die sowohl auf der Inputseite (Gesetzgebung) wie auf der Outputseite (Vollzug) direkten Einfluss ausüben können. Das verschafft ihnen eine besondere Machtstellung (Linder 1983a:282ff., 1987a:144ff.);

3. *Definitionsmacht:* Verbände sind in der Lage, viele kollektive Interessen ihrer Mitglieder selbst wahrzunehmen. Sie beanspruchen Kooperation mit dem Staat erst dann, wenn sie an den Grenzen ihrer eigenen Organisationsmittel angelangt sind. Wirtschaftspolitik ist damit zunächst Verbands- und Branchenpolitik, die mit staatlichen Ressourcen ergänzt wird. Das führt zu einem subsidiären Wirtschaftsinterventionismus: Die Wirtschaftspolitik geht nicht vom Staat aus und ist nicht gesamtwirtschaftlich konzipiert. Vielmehr wird sie verbandlich definiert, vorstrukturiert und reagiert auf punktuelle Verbandseinflüsse (Hotz 1979).

B. Die Organisation der Wirtschaftsverbände

Die Strukturen des schweizerischen Verbandssystems sind komplex. Schon die Zahl der Wirtschaftsverbände ist beeindruckend: Nach Angaben von Kriesi (1995:225) figurieren auf der Liste des Bundesamtes für Wirtschaft und Arbeit über 1100 Verbände, und 60 Prozent davon, nämlich 675, können als Wirtschaftsverbände bezeichnet werden. Entsprechend vielfältig sind auch die Muster des Verbandseinflusses in den einzelnen Politikbereichen (Farago 1987). Dennoch lassen sich für die Organisation der Wirtschaftsverbände einige *gemeinsame Grundstrukturen* angeben:

1. *Doppelstruktur von Einzel- und Dachverbänden*: Die Basis des Verbandssystems bilden die Einzelverbände von Branchen oder Berufsgruppen (z.B. des Baumeisterverbands und der Gewerkschaften des Baugewerbes). Diese sind Mitglieder von Dachverbänden (die Baumeister im Gewerbeverband, die Einzelgewerkschaften in Gewerkschaftsverbänden), welche die übergreifenden Gruppeninteressen vertreten.

2. *Föderalistische Organisationstruktur:* Eine hohe Zahl von Einzel- und Dachverbänden sind gleichzeitig auf lokal-regionaler, kantonaler und eidgenössischer Ebene organisiert. Das lässt uns von einer föderalistischen Struktur der Verbände sprechen. Ihre politische Bedeutung liegt darin, dass die direkte Interessenvertretung auf allen Ebenen des politischen Systems gewährleistet ist.

3. *Mitgliederprinzip und freiwillige Mitgliedschaft:* Einzelverbände beruhen auf der freiwilligen Mitgliedschaft von Unternehmungen oder Einzelpersonen. Diese besitzen Mitgliedsrechte wie in einem Verein. Wichtige Entscheidungen, aber auch der Zusammenschluss von Einzelverbänden oder ihre Mitgliedschaft in Verbänden auf höherer Ebene oder in Dachverbänden hängen letztlich vom Willen der Mitgliederbasis ab. Verbände sind mit wenigen Ausnahmen keine Zwangskörperschaften. Nicht allen Verbänden gelingt es darum gleich gut, ihren Bereich mitgliedschaftlich zu organisieren. Der Organisationsgrad der

Arbeitgeberseite ist hoch: zu Mitte der achtziger Jahre waren zwischen 57 und 80 Prozent der Arbeitgeberinnen aus den Sektoren Bau, Chemie, Nahrungsmittel und Werkzeugmaschinen verbandsmässig organisiert, im Mittel 72 Prozent. Bedeutend schwächer waren die Arbeitnehmer dieser Bereiche organisiert: nur zu 10 Prozent in der Nahrungsmittelindustrie, zu 50 Prozent in der Bauwirtschaft und 45 Prozent im Mittel (Farago und Kriesi 1986:45 und 102). Der globale Organisationsgrad der Gewerkschaften ist rückläufig; er betrug zu Beginn der neunziger Jahre noch rund 27 Prozent – im westeuropäischen Vergleich befindet sich damit die Schweiz auf dem drittletzten Platz vor Frankreich (22 Prozent) und Spanien (19 Prozent) (APS 1990:343).

4. *Begrenzte Zentralisierung:* Der Aufbau von Stufen vertikaler Differenzierung (also von Dach- und Zentralverbänden) beruht auf freiwilliger Kooperation der Basisorganisationen. Wie schon in den Einzelverbänden kommt es dabei zum Dilemma der Oligarchisierung (Michels 1911): Verbandsführungen und Dachverbände drängen auf eine möglichst autonome Interessenvertretung, um den Einfluss gegenüber Dritten maximal wahrzunehmen, während Mitglieder wie Einzelverbände eine möglichst breite Mitwirkung an Entscheidungen der Verbandsspitzen oder der höheren Verbandsebene verlangen. Das Mitgliederprinzip hat zur Folge, dass Verbandsspitzen und Dachverbänden nur eine begrenzte Autonomie eingeräumt wird. Dies äussert sich etwa darin, dass Verbandsspitzen nur geringe finanzielle und persönliche Ressourcen erhalten, und dass die Interessenabstimmung und -aggregierung für die Dachverbände ein dauerndes Problem darstellt.

Darüber hinaus sind einige *Besonderheiten der Organisation auf Arbeitgeber- und Arbeitnehmerseite* zu erwähnen. Zunächst ist die Liste der bedeutenden Dachverbände der Arbeitgeberseite mit SHIV, SGV und SBV nicht vollständig. Die Bankiers sind nach wie vor im Alleingang in der Schweizerischen Bankiervereinigung (SBVg) organisiert, und neben dem Vorort spielt der Zentralverband schweizerischer Arbeitgeber-Organisationen (ZSAO) eine bedeutsame Rolle. Zwischen beiden Dachverbänden besteht eine Arbeitsteilung: der ZSAO ist zuständig für die Beziehungen der Sozialpartnerschaft und die damit verbundenen sozialpolitischen Fragen; der Vorort vertritt die allgemeineren wirtschaftspolitischen Interessen von Industrie und Handel (vor allem Finanz-, Aussenhandels- und Ordnungspolitik).

Auf der Arbeitnehmerseite besteht eine doppelte Fragmentierung. Zum einen gibt es neben dem SGB noch zwei weitere gewerkschaftliche Dachverbände: den Christlich-Nationalen Gewerkschaftsbund CNG sowie die Vereinigung Schweizerischer Angestelltenverbände VSA. Diese erste Fragmentierung geht auf historische politische Lager zurück: der SGB war stets affiliiert mit den Linksparteien, während die christlichen Gewerkschaften vor allem die katholische Arbeiterschaft organisierten und damit auch engere Beziehungen zur Milieupartei der Christlich-Sozialen bzw. der CVP unterhielten. Neben dieser «politischen» Fragmentierung besteht eine zweite, sozial-strukturelle: Der Dachverband der Schweizerischen Angestellten, in dem der Kaufmännische Verband SKV den Haupharst stellt, ist unabhängig von den Gewerkschaften. Darin kommt die Tatsache zum Ausdruck, dass Arbeiter- und Angestelltenschaft getrennt organisiert geblieben sind. Sie unterscheiden sich in ihrem Selbstverständnis und in ihrer Politik bis heute. Eine ganze Reihe weiterer Organisationen folgt den beiden Linien politischer und sozial-struktureller Fragmentierung (Fluder et al. 1991). Die Vertretung der Arbeitnehmerinneninteressen erscheint darum wenig einheitlich. Hinzu kommt, dass die Vereinigung verschiedener Berufe in sog. Betriebsgewerkschaften, wie wir sie in Deutschland finden, in der Schweiz nicht üblich ist. Der Trend läuft aber in eine ähnliche Richtung dort, wo sich Einzelgewerkschaften zusammenschliessen, wie z.b. 1993 die GBH (Bau und Holz) und die GTCP (Textil, Chemie, Papier) zur gemeinsamen Gewerkschaft GBI (Bau und Industrie) (APS 1992:354).[1]

C. Sozialpartnerschaft

Zum Selbstverständnis der Schweiz gehört die lange Tradition einer starken Sozialpartnerschaft. Dieses Selbstverständnis ist nur zum Teil richtig. Es stimmt zwar, dass die Sozialpartner in der Schweiz aufgrund vertraglicher Vereinbarungen auf die Kampfmittel des Streiks und der Aussperrung seit den fünfziger Jahren praktisch verzichtet haben. In dieser Hinsicht geht der soziale Frieden weiter als in vergleichbaren Ländern. Die schweizerische Tradition der friedlichen und vertraglichen Lösung des Konflikts zwischen Kapital und Arbeit ist aber eher jüngeren Datums und regelt die industriellen Beziehungen zum Teil weniger als in andern Ländern (Armingeon 1993:448).

So waren die Beziehungen zwischen Arbeitgeberschaft und Gewerkschaften in der Zwischenkriegszeit mehr als gespannt. Die gewerkschaftlichen Forderungen des Generalstreiks 1918 auf materielle und vertragliche Besserstellung wurden von Arbeitgebern und Regierung grösstenteils abgelehnt. 1924 ergriffen die Gewerkschaften zwar erfolgreich das Referendum gegen die «Lex Schultheiss», welche in der Wirtschaftskrise die wöchentliche Arbeitszeit von 48 auf 54 Stunden verlängern wollte. Effektiv wurden 50 Stunden gearbeitet – mehr als in allen andern europäischen Ländern (Degen 1991:287), und an kollektiven Arbeitsverträgen hatten die Arbeitgeber der Grossindustrie[2] – anders als etwa in Skandinavien zu jener Zeit – kein Interesse. Die Mässigung der Gewerkschaften, die auf Klassenkampf verzichteten, blieb ohne sichtliche Ergebnisse. Die gewerkschaftlich/sozialdemokratische «Kriseninitiative» mit keynesianischen Arbeitsbeschaffungsmassnah-

---

1 Solche Zusammenschlüsse verlaufen nicht konfliktfrei. So fühlte sich der VHTL (Verband Handel, Transport, Lebensmittel) konkurrenziert durch die Absicht von SMUV und GBI, für den (bisher vernachlässigten) Dienstleistungsbereich eine neue, gemeinsame Gewerkschaft UNIA zu gründen. (APS 1996:371).
2 Im Gegensatz zum gewerblichen Bereich, in welchem sich gut organisierte Facharbeiter (Druck, Holzverarbeitung, Spengler) schon ab 1900 regionale oder gar nationale Gesamtarbeitsverträge erkämpften. (Gruner 1988: 1254ff.).

5 Verbände 113

men scheiterte 1935 in der Volksabstimmung nach erfolglosem Versuch zur Kooperation mit den Arbeitgebern. Die Wende kam auf dem Höhepunkt der Wirtschaftskrise, als der Bundesrat in Erwägung zog, Arbeitskonflikte schiedsrichterlich und damit staatlich entscheiden zu lassen. Das brachte die Arbeitgeber zum Einlenken: sie zogen vertragliche Vereinbarungen mit den Gewerkschaften staatlicher Autoritätsentscheidung vor. Das 1937 in der Maschinen- und Uhrenindustrie abgeschlossene Friedensabkommen zwischen dem Arbeitgeberverband und den Gewerkschaftsverbänden brachte zwar keine direkte materielle Besserstellung der Arbeitnehmer, aber die Anerkennung der Gewerkschaften als Vertragspartner, die vertragliche Lösung aller Arbeitskonflikte nach Treu und Glauben, unter Verzicht auf Streik und Aussperrung, sowie der Einrichtung einer Schlichtungs- und Schiedsstelle. Das Abkommen war auch nicht die erste Vereinbarung zwischen den Sozialpartnern, aber politisch deshalb bedeutsam, weil es zum Prototyp der schweizerischen Sozialpartnerschaft in der Nachkriegszeit wurde. In den fünfziger Jahren verbreiteten sich die Kollektivvereinbarungen, paritätischen Kommissionen und Schlichtungsstellen zwischen Arbeitgebern und Gewerkschaften in allen Industriebereichen. Für die Verbreitung der Sozialpartnerschaft spielte ein politischer Faktor mit, nämlich der Ausgleich zwischen Links und Rechts in der beginnenden Konkordanz. Vor allem aber war in einer Zeit des Wirtschaftswachstums die Kooperation zwischen Arbeitgebern und Arbeitnehmern für beide Seiten die lohnendere Strategie als die Konfrontation.

Sozialpartnerschaftlich geregelt werden heute vor allem die Lohn- und Arbeitsbedingungen sowie Fragen der Sozialversicherung. Im internationalen Vergleich fallen vier Merkmale auf: Erstens ist die *Tiefenwirkung* der schweizerischen Sozialpartnerschaft gering: nach Prince (1994:104) profitiert nur etwas mehr als die Hälfte der privat Beschäftigten direkt von sozialpartnerschaftlich geregelten Arbeitsverhältnissen, gegenüber 80 Prozent in Deutschland oder der praktischen Gesamtheit der Lohnabhängigen in Schweden. Zweitens haben sich – trotz vertraglich-formeller Gleichstellung und friedlicher Konfliktregelung – die schweizerischen Arbeitgeber allen Forderungen der Gewerkschaften nach *betrieblicher Mitbestimmung* mit Erfolg widersetzt. Drittens behalten Arbeitgeber und Gewerkschaften das Heft der Regelung der Arbeitsbedingungen in ihrer Hand, lehnen etwa den obligatorischen Beizug staatlicher Stellen zur Regelung von Arbeitskonflikten ab und ziehen eigene Vertragslösungen gegenüber gesetzlichen Regelungen von Arbeitsbedingungen vor. Hier kommt das *Subsidiaritätsprinzip* zum Ausdruck: der Staat soll nur lösen, was die Kraft der Verbände übersteigt. Viertens werden die kollektiven Arbeitsbedingungen *dezentral ausgehandelt,* also nach einzelnen Branchen und auf regionaler Ebene. Neueste Entwicklungen deuten darauf hin, dass die Arbeitgeber diese Dezentralisierung noch weiter vorantreiben, als den Gewerkschaften lieb ist: erstere ziehen die Kollektivvereinbarungen auf die Betriebsebene zurück.

Das verweist auf veränderte Interessen und auf veränderte Kräfteverhältnisse in der Sozialpartnerschaft. War der schweizerische Arbeitsmarkt in den Perioden der Hochkonjunktur ausgetrocknet, so hat die Arbeitslosigkeit in den neunziger Jahren 4–5 Prozent erreicht. Die weltweite Öffnung der nationalen Volkswirtschaften gibt auch den Schweizer Arbeitgebern Möglichkeiten, komparative Vorteile der internationalen Arbeitsteilung für jedes Teilprodukt und jeden Arbeitsschritt durch partielle Verlegung ins Ausland zu nutzen. Diese gesteigerten externen Optionen haben Arbeitnehmerinnen und Arbeitnehmer nicht. Damit haben sich die Kräfteverhältnisse und die strukturellen Bedingungen der Sozialpartnerschaft insgesamt zu Ungunsten der Gewerkschaften gewandelt. Die Sozialpartnerschaft wird künftig härteren Proben ausgesetzt sein als bisher (Armingeon 1996a:76).

D. Die Zusammenarbeit zwischen Wirtschaft und Staat

1. Der Einfluss auf die Gesetzgebung

Das Grundmuster der intensiven Zusammenarbeit zwischen Wirtschaft und Staat ist von allem Anfang an das gleiche geblieben: Verbände suchen die Mithilfe des Staates für die Realisierung von kollektiven Interessen, die ihre eigenen Fähigkeiten übersteigen; der Staat anerkennt einen Teil der Forderungen als «öffentliches Interesse», verbindet sie mit eigenen Zielen und beauftragt die Verbände mit dem Vollzug des Politikprogramms. Die gegenseitigen Vorteile liegen auf der Hand: Die Verbände erweitern ihre Handlungsfähigkeit zugunsten ihrer Mitglieder durch staatliche Gestaltungsmittel, der Staat andererseits ist entlastet vom eigenen Vollzug der Wirtschaftspolitik. Ackermann (1984) illustriert die Logik dieser Zusammenarbeit am frühen Beispiel der Berufsschulen. Zu den vielen Fähigkeiten der Wirtschaft, ihre kollektiven Interessen durch Selbstorganisation zu lösen, gehörten bereits Ende des 19. Jahrhunderts die Einrichtung gewerblich-industrieller Berufsschulen. Die Eigeninitiative der Verbände vermochte jedoch das Problem der Trittbrettfahrer nicht zu lösen. Einzelne Unternehmungen bezahlten keine Beiträge an die Berufsschulen, profitierten aber vom Nutzen ausgebildeter Berufsleute, die sie einstellten. Staatliche Mitorganisation der Schulen war die Lösung. Trittbrettfahrer-Probleme bilden den typischen Anlass für die Verbände, ergänzende Regulierungen vom Staat zu verlangen – so auch etwa bei den Gesamtarbeitsverträgen, die durch Dritte unterlaufen wurden, bevor ihre Allgemeinverbindlicherklärung (1941) durch den Bundesrat verlangt werden konnte.

Für die Wirtschaftspolitik und ihre politischen Entscheidungsprozesse hat das verschiedene Konsequenzen:

1. Das verbandsstaatliche Muster entspricht der Grundstruktur einer Gesellschaft, in der die *Wirtschaft* (und weitere Bereiche) *stark, der Staat und seine Verwaltung jedoch schwach organisiert* sind. Für dieses Grundmuster können mehrere Gründe angeführt werden: historische (der Organisationsvorsprung der Wirtschaftsverbände gegenüber den politischen Parteien, das Fehlen einer Tradition der «Staatsverwaltung» in der Schweiz), politische (die vorherrschende politische Kultur des Liberalismus und der Subsidiarität)

5 Verbände

oder strukturelle (günstige Bedingungen und hohe Anreize für die Selbstorganisation der Unternehmungen auf dem kleinen schweizerischen Markt, aber begrenzte Ressourcen und Differenzierungsmöglichkeiten des Staates in der Kleingesellschaft).

2. Die Literatur misst den Verbänden generell einen *vergleichsweise starken Einfluss* auf die Wirtschaftsgesetzgebung zu – stärker als derjenige der Parteien, der Parlamentsfraktionen oder der Kantone (Gruner 1956, Neidhart 1970, Kriesi 1995). Dieser Einfluss erstreckt sich über die Wirtschaftspolitik hinaus: nach Germann (1981) sind die Spitzenverbände der Wirtschaft in einem Grossteil der Expertenkommissionen des Bundes ex officio vertreten. Hingegen variiert der Verbandseinfluss je nach Politikbereich stark, wie Kriesi (1980:601) an wichtigen Gesetzgebungsprozessen der siebziger Jahre aufgezeigt hat.

3. Die Gründe für die grosse *Varianz des Verbandseinflusses* beim Bund sind noch wenig untersucht. Kriesi (1995:247ff.) selbst nennt aus seinem Fallstudienmaterial mehrere Faktoren. Zunächst kommt es für die erfolgreiche Beeinflussung der Politik darauf an, ob die Spitzenverbände von Arbeitgebern und Arbeitnehmern als wichtigste Antagonisten zu einem Kompromiss gelangen, und ob der Verbandskompromiss auch auf Ebene der politischen Parteien durchsetzungsfähig ist. Sodann scheint der Verbandseinfluss dort geringer zu sein, wo die Kantone oder der Bund ihre Eigeninteressen durch eigene professionelle und institutionelle Ressourcen einer Fachverwaltung geltend machen können, wie etwa auf dem Gebiete der Raumplanung. Ein theoretischer Aspekt scheint mir zusätzlich wichtig: Verbände können nur dort einen aktiv-gestaltenden Einfluss ausüben, wo sie selbst ihre Interessen intern auf einen gemeinsamen Nenner bringen können. Wie bereits erwähnt, ist dieser Vorgang der Interessenaggregation wegen des Mitgliederprinzips der Verbände nicht immer erfolgreich. Insbesondere die Dachverbände sind keineswegs immer erfolgreich darin, die Interessen der verschiedenen Wirtschaftszweige auszugleichen. Die Fähigkeit der Verbände zum internen Interessenausgleich bleibt darum eine kritische Grösse. Dies setzt auch der Wirtschaftspolitik des Bundes zwei deutliche Grenzen: einmal kann mangelnder Konsens der Dachverbände zu Status-quo-Lösungen oder gar Blockierungen der Politik führen, weil Einzelverbände mit dem Referendum über eine starke Vetomacht verfügen. Zum zweiten sind auch die Dachverbände nur begrenzt fähig, konzeptionell-gesamtwirtschaftliche Probleme aus übergreifender Sicht zu formulieren. Die allgemeine Wirtschafts-, Konjunktur-, Finanz- oder Forschungspolitik muss deshalb mit konzeptionellen Schwächen rechnen, falls der blosse Verbandskompromiss nicht ergänzt wird durch wesentliche Inputs von Regierung und Parlament.

4. Regierung und Parlament sind nun aber häufig zu schwach, um den Gruppeninteressen der Verbände eine allgemeine, übergreifende Perspektive gegenüberzustellen. Wirtschaftspolitik ist bis heute *überwiegend reaktive, punktuelle, von einzelnen Gruppeninteressen dominierte Staatsintervention* geblieben (Hotz 1979). Gesamtwirtschaftliche Strukturpolitik kam nur ausnahmsweise – etwa in der Berggebietsförderung – zum Zug. Die Instrumente gesamtwirt-

schaftlicher Konjunktursteuerung wurden im zweiten Anlauf erst 1978 von Volk und Ständen angenommen (APS 1978:55), als wesentliche Voraussetzungen ihres erfolgreichen Einsatzes weggefallen waren. In Wiederholung der Konjunkturmassnahmen 1975/76 (Schwartz/Graf 1986) wurden auch anfangs der neunziger Jahre bloss punktuelle, antizyklische Investitionsprogramme zur Ankurbelung der Wirtschaftstätigkeit beschlossen – eine langfristige, konzeptionelle Industriepolitik steht ausser Diskussion. Wirtschaftspolitik ist bis in die neunziger Jahre in erheblichem Ausmass verbandsstaatliche Politik geblieben und damit – als subsidiäre Politik – reaktiv und punktuell.

5. Verbandsstaatliche Wirtschaftspolitik war *in der Vergangenheit in hohem Masse Politik zugunsten von Unternehmungen und Produzenten.* Ihre Verbände sind gegenüber denen der Arbeitnehmerinnen und auch der Konsumenten zahlreicher; ihre Repräsentanten dominieren die vorparlamentarischen Kommissionen. Entsprechend waren die Ergebnisse. Die Konsumentinnen bezahlten die Landwirtschaftsprodukte wesentlich teurer als im Ausland. Schutzklauseln in Submissionsvorschriften vom Bund bis zu den Kantonen waren ein Milliardengeschäft: Sie gestatteten den Lieferanten, dem Steuerzahler bei öffentlichen Aufträgen höhere Rechnungen zu stellen als der privaten Kundin. An solchen typischen Ergebnissen schweizerischer Wirtschaftspolitik hat sich seit den neunziger Jahren einiges geändert. Der globale Liberalisierungsdruck öffnete die Grenzen des schweizerischen Wirtschaftsraum und erzwang mehr Wettbewerb auf dem Binnenmarkt. Die Verbandskoalition der Anbieter ist heute weniger einheitlich als früher. Die Liberalisierung brachte auch neue Konstellationen auf Verbands- wie auf parlamentarischer Ebene: Arbeitnehmer und politische Linke sahen geringere Chancen in der Fortsetzung der Lohnpolitik als in der Senkung des schweizerischen Preisniveaus. Sie unterstützen daher in vielen Fällen – und zusammen mit den stärker gewordenen Konsumenten-Organisationen – eine Politik der Liberalisierung des Binnenmarktes. In der Revision des Kartellgesetzes oder des Binnenmarktgesetzes, aber auch in der Neuorientierung des Landwirtschaftsgesetzes standen «protektionistische» Anbieter einer Koalition exportorientierter Anbieter, der Arbeitnehmer- und Konsumentenorganisationen gegenüber – eine teilweise Umkehrung traditioneller Positionen (APS 1994:99ff., 1995:112f.).

2. Politikvollzug durch parastaatliche Organisationen

Der Vollzug wirtschaftspolitischer Aufgaben bildet den zweiten Teil der Zusammenarbeit zwischen Verbänden und Staat. Die Mitwirkung der Verbände im Vollzug kann in der Konsultation oder in Dienstleistungen für die staatliche Verwaltung bestehen. Eine weitergehende Form ist die eigentliche Übertragung von Aufgaben an die Verbände. Delegierter Aufgabenvollzug findet vor allem durch die sog. «parastaatlichen Organisationen» statt. Der Ausdruck deutet auf ein Feld zwischen Staat und Gesellschaft, das diese Organisationen besetzen: es sind private oder halbstaatliche Organisationen, die im staatlichen, zumeist gesetzlichen Auftrag öffentliche Aufgaben erfüllen. Sie reichen von den öffentlichen Unternehmen und Anstalten (z.B. SBB, SRG, Kantonalbanken, Elektrizitätswerke) zu gemischten Organisationen (Berufsschulen, Nationale Genossenschaft für die Lagerung radioaktiver Abfälle NAGRA) bis zu privaten Organisationen (Landwirtschaftliche Verwertungsorganisationen, Carbura, Berufsvereinigung der Ärzte FMH). Parastaatliche Organisationen sind Ausdruck einer verstetigten, institutionalisierten Zusammenarbeit zwischen Privaten und Staat (Steinmann 1988). Es gibt sie nicht nur in der Schweiz – in der internationalen Diskussion werden sie als «Private Government» (Streeck/Schmitter 1985) bezeichnet. Die schweizerischen parastaatlichen Organisationen sind ausserordentlich zahlreich, und zwar auf Stufe von Gemeinden bis Bund; ihre Rechtsform variiert und ist weniger von Bedeutung als die Art des öffentlichen Auftrags. Einzelne Organisationen sind nur für die Erfüllung der öffentlichen Aufgabe eingerichtet, andere wiederum erfüllen in erster Linie private Aufgaben.

Der bedeutendste parastaatliche Bereich des Bundes ist der Agrarsektor. Darin finden wir die allgemeine bäuerliche «Selbstverwaltung» des Schweizerischen Bauernverbands in Brugg, daneben die verschiedensten Organisationen zur Marktverwertung der landwirtschaftlichen Produkte. So wird beispielsweise die Milchverwertung durch den Zentralverband Schweizerischer Milchproduzenten (ZVSM) und dessen regionale Produzentenverbände organisiert. Beauftragt durch den Bund, organisiert er die Vermarktung der verschiedenen Produkte. Diese private Monopolwirtschaft im staatlichen Auftrag setzte Massnahmen während Jahrzehnten zuverlässig um – bis zur planwirtschaftsähnlichen, einzelbetrieblichen Milchkontingentierung (Hauser et al. 1983). Im parastaatlichen Vollzug der Landwirtschaftspolitik wird nicht nur der Markt ausgeschlossen. Auch auf politischer Ebene hatten Dritte wenig Einfluss: Das engere Netzwerk der Direktinteressierten setzt jene Politik selbst um, auf die sie bereits in der Gesetzgebung einen dominanten Einfluss ausübte (Jörin/Rieder 1985). Wo Marktkonkurrenz ausgeschlossen und politische Kontrolle durch Dritte gering ist, sind auch Kosten zulasten Dritter (Steuerzahler und Konsumenten) sowie eine geringe Innovationsbereitschaft zu erwarten (Linder 1987a). Den Vorteilen der Entlastung staatlicher Verwaltung durch die parastaatlichen Organisationen und ihrem relativ zuverlässigen Vollzug stehen also auch strukturelle Nachteile gegenüber.

Im gegenwärtigen Liberalisierungs- und Privatisierungsschub werden viele parastaatliche Arrangements überprüft, so etwa diejenigen der Landwirtschaft (Käseunion), der Kantonalbanken oder der öffentlichen Elektrizitätsunternehmungen. Eine Entflechtung öffentlicher und privater Interessen scheint sinnvoll nicht zuletzt vor dem Hintergrund politologischer Kritik an der geringen politischen Kontrolle der Arrangements zwischen Privaten und Staat. Entflechtung und Privatisierung erreichen das Ziel höherer Produktivität oder Leistungsfähigkeit allerdings nur, wenn ein echter Wettbewerb organisiert werden kann. Zudem müssen die verbleibenden politischen Ziele z.B. in der Form von Leistungsaufträgen an die verselbständigten Unternehmungen formuliert werden können. Bisher scheint dies jedoch nur begrenzt zu gelingen (Bütschi/Cattacin 1994).

E. Wie bilden Verbände politische Macht?

Fast so alt wie der Einfluss der Verbände ist die Kritik an ihrer Macht. Der Verfassungsrechtler Hans Huber etwa stand den Verbänden ausgesprochen skeptisch gegenüber, sprach von der «Vermachtung des Staats durch die Verbände» und fragte, wer gegenüber der Verbandsmacht die Interessen der «Nicht-Organisierten» und «Nicht-Repräsentierten» vertrete (Huber 1958). Der Journalist Hans Tschäni, dessen «Profil der Schweiz» für eine ganze Generation die Basis staatsbürgerlichen Unterrichts bildete, identifizierte in seinem Buch «Wer regiert die Schweiz» (1983) eine enge Machtelite von Verbands- und Regierungsvertretern als die eigentlichen Regierenden. Das Unbehagen beider Kritiker rührt offenbar daher, dass erstens nicht alle Macht im Staat demokratisch wie im Parlament oder an der Urne, also nach dem Prinzip «eine Person – eine Stimme», gebildet wird, und dass zweitens diese Macht einseitig verteilt ist: den Organisierten stehen Nichtorganisierte gegenüber. Ich möchte mich daher zunächst aus politologischer Sicht mit der Frage beschäftigen: wie bilden Verbände Macht?

Verbände sind ein illustratives Beispiel für Max Webers berühmte Definition von Macht, die er bezeichnete als «jede Chance, innerhalb einer sozialen Beziehung den eigenen Willen auch gegen Widerstreben durchzusetzen, gleichviel, worauf diese Chance beruht» (Weber 1976:28). Machtbeziehungen sind also zunächst asymmetrische Beziehungen. Wichtiger in unserem Zusammenhang ist der Ausdruck «gleichviel, worauf diese Chance beruht». Das verweist darauf, dass Macht ganz verschiedene Quellen haben kann. Verbände erfinden und bilden sie auf spezifische Weise.

Das Hauptziel der Wirtschaftsverbände ist zunächst nicht die Politik, sondern der Zusammenschluss von wirtschaftlichen Akteuren, die sich aus der Kooperation Vorteile auf dem Markt versprechen: Sie betreiben gemeinsame Ausbildung ihrer Beschäftigten, sprechen sich ab über Preise und Löhne, die Qualitätsstandards ihrer Produkte oder über Zutrittsbedingungen zum Markt. Diese Organisation bringt ihren Mitgliedern Vorteile: «to offer less to get more», wie der Soziologe Karl Deutsch sagt, und sie bedeutet die teilweise Ausschaltung des Wettbewerbs durch Marktmacht – auch gegenüber widerspenstigen Mitgliedern. Wer sich nicht an Absprachen über Preise und Löhne hält, wird nicht beliefert, von den Verbandsvorteilen oder aus dem Verband selbst ausgeschlossen.

Nun wird aber sofort einzuwenden sein, dass wir in der Realität ganz unterschiedliche Situationen verbandlichen Zusammenschlusses vorfinden: Hauseigentümerinnen z.B. sind sehr viel besser organisiert als die Mieter, die Fluglotsen stärker als die Verkäuferinnen. Mit der Frage, unter welchen Bedingungen Organisationen gegründet werden und Macht bilden können, hat sich Mancur Olson (1968) beschäftigt. Nach seiner einflussreichen Theorie hängt die *Bildung von kollektiver Macht* – gleichgültig ob auf dem Markt, in der Politik oder in der Gesellschaft – von zwei entscheidenden Grössen ab, von der Organisations- und der Konfliktfähigkeit. Die *Organisationsfähigkeit* ist dann gegeben, wenn den Mitgliedern Vorteile angeboten werden können, von denen Nichtmitglieder ausgeschlossen sind. Die *Konfliktfähigkeit* eines Verbandes ist sodann in dem Masse gegeben, als er Leistungen

5 Verbände

verweigern kann, die Dritte benötigen. Wir sehen nun erstens, warum es für bestimmte Probleme überhaupt Organisationen gibt und für andere nicht: der ACS oder der TCS kann seinen Mitgliedern z.b. eine kostenlose Pannenhilfe anbieten, die Nichtmitglieder selber berappen müssen. Wegen dieses Vorteils werden viele Automobilisten der Vereinigung beitreten, auch wenn sie mit den übrigen Verbandszielen nicht viel am Hut haben. Der «Berner Verein für saubere Stadtluft» hingegen wird, wenn er seine Ziele erreicht, niemand vom Einatmen der besseren Luft ausschliessen können. Darum lohnt es sich nicht, dem Verein beizutreten – und so existiert er auch gar nicht. Wir sehen nun aber zweitens, warum die Macht oder Konfliktfähigkeit eines Verbands unterschiedlich ist: Organisierte Fluglotsen, wiewohl klein an der Zahl, können ihre Forderungen besser durchsetzen als die bedeutend grössere Zahl von Verkäufern. Wenn die Lotsen ihre Leistung verweigern, sind sie weit weniger ersetzbar als Verkäuferinnen.

Die *unterschiedliche Organisations- und Konfliktfähigkeit* von gesellschaftlichen Vereinigungen führt also zu grösseren oder kleineren »Chancen, seinen Willen gegen Widerstreben durchzusetzen», und damit zu unterschiedlicher Macht. Das gilt auch für die Macht von Verbänden gegenüber dem Staat. Machtbildung in der Demokratie beruht zunächst auf der Gleichheit der Stimmen, und darum haben Parteien soviel Macht im Parlament, als sie Wählerstimmen zu gewinnen vermögen. Auch Verbände stützen sich ein Stück weit auf demokratische Macht, wenn sie ihre Mitglieder für oder gegen eine Referendumsvorlage mobilisieren. Mindestens so bedeutsam aber ist ihre wirtschaftliche oder soziale Organisations- und Konfliktfähigkeit. Diese ist weder demokratisch noch ist sie an der Frage der Mitgliederzahl zu bemessen, wie das folgende Beispiel belegt. Sollen Mehreinnahmen des Staates über höhere Unternehmens– oder Lohnsteuern finanziert werden, so wird das Eigeninteresse der Unternehmer die Lohnsteuer, die Seite der Gewerkschaften die Unternehmenssteuer bevorzugen. Am Verhandlungstisch vertritt die Arbeitnehmerseite zwar die sehr viel grössere Zahl von Lohnabhängigen. Unternehmungen werden aber ihr Steuerdomizil ohne weiteres ins Ausland verlegen können, eine Möglichkeit der Leistungsverweigerung, die für einen Grossteil der Arbeitnehmer ausser Betracht fällt. Dieses Argument – es ist ein Machtargument – wird stark für die Belastung der Löhne und gegen die Belastung der Unternehmungen sprechen. Dies gilt gleichermassen am vorparlamentarischen Verhandlungstisch, im Parlament, und selbst in der Volksabstimmung: Unternehmer bilden zwar eine Minderheit im Volk, aber sie können eine Mehrheit gewinnen mit dem Argument, bei Erhöhung des Steuersatzes würden die Steuerausfälle grösser als die zusätzlichen Einnahmen. Auch die Verbandsmacht beruht damit ein Stück weit auf demokratischer Machtbildung, etwa in Referenden oder auch in der innerverbandlichen Willensbildung. Zu einem ganz wesentlichen Teil aber beruht kollektive Macht der Verbände auf ihrer Konfliktfähigkeit, also der Möglichkeit, Leistungen gegenüber dem Staat oder der Gesellschaft zu verweigern. Insoweit sind von der Verbandsdemokratie auch keine Umverteilungen zu erwarten: es werden Leistungen gegen andere Leistungen ausgetauscht. «Wer hat, dem wird gegeben» (Lukas 8,18), wer nichts hat, kriegt nichts.

F. Verbände und das Demokratiemodell des Gruppenpluralismus

Mit den Überlegungen zur Machtbildung ist der Kritikpunkt Hans Hubers im vorherigen Abschnitt noch nicht erledigt: Wie weit führt Verbandspolitik zu einseitiger Machtbildung in der Demokratie?

Aus politologischer Sicht ist es sinnvoll, die Fragestellung etwas weiter zu fassen. Zunächst stellt das Phänomen kollektiver Machtbildung kein besonderes Problem des schweizerischen Verbandsstaats dar, sondern ein universelles. Interessengruppen bilden in jeder Gesellschaft politische Macht, und die Entscheidungen jeder Demokratie werden nicht nur von politischen Parteien, Wählern und dem Parlament beeinflusst, sondern auch von Interessengruppen. Zu diesem «informellen» Einflusssystem gehören sodann nicht bloss Wirtschaftsverbände, sondern auch soziale und kulturelle Organisationen, die politischen Einfluss ausüben. Beispiele sind etwa die Kirchen, gemeinnützige Vereinigungen wie die Caritas oder das Schweizerische Rote Kreuz, die Sportverbände oder die Akademien der schweizerischen Wissenschaften, die zum Teil öffentliche Aufgaben erfüllen wie die Wirtschaftsverbände. Daneben gibt es Vereinigungen, die zwar wenig im Vollzug, aber als Lobby für ideelle Ziele ähnlichen Einfluss auf die Gesetzgebung auszuüben versuchen wie die Pressure-Groups der Wirtschaftsverbände. Zu ihnen zählen etwa die Umwelt-, Frauen- oder Jugendorganisationen, die ein Stück weit mit den neuen sozialen Bewegungen oder mit den politischen Parteien überlappen. Sie alle haben keinen allgemeinen Einfluss auf die Politik wie etwa die Spitzenverbände der Wirtschaft. Sie verfügen zum Teil nur über eine geringe Konflikt- und Organisationsfähigkeit in der Politik, aber sie bilden Macht nach einer ähnlichen Logik wie die Wirtschaftsverbände. Aus politologischer Sicht wird darum Politik nicht nur im Bereich der Wirtschaft, sondern auch im sozial-gesellschaftlichen Bereich generell über Organisationen artikuliert, vermittelt, aggregiert und umgesetzt.

Vor diesem Hintergrund gewinnt für die Schweiz das theoretische Modell der Demokratie des Gruppenpluralismus eine hohe Plausibilität[3]. Nach diesem Modell können alle Input-Forderungen an das politische System auf gesellschaftliche Interessengruppen zurückgeführt werden. Als Gruppen gelten prinzipiell alle gesellschaftlichen Vereinigungen, also wirtschaftliche, politische wie sozial-kulturelle Organisationen. Nach den Annahmen der Theorie des politischen Pluralismus versuchen alle diese Gruppierungen, Einfluss auf

---

3 Die Interpretation des schweizerischen Entscheidungssystems nach dem Modell des Gruppenpluralismus entspricht zwar nicht gängiger politologischer Mode, die sich zumeist an das Korporatismus-Modell hält. Zumindest für die Analyse der Machtstrukturen scheint mir aber das Pluralismusmodell plausibler, weil das schweizerische System im europäischen Vergleich gekennzeichnet ist von einem generalisierten Einfluss verschiedenster Gruppierungen in allen Politikbereichen, von einem fragmentierten und wenig zentralisierten Gruppeneinfluss, und mindestens teilweise von stark wechselnden Koalitionen oder Konkurrenzsituationen. Alle drei Merkmale entsprechen typischen Kennzeichen eines Pluralismusmodells, bilden aber Abweichungen vom gängigen Theoriemodell des Korporatismus.

5 Verbände

die Politik zu gewinnen. Sie haben chancengleichen Zugang zur Macht und konkurrieren um Einfluss. Schliesslich wird angenommen, dass die Entscheidungseliten in den politischen Verhandlungsprozessen die Interessen ihrer Mitglieder vertreten, und dass alle gesellschaftlichen Probleme über Gruppenforderungen auch artikuliert werden können.

Ein solches Modell entspricht normativen Anforderungen der liberalen Demokratietheorie in hohem Masse, weil es dem Anspruch unverfälschter Partizipation und gleicher Einflusschancen über die politischen Wahlen hinaus sowie der gegenseitigen Machthemmung durch eine Konkurrenz vieler Gruppen genügt. Sodann ist das Modell in mancher Hinsicht leistungsfähig für die empirische Beschreibung der politischen Entscheidungsvorgänge. Wie die politologische Pluralismuskritik (statt vieler beziehe ich mich hier auf Fritz Scharpf 1970) hat zeigen können, sind allerdings verschiedene normative Annahmen des pluralistischen Demokratiemodells theoretisch oder empirisch nicht haltbar: Erstens repräsentieren gesellschaftliche Interessengruppen – nach der vorhin ausgeführten Logik kollektiven Handelns von Mancur Olson – eher kurzfristige und spezielle Interessen sowie diejenigen der «haves». Umgekehrt sind längerfristige, allgemeine Interessen und solche der «have-nots» weniger organisierbar und weniger konfliktfähig. Zweitens kann nur teilweise davon ausgegangen werden, dass die Entscheidungseliten die Interessen der Basis vertreten. Somit erfüllt das Pluralismusmodell gerade zentrale normative Erwartungen an die Outputleistungen der Demokratie nicht: ihre Entscheidungen berücksichtigen weder langfristige gesamtgesellschaftliche Probleme noch die Besserstellung derjenigen, die Demokratie am nötigsten haben: die sozial-ökonomisch Benachteiligten, die einzig mit ihrer Wählerstimme gleiche Einflusschancen haben. Ein relativ gleicher Einfluss aller Bürgerinnen und Bürger sowie die Berücksichtigung längerfristiger, allgemeiner Interessen und der «have-nots» kann nach Scharpf nur über den «einfachen» Partizipationsakt von Wahlen gesichert werden, in denen eine politische Partei mit diesen Programmpunkten auch reüssiert und als gewählte Regierung den Einfluss der Interessengruppen einzudämmen vermag. Je stärker die Regierung über dem Gruppeneinfluss steht, umso eher hat sie überhaupt die Möglichkeit, auch nicht-organisierte, wenig-konfliktfähige Interessen und solche der have-nots zu realisieren, und je schwächer die Regierung gegenüber dem Gruppeneinfluss, umso eher wird politischer Pluralismus zum «begrenzten Arrangement saturierter Gruppen», welches kein Forum für strukturelle Reformen offenhält. Damit kann das Pluralismusmodell normative Postulate der Demokratie *entweder* auf der Input-Seite «hohe Berücksichtigung der Interessengruppen» *oder* aber auf der Output-Seite durch Politikergebnisse im Sinne der Langfrist-, der Allgemeininteressen und solchen der havenots erfüllen, aber *nicht beide*. Das folgende Schema zeigt idealtypisch die Konsequenzen «starker» und «geringer» Pluralisierung:

Tabelle 5.1: Erfüllung normativer Input- und Outputkriterien im pluralistischen Demokratiemodell

Einfluss und Machtstruktur	Starke Pluralisierung	Geringe Pluralisierung
Einfluss der Wahlen	gering	hoch
Einfluss der Interessengruppen	hoch	gering
Machtkonzentration	gering	hoch
Normatives Input-Kriterium: Teilnahme und Einfluss möglichst vieler Gruppen	erfüllt	nicht erfüllt
Normatives Output-Kriterium: Berücksichtigung allgemeiner, langfristiger Interessen und der «have-nots» im Politikergebnis	nicht erfüllt	erfüllt

In dieser einfachen Typologie würde ich das schweizerische System ohne weiteres dem «stark pluralisierten» Modell zuordnen: Wahlen haben relativ geringe Bedeutung, und auch eine Mehrheitsregierung hätte wenig Macht, wenn sie nicht gleichzeitig den Gruppeneinfluss der hoch organisierten Gesellschaft eindämmen könnte. Dafür sichert der starke Gruppeneinfluss eine breite Wertberücksichtigung. Die Beteiligung aller Gruppen an allem wird institutionell gesichert, denn es gehört zu den berechenbaren Elementen schweizerischer Politikkultur, Widerstand gegenüber jeder Behörde zu leisten, welche die Anhörung der Gruppen übergeht. Der Glaube ist verbreitet, dass die Beteiligung möglichst vieler Gruppen auch zu einer besseren Berücksichtigung aller Interessen im Ergebnis führt. Entgegen einer «naiven» Pluralismusvorstellung vermag aber diese hohe Beteiligung der Gruppeninteressen nach unserem Modell keine günstigeren Politikergebnisse für die «have-nots» und die allgemeinen langfristigen Interessen hervorzubringen. Den einen Teil des allgemeinen Pluralismusproblems hat also der Jurist Hans Huber mit seiner Kritik des Verbandsstaats intuitiv erkannt: der politische Pluralismus ist ein Arrangement saturierter Interessen, das die Probleme der Nichtorganisierten oder Nichtrepräsentierten benachteiligt. Gegen die Intuition Hubers und wohl auch das schweizerische Selbstverständnis läuft aber die andere Behauptung des Modells, wonach die hohe Beteiligung gesellschaftlicher Gruppen die allgemeinen Langfristinteressen und die «have nots» gerade nicht begünstigt, sondern eher schlechter zum Zuge kommen lässt.

Gibt es entgegen der Theorie die Möglichkeit beides zu haben: eine breite Teilnahme von Gruppeninteressen auf der Input-Seite und Politikergebnisse ohne Benachteiligte auf der Output-Seite? Zu den wenigen schweizerischen Studien, welche die Folgen hoher oder geringer Pluralisierung empirisch untersucht haben, gehört diejenige von Barbara Haering Binder (1996) über die kommunale Richtplanung. Sie verglich Gemeinden mit hoher Planungsbeteiligung durch spezielle Repräsentationsgremien (also hoch pluralisierte) mit Gemeinden ohne zusätzliche Partizipationsgremien (also geringer pluralisierten). Sie gelangte zum Ergebnis, dass die zusätzlichen Partizipationsgremien eher der blossen

5 Verbände

Legitimationsbeschaffung dienten: sie vermochten keine neuen Probleme und Interessen einzubringen. Gemeindebehörden berücksichtigten also bereits aufgrund ihrer breiten politischen Zusammensetzung und Abstützung eine breite Palette organisierter Interessen. In geringer wie höher pluralisierten Gemeinden gab es aber vernachlässigte Allgemein- und Langfristinteressen. Sie wurden nicht durch zusätzliche Partizipationsgremien, sondern am ehesten in den Gemeindeversammlungen eingebracht. Als interessantes Ergebnis liess sich damit festhalten, dass die direkte Demokratie auf lokaler Ebene Defizite des Gruppenpluralismus zu kompensieren vermochte. Allgemeine Schlüsse – für andere Politikbereiche oder über die kommunale Ebene und die Versammlungsdemokratie hinaus – lassen sich freilich nicht ziehen.

Kapitel 6: Soziale Bewegungen

A. Zur Entwicklung: Politik für das Volk – Politik durch das Volk

In den frühen sechziger Jahren schien die Parteien- und Verbandsdemokratie geeignet, eine integrative Lösung aller gesellschaftlichen Probleme leisten zu können. In der noch jungen Konkordanz gab es einen starken Willen der vier Regierungsparteien, alle Probleme durch Verhandlungskompromiss zu lösen. Ähnliches galt auf wirtschaftlicher Ebene. In der Zeit des Wachstums zogen Arbeitgeber- und Arbeitnehmerorganisationen die Kooperation der Konfrontation vor. Die Sozialpartnerschaft verbreitete sich. Referenden und Volksinitiativen wurden seltener. Die Kompromisse der Verhandlungsdemokratie von Parteien und Verbänden schienen alle Teile der Gesellschaft zu befriedigen und für politische Stabilität zu sorgen.

Die Politikwissenschaft nahm Notiz davon. Der Deutsche Politologe Lehmbruch beschrieb das schweizerische System als erster unter dem Titel «Proporzdemokratie» (1967) und damit als selbständigen und andersartigen Typus eines Regierungssystems, der sich durch eine besonders integrative Art der Lösung gesellschaftlicher Konflikte auszeichnete. Neidhart (1970) kommentierte den Funktionswandel des Referendums, welches zunehmend als Verhandlungspfand im vorparlamentarischen Verfahren diente. Seine Grundthese, dass damit das Referendum vom Volksrecht ein Stück weit zum Verbandsrecht wurde, klang in den Ohren von Staatsrechtslehrern zwar ungewohnt, wurde indessen zu einer Schlüsselstelle für die späteren Analysen des schweizerischen Politiksystems.

Demokratie als Verständigung unter den politischen Eliten, welche die Interessen ihrer Gruppen zuverlässig vertraten, entsprach einem weithin anerkannten Konzept der damaligen Theoriediskussion. Das Konzept des Gruppenpluralismus, nach welchem alle Inputs in das Politiksystem über die Konkurrenz organisierter Interessen laufen und zu einem befriedigenden Ausgleich führen, setzte sich in den USA in den fünfziger Jahren als das stärkste Paradigma normativer und empirischer Demokratietheorie durch. Dass die Teilhabe der Bürgerinnen auf die Wahlen beschränkt war, bot dieser Theorie keine besonderen Probleme: war Demokratie nicht Politik durch das Volk, so war sie doch Politik für das Volk. So unterschiedliche Arbeiten wie Almond/Verba's (1963 [1983]) erster internationaler Vergleich politischer Kultur und Mancur Olsons «Logik kollektiven Handelns» (1968) hatten einen gemeinsamen Grundtenor: die Partizipation der Bürgerschaft ist nicht als selbstverständlich zu erwarten. Ein Engagement der Bürgerinnen und Bürger über die Wahlen hinaus bedarf besonderer Organisationen und Anreize. Eine erweiterte politische Partizipation erschien aber auch gar nicht notwendig, solange die Eliten durch die Konkurrenz der Gruppeninteressen eine Politik für die Vertretenen gewährleisten. Der amerikanische Politologe Lipset (1960 [1981]) konnte darum ein politisches Desinteresse, ja selbst die «Apathie» der Massen rühmen: dies hielt die Elitendemokratie von den

Störungen durch untere Schichten fern, die, nach der These des «authoritarianism of the working class», weniger Sinn für die friedliche Konfliktlösung im Gruppenpluralismus hatten.

Mancur Olson hatte zwar voraus gesehen, dass der Gruppenpluralismus und die Verhandlungspolitik durch ihre Eliten nicht alle gesellschaftlichen Probleme zu lösen vermögen, sondern nur die organisierbaren und konfliktfähigen. Politik wie Politikwissenschaft mochten sich aber darin getäuscht haben, wie gross die Sprengkraft der nicht-organisierten und nicht-konfliktfähigen Interessen auch in entwickelten Demokratien sein konnte. Und beide mochten unterschätzt haben, wie leicht sich Menschen spontan organisieren können – auch für ideelle Zwecke, oder um selbst zu politischen Akteuren zu werden. Ein erstes, prominentes Beispiel dazu lieferten die USA. Hier kam es in den frühen sechziger Jahren zu jener grossen Protest- und Massenbewegung der Bürgerrechtlerinnen, die zunächst die Schwarzen unter der Führung Martin Luther Kings, dann auch Frauen und religiöse Gruppen vereinigte. Sie erkämpften sich auf dem Weg der «Politik von unten» in der «Civil Rights Bill» von 1964, was ihnen die Parteiendemokratie während Jahrzehnten verweigert hatte: das Verbot ihrer Diskriminierung sowie die rechtliche und gesellschaftliche Gleichstellung. In der Folge kam es in den USA und ab 1967 auch an den europäischen Universitäten zu Protesten gegen den Vietnamkrieg, gegen Imperialismus, Hierarchie und Autorität, gegen den Kapitalismus und für mehr Demokratie. Die Studentenrevolution von 1968 fand weltweites Echo in den Medien und in der Öffentlichkeit und prägte eine heranwachsende Generation.

Die späten sechziger Jahre markieren einen wichtigen Zeitpunkt. Die *Politik des Protests* durch spontan entstehende Bewegungen begann auch in Europa, einen viel breiteren Raum einzunehmen, und zwar in verschiedensten Ländern, sowohl in relativ krisengeschüttelten Demokratien (z.B. Italien) wie in den stabilen politischen Verhältnissen der Schweiz. Diese Bewegungen besetzten verschiedenste Politikfelder, welche die Regierungen und ihre Parteien vernachlässigt hatten. Dazu gehörten in der Schweiz alte Minderheitsprobleme und der Kampf für regionale Autonomie wie im Jura. Hinzu kamen die «neuen sozialen Bewegungen» mit ihren «neuen» Themen: Frieden, die Gleichstellung der Frau, Straffreiheit des Schwangerschaftsabbruchs, Nichtdiskriminierung von Homosexuellen und Lesben, der umfassende Schutz der Umwelt, die Lebensqualität in Stadtquartieren oder die Risiken von Kernkraftwerken wurden von «unpolitischen» zu «politischen» Lebensfragen. Die sozialen Bewegungen brachten damit insgesamt neue Themen auf oder entrissen die alten den Regierungen, ihren Experten, Technokraten und Planern, aber auch den politischen Parteien. Auch mit ihrem Organisations- und Politikstil unterschieden sich neue soziale Bewegungen von den politischen Parteien wie auch von den klassischen Interessengruppen. Sie organisierten sich spontan, waren nicht fassbar, verschwanden mit den Ereignissen und waren plötzlich wie der Igel überall wieder da, wo der Hase der institutionellen Politik ankeuchte. Die neuen Bewegungen verbanden ein breites Repertoire konventioneller Instrumente (Petitionen, Protestmärsche, Versammlungen) mit unkonventionellen

Methoden (Sit-Ins, Häuser- und Objektbesetzungen, Sitzstreiks an öffentlichen Plätzen und Verkehrsachsen), die gelegentlich auch Gewalt gegen Sachen und Personen einschlossen. Opposition und Protest von unten wandten sich gegen das politische Establishment und liessen sich nicht einbinden in deren Machtkartell. Neue Bewegungen brachten in den siebziger Jahren zunächst die Agenda der offiziellen Politik durcheinander, nutzten die spezifischen institutionellen Gegebenheiten und die thematischen Gelegenheiten eines Landes. Sie blieben keine vorübergehende Erscheinung. Bis heute hält sich ein gegenüber den sechziger Jahren deutlich höheres Niveau von Protestaktivitäten in verschiedensten Ländern Europas. Neue soziale Bewegungen gewannen Einfluss, sind in der Zwischenzeit zur Normalität im politischen Alltag geworden, haben sich aber verändert: Mit ihrer zunehmenden Institutionalisierung haben sie sich seit den achtziger Jahren entweder den politischen Parteien oder den konventionellen Interessengruppen ein Stück weit angeglichen.

B. Neue soziale Bewegungen in der Schweiz

Dank der Arbeiten von Kriesi/Levy et al. (1981) gehören die sozialen Bewegungen zum bestuntersuchten Teil der schweizerischen Politik. Dabei wurden nicht nur die neuen sozialen Bewegungen, sondern auch die Protestaktionen traditioneller Gruppen und der Arbeiterbewegung untersucht. Die Methode von Kriesi und Levy, mit der Ereignisforschung von Protestaktionen aufgrund von Zeitungs- und offiziellen Quellen zu beginnen und daraus die zugrunde liegenden sozialen Bewegungen in Fallstudien zu erforschen, hat das gewohnte Bild der institutionellen Politik durch die wichtige Perspektive einer «Politik von unten» (Levy/Duvanel 1984) ergänzt. Wie ihre Längsschnittuntersuchung von 1945–78 zeigt, bleibt die Zahl politischer Protestaktionen in der Schweiz in der ganzen Nachkriegszeit bis 1968 auf einem Niveau von rund 80–120 Ereignissen, um sich in der Zeit danach in kurzer Zeit zu verdoppeln oder im Spitzenjahr 1975 mit 460 Ereignissen beinahe zu vervierfachen. Nachfolgeuntersuchungen bis in die neueste Zeit zeigen starke Schwankungen von Jahr zu Jahr, bleiben aber längerfristig stabil auf hohem Niveau.

In Anlehnung an Kriesi (1985) lassen sich drei Hauptgruppierungen des politischen Protests unterscheiden:

1. Traditionelle und konservative Gruppierungen: Sie wenden sich in der Auseinandersetzung mit Behörden gegen Benachteiligungen aus alten Konfliktlinien von Zentrum-Peripherie oder Landwirtschaft-Industrie, wie etwa die jurassischen Separatisten, ein aufmüpfiger Teil der Oberwalliser CVP oder die Unterwalliser Aprikosen- und Tomatenbauern mit ihren Protestaktionen in den siebziger Jahren. Zu einem zentralen Thema der traditionellen Gruppierungen gehört aber auch der gesellschaftliche Modernisierungskonflikt: die fremdenfeindlichen Bewegungen haben bis heute Zulauf, erweiterten ihren Protest von den Fremdarbeiter- auf die Flüchtlingsfragen, und organisierten sich politisch in den Parteien der Republikaner und der Nationalen Aktion, später der Autopartei bzw. Freiheitspartei sowie der Schweizer Demokraten. Eine der grössten und einflussreichsten rechtskonservativen Bewegungen ist die «Aktion für eine unabhängige und neutrale Schweiz» (AUNS), die 1986 nach der UNO-Abstimmung gegründet wurde und die sich in den neunziger Jahren als Aktionsgruppe gegen die europäische Öffnung der Schweiz stemmt.

2. *Arbeiterbewegung und Neue Linke:* Zur historischen Arbeiterbewegung zählen ihre politischen Parteien, die Gewerkschaften und ihre kulturellen, vorpolitischen Gruppierungen (vor allem Jugend-, Frauen- und Freizeitorganisationen). Die Frage, ob für die Besserstellung der Lohnabhängigen die Konfrontation oder Kooperation mit dem Kapital aussichtsreicher sei, begleitet sie durch ihre ganze Geschichte, wird indessen in den sechziger Jahren von den Gewerkschaften mit der Sozialpartnerschaft und der SP mit der Regierungsbeteiligung beantwortet. Ein radikalerer Teil der Arbeiterbewegung, die «Neue Linke», hält diese Strategie für verfehlt und setzt weiterhin auf Klassenkampf und die langfristige Überwindung des Kapitalismus. Diese Neue Linke hat viele Gesichter. Neben spontanen Bewegungen entstehen neue Parteien wie die Progressiven Organisationen Schweiz (POCH) oder die Revolutionär-Marxistische Liga (RML), ein anderer Teil organisiert sich innerhalb der Gewerkschaften und der SP. Damit bildet die Neue Linke bis in die achtziger Jahre hinein auch eine Protestgruppe innerhalb von Gewerkschaften und SP. Sie wendet sich in ihren Aktionen und Basisaktivitäten gegen die Vereinnahmungen durch die Sozialpartnerschaft und gegen den politischen Reformkompromiss. Die organisierte antikapitalistische Neue Linke wird in den achtziger Jahren bedeutungslos, und ihre verbliebenen Aktivisten wenden sich den politischen Parteien der SP und der Grünen zu.

3. *Neue soziale Bewegungen:* Auf sie geht die ganze «Explosion» der Protestereignisse zurück. In den siebziger Jahren gelten als «neue» Bewegungen der bunte Strauss der Umwelt- und Anti-AKW-Bewegungen, die Frauen- und die Friedensbewegung, die Solidaritätsbewegungen für die Dritte Welt, für die Menschenrechte oder solche gegen die Folter, die Antirassismus-, Quartier-, Studentenbewegungen oder gegen die Diskriminierung jeglicher Randgruppen. Einige dieser Bewegungen – wie beispielsweise die Jugendbewegung, deren Protest 1980 die sog. «Jugendunruhen» in Zürich, Bern und Lausanne auslöst und während Monaten Aufsehen über die Landesgrenzen hinaus erregt – bleiben episodisch. Andere wie die Friedensbewegung kennen ausgesprochene Konjunkturzyklen in den achtziger Jahren. Einige wenige gewinnen stetig an Boden. Neben den Solidaritätsbewegungen gilt dies vor allem für die Umweltbewegungen, die in der Periode von 1975–89 für fast einen Drittel aller Protestaktionen zeichnen (Kriesi 1995:283). Die Umweltbewegungen haben sich mittlerweile stark institutionalisiert und sich auch politisch zur Partei der Grünen formiert.

Zu Beginn sind an den neuen sozialen Bewegungen nicht nur ihre Themen ungewohnt, ihr Politikstil und die spontane, lose Organisationsform des Protests, sondern auch ihre politische Positionierung und ihre soziale Zusammensetzung. Sie teilen mit der politischen Linken die Kritik an der Wirtschafts- und Leistungsgesellschaft, sind aber gegen bürokratische Regulierung und Staat. Sie vertreten Positionen, die man als «neue kulturelle Werte» (Kriesi 1995:283), als «links-libertär» (Kitschelt 1990) oder als «post-materiell» (Inglehart 1977) etikettieren kann. Träger dieser neuen Bewegungen sind zu Beginn vor allem Angehörige einer neuen Mittelklasse von Professionellen, die im Dienstleistungsbereich arbeiten, aber nicht zu den Kadern gehören.

C. Soziale Bewegungen zwischen Integration und Repression

Der massive Basisprotest war in den siebziger Jahren zunächst ein Schock für die etablierte Konkordanzpolitik. Wie sollte das politische Establishment damit umgehen? Routinemässige Reaktionen der Behörden konnte es allenfalls gegenüber den konservativen Bewegungen geben, deren Ziele und Strategien konventionell waren: Die jurassischen Separatisten erreichten die Gründung ihres Kantons; die fremdenfeindlichen Bewegungen scheiterten zwar an ihren Volksinitiativen, doch die Behörden kamen ihnen mit der staatlichen Regulierung des Gastarbeitermarkts ein Stück weit entgegen und nahmen damit den Überfremdungsparteien viel Wind aus den Segeln. Solche Integrationstechniken konnte es insbesondere den neuen sozialen Bewegungen gegenüber zunächst nicht geben, denn es kulminierte zu viel Ungewohntes: neue Themen, ungewohnte Organisationen, unkonventionelle, manchmal auch gewalttätige Formen des Protests und die häufige Zurückweisung des institutionell angebotenen Kompromisses. Ein illustratives Beispiel dazu liefert die Anti-AKW-Bewegung. Die Kernkraft gilt um 1960 als unproblematische, unerschöpfliche und zukunftsträchtigste Energie und als technische Angelegenheit für Experten. Die Bedenken um ihre Risiken werden von der Elektrowirtschaft und ihren Experten während langer Zeit glatt abgestritten. Als die Kritik von politischen Bewegungen auch in der Schweiz aufgegriffen wird und in der Öffentlichkeit an Boden gewinnt, bestreiten Behörden die Legitimität des Laienverstandes und beschweren sich über die Unverantwortlichkeit der Medien, sich in diese «technische» Frage einzumischen. Als die Anti-AKW-Bewegung mit ihren Besetzungen des Geländes 1975 den Baustopp für das Kernkraftwerk Kaiseraugst fordert und schliesslich nach längerem Kampf auch erreicht, gibt es Stimmen für einen raschen und kompromisslosen Polizeieinsatz. Er wird verhindert durch die Tatsache, dass die Besetzung zu einer breiten Volksbewegung geworden ist, an der auch bürgerliche Politiker bei eigenem Augenschein mit Erstaunen ihre eigene Wählerschaft sehen. Für viele Kommentatoren bleibt schleierhaft, dass diese Bewegung ohne zentralen Apparat so schnell mobilisieren kann: sie vermuten Drahtzieher aus Moskau. Dass die erste Volksinitiative gegen den Bau von Atomkraftwerken 1979 fast 50 Prozent Ja-Stimmen erreicht, löst Erstaunen aus und lässt die Anti-AKW-Bewegung erstmals als legitime politische Kraft erscheinen (APS 1975:103ff.).

So lösten die neuen sozialen Bewegungen zunächst unterschiedliche Reaktionen aus: am einen Pol stand die Integration, am andern die Repression.

Die Repression war erwartungsgemäß dort am augenfälligsten, wo die neuen sozialen Bewegungen auch zu Gewalt gegen Sachen oder Personen griffen. Im Zuge der Jugendunruhen in Zürich 1980/81 kam es zu häufigen Strassenschlachten zwischen Jugendlichen und der Polizei, in deren Verlauf die Polizei über 4000 Beteiligte festnahm und rund 1000 Strafverfahren eröffnete (Kriesi 1984:116). Politische Militanz war aber in einem gesellschaftlichen Klima der Konformität generell mit Kosten verbunden: Kriesis Befragungen von Aktivisten der sozialen Bewegungen belegen unter anderem, dass zwei Drittel von ihnen Freunde verloren und noch mehr denunziert wurden, während ein Drittel oder mehr berufliche Nachteile erlitt (Kriesi 1985:416ff.). Die unglaublichste Form der Repression kam allerdings 1989 mit der Aufdeckung der sog. «Fichenaffäre» ans Licht: Die Bundespolizei hatte – politisch unkontrolliert, aber in Zusammenarbeit mit kantonalen Polizeibehörden – neben der Überwachung der Nachrichtendienste kommunistischer Länder auch ein eigentliches Überwachungssystem politischer Aktivitäten in der Schweiz aufgebaut. Die Kartei enthielt rund 100'000 Fichen über politische Vorgänge und Personen sowie eine Kartei von 7000 «Extremisten» (APS 1989:22ff., 1990:25ff.). Wie der offizielle Expertenbericht von Kreis (1993) aufzeigt, war die ganze Überwachung von erschreckender Indifferenziertheit. Als verfassungsgefährdende «Extremisten» waren nicht nur Personen der Terroristenszene oder die Kommunisten, sondern auch Angehörige der Jugendszene und der neuen sozialen Bewegungen registriert. Darüber hinaus wurde politischen Aktivisten jeglicher Art schon dann besondere Aufmerksamkeit zuteil, wenn sie durch einen Lebensstil auffielen, der von der helvetischen Durchschnittsnorm abwich. Die politische Empörung über den Überwachungsstaat, der Zehntausende von Bürgern für nichts anderes als ihr Recht zur freien politischen Tätigkeit registriert hatte und vielen von ihnen durch Weitergabe der Informationen auch berufliche Schäden zufügte, war gross.[1]

Der andere Pol des Verhaltens, *die politische Integration*, kann am besten am Beispiel der Frauenbewegung illustriert werden. In den siebziger Jahren gehörte diese insofern zu den neuen sozialen Bewegungen, als neben den traditionellen Frauenverbänden eine radikalere Bewegung des Feminismus viele politische Initiativen zur Frauenemanzipation und -gleichstellung vorantrieb. Die Kritik gesellschaftlicher Männerherrschaft, die Beschäftigung mit Frauenhäusern, Abtreibungsfragen oder dem Geschlechterkampf hinderte sie nicht, gemeinsam mit andern Frauenorganisationen eine Volksinitiative zur Gleichstellung der Frau einzureichen. Diese war die Grundlage für den Verfassungsartikel von 1981, der

---

1 Unter dem Druck erheblicher politischer Empörung gaben die zuständigen Bundesbehörden Einblick in die Fichen, die auch von vielen Betroffenen genutzt wurde. Die Bewegung gegen den «Schnüffelstaat» konnte indessen keinen nachhaltigen Erfolg verzeichnen: 1997 und 1998 scheiterten sowohl ein Referendum gegen die Reorganisation des Staatsschutzes wie eine Volksinitiative «Schweiz ohne Schnüffelpolizei», welche die Abschaffung der politischen Polizei forderte.

Gleichstellung und Lohngleichheit für die Frauen versprach, sowie für das 1995 folgende Gleichstellungsgesetz. Damit sind viele politische Forderungen nach gesellschaftlicher Gleichstellung der Frauen relativ rasch von der institutionellen Politik aufgenommen und umgesetzt worden (Senti 1994). Die Frauenbewegungen und ihre Politik haben in der schweizerischen Gesellschaft zu einem nicht zu unterschätzenden Bewusstseins- und Verhaltenswandel beigetragen. Damit ist die «neue» Frauenbewegung nicht verschwunden. Aber unter den gewandelten rechtlichen und gesellschaftlichen Bedingungen ist Protest – wie am landesweiten Frauenstreik von 1991 – die Ausnahme geworden und vielleicht auch weniger wichtig als die breite Umsetzung von Postulaten, die noch eine Generation früher als «radikal» empfunden wurden.

D. Zur Bedeutung der (neuen) sozialen Bewegungen

1. Soziale Bewegungen und direkte Demokratie

Politischer Protest und soziale Bewegungen sind in der Schweiz nicht weniger, sondern zum Teil gar stärker verbreitet als in andern europäischen Ländern wie den Niederlanden, Deutschland oder Frankreich (Kriesi et al. 1995:45). Dies mag auf den ersten Blick erstaunen: warum machen Referendum und Volksinitiative – historisch und aktuell wirksame Instrumente des politischen Protests gegen Behördenpolitik – die sozialen Bewegungen nicht überflüssig? Dafür, dass die direkte Demokratie keinen Ersatz für die sozialen Bewegungen darstellt, gibt es zwei Hauptgründe. Erstens sind Volksinitiativen zwar relativ offen für neue Probleme, aber ungeeignet zum Ausdruck unmittelbaren Protests oder Widerstands. Zweitens ist die direkte Demokratie für die Anliegen und Träger sozialer Bewegungen nicht ein Hindernis, sondern eine zusätzliche Option, welche Handlungsmöglichkeiten der «Politik von unten» erweitert. Die Umweltbewegung etwa hat gerade dadurch Erfolge erzielt, dass sie neben spontanem Protest auch die Volksrechte genutzt hat, und zwar in den Gemeinden, den Kantonen wie beim Bund. Die Vorteile liegen auf der Hand: das Instrument der Volksinitiative lässt Unterstützung von Protestanliegen über den Kreis der sozialen Bewegung hinaus mobilisieren, lässt lokale Anliegen auf die nationale Ebene transportieren, ist von den Behörden zwingend zu behandeln und gibt einer Forderung demokratische Legitimität. Das sind im Vergleich zu parlamentarischen Systemen ausserordentlich günstige institutionelle Bedingungen, welche die Tätigkeit sozialer Bewegungen gerade fördern, und nicht etwa lähmen (Linder 1987a). Unter diesen Voraussetzungen bevorzugen schweizerische Bewegungen nach Kriesi et al. (1995) mit Petitionen, Demonstrationen oder Kundgebungen jene gewaltlosen Instrumente, welche den Boden auch für Volksinitiativen vorbereiten können, während Konfrontation und Gewaltaktionen in der Vergangenheit seltener zu beobachten waren als in Holland, Deutschland oder Frankreich. Die Vorteile der plebiszitären Öffnung des schweizerischen Systems haben freilich auch ihren Preis. Soziale Bewegungen haben nur mit relativ moderaten Forderungen Aussicht auf Erfolg. Mit der Erfüllung von Teilanliegen wird radikaleren Zielen der Bewegung oder gar der Bewegung selbst der Wind aus den Segeln genommen: der Integrationseffekt der Volksrechte wirkt auch hier (Epple-Gass1988). Die Zähmung sozialer Bewegungen betrifft damit nicht nur die Form, sondern auch den Inhalt ihrer Forderungen. Die Möglichkeiten radikaler Politik, die das Forum des institutionellen Pluralismus ausschliesst, werden ein Stück weit auch für die sozialen Bewegungen beschränkt.

2. Normalisierung und Institutionalisierung

Das Verhältnis zwischen den Behörden und der Protestpolitik der (neuen) sozialen Bewegungen hat sich daher seit den siebziger Jahren verändert, und zwar durch Lernprozesse und Veränderungen auf beiden Seiten.

Für die *Behörden* auf der einen Seite sind soziale Bewegungen häufig zu einem neuen politischen Akteur geworden, dessen Forderungen in Rechnung zu stellen sind wie diejenigen anderer Gruppen. Das gilt auf nationaler Ebene z.B. in ausgeprägter Weise für die Umweltbewegungen. Auf lokaler Ebene ist die Integration von Quartier- und Protestbewegungen durch eine erweiterte Partizipation in den Verfahren der «iterativen» oder der «offenen Planung» zur Routine geworden (Linder 1987:175ff.), und ähnliches gilt für die Infrastrukturplanungen der Kantone: Behörden haben gelernt, die Wünsche und Forderungen der Betroffenen bereits in den frühen Phasen des Planungsprozesses zu berücksichtigen. Derart revidierte Projekte bieten den Planungsstellen bessere Chancen der Umsetzung. Zwar finden sich auch heute unschwer Beispiele der Konfrontation zwischen Behörden und sozialen Bewegungen. Aber in der Regel vermeiden Behörden die offene Konfrontation und bevorzugen die begrenzte Kooperation z.B. mit den Organisatoren von Demonstrationen oder auch mit Häuserbesetzern. Solche Konfliktvermeidungs- oder gar Kooperationsstrategien sind vor allem in zwei Situationen zu erwarten: zum einen da, wo soziale Bewegungen die öffentliche Meinung zu mobilisieren vermögen, zum andern dort, wo politische Behörden gelernt haben, Forderungen sozialer Bewegungen mit ihren eigenen politischen Zielen und Strategien zu verbinden.

Auf der anderen Seite haben sich gerade die stärksten *sozialen Bewegungen* der siebziger Jahre nachhaltig gewandelt. So sind die Umweltbewegungen zu grossen Vereinigungen geworden, die in der Schweiz mehr Mitglieder zählen als Gewerkschaften oder Parteien, und die auch in Umfragen breitere Unterstützung als alle anderen Organisationen geniessen. Sie verfügen über eine professionelle Organisation, welche die politische Arbeit konzipiert, am vorparlamentarischen Verhandlungsprozess teilhat und im Parlament erfolgreich lobbyiert (Kummer 1997). Die grosse Zahl der Mitglieder und Sympathisanten dagegen beschränkt sich darauf, Beiträge zu bezahlen, Initiativen mit ihrer Unterschrift zu unterstützen und gelegentlich an einer Aktion mitzumachen. Das ist eine Institutionalisierung sozialer Bewegungen, die sich stark den übrigen Interessengruppen angleicht. Die Ausrichtung an längerfristigen Zielen und am Erfolg hat in vielen sozialen Bewegungen grösseres Gewicht erhalten als der blosse Ausdruck kurzfristigen oder emotionalen Protests. Soziale Bewegungen haben den Protest zwar nicht verlernt, aber gelernt, dass die politische Wirkung unkonventioneller Aktionen sehr stark von der Aufnahme, der Verbreitung und der Bewertung in den Massenmedien abhängt. Am auffälligsten zeigt sich das bei Greenpeace mit seiner internationalen Mitgliederbasis, dessen kleine Gruppe von Aktivisten politische Aktionen mit höchster Professionalität vorbereitet, Regelverletzungen und Störpotential umsichtig dosiert, die Auswirkungen auf Behörden und Medien einzuschätzen versucht und damit auch regelmässig erheblichen politischen Druck erzielt. Kriesi's Bild des routinierten aktiven Bürgers, der sich sowohl an der Wahl- und Abstimmungsdemokratie wie in den sozialen Bewegungen engagiert, gilt wohl noch immer, ist aber zu modifizieren: das Engagement von Zeit für soziale Bewegungen wird ersetzt durch Geld. Ähnlich konventionellen Interessengruppen zerfallen viele soziale Bewegungen heute in eine professionelle Aktivistengruppe und eine breite, relativ passive Mitgliederbasis. Letztere partizipiert nicht mit eigener Aktivität, sondern mit ideeller Mitgliedschaft und Geldbeiträgen.

E. Demokratietheoretische Perspektiven

Soziale Bewegungen haben über den blossen Protest und die Opposition hinaus Einfluss auf die institutionelle Politik genommen und gewonnen. Bewegungen von unten haben artikuliert, mobilisiert und oft über die Instrumente der direkten Demokratie die Themen und die Lösungen der Konkordanzpolitik verändert: die Gründung des Kantons Jura, die Frauengleichstellung, die Einstellung des Kernkraftwerkbaus, die Vorantreibung des Umweltschutzes – aber auch die Restriktionen der Ausländer- und der Asylpolitik. Sie korrigieren das Bild einer passiven Bürgerschaft, die der Politik in Wahlen und Abstimmungen nur ein geringes Interesse entgegenbringt: Ein nicht unerheblicher Teil der Aktivierung der Bürgerinnen und Bürger geschieht über soziale Bewegungen. Diese erfüllen damit eine *dreifache Funktion*: Erstens *mobilisieren sie neue Tendenzen*, sind dabei einesteils Katalysatoren, andernteils Bremser gesellschaftlicher Modernisierung. Zweitens setzen sie gering organisierte und nicht konfliktfähige Probleme auf die Agenda, welche die Parteien- und Verbandsdemokratie vernachlässigt. Sie sind damit ein *Korrektiv der etablierten Konkordanz*. Drittens *stimulieren* soziale Bewegungen die *politische Teilnahme der Bürgerschaft*. Sie führen dabei auch neue Gruppen und Generationen der aktiven Politik zu. Gerade junge Leute fühlen sich vom Stil und von den Themen sozialer Bewegungen zunächst mehr angesprochen als von den politischen Parteien. Die *Sozialisierung zur aktiven Bürgerin oder zum aktiven Bürger* verläuft in desem Fall zunächst über die sozialen Bewegungen und führt erst im zweiten Schritt zur Abstimmungs- und Wahldemokratie.

Vor dem Hintergrund dieser drei demokratietheoretisch bedeutsamen Funktionen bleibt die weitere Entwicklung sozialer Bewegungen eine offene Frage. Die Bedeutung der dritten Funktion, nämlich die Stimulierung aktiver Beteiligung an der Politik, würde ich auch künftig als recht hoch einschätzen. Vergleichende Untersuchungen zum Partizipationsverhalten in den europäischen Ländern zeigen als längerfristigen Trend, dass die Bereitschaft zur Teilnahme an der Politik nicht abnimmt, sich aber in seinen Beweggründen verändert (Kaase/Newton 1995): Vermehrt suchen Bürgerinnen und Bürger Teilnahme und direkte Einmischung in Fragen, die ihren unmittelbaren Lebensbereich betreffen. Hier füllen soziale Bewegungen eine wichtige Lücke. Kaase/Newton weisen aber auch darauf hin, dass Fragen wirtschaftlicher Verteilung und Umverteilung auch künftig zuoberst auf der Agenda der Politik stehen werden. Falls dies zutrifft, bleibt die Funktion der sozialen Bewegungen zur Mobilisierung neuer Tendenzen – wie schon in der Vergangenheit – begrenzt. Denn soziale Bewegungen besetzen nicht alle Politikfelder gleich stark. Wirtschaftspolitische Fragen blieben bis heute eine Domäne der Parteien und Verbände.

Wie aber steht es um die Entwicklung der sozialen Bewegungen als Korrektiv der Konkordanz? Ich würde vermuten, dass soziale Bewegungen in ihren bevorzugten Politikfeldern auch künftig die Volksinitiative als eines der geeignetsten Instrumente wählen werden. Sie nutzen damit eine Arena gering organisierter und konfliktunfähiger Interessen. Die gegenseitige Vernetzung – wie z.B. unter verschiedenen Umweltbewegungen – oder Zweckbündnisse mit einzelnen Parteien eröffnet zusätzliche Erfolgschancen. Forderungen in der Form von Volksinitiativen überschreiten aber recht schnell die Limiten breiterer Akzeptanz. Das erfuhr in jüngster Zeit die Genschutz-Bewegung. Sie hat zwar mit ihrer Volksinitiative eine in Industrieländern beispiellose Diskussion um Vor- und Nachteile sowie um ethische Fragen einer neuen Technologie ausgelöst, blieb aber im Abstimmungsresultat 1998 mit 30% Ja-Stimmen unter den Erwartungen. Der Handlungsspielraum schweizerischer Bewegungen dürfte künftig vermehrt davon abhängen, ob ihnen neben der innenpolitischen auch eine internationale Vernetzung gelingt. Unabhängig davon setzen soziale Bewegungen die Konkordanz unter Druck, und zwar nicht bloss durch die in den letzten Jahrzehnten zu beobachtende Häufung von Initiativbegehren. Es kommt nämlich auch vor, dass die institutionelle Politik sich mit gegensätzlichen Forderungen sozialer Bewegungen zum gleichen Thema auseinandersetzen muss, wie etwa mit Volksinitiativen für und gegen die EU-Integration der Schweiz, für und gegen die Liberalisierung der Drogenpolitik. In solchen Situationen verengt sich der Handlungsspielraum von Bundesrat und Parlament. Das Korrektiv der Konkordanz ist darum zweischeidig in doppeltem Sinn: Soziale Bewegungen mobilisieren für und gegen die gesellschaftliche Modernisierung; sie erweitern Perspektiven institutioneller Politik und verengen gleichzeitig ihre Handlungsspielräume.

Kapitel 7: Föderalismus

A. Institutionelle Grundlagen

1. Die schweizerischen Ideen des Föderalismus

In der internationalen Diskussion entspricht der schweizerische Föderalismus in hohem Masse dem, was z.B. der amerikanische Experte Duchacek (1970) als den Kerngehalt des Föderalismus definiert: nämlich eine «gesamtstaatliche Einheit bei grösstmöglicher Autonomie seiner Gliedstaaten». Trotzdem trägt der schweizerische Föderalismus seine eigenen Färbungen, die ihn von anderen Föderalismen unterscheidet.

a. Begriff und politische Wertung

Der Begriff des Föderalismus ist zwar als Abgrenzungskriterium zum Einheitsstaat relativ klar: Er bezeichnet jene staatliche Verfassung, die den Gliedern eines Gesamtstaats eine bedeutende rechtliche und politische Autonomie sowie bedeutsamen Einfluss auf die Entscheidungen des Gesamtstaats einräumt. Darüber hinaus aber ist die staatsrechtliche, politologische und wirtschaftswissenschaftliche Charakterisierung des Föderalismus unübersehbar und uneinheitlich. So fand der amerikanische Politologe William H. Stewart (1984) nicht weniger als 497 Adjektive, mit denen die Fachliteratur den Begriff Föderalismus näher unterscheidet und umschreibt[1]. Zudem ist der Föderalismus ein politisch-historisch geprägter Begriff, der in den verschiedenen Staaten ganz unterschiedlich verstanden wird. So bezeichnet im Englischen das Wort «Confederation» einen lockeren Staatenbund, das Wort «Federation» einen eigentlichen Bundesstaat. In den USA waren die «Federalist Papers» von James Madison, Alexander Hamilton und John Jay die prominenteste Streitschrift für den Zusammenschluss zum Bundesstaat, und die lose Kampfgemeinschaft der sezessionistischen Südstaaten des späteren Bürgerkriegs nannte sich die «Confederates». In der Schweiz ist dies gerade umgekehrt. Der Bundesstaat wird von den Latins als «Confédération suisse», «Confederazione svizzera», «Confederaziun svizra» bezeichnet. Der lateinische Ausdruck lautet «Confoederatio helvetica», und das Wort «Föderation» ist ungebräuchlich. Bis heute bezeichnen sich in der Schweiz als «Föderalisten» oder gar «Erzföderalisten» jene, welche sich gegen den Ausbau der Zentralgewalt des Bundes wenden. Darüber hinaus hat der politische Begriff des Föderalismus in der Schweiz eine antietatistische Färbung, die etwa in Verfassungsabstimmungen von jedem politischen Lager gerne verwendet wird: von den Bürgerlichen mit grossem Erfolg gegen den

---

1 Für den Buchstaben «a» nennt er: abortive, abstention, academic, Archean, adaptive, administrative, agricultural-industrial, Althusian, Amphictyonic, amplified, anarcho, antagonistic, antidysfunctional, anti, antiimperial, antistate, antivacuum, apparent, areal, aristocratic, associated state, asymmetrical, austerity, authentic und autonomous federalism. Zit. nach: Katz (1994:92).

Sozialstaat oder die Bevormundung der Kantone durch den «Bundesvogt», und von der politischen Linken genau so gut gegen den Polizeistaat[2].

b. Nicht-Zentralisierung

Im Gegensatz zu vielen historischen Einheitsstaaten (wie die Niederlande oder Frankreich), die heute die Vorteile der Dezentralisierung entdecken, bildet der schweizerische Föderalismus aufgrund seiner Geschichte ein System der «Nicht-Zentralisierung». Dahinter steckt mehr als ein Sprachspiel. Die Kantone, teilweise auch die Gemeinden, haben wichtige Bereiche staatlicher Autonomie behalten, so z.B. eine Verfassungs- und Steuerhoheit. Die Kompetenzvermutung liegt auf unterer Ebene: es ist alles Aufgabe der Kantone und ihrer Gemeinden, was nicht ausdrücklich Bundessache ist. Entsprechend ist das Verhältnis von Bund und Kantonen nach Art. 3 BV geregelt. Danach bedarf es zu jeder Übertragung neuer Aufgaben an den Bund einer Verfassungsänderung, welche die Zustimmung von Volk und Ständen voraussetzt. Die Regel ist von politischer Bedeutung und Wirksamkeit: 48 oder rund ein Viertel der 188 Verfassungsvorlagen der eidgenössischen Räte von 1848 bis 1997 scheiterten in der Volksabstimmung. Die Idee der Nicht-Zentralisierung kommt schliesslich auch im direkten Verhältnis zu den Bürgerinnen und Bürgern zum Ausdruck. Das schweizerische Bürgerrecht wird gesondert auf allen drei Ebenen erteilt; Einbürgerungswillige erwerben es zuerst auf Gemeindeebene, bevor es auf kantonaler und zuletzt auf Bundesebene erteilt wird.

c. Subsidiarität

Das Subsidiaritätsprinzip besagt in allgemeiner Form, dass die komplexere gesellschaftliche Einheit nur jene Funktionen und Aufgaben übernehmen soll, welche die Ressourcen und Möglichkeiten der einfacheren Einheit übersteigen. Das Subsidiaritätsprinzip wurde 1931 mit der päpstlichen Enzyklika «Quadragesimo Anno»[3] zu einem wichtigen Element der katholischen Soziallehre erklärt. Wenig später wurde es in der Schweiz auch auf

---

[2] Prominente Beispiele gescheiterter Bundesvorlagen unter Verwendung antietatistischer Föderalismus-Parolen: von rechts: Bildungsartikel 1973, Raumplanungsgesetz 1976, Energieartikel 1983, Gesamtverkehrskonzeption 1988; von links: Bundes-Sicherheitspolizei 1978.

[3] Die entsprechende Stelle der Enzyklika Pius' XI. lautet: «Wie dasjenige, was der Einzelmensch aus eigener Initiative und mit seinen eigenen Kräften leisten kann, ihm nicht entzogen und der Gesellschaftstätigkeit zugewiesen werden darf, so verstösst es gegen die Gerechtigkeit, das, was die kleineren und untergeordneten Gemeinwesen leisten und zum guten Ende führen können, für die weitere und übergeordnete Gemeinschaft in Anspruch zu nehmen; zudem ist es überaus nachteilig und verwirrt die ganze Gesellschaftsordnung. Jedwede Gesellschaftstätigkeit ist ja in ihrem Wesen und Begriff nach subsidiär; sie soll die Glieder eines Sozialkörpers unterstützen, darf sie aber niemals zerschlagen oder aufsaugen». Zit. nach: Deuerlein (1972:319).
Die Wurzeln des Subsidiaritätsprinzips reichen freilich viel weiter zurück, nämlich auf die Föderaltheologie von Johannes Althusius (1557–1638), der auch den Begriff der «consociatio» geprägt hat, den der Politologe Ljiphart für die Bezeichnung von Konkordanzsystemen (consociational democracy) verwendet.

protestantischer Seite prominent vertreten: Der Theologe Emil Brunner (1943:164–67) sah im Subsidiaritäts- und Föderalismusprinzip die Grundlage eines gerechten Gesellschaftsaufbaus, der dem «totalen Staat» widersteht. In der Föderalismusdiskussion hat das Subsidiaritätsprinzip die engere Bedeutung einer institutionellen Regel, wonach auf zentraler Ebene nur jene Aufgaben erfüllt werden sollen, welche die Möglichkeiten der gliedstaatlichen Ebene übersteigen. So ist das Subsidiaritätsprinzip im Verhältnis zwischen der EU und den Mitgliedern in Art. 3b der EG-Gründungsakte (Vertrag zur Gründung der Europäischen Gemeinschaft vom 25. März 1957) verankert. Im Gegensatz dazu hat das Subsidiaritätsprinzip keinen Eingang in die schweizerische Verfassung gefunden und ist dem schweizerischen Staatsrecht eher fremd. Die föderalistische Kompetenzregel von Art. 3 BV wird von Staatsrechtlern als wirkungsvoller betrachtet als das Subsidiaritätsprinzip, aus dem sich im Konfliktsfall keine eindeutigen Folgerungen ziehen lassen. Das Subsidiaritätsprinzip wird aber als politischer Grundsatz, Grundhaltung und Legitimationsfigur der Nicht-Zentralisierung im politischen Leben durchaus gebraucht.

d. Solidarität, nicht Konkurrenz

Der schweizerische Föderalismus hat ideell und institutionell sehr vieles mit dem amerikanischen gemeinsam. So liesse sich die Idee der vertikalen und horizontalen Machthemmung, wie sie etwa in den «Federalist Papers» 1788 bei James Madison zum Ausdruck kommt, ohne weiteres auf schweizerische Verhältnisse übertragen: «In a single republic, all the power surrendered by the people, is submitted to the administration of a single government; and usurpations are guarded against by a division of the government into distinct and separate departments. In the compound republic of America, the power surrendered by the people, is first divided between two distinct governments, and then the portion allotted to each, subdivided among distinct and separate departments. Hence a double security arises to the right of the people....» (The Federalist No. 51 in Madison et al. 1987:318ff.). Auf gleicher Linie liegt die schweizerische Staatsrechtsliteratur, wenn sie in der Verbindung der horizontalen Gewaltenteilung mit der vertikalen Machthemmung des Föderalismus zusätzliche Garantien des liberalen Rechtsstaats erblickt (Aubert 1980:204).

Ein bedeutender Gegensatz liegt jedoch darin, dass der amerikanische Föderalismus stark von der Idee der Konkurrenz der einzelnen Staaten ausgeht. Danach veranlasst der Wettbewerb unter den Regierungen der Einzelstaaten und Gemeinden, ihrer Bürgerschaft möglichst gute Bedingungen anzubieten. Die Bürgerinnen und Bürger wiederum sollen sich ihre günstigsten Lebensbedingungen durch die «Abstimmung mit den Füssen», die Migration an den günstigsten Ort also, auslesen. Im Gegensatz zu dieser Vorstellung, die vor allem der ökonomische Föderalismus vertritt, ist die Tradition des schweizerischen Föderalismus vom Gedanken der Solidarität zwischen den Kantonen und Landesteilen geprägt. Föderalismus zielt auf Ausgleich zwischen starken und schwachen, reichen und armen Regionen. Er soll Bedingungen schaffen, die Bürgerinnen und Bürgern in ihrer engeren Heimat eine reale Existenzmöglichkeit sichern. Nicht die Mobilität, sondern der Ausgleich der unterschiedlichen Lebensbedingungen ist das Wohlfahrtsziel des schweizerischen Föderalismus. Ihm dienen die vielen Transferzahlungen, die in einem komplexen System des Finanzausgleichs ausgerichtet werden und einen bedeutenden Teil des Bundesbudgets ausmachen.

e. Kooperativer Föderalismus

Bei der Gründung des Bundesstaats dachte man nicht an die Schaffung einer grösseren Bundesverwaltung, sondern ging davon aus, dass die Bundesgesetze von den Kantonen vollzogen würden. Diese funktionale Trennung – Gesetzgebung für Bundesaufgaben beim Bund, Vollzug bei den Kantonen – gilt in weiten Bereichen auch heute. Insbesondere gibt es kaum dezentrale Einheiten der Bundesverwaltung in Kantonen und Gemeinden wie bei den «Federal agencies» und keine parallele Gerichtsorganisation des Bundes wie in den Einzelstaaten der USA. Die ursprüngliche Absicht, die Bundesaufgaben auch sachlich klar von den Kantonsaufgaben zu trennen, liess sich dagegen im 20. Jahrhundert nicht aufrecht erhalten. Im Zuge der Entwicklung des Interventions- und Leistungsstaats ist vielmehr eine zunehmende Aufgaben-, Einnahmen- und Ausgabenverflechtung entstanden, die man als kooperativen Föderalismus bezeichnet. Versuche, diese Aufgaben wieder zu entflechten, sind zwar verschiedentlich unternommen worden. Ein Expertenentwurf für eine neue Bundesverfassung schlug 1977 «Hauptverantwortlichkeiten» von Bund und Kantonen vor. Die Idee eines «bi-polaren» Föderalismus wird heute in der internationalen Diskussion als interessantes Modell diskutiert (Scharpf 1994:126ff.), blieb aber in der Schweiz mit dem Misserfolg des Entwurfs 1977 zur Totalrevision folgenlos. Ein weiterer Anlauf, die sog. «Aufgaben-Neuverteilung» der achtziger Jahre, hat nur bescheidene Erfolge gebracht (APS 1988 und 1989:38, 1991:51). Weiter reichen sollen die neuesten Reformprojekte für den Finanz- und Lastenausgleich (APS 1996:44): sie zielen auf eine Entflechtung von 29 der heute 50 z.T. stark verflochtenen Aufgabenbereiche.

2. Föderalistischer Staatsaufbau und Aufgabenverteilung

Die Tabelle 7.1 zeigt die Grundzüge des föderalistischen Staatsaufbaus mit den Ebenen von Bund, Kantonen und Gemeinden. Mit der Ausnahme des Bundesrats und eines Teils der richterlichen Behörden erfolgt die Wahl der wichtigsten Behörden aller Ebenen durch das Volk. Bund, Kantone wie Gemeinden bezeichnen ihre Behörden nach ihren spezifischen Aufgaben als Legislative, Exekutive und Judikative. Zu beachten ist aber, dass das schweizerische System diesem klassischen Konzept Montesquieu'scher Teilung staatlicher Gewalten in der Wirklichkeit keineswegs streng folgt. Insbesondere beruht die Aufgabenteilung zwischen Parlament und Regierung nicht auf der Trennung von Gesetzgebung und Vollzug, sondern in einer aufgabenspezifischen Mischung der beiden Funktionen. Aufgrund der unabhängigen Volkswahl von Legislative und Exekutive bzw. der Nicht-Abberufbarkeit des Bundesrats gibt es aber auch keine «politische» Gewaltentrennung zwischen Regierung und Opposition wie in parlamentarischen Systemen. Das institutionelle Verhältnis von Parlament und Regierung ist geprägt von gegenseitiger Zusammenarbeit und Kontrolle und ähnelt damit am ehesten dem Prinzip der «checks and balances» der amerikanischen Verfassung.

Tabelle 7.1: Der Grundaufbau des föderalistischen Systems

	Exekutive	Legislative		Judikative
Bund	Bundesrat	Bundesversammlung Nationalrat	Ständerat	Bundesgericht
	Sieben Bundesräte, Wahl durch die Bundesversammlung, Amt des Bundespräsidenten in jährlicher Rotation	200 Nationalräte, Volkswahl, Anzahl Sitze gemäss der Bevölkerungsgrösse der Kantone	46 Ständeräte, 2 pro (Voll-) Kanton, Volkswahl nach kantonalen Regeln	39 haupt- und 39 nebenamtliche Bundesrichter, Wahl durch die Bundesversammlung
Kantone	Regierungsrat	Kantonsparlament		Kantonsgericht
	5–7 Mitglieder Volkswahl	46–200 Mitglieder Volkswahl		Wahl durch Regierungsrat oder Kantonsparlament
Gemeinden	Gemeinderat Volkswahl	Gemeindeparlament (grosse Gemeinden) Volkswahl Gemeindeversammlung (kleine Gemeinden) Alle Stimmberechtigten		Bezirksgericht Wahl durch kantonale Behörden oder Volkswahl

Einen Eindruck von der Aufgabenverflechtung liefert die nächste Tabelle 7.2. Zwar lassen sich noch viele Aufgabentrennungen in der Gesetzgebung anführen, in denen entweder der Bund oder die Kantone voll zuständig sind (erste beide Kolonnen). Neben der sachlichen Verflechtung (gemeinsame Gesetzgebung von Bund und Kantonen, dritte Kolonne) finden wir auch die funktionale Verflechtung (Bundesgesetzgebung und kantonaler Vollzug). Die häufige Typisierung des schweizerischen Föderalismus als «Vollzugsföderalismus» (z.B. Abromeit 1993a:212) darf nicht missverstanden werden als System, bei dem die untere Ebene administrativ umsetzt, was die obere festsetzt. Vielmehr nutzt der Bund seine Befugnisse äusserst autonomieschonend auch dort, wo er ausschliesslich für die Gesetzgebung zuständig ist. Damit bestehen in den meisten Aufgabenbereichen politisch bedeutsame Handlungsspielräume der Kantone und Gemeinden. Politologen sprechen darum auch von «Mehrebenenpolitik».

Tabelle 7.2: Aufgabenverteilung zwischen Bund, Kantonen und Gemeinden

A. Verteilung der Kompetenzen zwischen Bund und Kantonen

Bereich	nur Bund	nur Kantone	Bund und Kantone gemeinsam	Gesetz: Vollzug:	Bund Kanton
Internationale Beziehungen	☐				
Landesverteidigung	☐				
Zoll-, Münz- und Währungswesen	☐				
Post, Telekomm., Massenmedien	☐				
Eisenbahnen, Luftfahrt	☐				
Atomenergie	☐				
Wasserkraft	☐				
Strassenverkehr					☐
Handel, Industrie, Arbeitsgesetzgebung					☐
Landwirtschaft			☐		
Zivil- und Strafrecht			☐		
Polizei		☐			
Kirchen		☐			
Volksschulen, Erziehung		☐			
Steuern			☐		
Sozialversicherungen					☐
Umweltschutz					☐

B. Kompetenzen der Gemeinden:

– Bau und Unterhalt lokaler Strassen
– In Städten: lokaler öffentlicher Transport
– Gas-, Elektrizitäts- und Wasserversorgung, Abfallwesen
– Lokale Raumplanung
– Wahl von Lehrer/innen, Bau von Schulen
– Budget, Erhebung von Steuern
– Fürsorgewesen

Angelehnt an: Gabriel (1997:97)

3. Das Verhältnis zwischen Bund und Kantonen

Das Staatsrecht betont die je umgrenzte Autonomie von Kantonen und Gemeinden. Der Verfassungsrechtler Jean-François Aubert (1980:198ff.) umschreibt die Kantonsautonomie mit den Stichworten:

– der Bestandesgarantie
– ihrer selbständigen Organisation
– der freien Wahl ihrer Behörden
– der Freiheit der Kantone von politischer Kontrolle durch den Bund

- substantieller eigener Kompetenzen
- eigener Finanzquellen sowie
- der Mitwirkung als gleichberechtigte Partner an Bildung und Ausdruck des nationalen Willens.

Diese Autonomierechte gelten zum Teil auch für die Gemeinden (nachfolgend Abschnitt D). Im internationalen Vergleich gilt der schweizerische zusammen mit dem amerikanischen als ein «symmetrischer» Föderalismus (Abromeit 1993a:212), weil ihm nicht die hierarchische Unterordnung unter den Zentralstaat, sondern die Eigenstaatlichkeit von Bund und Kantonen vorschwebt. Diese kommt vor allem in der Verfassungshoheit der Kantone und in der eigenen Steuerhoheit von Kantonen und Gemeinden zum Ausdruck.

Indessen gibt es einige Elemente föderalistischer Ordnung, bei denen der Bund zwar keine politische, aber eine übergeordnete rechtliche Kontrolle ausübt. Zu diesen Aufsichtsfunktionen gehört vor allem die Einhaltung von Verfassungsgrundsätzen und Verfassungsrecht des Bundes durch die Kantone bzw. Gemeinden:

- auf Grund der kantonalen Bestandesgarantie bedürfen Gebietsveränderungen der Genehmigung durch den Bund, und bei Konflikten zwischen den Kantonen oder bei der Gefährdung ihrer inneren Sicherheit und Ordnung können jene die Hilfe des Bundes anfordern;
- die politischen Institutionen der Kantone haben demokratischen Mindestanforderungen zu genügen: ihre Verfassung muss «republikanisch» und demokratisch sein, d.h. auf der Mitwirkung des Volkes beruhen und gemäss den Grundsätzen der Gewaltentrennung von Exekutive, Legislative und Judikative organisiert sein;
- die Kantone haben ihren Bewohnerinnen und Bewohnern alle Rechte zu garantieren, die diesen durch die Bundesverfassung zustehen. Dazu gehören politische, zivile und weitere Grundrechte, aber auch Gebote der Gleichheit oder Garantien des Verwaltungs- und Gerichtsverfahrens;
- die Kantone sind verpflichtet, Bundesrecht zu respektieren und zu vollziehen. Dort, wo die Rechtsetzung voll beim Bund liegt, kann dieser eine relativ starke Rechtskontrolle über Kantone und Gemeinden ausüben[4]. Dabei geht Bundesrecht vor nach dem Grundsatz: Bundesrecht bricht kantonales Recht.
- die Kantone sind verpflichtet zur Schaffung von Organisationen und Einrichtungen, die zum Vollzug des Bundesrechts erforderlich sind (z.B. Strafanstalten).

---

[4] Bezüglich der verschiedenen Aspekte des politischen Föderalismus in der Schweiz vgl. Germann/Weibel (1986). Für die verfassungsrechtlichen Beziehungen zwischen Bund und Kantonen z.B. Saladin (1984).

4. Die vertikalen und horizontalen Institutionen des Föderalismus: eine Übersicht

Die Kantone machen ihren Einfluss auf den Bund auf zweifachem Wege geltend: über die vertikalen Institutionen sind sie beteiligt an den Entscheidungen des Bundes, und über die horizontalen Institutionen verschaffen sie sich die Möglichkeit gemeinsamer Entscheidung.

Die *vertikalen Institutionen* dienen der Einflussnahme auf die Willensbildung und die Entscheidungen des Bundes. Zu ihnen gehören:

1. Der Ständerat: Die parlamentarische Repräsentation der Kantone ist den USA nachgebildet und unterscheidet sich etwa von derjenigen Deutschlands, wo die Länderkammer des Bundesrats aus Vertretern der Länderregierungen gebildet ist und damit direkter die staatlichen Exekutiv-Interessen einbringt. In der Tat kommen Kantonsanliegen im Ständerat kaum anders zum Zug als im Nationalrat, aber die Vertretungsverhältnisse begünstigen die kleinen Kantone stark gegenüber den grossen.

2. Das Ständemehr: Dieses hat wegen der hohen Zunahme der Volksabstimmungen mit Doppelmehr steigende Bedeutung seit 1848 erlangt. Das überproportionale Gewicht der kleinen Kantone kommt voll zum Zug, da mit dem Scheitern des Ständemehrs die Vorlage abgelehnt ist. Die Präferenzen der deutschschweizerischen, ländlichen Kantone unterscheiden sich in verschiedenen Bereichen deutlich von denen der übrigen Schweiz. Sie werden, zur Vermeidung eines Vetos gegenüber Verfassungsvorlagen, von den Behörden häufig antizipiert. Trotzdem kann es zu Abstimmungen mit ungleichen Ergebnissen von Volks- und Ständemehr kommen.

3. Die Standesinitiative: Diese geht nach Art. 93.2 BV als Vorschlag eines Kantons an die eidgenössischen Räte. Wird sie dort abgelehnt, findet (anders als bei der Volksinitiative) keine anschliessende Volksabstimmung statt. Die Standesinitiative ist seit den siebziger Jahren, als verschiedenste Kantone Widerstand gegen den Bau von Kernkraftwerken anmeldeten, häufiger geworden. Anfang 1997 waren über 40 solche Begehren bei den Eidgenössischen Räten hängig. Das sind doppelt so viele wie Volksinitiativen[5].

4. Das Kantonsreferendum: Das Referendum nach Art 89 und 89bis BV kann nicht nur durch 50'000 Stimmberechtigte, sondern auch durch acht Kantone ergriffen werden. Die Verfassungsbestimmung ist toter Buchstabe geblieben; das Instrument des Kantonsreferendums ist noch nie benutzt worden.

---

5 Man beachte aber den unterschiedlichen Charakter der Standes- und der Volksinitiative. Zwar ist auch die Standesinitiative in vielen Kantonen ein Volksrecht in dem Sinne, als sie durch Mitwirkung des Volkes zustande kommt. Im folgenden hat sie aber nur den Charakter eines Antrags an das Parlament. Lehnt eine der Kammern Eintreten ab oder kommt es zu keinem gemeinsamen Beschluss der Räte, so ist die Standesinitiative erledigt und löst keine Volksabstimmung aus.

5. Expertenkommissionen und Vernehmlassungsverfahren: Die Kantone sind stark am gesetzgeberischen Vorverfahren beteiligt: Nach Germann (1986:351–353) waren sie in drei Vierteln aller 200 Expertenkommissionen vertreten, die zwischen 1970 und 77 neu geschaffen wurden, und beteiligten sich an neunzig Prozent der rund 350 Vernehmlassungsverfahren zwischen 1970 und 1980. Nach Gerheuser/Vatter/Sager (1997) hält sich der starke Einfluss der Kantone auch in neuester Zeit. Die Kantone haben allerdings auch Eigenprobleme, ihren Einfluss geltend zu machen, etwa im Falle widersprüchlicher Stellungnahmen oder bei Fehlen eigenen Sachwissens. In einzelnen Aufgabenbereichen stehen die Kantone auch deutlich im Schatten der Verbände.

6. Die Mitwirkung im Vollzug: Einen bedeutenden Einfluss erlangen die Kantone in der Umsetzung der Bundespolitik, die zumeist den kantonalen Behörden übertragen ist. Der Umstand, dass der Bund auf die Mitwirkung der Kantone im Vollzug angewiesen ist, bildet einen wichtigen Grund für die Berücksichtigung der kantonalen Interessen in der Gesetzgebung.

7. Der Sprachenproporz: Die formellen und informellen Regeln über die Vertretung der verschiedenen Sprachen im Bundesrat, in parlamentarischen und sonstigen Kommissionen, im Bundesgericht und in der Bundesverwaltung sichern die Vertretung der sprachlichen Minderheiten und können als ergänzendes Instrument des Föderalismus angesehen werden.

8. Das Parteiensystem: Die politischen Parteien sind, analog zum Politiksystem, stark föderalistisch organisiert. Dieser Umstand ist von erheblicher Bedeutung über die innerparteiliche Willensbildung hinaus.

Die *horizontalen Institutionen* dienen der gemeinsamen Koordination eigener Politik, der gegenseitigen Zusammenarbeit bei der Erfüllung öffentlicher Aufgaben oder der gemeinsamen Einflussnahme auf den Bund. Die wichtigsten Institutionen sind:

1. Die Konkordate: Darin regeln Kantone gemeinsame Angelegenheiten auf dem interkantonalen Vertragsweg. Analog zwischenstaatlicher Vereinbarungen verlangen Konkordate Einstimmigkeit. Dieser Weg ist lang und schwierig. Er führt oft nur zu Teilkonkordaten einer begrenzten Zahl von Kantonen. Ist einer der Partner zudem grösser und mächtiger oder von zentraler Bedeutung für die Zusammenarbeit, kann er ein ganzes Konkordat scheitern lassen. Dies war z.B. das Schicksal eines Konkordats über den gemeinsamen Herbstschulbeginn, dem viele Kantone beigetreten waren, das aber in den Volksabstimmungen von Zürich und Bern 1982 abgelehnt wurde (APS 1982:144) und daher nicht umgesetzt werden konnte.[6]

---

6 Darauf wurde die Koordination des Schulbeginns durch einen Zusatzartikel der Bundesverfassung vorangetrieben (Art. 27.3bis, APS: 1985:168).

2. Die kantonalen Direktoren- und Fachbeamtenkonferenzen: Die Direktoren einzelner Departemente unterhalten eigene Organe (z.B. Finanz- oder Polizeidirektorenkonferenzen) zur Koordination ihrer Aufgabenbereiche, aber auch zur Erarbeitung gemeinsamer Stellungnahmen gegenüber dem Bund. Sie werden häufig durch entsprechende Gremien der Fachbeamten unterstützt.

3. Die Konferenz der Kantonsregierungen: Dieses 1993 geschaffene Organ will den politischen Einfluss der Kantone auf den Bund nicht zuletzt im Bereich der Aussenpolitik verstärken (APS 1993:46). In direkten Verhandlungen der Regierungs- wie der Direktorenkonferenzen mit den Bundesbehörden zeichnet sich eine neue Tendenz exklusiven Einflusses auf die Bundespolitik ab.

B. Die Aufgaben- und Ausgabenentwicklung

1. Die Entwicklung der Bundesaufgaben

Da nach Art. 3 BV alle neuen Bundeskompetenzen der Genehmigung von Volk und Ständen zu unterbreiten sind, gibt die Verfassungspolitik ein recht gutes Bild der Wirtschafts- und Sozialstaatsentwicklung. Jedes Jahr stimmen Volk und Stände über etwa sechs Vorlagen zur Änderung der Verfassung ab. Davon sind etwa die eine Hälfte Vorlagen von Regierung und Parlament, die andere Hälfte Volksinitiativen. Sie betreffen zumeist die Einführung neuer Bundesaufgaben. Ganz anders als etwa in den USA ist Bundespolitik also in hohem Masse Verfassungspolitik unter der Mitwirkung des Volkes (Linder 1997b).

Die Verfassung von 1848 gestand dem Bund nur minimale Kompetenzen zu: vor allem das Geld- und Zoll-, später das Postwesen, die Sicherung der inneren Ordnung sowie die Behauptung der äusseren Unabhängigkeit durch eine Armee und nach der politischen Maxime der bewaffneten Neutralität. Die Ausgaben für die Armee bildeten während langer Zeit den wichtigsten Posten des Bundesbudgets. Die wirtschaftliche und gesellschaftliche Modernisierung führte erst nach dem Zweiten Weltkrieg zu einem starken Ausbau der übrigen Bundesaufgaben[7]:

1. Rechtspolitik: Mit der Totalrevision 1874 wird der Bund zum Hauptgaranten der Grundrechte (politische Rechte, Niederlassungs-, Vereins- und Versammlungsfreiheit etc.). Die Handels- und Gewerbefreiheit etabliert eine wirtschaftliche Wettbewerbsordnung, welche die Kantone von da an nur noch geringfügig beschränken können. In früher Zeit sind Rechtsvereinheitlichungen (Zivilrecht 1914, Strafrecht 1937) wichtig, in jüngerer Zeit die

---

7 Für die Kommentierung der laufenden Verfassungsänderungen aus politologischer Sicht: APS (1965ff.). Einen Überblick über die frühere Entwicklung vermittelt Aubert (1974); zur Gesamtentwicklung: Linder (1983a). Aus historischer Sicht: von 1848 bis 1914: Ruffieux (1983a); 1914–45: Jost (1983), ab 1945: Gilg/Hablützel (1983).

gesellschaftliche Gleichstellung der Frauen (1971 und 1981). Bisher nicht gelungen ist die Vereinheitlichung des gerichtlichen Verfahrensrechts im Zivil- und Strafrecht; auch die Schaffung einer Bundes-Sicherheitspolizei begegnete föderalistischen Bedenken und wurde zum letztenmal 1978 abgelehnt.

2. Nationale Infrastrukturpolitik: Die wichtigsten Etappen bildeten bis zum Ende des 19. Jahrhunderts die Einrichtung der eidgenössischen Hochschule, die Übernahme der Bundesbahnen (1891), im 20. Jahrhundert die Kompetenzen im Energiebereich (Wasserkraft 1914, Rohrleitungen 1961, Atomkraft 1958, Energiepolitik 1990), die Aufgaben des Nationalstrassenbaus (1958), der verstärkten Förderung der wissenschaftlichen Forschung und der Hochschulen (1973) sowie in jüngster Zeit der Beschluss zum Bau neuer Alpentransversalen (1992).

3. Wirtschaftspolitik: 1905 wird die schweizerische Nationalbank errichtet. Von ihren Anfängen in den achtziger Jahren des 19. Jahrhunderts bis in die jüngste Zeit war die Wirtschaftspolitik geprägt von einer Mischung liberalen Wettbewerbs und dem Schutz binnenorientierter Anbieter. Letzterer betraf vor allem den Agrarschutz, der in der Zwischenkriegszeit durch den Branchenschutz für weitere bedrohte Wirtschaftszweige (z.B. Uhrenindustrie, Hotellerie und weitere Gewerbe) ergänzt wurde. Im Zweiten Weltkrieg, als die Schweiz von wichtigen Einfuhren abgeschnitten war, sicherten ein Rationierungssystem und eine zentral dirigierte Kriegswirtschaft die Landesversorgung. 1947 brachte eine Wirtschaftsordnung mit erweiterten Bundeskompetenzen. Mit Ausnahme der Landwirtschaft musste sich die Binnenwirtschaft in den fünfziger Jahren den Abbau des direkten staatlichen Branchenschutzes gefallen lassen. Sie konnte sich aber im Schatten der Kartellgesetzgebung des Bundes weiterhin von ausländischer Konkurrenz abschirmen und ihre Anbietermacht auf dem Binnenmarkt durch Wettbewerbsabsprachen sichern. Verstärkt wurden die Bundeshilfen an die Berggebiete. Mit dem Konsumenten- und Mieterschutz (1981 und 1986) kamen auch Nachfrager in den Genuss eines Staatsinterventionismus, der bislang fast ausschliesslich von den Produzenten gepachtet worden war. Für die Exportwirtschaft galt die Devise liberalen Wettbewerbs mit Unterstützung nationaler Standortvorteile: die Schweiz war Gründungsmitglied der EFTA (1960) und vermochte 1972 ein vorteilhaftes Freihandelsabkommen mit der EWG abzuschliessen. Die Banken verteidigten ihre Position gegenüber Forderungen nach verstärkter Staatskontrolle bei der Ablehnung der sozialdemokratischen Bankeninitiative (1984), während die Exportwirtschaft von Risikogarantien des Bundes profitiert. Die selektive Wirtschaftspolitik, welche die divergierenden Interessen von Binnen- und Exportwirtschaft unter einen Hut brachte, ist im Zuge der EU- und WTO-Entwicklung, der Öffnung der europäischen Volkswirtschaften und der Globalisierung der Märkte weniger möglich. Während der hochgeschraubte Agrarschutz unter dem Liberalisierungsdruck der WTO seit den neunziger Jahren vermehrt auf produktionsunabhängiger Förderung beruht, führen das neue Kartell- und das Binnenmarktgesetz (1995) zu stärkerem inneren Wettbewerb. Öffentliche Unternehmungen von Bund und

Kantonen (PTT, SBB, Kantonalbanken, Elektrizitätsunternehmungen etc.) werden teilprivatisiert oder dem privaten Wettbewerb ausgesetzt. Die schweizerische Wirtschaftspolitik ist damit seit ihren Anfängen geprägt von hoher Anpassung an äussere Veränderungen und vom starken Einfluss der einzelnen Wirtschaftszweige. Grösste Mühe hatte der Bund dagegen bis heute in der Entwicklung einer konzeptionellen Politik für die Gesamtwirtschaft: eine Konjunkturpolitik konnte erst 1978, die Raumplanung erst 1980, ein Umweltschutzgesetz erst 1983 (12 Jahre nach Genehmigung des Verfassungsauftrags durch Volk und Stände) realisiert werden. Eine eigentliche konzeptionelle Industriepolitik wurde nie zum Thema.

4. Sozialpolitik[8]: Der eigentliche Aufbau eines Sozialstaats begann erst nach dem Zweiten Weltkrieg. Zwar gab es bereits seit 1890 eine Verfassungsgrundlage für eine öffentliche Kranken- und Unfallversicherung, die dann 1918 auch auf gesetzlicher Grundlage aufgebaut wurde. Erst 1994 wurde indessen eine Grundversicherung gegen Krankheit und Unfall obligatorisch. Mit der Einrichtung einer Alters- und Hinterlassenenversicherung, die 1925 von Volk und Ständen genehmigt worden war, wurde erst 1947 begonnen. Seither ist sie in über einem Dutzend Volksabstimmungen erweitert worden. Der Ausbau war häufig von heftigen Kontroversen im Parlament begleitet, führte aber stets zu Kompromisslösungen zwischen Links und Rechts, die auch von Volk und Ständen angenommen wurden. Dagegen wurde die Volksinitiative zum Umbau der AHV zur «Volkspension» 1972 abgelehnt. Das führte zum sog. «Dreisäulenkonzept» der Altersvorsorge: die AHV bleibt eine Grundversicherung, die ergänzt wird durch Pensionskassen der Betriebe und die private Vorsorge. Im Schatten des grossen Sozialwerks wurden weitere individuelle Lebensrisiken durch kollektive Versicherungen aufgefangen: so die Arbeitslosigkeit (1951, zum Obligatorium ausgebaut 1976, revidiert 1982) und die Invalidität (ab 1959). Die Mutterschaftsversicherung, 1945 als Verfassungsauftrag aufgenommen, blieb bis heute blosses Versprechen. Armingeon (1996a:78) sieht im spät und begrenzt entwickelten Sozialstaat der Schweiz eine Abweichung vom europäischen Vorsorgestaat – er gleiche eher dem liberalen Typus der USA oder Japans. Das mag in doppeltem Sinne gelten: der Sozialstaatsausbau ist nicht nur von der Links-Rechts-Polarität geprägt; seine Kompromisse mussten neben der liberalen auch eine starke föderalistisch-staatsskeptische Subsidiaritätshaltung berücksichtigen.

5. Fiskal- und Finanzpolitik: Während langer Zeit war der Bund auf die Erhebung von Verbrauchssteuern beschränkt, die in den dreissiger Jahren durch eine jeweils zeitlich befristete Einkommenssteuer (Wehrsteuer, später Bundessteuer) ergänzt wurde. Auch die letzte Verfassungsänderung von 1992 ist auf das Jahr 2003 befristet. Hingegen wurde bei dieser Gelegenheit das alte System der Umsatzsteuer durch die in Europa gebräuchliche Mehrwertsteuer ersetzt. Wie in anderen Staaten stehen die öffentlichen Finanzen seit den neunziger Jahren zunehmend in roten Zahlen. In der Schweiz ergaben sich die Defizite des

---

8 Als Gesamtdarstellung der Entwicklung: Gilliand (1988).

7 Föderalismus 147

Bundes nicht zuletzt durch die steigenden Aufwendungen für die Arbeitslosenversicherung.[9] Kontrovers ist, wie die zunehmende Verschuldung der öffentlichen Hand bekämpft werden soll. Die Bürgerlichen treten für blosse Ausgabenkürzungen ein, die politische Linke will neben Kürzungen auch neue Einnahmen.

2. Ressourcen, Ausgaben und Gesetzgebung im föderalistischen Vergleich

Die eindrückliche Entwicklung der Bundesaufgaben in den letzten 50 Jahren könnte zur Annahme einer starken Zentralisierung verleiten. In der Tat sind Klagen über das Ausufern der Bundesaufgaben, die «Gesetzesinflation» aus Bern und das Ende föderalistischer Autonomie häufig zu hören. Die Entwicklung der Bundesaufgaben allein gibt allerdings keinen brauchbaren Hinweis für eine Zentralisierung der Staatsaufgaben. Dafür müssen die Aufgaben des Bundes verglichen werden mit jenen der Kantone und der Gemeinden, die im Zuge der wirtschaftlichen und gesellschaftlichen Entwicklungen ebenfalls zugenommen haben. Für diesen Vergleich verwende ich zunächst drei der am häufigsten benutzten Indikatoren: die Einnahmen und Ausgaben sowie das Personal der öffentlichen Hand.

Tabelle 7.3: Anteil der Einnahmen und Ausgaben von Bund, Kantonen und Gemeinden 1950–1996 an den Gesamteinnahmen und -ausgaben der öffentlichen Hand (in Prozent)

	1950	1960	1970	1980	1990	1996
Bund						
Einnahmen	42.2	40.1	33.9	29.8	30.9	29.8
Ausgaben	37.7	35.1	32.4	31.3	30.6	31.6
Kantone						
Einnahmen	31.7	33.3	39.1	39.5	39.6	40.2
Ausgaben	34.0	37.5	39.4	39.2	40.1	39.7
Gemeinden						
Einnahmen	26.1	26.6	27.0	30.7	29.5	30.0
Ausgaben	28.3	27.4	28.2	29.5	29.3	28.7
Total Einnahmen in Mio. sFr. (=100%)	4'711	8'316	23'743	55'158	99'821	130'841
Total Ausgaben in Mio. sFr. (=100%)	4'382	7'458	24'207	55'934	103'274	139'172

Quelle: Bundesamt für Statistik (1996:395)

---

9 Mitte der neunziger Jahre erreichte die Arbeitslosigkeit mit rund 200'000 Personen und einer Arbeitslosenquote von über fünf Prozent historische Höchststände.

Tabelle 7.4: Anteil der Beschäftigung in der öffentlichen Verwaltung (inkl.öffentliche Betriebe) 1950–1991 bei Bund, Kantonen und Gemeinden (in Prozent)

	1950	1960	1970	1980	1991
Bund	40	39	35	28	32
Kantone	27	29	32	38	37
Gemeinden	33	32	33	34	30
Total in %	100	100	100	100	100
Anzahl Personen in Tausend (= 100%)	236	289	380	482	433

Quelle: Germann (1996:12)

Die Zahlen der Tabellen 7.3 und 7.4 geben eine eindeutige Antwort: Keiner der Indikatoren, weder die Einnahmen noch die Ausgaben noch das öffentliche Personal, weist in der Zeit seit 1950 auf eine Zentralisierung hin. Im Gegenteil: der Anteil des Bundes an den Gesamteinnahmen der öffentlichen Hand ist von 42,2 Prozent auf 29,8 Prozent zurückgegangen, vor allem zugunsten der Kantone, die heute mit rund 40 Prozent den grössten Anteil der öffentlichen Einnahmen und Ausgaben beanspruchen. Bei den Ausgaben des Bundes wäre zusätzlich zu berücksichtigen, dass ein hoher Anteil davon als Transferzahlungen den Kantonen und Gemeinden zugute kommt. Auch die Statistik über die öffentliche Beschäftigung zeigt dieselbe Tendenz. Der Anteil des Bundespersonals hat zwischen 1950 und 1991 abgenommen, und zwar zugunsten der Beschäftigten bei den Kantonen, worin sich vor allem Entwicklungen des Gesundheits-, Sozial- und Bildungswesens widerspiegeln.

Als vierten Indikator können wir – wenigstens für den Vergleich des Bundes mit einem wichtigen Kanton – die quantitative Entwicklung des Rechts und der Rechtsetzung heranziehen, die Linder/Schwager/Comandini (1985) für die Zeit von 1947–82 untersucht haben.

Tabelle 7.5: Entwicklung des quantitativen Bestands der Rechtsordnung: Bund und Kanton Waadt

Gesetze und Verordnungen (Zahl der Artikel)	Bund: Landesrecht		Bund: Internationales Recht		Waadt Kantonales Recht	
1947	34203	100%	8793	100%	17417	100%
1982	44918	131%	25803	293%	21507	124%

Der partielle Vergleich dieses vierten Indikators weist tatsächlich auf eine gewisse Zentralisierung: das Landesrecht des Bundes wächst bis 1982 geringfügig stärker auf 131% seines Bestandes von 1947 als dasjenige des Kantons Waadt (124%). Die eigentliche Zentralisierung ist allerdings nicht im Landesrecht, sondern im internationalen Recht zu beobachten. Das jährliche Wachstum von rund 3% drückt die Bemühungen um die internationale Handels- und Wirtschaftsintegration aus. Die langjährige Zunahme von 31% im Landes-

7 Föderalismus 149

recht des Bundes bzw. von 24% im Kanton Waadt entspricht einem langjährigen Wachstum von unter einem Prozent. Das bedeutet eine klare Widerlegung der vielzitierten These einer quantitativen «Gesetzesinflation», denn die meisten Indikatoren (öffentliche Ausgaben, Sozialprodukt etc.) wuchsen in der Periode von 1947–82 deutlich stärker. Die Untersuchung der Rechtsetzungsaktivitäten (Revision von Gesetzen und Verordnungen) korrigiert sodann das oft verbreitete Bild, es sei der moderne Sozialstaat, der zur Überlastung der Gesetzgebung führe. Über die Hälfte ihrer Rechtsetzungstätigkeit in den 57 Bereichen des Bundesrechts widmeten Bundesrat und Parlament den sechs «klassischen» Aufgaben der Landwirtschaft, des Handels, der militärischen Landesverteidigung, des Verkehrs, des Zoll- und des Behördenrechts. An der Spitze steht dabei die Landwirtschaft mit 20% aller Rechtsänderungen (Linder/Schwager/Comandini 1985:51ff.). Im föderalistischen Vergleich fällt schliesslich der hohe Regelungsbedarf des Kantons Waadt auf: der Umfang seiner Gesetze und Verordnungen erreicht die Hälfte des Landesrechts des Bundes, was als hohes «Rechtsgewicht» des Kantonsföderalismus interpretiert werden kann.

3. Der internationale Vergleich: Bescheidener Staat, geringe Zentralisierung

a. Die Staatstätigkeit im internationalen Vergleich

Die Staatsquote – der Anteil der Staatsausgaben am Sozialprodukt – ist ein geläufiger Indikator für die relative Staatsgrösse eines Landes. Dieser nimmt sich für die Schweiz im Vergleich zu anderen hoch entwickelten Industrieländern bescheiden aus, wie nachfolgende Tabelle 7.6 zeigt:

Tabelle 7.6: Staatsquoten von 15 OECD-Ländern 1960–1994 (Anteil der Staatsausgaben am BIP in %)

	1960	1970	1980	1990	1994
USA	27.2	32.3	31.8	32.8	33.0
Japan	17.5	19.4	32.0	31.3	34.4
Schweiz	17.2	21.3	29.3	30.9	36.9
Irland	28.0	39.6	47.4	38.9	40.5
Grossbritannien	32.2	39.3	43.0	39.9	43.1
Deutschland	32.4	38.7	47.9	45.1	48.9
Norwegen	29.9	41.0	47.5	49.7	49.8
Österreich	35.7	39.2	48.1	48.6	51.8
Niederlande	33.7	46.0	55.2	54.1	53.0
Frankreich	34.6	38.9	46.1	49.8	54.0
Italien	30.1	34.2	41.9	53.4	54.8
Belgien	34.6	36.5	58.6	54.3	55.7
Finnland	26.6	31.3	38.1	45.3	59.3
Dänemark	24.8	40.2	56.2	58.6	64.0
Schweden	31.0	43.7	60.1	59.1	68.3

Quelle: OECD (1996a:72) (für die Schweiz) und OECD (1997a:A32) (für alle übrigen Länder)

In diesen Zahlen steckt – auch nach Harmonisierung der Berechnungsmethoden für die Staatsquote – eine gewisse Unschärfe. So wäre für die Schweiz die unentgeltliche Milizarbeit als zusätzliche Staatseinnahme und -ausgabe zu verbuchen. Schätzungen sind mir nur für den grössten Milizbereich, denjenigen der Armee bekannt: verdoppelt man deren Wert von 5 Mrd. Fr. für die Berücksichtigung der übrigen Milizarbeit, so kommt man auf rund 3 Prozent des Sozialprodukts. Auch dann ändert sich das Ergebnis eines geringen Staatsverbrauchs der Schweiz substantiell nicht.

b. Der Anteil des Zentralstaats im internationalen Vergleich

Die Vergleichszahlen von Tabelle 7.7 belegen zunächst einmal die generelle Bedeutung des Föderalismus für das öffentliche Budget: In föderalistischen Ländern verfügen Gliedstaaten und Kommunen – aufgrund eigener Steuerquellen – über einen höheren Anteil der Einnahmen als in den nicht-föderalistischen. Bei den Ausgaben ist diese Differenz geringer, weil nicht-föderalistische Staaten den regionalen oder lokalen Ebenen z.T. grössere Transferzahlungen ausrichten. Die Schweiz weist nun aber auch unter den föderalistischen Ländern die dezentralste Einnahmen- und Ausgabenstruktur aus: der Bund kontrolliert nur 27 Prozent der Einnahmen und 30 Prozent der Ausgaben.

Tabelle 7.7: Anteil des Zentralstaats an den gesamten Staatseinnahmen und -ausgaben (in Prozent)

	Einnahmen	Ausgaben
a. Föderalistische Staaten		
Schweiz	27.0	30.6
Deutschland	33.4	30.6
Österreich	51.8	56.0
USA	41.0	45.8
b. Nicht-förderalistische Staaten		
Dänemark	66.9	71.4
Grossbritannien	73.9	83.1
Frankreich	48.9	44.6
Niederlande	56.4	56.7
Italien	60.8	72.3

Quellen: OECD (1996b und 1997b), Durchschnitt der Jahre 1973, 83 und 92 (Einnahmen) bzw. 1995 (Ausgaben).

4. Warum in der Schweiz kein grosser Zentralstaat entstehen konnte

Die angeführten Vergleiche weisen die Schweiz zusammen mit Deutschland als erheblich dezentralisierter als die USA und vor allem als Österreich aus. Das ruft nach Erklärungen. An blossen politischen Grundhaltungen – etwa des Liberalismus für die USA und die Schweiz oder des Staatsinterventionismus für Österreich oder Deutschland – kann es aufgrund der Zahlen gerade nicht liegen. Aber auch bei einer ersten institutionellen Betrachtung verbleiben Rätsel: Die Schweiz, Deutschland und die USA kennen nämlich die gleiche föderalistische Grundregel, welche die Zentralisierung des Staats vermeiden soll: Die amerikanische Verfassung im 10. Amendment, das Deutsche Grundgesetz in Art. 30 und die Bundesverfassung in Art. 3 stipulieren allesamt, dass neue Aufgaben der zentralen Ebene nur durch Zustimmung der Gliedstaaten übertragen werden können. Warum also hat die Schweiz die dezentralste Aufgaben- und Ausgabenstruktur bewahren können? Zu dieser Frage gibt es keine systematisch-vergleichenden Untersuchungen. Hingegen weist die Schweiz im Vergleich zu den USA und zu Deutschland einige institutionelle Besonderheiten aus, die mir für ihren geringen Zentralisierungsgrad plausibel erscheinen:

1. *Die direkte Demokratie*: Ökonomen behaupten einen hemmenden Einfluss der direkten Demokratie auf den Staatsverbrauch insgesamt (Frey 1997:188). Im interkantonalen Vergleich weisen Kantone mit ausgeprägteren direktdemokratischen Institutionen eine geringere Steuerlast auf (Feld/Savioz 1996), was unter anderem den theoretischen Erwartungen entspricht, dass Bürgerinnen und Bürger dem Staat weniger grosszügig Mittel gewähren als Parlamente. Vor allem aber ist die Zentralisierung in der direkten Demokratie weniger wahrscheinlich unter der theoretischen Annahme, die Bürgerschaft ziehe lokale Steuern den zentralen vor, weil diese direkteren Nutzen vermitteln und eher kontrollierbar sind.[10]

2. *Die Verbindung von Föderalismus und direkter Demokratie*: Die Gewissheit, dass eine Abstimmung mit Volks- und Ständemehr das Ergebnis bestätigen muss, zwingt Bundesrat und Parlament zur Antizipation aller Opposition aus Volk und Kantonen. Diese Konsenshürde ist nicht zuletzt deshalb hoch, weil die politischen Präferenzen z.B. zwischen Stadt- und Landkantonen unterschiedlich sind[11]. Dies erlaubt nur marginale Abweichungen vom Status quo und zwingt die Bundesbehörden, Mass zu halten im Ausbau der Bundesaufgaben. Wie bereits erwähnt, sind von den 188 Verfassungsabstimmungen, welche das Parlament bis 1997 vorlegte, trotzdem deren 48 zurückgewiesen worden (Tabelle 7.8). Gerade die Finanzvorlagen, die dem Bund grössere Einnahmen verschaffen sollten, waren stets umstritten. Sie mussten Volk und Ständen oft mehrmals und in gebührendem zeitlichen

---

10 Konsistent mit dieser Annahme ist nicht nur der geringe Anteil des Bundes an den Gesamteinnahmen, sondern auch deren Zusammensetzung: die in einer Volksabstimmung unpopulären Verbrauchssteuern sind anteilsmässig niedriger als in den Vergleichsländern, während die direkte Bundessteuer eine höhere Progression ausweist als diejenige der Kantone.

11 Einen indirekten Vergleich für die Bedeutung der Hürde des doppelten Mehrs bieten die Erfolgsquoten eidgenössischer und kantonaler Volksinitiativen. Beim Bund werden nur rund 10 Prozent der Volksbegehren angenommen, während Volksinitiativen auf kantonaler Ebene – in einer homogeneren Stimmbürgerschaft und ohne zusätzliche Hürde eines Doppelmehrs – immerhin einen Erfolg von rund 30 Prozent ausweisen (vgl. Kapitel 11).

Abstand vorgelegt werden und konnten bezüglich der direkten Steuern bis heute nur befristet realisiert werden.

3. *Keine «implied powers»*: Die Hürden der Verfassungsänderung sind in den USA an sich noch höher als in der Schweiz, weil sie neben einer Zweidrittelsmehrheit im Abgeordnetenhaus und im Senat auch eine Dreiviertelsmehrheit der Staatsparlamente voraussetzt. Ergänzungen der Verfassung sind darum selten. Ausdehnungen der Kompetenzen der Zentralregierung waren aber auch ohne Verfassungsänderungen möglich. In einem informellen Verfassungswandel anerkannte das oberste Verfassungsgericht im Wirtschaftsinterventionismus bedeutende Kompetenzen der Zentralregierung, etwa unter den Begriffen der «implied powers», der «interstate commerce clause» oder der «necessary and proper»-Formel. Die Zentralisierung der amerikanischen Bundesaufgaben verlief damit fast ohne formelle Verfassungsänderungen. Völlig anders in der Schweiz: Nur ausnahmsweise und in engen Grenzen hat das schweizerische Bundesgericht «implied powers», also stillschweigende Verfassungskompetenzen des Bundes, anerkannt. Die föderalistischen Kräfte im Parlament verlangten auch bei geringfügiger Ausweitung der Bundeskompetenzen eine formelle Änderung der Verfassung. Die Frage der Aufgabenteilung zwischen Zentral- und Gliedstaat ist damit in der Schweiz in der Hand der politischen Gewalten geblieben und gerade nicht den Gerichten übertragen worden. Unterschiedliche politische Präferenzen von Kantonen und Bevölkerung waren eine offensichtlich wirksamere Barriere der Zentralisierung als föderalistische Kompetenzregeln in der Hand der Gerichte (Linder 1997b).

4. *Keine direkte Vertretung der Kantonsbehörden im Bund:* Scharpf (1994:47) hat darauf hingewiesen, dass das Eigennutzinteresse von Gliedstaaten nicht immer auf die Wahrung von Autonomie gerichtet ist, sondern auch auf eine Zentralisierung erpicht sein kann. Gliedstaaten drängen z.B. auf zentralstaatliche Subventionen oder neigen dazu, politisch unangenehme Aufgaben an die Zentralebene abzuschieben. Solche Prozesse sind auch in der Schweiz beobachtet worden[12], können aber nicht jenen bedeutsamen Einfluss haben, den ihnen Scharpf im deutschen Föderalismus zuschreibt. Der strukturelle Unterschied liegt darin, dass die Länderkammer in Deutschland durch Mitglieder der Länderregierungen gebildet wird. Damit ist der föderalistische Einfluss auf die Bonner Gesetzgebung vor allem ein gliedstaatlicher Exekutiveinfluss. Demgegenüber sind die Mitglieder des schweizerischen Ständerats direkt ihrer Wählerschaft verpflichtet, nicht aber dem Staatsinteresse ihres Kantons.

---

12 So nach Bussmann (1986:96ff.) im föderalistischen «Schwarzpeterspiel».

C. Die Vielfalt politischer Institutionen der Kantone

Die gebliebenen Kantonsfreiheiten eigener Organisation, Behördenwahl und Aufgabenerfüllung haben eine ausserordentliche Vielfalt kantonalpolitischer Institutionen entstehen lassen[13]. Dies hängt vorerst zusammen mit der unterschiedlichen Grösse: Die Verwaltung des grössten Kantons (Zürich, 1,2 Mio. Einwohner) zählt mit 24'000 Angestellten mehr Köpfe als der Kleinstkanton Appenzell Innerrhoden Einwohner (14'000). Die Kleinkantone haben darum sehr viel geringere Möglichkeiten der Ausdifferenzierung ihrer politischen Strukturen und einer professionellen Aufgabenerfüllung mit eigenen Mitteln. Dementsprechend sind ihre Behörden eher vom Milizsystem geprägt. Kleinkantone verlassen sich für öffentliche Dienstleistungen (höhere Schulen, Gesundheitswesen, technische Fachdienste) auf grössere Nachbarkantone und Private, die dafür finanziell abgegolten werden (Geser 1981). So bezahlen die Nichthochschulkantone den Hochschulkantonen einen jährlichen Beitrag für jeden ihrer Studierenden. Aber auch aus einem weiteren Grund sind die 26 kantonalen Subsysteme trotz des föderalistischen Zusammenschlusses nicht zu homogenen politischen Einheiten geworden. Unterschiedliche Volksrechte, Schulsysteme, Gerichtstraditionen usw. dienen durchaus auch der Identitätsbewahrung durch Abgrenzung von den «andern». Der Modernisierungsdruck erfasst heute freilich auch Kernstücke alter Tradition. Ein Beispiel dafür bietet die Landsgemeinde, die heute nur noch in Obwalden, Glarus und Appenzell Innerrhoden praktiziert wird[14]. Die Vollversammlung der kantonalen Bürgerschaft galt als eine der ältesten Traditionen in kleineren Landkantonen und als Symbol der Volkssouveränität. Sie verletzt aber – mit der Feststellung von Beschlüssen durch das offene Handmehr – nicht nur das Prinzip geheimer Stimmabgabe, sondern begünstigt zudem eine autoritative Versammlungs- und Politikführung, die von der Stimmbürgerschaft heute weniger goutiert wird als früher. Dieses Argument war wichtiger als die Tradition für die Nidwaldner oder Appenzell Ausserrhoder Bürgerschaft, welche die Landsgemeinde 1996 bzw. 1997 abgeschafft haben.

Im Vergleich zum Bund weisen die kantonalen Politiksysteme eine *Reihe gemeinsamer Unterschiede* aus:

1. Die Volkswahl der Exekutive: Die Wahl der Kantonsregierungen erfolgt heute in allen Kantonen durch das Volk, mit Ausnahme der Kantone Tessin und Zug nach den Regeln des Majorz. Wie in Kapitel 4 ausgeführt, kooperieren indessen die politischen Parteien zumeist in einem freiwilligen Proporz. Diese Wahlvereinbarungen führen in der Regel zu einer guten Repräsentation der politischen Kräfteverhältnisse. Wahlabsprachen lassen aber auch die Bildung von Mehrheitsregierungen zu (z.B. Genf 1993) oder führen bei Kampfwahlen, politischer Fehleinschätzung der Parteien, Fehlern der Regierung oder Unmut des Volkes

---

13 Als neueste vergleichende Zusammenstellung der kantonalpolitischen Institutionen und Verfahren: Lutz/Strohmann (1998).
14 Zu Tradition, Aufgaben und Verfahren der Landsgemeinde: Möckli/Stahlberger (1987:237–260).

auch zu ungewohnten Mehrheiten (z.B. einer links-grünen Mehrheit der Berner Regierung 1986–90 oder des Waadtländer Staatsrats 1996–98). Wegen der Volkswahl reagiert das kantonale System sensibler auf politische Veränderungen als der Bund mit seiner unveränderten Zauberformel. Die Konkordanzlogik ist nicht immer zwingend; sie wird von den politischen Parteien gelegentlich hintangestellt oder durch die Volkswahl durchbrochen. Darüber hinaus sind Regierung und Parlament wegen ihrer separaten Volkswahl noch unabhängiger voneinander. Das zeigt sich unter anderem bei Volksabstimmungen, in denen Parlament und Regierung hin und wieder eine verschiedene Position zu Volksinitiativen einnehmen. Ein solches institutionelles «Dreiecksverhältnis» gibt es beim Bund nicht.

2. Die erweiterte direkte Demokratie: Die Kantone kennen im Gegensatz zum Bund neben der Verfassungs- auch die Gesetzesinitiative (Tabelle 7.9). Das Referendum reicht bei jenem Drittel der Kantone weiter, die jede Gesetzesänderung der Volksabstimmung unterstellen (obligatorisches Gesetzesreferendum). Darüber hinaus beteiligen die Kantone das Volk nicht nur an der Gesetzgebung, sondern auch an wichtigen Einzel- und Verwaltungsbeschlüssen. Das politisch bedeutsamste Instrument ist das Finanzreferendum für bestimmte wiederkehrende oder einmalige Finanzbeschlüsse, die vor allem öffentliche Bauten und Anlagen betreffen. Einzelne Kantone kennen das fakultative Referendum für weitere Entscheide, etwa die Erteilung von Wasserrechtskonzessionen, Hochleistungsstrassen oder Planungsbeschlüsse. Auch die föderalistische Mitwirkung des Kantons, etwa die Auslösung einer Standesinitiative, eines Kantonsreferendums oder die kantonale Stellungnahme in Fragen der Kernenergie unterliegt in einzelnen Kantonen dem fakultativen Referendum. Im 20. Jahrhundert bedeutungslos geworden ist das Recht des Volkes zur Abberufung der Regierung. Tabelle 7.9 ist bei weitem nicht vollständig; sie zeigt aber den ausserordentlichen Formenreichtum direkter Demokratie bei den Kantonen.

7 Föderalismus

Tab. 7.8: Übersicht über die wichtigsten Volksrechte in den Kantonen

Kanton	Initiativen					Referenden						
	Total- oder Teilrevision der Verfassung	Gesetzesinitiativen	Abberufung von	Einberufung von	Initiative zur Auflösung einer Standesinitiative	Verfassungsänderung	Gesetzesreferendum	Finanzreferendum	Referendum für Verwaltungsakte	Parlamentsbeschlüsse dem Referendum unterstellbar	Initiative zur Auflösung eines Kantonsreferendums	Stellungnahme des Kantons zu KKW
Zürich	X	X			V	o	o	o/f		ja	P: f	o
Bern	X	X	R/P			o	f	f		ja	P	f
Luzern	X	X	P		V	o	f	o/f		ja	P:f / I	
Uri	X	X	R/P		V	o	o	o/f			P: f	
Schwyz	X	X				o	o	o		ja	P	
Obwalden	X	X		L	V	o	o	o/f			P	
Nidwalden	X	X				o	f	o/f	X		P	o
Glarus	X	X		L		o	o	o	X	ja	P	o
Zug	X	X			V	o	f	o			P:f / I	
Fribourg	X	X				o	f	o/f			P	
Solothurn	X	X	R/P		V	o	o	o/f		ja	P: f	
Basel-Stadt	X	X				o	f	f			P	
Basel-Landschaft	X	X				o	o	f			P: f	
Schaffhausen	X	X	R/P		V	o	o	o/f		ja	o	o
Appenzell A.Rh.	X	X				o	o	o	X		P: f	
Appenzell I.Rh.	X	X				o	o	o/f			P: f	
St. Gallen	X	X				o	f	o/f			P: f	
Graubünden	X	X		P		o	o	o/f	X	ja	P:f / I	
Aargau	X	X				o	o	f			P: f	
Thurgau	X	X	R/P		V	o	f	o/f		ja	P: f	
Ticino	X	X	R			o	f	f			P	
Vaud	X	X			V	o	f	-			P: f	o
Valais	X	X				o	f	f			P	
Neuchâtel	X	X				o	f	o			P	o
Genève	X	X				o	f	f			P: f	f
Jura	X	X			V	o	f	o/f		ja	P: f	
Schweiz	X	(x)				o	f	-		ja		

- V   Volk
- P   Parlament   o   obligatorisches Referendum
- R   Regierung   f   fakultatives Referendum
- L   Landsgemeinde   I   Initiative

Quelle: Lutz/Strohmann 1998

3. Keine zweite Parlamentskammer: Der innerkantonale Föderalismus wird gesichert durch die Gemeindeautonomie; ein innerkantonales «Gemeindemehr» wie beim Bund existiert nicht. Dafür ist bei Gesetzesberatungen eine sog. «Zweite Lesung» üblich, welche die Qualität der Rechtsetzung erhöhen soll. Im übrigen leisten sich die Kantone einen für ihre Grösse komplexen Parlamentarismus.[15]

4. Weniger formalisierter vorparlamentarischer Einfluss der Verbände und Interessengruppen: Der kantonale Einfluss von Verbänden und Interessengruppen ist empirisch noch kaum untersucht. Ob er, wie Kündig (1990:172) vermutet, generell geringer ist als beim Bund, muss daher offen bleiben. Aber es gibt kein formalisiertes Vernehmlassungsverfahren, bei dem Verbände und Interessengruppen systematisch in vorparlamentarische Beratungen einbezogen würden wie beim Bund.

5. Einfachere parteipolitische Verhältnisse: Die Zahl der Parteien in einem Kanton ist nicht unbedingt geringer als beim Bund, aber die einzelne parteipolitische Gruppierung ist für sich relativ homogen. Darin drückt sich unter anderem aus, dass die jeweilige Bevölkerung eines Kantons bedeutend homogener ist als diejenige der Gesamtschweiz.

D. Die Bedeutung der Gemeinde und der Gemeindeautonomie

1. Die Gemeindeautonomie

Ungeschriebenes Gewohnheitsrecht garantiert den rund 3000 Gemeinden politische Autonomie.[16] Obschon der Grad dieser Selbständigkeit je nach Kantonsrecht variiert, können wir einen Kerngehalt von Gemeindeautonomie charakterisieren. Er gleicht den Kriterien, die Aubert (1967 [1982]) für die Kantone formuliert hat:

1. *Ein (verfassungsmäßiges) Bestandesrecht, einschliesslich der Freiheit, sich mit anderen Gemeinden zusammenzuschliessen oder unabhängig zu bleiben*: Es kann von den Kantonen nicht verweigert werden. Gebietsreformen «von oben», die beispielsweise in Deutschland in den sechziger Jahren den Zusammenschluss kleiner Gemeinden erzwangen, sind darum in der Schweiz kaum möglich. Tatsächlich hat sich die Anzahl der Gemeinden seit dem letzten Jahrhundert nur sehr wenig verringert, obschon rund die Hälfte von ihnen weniger als 500 Einwohnerinnen und Einwohner zählt. Damit verzichtet ein grosser Teil der Gemeinden auf die Vorteile eines Zusammenschlusses zu grösseren und wirtschaftlich effizienteren Einheiten. Zwei Gründe können dafür genannt werden. Erstens ist die Gemeindeautonomie als politischer Wert hoch besetzt und wird von den lokalen politischen

---

15 Für eine ausführliche Dokumentation des kantonalen Parlamentarismus: Stadlin (1990).
16 Eine vergleichende rechtliche Untersuchung der direkten Beziehungen zwischen föderalen und lokalen Regierungsebenen in Deutschland, den USA und der Schweiz bietet Thürer (1986).

Eliten gelegentlich auch ideologisch überhöht. Aus der Betonung von Autonomie und eigener Identität folgt auch die Betonung von lokaler Differenz: niemand ist fremder als die Leute vom andern Dorf. Zweitens werden die Anreize oder gar Notwendigkeiten des Zusammenschlusses durch politische Mittel verringert: durch die Zusammenarbeit für spezifische Aufgaben in Gemeindeverbänden und durch die Transferzahlungen zugunsten finanzschwacher Gemeinden.

2. *Die Freiheit, innerhalb der kantonalen Gesetzgebung eine passende politische Struktur und Verwaltungsorganisation zu wählen:* Der Grad der Selbständigkeit hängt von kantonalem Recht ab; nicht nur Grösse und Zahl der Gemeinden, auch die Traditionen lokalpolitischer Kultur unterscheiden sich von Kanton zu Kanton. Formen direkter Demokratie erscheinen in der deutschen und rätoromanischen Schweiz stärker entwickelt als in der Romandie und im Tessin, wo die Entscheidungskompetenzen der lokalen Stimmbürger geringer sind und ein Modell indirekter Demokratie mit Gemeindelegislative und -exekutive bevorzugt wird. Der wichtigste Bestimmungsfaktor für die Art und Weise lokalpolitischer Organisation ist aber die Bevölkerungsgrösse. In kleinen Gemeinden besteht die Verwaltung aus einigen wenigen gewählten Behördenmitgliedern, die ihre Funktionen ehrenamtlich (milizmässig) und gegen eine geringe Entschädigung ausüben. Die grossen Städte dagegen verfügen über Parlamente und vollamtliche, professionelle Exekutiven mit entsprechenden Verwaltungen.

3. *Das Recht, für die eigenen Bedürfnisse Steuern zu erheben:* Die schweizerischen Gemeinden erbringen einen bedeutenden Umfang öffentlicher Leistungen, von der Grundschule bis zur Alterspflege, von der infrastukturellen Erschliessung bis zu den öffentlichen Bauten und dem Unterhalt lokaler Strassen und bedürfen entsprechender Einnahmen. In vielen Staaten werden diese Mittel durch zentrale Steuern erhoben und dann den Gemeinden unter zentraler Kontrolle zugeleitet, oder die Gemeinden werden auf bestimmte Steuern beschränkt, wie in England oder den USA auf die Liegenschaftssteuern. Nicht so in der Schweiz. Die Gemeinden verfügen über das Recht, im Rahmen der kantonalen Gesetzgebung in eigenem Namen eine eigene Einkommenssteuer zu erheben. Dieses Recht – und dazu gehört auch die Festlegung des Steuersatzes durch das Volk – ist ein wichtiges Element, um der lokalen Autonomie auch eine reale politische Bedeutung zu geben. Die Gemeinden erheben denn auch rund einen Drittel aller Abgaben der öffentlichen Hand.

4. *Das Recht zur selbständigen Erfüllung jener Aufgaben, die nicht in der Kompetenz des Kantons oder des Bundes liegen:* Dieses Recht hat zwei Konsequenzen: Erstens schützt es die lokale Autonomie in Konfliktfällen mit übergeordneten Behörden. Das Werk eines Unternehmens etwa, das einen Standort für einen Betrieb sucht, hat der lokalen Bauordnung zu entsprechen. Ist dies nicht der Fall, so kann sich das Unternehmen nicht einfach mit Hilfe von Bundes- oder Kantonsbehörden gegen die Gemeinde durchsetzen. Dies gilt selbst dann, wenn das Unternehmen überlokale öffentliche Interessen geltend macht, z.B. im Fall einer Sonder-

müll-Entsorgung oder eines Kernkraftwerks. Das Bundesgericht schützt die Autonomie der Gemeinden in einer ähnlichen Weise wie die Individualrechte. Zweitens ist die lokale Autonomie ein günstiger Boden für die politische Aufgabeninnovation. Gemeinden sind den Problemen am nächsten, vermögen an Ort Lösungsversuche nach ihren Bedürfnissen zu entwickeln und verfügen über eigene Handlungsspielräume. Das Drogenproblem bildet ein illustratives Beispiel aus jüngerer Zeit. Die Städte, die u.a. von der Ausbreitung grösserer Drogenszenen betroffen waren, reagierten zunächst unterschiedlich und experimentierten auch mit unterschiedlichen Strategien der Prävention und Repression, der Behandlung und Überlebenshilfe für Drogenabhängige. Dabei zeigten sich auch die überlokalen Dimensionen des Problems, etwa des international organisierten Drogenhandels und seiner Kriminalität. Erst die lokalen Erfahrungen, Erfolge und Misserfolge gestatteten aber die Formulierung einer einigermassen kohärenten und aussichtsreichen Strategie auf Bundesebene.

2. Grundzüge des lokalen Regierungssystems

Sowohl die Verbreitung des Milizsystems[17] wie die politischen Strukturen hängen stark von der Grösse der Gemeinde ab. Deshalb wird in der folgenden Darstellung zwischen grossen und kleinen Gemeinden unterschieden.

Tabelle 7.9: Die politische Grundstruktur der Gemeinden

	Kleine Gemeinden	Grosse Gemeinden (ab ca. 20'000 Einwohner)
Legislative	Gemeindeversammlung (Versammlungsdemokratie) Teilnahmeberechtigt: Alle Gemeindebürgerinnen und -bürger	Gemeindeparlament, vom Volk gewählt (Halbdirekte Demokratie)
	Entscheid über alle wichtigeren Vorlagen der Gemeindebehörde sowie über Anträge aus der Gemeindeversammlung	Möglichkeit der Initative und des Referendums ähnlich wie auf Kantons- und Bundesebene
Exekutive	Kollegialbehörde, vom Volk direkt gewählt (Ausnahme Neuenburg: Exekutive wird vom Parlament gewählt)	
	Milizamt als Regel, Berufsamt Ausnahme	Berufsamt als Regel, Milizamt Ausnahme
Verwaltung	Geringe professionelle Ressourcen; viele Aufgaben milizmässig gelöst	Professionelle Verwaltung in Kombination mit milizmässigen Ressourcen

17 Geser et al. (1987).

In einigen französischsprachigen Kantonen sind die Tradition der Versammlungsdemokratie, aber auch das Referendum und die Volksinitiative selten. In der Waadt z.B. sieht das kantonale Recht auch für die Kleingemeinden ein System repräsentativer Demokratie mit Gemeinderat und Parlament als Normalform vor. Für das institutionelle Zusammenwirken von Exekutive, Legislative und Volk in den grösseren Gemeinden lassen sich die Ausführungen zu den Kantonen sinngemäss übertragen.

E. Empirische Politikanalyse des Föderalismus

Föderalismus ist aus politologischer Sicht mehr als eine verfassungsrechtliche Struktur. Er konstituiert eine Mehrebenenpolitik, die über gegensätzliche Interessen hinaus von institutionellen Anreizen (z.B. Ausgleichszahlungen) geprägt ist sowie von unterschiedlichen politisch-kulturellen Wertmustern oder gar Traditionen (Elazar 1985). Die Untersuchung solcher Mehrebenenpolitik erweist sich als aufschlussreich, um die zahlreichen abstrakten und sich oft widersprechenden Föderalismustheorien auf ihren empirischen Gehalt zu überprüfen. Im folgenden geht es darum, das nähere Funktionieren des schweizerischen Föderalismus an empirischen Entscheidungsfällen und konkreten Beispielen aufzuzeigen.

1. Kooperativer Föderalismus: Der Vollzug von Bundesaufgaben auf kantonaler und kommunaler Ebene (Politikverflechtung)

Der Föderalismus böte an sich die Möglichkeit einer klaren Trennung zwischen zentraler und dezentraler Aufgabenerfüllung. In der Schweiz wie in anderen Ländern hat sich dagegen eher die Zusammenarbeit der verschiedenen Ebenen durch sachliche und funktionale Aufgabenteilung durchgesetzt. Man spricht dabei vom kooperativen Föderalismus. Er bedeutet die Zusammenarbeit mehrerer politischer Ebenen zur Lösung derselben politischen Aufgabe. Für seine Verbreitung in den meisten föderalistischen Systemen sprechen mehrere Gründe. Zunächst zu nennen sind die Sachzusammenhänge komplexer Aufgaben: die Raumplanung beispielsweise kann nur zum Erfolg gelangen, wenn nationale, regionale und lokale Infrastrukturen aufeinander abgestimmt sind. Hier bedarf es der vertikalen Zusammenarbeit und Koordination aller drei Ebenen. Sodann gibt es in jedem föderalistischen System politische Anreize zur finanziellen Verflechtung. Das Eigeninteresse der Gliedstaaten geht unter anderem darauf hinaus, das Budget des Zentralstaats für ihre Zwecke zu nutzen. Umgekehrt wird der Zentralstaat jene Innovationen, die er wegen seiner beschränkten Zuständigkeiten nicht selbst realisieren kann, wenigstens durch zweckgebundene Transferzahlungen dezentral zu stimulieren versuchen (Scharpf 1994). Das führt typischerweise zu Systemen der Mischfinanzierung. Die Entwicklung des Stipendienwesens ist ein gutes schweizerisches Beispiel dafür: Der Bund versprach sich in den siebziger Jahren Vorteile durch den besseren Zugang der Jungen zur höheren Bildung. Insbesondere die Begabten der ländlichen Regionen und aus den unteren sozialen Schichten sollten gefördert werden. Diese Bildungspolitik des Bundes passte nicht allen. Ländliche Kantone befürchteten, die Ausschöpfung der «Begabtenreserven» führe zum Wegwandern der besser Ausgebildeten in die Agglomerationen (brain drain). Sie waren darum skeptisch gegenüber der Begabtenförderung. Der Bund beteiligte sich daher an der Finanzierung der kantonalen Stipendien. Der Anreiz wirkte. Auch ländliche Kantone wollten sich nun den Bundesfranken nicht entgehen lassen, der auf jeden kantonalen Stipendienfranken ausgesetzt war. Dieses Motiv war stärker als die Befürchtungen des «brain drain»; auch die ländlichen Kantone zogen in der Ausrichtung von Stipendien mit.

Solche Kooperationsformen gibt es in den meisten föderalistischen Systemen. Der Begriff des «kooperativen Föderalismus» wird darum in Deutschland oder der Schweiz auch recht beliebig verwendet. Dabei zeigt Abromeit (1993a) auf, dass schweizerischer und deutscher Föderalismus in mancher Hinsicht recht verschieden sind. So finden wir in der Schweiz Formen sachlicher wie funktionaler Aufgabenteilung, die geprägt sind von *hoher Autonomiebehauptung der dezentralen Ebene*. Was dies konkret heisst, lässt sich am Beispiel der schweizerischen AHV (Alters- und Hinterlassenenversicherung) recht gut zeigen.

Zunächst zur *sachlichen Aufgabenteilung*: Die AHV, als Versicherungseinrichtung des Bundes, deckt unter anderem die individuellen Risiken des Alters durch obligatorische Beiträge jeder erwerbsfähigen Person. Damit erhält jede Person, die im Erwerbsalter vergleichbare Beiträge auf ihr individuelles Konto einbezahlt hat oder Erziehungsgutschriften ausweist, die gleiche Altersrente. Trotz ihres ständigen Ausbaus seit 1947 ist die AHV ihrem ursprünglichen Konzept treu geblieben: Der Bund sollte eine Grundversicherung realisieren – und nicht mehr: Die AHV bildet eine erste Säule, Pensionskassen die zweite, privates Sparen die dritte Säule der Altersvorsorge (Dreisäulenprinzip). Was aber geschieht mit den zahlreichen Personen, die ohne Pensionskasse und Ersparnisse geblieben sind und von einer AHV-Minimalrente nicht leben können? Hier kommt nun die sachliche Aufgabenteilung zum Zug: bedürftige Personen können ihre Altersrente aufbessern, aber nicht durch den Bund. Für die sog. «Ergänzungsleistungen» der AHV sind die Kantone zuständig, für die Sozialhilfe die Gemeinden.

Nun zur *funktionalen Aufgabenteilung*. Die politischen Verantwortlichkeiten für die AHV liegen allein beim Bund. Er ist zuständig für die entsprechenden Gesetze, überwacht den Vollzug, finanziert jenen Teil der Kosten, die nicht durch laufende Beiträge der Arbeitgeber und Arbeitnehmer gedeckt sind und sorgt durch das Eidgenössische Versicherungsgericht, eine Abteilung des Bundesgerichts, für die gleiche Anwendung des AHV-Rechts. Indessen liegt nun der Vollzug der Vorschriften – man könnte auch sagen: das operative Management der Sozialversicherung – zu einem erheblichen Teil bei kantonalen, regionalen und privaten Stellen. So werden die Arbeitgeber- und Arbeitnehmerbeiträge der Versicherten von den Betrieben nicht an die AHV-Zentralstelle in Genf, sondern an die regionalen und branchenmässig gegliederten «Ausgleichskassen» abgeliefert. Als wichtige

7 Föderalismus

Adressen für Arbeitgeber wie Versicherte stehen sie auf der letzten Seite jedes Telefonbuchs: die Ausgleichskassen haben zu überwachen, dass die Betriebe die eingesammelten Versicherungsbeiträge regelmässig – und überhaupt – überweisen. Auf eine weitere funktionale Aufgabenteilung treffen wir bei den Ergänzungsleistungen. Sie fallen in die politische Zuständigkeit der Kantone, hingegen subventioniert der Bund diese Leistungen und schafft damit Anreize, dass kantonale Ergänzungsleistungen ausgerichtet werden.

Das führt uns auf eine gewisse Regelmässigkeit schweizerischer Mehrebenenpolitik. So zeigte sich in der politischen Auseinandersetzung bei ihrer Einführung, dass die meisten Sozialstaatsprogramme nicht nur geprägt waren von der Konfliktachse «Links-Rechts» bzw. «Interventionistisch-Liberal», sondern ebenso von der föderalistischen Konfliktachse «Zentral-Dezentral». In den schweizerischen Mehrheitsverhältnissen für liberale und dezentrale Regelungen schält sich bis heute als häufiges Lösungsmuster heraus: «Nur soweit eine staatliche Politik, als ein Problem nicht in der Gesellschaft bewältigt werden kann, und nur soweit eine Politik des Bundes, als es die kantonalen und kommunalen Kräfte übersteigt». Das ist aber nichts anderes als eine Formulierung des Subsidiaritätsprinzips, am Beispiel der AHV geradezu idealtypisch realisiert: in der gesellschaftspolitischen Option, die staatliche Versicherung auf eine erste von drei Säulen zu beschränken, und in der staatspolitischen Option, beim Bund nur die Grundversicherung einzurichten, während ihr Vollzug und die ergänzenden Sozialhilfen bei Kantonen und Gemeinden liegen[18]. Ich möchte darum die «Subsidiarität» nicht als ein Strukturelement des institutionellen Föderalismus selbst, sondern eher als ein politisch-kulturelles Wertmuster der politischen Mehrheit bezeichnen. Sie bedeutet die Präferenz für «liberale und dezentrale» Lösungen in den Konfliktlinien «Interventionistisch/Liberal sowie «Zentral/Dezentral», und wir finden sie regelmässig in der schweizerischen Sozialpolitik.[19] Ausgeprägt ist diese Subsidiarität der Sozialpolitik in der Deutschschweiz, etwas weniger aber in der Westschweiz zu finden. Ein Beispiel findet sich in der Alimentenbevorschussung, die in den achtziger Jahren eingeführt wurde. Die Kantone der Romandie schufen zentrale, staatliche Verwaltungsstellen (Gilliand 1984), während die Deutschschweizer Kantone die Aufgabe den Gemeinden unter Mitwirkung Privater übertrugen.

---

18 Die AHV-Ausgleichskassen selbst gehen auf zumeist private Organisationen zurück, die vor Einführung der schweizerischen Sozialversicherung bestanden. Man konnte oder wollte sie nicht abschaffen, sondern benutzte die Erfahrung vorhandener Organisationen für die neue Aufgabe. Sie haben also nicht mit dem Föderalismus zu tun, sondern entsprechen dem liberalen Lösungsmuster des schweizerischen Verbandsstaats: der Vollzug staatlicher Aufgaben liegt in den Händen «zuständiger» Organisationen.

19 Weniger eindeutig ist die Präferenz für liberale und dezentrale Lösungen in der Wirtschaftspolitik, wo sich in der Vergangenheit – etwa bei Eingriffen in die Wirtschaftskonjunktur – auch oft die gegenteilige Präferenz «Interventionistisch-Zentral» durchgesetzt hat. Als Beispiele seien die Konjunkturmassnahmen der sechziger, siebziger und achtziger Jahre, die Strukturmassnahmen zur Landwirtschaft oder die Massnahmen über den Erwerb von Grundstücken durch Personen mit Wohnsitz im Ausland genannt.

In den letzten 20 Jahren ist in der Schweiz viel darüber diskutiert worden, ob der Föderalismus nicht zu stark verflochten sei. Auf der einen Seite beschäftigt sich der Bund seit den siebziger Jahren intensiv mit einer neuen Aufgabenteilung: Die Zuständigkeiten sollen sachlich stärker getrennt werden, damit auch die politischen Verantwortlichkeiten wieder klarer werden. Auf der anderen Seite entstehen laufend neue Verflechtungen, weil dezentrale Einheiten Mitwirkung verlangen oder von Mischfinanzierungen profitieren möchten, mit denen der Bund neue Projekte initiiert. Die politologische Analyse zeigt, warum diese Ambivalenz dauernd ist: föderalistische Systeme haben einen *inneren Hang zur Verflechtung*. Sie produzieren auf jeder Ebene Eigeninteressen, und jede Ebene vermag aus Verflechtungen Vorteile zu ziehen. Eine Föderalismusreform, die eine systematische Aufgabenentflechtung durchführt, kann offensichtlich jene Anreize des Föderalismus nicht beseitigen, die auf neue Verflechtungen oder Mischfinanzierungen drängen.

2. Zwischen politischer Blockierung und Innovation: Die Kernenergie-Frage und die experimentellen Energiesparprogramme der Kantone

Als 1973 die westlichen Industriestaaten von der ersten Ölkrise getroffen wurden, bemerkte die Schweiz ihre extreme Verletzlichkeit in der Energieversorgung. Zwar deckte die erneuerbare Wasserkraft einen erheblichen Teil der Elektrizitätsnachfrage ab. Aber rund 90 Prozent der gesamten Energiequellen wurden vom Ausland geliefert: Öl aus dem Mittleren Osten und Afrika, Gas aus Nordeuropa und der Sowjetunion, Uran aus den USA und Kanada. Der Bundesrat drängte darum auf eine nationale Energiepolitik, welche die möglichst unabhängige Versorgung des Landes sicherstellen sollte. Eine Expertenkommission erarbeitete langfristige Prognosen für Angebot und Nachfrage. Das voraussichtliche Wachstum der Energie-Nachfrage, die wünschbaren Versorgungsanteile von fossilen Brennstoffen, Wasser- und Kernenergie sowie alternativen und erneuerbaren Energien wurden für verschiedene Zukunftsszenarios festgelegt. Die Kommission machte drei Grundempfehlungen:

– Erdöl, das 70 Prozent des gesamten Energiekonsums ausmachte, sollte durch andere Energieträger ersetzt werden, um die Auslandabhängigkeit von einem einzigen Produkt zu verringern (substituieren).
– Die Forschung und Entwicklung von alternativen Energiequellen und -anwendungen sollte gefördert werden.
– Sparprogramme sollten entwickelt werden, um die Effizenz der Energienutzung zu steigern.

1980 schlug der Bundesrat eine Verfassungsrevision vor, die eine nationale Energiepolitik auf der Basis der Vorschläge der Expertenkommission ermöglichen wollte. Die beiden Räte verabschiedeten die Vorlage, wenn auch mit vielen Abstrichen an den ursprünglichen Zielen des Bundesrats. 1983 erreichte der Vorschlag in der Volksabstimmung eine Volks-

7 Föderalismus 163

mehrheit, verfehlte aber das Ständemehr. Es dauerte weitere sieben Jahre, bis die Bundesbehörden einen neuen Energieartikel präsentierten, der zwar dem Bund nochmals verringerte Kompetenzen versprach, dafür aber erfolgreich die Referendumsklippen umschiffte. So vergingen 17 Jahre, bis sich die Regierung die Kompetenzen für eine Energiepolitik geben konnte – freilich fern von ihren ursprünglichen Hoffnungen und Ambitionen.[20]

Die Energievorlage von 1983 gehört zu jenen gescheiterten Verfassungsrevisionen, in denen sich die doppelte Hürde von Volks- und Ständemehr als föderalistische Bremse erwies. Tatsächlich hatte die gegnerische Propaganda der Vorlage von 1983 nicht nur die anti-etatistische, sondern auch die anti-zentralistische Trommel gegen eine nationale Energiepolitik gerührt. Die Gründe der Ablehnung reichen allerdings tiefer. Im Zentrum der politischen Kontroverse der Energiepolitik stand nämlich die Kernenergie. Die schweizerische Elektrizitätswirtschaft zählte zu den Pionieren ihrer Einführung und plante nach erfolgreichen Erfahrungen mit zwei Werken in den sechziger Jahren den systematischen Ausbau der Kernenergie. Über die langfristigen Risiken dieser Energie war allerdings schon in der Expertenkommission ein heftiger Streit entbrannt, und in den siebziger Jahren wurde auch die Schweiz von der weltweiten Anti-AKW-Bewegung erfasst. Nach monatelanger Besetzung der Baustelle erreichten die AKW-Gegner zunächst den Baustopp des Kernkraftwerks Kaiseraugst. Als dann die neue Bewegung der Grünen und anschliessend die Sozialdemokraten den Bau weiterer Atomkraftwerke ablehnten, spaltete die Kernenergiefrage das Parlament und die Parteien. Zwar wurde die Diskussion zunächst als eine technische Auseinandersetzung über Risiken und Chancen der Kernenergie wahrgenommen. Dahinter kam aber ein fundamentaler Wertkonflikt zum Vorschein. Befürworter der Kernenergie sahen Wirtschaftswachstum und technischen Fortschritt auf dem Spiel; die Gegner, an postmaterialistischen Werten orientiert, setzten sich kompromisslos für den Schutz der Natur und kommender Generationen ein und warnten vor der Bedrohung der Demokratie durch die Grosstechnologie. Eine Volksinitiative für eine demokratische Mitwirkung der betroffenen Bevölkerung beim Bau neuer Atomkraftwerke scheiterte zwar 1979, doch 49 Prozent der Stimmenden hatten zugestimmt. Die Kernkraftgegner, zunächst als neue soziale Bewegung abgestempelt und als Minderheit in Parteien und unter Experten marginalisiert, hatten die Meinung des halben Volkes hinter sich. Das leitete jenes grosse Patt im Kernenergie-Konflikt ein, in der keine Seite mehr gewinnen konnte. Zunächst verloren die Kernkraftwerk-Betreiber den Kampf um Kaiseraugst. Zwar bewilligten die eidgenössischen Räte 1985 die Wiederaufnahme des Baus der Anlage, provozierten damit aber den einhelligen Widerstand der beiden Anliegerkantone Basel-Landschaft und Basel-Stadt sowie den Protest weiter Teile der schweizerischen Bevölkerung. Im Bundesrat wurden Befürchtungen laut, dass die Arbeiten nur unter Polizei- oder sogar Militärschutz fortgeführt werden könnten. Dazu kam es aber nicht, denn das Parlament liess 1988 das Projekt fallen und zahlte der Baugesellschaft 350 Millionen Franken als Entschädigung für

20 Für Details vgl. Linder (1987a:29–91) und Mironesco et al. (1986) sowie APS (1973–1992).

ihre Aufwendungen, die sie aufgrund früher erteilter Bewilligungen getätigt hatte (APS 1988:131f.). Der Verzicht auf Kaiseraugst war noch stark von der föderalistischen Rücksicht gegenüber der Basler Region geprägt gewesen. Nach der Tschernobyl-Katastrophe von 1986, die neben direkten Schäden und Opfern in der Ukraine über weiten Teilen Westeuropas radioaktiven Niederschlag verursacht hatte, wurde die Fortführung des gesamten Kernkraftprogramms zunehmend fragwürdig. Eine Expertenkommission des Bundes hatte die Folgen eines Verzichts auf die Kernkraft zu untersuchen. Eine zweite Volksinitiative, die ein Verbot neuer und die Stillegung bestehender Kraftwerke forderte, wurde 1990 zwar abgelehnt. Doch im gleichen Urnengang wurde, neben dem Verfassungsartikel für die Energiepolitik, die sog.»Moratoriums-Initiative« angenommen. Sie verbot die Bewilligung oder den Bau einer neuen Kernkraftanlage für die Dauer von zehn Jahren. Der harte Konflikt um die Kernkraft, der in den vergangenen 15 Jahre das Parlament, die Parteien und die Bevölkerung gespalten hatte, wurde aufs Eis gelegt.

Die politische Blockierung auf Bundesebene hinderte einige Kantone nicht daran, selbst Innovationen voranzutreiben. Die Basler Behörden, Gegner des KKW-Projekts Kaiseraugst, waren interessiert an konstruktiven Auswegen. Energiesparen, eine rationellere Energieverwendung und die Stabilisierung des Energieverbrauchs erschien ihnen als Alternative zu einer Politik, die auf die blosse Deckung eines wachsenden Bedarfs ausgerichtet war. Experten wurden beauftragt, das Potential besserer Energienutzung in Haushalten, Industrie, öffentlichen Bauten und im Verkehr zu analysieren. Spezialisten erarbeiteten Programme für die wirksamsten Massnahmen. So wurde in Baselland schon 1980 ein Energiespargesetz Realität. Der Erfolg war beachtlich. Neue Verordnungen für die Wärmedämmung von Gebäuden stimulierten Innovationen in der Bauindustrie. Innerhalb von zehn Jahren sank der Energiebedarf pro Quadratmeter Wohnfläche dank verbesserter Isolation und Heizungssysteme um fast 40 Prozent. Trotz Widerstands der Hauseigentümer gegen die verbrauchsabhängige Heizkostenabrechnung waren nach wenigen Jahren 90 Prozent der pflichtigen Gebäude entsprechend ausgerüstet, und ein Sparpotential von durchschnittlich 25 Prozent wurde realisiert (Linder et al. 1990).

Mit ihrer Energiepolitik betraten die Kantone Neuland. Niemand wusste, welche theoretischen Sparpotentiale durch politische Massnahmen auch tatsächlich ausgeschöpft werden konnten. Der Föderalismus stimulierte dezentrale Innovation und erwies sich als Labor, in welchem die geeigneten Massnahmen mit geringen Kosten ausprobiert werden konnten. Die kantonalen Fachbeamten tauschten Erfahrungen aus. In Zusammenarbeit mit Behörden entwickelten die Unternehmungen der einschlägigen Branchen industrielles Know-how.

Der Erfolg kantonaler Energiepolitik blieb allerdings aus verschiedensten Gründen begrenzt. Bis 1990 machte nur ein Teil der Kantone aktiv mit; in vielen Kantonen waren keine politischen Mehrheiten für eine staatliche Beeinflussung des Energieverbrauchs zu finden. Der Föderalismus zeigte seine Kehrseiten. Massnahmen wie das Obligatorium und die zügige Einführung der verbrauchsabhängigen Heizkostenabrechnung mochten in einem relativ zentralistischen Kanton wie Baselland gelingen, in Zürich oder Bern scheiterten sie an der stärkeren Gemeindeautonomie. Für die Förderung selbständiger Entwicklung von neuen Technologien wiederum waren die kantonalen Märkte vielfach zu klein.

1990, nach der Annahme der Moratoriumsinitiative, reichten sich die Lager der Elektrizitätswirtschaft und der Umweltgruppen die Hand zu einem halbherzigen «Energiefrieden», in welchem die Anstrengungen zur Energiesparpolitik weiter geführt werden sollten. Tatsächlich konnten bisherige Erfahrungen vertieft, die Koordination durch die erweiterte Mitwirkung des Bundes verbessert werden. Aber das erklärte Ziel einer Stabilisierung des Energieverbrauchs rückte in weite Ferne, denn die nationale Energiepolitik, welche die kantonale hätte ergänzen sollen, kam wenig vom Fleck. Wie auf internationaler Ebene wurde die Liberalisierung der Elektrizitätswirtschaft zum dominanten Thema. Das Überangebot von elektrischer und der Preiszerfall fossiler Energie drängten die Frage rationeller Energieverwendung in den Hintergrund. Die Liberalisierung verlangte den Preiswettbewerb, bevor ein erstes Gebot der Marktwirtschaft realisiert worden wäre: die Schaffung eines volkswirtschaftlich sinnvollen Wettbewerbs durch die Internalisierung der externen Kosten in die Marktpreise. In der Einführung geeigneter Energiesteuern, welche Anreize für die rationelle Energieverwendung und den Einsatz erneuerbarer Energien auslösen könnten, blieben Länder wie Dänemark oder Holland weiter vorne. Jene Experten und Politikerinnen, welche die rationelle Energieverwendung auch als nationale Industrieförderung und zur Erschliessung neuer Exportmärkte forderten, blieben in der Minderheit. Die Überführung von Innovationen aus dem Experimentierfeld des kantonalen Föderalismus in eine nationale Industriepolitik wurde damit abgelehnt und verpasst.

3. Föderalismus als Politik des regionalen Ausgleichs

Ausländische Besucher sind oft erstaunt, in Kleinstädten der Schweiz ein reiches Angebot von Freizeit- und Kulturangeboten, oder in kleinen oder ärmlichen Dörfern gepflegte und gut unterhaltene Schulhäuser anzutreffen. Sie fragen sich, wie es möglich ist, dass im Hügelland des Appenzellerlands weiterhin Landwirtschaft betrieben werden kann, warum das lokale Gewerbe in der Peripherie noch blüht, wer die Postauto-Kurse in das Val de Bagnes bezahlt, und warum die Bevölkerung von Mogno im hintersten Teil des Maggiatals nicht schon längst nach Bellinzona ausgewandert ist.

Tatsächlich ist das alles nicht selbstverständlich. Die topographischen Unterschiede zwischen Mittelland und Berggebieten, die unterschiedliche Erreichbarkeit von zentralen und peripheren Orten führen zu ungleichen Lebenschancen. Ökonomen sprechen von Gefällen der Standortgunst und -attraktivität. Im freien wirtschaftlichen Wettbewerb ist zu erwarten, dass Unternehmungen und Arbeitsuchende zu den günstigeren Standorten wandern: von den Berggebieten in das Mittelland, von den abgelegenen Landgebieten in die städtischen Zentren und Agglomerationen. Diese Migration löst oft selbstverstärkende Effekte aus: wandern die jungen Leute eines Bergdorfs aus, so fehlt der Nachwuchs, die

Schule wird geschlossen, und die Entvölkerung beschleunigt sich. Zu diesem Teufelskreis kann auch die öffentliche Hand beitragen. Denn in standortbegünstigten, in der Regel auch reicheren Gemeinden haben Bürgerinnen einen geringeren Teil ihres Einkommens zu versteuern, um in den Genuss gleichwertiger öffentlicher Leistungen zu kommen wie in ungünstig gelegenen, ärmeren Gemeinden. Diese unterschiedliche Steuerlast vergrössert die Unterschiede der Standortgunst und die regionalen Wohlstandsgefälle.

Hier setzt nun die Politik des regionalen Ausgleichs ein. Diese will der Bevölkerung in allen Regionen gleichwertige Lebensbedingungen vermitteln und die räumlichen Disparitäten verringern. Die wichtigsten Instrumente des föderalistisch organisierten regionalen Ausgleichs sind die folgenden:

1. Die Setzung von Mindeststandards: Die nächsthöhere Ebene setzt ein Mindestniveau öffentlicher Leistungen fest, welche die untere Ebene zu erbringen hat, und hilft mit zu deren Erbringung. Eines der ältesten Beispiele dazu ist das Schulwesen. Im 19. Jahrhundert verpflichtete die freisinnige Mehrheit die Kantone über einen Verfassungsauftrag zur Garantierung eines «genügenden Primarunterrichts». Da die Schulhoheit im übrigen bei den Kantonen blieb, sorgten sie selbst für die Lehrerausbildung und die Errichtung von Schulen unter Unterstützung schwächerer Gemeinden. Die Mindeststandards einer obligatorischen Schulpflicht von acht und später von neun Jahren führten nicht nur zu geringen Niveauunterschieden unter den Kantonen, sondern auch unter den Gemeinden eines Kantons.

2. Dezentrale Standortförderung als Nebenziel allgemeiner Infrastrukturplanung: Viele Infrastruktursysteme können ihre Grundaufgaben nach verschiedenem Konzept erfüllen, z.B. durch zentrale oder dezentrale Anordnung. In der Schweiz sind viele Infrastuktureinrichtungen ausgesprochen dezentral ausgelegt. Damit wird versucht, die Standortqualität der peripheren Regionen zu fördern. Zu den historisch bedeutsamen Einrichtungen des Bundes, die stark von den regionalen Interessen geprägt waren, zählen das dichte SBB-Netz mit seinen Ergänzungen durch die Postautokurse, aber auch das Nationalstrassennetz. In den parlamentarischen Entscheidungsprozessen des Bundes fällt auf, dass sich bei raumbedeutsamen Infrastrukturentscheiden regelmässig überparteiliche Koalitionen bilden, die gegen eine mögliche Benachteiligung der Interessen ihrer Regionen einstehen und damit auch häufig ihre eigenen Einrichtungen als Kompensation erhalten. Dies gilt insbesondere für den politischen Ausgleich der Deutschschweiz mit der Romandie und der Südschweiz. Von solchen regionalpolitischen Rücksichten deutlich geprägt ist der Nationalstrassenbau im bevölkerungsarmen Jura oder das Projekt der NEAT (Neue Alpentransversalen), bei dem die Alpen nicht mit einem, sondern mit zwei Tunnels für den europäischen Schienenverkehr durchquert werden sollen. Umgekehrt verzichtet der Bund auf föderalistisch heikle Steuerungen der Regionalpolitik: die zwei Interkontinentalflughäfen Genf und Zürich sowie der Kontinentalflughafen Basel, welche sich die kantonalen Betreiber in der Schweiz leisten, erhalten nach Gesetz die gleiche Bausubvention von 20 Prozent.

3. Besondere Förderungsprogramme des regionalen Ausgleichs: Eines der bedeutendsten Ausgleichsprogramme der letzten 25 Jahre war die Berggebietsförderung. Von ihr profitierten rund zwei Drittel der Gemeinden. Mehrere Gemeinden einer Region erhielten Beiträge an neue Infrastruktureinrichtungen unter der Bedingung, dass sie sich auf ein gemeinsames Entwicklungskonzept einigen konnten. Dieses musste das Entwicklungspotential für die Region[21] belegen und eine koordinierte Planung für Strassen, Schulen, Sportbauten und andere Projekte vorlegen. Die Berggebietsförderung gab Tourismus, Landwirtschaft und Gewerbe auch in entlegenen Tälern neue Impulse, bremste die Abwanderung und gab vielen Regionen bessere Überlebenschancen. Nicht überall waren die Wirkungen nachhaltig. Wirtschaftliche Effekte waren aber nicht die einzigen: Einige Experten, meinen, das wichtigste der Programme sei der Anreiz zur überlokalen Zusammenarbeit gewesen. Gemeinden, die während Generationen Kontakte vermieden hätten, seien so zur Region zusammengeführt worden. Damit wären die Chancen eigenständiger, endogener Entwicklung verbessert worden. [22]

4. Der Finanzausgleich: Der Finanzausgleich kompensiert Unterschiede der Steuerkraft oder der öffentlichen Lasten zwischen verschiedenen Gemeinwesen durch Ausgleichszahlungen zwischen den Gemeinwesen, sei dies auf der gleichen Stufe (horizontaler Finanzausgleich, z.B. zwischen den Gemeinden), oder zwischen Gemeinwesen verschiedener Stufe (vertikaler Finanzausgleich, z.B. zwischen Bund und Kantonen). Je nach Art der Aufgaben sind die Beiträge zweckgebunden oder als allgemeine Finanzzuschüsse ausgestaltet. Zwei Hauptmotive bestimmen den Finanzausgleich. Der einnahmenorientierte Finanzausgleich will die unterschiedliche Ertrags- oder Steuerkraft zwischen «armen» und «reichen» Gemeinwesen ausgleichen. Kleine, finanzschwache Gemeinden z.B. erhalten so bis zu 80 Prozent ihrer Einnahmen über den Finanzausgleich und sind deswegen in der Lage, sich beispielsweise ihre Schulen zu erhalten, was sie aus eigener Kraft nicht tun könnten. Der ausgabenorientierte Finanzausgleich dagegen will die unterschiedlichen Lasten der Gemeinwesen ausgleichen. Städte erbringen z.B. mit ihrem öffentlichen Verkehrssystem Leistungen, die auch den umliegenden Gemeinden der Agglomeration zugute kommen, oder die Hochschulkantone bilden Studierende aus Nichthochschulkantonen aus. Der Kreis der Zahler fällt nicht mit dem der Nutzer zusammen; Ökonomen

---

21 Der Begriff «Region» ist in der Schweiz mehrdeutig und kann folgendes heissen: a) die blosse Umschreibung mehrerer Gebietseinheiten (Kantone oder Gemeinden) nach bestimmten geographischen, wirtschaftlichen oder soziodemographischen Merkmalen, z.B. die Westschweiz, die Berggebiets- oder Stadtregionen, industrielle oder landwirtschaftliche Regionen; b) der Zusammenschluss mehrerer Gemeinden zur Erbringung einer öffentlichen Leistung, z.B. Spital- und Schulregionen oder sonstige Zweckverbände. Im zweiten Fall sprechen wir von Verwaltungsorganisationen; anders als die politischen Gebietskörperschaften der Kantone und Gemeinden verfügen sie in der Regel über keine vom Volk gewählten Organe und entsprechen auch nicht einer vierten Ebene im föderalistischen Staatsaufbau.

22 Näheres bei: Gaudard (1986), Brugger (1986), Stuckey/Brugger (1985) und Bassand/Hainard (1985).

sprechen hier von «spillovers» oder «externen» Kosten bzw. Nutzen. Sie werden politisch durch Abgeltungen zwischen den betroffenen Gemeinwesen zum Ausgleich gebracht.

Die Geldströme des Finanzausgleichs sind beträchtlich (Rey 1993). Im internationalen Vergleich dient ein überdurchschnittlicher Anteil des Budgets des schweizerischen Zentralstaats nicht der eigenen Aufgabenerfüllung, sondern den Transferzahlungen zum Finanzausgleich und zur Aufgabenerfüllung von Kantonen und Gemeinden. Die *Politik des regionalen Ausgleichs ist nicht unumstritten*, und Untersuchungen über ihre *Auswirkungen zeigen eine gemischte Bilanz*. Zur Kritik an den Nachteilen des «kooperativen Föderalismus» – Unübersichtlichkeit, Verwischung politischer Verantwortlichkeit – kommt das Argument ökonomischer Ineffizienz hinzu. Die Meinungen sind geteilt, ob man sich aus föderalistisch-politischen Rücksichten die «Überversorgung» von zwei Interkontinentalflughäfen oder zwei Tunnels an Gotthard und Lötschberg künftig leisten will. Die dezentrale Ausstattung mit öffentlichen Diensten hat bisher auch kleineren Zentren ein privates Angebot von täglichen Bedarfsgütern, von Bibliotheken, Kinos, Buchhandlungen bis Arztpraxen erlaubt, das man in andern Ländern oft nur in grösseren Städten findet. Räumliche Angleichung bringt nicht notwendigerweise soziale Angleichung. Die Dezentralisierung der Mittelschulen hat zwar die Chancen höherer Bildung für die Landbevölkerung nachweislich stark verbessert, nicht aber diejenigen der unteren sozialen Schichten. Einzelne Kantone haben mit der Erhöhung der Maturandenquoten auch einen egalitären Zugang der Geschlechter erreicht – in einzelnen Kantonen dagegen füllen Frauen auch heute nur einen Drittel der Schulbänke an den Mittelschulen. Die Berggebietsförderung hat bisher die Abwanderung erheblich vermeiden können. Aber es ist keineswegs sicher, ob die Politik dezentraler Versorgung und des Ausgleichs im Zeitalter der internationalen Öffnung der Volkswirtschaft und des höheren Wettbewerbs noch ausreichende Chancen hat, und ob eine politische Mehrheit ihre bedeutenden Kosten bei andauernder Finanzknappheit der öffentlichen Hand in gleichem Umfang finanzieren will[23]. Schliesslich beginnen einzelne Kantonsregierungen am Ast des kooperativen Föderalismus zu sägen, auf dem sie sitzen – etwa dann, wenn sie die Politik des Steuerwettbewerbs mit Nachbarkantonen intensivieren.

Bei alledem aber fällt der fundamentale Unterschied zu den amerikanischen Ideen eines ökonomischen Föderalismus auf, der den Wettbewerb zwischen den verschiedenen Gemeinwesen betont, und zwar im positiven wie im negativen Sinn. Anders als im System der USA gibt es bisher wenig Wettbewerb zwischen den Städten und Gemeinden, der die «Abstimmung mit den Füssen» stimuliert und die Bürgerinnen und Bürger animiert, die günstigsten Lebensverhältnisse zu suchen. Aber auch der Teufelskreis eines ruinösen Wettbewerbs, bei dem reiche Gemeinden die Reichen anziehen, während arme Gemeinden verarmen, wird bei uns zu vermeiden versucht. Es mag zwar lokale Qualitätsunterschiede

---

23 Die kantonale Gesundheitspolitik z.B. ist derzeit von starken Auseinandersetzungen um die Rationalisierung des Spitalangebots gekennzeichnet, bei dem im Zeichen der «Redimensionierung» auch zahlreiche Regionalspitäler aufgehoben werden sollen.

7 Föderalismus

öffentlicher Schulen geben, aber sie haben in der Schweiz nicht zu einem grossen Markt von Privatschulen geführt, den die begüterten Schichten für ihre Kinder beanspruchten. Der schweizerische Föderalismus will neben der räumlichen auch die soziale Segregation vermeiden.

Trotz struktureller, verfassungsrechtlicher Ähnlichkeiten des Föderalismus in den USA und der Schweiz konstatieren wir damit auf politisch-kultureller Ebene fundamentale Unterschiede. Im einen System ist der Wettbewerb, im andern die Solidarität ein bedeutsames politisches Wertmuster. Was sind die möglichen Gründe dafür? Ich möchte folgende zur Diskussion stellen.

1. Loyalty- oder Exit-Gesellschaft: Die historische Ausgangssituation zur Entwicklung des politischen Föderalismus beider Länder war unterschiedlich. Das konnte auch andere Wertmuster als angepasst und sinnvoll erscheinen lassen. Die USA des 19. Jahrhunderts wurden besiedelt durch Auswanderer – nach Hirschman (1970) eine «Exit-Gesellschaft», welche die ungünstigen Lebensverhältnisse der Alten gegen die Chancen der Neuen Welt eintauschte. Die individuelle Suche und Freiheit des Wohnortes waren wichtig für Siedler wie für die Besiedelung des Landes. Die Mobilität und der Tausch des besseren Ortes gegen den guten blieben sinnvoll angesichts der reichlichen Ressourcen. Die Schweiz des 19. Jahrhunderts dagegen war – in der Terminologie Hirschmanns – eine «Loyalty»-Gesellschaft: Obwohl es in der Armut vieler Regionen besonders in wirtschaftlichen Krisen kein Auskommen für alle gab, zogen die meisten Bewohner die angestammte Heimat den Chancen der Fremde vor. Nicht immer fanden sich genügend Freiwillige zur Auswanderung. Der amerikanische Politologe Philipp Schmitter berichtet, dass seine Vorfahren aus Rothrist (AG) in den achtziger Jahren des letzten Jahrhunderts zu jenen gehörten, die an einer Gemeindeversammlung dazu bestimmt wurden, unter Auszahlung ihres Anteils am Gemeindevermögen auszuwandern[24]. Die verbleibende Gesellschaft war eine «Loyalty»-Gemeinschaft der Sesshaften. Unter diesen war Solidarität im Sinne gegenseitiger Leistung wichtig: Das Gemeindebürgerrecht war Verpflichtung zur Mitwirkung im lokalen Raum, beinhaltete aber zugleich das Armenrecht, in der Heimatgemeinde bei Mittellosigkeit und Alter Unterstützung und Aufnahme zu finden. Spuren des Loyalty-Verhaltens finden wir auch heute. Obwohl die räumliche Mobilität in der Schweiz mit Ausnahme der Sprachbarriere kein Hindernis darstellt oder von Arbeitgebern gar gefordert wird, ist das Verbleiben in der engeren Heimatregion eine verhaltensbestimmende Wertvorstellung geblieben.[25] Das kann auch als Element einer politischen Kultur gesehen werden, das von Vorstellungen eines «Rechts» auf hinreichende Lebensbedingungen in der eigenen Heimatregion ausgeht: wenn die Leute nicht dem Geld nachlaufen, soll der politische Föderalismus das Geld dorthin bringen, wo die Leute leben.

---

24 Mündliche Mitteilung an den Autor.
25 Vgl. Bassand et al. (1985) und Meier-Dallach et al. (1985).

2. Die Dauerkoalition ländlicher Kleinkantone: Nach anderer, ökonomischer Auffassung begünstigt der Föderalismus die Chancen regionaler Egoismen. Diese lassen sich denn auch im amerikanischen wie im schweizerischen Parlament häufig beobachten. Während sie aber in den USA je nach Sachvorlage andere Koalitionen bilden, gibt es im schweizerischen Parlament eine Dauerkoalition ländlicher Kleinkantone, die ähnliche Interessen vertreten und von der Überrepräsentation in der Ständekammer begünstigt sind. Nicht zufällig waren es auch diese Kantone, die von der Politik des schweizerischen Ausgleichs in der Vergangenheit besonders profitierten. Die eidgenössische, regionale «Solidarität» spielt deutlich weniger, wenn es um Disparitäten geht, die nicht durch die föderalistische Überrepräsentation begünstigt sind. So haben sich in den letzten zehn Jahren ganz andere Armutsgebiete entwickelt, vor allem in den Agglomerationsrändern des Mittellands und in städtischen Zentren. Sie haben es nicht vermocht, Bundesprogramme unter den Solidaritätszielen des «regionalen Ausgleichs» zu mobilisieren.

3. Die Verbindung regionaler Egoismen und überregionaler Solidarität: Ist nun der regionale Ausgleich im schweizerischen Föderalismus durch politisch-kulturelle Werte der Solidarität (1. Hypothese der Loyalty-Gesellschaft) bestimmt oder durch regionale Egoismen (2. Hypothese), wie das den Annahmen der ökonomischen Theorie der Politik entspricht? Meine Antwort wäre: durch beides. Für die Bedeutung regionaler Egoismen und des ökonomischen Rational-Choice-Modells spricht beispielsweise die obenerwähnte Priorität der eidgenössischen Politik für die Berggebietsförderung und die Vernachlässigung der Disparitäten der Agglomerationen, die zwar zwei Drittel der Bevölkerung umfassen, aber politisch weit weniger günstig organisiert sind. Auf der anderen Seite scheinen manche parlamentarischen Entscheide zugunsten der Romandie oder des Tessins weniger durch Eigennutz-Verhalten der andern Kantone erklärbar: hier scheinen Rücksichtnahmen auf die kleineren Landesteile eine wichtige Regelmässigkeit zu bilden. Für das Nebeneinander egoistischen und solidarischen Verhaltens auf kantonaler Ebene hat Vatter (1994) systematisch fundierte, empirische Hinweise geliefert: Lawinenverbauungen, Flusskorrekturen und ähnliche lebenswichtige Infrastruktureinrichtungen werden von der Bürgerschaft in allen Gemeinden des Kantons gleichermassen unterstützt, unabhängig davon, ob sie im geographischen Einzugsgebiet der Einrichtungen wohnt und damit auch einen Nutzen aus der Aufwendung zieht. Hier findet sich solidarisches Verhalten, nicht zuletzt nahegelegt durch politische Behörden und Parteien. Anders bei Einrichtungen des Wunschbedarfs wie Sportzentren oder Umfahrungsstrassen: hier sinken die Ja-Anteile in der Abstimmung und damit die Unterstützung durch die Stimmbürgerschaft mit zunehmender geographischer Distanz zum Benutzerkreis: Eigennutzverhalten im Sinn der «Rational Choice»-Theorie dominiert.

4. Umgang mit dem Separatismus: Die schwierige Geburt eines neuen Kantons

Wir haben vorne den Jura als Sonderfall kennen gelernt, dessen politisch-kulturelle Integration misslang. Im folgenden wird an der Sezession des Jura und seiner Kantonsgründung nachgezeichnet, wie Föderalismus und direkte Demokratie zur Lösung des bedeutsamsten staatspolitischen Konflikts in der Schweiz beigetragen haben.

Zur Ausgangslage: Durch einen eher unglücklichen Zufall wurde der mehrheitlich französischsprachig-katholische Jura 1815 am Wiener Kongress durch die Grossmächte dem protestantischen und deutschsprachigen Kanton Bern zugeschlagen. Die im Norden des Kantons lebende Minderheit fühlte sich im Laufe der Zeit immer mehr diskriminiert, bis die politische Bewegung des Separatismus in der Nachkriegszeit so stark wurde, dass der Kanton Bern Hand zu einer Lösung bieten musste, die 1978 mit der Schaffung des Kantons Jura ihren Abschluss fand.[26] Der Weg war allerdings nicht einfach. Erstens steckte in der Jurafrage ein weiteres Minderheitenproblem, denn die Bevölkerung des Jura war selbst gespalten. Die drei südlichen Amtsbezirke waren seit dem 16. Jahrhundert protestantisch, wirtschaftlich in einer besseren Lage und seit je her dem Kanton Bern verbunden. Deshalb verschärften sich die Konflikte nicht nur zwischen Bern und dem Jura, sondern auch zwischen «Separatisten» und «Berntreuen» innerhalb der jurassischen Bevölkerung. Zweitens verlangten die Separatisten die Loslösung von Bern und einen eigenen Kanton, die Sezession also. Die schweizerische Verfassung hatte einen solchen Fall so wenig wie andere Verfassungen vorgesehen.

Gab es keine Spielregeln zur fairen Lösung des Konflikts, so mussten sie erst erfunden werden. Der Kanton Bern machte dafür 1967 die ersten Schritte. Der Regierungsrat legte drei Optionen vor, unter denen die jurassische Bevölkerung wählen konnte: Status quo, Autonomiestatut oder die vollständige Trennung von Bern. Im folgenden Jahr bestellte die Regierung eine «Kommission der guten Dienste», bestehend aus zwei Mitgliedern der Bundesversammlung und zwei alt Bundesräten. Diese hatte die Aufgabe, die Modalitäten für ein Jura-Statut und ein Trennungsverfahren festzulegen.

Nach dem ausgearbeiteten Trennungsverfahren sollten, entsprechend direkt-demokratischer Tradition, die Stimmberechtigten selbst entscheiden. Dabei gab es mehrere Probleme in mehreren Urnengängen mit unterschiedlichen Betroffenen zu lösen (näheres bei Aubert 1980:57ff.):

- das Berner Volk hatte darüber zu befinden, ob es grundsätzlich Hand bieten sollte zu einer möglichen Trennung des Jura vom alten Kanton;
- die jurassischen Stimmberechtigten selbst hatten zu beantworten, ob sie beim Kanton Bern verbleiben wollten oder die Trennung bevorzugten;
- das Schweizer Volk hatte das letzte Wort, ob es der Trennung des Jura von Bern durch eine Änderung der Bundesverfassung zustimmen wollte.

---

26 Als ausführliche Darstellung statt vieler: Aubert (1980) und Jenkins (1987).

Die «Weisheit» des Verfahrens der beiden ersten Abstimmungen lag nicht zuletzt darin, dass das Berner Volk nur über die *Möglichkeit* einer Trennung, aber nicht selbst über die eigentliche Loslösung des jurassischen Kantonsteils zu entscheiden hatte. Das sollten die jurassischen Stimmberechtigten selbstbestimmt und eigenverantwortlich entscheiden – unter Vorbehalt der Zustimmung von Bund und Kantonen. Blieb das Problem, Regeln für die Behandlung des innerjurassischen Minderheitsproblems zu finden. Die Berner Regierung schlug dafür zwei zusätzliche Abstimmungen vor, welche die «Kaskade» der drei bereits genannten Urnengänge ergänzten:

– Im ersten innerjurassischen Urnengang war es möglich, dass sich einzelne Bezirke gegen die Trennung aussprachen. Sprach sich ein einzelner Bezirk anders als die Mehrheit gegen die Schaffung eines neuen Kantons aus, so konnte ein Fünftel der dortigen Stimmberechtigten eine zweite Abstimmung über die Frage verlangen: «Wollt Ihr Euch am neuen Kanton beteiligen oder im alten bleiben»?
– Entsprach das Resultat einer Grenzgemeinde nicht dem des Bezirks, so konnte wiederum ein Fünftel der Stimmberechtigten eine dritte Abstimmung verlangen über die Frage, ob die Gemeinde zum alten oder neuen Kanton gehören wollte.

Der Sinn dieser innerjurassischen Urnengänge war klar: Die erste Abstimmung sollte eine authentische Antwort auf die Frage geben, ob die Mehrheit der Jurassier einen eigenen Kanton wünschte. Aber angesichts der Spaltung des Juras in Separatisten und Berntreue sollte kein Bezirk und keine Grenzgemeinde gegen seinen bzw. ihren Willen zu der einen oder anderen Lösung gezwungen werden.

1970 stimmte die bernische Stimmbürgerschaft dem System der aufeinanderfolgenden Volksabstimmungen mit grosser Mehrheit (6:1) zu. Wie bereits angedeutet, war dies kein materieller Entscheid für die Trennung, sondern nur für ein besonderes Verfahren, das der Bevölkerung des jurassischen Gebiets zusicherte, sich in voller Autonomie zu entscheiden, ob sie die Trennung von Bern wünschte oder nicht. Diese Regeln autonomer Trennung kamen 1974 und 1975 zum Zug. In der ersten Abstimmung entschied sich die jurassische Stimmbürgerschaft mit 37'000 gegen 34'000 Stimmen für die Unabhängigkeit. Die räumliche Spaltung zwischen Separatisten und Berntreuen trat klar zutage: Die nördlichen Bezirke sprachen sich im Stimmenverhältnis von 3:1 für den neuen Kanton aus, die drei südlichen Bezirke Courtelary, La Neuveville und Moutier dagegen votierten im Verhältnis 2:1 für den Verbleib bei Bern. Hier kam es 1975 zur zweiten Abstimmungsrunde. Alle drei Südbezirke bestätigten ihre Präferenz für den alten Kanton. Die Abstimmung der dritten Runde, die der Grenzbereinigung diente, wurde von neun Grenzgemeinden verlangt: im gespaltenen Bezirk Moutier stimmten acht Gemeinden für den Wechsel zum Jura, eine Gemeinde des Bezirks Delémont für den Wechsel zu Bern. Damit war nach den kantonsinternen Regeln die Trennung vollzogen – das Verfahren verzichtete ja gerade darauf, den Entscheid der Jurassier vom gesamten Berner Volk genehmigen zu lassen. 1976 wählte die Stimmbürgerschaft des künftigen Kantons eine verfassungsgebende Versammlung, die den

7 Föderalismus 173

Entwurf eines jurassischen Grundgesetzes ausarbeitete. Es wurde von der jurassischen Stimmbürgerschaft 1977 angenommen. 1978 stimmten die Schweizer Stimmbürgerinnen und Stimmbürger sowie die Stände dem Jura als 26. Kanton des Bundes zu. Das Resultat der eidgenössischen Volksabstimmung (1'310'000 Ja gegen 280'000 Nein mit 22:0 Standesstimmen) wurde als Respekt und Verständnisbereitschaft der Schweizer Bevölkerung für ihre Minderheiten interpretiert.

Zwei Punkte scheinen mir politologisch von besonderer Bedeutung:

1. Die Ablehnung ethnisch-territorialer Prinzipien der Staatsgründung: Die Schaffung des neuen Kantons Jura endete mit einer Teilung der Region: nur die nördlichen Bezirke fanden sich im neuen Kanton; die drei südlichen Bezirke blieben bei Bern. Dieses Ergebnis lässt sich zunächst als ein «Kompromiss» deuten zwischen Bern, das sich während langer Zeit gegen den neuen Kanton sperrte, und der Separatistenbewegung, die den ganzen Jura zur Unabhängigkeit vereinigen wollte. Dahinter steckt allerdings mehr. Der Anspruch der Separatisten ging auf die territoriale Vereinigung aller Jurassier mit ihrer besonderen Geschichte, Sprache und Kultur. Darum wollten sie auch andere Spielregeln: in einer einzigen inner-jurassischen Abstimmung sollte über die Schaffung des Kantons entschieden werden, und dazu sollten auch alle Personen jurassischer Abstammung zugelassen werden, unabhängig von ihrem aktuellen Wohnsitz. Der Anspruch ging also auf einen Staat, dessen territoriale Grenzen mit der Verbreitung einer (anderen) Kultur, Sprache und Ethnie zusammenfiel. Der Kanton Bern beharrte auf anderen Spielregeln, nämlich solchen der Selbstbestimmung durch die Mehrheit der Stimmberechtigten in jedem Bezirk und in jeder Grenzgemeinde nach dem Wohnsitzprinzip. Dies bedeutete nicht nur den Schutz berntreuer Minderheiten im *Ergebnis*, sondern die Absage an eine ethnisch-territoriale Aufteilung als *Verfahren*. Diese Absage ist in doppeltem Sinne bemerkenswert. Auf der einen Seite steht sie im Gegensatz zur fragwürdigen und weit verbreiteten Praxis internationaler Konfliktregelung, Minderheitenprobleme durch territoriale Aufteilungen nach ethnischen Kriterien vorzunehmen. Wie das Beispiel Bosniens zeigt, bringt eine solche Aufteilung neue Minderheitenprobleme in territorial gemischten Gebieten hervor. Sie perpetuiert die Existenz ethnischer Parteien und damit den ethnischen Konflikt. Auf der andern Seite steht das Berner Verfahren aber im Einklang mit der schweizerischen Tradition des multikulturellen Staates: nicht die Zugehörigkeit zu einer bestimmten Sprache, Kultur oder Religion, sondern die allgemeine Staatsbürgerschaft und das Prinzip gleicher politischer Rechte aller Einwohner eines Territoriums waren konstitutiv für die Kantonsgründung. Damit ist der Jura zwar ein ebenso «künstliches» Gebilde wie die Schweiz geworden, Bern ist immer noch zweisprachig geblieben, und die Lösung brachte auch nicht die von den Separatisten geforderte Vereinigung aller Jurassier. Aber damit wurde die Entstehung eines neuen Minderheitenproblems in den drei südlichen Bezirken vermieden. Zudem schaffte die Gebietstrennung nach den direktdemokratischen Präferenzen der Gebietseinwohner und nicht nach volksmässiger Zugehörigkeit gute Voraussetzungen, die weitere Ethnisierung der Politik und der politischen Parteien zu beenden.

2. *Die Schaffung des Kantons Jura als föderalistische Bewährungsprobe:* Man könnte sich andere Versionen der Geschichte vorstellen. Bern hätte, anstatt den Weg zur Teilung freizugeben, auf einer harten Linie gegenüber der separatistischen Bewegung beharren oder bei Eskalation des Konflikts Bundeshilfe anfordern und der zunehmenden Macht der Separatisten wachsende Gegenmacht entgegensetzen können. Auch hätte das Schweizervolk, bei dem die Anliegen der Separatisten während langer Zeit nicht gerade hoch im Kurs standen, am Schluss die Schaffung eines Kantons verweigern können. Mit einem solchen Ergebnis wäre die Sache der Jurassier verloren gewesen. Darum kann die Schaffung des Kantons als eine erfolgreiche föderalistische Bewährungsprobe angesehen werden, in der eine Reihe von nicht selbstverständlichen Schritten verschiedenster Akteure zusammen kamen. Der Kanton reagierte zwar spät und im einzelnen auch ungeschickt, liess aber der jurassischen Bewegung viel politischen Freiraum zur Verbreitung und Vorbereitung ihrer Separationsideen. Er entwickelte ein Verfahren der Trennung, dessen Vorzüge bereits erwähnt wurden. Die Rolle des Bundes als Vermittler konnte beschränkt und diskret bleiben. Schliesslich lag in der eidgenössischen Volksabstimmung ein Trennungsvorschlag zwischen Bern und Jura vor, der als Ergebnis und Kompromiss unter Direktbetroffenen erscheinen konnte und damit nicht den Charakter eines Plebiszits «Jurassier gegen Berner» mit ungewissem Ausgang hatte.

5. Die Kehrseite kantonaler Autonomie, oder: wie das Bundesgericht die Schwäche der politischen Bundesbehörden gegenüber den Kantonen kompensiert

Der lange Weg zur Einführung des schweizerischen Frauenstimmrechts war 1971 noch nicht ganz beendet. In einigen Kantonen blieben einzelne Männerbastionen weiterhin bestehen – so in Appenzell Innerrhoden. Hier interpretierte man die Forderung nach der rechtlichen Gleichstellung der Frauen als Einmischung von Aussen, und die Landsgemeinde verweigerte den Frauen das Stimmrecht 1989 nach 1973 und 1982 zum dritten Mal. Darauf erhoben einige Appenzellerinnen staatsrechtliche Beschwerde beim Bundesgericht: die Vorenthaltung des kantonalen Stimmrechts sei verfassungswidrig. Das höchste Gericht gab ihnen recht und intervenierte direkt: Es konnte zwar den Wortlaut der appenzellischen Verfassung nicht ändern, legte ihn aber verfassungskonform aus in dem Sinne, dass den Frauen ab sofort die vollumfänglichen politischen Rechte zuständen, unter anderem auch, an der nächsten Landsgemeinde teilzunehmen.

War schon die Einführung des Frauenstimmrechts beim Bund spät erfolgt, so kann man wiederum fragen: warum ging es nochmals fast 20 Jahre, bis der letzte Kanton ein Recht eingeführt hatte, das doch nicht weniger als ein fundamentales Menschenrecht und Verfassungsrecht gilt? Warum ergriff der Bund vorher keine rechtlichen und keine politischen Sanktionen?

Nun ist der Bund juristisch gegenüber den Kantonen zwar nicht völlig machtlos. Bei Gefährdung der inneren Ordnung kann er auf Ersuchen eines Kantons intervenieren oder

7 Föderalismus

sogar mit militärischen Mitteln einschreiten. Es gibt aber keine eigentliche «Bundesexekution»: der Bundesrat kann die Erfüllung der Bundesaufgaben durch die Kantone nicht erzwingen. Letztere unterstehen, wie Aubert (1967 [1982]) sagt, keiner politischen Kontrolle. Die rechtliche Autonomie hat zur Folge, dass der Bund letztlich darauf angewiesen ist, dass die Kantone die Bundesaufgaben aus eigenem Willen vollziehen. So stipuliert zwar das eidgenössische Raumplanungsgesetz von 1980 eine Planungspflicht der Kantone. Trotzdem versäumte es ein Teil der Kantone ungestraft während Jahren, die eingeforderten Richtpläne in Bern abzuliefern. Zwar appellieren Politiker oft an die «Bundestreue» der Kantone – aber umgekehrt wird ebenso gesagt, der Bund könne von den Kantonen nichts «erzwingen». Hier liegen gewichtige Gründe dafür, dass der Bund zur Umsetzung seiner Politik auf Subventionen setzt, also auf eine Anreizpolitik, während der Zwang auf jene Auflagen begrenzt ist, die den Bundeszielen dienen. In ihrem Geschäftsverkehr befleissigen sich Bundes- und Kantonsregierungen eines diplomatischen Stils, eines grossen formellen Respekts. Wir können solche Attitüden und Werthaltungen politischer Eliten interpretieren als ein «angemessenes Verhalten», ein «appropriate behaviour» im Sinne von March/Olsen (1989), das beeinflusst ist von spezifischen institutionellen Verhältnissen: Die selbständige Stellung der Kantone führt zu einem nicht-hierarchischen Föderalismus, in dem sich Bund und Kantone ähnlich begegnen wie unabhängige Staaten.

Freilich wären im obigen Fall, wie in der Diplomatie, auch bestimmte politische Demarchen möglich gewesen. Es gab nicht wenige Stimmen, die sich über das eigensinnige Appenzeller Männervolk aufhielten, und 1989 wäre im Parlament auch ein politischer Protest möglich gewesen: Als Bundesrat Arnold Koller, Innerrhoder, zum Bundespräsidenten zur Wahl stand, hätten Frauen oder eine Fraktion gegen die Wahl aufstehen können mit der Begründung, die Ehre der Präsidentenschaft könne zwar wohl Herrn Koller als Person und Bundesrat, aber nicht dem Kanton Innerrhoden, der letzten Männerdemokratie der Welt, zufallen. Ein solcher Protest unterblieb wohl aus der Befürchtung, das hätte nur die Trotzhaltung der Appenzeller Landsgemeinde verstärkt.

Der Fall zeigt einerseits die Grenzen rechtlicher und politischer Durchsetzungsfähigkeit von Bundesrat und Parlament gegenüber den Kantonen. Andererseits illustriert er die hohe politische Bedeutung, die der richterlichen Bundesgewalt im schweizerischen Föderalismus zukommt. Was Legislative und Exekutive verwehrt ist, kompensiert in vielen Fällen die oberste Gerichtsbarkeit: Jede kantonale Entscheidung kann nachträglich vom Bundesgericht auf ihre Verfassungsmässigkeit und ein Stück weit auch auf ihre Übereinstimmung mit dem Bundesrecht überprüft werden. Diese Überprüfung betrifft vor allem die Beachtung grundrechtlicher Prinzipien durch die Kantone, also etwa der Eigentumsgarantie, der Handels- und Gewerbefreiheit, der Rede- und Versammlungsfreiheit, aber auch der Rechtsgleichheit oder der Verfahrensgarantien im Zivil- und Strafprozess. Das Gericht entscheidet aber auch eigentlich «politische» Fragen, wie der vorliegende Fall zeigt: Bei der Einführung des eidgenössischen Frauenstimmrechts sah die Verfassung mit Art. 74.4 eine unbestimmte Übergangszeit für die Einführung in den Kantonen vor. Diese autonomieschonende Regelung berücksichtigte, dass 1971 die Kantone unterschiedlich «reif» für die politische Gleichberechtigung der Frauen waren. Dieses Entgegenkommen an die föderalistische Vielfalt sollte auch die Chancen der Annahme des Frauenstimmrechts durch Volk und Stände erhöhen. Das Bundesgericht hatte also beim Rekurs der Appenzeller Frauen nicht nur eine Grundrechtsfrage zu klären, sondern ebenso eine Frage vornehmlich politischer Art: Ob die von der Verfassung vorgesehene, aber unbestimmte Übergangszeit zur Einführung des Frauenstimmrechts 1990 nun abgelaufen war oder nicht. Es war die richterliche Behörde, die anstelle von Bundesrat und Parlament einen politischen Entscheid fällte: es erklärte die Frist für abgelaufen und korrigierte den Landsgemeindeentscheid der Appenzeller.[27]

Der Fall zeigt typisch, wie die Schwäche der politischen Bundesbehörden gegenüber den Kantonen durch das Bundesgericht kompensiert werden kann. Diese *richterliche Behörde* nimmt darum eine *eminent politische Funktion im schweizerischen Föderalismus* ein. Aus politologischer Sicht sind zwei Situationen zu unterscheiden:

1. Höchstrichterliche Verfassungspolitik: Die Kantone unterstehen wie erwähnt keiner politischen Kontrolle. Aber das Bundesgericht bestimmt die rechtlichen Grenzen dessen, was das Bundesverfassungsrecht den Kantonen unter der Flagge der föderalistischen Autonomie erlaubt und was nicht. Damit sichert das Bundesgericht vor allem die Grundrechte der Bürgerinnen und Bürger in den Kantonen. In allen föderalistischen Systemen taucht dabei jene typische Frage auf, die wir oben behandelt haben: wie weit gehen Verfassungs- und Menschenrechte, die universelle Gültigkeit beanspruchen, föderalistischer Besonderheit vor? Die Frage birgt grossen politischen Konfliktstoff deshalb, weil Grundrechte auf ethische Grundfragen und Güter verweisen, die weniger teilbar erscheinen als materielle Güter: Entweder sind das Frauenstimmrecht, die Straffreiheit des Schwangerschaftsabbruchs oder die Todesstrafe verfassungsmässig, oder sie sind es nicht. Was aber, wenn Gliedstaaten entgegengesetzte Auffassungen und damit «competing moralities» vertreten? Die volle Respektierung föderalistischer Autonomie kann zur Preisgabe des Kernanspruchs von Grundrechten führen, für alle Menschen zu gelten. Die volle Durchsetzung gleicher Grundrechtsprinzipien dagegen setzt sich über die partikuläre Autonomie hinweg und vergrössert das Risiko des Auseinanderklaffens von formellem Recht und vorherrschenden gesellschaftlichen Normen. Wie der Staatsrechtler Walter Kälin zeigt, hat das schweizerische Bundesgericht den Mittelweg gesucht, mit Nuancen allerdings: in einer ersten Periode der Rechtsvereinheitlichung stand die Angleichung an die Rechtsstandards des Bundes im Vordergrund. Später versuchte es vermehrt, den Verfassungs- und Rechtstraditionen der Kantone eigenen Raum zu lassen.[28]

---

27 Bundesgerichtsentscheid Nr. Ib/294/1990 vom 27.11.1990.
28 Kälin (1987:187–200). Für einen Vergleich mit der Tradition des US Federal Court siehe Cox (1978:1ff.).

2. *Der Richter als Gesetzgeber:* Wegen der hohen Konsenshürden im Entscheidungsprozess des Bundes kommt es öfter vor, dass bestehende Gesetze trotz politischer Dringlichkeit nur unvollständig, verspätet oder überhaupt nicht an veränderte Verhältnisse angepasst werden. Ein typisches Beispiel bildet das Zivilgesetzbuch, dessen Anpassungen im Bereich des Familien-, Scheidungs- oder Kindesrechts Jahrzehnte beanspruchten. Hier wie in anderen Bereichen ist das Bundesgericht mit eigenen Entscheiden hervorgetreten, die zu einer richterlichen Rechtsfortbildung führten. Punktuell setzt sich damit die richterliche Behörde *an die Stelle des Gesetzgebers* und kompensiert Entscheidungsschwächen des Parlaments.

6. Der Engpass des schweizerischen Vollzugsföderalismus: Politischer Konsens

Die geringe zentrale Macht des Bundes führt dazu, dass die Bundesbehörden einvernehmliche Lösungen mit den Kantonen suchen müssen. Das gilt sowohl in der Gesetzgebung wie im Vollzug der Bundesaufgaben. Ein illustratives Beispiel dazu bildet die Beschränkung des Grundstückerwerbs durch Personen im Ausland, die durch die Begriffe «Lex von Moos», später «Lex Furgler» und «Lex Friedrich» bekannt geworden ist.[29] In den sechziger Jahren stieg der Anteil der ausländischen Wohnbevölkerung wegen des zusätzlichen Arbeitskräftebedarfs der schweizerischen Wirtschaft von 8 auf 15 Prozent. Eine fremdenfeindliche Bewegung entstand. Sie beklagte sich nicht nur über den hohen Ausländerbestand, sondern auch über den zunehmenden Verkauf von Grundstücken an Ausländer und kündigte eine Volksinitiative gegen den «Ausverkauf der Heimat» an. Der Bundesrat unterbreitete dem Parlament eine Vorlage zur Beschränkung des Bodenverkaufs an Personen im Ausland, um den xenophoben Kräften und ihrer Initiative den Wind aus den Segeln zu nehmen. Die Begeisterung war mässig: Bürgerliche sprachen sich gegen staatliche Reglementierung des Immobilienmarktes aus, die Linke zog Massnahmen der Raumplanung und des Mieterschutzes vor. Trotzdem musste der drohenden Volksinitiative etwas entgegengesetzt werden – das Gesetz wurde verabschiedet. Es war geprägt von einem schwachen Konsens. Einige ungelöste gesetzgeberische Konflikte wurden durch Ausnahme- und Kann-Bestimmungen übertüncht, andere auf die Anschlussgesetzgebung der Kantone verwiesen. Die empirische Untersuchung von Delley et al. (1982) zeigte, dass in einigen Kantonen die Verkäufe an Ausländer zurückgingen, in andern aber sogar noch stärker als vorher anstiegen. Die Gründe waren aufschlussreich: Die Kantone hatten ihre Kompetenzen im Gesetz für ihre eigenen Ziele in ganz verschiedener Richtung genutzt und den Vollzug in noch unterschiedlicherer Weise gestaltet. Während Luzern die Begrenzung des Grundstückerwerbs mit einer sanften Tourismusentwicklung verband und ziemlich genau den Zielen des Bundes folgte, instrumentalisierten andere Kantone das Bundesgesetz für völlig andere Absichten: Genf betrieb sozialen Wohnungsbau, das Wallis Tourismusent-

---

[29] Die folgende Darstellung stützt sich auf die Studie von Delley et al. (1982) sowie Linder (1987:97ff.).

wicklung. Beide nutzten ein ähnliches Anreizsystem: die begehrte Bewilligung ausländischer Personen wurde an Bedingungen geknüpft, die indirekt zur Finanzierung des sozialen Wohnungsbaus bzw. der Tourismusprojekte beitrugen. Die im Vergleich zu andern Kantonen viel liberalere Praxis sowie die grosse Nachfrage und Zahlungsbereitschaft der ausländischen Käuferschaft begünstigte im Falle des Wallis nicht nur den Bauboom, sondern förderte den vom Bundesgesetzgeber gerade unerwünschten Verkauf an Personen im Ausland.

Das Beispiel zeigt, dass es keineswegs selbstverständlich ist, dass in den Kantonen auch vollzogen wird, was in «Bern» beschlossen wird. Was die Evaluationsforschung allgemein als Ungewissheit des Gesetzesvollzugs beobachtet, gilt für ein föderalistisches System mit hoher dezentraler Autonomie besonders. Eine Reihe von Fallstudien zum Politikvollzug im schweizerischen Föderalismus hat gezeigt, dass die Umsetzung der Bundespolitik in den Kantonen in hohem Masse von Konflikt- und Konsens-Konstellationen abhängig ist. Unterscheiden wir Situationen von hohem und tiefem politischem Konsens, und berücksichtigen wir unterschiedliche Situationen bei Bund und Kantonen, so ergeben sich vier Grundkonstellationen des Vollzugsföderalismus, die sich schematisch wie folgt darstellen lassen (Linder 1987a):

Tabelle 7.10: Politische Grundsituationen des Vollzugsföderalismus

	Kantone: Konsens hoch	Kantone: Konsens tief
Bund: Konsens hoch	I: Gesicherte Umsetzung	II: Unvollständige Teil-Umsetzung
Bund: Konsens tief	III: Instrumentalisierung der Bundesziele	IV: Geringe Umsetzung

1. Situation I, hoher Konsens bei Bund und Kantonen: Eine solche führt erwartungsgemäss zu relativ guter Umsetzung der Bundespolitik in den Kantonen. Das gilt selbst dann, wenn der Bund nur schwach reguliert, wie etwa bei der Einführung der Alimentenbevorschussung für Kinder alleinstehender oder geschiedener Frauen in den achtziger Jahren. In diesem Fall erliess der Bund kein Gesetz, sondern beschränkte sich aus Mangel an verfassungsrechtlichen Kompetenzen auf blosse Empfehlungen an die Kantone. Trotzdem wurden die Anstösse des Bundes aufgenommen und relativ rasch umgesetzt, weil die Alimentenbevorschussung auch einem Bedürfnis der Kantone entsprach. Nach einer Innovationsphase war zugleich eine Angleichung der kantonalen Lösungen zu beobachten.[30]

---

30 Vgl. dazu die Untersuchung von Gilliand (1984) sowie Linder (1987a:113ff.).

2. *Situation II, hoher Bundeskonsens bei tiefem Konsens der Kantone:* Diese Situation führt in der Regel bloss zur unvollständigen Umsetzung der Bundespolitik, da der Bund wenig Möglichkeiten besitzt, widerstrebende Kantone zum Vollzug zu zwingen, wie wir am Beispiel des Frauenstimmrechts in Appenzell Innerrhoden gesehen haben. Das Bundesprogramm wird tendenziell nur von jenen Kantonen aufgenommen, in denen ausreichende politische Mehrheiten vorhanden sind. So zeigte sich bei der Wohnbauförderung der siebziger Jahre, dass die Inanspruchnahme des Programms und der Bundessubventionen weniger vom Kriterium der objektiven Wohnungsnot als von der politische Stärke der Mieterinteressen in den einzelnen Kantonen abhing. Bei Innovationsprozessen sind häufig drei Gruppen von Kantonen zu beobachten: Vorreiter, Mitschwimmer und Nachzügler.

3. *Situation III, tiefer Bundeskonsens bei hohem Konsens der Kantone:* Diese Konstellation ist geprägt von diffusen Zielen der Bundesgesetzgebung, sowie von starken, aber unterschiedlichen Präferenzen der einzelnen Kantone (wäre der kantonale Konsens homogen, so wäre kein schwacher Konsens auf Bundesebene zu erwarten). Dies führt, wie im Beispiel des Grundstückerwerbs, in der Regel zu völlig unterschiedlichen Vollzugsergebnissen, die sogar gegen die Ziele zentraler Politik verstoßen. Hier wird die Bundesgesetzgebung für kantonale Interessen instrumentalisiert.

4. *Situation IV, tiefer Konsens bei Bund und Kantonen:* Diese bildet die ungünstigste Voraussetzung für die Realisierung bundespolitischer Absichten. Als Beispiel sei die Volksinitiative zum Moorschutz genannt, die gegen die Empfehlung von Bundesrat und Parlament angenommen wurde. Ihre Umsetzung gelang in den zehn Jahren nach ihrer Annahme 1987 nur lückenhaft, da sich landwirtschaftliche und touristische Interessen sowohl bei der Bundesgesetzgebung wie in den Kantonen stark gegen den integralen Schutz der Moorlandschaften wehrten. Diesen vermochten die Initianten des Moorschutzes in der Umsetzungsphase keinen gleich grossen politischen Druck entgegenzusetzen.

7. Föderalismus versus Demokratie: Wieso eine Urnerin 31 Zürcherinnen überstimmt

Der Föderalismus bringt eine Durchbrechung des Demokratieprinzips: statt der Entscheidungsregel «eine Person eine Stimme» gilt die Regel «jeder Gliedstaat gleiches Stimmengewicht». Dem einzelnen Stimmbürger aus einem kleinen Gliedstaat kommt damit ein höheres Stimmengewicht zu als demjenigen eines bevölkerungsreichen Gliedstaats. Im Vergleich zu anderen föderalistischen Systemen ist in der Schweiz die Stimmbürgerschaft aus den kleinen Kantonen besonders begünstigt.[31]

---

31 Gemäss Lijphart (1984:173ff.) sind die am vorteilhaftesten repräsentierten 10% der Schweizer Bevölkerung (Bürger und Bürgerinnen der kleinsten Kantone) im Ständerat mit 38.9% der Sitze vertreten. In anderen Staaten sieht dieser (Über-)Vertretungsprozentsatz in der Gliedstaatenkammer (immer für die am vorteilhaftesten repräsentierten 10% der Bevölkerung) folgendermassen aus: USA (39.5%), Australien (30.4%), Deutschland (31.5%), Kanada (31.2%) und Österreich (12.8%).

Zur Ermittlung des Ständemehrs wiegt z.B. die Stimme einer Urnerin gleich viel wie diejenige von 31 Zürcherinnen. Indessen zählen in der Verfassungsabstimmung bekanntlich das Volks- wie das Ständemehr. Dies kann zu Kollisionen führen: eine demokratische Mehrheit nimmt an, was eine föderalistische Mehrheit verwirft und umgekehrt. Nach den Verfahrensregeln des Bundes kommt in diesem Fall keine Entscheidung zustande: es bleibt beim Status quo. Kollisionen zwischen Demokratie- und Föderalismusprinzip entstehen relativ häufig zwischen National- und Ständerat; Null-Entscheide werden aber durch das Differenzbereinigungsverfahren praktisch immer vermieden. Anders ist es bei Volksabstimmungen mit Doppelmehr. Hier kommt es zu Null-Entscheiden, weil entweder nur das Volk oder die Stände annehmen. Die nachstehende Tabelle hält die Kollisionsfälle fest:[32]

Tabelle 7.11: Volksabstimmungen mit unterschiedlichem Volks- und Ständemehr

Vorlage	Jahr	% Ja Volk	Kantone
Festsetzung von Mass und Gewicht	1866	50,5	9,5:12,5
Proporzwahlrecht für Nationalrat	1910	47,5	12:10
Schutz der Mieter und Konsumenten	1955	50,2	7:15
Zivilschutz	1957	48,1	14:8
Finanzordnung des Bundes	1970	55,4	9:13
Bundeskompetenzen Bildung	1973	52,8	10,5:11,5
Konjunkturpolitik	1975	52,8	11:11
Energiepolitik	1983	50,9	11:12[1)]
Kulturförderung	1994	51,0	11:12
Erleichterung der Einbürgerung	1994	52,8	10:13

1 Ab 1978 zählt der Jura als 23. Kanton

Quelle: Germann (1991:266) mit Ergänzungen

Mit Ausnahme des Proporzwahlrechts und der Zivildienstvorlage hat in allen Fällen das Veto der Kantone eine demokratische Mehrheit überstimmt. Wieviele Prozent der Stimmen genügen, um mit einer ablehnenden Kantonsmehrheit eine Vorlage zu Fall zu bringen? Germann (1991:262ff.), der diese Frage näher untersucht hat, spricht von einer «theoretischen» und einer «realen» Sperrminorität. Die theoretische Sperrminorität errechnet sich aus dem minimalen Stimmenanteil aller Stimmberechtigten, die für das verwerfende Ständemehr in den 11,5 kleinsten Kantonen erforderlich sind. Es beträgt heute 9 Prozent. Dieser theoretische Fall wird kaum je vorkommen, denn real wird die ablehnende Mehrheit in einzelnen Kantonen stets mehr als 51 Prozent betragen. Die «reale Sperrminorität» errechnet Germann aus dem Anteil aller Stimmen der 11,5 kleinsten, ablehnenden Kantone am Total der Stimmen (vgl. Tabelle 7.13):

32 Die folgenden Abschnitte stützen sich auf: Germann (1991:257ff.).

7 Föderalismus

Tabelle 7.12: Reale föderalistische Sperrminorität gegenüber dem Volksmehr

Jahr	Vorlage	Stimmenanteil der 11,5 kleinsten, ablehnenden Kantone in Prozent aller abgegebenen Stimmen
1955	Schutz der Mieter und Konsumenten	25,3
1970	Finanzordnung des Bundes	24,0
1973	Bundeskompetenzen für Bildung	21,7
1975	Konjunkturpolitik	20,5
1983	Energiepolitik	20,0
1994	Kulturförderung	19,5
1994	Erleichterung der Einbürgerung	22,5

Quelle: Germann (1991:266) und eigene Ergänzungen

Das Resultat dieser Abstimmungen, die zumeist heftig umstritten waren, wurde damit bereits von einem Fünftel bis zu einem Viertel aller Stimmenden entschieden. Die föderalistische Überrepräsentation hat Konsequenzen weit über die hier genannten Fälle hinaus. Politologische Studien zeigen, dass das Abstimmungsverhalten der Kantone für bestimmte Themen relativ stabil ist. So stimmen die ländlichen Kleinkantone der Deutschschweiz in den Fragen der Aussenpolitik konstant unterschiedlich zur übrigen Schweiz. Beim Freihandelsabkommen mit der EG (1972), der abgelehnten Vorlage zur UNO-Mitgliedschaft (1986), beim Beitritt zu den Bretton Woods-Institutionen (1992) wie beim EWR-Vertrag (1992) zeigten die kleinen Landkantone der Deutschschweiz eine grössere Skepsis für aussenpolitische Engagements (Vatter/Linder/Farago 1997). Diese Blockbildung ländlicher Kleinkantone der Deutschschweiz mit einer Präferenz für eine traditional-innengeleitete Schweiz hat zur Folge, dass für aussenpolitische Vorlagen deutlich mehr als 50 Prozent der Stimmbürgerschaft gewonnen werden müssen, um auch das Ständemehr zu erreichen. Die EWR-Abstimmung vermag das zu illustrieren. Das Resultat stand schon am frühen Nachmittag fest, als erst die kleinen Kantone ausgezählt waren: 30 Prozent der Gesamtstimmen reichten schon, um die Vorlage am Ständemehr scheitern zu lassen. Beim Endresultat war die demokratische Nein-Mehrheit mit 50,3 Prozent nur hauchdünn, hingegen lehnten 19 Kantone den Vertrag ab. Um das Ständemehr zu erreichen, wäre – was Politologen recht präzise voraussagten[33] – ein Volksmehr von 57 Prozent nötig gewesen. Ähnliche Prognosen lassen sich für künftige aussenpolitische Vorlagen machen.

Ist es richtig, dass im Föderalismus eine Minderheit von 20–30 Prozent der Stimmenden ausreicht, um demokratische Mehrheiten auszubremsen? Nein – wird die Zürcherin sagen – das ist die Aushöhlung der Demokratie. Ja – wird die Urnerin sagen, das ist gerade der Sinn des Föderalismus. Es gibt keine wissenschaftliche Theorie und auch keine objektiven Kriterien, mit denen der Grad «sinnvoller» föderalistischer Überrepräsentation bestimmt

---

33 z.B. Germann (1991:267).

werden könnte.[34] Vielmehr waren es geschichtliche Grössenverhältnisse und politische Konstellationen, die das Gleichgewicht zwischen Föderalismus- und Demokratieprinzip auch in der Schweiz bestimmten. Aber Geschichte bringt auch Veränderungen. Wie Germann (1991:261) nachweist, waren die Unterschiede der Bevölkerungsgrösse zwischen den Kantonen 1848 bedeutend kleiner als heute. Die theoretische Sperrminorität betrug damals immerhin 10,3 Prozent, und das Gewicht des Urners wog 1848 «nur» gerade 17 Zürcher auf. Zudem waren Doppelmehrabstimmungen in den ersten hundert Jahren des Bundesstaats selten – weniger als eine pro Jahr. Heute sind es etwa sechs jährlich. Es erstaunt darum nicht, dass in jüngerer Zeit verschiedenste Vorschläge formuliert wurden, um die heutige Schieflage zwischen Föderalismus- und Demokratieprinzip zu revidieren. Vatter/Sager (1996:180ff.) unterscheiden vier Kategorien von Reformmodellen:

1. Modelle mit neuer Mehrheitsregel: Danach soll das Volksmehr nur durch ein qualifiziertes Ständemehr überstimmt werden. Ein solcher Vorschlag (2/3 der Kantone bzw. 15,5 Ständestimmen) wurde von Leni Robert 1993 im Nationalrat eingebracht. Der Vorstoss blieb erfolglos, genau so wie die parlamentarische Initiative der Grünen zur Abschaffung des Ständerats, die 1992 abgelehnt wurde. Die Einführung des qualifizierten Mehrs hätte bedeutende Auswirkungen, wie Tabelle 7.13 zeigt. In allen sechs Kollisionsfällen der Jahre 1970 bis 1995 hätte sich das Demokratieprinzip gegenüber dem Föderalismusprinzip durchgesetzt.

2. Modelle mit demographischer Gewichtung der Kantone: Die Grundidee liegt darin, die Untervertretung der Grosskantone und die starke Privilegierung der Kleinkantone zu mildern. Die Politologen Möckli oder Hess/Trechsel haben dazu Vorschläge entwickelt. Nach Hess/Trechsel (Genfer Modell) könnte dies dadurch geschehen, dass den bevölkerungsgrössten Kantonen (mit einem Einwohneranteil von über 4 Prozent an der Gesamtbevölkerung) 3 Ständestimmen, den mittleren Kantonen (zwischen 2 und 4 Prozent der Gesamtbevölkerung) wie bisher zwei und den kleinen Kantonen (unter 2 Prozent der Gesamtbevölkerung) eine Ständestimme zugeteilt würden. Damit käme eine differenziertere Repräsentation der Kantone zustande; die Unterscheidung nach Voll- und Halbkantonen entfiele. Nach dem Modellvergleich in Tabelle 7.13 wären dabei die Hälfte der Kollisionsfälle zugunsten des Demokratieprinzips gelöst worden.

---

34 In der internationalen Föderalismusliteratur wird das Problem kaum diskutiert. Zwar ist in Amerika das Grössenverhältnis zwischen den kleinsten und grössten Staaten mit 1:50 ähnlich wie in der Schweiz. Aber im Gegensatz zu unserem System gibt es dort selten Koalitionen kleiner Staaten wie Alaska, Wyoming und Delaware und weiterer, welche die grossen Gliedstaaten ausspielen könnten. Auf parlamentarischer Ebene schliesslich können Föderalismus- und Demokratieprinzip durch Verhandlungen zwischen den Kammern ausgeglichen werden. Anderswo scheint daher kein Problem darin zu bestehen, dass die Dosis zwischen Demokratie- und Föderalismusprinzip eines politischen Systems durch die Geschichte und die vorhandenen Grössenunterschiede der Gliedstaaten bestimmt wird.

7 Föderalismus

3. Modelle mit spezieller Gewichtung besonderer Minderheiten: Zu diesen Vorschlägen zählen Möcklis Sprachenmodell oder Jaggis Städtemodell, welches den grössten Städten (z.B. den fünf Grosszentren Zürich, Genf, Basel, Bern und Lausanne) je eine Standesstimme zukommen lassen würde. Diese Modelle führten zu einem Föderalismus besonderer Färbung. Die starken Veränderungen, die Jaggis Vorschlag bewirken würde (Tabelle 7.13), zeigt umgekehrt die starke Benachteiligung der Städte im schweizerischen Föderalismus: ihre Präferenzen werden oft durch das grössere Stimmengewicht ihres kantonalen Umlandes neutralisiert.

4. Modelle mit qualifiziertem Volksmehr: Ein entsprechender Vorschlag stammt von Vatter/ Sager (1996:193ff.): Wenn sich das Volk mit eindeutigem Mehr für eine Vorlage (über 5 Prozent Differenz zwischen Ja- und Neinstimmen) ausspricht, wird ein anderslautendes Ständemehr überstimmt. Bei knappen Entscheidergebnissen lässt dieser Vorschlag die Gleichheit der Kantone unangetastet. Hingegen entfaltet er gezielt bei jenen Kollisionsfällen seine Wirkung, in denen das Ergebnis aus demokratietheoretischer Sicht besonders stossend ist.

5. Das Modell des «stärkeren Mehrs»: Soviel ich weiss, wurde ein solcher Vorschlag noch nie aufgebracht. Die Idee besteht darin, bei ungleichem Volks- und Ständemehr das prozentual höhere als gültig zu erklären. Das Modell beliesse dem Föderalismus im Ergebnis die besten Chancen. Es wären nach diesem Vorschlag nur zwei von sechs Doppelmehrabstimmungen anders ausgegangen: Der Bildungsartikel (1973) und der Konjunkturartikel (1975) wären als angenommen erklärt worden, weil in beiden Fällen das Volksmehr mit 52,7 % höher lag als das prozentual umgerechnete Ständemehr von 50 % (aus 11:11) bzw. 52,2 % (aus 11,5:10,5). Das Modell des «stärkeren Mehrs» ist das einfachste von allen[35] und hätte einen zusätzlichen Vorteil: es begünstigt nicht zum vornherein das Demokratie- *oder* das Föderalismusprinzip, sondern dasjenige, das sich – nicht voraussehbar – in einer einzelnen Abstimmung stärker durchsetzt. Der offene Wettbewerb zwischen Förderalismus- und Demokratieprinzip vermöchte Volksabstimmungen zu beleben.

---

[35] Es liesse sich als einfachen Satz in die Bundesverfassung einführen, etwa als vierten Absatz zum bestehenden Art. 123 BV: «Bei ungleichem Volks- und Ständemehr gilt das stärkere Mehr.»

Tabelle 7.13: Übersicht über die Auswirkungen von fünf Reformvorschlägen anhand der 6 Doppelmehrkollisionen von 1970 bis 1995

	Geltende Regelung	Qualifiziertes Ständemehr (Robert)	Qualifiziertes Volksmehr (Sager/Vatter)	Genfer Modell (Hess/Trechsel)	Städte-Modell (Jaggi)	Stärkeres Mehr (Linder)
Kriterium für Entscheid zugunsten der Stände:	Einfache Mehrheit von 23 =11,5 Ständestimmen[1]	Zwei Drittel von 23 = 15.5 Ständestimmen	Volksmehr unter 52,5 Prozent	Mehrheit aus 50=25 Ständestimmen	Mehrheit aus 28=14 Ständestimmen	% Ständemehr höher als % Volksmehr
	Volk % Ja / Stände Anzahl (%) Nein	\multicolumn{5}{c}{Veränderungen zugunsten des Volksmehrs}				
Finanzordnung	55,4 / 13 (59.1)	X	X			
Bildungswesen	52,8 / 11,5 (52.3)	X	X	X	X	X
Konjunkturartikel	52,8 / 11 (50)	X	X		X	X
Energieartikel	50,9 / 12 (52.2)	X		X	X	
Kulturförderung	51 / 12 (52.2)	X		X	X	
Einbürgerung	52,8 / 13 (56.5)	X	X		X	
Total Veränderungen		6	4	3	5	2

1 Für die Kollisionsfälle vor 1979 wurde das Ständemehr aus 22 Kantonen berechnet und sinngemäss auch für die anderen Modelle angewandt

Vorschläge zur Veränderung der Dosis von Demokratie- und Föderalismusprinzip haben nur geringe politische Chancen. Der Grund ist einfach. Ihre Realisierung setzt eine Verfassungsänderung voraus, bei der die heutige Dosis und damit die von Germann genannten Sperrminoritäten zum Zuge kommen. Hier berühren wir ein wichtiges verfassungs- und demokratietheoretisches Problem: Die Einräumung von Minderheitsrechten in Abweichung vom demokratischen Mehrheitsprinzip schafft Irreversibilitäten der politischen Grundordnung. Denn in demselben Masse, wie eine überproportionale Repräsentation für alle folgenden Entscheidungen wirksam ist, erschwert sie einer demokratischen Mehrheit auch die Bedingungen ihrer Rücknahme. Dies gleicht einer Einbahnstrasse, in der es, einmal eingebogen, nur noch die Weiterfahrt, aber kaum mehr ein Zurück gibt (Linder 1997c).

8. Ungenutzte Chancen des Föderalismus: das Beispiel der Agglomerationen

Die Agglomerationsentwicklung folgte in der Schweiz denselben Mustern wie in andern Ländern. Sie entwickelte sich um die historisch gewachsenen Städte, einst vollständige Lebenswelten, in denen die Bevölkerung lebte, einkaufte, wohnte und ihre Freizeit verbrachte. Mit der Entwicklung der Motorisierung wurde die räumliche Einheit der Stadt auseinandergerissen. Im Zentrum konzentrieren und spezialisieren sich die Dienstleistungen. Für Dienstleistungen lassen sich höhere Mieten einziehen als für das Wohnen. Die Bodenpreise steigen und verdrängen die eingesessene Wohnbevölkerung, die sich in den Umlandgemeinden niederlässt. Gewerbe und Industrie ziehen in Randzonen entlang der Verkehrsachsen, wo Einkaufszentren entstehen. Der Verkehr wächst schneller als alles andere. Die urbane Bevölkerung muss pendeln. Ein Teil ihres wachsenden Einkommens und ihrer freien Zeit wendet sie für die längeren täglichen Fahrten auf, um Wohnen, Arbeiten, Einkaufen und Erholung zu verbinden. Die alte Stadt ist nun eine urbane Region oder Agglomeration geworden. Ihre sozio-ökonomische Verflechtung sprengt die traditionellen Gemeindegrenzen und oft auch die der Kantone. Heute leben rund zwei Drittel der schweizerischen Bevölkerung in Agglomerationen.[36]

Hier stellt sich das Problem der gemeindeübergreifenden Zusammenarbeit: Öffentlicher Verkehr, Raumplanung und Erschliessung, ein erheblicher Teil der Infrastruktur und der Ausgleich der Nutzungen bedürfen der Koordination. Hinzu kommen Probleme des Lastenausgleichs: Kernstädte tragen mit ihren Aufwendungen für Verkehr oder Kultur ein Angebot öffentlicher Leistungen, das von der ganzen Region genutzt, aber nur teilweise bezahlt wird. Unter diesen wachsenden Zentrumslasten, aber auch wegen der Verschärfung vieler sozialer Probleme hat sich die finanzielle Situation der Kernstädte verschlechtert. Dienstleistungsbetriebe und Wohlhabende ziehen in die steuergünstigeren Umlandgemein-

---

36 Schweizerische Studiengesellschaft für Raumordnung und Regionalpolitik (ROREP) (1988).

den. Das traditionelle Bild «reicher Städte» und «ärmlicher Landgebiete» hat sich zum Teil ins Gegenteil verkehrt.

Diese Probleme werden heute zumeist technisch gelöst. Ein Teil der Zentrumslasten grosser Städte wird über den Finanzausgleich abgegolten. In Basel z.B. übernimmt die Landschaft einen Teil der Kosten der Universität des Stadtkantons. In Bern oder Zürich beteiligen sich Gemeinden, Kanton und Bund am gemeinsamen Verbund des öffentlichen Nahverkehrs. Solche Zweckverbände gibt es auch für andere Aufgaben und Einrichtungen. Zum Teil funktionieren sie gut. Die politisch-öffentliche Kontrolle solcher Verbände ist aber oft eingeschränkt, und in vielen Fällen gelingt es nicht, die Interessen von Kernstadt und Umlandgemeinden unter einen Hut zu bringen. Eigentliche politische Agglomerationsverbände existieren nicht.

Eines der Hauptprobleme bildet der Interessengegensatz zwischen Umland- und Zentrumsgemeinden: Wohlhabende Wohngemeinden sind wenig interessiert, sich an den sozialen Kosten der Verstädterung zu beteiligen, die vor allem das öffentliche Budget in den Kernstädten belasten. Die Städte umgekehrt sind wenig geneigt, den Umlandgemeinden Mitentscheidung als Austausch für finanzielle Beteiligung zu gewähren. Die historische Konfliktline zwischen Stadt und Land bricht in neuer Form auf. Umlandgemeinden sind in einer starken Position. Jede von ihnen kann in Kooperationsverhandlungen ihre Autonomie als Veto benutzen.

Trotzdem bleibt erstaunlich, wie wenig die Tradition des Föderalismus genutzt wird für die politische Lösung des Agglomerationsproblems. Denn theoretisch erlaubt der Föderalismus genau das, was sich in der Agglomeration als praktische Hauptfrage stellt: die Schaffung gemeinsamer Vorteile durch Kooperation unter grösstmöglicher Wahrung der Autonomie der Beteiligten. Zudem lassen sich – ähnlich wie etwa beim Bund – das demokratische Prinzip «eine Person eine Stimme» sowie das föderalistische Prinzip der «Gleichheit der Gemeinden» zu einem doppelten Entscheidungsmechanismus verbinden. Das gilt für Volksabstimmungen in einer Agglomeration wie für die Schaffung von politischen Agglomerationsbehörden. Theoretisch wären also politische Lösungen durchaus möglich, die unter Repräsentation und Beteiligung sowohl der Gesamtbevölkerung wie der betroffenen Gemeinden einer Agglomeration erfolgen.

Bisherige Bemühungen in dieser Richtung gediehen in der Vergangenheit nicht weit. Die Schaffung einer Agglomerationsorganisation muss aber entgegen verbreiteter Ansicht nicht als vollständige Gebietskörperschaft geschehen oder als vierte föderalistische Ebene konzipiert werden. Ebenso wenig braucht sie auf Zwang zu beruhen, falls man die Kooperation weniger auf Abgeltung von Nachteilen als auf die Schaffung gemeinsamer Vorteile ausrichtet. Sucht man Zusammenarbeit auf der Grundidee der Realisierung gemeinsamer Vorteile, so wird die Entwicklung einer gemeinsamen Organisation auf Basis der Freiwilligkeit und mit variabler Geometrie aussichtsreich: Es beteiligen sich jene Gemeinden für jene Aufgaben, in denen sich gemeinsame Kooperationsvorteile ergeben. Entscheidend für die Dynamik der Zusammenarbeit ist, dass die Mitgliedergemeinden die

7 Föderalismus

Vorteile unter sich behalten, also beispielsweise die Preise ihrer Dienstleistungen untereinander billiger anbieten, Dritten aber teurer verrechnen. Das schafft Anreize für Nicht-Mitglieder, einem solchen Agglomerationsverband beizutreten, um ebenso in den Genuss der Mitgliedervorteile zu gelangen. Eine solche Lösung wurde 1992 für die Agglomeration Bern vorgeschlagen[37]. Die Idee eines politischen Agglomerationsverbands ist heute allerdings anderswo am weitesten vorangetrieben worden, nämlich im Agglomerationsgesetz des Kantons Freiburg aus dem Jahre 1995.

F. Problematik des Föderalismus: Theorie und Praxis

Bedingt durch die aktuelle Finanzknappheit, überwiegen in der politischen Diskussion die finanziellen Probleme des Föderalismus. Dabei stehen Fragen mangelnder Effizienz im Vordergrund. Nach dem Grundtenor der heutigen Kritik sind die Finanzierungssysteme zwischen Bund, Kantonen und Gemeinden in den einzelnen Aufgabenbereichen unübersichtlich geworden, setzen über den Mechanismus von Subventionen falsche Anreize, führen zu ineffizienter Allokation öffentlicher Mittel und Wohlstandsverlusten. Dem will die laufende Finanzreform durch eine «Entflechtung» der Aufgabenbereiche von Bund und Kantonen begegnen. Die Beachtung der ökonomischen Regeln der «fiskalischen Äquivalenz» bzw. der «Nutzungs- und Zahlungsinzidenz» soll dazu führen, dass der Zahler- und Nutzerkreis eines öffentlichen Gutes besser übereinstimmen, was eine höhere Effizienz des Einsatzes öffentlicher Mittel verspricht.

Eine ebenso grundlegende Frage lautet: ist der schweizerische Föderalismus zu viel oder zu wenig zentralisiert? «Föderalisten» betonten hier seit je die Vorteile dezentraler Entscheidung und Selbstverwaltung durch die Betroffenen, während Zentralisierungsanhänger auf die höhere Effizienz einheitlicher, grossräumiger Lösungen pochen. Die ökonomische Theorie des Föderalismus (Frey 1977, Frey et al. 1994 und Tanner 1982) zeigt, dass beide politischen Grundhaltungen ihre Berechtigung haben, weil sowohl Zentralisierung wie Dezentralisierung bestimmte Vorteile ausweisen.

Nach dem «*Dezentralisierungstheorem*» ergeben sich durch die Dezentralisierung vor allem folgende *Vorteile*:

– wird über die Bereitstellung eines öffentlichen Gutes statt zentral in vielen Teilgebieten gesondert entschieden, entspricht dies auch den Präferenzen der Stimmbürgerschaft in den einzelnen Teilgebieten besser;
– das Prinzip der fiskalischen Äquivalenz kann oft besser realisiert werden, d.h. die Stimmbürgerschaft bezahlt die gesamten Kosten eines Gutes, erhält aber auch den gesamten Nutzen der Leistung;

---

37 Bericht der Arbeitsgruppe ‚Zusammenarbeit in den Agglomerationen' (1992).

- Gebietskörperschaften stehen im Wettbewerb untereinander, produzieren damit billiger und sind zu höherer Innovation fähig;
- Planungs- und Entscheidungskosten sind geringer, da die Präferenzen der Stimmbürgerschaft besser bekannt sind.

Die *Vorteile der Zentralisierung* liegen umgekehrt in folgenden Punkten:

- gewisse Leistungen können wegen Unteilbarkeiten nicht unterhalb einer kritischen Grösse bereitgestellt werden;
- Nutzenstreuungen sind geringer. Je grösser die Gebietskörperschaft, desto kleiner ist die Wahrscheinlichkeit, dass der Nutzen der bereitgestellten Leistung über die Grenzen der (zahlenden) Gebietskörperschaft hinaus streut;
- Koordinationszwang: bei räumlich grösseren Interdependenzen öffentlicher Leistungen weisen grössere bzw. wenige Gebietseinheiten geringere Entscheidungskosten aus.
- Sinkende Durchschnittskosten: bestimmte öffentliche Leistungen können für das Gesamtgebiet günstiger erstellt werden als für einzelne Teilräume.

Nutzen und Kosten der Zentralisierung und der Dezentralisierung stehen also nach der ökonomischen Theorie in einem «trade off». Für jedes öffentliche Gut liesse sich daher auch ein «optimaler» Zentralisierungsgrad mit dem günstigsten Kosten/Nutzenverhältnis bestimmen. Direkt anwenden lässt sich die Theorie des optimalen Zentralisierungsgrades unter anderem deshalb nicht, weil in der Praxis gerade die Bewertung der Kosten und Nutzen der Zentralisierung eines öffentlichen Gutes strittig bleibt, und weil der optimale Zentralisierungsgrad einzelner Güter unterschiedlich ist.

Aus politologischer Sicht erscheinen mir einige andere, institutionelle Punkte als wichtig:

1. Die Kleinheit und ungleiche Grösse der schweizerischen Gebietskörperschaften: Im internationalen Vergleich fällt die extrem dichte und kleinräumige Struktur des Föderalismus auf, der in der Schweiz für 7 Mio. Einwohner zur Verfügung steht. Ein vergleichbares Föderalismusgefüge von Bund, Ländern und Kommunen wie dasjenige Deutschlands dient einer Bevölkerung von über 80 Mio. Einwohnern. In der Schweiz wird sich die ökonomische Problematik der «Mindestgrösse» auch für die politischen Institutionen verschärfen: Kleingemeinden sind heute vielfach überfordert, ihre eigenen und vor allem die übertragenen, komplexen Aufgaben zu erfüllen. Die Beobachtung Gesers (1981) vor bald 20 Jahren, dass Kleinkantone eine ganze Reihe von Aufgaben nicht mehr selbst erfüllen können, sondern auf den «Einkauf» bei grösseren Kantonen angewiesen sind, dürfte sich als Trend verstärken und auch mittlere Kantone erfassen. Zusätzlicher Druck ist von der Globalisierung und Liberalisierung zu erwarten: 26 verschiedene Gesetze und Verfahren des Zivil- oder Strafprozessrechts, oder ebensoviele kantonale Baugesetze mit völlig unterschiedlichen Verfahren werden sich dem Druck auf Rechtsvereinheitlichung wohl kaum entziehen können.

7 Föderalismus

2. Die resistenten Automatismen neuer Verflechtung: Die Aufgaben-Entflechtung, so plausibel sie aus ökonomischer Sicht erscheint und so dringend sie aktuell in der Politik vorangetrieben wird, kann sich als Sisyphusarbeit entpuppen: nicht nur der kooperative Föderalismus Deutschlands (Scharpf 1994:11ff.), auch das föderalistische Entscheidungssystem der Schweiz weist eingebaute Anreize für neue Aufgabenteilungen und Mischfinanzierungen aus. Als «Schwarzpeterspiel» illustriert Bussmann (1986:96ff.) den Prozess, in welchem überforderte Kantone zunächst Bundeshilfe verlangen, die Bern als erstes mit spärlichen Vorschriften beantwortet. Ist der Vollzug in den Kantonen unterschiedlich, folgt in einem zweiten Schritt der Ruf nach Vereinheitlichung und Ausbau des Bundesrechts. Da der Bund über wenig Macht verfügt, haben verstärkte Bundesnormen im dritten Schritt nur dann Aussicht auf Erfolg, wenn sie mit Beiträgen gekoppelt werden – eine neue Mischfinanzierung ist geboren. Solche «Schwarzpeterspiele» können zwar bei Finanzknappheit weniger gespielt werden. Das Problem indessen dürfte bleiben, dass entflochtene Aufgaben des Bundes bei Widerstreben der Kantone nur dann wirkungsvoll vollzogen werden können, wenn die zentralen Kompetenzen in diesen Bereichen auch gestärkt werden.

3. Die Politikverflechtungsfalle: Der kooperative Föderalismus hat z.B. in Deutschland zu Entscheidungslähmungen zwischen Bund und Ländern geführt (Benz et al. 1992), die Scharpf (1976, 1994:11ff.) als «Politikverflechtungsfalle» bezeichnet hat. Diesen Risiken hat der schweizerische Föderalismus bisher ausweichen können, weil er keine formelle «Kodezision» von Bund und Kantonen vorsieht wie etwa Bund und Länder in den sog. «Gemeinschaftsaufgaben» des deutschen Grundgesetzes. Indessen kennt der schweizerische Föderalismus andere Tendenzen der Entscheidungslähmung. So verlangen die Kantone mehr Einfluss auf die Bundespolitik, vor allem auch in der Aussenpolitik. Dieses Interesse ist durchaus legitim. Aber die Kantone suchen die Stärkung ihres Einflusses heute nicht auf dem Weg der besseren Nutzung vorhandener Verfahren oder ihrer Reform, sondern durch neue Institutionen wie in der 1993 gegründeten Konferenz der Kantonsregierungen (APS 1993:46f.). Hier wie in anderen Fällen – etwa der Hochschul- und Forschungspolitik – wird der Weg der Verdoppelung von Institutionen gesucht, was die Entscheidungsstrukturen des Föderalismus insgesamt eher kompliziert als stärkt.

Kapitel 8: Das Parlament

A. Die Stellung des Parlaments im politischen System

1. Das Parlament als «oberste Gewalt des Bundes»?

Parlamentarische Systeme tragen ihre Bezeichnung nicht von ungefähr. Sie verkörpern eine Form der Demokratie, in der sich im Parlament die politische Macht konzentriert, in welcher von der Volksvertretung die wesentlichen Entscheidungen ausgehen, und in der die parlamentarische Politik im Zentrum demokratischer Legitimation steht. Von dieser institutionellen Grundidee war auch die schweizerische Verfassung geprägt, die das Parlament als «oberste Gewalt» im Bunde definiert (Art. 71 BV). Nach Art. 85 BV ist die Bundesversammlung «verfassungs- und gesetzgebende Instanz, sie wählt Bundesrat und Bundesgericht, sie verfügt über weitgehende Finanzbefugnisse (Budget, Rechnung, Anleihen etc.), sie regelt Kompetenzkonflikte zwischen anderen Bundesbehörden, sie hat die Oberaufsicht über Bundesrat, Bundesgericht und Verwaltung inne, ist in einzelnen Fällen sogar förmliche Rekursinstanz gegen bundesrätliche Entscheide, sie hat die wichtigsten aussenpolitischen Kompetenzen und jene für die Sicherung der inneren Ordnung. Die Bundesversammlung besitzt Kompetenzen wie kaum ein ausländisches Parlament» (Schmid 1971:191ff.). Wie Schmid aufzeigt, fand sich diese verfassungsmässig gewollte Parlamentssuprematie in den ersten Jahrzehnten nach 1848 auch in den tatsächlichen Verhältnissen: Das Parlament prägte die Gesetzgebung und griff mit detaillierten Weisungen in die Verwaltungsgeschäfte ein. Der Bundesrat war dem Parlament klar untergeordnet und machte von seinen Verordnungsbefugnissen nur wenig Gebrauch. «Weitgehend in Einklang mit den klassischen liberalen Parlamentsvorstellungen lagen die Entscheide der Bundesversammlung, der «obersten Gewalt im Bunde», noch in den Händen des Plenums. Festgefügte Fraktionen existierten noch nicht, Kommissionen wurden nur zögernd gebildet, und es wurde ihnen vom Plenum genau auf die Finger geschaut, die Interessenverbände schliesslich machten sich nur punktuell und mässig bemerkbar» (Schmid 1971:186). Von der Idee der Parlamentssuprematie mitgeprägt ist schliesslich die Bestimmung von BV Art. 113, die dem Bundesgericht verwehrt, die Erlasse der Bundesversammlung auf ihre Verfassungsmässigkeit hin zu überprüfen.

Das politische Übergewicht der Bundesversammlung ging schon zu Ende des 19. Jahrhunderts, spätestens aber mit dem Ersten Weltkrieg verloren. Die staatsrechtliche und die politologische Literatur führt verschiedenste Gründe für den *Suprematieverlust des Parlaments* an, die sich wie folgt zusammenfassen lassen:

1. Das fakultative Gesetzesreferendum: Die Einführung des fakultativen Referendums 1874, das von der konservativen Opposition als Veto gegen die freisinnige Mehrheitspolitik genutzt wird, führt nicht nur zur Integration der Minderheiten in den Entscheidungsprozess und zu deren Teilhabe an der Regierung. Darüber hinaus begrenzt die plebiszitäre Nachkontrolle aller wichtigen Entscheidungen den Handlungsspielraum des Parlaments.

2. *Das vorparlamentarische Verfahren:* Die Risiken des fakultativen Referendums werden durch das ausgedehnte und nach dem Zweiten Weltkrieg formalisierte vorparlamentarische Verfahren, also durch Partizipation aller referendumsfähigen Kräfte minimiert. Das Parlament ist zwar an die Ergebnisse dieses Verfahrens rechtlich in keiner Hinsicht gebunden. Die politische Risikominderung kann aber in der Regel nur funktionieren, wenn die Problemdefinitionen und Vorschläge des vorparlamentarischen Kompromisses nicht völlig ausser acht gelassen werden.

3. *Das Entstehen einer «politischen Verwaltung»:* Im Zusammenhang mit der Entwicklung des Interventions- und Leistungsstaats im 20. Jahrhundert wird allgemein eine Gewaltenverschiebung von der Legislative auf die Exekutive und ihre Verwaltung behauptet: Regierungsentscheidungen werden oft bedeutsamer als die allgemeine Gesetzgebung des Parlaments. Die Verwaltung differenziert und spezialisiert sich, bringt ihr spezifisches Wissen, aber auch ihre Eigeninteressen in der Gesetzgebung zum Tragen. Wichtige Entscheidungen verlagern sich aus der Gesetzgebung in den Vollzug: die Verwaltung wird politisch. Beim Bund setzt diese Entwicklung – nach der Sonderperiode des «Vollmachtenregimes» des Bundesrats in den dreissiger Jahren – vor allem nach dem Zweiten Weltkrieg ein.

4. *Der Primat des Bundesrates in der Aussenpolitik*: Der Primat der Regierung in der Aussenpolitik ist zwar nichts neues. Nach verbreiteter Auffassung und Usanz gehört die Aussenpolitik seit dem 19. Jahrhundert in den Bereich der Regierung, die damit möglichst ungehindert, und unter Nutzung diplomatischer Verhandlungsroutinen, das nationale Interesse wahren soll. Neu ist aber die Verflechtung von Innen- und Aussenpolitik. Diese wirkt im Verhältnis von Regierung und Parlament asymmetrisch: Vorstellungen der Aussenpolitik und damit der Regierung vermögen den innenpolitischen Handlungsspielraum des Parlaments einzuschränken. Umgekehrt ist es nicht ohne weiteres möglich, dass das Parlament seine innenpolitischen Optionen auf die Aussenpolitik der Regierung übertragen kann. Es mag daher kein Zufall sein, wenn das Parlament – nach einer langen Periode des Desinteresses – in den letzten zehn Jahren einen grösseren Einfluss auf die Aussenpolitik verlangt.

Aus all diesen Gründen ist die verfassungsrechtliche Bezeichnung der Bundesversammlung als «oberster Gewalt» für ihre heutige, reale Position wenig aussagekräftig. Unter dem Gesichtspunkt formeller Gewaltenteilung steht das Parlament ähnlich wie in den USA in einem Macht-Gleichgewicht zur Exekutive, wobei die überwiegende Literaturmeinung der Regierung heute mehr Einfluss zuweist als dem Parlament. Betrachtet man den gesamten Ablauf des politischen Entscheidungsprozesses, so wird noch deutlicher, dass sich der Machteinfluss im schweizerischen System nicht auf das Parlament konzentriert. Das

8 Das Parlament

Parlament ist zwar der wichtigste Akteur im Gesetzgebungsprozess, aber es ist eingebunden in die vorgelagerte Ebene des vorparlamentarischen Verhandlungssystems und die nachgelagerte Arena der Kontrolle seiner Entscheidungen durch das Volk. Als Fazit lässt sich ziehen: trotz seiner grossen formalen Kompetenzen ist das schweizerische Parlament in seinem Gestaltungs- und Handlungsspielraum deutlich eingeschränkt.

2. Die Eidgenössischen Räte zwischen präsidialem und parlamentarischem System

Nach Auffassung der vergleichenden Regierungslehre hängen Stellung und Funktion des Parlaments massgeblich von der Ausprägung eines politischen Systems als parlamentarische oder präsidiale Demokratie ab.

Parlamentarische Systeme zielen auf die Einheit von Regierung und Parlamentsmehrheit zur politischen Umsetzung eines Wählerauftrags. Das Grundmerkmal aller parlamentarischen Regierungssysteme ist die politische Vertrauensbindung der Regierung an die Parlamentsmehrheit. Dies drückt sich in deren Befugnis aus, eine Regierung nicht nur zu wählen, sondern aus politischen Gründen auch aus dem Amt entfernen zu können. Die – wie auch immer ausgestaltete – Möglichkeit der Abberufbarkeit der Regierung durch das Parlament ist darum das Hauptmerkmal aller parlamentarischen Systeme. Damit ist eine wesentliche Funktion des Parlaments vorgegeben: Seine Mehrheit bildet die Regierung und hat ein Interesse daran, diese dauernd zu unterstützen – andernfalls erhält die Opposition die Chance, die Regierung zu Fall zu bringen. Das bedingt aber auch umgekehrt, dass die Regierung die Interessen der Mehrheitsfraktion oder der Koalitionspartner unter einen Hut zu bringen vermag. Da Parlamentsmehrheit und Regierung ein gemeinsames Interesse daran haben, ihre Macht zu erhalten, stehen sie in einem gegenseitigen Abhängigkeitsverhältnis. In einer parlamentarischen Demokratie kann darum die Regierung den Parlamentsdebatten in der Regel getrost entgegensehen, wenn sie einmal ihre Partei – und allenfalls weitere Koalitionsparteien – für ihre Gesetzesvorlagen gewonnen hat: Die Fraktionsdisziplin der Regierungsparteien ist systemnotwendig; es bleibt wenig Raum für abweichende Meinungen der einzelnen Parlamentarierin, ausser sie gehörte zu den Opinion-leaders innerhalb des Regierungslagers.

Anders ist die Stellung des Parlaments im präsidentiellen System. Das amerikanische Parlament etwa sieht sich einem Präsidenten gegenüber, der durch seine Volkswahl gegenüber der Legislative unabhängig ist und seine verfassungsmässigen Befugnisse auch mit eigenen politischen Vorstellungen ausfüllen kann. Die beiden Gewalten sind insofern unabhängig voneinander, als kein Organ das andere wählt oder entlässt, und es ist auch möglich, dass Regierung und Parlamentsmehrheit unterschiedlicher Parteifarbe sind (divided government). Im Verhältnis zwischen Regierung, Parlament und Verfassungsgericht sind die Kompetenzaufteilung sowie die gegenseitigen Kontrollbefugnisse bedeutsam, die, wie in der amerikanischen Verfassung, ein System von «checks and balances» bilden. Hier erfüllt das Parlament andere Funktionen. Es ist nicht eingespannt in den Machterhalt der

Regierung. Die Mehrheit kann Vorlagen der Regierung zurückweisen, und sie tut es, selbst gegen einen Präsidenten derselben Parteifarbe. Die Mehrheit kann die Befugnisse des Parlaments voll zur Geltung bringen, in den Ausschüssen eigene Vorlagen ausarbeiten und verabschieden. Oft fühlt sich die einzelne Abgeordnete ihrem Wahlkreis oder einer Interessengruppe gegenüber eher verpflichtet als der Linie ihrer Partei. Solche Abweichungen sind möglich, denn die Fraktionsdisziplin ist weit weniger wichtig. Dies ist eine Chance für den Präsidenten. Er kann sich zwar auch bei einer «eigenen» Mehrheit in beiden Kammern nicht darauf verlassen, dass seine Partei ihm Folge leisten wird, aber er kann «ad-hoc-Mehrheiten» für seine Vorlagen suchen, auch bei Parlamentsabgeordneten der andern Partei.

Das schweizerische System entzieht sich den Idealtypen präsidentieller und parlamentarischer Demokratie. Riklin/Ochsner (1984:79) nennen es ein «nichtparlamentarisches» (keine Abwahlmöglichkeit der Regierung) und «nichtpräsidentielles» (keine vom Parlament unabhängige Regierungswahl) System. Man könnte allerdings auch umgekehrt argumentieren: die schweizerische Verfassung stellt einen Mischtypus mit Elementen beider Systeme dar.

Einerseits teilt nämlich das schweizerische mit einem parlamentarischen System die Wahl der Regierung durch das Parlament. Dieses könnte nach jeweils vier Jahren – auch ohne Verfassungsänderung – statt blosser Bestätigung eine echte Neuwahl der Regierung vornehmen, der Koalitionsvereinbarungen über ein Regierungsprogramm vorangehen. Diese Einheit von Parlamentsmehrheit und Regierung hätte sich zwar in Referenden zu bewähren – aber sie wäre eine Annäherung an ein parlamentarisches System, das die bestehenden Strukturen durchaus erlauben.

Andererseits gestaltet das Parlament heute seine Beziehungen zur Regierung in starker Analogie zu einem präsidentiellen System. Die Regierungsparteien sehen sich unabhängig von ihrer Regierung. Einzelne Fraktionen oder Teile ihrer Mitglieder scheren fallweise aus der Koalition aus, und die Regierung kann für ihre Vorlagen keineswegs mit sicheren Mehrheiten rechnen. Das Parlament gestaltet viele Vorlagen stark nach seinen eigenen Vorstellungen um oder weist einzelne von ihnen gar zurück. Zwar sind die Parlamentsfraktionen zentrale Foren der Meinungs- und Mehrheitsbildung im Plenum, aber die Fraktionsdisziplin spielt keineswegs durchgängig. Ähnlich wie im amerikanischen Parlament betonen die Mitglieder ihre persönliche Unabhängigkeit durch eigene Vorstösse und durch nicht-konformes Abstimmungsverhalten im Plenum, das keineswegs immer nach parteipolitischen Konfliktlinien, sondern auch nach regionalen oder sprachlichen Grenzen verlaufen kann.

3. Die Eidgenössischen Räte: Rede- oder Arbeitsparlament?

Die ungleiche Funktion des Parlaments im parlamentarischen und präsidentiellen System begünstigt auch einen anderen politischen Stil und eine andere Arbeitsweise. Das parlamentarische System teilt das Parlament: Auf der einen Seite sitzt jene politische Mehrheit, welche im Interesse des Machterhalts den politischen Kurs der Regierung und ihre Vorlagen nach Kräften unterstützt, auf der anderen Seite die Minderheit, welche keine Gelegenheit auslassen wird, in ihrer grundsätzlichen Oppositionsrolle die Regierung zu kritisieren. Die Diskussion wird wenig neue Problemlösungen hervorbringen und das Stimmverhalten der Abgeordneten in der Regel wenig verändern. Hitziger Schlagabtausch zwischen Regierungs- und Oppositionsfraktionen ist gewollte und sinnvolle «Rede zum Fenster hinaus». Denn die Diskussion, auf Wirkung in der politischen Öffentlichkeit bedacht, soll Transparenz darüber herstellen, was für wen und für welche Interessen entschieden wird. Wir sprechen hier vom Redeparlament, für welches das englische Unterhaus als typisches Beispiel gilt.

Auch im präsidentiellen System, in dem das Parlament einen eigenständigen politischen Einfluss gegenüber der Regierung geltend macht, bleibt seine Funktion als öffentliches Sprachrohr bedeutsam. Zudem finden aber Diskussionen statt, die nicht primär auf die Öffentlichkeitswirkung, sondern auf neue Problemlösungen hin gerichtet sind und damit zu eigenständigen Entscheidungsbeiträgen des Parlaments führen. Hier sprechen wir vom «Arbeitsparlament», und seine selbständigen Problemlösungen werden typischerweise nicht im Plenum, sondern in Ausschüssen oder Kommissionen vorbereitet. Parlamentsausschüsse, wie z.B. die des amerikanischen Kongresses, verfügen über weitgehende Anhörungsrechte und werden durch professionelle Dienstleistungen unterstützt.

Politischer Stil und Arbeitsweise der Eidgenössischen Räte entsprechen denjenigen eines Arbeitsparlaments. Zwar wird häufig bezweifelt, ob das Parlament diese Rolle auch tatsächlich ausfüllen kann. Milizsystem und ein schwach entwickeltes Kommissionensystem ohne grosse Infrastruktur waren starke und darum wenig hinterfragte Argumente, um während Jahrzehnten von der «Zeitnot, Sachkundenot und Bewertungsnot» (Eichenberger 1980:422) der Eidgenössischen Räte zu sprechen. Indessen gestaltet das Parlament heute rund 45% der bundesrätlichen Vorlagen um. Neueste Untersuchungen zeigen, dass das schweizerische Parlament – trotz der zunehmenden Arbeitslast – heute eher mehr in die bundesrätlichen Vorlagen eingreift als vor 20 Jahren, und dass vor allem mit der Reform des Kommissionssystems zu Beginn der neunziger Jahre spürbare Verbesserungen für das «Arbeitsparlament» geschaffen worden sind. Das Arbeitsparlament entspricht darum nicht bloss dem Selbstverständnis der Parlamentarierinnen und Parlamentarier, sondern der politischen Realität der Eidgenössischen Räte.

4. Das Zweikammersystem

Das schweizerische Parlament ist ein Zweikammersystem nach dem Grundsatz der Gleichwertigkeit. National- und Ständerat verfügen über identische Kompetenzen; wir finden keine Vorrechte wie z.B. diejenigen des amerikanischen Senats in der Aussenpolitik. Jede Vorlage wird darum in beiden Kammern beraten und muss zur gültigen Annahme in der gleichen Fassung Zustimmung finden. Bei unterschiedlichen Beratungsergebnissen findet ein sog. «Differenzbereinigungsverfahren», nach dessen Scheitern noch eine «Einigungskonferenz» statt. Empirische Untersuchungen über die Häufigkeit des Differenzbereinigungsverfahrens relativieren den Vorwurf der politischen Ineffizienz des Zweikammersystems. So wurden von 1973 bis 1989 je nach Vorlagentyp zwischen 55 und 88 Prozent aller Geschäfte ohne Differenzbereinigungsverfahren verabschiedet (Huber-Hotz 1991:175f.). Indessen stellt sich generell die Frage, ob Zweikammersysteme ein anderes Entscheidungsverhalten ausweisen als Einkammersysteme. Der Vergleich des Klassikers von Thomas Jefferson[1], wonach der Tee nicht zu heiss getrunken werde, wenn er vorher in eine zweite Tasse umgeschüttet würde, wird durch moderne Untersuchungen bestätigt und dürfte auch für die Schweiz gelten: Tsebelis' und Money's (1997) Vergleich von 50 Zweikammersystemen kommt zum Ergebnis, dass diese die politische Stabilität und den Status quo begünstigen.

Die Machthemmung – als allgemeines Merkmal des Zweikammersystems – hat nun freilich im schweizerischen System ihren spezifischen Sinn: der Ständerat ist konzipiert als die gleichberechtigte Vertretung der Kantone, der Nationalrat als Vertretung des Volkes. Trügerisch wäre es nun allerdings zu glauben, dass sich die Ständekammer stärker mit den föderalistischen Problemen und Interessen der Kantone auseinandersetzt: neuere empirische Ergebnisse (Jegher/Linder 1996) bestätigen ältere Meinungen (Neidhart 1970), dass der Ständerat eher eine Verstärkung jener Interessen bildet, die auch im Nationalrat dominieren. Während langer Zeit ging dem Ständerat – wegen seiner stärkeren Besetzung durch altverdiente Politiker oft auch das «Stöckli» genannt – der Ruf voraus, deutlich konservativer zu sein als die Volkskammer. Systematische Vergleiche aus neuerer Zeit weisen eher auf Angleichungen beider Kammern hin, und der Status quo-Effekt wäre im Lichte der neueren Theorie zum Bikameralismus denn auch eher im Zusammenwirken der beiden Kammern zu suchen.

Wesentlich bleibt aber der Effekt des unterschiedlichen Wahlmodus, und zwar in doppelter Hinsicht. Erstens ist vom *Föderalismus-Effekt* zu sprechen. Jeder volle Kanton entsendet zwei Vertreter in den Ständerat, während die Zahl der Nationalratssitze für jeden Kanton aus seiner proportionalen Bevölkerungsgrösse errechnet wird. Dadurch ergibt sich – wie vorne bereits am Ständemehr diskutiert – ein stark überproportionaler Einfluss der Kleinkantone: dank des Föderalismusprinzips können die kleinsten Kantone theoretisch eine Sperrminorität von 23 Stimmen bilden, welche bloss 18 Prozent der Bevölkerung repräsentiert. Es sind vor allem ländliche Gebiete, welche von diesem Minderheitenschutz profitieren, also *keineswegs alle* Minderheiten. So bilden beispielsweise die *Städte* eine regionale «Minderheit», die doppelt benachteiligt ist, weil sie im föderalistischen System gegnüber den Landkantonen eine Minderheit bilden und weil bedeutende Städte wie

---

[1] Zum Disput Thomas Jeffersons mit George Washington und zum Zweikammersystem generell: Schüttemeyer/Sturm (1992:517ff.).

8 Das Parlament 197

Zürich, Bern oder Lausanne bereits innerhalb ihres Kantons z.B. bei der Ständeratswahl durch das stimmenstärkere Umland minorisiert werden können. Zweitens ist an den *Partei-Effekt* zu erinnern, den ich in Kapitel 4 ausführlich dargelegt habe: Im Proporzwahl-System für die 200 Sitze des Nationalrats wird eine recht genaue Abbildung der Wählerstärken im schweizerischen Vielparteiensystem erreicht. Im Ständerat sind diese Verhältnisse stark verzerrt. So belegen nach den Wahlen von 1995 die drei bürgerlichen Regierungsparteien mit einem Wähleranteil von 52 Prozent[2] 38 der 46 Sitze, während die SP, grösste Partei mit 22 Prozent, gerade 5 Vertreter entsenden kann. Wie erwähnt, liegen die Gründe für diese bürgerliche Übervertretung nicht im Majorzwahlsystem selbst, sondern im Koalitionsverhalten der bürgerlichen Parteien, die sich untereinander näher stehen als zur SP und darum in der Regel mit einem gemeinsamen «Ticket» in den meisten Kantonen beide Sitze erringen.

Wie wirken sich nun aber *Föderalismus- und Parteieffekt im tatsächlichen Verhalten von National- und Ständerat* aus? Jegher (1998) verglich das Verhalten beider Kammern anhand aller vorgenommenen Veränderungen der Gesetzgebungserlasse von 1995–97. Untersucht wurde unter anderem die Präferenz der Kammern auf den vier Konfliktlinien Links-Rechts, Interventionismus-Liberalismus, Föderalismus-Zentralismus sowie Postmaterialismus-Materialismus. Zunächst reagierten National- und Ständerat sehr ähnlich: beide Kammern modifizierten die bundesrätlichen Vorlagen eher in Richtung Rechts, Liberalismus und Föderalismus. Nur auf der vierten Konfliklinie zog der Nationalrat anders als der Ständerat, nämlich auf die Seite des Postmaterialismus. In drei Fünfteln der veränderten Vorlagen kam es allerdings zu einem Differenzbereinigungsverfahren. Im diesem direkten Vergleich änderte sich das Bild: der Nationalrat nahm eher Stellung für linke, staatsinterventionistische, zentralistische und postmaterielle Anliegen, während der Ständerat eher rechte, wirtschaftsliberale, föderalistische und materialistische Forderungen vertrat und sich dabei auch stärker durchsetzte. Jeghers systematische Untersuchung spricht für eine starke Wirkung des Föderalismus- und Parteieffekts jedenfalls dann, wenn es zur Differenzbereinigung kommt. In allen Vorlagen und am deutlichsten unterscheidet sich der Ständerat von der Volkskammer aber nicht in den klassischen Föderalismusfragen, sondern in seiner Präferenz für materielle Werthaltungen. Sie lassen sich freilich auch als Föderalismuseffekt, nämlich als Folge der verfassungsmässig gewollten Überrepräsentation der Landgebiete deuten, in denen postmaterielle Werthaltungen weniger verbreitet sind.

5. Milizidee oder Semi-Professionalismus

Nach landläufiger Vorstellung ist das schweizerische Parlament ein Milizparlament. National- wie Ständerätinnen gehen weiterhin einer zivilberuflichen Tätigkeit nach, üben ihr Mandat nebenamtlich aus und beziehen vom Staat kein Gehalt, sondern einen Unkosten-

---

2 Berechnet aus der Proportionalwahl des Nationalrats.

ersatz. Die Idee, dass damit eine besondere Unabhängigkeit und Volksverbundenheit der Parlamentarier verbunden sei, und dass das Milizsystem auch die Entstehung einer politischen Kaste verhindere, ist offensichtlich im Volk sehr stark verankert. Jedenfalls verwarf das Volk 1992 jene Teile einer Parlamentsreform, die zwar nicht einen Verzicht auf das Milizprinzip, aber eine angemessenere Entschädigung der Arbeit der Parlamentarier und verstärkte professionelle Ressourcen für die Fraktionen gebracht hätte.

Das *Milizparlament* ist allerdings *längst eine Fiktion* geworden. Die Umfrage von Riklin/ Möckli (1991:145ff.) zeigt, dass die zeitliche Beanspruchung der Parlamentarier in den achtziger Jahren nochmals deutlich zugenommen hat. Diese wenden, bei einer durchschnittlichen Wochenarbeitszeit von 60 Stunden, 48 Prozent ihrer Zeit für die parlamentarische, 9 Prozent für die nicht-parlamentarisch-politische, und nur 36 Prozent für die nichtpolitische Arbeit sowie 7 Prozent für Ferien auf. Echte Milizparlamentarier – die nach der Definition Riklin und Möckli weniger als ein Drittel ihres Zeitbudgets für ihr Mandat aufbringen – sind mit 6 Prozent überaus selten. 13 Prozent aller Mitglieder sind als Berufsparlamentarier zu bezeichnen, weil sie über zwei Drittel ihrer Arbeitszeit für ihr Mandat aufwenden, während 81 Prozent als Halb-Berufsparlamentarier gelten können. Berücksichtigt man zusätzlich, dass viele Mitglieder in ihrer ausserparlamentarischen Tätigkeit ebenfalls einem politischen Beruf (z.B. als Regierungsräte oder Verbandsfunktionäre) nachgehen, so finden sich gegen 35 Prozent Berufspolitiker in den Eidgenössischen Räten.

Entsprechen Engagement und Zeitaufwand dem Halbberuf, so verhindert die Fiktion des Milizparlaments die Entwicklung professioneller Arbeitsbedingungen. Vier Fünftel der von Riklin und Möckli befragten Parlamentarier befürworteten eine verstärkte Unterstützung durch die Parlamentsdienste, die Fraktionssekretariate, durch persönliche Mitarbeiter und eine bessere Infrastuktur. Doch in ihrem Selbstverständnis hängen die Parlamentarierinnen – wie das Volk – an der Idee des Milizparlaments. Mit grosser Mehrheit lehnten sie den Übergang zum Berufsparlament ab, obwohl dieser Trend faktisch unaufhaltsam voranschreitet (Riklin/Möckli 1991:162).

Die *Kosten* dieser hälftigen Miliz- und *halbherzigen Berufsparlamentslösung* sind nicht zu unterschätzen. Riklin und Möckli erwähnen vor allem die fehlende Chancengleichheit. Einzelne Parlamentarier verfügen über professionelles Personal, Dienste, Informationen und Infrastruktur, die ihnen aus ihrer beruflichen Situation zur Verfügung stehen, andere haben nichts von alldem. Ähnliches gilt für die Einkommenssituation. Die einen erzielen – z.B. über Verwaltungsratsposten aufgrund des politischen Mandats – ein Mehrfaches ihres Berufseinkommens, bei anderen bildet die Parlamentarierentschädigung das einzige Einkommen. Die Rekrutierungsbasis des Parlaments ist schmal – man muss, wie Riklin/ Möckli (1991:163) bemerken, «entweder Selbständigerwerbender sein oder einen toleranten Arbeitgeber finden». Am Parlament zeigt sich die soziale Diskriminierung durch das Milizprinzip am deutlichsten: einkommenslose Arbeit setzt Einkommen ohne Arbeit voraus. Schliesslich verunmöglicht die Fiktion des Milizparlaments die befriedigende

Lösung von Konflikten zwischen öffentlichem und Privatinteresse. Zwar haben auch die schweizerischen Parlamentarier ihre Interessenbindungen (z.b. Tätigkeiten in Führungs- und Leitungsgremien bedeutender Unternehmungen und Körperschaften) offen zu legen. Ausstands- oder Unvereinbarkeitsregelungen wegen privater Interessenkollision, wie sie ausländische Parlamente kennen, gibt es jedoch nicht, und sie wären auch kaum haltbar: Einem nebenamtlichen Milizparlamentarier dürfte wohl kaum vorgeschrieben werden, wo die Grenzen seiner beruflichen Tätigkeiten liegen dürfen. Riklins und Möcklis (1991:163) Fazit lautet: «Das Halbberufsparlament ist unter dem Aspekt der Demokratie fragwürdig, weil es die Repräsentation verzerrt, weil es zwischen den Parlamentariern grosse Ungleichheiten schafft und weil es de facto die meisten Bürgerinnen und Bürger des verfassungsmässig 'garantierten' passiven Wahlrechts beraubt».

B. Die Organisation des Parlaments

1. Allgemeines

Kommt eine Vorlage des Bundesrats vor das Parlament, so löst dies eine Reihe von Verfahrensschritten aus, deren Ablauf in der Regel so aussieht:

1. Bezeichnung des erstbehandelnden Rats
2. Vorberatung in der zuständigen Kommission des Erstrats
3. Behandlung in den Fraktionen
4. Eintreten und Detailberatung im Plenum des Erstrates
5. Vorberatung in der Kommission des Zweitrats
6. Eintreten und Detailberatung im Plenum des Zweitrates
7. Bei ungleichen Beratungsergebnissen Durchführung des Differenzbereinigungsverfahrens, allenfalls Einsetzung der Einigungskommission
8. Schlussabstimmung.

Das Parlament organisiert diese Abläufe selbständig. In jeder Kammer führt eine auf ein Jahr gewählte Präsidentin die Ratsverhandlungen. Ihnen zur Seite steht je ein Ratsbüro, welches die Traktanden der vier Sessionen festlegt und die Mitglieder der vorberatenden Kommissionen auf Antrag der Fraktionen und proportional zu deren Sitzstärke bestimmt. Beide Ratsbüros bilden zusammen die Koordinationskonferenz. Diese stuft die Geschäfte nach ihrer Dringlichkeit ein, erstellt eine Jahres- und Legislaturplanung, ist zuständig für die Beziehungen des Parlaments zu Dritten und beaufsichtigt die Parlamentsdienste. Diese stehen unter der Leitung der Generalsekretärin der Bundesversammlung. Die Parlamentsdienste planen und organisieren die Sessionen und Kommissionssitzungen, besorgen Sekretariat, Protokoll und Übersetzungen, und unterstützen die Ratsmitglieder in Sach- und Verfahrensfragen.

Die Fraktionen umfassen die Mitglieder gleicher Parteizugehörigkeit aus beiden Räten. Ihre Mindestgrösse sind fünf Mitglieder, wobei Mitglieder mehrerer Parteien eine Fraktion bilden können. Fraktionen sind damit der Ort parteimässig-ideologischer, gruppenspezifisch-interessierter, aber auch politisch-strategisch orientierter Willensbildung und Diskussion im Vorfeld der Plenumsdebatte oder schon der Kommissionsverhandlungen. Hier werden inhaltliche Vorschläge und taktische Verfahren diskutiert, um allein oder in Kooperation mit andern Fraktionen möglichst viel von den eigenen politischen Vorstellungen realisieren zu können. Die Verhandlungen der Fraktionen sind nicht-öffentlich.

2. Die Kommissionen als Organe des Arbeitsparlaments

Alle Ratsgeschäfte (mit Ausnahme von Motionen, Postulaten, Interpellationen und einfachen Anfragen) werden zuerst in Kommissionen vorbereitet. Bis 1992 gab es ein gemischtes System ständiger (für dauernde, funktionale Aufgaben) und nicht-ständiger Kommissionen (für die Vorbereitung bestimmter Gesetze und Vorlagen, in der Legislaturperiode 1987–1991 z.B. über 100). Die Parlamentsreform von 1992 stellte auf ein System um, das alle Geschäfte auf ständige Kommissionen beider Kammern verteilt.[3]

Kommissionen oder Ausschüsse gelten generell als die eigentlichen «Problemlösungsinstanzen» eines Arbeitsparlaments. Eine Gruppe von 10–20 Personen ist gross genug, um alle Parteien einigermassen proportional vertreten zu lassen, aber nicht zu gross, um Konflikte und Interessengegensätze auf dem Diskussionsweg zu klären und durch neue Vorschläge zu lösen. Der Systemwechsel von den ad-hoc zu den ständigen Kommissionen wurde in einer Vollerhebung der Geschäfte der Jahre 1990–94 von Lüthi (1997) untersucht. Es scheint, als ob diese Reform die autonome Handlungs- und Entscheidungsfähigkeit des Parlaments beträchtlich gesteigert hätte. Zunächst fand eine gewisse Verlagerung der Tätigkeit der Parlamentsmitglieder in die Kommissionsarbeit statt. Dies steht in Zusam-

---

3 Es sind dies die:
  – Kommission für Rechtsfragen (KR)
  – Kommission für Verkehr und Fernmeldewesen (KVF)
  – Kommission für Wirtschaft und Abgaben (WAK)
  – Kommission für Umwelt, Raumplanung und Energie (UREK)
  – Kommission für Wissenschaft, Bildung und Kultur (WBK)
  – Kommission für soziale Sicherheit und Gesundheit (SGK)
  – Kommission für öffentliche Bauten (KöB)
  – Staatspolitische Kommission (SPK)
  – Sicherheitspolitische Kommission (SiK)
  – Begnadigungskommission (BeK)
  – Aussenpolitische Kommission (APK)
  – Redaktionskommission
  – Geschäftsprüfungskommission (GPK)
  – Finanzkommission (und Finanzdelegation der eidg. Räte) (FK)

menhang mit einer weiteren Reform: der Straffung des Plenumsbetriebs, in welchem u.a. die Redezeit für die weniger wichtigen Geschäfte beschränkt wurde. Die ständige Befassung mit dem Aufgabengebiet einer Kommission während mehrerer Jahre erlaubte vermehrte Spezialisierung und die Aneignung von Fachkompetenz; Kommissionen entwickelten effiziente Arbeits- und Verständigungsstrategien. Das Gewicht der Kommissionsvorschläge im Plenum, der Erfolgsgrad ihrer Motionen und parlamentarischen Initiativen stieg. Vor allem aber wiesen die ständigen Kommissionen auch mehr Durchsetzungsvermögen gegenüber Regierung und Verwaltung aus, die auf einen kritischeren und kompetenteren Gesprächspartner trafen. Die Kommissionsstile erwiesen sich freilich nicht als einheitlich. Kommissionen hatten nur dann Erfolg im Plenum, wenn ihre Mitglieder die Ergebnisse in den Fraktionen frühzeitig und gut absicherten. Das Parlament wurde durch die ständigen Kommissionen nicht parteipolitisch neutralisiert, aber es eröffnete dem Lobbyismus der Sonderinteressen geringere Chancen. Im früheren System gelang es ohne weiteres, z.B. eine Ad-hoc-Kommission für eine Landwirtschaftsfrage mit Bauernvertretern, oder eine Ad-hoc-Kommission für eine Bankenfrage mit zuverlässigen Banken-Lobbyisten zu kolonisieren. Seit dem Systemwechsel auf die ständigen Kommissionen muss sich der Finanzexperte in der WAK auch mit der Landwirtschaft befassen, und der Landwirt, der sich wegen der Agrarpolitik in die WAK wählen liess, stösst überwiegend auf allgemeine Finanzfragen. Das stimuliert die Entwicklung eines breiteren, längerfristig orientierten Sachverstands. Damit unterscheiden sich die heutigen Kommissionen nicht nur von den früheren Ad-hoc-Kommissionen, sondern auch vom Forum der Direktinteressierten im vorparlamentarischen Verfahren. Insgesamt sind Bedingungen für eine grössere politische Entscheidungsfähigkeit des Parlaments geschaffen worden, wie auch für die Stärkung der Eidgenössischen Räte gegenüber der Regierung und den Ergebnissen des vorparlamentarischen Verfahrens (Lüthi 1997:170ff.).

C. Die Funktionen des Parlaments

1. Die Bundesversammlung als Wahlbehörde

Das Parlament ist das Wahlorgan der wichtigsten Bundesbehörden, nämlich des Bundesrats und des Bundeskanzlers, der Bundespräsidentin und des Vizepräsidenten, der Mitglieder des Bundesgerichts, sowie, in Kriegszeiten, des Generals. Für diese Wahlgeschäfte treten Nationalrat und Ständerat in der Vereinigten Bundesversammlung zusammen. Sowohl die Bundesratswahlen wie die Richterwahlen sind heute vom Grundsatz proportionaler Vertretung geprägt. Dem Bundesgericht gehören die 45 haupt- und nebenamtlichen Richter des Lausanner Gerichts und die 17 haupt- und nebenamtlichen des Versicherungsgerichts in Luzern an. Mit dieser hohen Zahl von Mandaten ist – neben der rechtlich vorgeschriebenen Vertretung der Sprachregionen – auch eine ausgeglichene Berücksichtigung von Kandidatinnen der verschiedenen Fraktionen möglich. Die Wahlen werden in einem informellen Richterwahl-Gremium vorbreitet, wo Meinungen über fachliche Kompetenz und politische Akzeptanz zwischen den Vertretern der Fraktionen ausgetauscht werden. Das bedeutet allerdings nicht, dass diese Wahlen immer ohne politische Brisanz abliefen. Kandidatinnen können im Vorfeld scheitern, gelegentlich werden offizielle Kandidaten nicht gewählt oder es findet eine umstrittene Kampfwahl statt. Da die höchsten Richter in der Schweiz nicht auf Lebensdauer gewählt werden, ist es auch schon zu Anträgen auf Nichtbestätigung eines Bundesrichters gekommen.[4]

2. Die Gesetzgebung

Die Gesetzgebung gilt als die wichtigste und anspruchsvollste Aufgabe des Parlaments. Dabei ist es nicht die Regel[5], dass das Parlament die Gesetzgebungsentwürfe selbst erarbeitet – dies geschieht vornehmlich in der Verwaltung, und ihre Weitergestaltung erfolgt im Experten- und Vernehmlassungsverfahren, bis der Bundesrat seinen Entwurf samt Botschaft dem Parlament übermittelt. Dennoch ist das Parlament gewissermassen das Alpha und das Omega des Gesetzgebungsprozesses: Bedeutsam ist sein Einfluss zu Beginn, weil die Räte, vornehmlich über das Instrument der Motion, verbindliche Aufträge zur Neuerung oder Veränderung der Gesetzgebung erteilen. Hinzu kommt die Mitwirkung des Parlaments an der Gestaltung konzeptioneller Politik und der politischen Planung (Lanz 1977, Linder 1979). Nach Riklin/Ochsner (1984:83) gehen mehr als 40 Prozent der Verfassungs- und Gesetzgebungsvorlagen auf Anregungen des Parlaments selbst zurück. Bedeutsam ist sein Einfluss aber auch in der Beratung der Entwürfe, weil das Parlament im Gegensatz zu allen vorangegangenen Etappen die endgültige Entscheidung trifft und weil dabei erhebliche Veränderungen vorgenommen werden. Der Anteil veränderter Vorlagen an der Gesamtheit aller verabschiedeten Vorlagen ist ein brauchbarer Indikator für den parlamentarischen Einfluss auf die Gesetzgebung. Die nachstehende Tabelle 8.1 zeigt Vergleichszahlen aus Vollerhebungen der Legislaturperioden 1971–75 und 1991–95:

---

4 So etwa im «Fall Schubarth», näheres in APS (1990:45)
5 Die wichtigsten Ausnahmen betreffen Vorlagen zur Parlamentsreform, sowie die parlamentarischen Initiativen, bei denen die Vorbereitung der Vorlage direkt durch eine vorberatende Kommission an die Hand genommen wird.

8 Das Parlament

Tabelle 8.1: Anteil vom Parlament veränderter Gesetzgebungsvorlagen 1991–95 und 1971–75

Form des Erlasses	BR-Vorlagen insgesamt	veränderte BR-Vorlagen	unveränderte BR-Vorlagen	prozentualer Veränderungsanteil
1. Verfassungsänderungen	18*	13	5	72.2 %
	14	*13*	*1*	*92.9 %*
2. Bundesgesetze	128	90	38	70.3 %
	62	*47*	*15*	*75.8 %*
3. Allgemeinverb. Bundesbeschlüsse mit fakultativem Referendum	42	20	22	47.6 %
	22	*10*	*12*	*45.5 %*
4. Allgemeinverb. Bundesbeschlüsse ohne Referendum	57	28	29	49.1 %
	9	*3*	*6*	*33.3 %*
5. Einfache Bundesbeschlüsse	125	41	84	32.8 %
	111	*37*	*74*	*33.3 %*
6. Dringliche allg. Bundesbeschlüsse	15	14	1	93.3 %
	12	*8*	*4*	*66.7 %*
7. Dringliche allg. Bundesbeschlüsse mit obligatorischem Referendum	–	–	–	–
	5	*4*	*1*	*80 %*
8. Staatsverträge mit fakultativem Referendum	6	–	6	0 %
	12	*–*	*12*	*0 %*
9. Staatsverträge ohne Referendum	87	4	83	4.6 %
	65	*2*	*63*	*3.1 %*
10. Beitritt zu Organisationen für kollektive Sicherheit/supranationale Gemeinschaften	1	1	–	100 %
	–	*–*	*–*	*–*
Total 1991–95	*479	211	268	44.1 %
Total 1971–75	*312*	*124*	*188*	*39.7 %*

Versale Zahlen: Periode 1991–95, *Kursive Zahlen: Periode 1971–75*
* ohne Bundesbeschlüsse zu Volksinitiativen, zu denen kein bundesrätlicher Gegenvorschlag vorlag
Quellen: Zahlen für 1991–95: Jegher/Linder (1996), für 1971–75: Zehnder (1988)

Der Vergleich ist aufschlussreich. Zunächst ist der Veränderungsanteil trotz gestiegener Geschäftslast des Parlaments von 39,7 auf 44,1 Prozent gestiegen. Das Parlament greift heute mehr in die Gesetzgebung ein als vor 20 Jahren. Tendenziell trifft die Beobachtung von Zehnder aus den siebziger Jahren weiterhin zu, wonach das Parlament den Geschäften von Verfassungs- und Gesetzesvorlagen die grösste Beachtung schenkt. Es setzt damit seine Prioritäten in der Gesetzgebung sinnvoll nach dem Kriterium der politischen Wichtigkeit. Ersichtlich wird, dass dem Parlament in der Aussenpolitik wenig Gestaltungsraum verbleibt: die Veränderungsrate bei den Staatsverträgen ist gering. Der Grund liegt darin, dass das Parlament bei vielen Staatsverträgen nicht bloss rechtlich, sondern auch politisch auf die Rolle der blossen Zustimmung (oder Ablehnung) verwiesen ist, weil sonst die Verhandlungen mit Drittstaaten neu aufgerollt werden müssten. Verständlich sind darum die Bemühungen des Parlaments, seine eigenen Prioritäten in der Aussenpolitik durch einen vermehrten Einfluss in früheren Phasen des Entscheidungsprozesses zu sichern.[6]

Riklin/Zehnder waren für die Legislaturperiode 1971–75 zu recht kritischen Ergebnissen bezüglich des Parlamentseinflusses gekommen: trotz relativ hohem Veränderungsanteil billigten sie dem Entscheidungsanteil des Parlaments keinen allzu hohen Stellenwert zu, weil sich die Veränderungen in ihrer Feinanalyse zu einem grossen Teil als blosse Detailkorrekturen entpuppten (Riklin/Zehnder in Linder 1987a:50). Die Vergleichsanalyse von Jegher (1998) für die zwei ersten Jahre der Legislaturperiode 1995/99 zeigt, dass der Anteil starker und mittlerer Veränderungen gegenüber den schwachen Korrekturen eher ansteigt. Zehn ausführliche Fallstudien zur Gesetzgebung aus den neunziger Jahren verstärken den Eindruck, dass sich das Parlament heute keineswegs auf Detailkorrekturen beschränkt, sondern recht stark auf die Veränderung von Grundentscheiden und wichtigen Einzelfragen drängt (Jegher/Linder 1996). Dieser Befund deutet auf den Erfolg der Kommissions-Reform und der Absichten des Parlaments hin, sich wieder stärker in das Zentrum der politischen Entscheidung zu stellen.

3. Budget, Rechnung, Kontrolle und Oberaufsicht

Zu den weiteren wichtigen Aufgaben des Parlaments nach Art. 85 BV gehören die Beschlüsse über das Budget und die einzelnen Finanzentscheide, die Abnahme der Staatsrechnung, sowie die Oberaufsicht über die eidgenössische Verwaltung und die Rechtspflege. Grundsätzlich sind die Möglichkeiten parlamentarischer Finanzsteuerung und Verwaltungskontrolle beschränkt, und zwar wegen der ungleichen Grössen-, Ressourcen- und Spezialisierungsverhältnisse zwischen kontrollierender und kontrollierter Instanz. Immerhin versucht das Parlament, seine begrenzten Möglichkeiten möglichst gut zu nutzen, nicht zuletzt durch organisatorische Vorkehren. So unterhalten National- und Ständerat je eine Geschäftsprüfungskommission und eine gemeinsame Geschäftsprüfungsdelegation, denen seit 1990 auch eine parlamentarische Verwaltungskontrollstelle zur Verfügung steht. Diese soll – über konventionelle Prüfungstätigkeiten hinaus – auch Evaluationsaufträge erfüllen. Nach gleichem Muster bestehen zwei Finanzkommissionen und eine gemeinsame Finanzdelegation. Die eigentliche Fachstelle für die Oberaufsicht ist die Eidgenössische Finanzkontrolle, die als selbständiges Verwaltungsorgan sowohl dem Bundesrat wie der Bundesversammlung und deren Kommissionen berichtet. Die Geschäftsprüfungs- und Finanzkommissionen verfügen über weitgehende Auskunftsrechte und können auch Gutachten und Berichte Dritter einholen. Schliesslich gibt es noch ein Verfahren für ausserordentliche «Vorkommnisse grosser Tragweite»: In diesem Fall kann

---

6 Dies geschieht seit 1992 nicht zuletzt durch die Einschaltung der aussenpolitischen Kommissionen der beiden Kammern.

eine parlamentarische Untersuchungskommission (PUK) eingesetzt werden, welche den Räten Bericht und Antrag erstattet. Ein prominentes älteres Beispiel dafür ist die «Mirage-Kommission», welche 1965 die Milliarden-Kostenexplosion bei der Beschaffung des Mirage-Militärflugzeugs untersuchte. In jüngerer Zeit sorgten zwei Kommissionen für grosse Schlagzeilen: die Kopp-PUK-Kommission von 1989 stiess bei der Untersuchung über Vorgänge zum Rücktritt von Bundesrätin Kopp auf die sog. «Fichenaffäre», nämlich die ungesetzliche Überwachung und Registrierung Zehntausender Bürgerinnen und Bürger durch den Staatsschutz (APS 1989:32), während die EMD-PUK von 1991 die Existenz und die Tätigkeit einer militärischen Geheimorganisation P-26 im Schosse des EMD aufdeckte (APS1990:86f.). Entsprechen die Tätigkeiten von Geschäftsprüfungs- und Finanzkommission eher Routinenkontrollen mit Stichprobencharakter, so verfügen die Parlamentarischen Untersuchungskommissionen wegen ihrer weitgehenden Befugnisse und bei entsprechendem Willen der Räte durchaus über die Möglichkeit, Verwaltungsvorgänge mit quasi-gerichtlicher Gründlichkeit auszuleuchten.

4. Das Parlament als Forum der Nation

Was macht das Parlament zu einem besonderen Ort der politischen Entscheidungsfindung? Klassische Theorien geben mehrere Antworten. Die demokratischen *Repräsentationstheorien* sahen im Konzept der Vertretung des Volkes die eigentliche Legitimationsbasis des Parlaments. Repräsentationstheorien führen jedoch schnell auf offene Fragen: soll ein Parlamentarier seiner Wählergruppe, seiner Partei oder seinem Gewissen folgen? Hier führen jene Theorien weiter, die das *Verfahren parlamentarischer Öffentlichkeit und die Art seiner Konfliktlösung* für bedeutsam halten. Für den Philosophen der Aufklärung Immanuel Kant ist das Kriterium der Öffentlichkeit entscheidend: Öffentlichkeit, so Kant in seinen Prolegomena zum «Ewigen Frieden», bringt die «Einhelligkeit der Politik mit der Moral» hervor, weil die Begründung für eine Forderung Dritten gegenüber vertretbar erscheinen muss, und weil in der Öffentlichkeit nur begründbar ist, was auch vernünftig erscheint. Einer solchen Idee entspricht das Parlament, wenn es öffentlich debattiert. Rede und Gegenrede im Parlament lösen aber noch ein weiteres Postulat «vernünftigen» Konfliktlösens ein. Nach klassischen Theorien der Aufklärung schält sich die vernünftige Regelung eines Interessenkonflikts aus der Anhörung beider Teile, und die Lösung eines Problems aus Argument und Gegenargument heraus. Insofern bilden Parteien und Fraktionen keinen Gegensatz zum freien Mandat des Abgeordneten. Sie sind, so Kriele (1977:37), «vergleichbar den Prozessparteien vor Gericht», in einem «Rechtfertigungsprozess», in dem es «kein neutrales Urteil geben kann». Die theoretische Vermutung für die vorläufige Vernunft politischer Entscheidung stützt sich also nicht bloss auf die demokratische Repräsentation, sondern durchaus auch auf das Verfahren parlamentarischer Entscheidung. Sie kann ein Stück weit auch als Einlösung einer «diskursiven Ethik» betrachtet werden, die nach Müller (1993:56ff.) zu einem wesentlichen Begründungselement moderner Demokratietheorie gehört.

Wie weit im Alltag parlamentarischer Öffentlichkeit und in der kontroversen Gestaltung der Parlamentsdebatte die blosse Machtdurchsetzung der Mehrheit zugunsten des besseren Arguments zurückgedrängt wird, mag durchaus offen bleiben. Unbestreitbar bleibt, dass die Parlamentsöffentlichkeit dazu zwingt, Entscheidungen dem Publikum glaubhaft zu begründen, die Mehrheitsposition auch gegenüber dem Minderheitsstandpunkt zu legitimieren und damit auch Hinnahmebereitschaft in der Öffentlichkeit zu schaffen. Das gilt nun freilich nicht nur für formelle Entscheidungen. Das Parlament ist mehr als eine Arbeitsmaschine für Gesetzesbeschlüsse. Es ist ein öffentliches Gremium, das laufend neue Ereignisse aus dem gesellschaftlichen Alltag herausgreift, politisch thematisiert und definiert, kommentiert und bewertet. Über seinen Beitrag zur Bildung der öffentlichen Meinung hinaus ist das Parlament ein Forum, auf welchem der eine Teil politische Tendenzen mobilisiert, die der andere zu neutralisieren versucht, wo stets aufs neue darum gestritten wird, welche Probleme ins politische System eingebracht werden oder ausgefiltert bleiben. Diese Forums- und Initiativfunktion erfüllen Fraktionen und Parlamentarier mit der Diskussion und Entscheidung über Vorstösse, für die ein ganzes Register bereit steht:

- die *einfache Anfrage* verlangt die öffentliche Information über Vorgänge in Regierung und Verwaltung;

- die *Interpellation* fordert die Regierung zu einer Stellungnahme über Vorgänge ihres Geschäftsbereichs auf;

- mit dem *Postulat* wird der Bundesrat aufgefordert, eine Regierungs- oder Verwaltungspraxis zu überprüfen und allenfalls Vorschläge zur Änderung – auch eines Gesetzes – vorzulegen:

- die *Motion* fordert den Bundesrat zur Änderung einer bestehenden, oder zu einer neuen Gesetzgebung auf, betrifft also direkt den Kompetenzbereich des Parlaments. In der Praxis finden wir aber auch die sog. «unechte» Motion, die eher den Kompetenzbereich der Regierung betrifft. Motionen, die keine grosse Mehrheit finden oder gegen welche die Regierung Widerstand anmeldet, werden oft zum weniger verbindlichen Postulat abgeschwächt;

- die *parlamentarische Initiative* (Art. 93 BV) ist ein allgemeiner Antrag oder formulierter Gesetzesvorschlag, über den das Parlament nach Beratung in einer eigenen Kommission direkt entscheidet. Damit wird das übliche vorparlamentarische Verfahren umgangen. Dass die parlamentarische Initiative vor allem auch erlaubt, Vorstösse gegen den Widerstand von Bundesrat und Verwaltungsbehörden schneller umzusetzen, ist vom Parlament erst in jüngerer Zeit entdeckt worden.[7]

---

7 So wurde die Vorbereitung einer Mehrwertsteuervorlage gegen den Willen von Bundesrat Stich über eine parlamentarische Initiative der WAK-Kommission überwiesen, und auf gleiche Weise setzte die bürgerliche Mehrheit Steuersenkungen für Unternehmen und Finanzgeschäfte durch (APS 1990:127).

8 Das Parlament

Ein illustratives Beispiel zum Forumscharakter des Parlaments bildet die Energiepolitik der siebziger Jahre, in welcher die Frage einer nationalen Energiepolitik und der Kernenergie kontrovers werden. Zwischen 1973 und 1981 wurden dazu 224 Vorstösse eingereicht, davon neun Zehntel im Nationalrat, was auf den extrovertierteren Charakter der Volkskammer hinweist. Nur der geringste Teil dieser Vorstösse hatte direkte Folgen, aber die 373 Vorschläge und die Strategien der verschiedenen Fraktionen, die Boysan (1986) aus den 224 Vorstössen aufgeschlüsselt hat, sind aufschlussreich:

Tabelle 8.2: Vorschläge zur Energiepolitik 1973–1981 nach Fraktionen und Themen gegliedert

Thema der Vorstösse nach Partei	PdA PSA POCH	LIB SP	NA LdU	CVP	FDP	SVP	LB EVP	NA REP	insgesamt
Versorgung	1	11	4	7	7	3	0	5	38
Kompetenzen und Planung	5	8	12	1	5	2	1	0	34
Demokratie und Sicherheit	11	23	4	3	4	3	9	5	62
Energiesparen	0	11	4	3	4	3	9	5	39
Internationale Energiefragen	5	11	2	2	2	1	4	1	28
Umweltschutz	0	7	2	4	4	2	4	1	24
Kernenergie	20	54	18	15	14	4	11	12	148
Total	42	125	46	35	40	18	38	29	373

Quelle: Linder (1987a:46)

1. Zunächst zeigt sich die ganze *Breite der Themen,* die im Parlament im Zusammenhang mit der Energiepolitik aufgegriffen werden. Es geht nicht nur um die Energieversorgung und die Kernenergie, sondern ebenfalls um die Frage föderalistischer Kompetenzen und konzeptioneller Planung, um Sicherheit und Demokratie, Energiesparmassnahmen, internationale Energiefragen und Probleme des Umweltschutzes.

2. *Opposition und neue Tendenzen setzen die Themen:* Die bürgerlichen Regierungsparteien (FDP, CVP, SVP) halten über die Hälfte der Parlamentssitze, reichen aber nur einen Viertel der Vorstösse ein. Das ist leicht erklärbar: sie sind einig mit der liberalen Energiepolitik, wie sie Bundesrat und Elektrizitätswirtschaft vorschlagen. Die Versorgung soll dem Markt überlassen werden. Der Staat soll den von der Elektroindustrie geplanten Ausbau der Kernenergie unterstützen. Die bürgerlichen Vorstösse beschränken sich darum auf Ergänzungen oder leichte Korrekturen an der offiziellen Energiepolitik. SP, kleine Linksparteien und LdU dagegen bringen fast 60 Prozent der Vorstösse ein. Sie bilden die parlamentarische Opposition, welche die Volksbewegung gegen die Kernenergie sehr schnell aufnimmt und in ein radikales Gegenprogramm umsetzt: sie zeichnet für vier parlamentarische Initiativen und 15 der 25 Motionen verantwortlich, welche eine höhere Sicherheit bei Bau und Betrieb

der Kernkraftwerke, den langfristigen Ausstieg aus der Kernenergie, und umfassende Lenkungsmassnahmen zur Stabilisierung des Energieverbrauchs verlangen.

3. *Parlamentarische Themenbesetzung bedeutet nicht politischen Erfolg:* Die Hauptkonfliktlinie in der Energiepolitik ist eindeutig: auf der einen Seite die bürgerlichen Regierungsparteien, auf der anderen SP, LdU, sowie kleine Linksparteien, zu denen in den achtziger Jahren die Grünen dazustossen. Trotz ihrer Themenführerschaft und ihrer grossen parlamentarischen Aktivität bleiben neue Tendenzen in der Minderheit und scheitern, so die Vorstösse für ein fakultatives Referendum oder ein Moratorium für neue Kernkraftwerke. Die links-grüne Koalition und einzelne vermittelnde bürgerliche Politiker[8] vermögen das bürgerliche Lager in der Kernkraftfrage nicht umzustimmen. Eine scharfe Polarisierung zwischen Rechts und Links kommt auf. Ein strammes pro-nukleares Lager steht der wachsenden Zahl grundsätzlicher AKW-Gegner[9] gegenüber, die sich nach dem Fast-Erfolg ihrer Volksinitiative 1979 nicht mehr als Staatsfeinde abstempeln lassen. Es folgen politische Blockierung und Handlungsunfähigkeit in der nationalen Energiepolitik. Die das ganze Land bewegende Frage nach dem weiteren Ausbau der Kernenergie wird nicht durch das Parlament, sondern vom Volk 1990 durch die Annahme der Moratoriumsinistiative «gelöst».

4. *Themenwandel und Frühwarnung:* Im Verlauf der Zeit ergeben sich Verschiebungen der Themenschwerpunkte. Ist es zuerst noch die Versorgungssicherheit im Nachgang zur ersten Erdölkrise, so schiebt sich ab 1975 immer mehr die Frage der Kernenergie in den Vordergrund. Eine scheinbar «technische» Versorgungsfrage wird dabei innert kürzester Zeit zu einer gesellschaftspolitischen Zukunftsfrage mit höchstem Konfliktgehalt umdefiniert. So werden im schweizerischen Parlament die ökonomischen und ökologischen Risiken der Kernenergie früher und schneller als in andern europäischen Ländern thematisiert, aber es kommt bis heute nur zum Patt: die Kernkraftindustrie kann einerseits ihr Ausbauprogramm nicht umsetzen, die Atomkraftgegner andererseits erreichen ihr Ziel des Ausstiegs aus der Kernenergie nicht. Heute fällt auf, wieviele parlamentarische Vorstösse zu andern Themen schon in den siebziger Jahren gemacht wurden, welche die Energiepolitik der neunziger Jahre umzusetzen versucht – so zur Energiebesteuerung oder zur rationellen Energieverwendung. Insofern diente das Forum des Parlaments auch zur Frühwarnung, die allerdings an den Mehrheitsverhältnissen scheiterte.

---

8   Zu ihnen gehörte neben Petitpierre (rad.), Bauer-Lagier und Aubert (lib.) oder Akeret (svp) auch der spätere Bundesrat Egli (cvp), der einen ersten Vorstoss für Verzichtsverhandlungen über das AKW-Kaiseraugst einreichte, nachdem der Weiterbau am Widerstand der Bevölkerung der Basler Nachbarschaft gescheitert war.
9   Zu denen als Ausnahme von der Links-Rechts-Konfliktlinie auch die rechtsbürgerliche Nationale Aktion zählte.

D. Der politische Entscheidungsprozess

1. Die Rolle der Fraktionen

Die Fraktionen sind die wichtigste Gruppierung des Parlaments: Parlamentarierinnen werden auf einer bestimmten Liste gewählt, identifizieren sich in der Regel stark mit ihrer Partei, finden in der Fraktion Gedankenaustausch und Diskussion, aber auch Echo auf ihre persönlichen Ideen sowie Rat und Unterstützung für ihre Vorstösse. Über die Fraktion laufen die wichtigsten Kontakte zu Bundesrat und Verwaltung sowie zur Partei. Fraktionssekretariate mit entsprechender Infrastruktur unterstützen die Mitglieder und die Fraktionsführung, um in allen Geschäften am Ball zu bleiben. In den Fraktionen werden schliesslich die Positionen der Partei zu den Bundesratsvorlagen abgesprochen, die Rollen für die Voten im Plenum verteilt, parlamentarische Vorstösse der Partei vorbereitet und im Namen der Fraktion eingereicht.

Im schweizerischen Parlament sind keine Sanktionen bei Verstoss gegen die Fraktionsdisziplin üblich. Trotzdem ist seinen Mitgliedern bewusst, dass die Fraktion um so mehr Einfluss ausüben kann, je mehr sie gegen aussen mit Geschlossenheit auftritt. Diese Geschlossenheit kommt vor allem bei zwei Gelegenheiten zum Zug: bei der Billigung und Unterstützung von Vorstössen aus den Reihen der Mitglieder der eigenen Fraktion und bei der Abstimmung über Änderungsanträge zu den Vorlagen des Bundesrates. Stimmen Parlamentsmitglieder individuell oder geschlossen nach Fraktionen? Die Frage kann aus Datengründen nur für Abstimmungen mit Namensaufruf beantwortet werden[10]. Für Abstimmungen mit Namensaufruf von 1920–89 haben Lüthi/Meyer/Hirter (1991) die Fraktionsdisziplin anhand des Rice-Index berechnet, dessen Extremwerte 0 für vollständige Spaltung, 100 für vollständig geschlossenes Abstimmungsverhalten stehen:

---

10 Vor Einführung der elektronischen Stimmauszählung konnte das individuelle Verhalten im Nationalrat nur bei Abstimmungen mit Namensaufruf (verlangt durch 30 Ratsmitglieder) registriert werden. Heute wird das Stimmverhalten zu allen Gesamt-, Schluss- und Dringlichkeitsabstimmungen ausgewiesen.

Tabelle 8.3: Die Fraktionsdisziplin der Nationalratsfraktionen (Rice-Index)

	1920–1953 (108 Abst.) (Vasella)	1971–1983 (22 Abst.)	1983–1987 (56 Abst.)	1987–1991 (77 Abst.)
SP	95.4	91.3	89.1	92.2
SVP (BGB)	80.5	84.4	74.0	77.8
CVP (KK)	75.5	63.0	60.1	70.5
FDP (Rad.)	68.9	74.7	73.4	70.5
LPS		78.2	97.9	96.2
GPS				92.2
POCH/PSA/PdA		100.0	96.3	
LDU/EVP*		79.0	79.5	83.1
NA			69.0	

* 1971–1983 nur LDU

Quelle: Lüthi/Meyer/Hirter (1991:61) und APS (1991:Anhang)

Aus den Daten wird ersichtlich, dass die SP-Fraktion in der ganzen Zeitspanne die höchste Fraktionsdisziplin unter den Regierungsparteien ausweist. Das bürgerliche Regierungslager, numerisch stärker, kann sich eine geringere Disziplin leisten, ohne seine gemeinsame Position zu gefährden. Die hohen Index-Werte der Kleinparteien dürften auf die Homogenität kleiner Gruppierungen zurückzuführen sein. Insgesamt sind die relativ hohen Werte des Rice-Index allerdings mit Vorsicht zu interpretieren: Namensabstimmungen, die im Parlament zur Schaffung von Transparenz gegen aussen verlangt werden können, dürften ein geschlosseneres Verhalten der Fraktionen zeigen als die Gesamtheit der Abstimmungen. Die Zahlen sind immerhin ein Indiz für eine mittlere bis hohe Fraktionsdisziplin. Für wen aber stimmen Parlamentarierinnen und Parlamentarier, wenn sie sich nicht an die Fraktionslinie halten? Diese Frage ist Gegenstand des nächsten Abschnitts.

2. Interessengruppen und Interessenbindungen

Das Parlament ist kein getreues «Abbild» der Wählerschaft. Das gilt zunächst im soziodemographischen Sinn: Akademiker, Männer, Selbständigerwerbende, Kader, Landwirte und Politikerberufe sind über-, Junge, Frauen, Handwerker, einfache Angestellte und Arbeiter dagegen untervertreten. Das ist nicht zufällig. Um auf einer Liste als Kandidat oder Kandidatin überhaupt gewählt zu werden, sind gesellschaftliche Bekanntheit und soziale Kontakte notwendig. Wer in den National- oder Ständerat gewählt wird, verfügt in der Regel bereits über politische Erfahrung und pflegt neben seinen parteilichen Bindungen auch ein persönliches Profil und eine zusätzliche Klientel: er oder sie sind Wirtschaftsanwalt oder Umweltaktivistin, Fördermitglied eines grossen Fussballclubs, weisen Leistun-

8 Das Parlament

gen als Verbandsfunktionär oder Gemeindepräsidentin aus. Das alles verhilft zu Zusatzstimmen und ist wichtig für eine erfolgreiche Wahl. Im Gegensatz zum begrenzten zwischenparteilichen Wettbewerb kann die Konkurrenz zwischen den Kandidatinnen und Kandidaten auf der gleichen Liste hart sein. Hier kann es auf die letzte Stimme ankommen. Parlamentarier sind darum nicht allein Mitglieder einer Fraktion. Sie haben Loyalitäten zu weiteren sozialen Gruppen, Interessenbindungen die sie mitbringen, und weitere, die sie in ihrer Karriere in den Eidgenössischen Räten dazunehmen. Parlamentarier sind Interessenvertreter und nutzen ihre Position, um «ihren» bevorzugten Gruppen Vorteile zu verschaffen. Das ist auch der Hintergrund jener polemischen Kritik, wonach einzelne Volksvertreter das Volk ungefähr so gut vertreten, wie der Zitronenfalter Zitronen faltet. Aus politologischer Sicht sind allerdings nicht (problematische) Einzelfälle, sondern der systematische Einfluss der Interessenbindung relevant: sind diese wichtiger oder weniger wichtig als die Fraktionsbindung?

Tabelle 8.4: Rice-Index für Interessengruppen

	1983–87		1987–89	
	N*	Rice-Index	N*	Rice-Index
Arbeitgeber/Unternehmer	21	73.6	19	82.1
Gewerbeverbände	16	72.4	16	86.5
Bauernorganisationen	21	67.2	24	76.6
Gewerkschaften	16	78.4	13	84.1
Soziale/Internationale Organisation	46	26.4	32	38.1
Umweltschutz	21	69.8	32	71.5
Kultur	5	62.6	4	65.6
Rechtsbürgerliche Organisation	9	60.0	6	65.6

* N= Anzahl Parlamentsmitglieder (Nationalrat) in Interessengruppe
nach: Lüthi/Meyer/Hirter (1991:67)

Einen Beitrag zur Klärung dieser Frage haben Lüthi/Meyer/Hirter (1991:67f.) geleistet, indem sie die selbstdeklarierten Interessenbindungen der Nationalrätinnen acht relevanten Interessengruppen und zwei Restkategorien zugeteilt haben. Darauf wurde untersucht, wie weit die Nationalräte – unabhängig von ihrer Parteicouleur – in den Namensabstimmungen zweier Legislaturperioden geschlossen für «ihre» Interessengruppe gestimmt haben.

Mit Ausnahme der sozialen/internationalen Organisationen sind die Indexwerte für die Interessengruppen auf ähnlich hohem Niveau wie für die Fraktionen. Nicht nur die Bauernschaft, auch die aus SPS und CVP stammenden Gewerkschafterinnen, die Arbeitgeber von CVP, FDP, LPS und SVP, die Ökoginnen unterschiedlichster Herkunft scheinen, so Lüthi/Meyer/Hirter (1991:68), «eigentliche heimliche, informelle Parteiungen» darzustellen. Weiter verweisen die Autoren darauf, dass die meisten Interessengruppen einen «harten Kern» ausweisen, der immer für seine bevorzugte Referenzgruppe stimmt. Um diesen Kern gruppiert sich eine Schicht von «Wechselwählerinnen», welche im Konfliktsfall einmal für ihre Interessengruppe, ein andermal für ihre Fraktion oder nach anderen Kriterien stimmen.

Die Resultate stehen unter dem gleichen Vorbehalt wie diejenigen zu den Fraktionen: die Daten sind aus Namensabstimmungen gewonnen und zeigen damit vermutlich ein geschlosseneres Verhalten als die Gesamtheit der Abstimmungen. Das Hauptergebnis, nämlich die «doppelte Loyalität» der Parlamentarierinnen gegenüber Parteien und Interessengruppen, ist allerdings überaus plausibel. Einmal hilft es mit zu erklären, warum das Parlament z.B. in sozialpolitischen Fragen zumeist nach Links- und Rechtsblöcken abstimmt (hier stimmen parteipolitische und interessengruppenmässige Bindung stark überein), in anderen Bereichen wie dem Umweltschutz dagegen häufig quer durch die Fraktionen (weil parteipolitische und interessengruppenmässige Bindungen weit weniger übereinstimmen). Im übrigen kann der hohe Einfluss der Interessenbindung im Parlament wenig überraschen. Denn die politische Kultur der Schweiz unterstützt die Verbindung von Politik, Gesellschaft und Wirtschaft durch Kooptation und Anwaltschaften der Politiker und bewertet sie auch positiv. Parteien stellen auch im Selbstverständnis der Politikerinnen einen zwar wichtigen, aber keineswegs den einzigen Orientierungswert ihres Handelns dar.

3. Erfolg von Parteifraktionen und -koalitionen

Parlamentarische Mehrheiten werden durch die Fraktionen der Parteien organisiert und gebildet. Wieviel Macht, Einfluss oder Durchsetzungsfähigkeit eine Fraktion besitzt, bemisst sich zunächst an der Zahl ihrer Sitze. Es lässt sich daher vermuten, dass grössere Parteien mit ihren Vorstössen mehr Erfolg, kleinere dagegen geringeren Erfolg haben. Da im schweizerischen Parlament keine Fraktion eine Mehrheit besitzt, bemisst sich der Einfluss aber nicht nur an der Zahl ihrer Sitze, sondern zudem an ihrer Fähigkeit, mit anderen Fraktionen Mehrheiten zu bilden. Das ist eine Frage der Position, also der politischen Distanz oder Nähe zu einer anderen Partei. Daraus lassen sich mehrere Vermutungen ableiten, etwa, dass eine bürgerliche Regierungspartei für ihren Vorstoss eher Unterstützung findet bei einer anderen Regierungspartei als die SP, oder dass extremere Parteien weniger erfolgreich Koalitionen bilden können als eine Partei der Mitte. Jegher (1998) hat solche Hypothesen in ihrer Vollerhebung der Gesetzgebungstätigkeit beider Kammern von 1995–97 überprüft.

8 Das Parlament

Tabelle 8.5: Zahl und Erfolgsrate der Anträge aus den Fraktionen in National- und Ständerat 1995–97, Anteil der Fraktionen an den Gesamtveränderungen der Gesetzgebung

Fraktion (Sitze NR/SR)	Nationalrat			Ständerat		
	Anzahl eingereichter Anträge	Anteil erfolgreicher Anträge in Prozent	Anteil an den gesamten Veränderungen in Prozent	Anzahl eingereichter Anträge	Anteil erfolgreicher Anträge in Prozent	Anteil an den gesamten Veränderungen in Prozent
CVP (34/16)	37	43	28	35	29	39
FDP (44/17)	46	39	32	26	23	23
SP (58/5)	32	22	12	14	29	15
SVP (30/5)	24	21	9	8	50	15
DF (5/0)	15	0	0			
FPS (6/0)	20	0	0			
GPS (10/0)	19	5	2			
LdU/EVP (5/1)	5	0	0	3	0	0
LPS (7/2)	21	48	17	3	67	8
Total (199/46)	219	26	100	89	29	100

Quelle: Jegher 1998:108ff.

Bezüglich der Einzel- und Fraktionsanträge im Plenum ergibt sich für den Nationalrat folgendes Bild: *Der Erfolg eines Antrags hängt stark von seiner parteipolitischen Herkunft ab.* Die beiden Regierungsparteien CVP und FDP weisen die grösste Durchsetzungsfähigkeit auf. Ihre Anträge im Plenum haben in 43 resp. 39 Prozent aller Fälle Erfolg. Die Erfolgsrate von SPS und SVP ist mit 22 bzw. 21 Prozent deutlich geringer. Die grösste Durchsetzungsfähigkeit weisen allerdings die Liberalen aus, deren Anträge in 48 Prozent aller Fälle zum Ziel führen. Die übrigen Nichtregierungsparteien sind erfolglos, mit Ausnahme der Grünen (5 Prozent angenommene Vorstösse).

Die Erfolgsrate der Anträge ist freilich nicht das einzige Kriterium für den Einfluss der Fraktionen im Plenum. Ein sinnvoller Indikator ist der Anteil der einzelnen Fraktionen an den Gesamtveränderungen, die das Parlament an der Gesetzgebung vornimmt. FDP und CVP zeichnen hier für 60 Prozent aller Veränderungen, die beiden übrigen Regierungsparteien SP und SVP zusammen nur für 21 Prozent, während die Nicht-Regierungspartei der Liberalen auf erstaunliche 17 Prozent kommt.

Wie aus der Tabelle ersichtlich, differieren die entsprechenden Werte für den Ständerat leicht. Sie ändern indessen nichts am Gesamtbild, das weitgehend theoretischen Erwartungen entspricht: Die Regierungsparteien bestimmen die Gesetzgebung im Parlament; der Einfluss der Nichtregierungsparteien ist marginal, mit einer wichtigen Ausnahme: Die Liberalen üben in beiden Kammern einen weit überproportionalen Einfluss aus. Bezüglich der Regierungsparteien ist zu unterscheiden: Tonangebend sind CVP und FDP, während SP wie SVP im Nationalrat unter jenem Einfluss verbleiben, der aufgrund ihrer Fraktionsstärke erwartet werden könnte. Das mag mit ihrer politischen Position zusammenhängen: SPS wie SVP politisieren weiter weg von der politischen Mitte als CVP und FDP. Bezeichnenderweise ist ihr Erfolgsanteil im gesamthaft homogeneren Ständerat trotz geringerer Fraktionsstärke höher.

Betrachten wir nun den Einfluss von Koalitionsbildungen unter den Fraktionen. Die nachstehende Tabelle zeigt Koalitionen[11], die sich bei Abstimmungen über Anträge gebildet haben, für die Namensabstimmung verlangt wurde und die daher in der Regel stark umstritten sind.

Tabelle 8.6: Koalitionen und ihre Stimmkraft im Nationalrat 1995
Erfolg bei 89 Abstimmungen unter Namensaufruf 1995–97

Koalition	Links-Grün	Links-Grün-Mitte	Liberal-Sozial	Regierungs-parteien	Bürgerliche Regierungs-parteien	Bürgerliche ohne CVP	Rechts-bürgerliche
	SPS	SPS	SPS	SPS			
		CVP	CVP	CVP	CVP		
			FDP	FDP	FDP	FDP	
				SVP	SVP	SVP	SVP
	LdU/EVP	LdU/EVP	LdU/EVP		(LPS)	LPS	LPS
	GPS	GPS	GPS		(FPS)	FPS	FPS
					(SD)	SD	SD
Stimmkraft (Sitze)	73	107	151	166	108	90	45
Zahl der Koalitionsfälle	44	20	14		39	21	24
Davon erfolgreich	5	19	14		39	5	0
Erfolgsquote in %	11	95	100		100	24	0

Quelle: Jegher 1998

Tabelle 8.6 zeigt wichtige, aber selbstverständlich nicht alle möglichen Koalitionsbildungen[12]. Die *Art und vor allem die Grösse der Koalition ist von entscheidender Bedeutung für den Erfolg*, eine Abstimmung zu gewinnen. Die zu kleinen Randkoalitionen vermögen

11 Als zugehörig zu einer Abstimmungskoalition definierte Jegher (1998:133) Parteien mit der Zugehörigkeit von mindestens zwei Drittel der stimmenden Fraktionsmitglieder.
12 Unter anderem deswegen stimmt das Total der Koalitionen auch nicht mit der doppelten Zahl der Namensabstimmungen überein.

sich darum bei Abstimmungen unter Namensaufruf kaum je durchzusetzen. Hingegen können ausserhalb der vollständigen Koalition der Regierungsparteien (die in Namensabstimmungen nie auftrat) auf beiden Seiten erfolgreiche Koalitionen für den Abstimmungsausgang gebildet werden, entweder von einem rein bürgerlichen (Regierungs)lager, oder von einem Links-Grün-Mitte- oder einem liberal-sozialen Lager. Die hier aufgeführten Erfolgswerte beziehen sich auf (passive) Abstimmungskoalitionen, die sich vielfach spontan und ohne vorherige Absprache ergeben. Davon zu unterscheiden sind Antragskoalitionen mit Minderheitsanträgen aus den vorberatenden Kommissionen (aktive Koalitionen). Links-Grün-Mitte, Liberal-soziale und bürgerliche Regierungskoalitionen sind dabei bedeutend weniger erfolgreich, hingegen steigt die Durchsetzungskraft der Bürgerlichen ohne CVP.

Die vorliegenden Ergebnisse basieren allesamt auf den Veränderungen der Gesetzgebungsvorlagen im Plenum. Eine Berücksichtigung der vorausgehenden Kommissionsberatungen ergänzt die vorangehenden Resultate zu folgendem Gesamtbild: CVP, FDP und LPS setzten sich am stärksten durch: 90 Prozent der Vorlagen wurden insgesamt nach ihren wesentlichen Forderungen verabschiedet. Etwas weniger zufrieden sein konnten die SVP- sowie die LdU/EVP Fraktion. Am schlechtesten erging es SPS, GPS und FPS, die ihre Vorstellungen nur in der Hälfte aller 162 Vorlagen einbringen konnten (Jegher 1998:113).

4. Parlamentarier zwischen Eigennutz und Altruismus

Nach der klassischen Lehre von Aristoteles, etwa in der Nikomachischen Ethik, beruht «gute Politik» auf der Ethik derer, die regieren, vor allem in der Unterordnung des privaten Interesses unter das «bonum commune», das allgemeine Wohl. Eine solche Tugendlehre der Politik findet eine der eindrücklichsten Darstellungen in den berühmten Fresken Ambrogio Lorenzettis zum «Buongoverno» und «Malgoverno» (1338) im Palazzo Pubblico Sienas. Die «Gute Regierung» wird dargestellt durch die Figuren der Iustitia mit ihrem austeilenden und ausgleichenden Recht, der Concordia (Eintracht), Sapientia (Weisheit) und Temperantia (Mässigung). Nicht weniger eindrucksvoll sind die Folgen guter Regierung, in der das Bonum Commune zugleich das Wohl der Stadt wie seiner Bürger ausdrückt: Wohlstand in der Stadt, fröhlich tanzende Frauen, draussen in der Landschaft volle Felder und Frieden. Daneben die Allegorie «Schlechter Regierung», deren Folgen von Krieg und Armut uns im Fresco weniger erhalten geblieben sind als ihre Hauptfiguren: die Tyrannia, unter ihr die geknebelte Iustitia, daneben Avaritia (Geiz), Vanagloria (Eitelkeit), Superbia (Hochmut), Proditio (Verrat) und Divisio (Zwietracht).

Wir wären heute vorsichtiger in der Zuordnung individueller Tugenden zur «Guten» oder «Schlechten» Regierung. «Gute Politik», so meint die Demokratietheorie, wird vor allem durch Institutionen, also Strukturen und Prozesse garantiert, die den Regierten Einfluss auf die Geschäfte und Entscheidungen der Regierenden ermöglicht. Trotzdem bleibt die Frage nach der Ethik der politischen Eliten aktuell, und in unserem Zusammenhang lautet sie:

dienen Politiker, wie es die etwas ältere und vielleicht naivere Vorstellung meint, vor allem «dem Gemeinwohl», oder sind sie egoistische Akteure, denen es vor allem auf die Maximierung ihres Nutzens, ihres Einflusses und auf ihre Wiederwahl ankommt?

Ein erheblicher Teil der Politikforschung ist heute dem ökonomischen «rational-choice» Ansatz verpflichtet. Dieser geht vom Modell des homo oeconomicus, also des individuell-nutzenorientierten Akteurs aus. Viele amerikanische Parlamentsstudien haben aufgrund dieses Modells Regelmässigkeiten des Verhaltens von Individuen und Gruppen zureichend beschreiben und erklären können. Die kontroverse Pointe des Ansatzes liegt darin, dass die Theorie annimmt, gerade bei Befolgung seiner individuellen Interessen werde der Politiker den Wünschen seiner Wählerschaft besonders gerecht. Die eigentliche Problematik des Ansatzes liegt indessen dort, wo er *ausschliesslich* eigennütziges Verhalten behauptet, obwohl gerade der ökonomische Ansatz dieses Verhalten kaum je empirisch untersucht, sondern von allem Anfang an, also axiomatisch, als Annahme unterstellt. Vatter (1994), aber auch Steiner (1996) haben systematisch untersucht, ob und wie weit das Verhalten der Parlamentarierinnen nicht am Eigennutz, sondern an ethischen Grundsätzen orientiert ist, bei deren Befolgung im konkreten Fall kein Vorteil, sondern eher ein Nachteil zu erwarten ist. Beide zeigen auf, dass solches Verhalten vorkommt, dass also Parlamentarierinnen keineswegs immer nutzenorientiert, sondern auch dann «gewissenhaft» handeln, wenn ihnen daraus Nachteile erwachsen könnten. «Gewissen in der Politik» ist nach Steiner mehr als die individuelle Ausnahme einer Regel, sondern kann gar als Gruppenverhalten im Parlament relevant werden. Empirische Belege dazu finden sich in den Arbeiten von Senti (1994) und Kummer (1997), welche die Erfolgsbedingungen der Frauengleichstellung und des Umweltschutzes im eidgenössischen Parlament untersucht haben. In beiden Bereichen kamen Mehrheiten oft nur dadurch zustande, dass einzelne Gruppierungen nicht nutzenorientiert abgestimmt haben: Nach Kummer stimmen Mitglieder der bürgerlichen Fraktionen dann für Umweltschutzmassnahmen, wenn dies für bestimmte Wirtschaftszweige mit ökonomischen Vorteilen verbunden werden kann, und solche Massnahmen werden auch häufig verabschiedet. Dies entspricht der «rational-choice»-Annahme. Oft wurden Mehrheiten aber nur dadurch gefunden, dass die Grün-Linken Gruppierungen konstant auch dann für ihre programmatischen Umweltanliegen stimmten, wenn ihnen bzw. ihrer Wählergruppe eher Nachteile (z.B. in Form höherer Konsumsteuern) erwuchsen. Noch illustrativer ist der Fall der Frauengleichstellung, deren Massnahmen bei eigennützigem Verhalten aufgrund der Mehrheitsverhältnisse keine Chancen hätten, weil sie mit der Preisgabe von Männervorteilen verbunden sind. Dennoch wurden auch solche Massnahmen mehrheitsfähig, und zwar deshalb, weil neben einer Gruppe von bürgerlichen Männern die Männer aus den Fraktionen von SP und Grünen konstant und relativ geschlossen mit den Frauen gestimmt haben. *Solidarisches oder nicht-eigennütziges Verhalten* muss also keineswegs bedeutungslos bleiben. Die Arbeiten von Kummer und Senti finden es *im Parlament als relativ konstantes und entscheidungsrelevantes Fraktionsverhalten in einzelnen Politikbereichen*.

5. Der Entscheidungsbeitrag des Parlaments im politischen Gesamtprozess

Seit der Gründung des Bundesstaats, als das Parlament tatsächlich die oberste und zentrale Gewalt des Bundes war, ist die Stellung der Eidgenössischen Räte, wie bereits ausgeführt, schwächer geworden. Das Parlament sieht sich konkurrenziert durch den Bundesrat und seine einflussreich gewordene Verwaltung, es wird mit vorstrukturierten Kompromisslösungen der Interessengruppen und Kantone konfrontiert, und es hat die Tragfähigkeit seiner Lösungen im Referendumsfall vorauszubedenken. Das ist eine säkulare, und dauerhafte Veränderung des institutionellen Umfeldes; sie bindet parlamentarische Möglichkeiten, Freiräume und konkretes politisches Handeln in engere Grenzen ein.

Die Literatur versäumt es darum nicht, auf die Schwäche parlamentarischer Handlungsbeiträge im politischen Gesamtprozess hinzuweisen. Es mag auch ganze Perioden solcher Parlamentsschwächen gegeben haben, etwa um die Jahrhundertwende (Gruner 1956:93), die dreissiger Jahre mit dem Vollmachtenregime des Bundesrates, oder die fünfziger Jahre, als der Verbandskompromiss fraglos akzeptiert wurde (Neidhart 1970). Auch die erste systematisch-empirische Studie von Zehnder (1988) stellt dem Parlament für den Beginn der siebziger Jahre kein überwältigendes Zeugnis parlamentarischer Initiative aus. Zu skeptischen Einschätzung hatten früher nicht zuletzt jene Politiker beigetragen, die als Verbands- oder sonstige Interessenvertreter zwar im Parlament sassen, aber ein eigenes Interesse daran hatten, dass es nicht zu stark wurde.

Diese Zeit scheint abgelaufen. Nicht zu übersehen ist nämlich der erstarkte Reformwillen des Parlaments im vergangenen Jahrzehnt. Die Parlamentsreform, welche die Juristen und Parlamentarier Petitpierre und Rhinow 1990 mit dem Ziel einer Professionalisierung lancierten, ist zwar im Volk an jenem Punkt gescheitert, wo es um Geld und die Frage des Milizsystems ging. Die übrigen Anliegen indessen – die intensivere Mitwirkung des Parlamentes an der Aussenpolitik, die Verbesserung des Zusammenwirkens beider Räte, die stärkere Führung und Planung der Parlamentstätigkeit sowie die Reform des Kommissionssystems – konnten realisiert werden. Sie scheinen Früchte zu tragen, wie auch die Untersuchungen von Lüthi (1997) und Jegher (1998) zeigen: Das Arbeitsparlament wurde gestärkt. Es greift trotz grösserer Geschäftslast stärker in die Gesetzgebung ein. Es verlagert einen Teil der Plenumsarbeit in kompetente ständige Kommissionen, die selbstbewusster gegenüber Bundesrat und Verwaltung auftreten, Eigeninitiativen ergreifen oder bis in die vorparlamentarischen Verhandlungen hineinwirken. Alle diese Entwicklungen können als Schritte der Rückeroberung parlamentarischen Terrains interpretiert werden. Ob sie dauerhaft sind, bleibt ungewiss angesichts zunehmender politischer Schwierigkeiten: Das steigende Konfliktpotential in der schweizerischen Gesellschaft fordert von den Regierungsfraktionen auch eine grössere Fähigkeit, Gemeinsamkeiten in der Politik noch zu finden und umzusetzen. Demokratietheoretisch jedenfalls ist die Selbststärkung des Parlaments zu begrüssen. Denn das Parlament ist das einzige Organ, das von der Wählerschaft direkt bestimmt wird; anders als im Interessenkompromiss der Verbände kommen in der

Volkskammer die Machtverhältnisse nach dem Prinzip «eine Person – eine Stimme» zum Ausdruck, und anders als in den übrigen Entscheidungsorganen verhandelt das Parlamentsplenum öffentlich. Seine Mitglieder setzen sich der ständigen Kontrolle der Öffentlichkeit aus, ob ihre Argumente, ihre Forderungen und ihre Lösungen vertretbar, haltbar, vernünftig sind – und nicht nur erfolgreich.

Kapitel 9: Die Regierung

A. Die Stellung des Bundesrats im schweizerischen System

Für die Stellung der Regierung bedeutsam ist die Unterscheidung zwischen parlamentarischem und präsidialem System:

- Im parlamentarischen System wie in Grossbritannien oder Deutschland bestimmt die Parlamentsmehrheit die Regierung. Verliert die Regierungsfraktion die Mehrheit, dann fällt auch die Regierung. Entweder wird der Vertreter einer neuen Mehrheit mit der Neubildung eines Kabinetts beauftragt, oder es finden Neuwahlen statt. Die Kontinuität dieser Vorgänge wird durch ein unabhängiges Staatsoberhaupt gewährleistet. Diese Grundstruktur bestimmt auch das Verhältnis zum Parlament. Die politische Einheit von Regierung und Parlamentsmehrheit erlaubt eine hohe Machtkonzentration, doch spielt sie nur so lange, als die Mehrheit sicher ist und der Regierung durch Fraktionsdisziplin die Macht erhält.

- Im präsidentiellen System wie in den USA ist der Regierungschef gleichzeitig Staatsoberhaupt. Er wird durch das Volk, also nicht vom Parlament gewählt. Aufgrund dieser Unabhängigkeit kann er vom Parlament auch nicht abgewählt werden und ist selbständig in der Ernennung des Kabinetts und in seinen Entscheidungen. Entsprechend ist das Verhältnis von Regierung und Parlament geprägt von gegenseitiger Unabhängigkeit und Machthemmung: die Parlamentsmehrheit kann selbst ihren eigenen Präsidenten gleicher Couleur desavouieren, der Präsident eine Politik gegen «seine» Mehrheit führen, weil kein Teil die Macht des andern gefährden kann.

Die Anormalität des schweizerischen Systems haben wir bereits im vorangehenden Kapitel berührt. Es erscheint als Zwitter der beiden Grundmodelle. Mit dem parlamentarischen System teilt es die Wahl der Regierung durch das Parlament. Insofern wären die Voraussetzungen für eine Machtkonzentration von Parlamentsmehrheit und Regierung gegeben. Aber, einmal gewählt, ist die Regierung so unabhängig wie im Präsidialsystem. Dies beeinflusst auch das Verhältnis von Regierung und Parlament: Die Fraktionen sind frei, die Vorlagen des Bundesrates zu unterstützen, abzuändern oder gar zurückzuweisen. Aber auch die Regierung kann sich Konflikte mit der Parlamentsmehrheit ohne Konsequenzen für ihre Regierungspolitik leisten. Weiter erinnert an das Präsidialmodell, dass die Funktion des Regierungsvorsitzes und des Staatsoberhauptes von der gleichen Person – dem Bundespräsidenten – ausgeübt wird, der jährlich aus dem Kreis des Kollegiums bestimmt wird – dies aber wiederum durch Wahl des Parlaments.

Die Frage, ob das schweizerische System eher dem parlamentarischen oder dem präsidialen System zuzurechnen sei, sollte in ihrer Bedeutung allerdings nicht überschätzt werden. Viele politologische Studien zeigen nämlich, dass beide Systeme in der Realität eine höhere Flexibilität ausweisen als die vergleichende Verfassungslehre vermuten lässt. Dabei nähern sie sich einander an. So finden sich im parlamentarischen System häufig Minderheitskabinette, die mit dem stillen Einverständnis der Opposition regieren. Ebenso vermag der Föderalismus die Mehrheitspolitik des parlamentarischen Systems zu neutralisieren, wie etwa in Deutschland, wo es zur Kooperation mit der Länderopposition kommt. Beides sind Entfernungen vom parlamentarischen Mehrheitsmodell, die auch das Verhältnis von Regierung und Parlament verändern. Umgekehrt verböte es die schweizerische Verfassung nicht, vermehrt die Spielregeln einer parlamentarischen Demokratie zu spielen, und zwar auch unter der Restriktion politischer Konkordanz (vgl. Abschnitt F). Das institutionelle System enthält also Möglichkeiten, die nicht übersehen werden sollten, auch wenn sie noch nicht «gespielt» wurden.

B. Wahl und parteipolitische Zusammensetzung

Der Bundesrat ist zwar eine Kollegialbehörde, doch werden seine sieben Mitglieder von der Vereinigten Bundesversammlung einzeln gewählt. Letzteres gilt auch für die jährliche Wahl der Bundespräsidentin und des Vizepräsidenten. Gesamterneuerungen des Bundesrates finden alle vier Jahre in der Dezembersession nach jeder Parlamentswahl statt, Teilerneuerungen bei zwischenzeitlichen Rücktritten jeweils in der nächsten Session nach Bekanntgabe einer Demission. Die bisherigen Bundesräte kommen in der Reihe des Amtsalters zur Wiederwahl; neue Bundesrätinnen werden in der Reihe des Amtsalters ihrer Vorgänger gewählt. Zur Wahl ist das absolute Mehr der abgegebenen Stimmen erforderlich. Sind bei mehreren Kandidaten wegen Nicht-Erreichen des absoluten Mehrs mehrere Wahlgänge erforderlich, so können im zweiten, freien Wahlgang noch neue Kandidatinnen aufgestellt werden. Danach fällt bei jedem folgenden Wahlgang der schwächste Kandidat aus dem Rennen.

Den Weg der Veränderung von der freisinnigen Mehrheits- zur Konkordanzregierung und deren Bedeutung für die politische Integration haben wir bereits im zweiten Kapitel beschrieben. Wir begnügen uns hier mit der Entwicklung ihrer parteipolitischen Zusammensetzung seit 1848:

9 Die Regierung

Tabelle 9.1: Parteipolitische Zusammensetzung des Bundesrates seit 1848

Periode	FDP	CVP	SVP	SP
1848–1890	7			
1891–1918	6	1		
1919–1928	5	2		
1929–1942	4	2	1	
1943–1952	3	2	1	1
1953–1958	3	3	1	
1959–	2	2	1	2

Quelle: Altermatt (1991:50)

Die heutige Regierungszusammensetzung ist seit 1959 unverändert. Das bedeutet eine *aussergewöhnliche politische Stabilität im internationalen Vergleich*. Die Zusammenarbeit zwischen Bürgerlichen und politischer Linken ist zwar verschiedentlich in Frage gestellt worden. Vertreter der bürgerlichen Parteien verlangten bei verschiedenen Gelegenheiten den Ausschluss der Sozialdemokraten zur Bildung einer homogeneren Regierung. Einsicht in die Konkordanzzwänge haben solche Stimmen jeweils rasch verstummen lassen. Den ernsthaftesten Schritt zur Aufkündigung der Regierungs-Zusammenarbeit unternahmen jedoch die Sozialdemokraten selbst. Als die Bürgerlichen 1983 der SP-Kandidatin Lilian Uchtenhagen als erster Frau den Eintritt in den Bundesrat verwehrten, drängte ein Teil der Partei auf den Gang in die Opposition. Ein Sonderparteitag verwarf den Antrag; der Auszug aus der Regierung erschien der Mehrheit eher als Gang in die Wüste denn als Jungbrunnen der Opposition. Änderungen der Regierungszusammensetzung scheinen für alle Regierungsparteien mit zu hohen Risiken verbunden zu sein. Ungewiss bleibt für die Partner einer verbleibenden Koalition in der Tat, ob sie die Vorteile grösserer Homogenität für eine gemeinsame Politik umsetzen können, und unsicher ist die Chance des Austretenden, dass er durch die Oppositionsrolle gestärkt einen besseren Wiedereintritt findet. Die bestehende Konkordanz gerät wohl erst dann ins Wanken, wenn es vorher zu grösseren Verschiebungen der Wähleranteile gekommen ist.

Die im internationalen Vergleich hohe Stabilität parteipolitischer Zusammensetzung wird ergänzt durch die ausserordentlich *hohe persönliche Kontinuität des Bundesratsgremiums*. Seit 1848 kam es noch nie zu einer personellen Gesamterneuerung des Bundesrats. Bundesräte, einmal im Amt, werden mit Sicherheit wiedergewählt, und sie bestimmen selbst, wann sie zurücktreten wollen. Politische Niederlagen, sei es im Parlament oder in Volksabstimmungen, vermögen nur selten öffentliche Rücktrittsforderungen zu begründen. Parteipolitischer oder Fraktionsdruck hinter den Kulissen erreichen meist wenig. So sind vorzeitige Demissionen selten, seit Einführung der Zauberformel gerade deren vier (Chaudet aufgrund der sog. «Mirageaffäre» 1964, Bonvin 1971 wegen massiver Kostenüberschreitungen beim Furkatunnel, Aubert 1987 auf Druck seiner Partei, und die erste

Bundesrätin Kopp 1989 wegen Verwicklungen in Geschäfte ihres Ehemanns). Die parteipolitische Stabilität wie die persönliche Kontinuität des Bundesrats entsprechen politischer Übung, sie sind in keiner Weise durch die Verfassung vorgegeben. Sie verstärken aber die institutionell unabhängige Stellung des Bundesrates.

Hinsichtlich der parteipolitischen Zusammensetzung sind Bundesratswahlen seit 1959 spannungslos geworden. Für hohe Spannung sorgt aber oft die Frage, *welche Kandidatin oder welcher Kandidat einer Partei* zum Bundesrat gewählt wird. Die Kür des offiziellen Kandidaten ist begleitet von Spekulationen der Massenmedien und bildet eine zuweilen harte parteiinterne Auseinandersetzung, in welcher die Fraktion der anspruchsberechtigten Partei das letzte Wort hat. Wenn der Ausgang ungewiss ist, gehört die Bundesratswahl zu den politischen Hauptereignissen Berns, die in aller Munde sind. Das Erfordernis des absoluten Mehrs bildet eine hohe Hürde für eine Fraktion, ihren offiziellen Kandidaten in der Wahl auch durchzubringen. Vor allem die Sozialdemokraten sahen sich dem Risiko eines Vetos oder gar dem Diktat der Personenwahl durch die Bürgerlichen wiederholt ausgesetzt: das erstemal bei Einführung der Zauberformel 1959, als Walter Bringolf wegen kommunistischer Vergangenheit nicht gewählt und der Gemässigte Hanspeter Tschudy Bundesrat wurde, und das letztemal 1993, als der Neuenburger Francis Matthey der offiziellen Kandidatin Christiane Brunner vorgezogen wurde. Im letzten Fall verzichtete jedoch Matthey – auf Druck seiner Fraktion – auf die Wahl, was den Weg für ein Kompromissergebnis öffnete. Die SP stellte neben Christiane Brunner eine zweite Frau, Ruth Dreifuss, zur Wahl. Brunner blieb erfolglos, aber mit Dreifuss wurde nicht nur eine offizielle Kandidatin, sondern auch der Wille der SP berücksichtigt, mit einer Frau im Bundesrat vertreten zu sein. Die Nichtwahl offizieller Kandidaten passiert allerdings auch den Bürgerlichen. Die hohe Ungewissheit hängt nicht zuletzt mit dem Wahlmodus der sukzessiven Einzelwahl bei mehreren Vakanzen zusammen. Scheitert der offizielle Kandidat in der Wahl für die erste Vakanz, so kann es zu Retourkutschen der unterlegenen Partei für die Wahl der zweiten oder dritten Vakanz kommen. Dies mochte bei der Wahl von 1973 mit eine Rolle gespielt haben, als alle drei Bundesräte Chevallaz (FDP), Hürlimann (CVP) und Ritschard (SP) den umstrittenen offiziellen Kandidaten ihrer Parteien vorgezogen wurden. Zwar gibt es Absprachen unter den Fraktionen, aber diese sind im geltenden Wahlverfahren relativ unstabil. Dies zeigt sich selbst bei Gesamterneuerungswahlen, in denen nur Bisherige zu bestätigen sind. Wird der zweite oder dritte Kandidat bereits mit vielen Proteststimmen bestraft, so ist die Chance hoch, dass sich die folgenden Kandidaten ebenfalls mit einem mageren Ergebnis begnügen müssen. Das geschah etwa 1991: nachdem die Bundesräte Koller und Cotti ein schlechtes Resultat machten, bestrafte die CVP den zuletzt antretenden Villiger mit einem noch schlechteren (APS 1991:36).

Neben der parteipolitischen Zusammensetzung gibt es *weitere Wahlkriterien*. Nach Art. 96.1 der Verfassung kann aus dem gleichen Kanton nur ein Mitglied gewählt werden. Politischer Übung entspricht, dass die Deutschschweiz zwei bis drei Sitze den übrigen Landesteilen überlässt, und dass die drei grossen Kantone Bern, Waadt und Zürich möglichst ständig im Bundesrat vertreten sind. In den vergangenen 15 Jahren sahen sich Fraktionen und das Parlament zunehmendem Druck ausgesetzt, auch Frauen in die oberste Landesbehörde zu wählen; es ist anzunehmen, dass sich eine angemessene Repräsentation der Frauen auch durchsetzen wird. Das Kriterium der Konfessionszugehörigkeit – in der Kulturkampfzeit und darüber hinaus bedeutsam – scheint nur noch am Rande mitzuspielen[1], und mit Ruth Dreifuss ist auch eine Frau aus der jüdischen Glaubenskultur gewählt worden. Auch bei Auslassung der Konfessionszugehörigkeit werden heute bis zu fünf Wahlkriterien berücksichtigt: proportionale Vertretung der vier Regierungsparteien, Kantonsklausel, Vertretung der drei Grosskantone, proportionale Vertretung der Sprachregionen und Geschlecht. Das entspricht einem System fünf kumulierter politischer Quoten, was die Auswahl möglicher Kandidatinnen und Kandidaten erheblich einschränkt. Abhilfe könnte nur geschaffen werden, wenn auf einzelne Kriterien ausdrücklich verzichtet würde, die heute weniger bedeutsam erscheinen als früher, wie etwa das traditionelle Privileg der drei grossen Stände oder die verfassungsrechtliche Kantonsklausel.

C. Der Bundesrat als Kollegialbehörde

Das im internationalen Vergleich auffallendste Merkmal ist das Kollegialsystem. Die sieben Mitglieder werden als Gleichberechtigte und ohne Zuschreibung für ein bestimmtes Departement in das Gremium gewählt. Es gibt keinen herausgehobenen Regierungschef, dessen besondere Stellung sich durch Weisungsbefugnisse gegenüber den anderen Regierungsmitgliedern auszeichnen würde. Zwar gibt es die Rolle des Bundespräsidenten, der jährlich wechselt, und in der Periode von 1848 bis 1865 war dieser zugleich Aussenminister. Heute beschränkt sich die Rolle des Bundespräsidenten auf die Sitzungsleitung und die formellen Repräsentationsaufgaben eines Staatsoberhauptes. Die Arbeitsweise des Kollegiums wird in der Verfassung wie folgt umschrieben: „Die Geschäfte des Bundesrates werden nach Departementen unter die einzelnen Mitglieder verteilt. Der Entscheid über die Geschäfte geht vom Bundesrat als Behörde aus.» (Art. 103 BV). Dies bedeutet zweierlei:

1. Das Kollegialprinzip: Es beinhaltet, «dass eine Vielzahl von Regierungsmitgliedern, die in rechtlicher und sachlicher Gleichordnung nebeneinander stehen, zu einer Handlungseinheit und zur gemeinschaftlichen Geschäftserledigung verbunden werden»[2]. Demnach nehmen die sieben Mitglieder mit gleichen Rechten und Pflichten an der Diskussion und Entscheidung aller Regierungsgeschäfte teil. Diese «gemeinschaftliche Geschäftserledigung» folgt allerdings nicht der Einstimmigkeits-, sondern der Mehrheitsregel: Um gültig

---

1 So behaupteten Stimmen, bei der Nachfolge Elisabeth Kopps 1989 sei FDP-Parteipräsident Steinegger, Urner katholischer Konfession, als Kandidat parteiintern deshalb übergangen worden, weil mit seiner Wahl die Zahl der Katholiken im Bundesrat von vier auf fünf angewachsen wäre.
2 Botschaft des Bundesrates zur Reorganisation der Bundesverwaltung vom 12.2.75, BBl 75.035, 1435ff.

verhandeln zu können, müssen mindestens vier Mitglieder des Bundesrates anwesend sein. Der Bundesrat entscheidet mit Stimmenmehrheit. Doch muss ein Beschluss, um gültig zu sein, die Stimmen von wenigstens drei Mitgliedern auf sich vereinigen.

2. *Das Departementalprinzip*: Jedes Mitglied des Bundesrats ist Vorsteherin eines der Departemente. Als Leiter seines Departements besitzt jedes Mitglied seine eigenen Kompetenzen, die unabhängig vom Kollegium ausgeübt werden. Damit kumuliert jedes Mitglied des Bundesrats zwei Rollen, nämlich als Mitglied der Gesamtbehörde und als Vorsteherin eines Departements.

Die Verankerung des Kollegialsystems in der schweizerischen Verfassung hatte gewichtige politische Gründe. Sie ermöglichte 1848 bei der Gründung des Bundesstaats die Vertretung aller Landesteile in der Regierung unter Verzicht auf Heraushebung jener Sprache oder Region, die ein Regierungschef vertritt. Dies stellt auch heute ein wichtiges Argument für die Beibehaltung des Kollegialsystems dar. Kollegialbehörden gehen auf noch ältere Traditionen in den Gemeinden und Kantonen zurück, wo sie vom Volk gewählt werden. Sie haben sich damit auf allen drei föderalistischen Ebenen durchgesetzt. Die eher geringfügigen Abweichungen finden sich bei den Gemeinden durch Heraushebung eines Präsidialamtes und durch die verschiedenartigsten Kombinationen von Vollberufs- und Milizämtern (Geser 1987:27ff.). Die Exekutive als Kollegialbehörde kann als gesamtschweizerische Einrichtung gesehen werden, der typische Elemente der politischen Kultur zugeschrieben werden: die Abneigung gegen dominierende Machtpositionen von Einzelpersonen, und das Vertrauen in die gegenseitige Kontrolle gewählter Regierungsmitglieder in kollektiven Leitungsorganen. Die Volkswahl der Kollegialbehörden auf Kantons- und Gemeindeebene hat die Bildung von Mehrparteienregierungen begünstigt, weil der freiwillige Proporz die Risiken der politischen Parteien in der Majorzwahl vermindert. In der Tat setzte sich die proportionale Verteilung der Regierungssitze in Kantonen und Gemeinden früher durch als beim Bund. Die Einrichtung der Kollegialbehörde ist aber kein zwingender Grund für die politische Konkordanz, wie das Beispiel des Bundesrates in der gesamten Zeitperiode vor 1959 belegt.

D. Der politische Entscheidungsprozess im Kollegialsystem

Als Bundesrat Kurt Furgler 1974 in seiner Funktion als Justizminister im Parlament eine Vorlage zur teilweisen Straffreiheit des Schwangerschaftsabbruchs präsentieren sollte, erklärte er, die Lösung des Bundesrats widerspreche seinem persönlichen Gewissen. Die Vertretung der Regierungsvorlage übernahm deshalb der amtierende Bundespräsident (APS 1974:127). Dieses Vorkommnis verweist auf ein allgemeines Problem: Mitglieder einer Kollegialregierung können selbst in Angelegenheiten ihres eigenen Departements überstimmt werden. Trotzdem sind sie gehalten, sich an den Mehrheitsentscheid zu halten

9 Die Regierung 225

und ihn öffentlich mitzutragen. Das ist die Regel, und Bundesrat Furglers Ausscheren die Ausnahme. Wie aber werden Konflikte in einem Kollegium bewältigt, das seine Zusammensetzung nicht selbst bestimmt, verschiedenen Parteien angehört und erst noch verschiedene Sprachen spricht?

Über die Entscheidungsvorgänge im Bundesrat gibt es wenig gesichertes Wissen. Die Protokolle der Sitzungen sind nicht öffentlich. Bundesräte äussern sich nicht über die internen Entscheidungsvorgänge; nach aussen vertritt das Gremium seine Entscheidungen mit grosser Geschlossenheit. Handakten von Bundesräten sind – anders als diejenigen amerikanischer Präsidenten, die eine beliebte und zugängliche Quelle amerikanischer Forschung bilden – der Forschung kaum je zur Verfügung gestellt worden. So beschränkt sich das Wissen über die Entscheidungsvorgänge eigentlich nur auf die Summe aller Indiskretionen.[3]

Die kohärente Aussendarstellung seiner Politik durch das Kollegium und die Nichtöffentlichkeit, wie sie der heutige Bundesrat pflegt, sind nicht die einzig möglichen Politikstile. Die Sitzungen der Solothurner Kantonalregierung waren während Jahrzehnten öffentlich – und die Öffentlichkeitsregel soll aufgehoben worden sein, weil kaum Interesse bestand, den Sitzungen beizuwohnen. Auch die diskrete Konfliktbewältigung ist eher jüngeren Datums. In den Jahrzehnten der Alleinregierung des Freisinn gab es im Bundesrat

---

[3] Nicht eben vorteilhaft nimmt sich der Regierungsstil des Bundesrates im «Facts»-Bericht 36/1997 der Journalisten Schneider und Tuor aus: «Mittwoch, 9 Uhr, Bundesratssitzung im Bundeshaus West. Traktandiert sind 50 Geschäfte, im Durchschnitt. Ein Pensum jenseits der menschlichen Kapazität. Bewältigt wird es im Stil von Ritualen.
Die Traktandenliste stellt Bundeskanzler François Couchepin zusammen. Er versteht das wichtige Agendasetting als reinen Routinevorgang. Aufgenommen wird, was die Departemente 'mindestens drei Wochen' vorher anmelden. Über Aktuelleres wird nur ausnahmsweise diskutiert. Ordentlich nach Farben getrennt, erhalten die sieben Bundesräte die Sitzungsunterlagen. Orange Papiere sind 'voraussichtlich unbestrittene' Geschäfte. Blau sind parlamentarische Vorstösse (mehrere hundert pro Jahr). Weisse Vorlagen werden 'voraussichtlich diskutiert'. Ohne Farbenkennzeichnung gelangen die so genannten Aussprachepapiere in die Bundesratssitzung. Sie behandeln häufig heikle Themen, zu denen noch keine Beschlüsse gefasst werden.
Reden darf ein Bundesrat nicht, wenn ihm etwas in den Sinn kommt. Das Wort erteilt der Präsident (dieses Jahr Koller), und in der Regel tut er das in protokollarischer Reihenfolge. Zuerst darf sich der Vize (dieses Jahr Cotti) melden, dann der Doyen, zurzeit Delamuraz (14 Amtsjahre), gefolgt von Ogi (10 Amtsjahre), Villiger (8 Amtsjahre), Dreifuss (4 Amtsjahre) – und am Ende darf Novize Moritz Leuenberger (2 Amtsjahre) seinen Kommentar abgeben. Ausnahmen von dieser Reihenfolge sind möglich, aber nur wenn der Präsident es 'als opportun erachtet'...
Streng formell ist die Anrede: Die sieben siezen sich. Und als lebten sie zu Zeiten des Ancien Régime, reden sie sich gegenseitig mit 'Herr Finanzminister', 'Frau Innenministerin' an. In der Pause, jeweils zwischen 10.30 und 11 Uhr, werden die offiziellen Masken kurz abgelegt. Bei Kaffee, Mineralwasser, Gipfeli, Früchten, rohem Gemüse und Salznüssli sagen sich die sieben wieder wie ganz normale Arbeitskollegen Dölf, Ruth, Chaschper, Nöldi.
Ganz wohl ist den Magistraten bei ihrem gemeinsamen Regieren nicht. 'Ich bin weit davon entfernt, das Funktionieren der Regierung als ideal hinzustellen', sagt Moritz Leuenberger.»

handfeste Konflikte, die durchaus an die Öffentlichkeit getragen wurden. 1931 hat der Freiburger Konservative Musy gar öffentlich gegen die Finanzierungsvorlage der AHV mobilisiert (Altermatt 1991:357). Es gibt also viele Stile kollegialen Regierens – von der absoluten Vertraulichkeit bis zur totalen Öffentlichkeit, von der Geschlossenheit der gemeinsamen Position bis zur öffentlichen Austragung interner Konflikte. Es gibt Kantone (z.B. Schwyz) und Gemeinden, die formelle Kollegialitätsregeln aufgestellt haben. Prominente Kollegialitätskonflikte, bei denen einzelne Regierungsmitglieder in Kantonen und Städten mit abweichenden Positionen an die Öffentlichkeit traten, sind im letzten Jahrzehnt allerdings häufiger geworden. Kollegiales Regieren scheint stärkeren Belastungsproben ausgesetzt, bei denen drei Elemente auffallen: erstens eine allgemein zunehmende Konfliktintensität der Politik, zweitens ein individueller, weniger konformer Politikstil vieler Magistraten, und schliesslich Blockbildungen zwischen bürgerlichen und nicht-bürgerlichen Lagern trotz Konkordanz. «Verletzungen des Kollegialprinzips» wegen des Ausscherens einzelner Regierungsmitglieder in einzelnen Politikfragen bilden deshalb häufig Anlass öffentlicher Diskussion.

Aus politologischer Sicht sind solche «Verletzungen» allerdings im Kollegialsystem selbst eingebaut, denn dieses vereint zwei im Grunde gegensätzliche Entscheidungsprinzipien: das Kollegialprinzip und die Mehrheitsregel. Hinter dem Kollegialprinzip steht die Idee der Machtteilung gegen innen und der gemeinsamen Verantwortung gegen aussen. Die Mitverantwortung eines Regierungsentscheids gegen aussen bedingt vorherige Verhandlung, Kompromissfindung und im Idealfall Einstimmigkeit. Formell fallen die Entscheidungen jedoch nach dem Mehrheitsprinzip. Dies schliesst vorherige Bemühungen um einen Kompromiss nicht aus, aber sichert sie ebenso wenig. Im schlechtesten Fall kann eine Mehrheit ohne jede Diskussion beschliessen, eine Minderheit gar ständig leer ausgehen lassen. Die beiden gegensätzlichen Entscheidungsprinzipien ermöglichen damit intern völlig unterschiedliche Regierungsstile: vom «Kollegialstil» des Verhandlungskompromisses unter Vermeidung von Kampfabstimmungen bis zum «Mehrheitsstil» unter Kaltstellung einzelner Mitglieder.

Im zweiten Fall wird die Nichtöffentlichkeit der Verhandlung zu dem, was ich die «Kollegialitätsfalle» nennen möchte: Einzelne Mitglieder oder eine Minderheit der Regierung haben Entscheidungen gegen aussen mitzutragen, für die ihnen intern jede materielle Mitwirkung verweigert wurde, und sie geraten in persönliche Rollenkonflikte gegenüber ihrer Wählerschaft. Theoretisch ist daher zu erwarten, dass bei Praktizierung des Mehrheitsstils einzelne Regierungsmitglieder häufiger ausscheren. In diesem Fall können auch plausiblere Gründe für die «Verletzung» des Kollegialprinzips in Anspruch genommen werden als bei fairer interner Konsenslösung. Ein ständig überstimmtes Regierungsmitglied löst mit dem Gang vor die Öffentlichkeit nicht bloss seinen politischen Rollenkonflikt, sondern macht transparent, dass die Kollegialität im Innenverhältnis nicht spielt. So lässt sich denn als These formulieren, dass gutes Funktionieren von Kollegialregierungen davon abhängt, ob ein fairer interner Verhandlungsstil gepflegt und der blosse Mehrheitsstil unter

9 Die Regierung 227

konstanter Blockbildung vermieden wird. Die politische Norm der Kollegialität im Sinne der Mitverantworung aller Regierungsentscheidungen entpuppt sich somit als ein zusätzliches Element machtteiliger Demokratie. Seine Realisierung hängt aber in hohem Masse von den persönlichen Fähigkeiten der Mitglieder zur Teamfähigkeit und zur Konsensfindung durch Verhandeln und Kompromiss ab.

Vom *Kompromiss eines Vielparteienkollegiums* sind *keine Revolutionen* zu erwarten. So verwundert es denn kaum, dass die Öffentlichkeit sich periodisch über die «Führungsschwäche» oder den mangelnden politischen Gestaltungswillen des Bundesrats beklagt. Diese Kritik kratzt freilich nur an der Oberfläche. Fälle, in denen der Bundesrat mit längerfristigen und fundierten Positionen führt, lassen sich nämlich durchaus nennen – zum Beispiel der Bericht zur Revision der Aussen- und der Neutralitätspolitik 1993 oder das konstant verfolgte Fernziel eines EU-Beitritts. Gerade in solchen Situationen steht der Bundesrat indessen schnell allein, ist ohne Unterstützung von Fraktionen, Parteien, Interessengruppen oder Medien und muss auch Popularitätsverluste in demoskopischen Umfragen hinnehmen. Ebenso wenig Verständnis findet der Bundesrat, wenn er – wie z.B. in einzelnen Vorschlägen zur Neuen Alpentransversalen NEAT – die «Besitzansprüche» einzelner Landesteile verletzt. Das ist letztlich die Konsequenz eines Systems, das allseitige Rücksichtnahme fordert und damit auch zu einer Ohnmacht für jede konzeptionelle Regierungspolitik führt, die nicht im voraus mit den interessierten Interessengruppen und den politischen Parteien abgesprochen ist. So kann man denn umgekehrt fragen, wieso eine Allparteienregierung trotz schwindendem Grundkonsens der politischen Parteien überhaupt noch «kollegial» zu regieren vermag. Zwei Faktoren mögen die innere Kollegialität stärken. Erstens misst die Bundesversammlung bei der Wahl der persönlichen Fähigkeit der Kandidatin zur Zusammenarbeit im Kollegium ein hohes Gewicht zu. Zweitens begünstigt die hohe Kontinuität des Gremiums, bei der neue Mitglieder sich einzeln in ein bestehendes Team einführen, auch feste Traditionen von informellen Regeln kollegialen Verhaltens. Die äussere Glaubwürdigkeit der Kollegialregierung dagegen wird durch einen ganz anderen Faktor gestärkt: die scheinbare Alternativenlosigkeit des Systems.

E. Die Funktionen der Regierung und der politischen Verwaltung

Die verfassungsmässigen Kompetenzen des Bundesrats als «oberster leitender und vollziehender Behörde» (Art. 102 BV) gehen weit.

Zum Kern der eigentlichen Regierungstätigkeit gehören:

– die Umschreibung der grundlegenden Ziele und Mittel staatlichen Handelns, die laufende Beurteilung der Entwicklungen im In- und Ausland, die Aufstellung und Umsetzung von Richtlinien der Regierungstätigkeit sowie die Leitung der Aussenpolitik;

Als weitere Aufgaben kommen hinzu:
- die Leitung der Bundesverwaltung und des Vollzugs der Bundesaufgaben;
- als Rechtsetzungsaufgaben: die Vorbereitung und Organisation des vorparlamentarischen Gesetzgebungsprozesses, sowie die Konkretisierung der Bundesgesetzgebung durch Erlass von Verordnungen;
- Tätigkeiten der Verwaltungsrechtspflege (Behandlung von Beschwerden).

Was der Verfassungsnorm nicht entnommen werden kann, ist die faktische Ausdehnung dieser Aufgaben in Zusammenhang mit der Entwicklung des Interventions- und Leistungsstaats. 1848 glaubten die Gründer des Bundesstaates, es brauche keine besondere Bundesverwaltung, weil die Aufgaben bei den Kantonen vollzogen würden. Ursprünglich war denn die Bundesverwaltung auch von bescheidenster Grösse. Heute unterstehen dem Bundesrat etwa 30 Prozent aller öffentlichen Beschäftigten in der Schweiz, etwas über 30'000 in der engeren Departementalverwaltung, dann rund 100'000 indirekt in den Bundesbetrieben und -anstalten (SBB, PTT, ETH etc.). Dabei hat sich an der politischen Leitungsstruktur wenig geändert. Mit dem Ausbau der Bundeskanzlei und dem Beizug von persönlichen Mitarbeitern der Bundesräte wurden die Stabsdienste der Regierung erweitert. Hinzu kommen die sog. Staatssekretäre, denen eine beschränkte politische Führungsverantwortlichkeit zukommt. Im übrigen ist aber die politische Leitungshierarchie die gleiche wie im 19. Jahrhundert geblieben. Die grosse Geschäftslast des Bundesrats und die Tauglichkeit des Kollegialprinzips für die heutige Staatsführung werden deshalb regelmässig zum Thema der Regierungsreform (nachstehend, Abschnitt F). Aus politologischer Sicht sind drei Folgen des Aufgabenwachstums für die politische Führung bedeutsam:

1. Das Überhandnehmen des Departementalprinzips in der Politikformulierung

Die Zeit für kollegiales Regieren, welche die Mitglieder für die gemeinsame Diskussion und Entscheidfindung aufbringen können, ist nicht beliebig erweiterbar. Nur ein kleiner Teil der aufliegenden Geschäfte wird in den wöchentlichen Sitzungen des Gesamtbundesrats Gegenstand der Diskussion, eine weit grössere Zahl wird rein formell genehmigt. Das ist an sich kein Argument gegen das Kollegialsystem: Jedes Leitungssystem steht vor *dem Selektionsproblem, Wichtiges vom Unwichtigen zu unterscheiden*. Statt starrer Selektion durch Regeln und Personen auf unterer Hierarchiestufe erlaubt das Kollegialsystem, dass ein Mitglied aufgrund seiner Vorinformationen jedes Geschäft zum Gegenstand der Diskussion machen kann, das ihm persönlich als wichtig erscheint. Dass dies heute ein geringerer Teil aller Geschäfte ist als früher, spielt keine Rolle: Die Qualität der Koordination, der Unterscheidung von Wichtigem und Unwichtigem und damit die Verantwortung politischer Letztentscheidung verbleibt beim Gremium, das dafür gewählt ist. Dagegen mangelt dem Kollegium die Zeit zur gemeinsamen *politischen Führung*, und zur Erarbeitung verbindlicher Vorgaben in den frühen Phasen der Politik. Die Anregung sowie die Entwicklung von Handlungsalternativen und Lösungsvorschlägen neuer politischer Projekte haben sich auf die Ebene der Departemente verlagert. So beschränkt sich die Funktion des Gesamtbundesrats im Vorverfahren der Gesetzgebung zumeist auf eine strategische Verfahrenskontrolle: er gibt grünes Licht für das Verfahren, genehmigt die Einsetzung von Expertenkommissionen und ihrer Mitglieder, bestimmt Zeitpunkt und Art des Vernehmlassungsverfahrens, nimmt aber materiell erst Stellung bei Vorlage des Gesetzesentwurfs, den er dem Parlament übermittelt. Erst hier entscheidet der Bundesrat, während die inhaltliche Politikformulierung weitgehend auf Ebene der Departemente verbleibt. Diese Departementalisierung beeinträchtigt weniger die Entscheidungsmacht als die Definitionsmacht, die Prioritätensetzung und die politischen Vorgaben des Gremiums.

Zu dieser Entwicklung hat die Landesregierung zwar einen wichtigen Kontrapunkt gesetzt: seit 1968 formuliert der Bundesrat alle vier Jahre die *Richtlinien der Regierungspolitik*, ein Programm mit Schwerpunkten und Prioritäten für eine Legislaturperiode, das seit 1976 auch mit der Finanzplanung gekoppelt ist. Gerade die Regierungsrichtlinien zeigen aber, dass der Möglichkeit konzeptioneller Politik des Bundesrats enge Grenzen gesetzt sind, und zwar durch drei Faktoren: erstens stehen die wichtigsten Projekte meist unter dem Referendumsvorbehalt des Volkes und enthalten damit eine bedeutende politische Ungewissheit. Zweitens konnte der Bundesrat in der Vergangenheit nicht mit grosser Unterstützung der Parlamentsfraktionen rechnen. Das Parlament will unabhängig bleiben und zieht dies der Einbindung in ein längerfristiges Programm vor. Die hohe Indifferenz des Parlaments ist aber dem Versuch konzeptioneller Politik letztlich schädlicher als selbst prononcierte Kritik oder gar Ablehnung des Programms. Von den engen Grenzen und dem Dilemma konzeptionellen Regierens scheint drittens der Bundesrat manchmal selbst beeindruckt: neben innovativen Programmen gab es auch solche, in denen sich der Bundesrat darauf beschränkte, den Fahrplan für bereits aufgegleiste Projekte zu formulieren (Linder/Hotz/Werder 1979, Linder 1987a, Klöti 1986).

2. Die Entwicklung der politischen Verwaltung

Bei der Besetzung oberer Chargen der Bundesverwaltung – Direktoren, Generalsekretariate – spielen heute neben den engeren Fach- und Führungsqualitäten auch politische Kriterien eine bedeutende Rolle. Zu diesen politischen Kriterien gehören die Fähigkeiten öffentlichen Managements, des Umgangs und der Erfahrung mit den Milieus von Wirtschaft, Gesellschaft und Politik, schliesslich aber auch die Parteizugehörigkeit oder des Geschlechts. In den vergangenen 20 Jahren haben vor allem zwei untervertretene Gruppen «proportionale» Ansprüche angemeldet: die Sozialdemokraten (1979 nur mit 4,5% unter den Spitzenbeamten vertreten) und die Frauen (mit einem Vertretungsanteil von 1,9 %, Urio 1981).

Die «Politisierung» der Spitzenbeamten ist allerdings mehr als ein partei- oder frauenpolitisches Machtkalkül. In der Sensibilisierung für die Besetzung ihrer Spitzen zeigt sich nämlich, dass die Bundesverwaltung zum Typus einer politischen Verwaltung geworden ist. Dies heisst: die Trennung vom «politischen Parlament», das die Gesetze macht, und der «unpolitischen Verwaltung», welche die Gesetze vollzieht, ist zur Fiktion geworden. Die Verwaltung hat sich zu einem Akteur entwickelt, der selbst politische Prozesse anregt, begleitet, durchführt, mitgestaltet und mitentscheidet. Dies gilt im vorparlamentarischen Gesetzgebungsverfahren, dann bei der Verordnungstätigkeit des Bundesrats, und schliesslich im Politikvollzug mit den Kantonen, der zu einem gestaltenden, politischen Entscheidungsprozess geworden ist. Die Verwaltung ist damit zu einem eigenständigen politischen Machtfaktor geworden. *Politische Verwaltungsmacht*, also die Fähigkeit, Entscheidungsprozesse durch eigene Interessen und eine eigene Perspektive zu beeinflussen, beruht auf mehreren Quellen, die sich zum Teil deutlich von den Machtressourcen der Interessengruppen oder von Parteien und des Parlaments unterscheiden:

- Die Verwaltung verfügt über dauerhafteres, *professionalisierteres und spezialisierteres Wissen in* den Gesetzgebungs- und Vollzugsprozessen und eine *grössere Vollzugserfahrung* als die meisten andern Akteure.

- Die Verwaltung, als professioneller und funktional spezialisierter Apparat, besitzt *Organisations-, Planungs- und Koordinationsfähigkeiten*, die auch Handlungsbeiträge von Dritten zu mobilisieren vermag.

- Die Verwaltung vermag, wie jede soziale Gruppe, auch *kollektive Eigeninteressen zu mobilisieren*. Einige von ihnen werden von den meisten andern Akteuren auch als legitim anerkannt; beispielsweise müssen Gesetze auch mit vernünftigem Aufwand und mit den der Verwaltung zur Verfügung gestellten Mitteln lösbar sein. Bezüglich anderer Eigeninteressen – etwa nach der Verstärkung ihrer eigenen Ressourcen – steht sie in einer Konkurrenz- oder Konfliktsituation mit anderen Gruppen.

Auch dort wo politische Verwaltung über wenig formelle Entscheidungsmacht verfügt, kann sie einen bedeutenden Einfluss auf die *Gestaltung der Politik im Sinne der «Definitionsmacht»* ausüben. Zwei Bereiche, in denen dies stark zur Geltung kommt, sind die *Planung und die Koordination*. Planung – im Sinne längerfristiger, umfassenderer Politikprogramme – findet sich etwa bei den Aufgaben der Finanzen, der nationalen Infrastruktur, in der Raumplanung oder in der Umweltpolitik. In der konzeptionellen Politik sind professionelles Wissen und Erfahrung der Verwaltung von besondererer Bedeutung, weil sich wesentliche Optionen und Festlegungen auf die frühen Phasen der Problemanalyse und der Entscheidungsvorbereitung verlagern (Linder/Hotz/Werder 1979, Scharpf 1973). Ähnliches gilt für die verwaltungsinterne Koordination. Koordinationsprozesse sollen sichern, dass Vorhaben des einen Verwaltungszweigs nicht mit denjenigen eines andern kollidieren. Die Koordination erfolgt in der Bundesverwaltung formalisiert über verschiedene Arten des Mitberichtsverfahren, falls erforderlich auch in besonderen Arbeitsgruppen. Damit werden aber nicht bloss verwaltungsinterne Konflikte vermieden oder gelöst, sondern auch

9 Die Regierung

politische Vorentscheide getroffen. So haben die Ergebnisse des Mitberichtsverfahrens nicht zuletzt einen hohen Einfluss darauf, ob und wie der Bundesrat ein Vorhaben weiterverfolgen will.

3. Die Expertenkommissionen

Der Bundesrat zieht Dritte heran, die in sog. ausserparlamentarischen oder Expertenkommissionen des Bundes nebenberuflich in der Beratung der Landesregierung, in der Gesetzesvorbereitung, dann aber vor allem auch für Vollzugsaufgaben des Bundes tätig sind. Germann (1984) bezeichnet sie deshalb als die «*Milizverwaltung des Bundes*». Nach seiner Untersuchung gab es Ende der siebziger Jahre beinahe 400 Kommissionen mit rund 5300 Sitzen, die sich auf etwas weniger als 4000 Experten verteilten (Germann 1984:60).

Einzelne Kommissionen werden vom Bundesrat mit kleineren Aufgaben betraut und lösen sich relativ rasch wieder auf. Andere können während Jahrzehnten bestehen oder werden gar mit komplexen Daueraufgaben betraut, wie etwa die Wettbewerbskommission, die darum mit einem professionalisierten und ständigen Stab ausgerüstet ist. Kommissionen erfüllen unterschiedliche Funktionen. Ein Teil von ihnen erstellt Expertenberichte oder Expertenentwürfe für die Gesetzgebung, Rekurskommissionen erfüllen quasi-richterliche Funktionen, andere erfüllen eigentliche behördliche Aufgaben oder die Funktion einer ausgelagerten Verwaltung.[4] Kommissionen versammeln anerkanntes Fachwissen, aber ihre Mitglieder werden auch nach politischen Kriterien ernannt. Der Bundesrat achtet auf die Berücksichtigung der Sprachregionen, der Sozialpartner, der Geschlechter oder auch der politischen Parteien in den Kommissionen und setzt dabei unterschiedliche Akzente für ihr Ansehen in der Öffentlichkeit, ihre fachliche oder politische Autorität oder ihre ausgewogene Repräsentanz. So verschränken Expertenkommissionen Wissen, Prestige und Macht, je nachdem mit Betonung des einen oder des andern. Allgemein sind die Expertenkommissionen von typischen Merkmalen des Milizsystems geprägt. Sie entlasten die professionelle Verwaltung, erweitern aber gleichzeitig ihre «Grenzfläche» zu Gesellschaft, Wirtschaft und Politik.

---

4 Als Beispiele für die verschiedenen Arten von Kommissionen seien genannt:
Rekurskommissionen: Eidg. Rekurskommission für Wettbewerbsfragen, Eidgenössische Datenschutzkommission.
Behördenkommissionen: Ausgleichsfonds der AHV; Unabhängige Beschwerdeinstanz für Radio und Fernsehen.
Verwaltungskommissionen: Eidg. Luftfahrtkommission, Schweizerischer Wissenschaftsrat.

F. Regierungsreform

Auf der Ebene engerer Verwaltungsreform sind ständige Neuerungen sichtbar, so etwa mit der Verwaltungsreorganisation (z.B. aufgrund des «Huber-Berichts» 1981), mit der Einrichtung von Generalsekretariaten als Stabsdienste (1978), der Reform von Abläufen durch Effizienzübungen oder neuerdings dem «New Public Management» NPM (Hablützel et al. 1995). Auch die Instrumente politischer Verwaltungsführung sind verstärkt worden durch den Ausbau der Bundeskanzlei zur eigentlichen Stabsstelle des Gesamtbundesrates (aufgrund des «Hongler-Berichts» 1967), durch Staatssekretäre (ohne politische Verantwortlichkeit gegenüber dem Parlament) sowie durch die persönlichen Mitarbeiter der Bundesräte. Trotz solcher Neuerungen sind aber damit die verfassungsrechtliche Stellung des Bundesrats und die Grundstruktur der Kollegialregierung aus dem 19. Jahrhundert praktisch unverändert geblieben, ja man kann sagen, dass alle Versuche zur politischen Regierungsreform trotz mancher Anläufe gescheitert sind. Es lässt sich eine eigentliche Geschichte der Regierungsreformen erzählen, die nicht stattgefunden haben:

1. Die Volkswahl des Bundesrats: Sie hätte eine noch unabhängigere Stellung der Regierung gegenüber dem Parlament wie in den Kantonen zur Folge, könnte auch zur Stärkung der Regierung führen, falls sie mit Elementen plebiszitärer Politik angereichert würde, und zöge eine weitere Annäherung an das Präsidialsystem nach sich. Eine Volkswahl steht aber im Vergleich zu den Kantonen vor zusätzlichen technischen Schwierigkeiten, wenn neben einem (freiwilligen) parteipolitischen Proporz zugleich die Vertretung der Landesteile gesichert werden soll. Typischerweise datieren die (gescheiterten) Volksinitiativen zur Einführung der Volkswahl des Bundesrats aus der Zeit vor 1959, nämlich 1900 und 1942.

2. Reform der Kollegialbehörde: Die behaupteten Vorteile der Kollegialregierung – der Austausch von gegenseitigem Wissen, Können und von Erfahrung, die Stabilität und Kontinuität sowie die letztinstanzliche Koordination – wurden seit den sechziger Jahren zunehmend in Zweifel gezogen. Kritiker bemängelten als wichtigste Nachteile: das Risiko des blossen Reagierens statt Regierens im ungeführten Kollegium, die Überlastung sowie das Überhandnehmen des Departementalprinzips, die zur Überlebensdevise «laufen und laufen lassen» im Kollegium führen. Mit dem gesteigerten Interesse der Medien an den Vorgängen der Regierungspolitik treten diese Schwächen des Kollegialsystems immer ungefilterter an die Öffentlichkeit. Für die politische Reform der Kollegialbehörde wurden zwar die verschiedensten Vorschläge eingebracht – aber schliesslich wieder verworfen:

– *Die horizontale Erweiterung des Kollegiums:* Die Erhöhung der Anzahl der Bundesräte auf neun, elf oder eine noch grössere Zahl, brächte eine Entlastung durch die Zuständigkeit für kleinere und überschaubarere Departemente. Entsprechende Vorschläge setzten sich weder 1967 noch in den Versuchen der Regierungsreform 1990–1995 durch. Das wichtigste Gegenargument war stets, dass eine Vergrösserung des Gremiums eine

9 Die Regierung

präsidiale Führung und damit die Preisgabe des bisherigen Kollegialsystems erfordere.

– *Die vertikale Erweiterung der politischen Führung*: 1990 gaben die Ständeräte Petitpierre und Rhinow der Diskussion einer umfassenden Regierungs- und Parlamentsreform einen neuen Anstoss. Ihr Vorschlag zur Regierungsreform zielte auf eine zweistufige politische Führung: ein Fünfer- oder Siebnerdirektorium von weisungsbefugten Bundesräten steht einem Gremium von 10–15 Ministern vor. Damit sollte sich der Bundesrat auf die Kernaufgabe politischer Führung beschränken, politische Verantwortlichkeit zugleich delegieren und erweitern können. Die Motion der beiden Staatsrechtler gab Anlass zur umfassenderen Abklärung: Der Bericht der Kommission Eichenberger stellte dem Rhinow-Petitpierre'schen Vorschlag vier weitere Modelle zur Seite. Eines davon nahm die Idee der horizontalen Erweiterung des Kollegiums auf 9–11 Mitglieder wieder auf, zwei weitere sind der vertikalen Erweiterung zuzurechnen: ein Präsidialsystem, bei dem ein einzelner Bundesrat die politische Führung auf mehrere Jahre übernimmt, sowie die Erweiterung der Zahl der Staatssekretäre, die den Bundesrat durch Vertretung in Parlamentskommissionen und im Ausland entlasten sollten. Ein fünftes Modell, die Hinwendung zum parlamentarischen Regierungssystem, wurde im Bericht erwähnt und als zu weitreichend verworfen.[5]

Die bisherige Regierungsreform der neunziger Jahre scheiterte schrittweise. Es begann mit dem Bundesrat, der zunächst nur jene Änderungen wollte, die keine Verfassungsrevision benötigten. Damit reduzierte sich die Diskussion auf die Erweiterung der Zahl der Staatssekretäre. Bundesrat und Eidgenössische Räte konnten sich lange nicht einigen, ob für ihre Bestellung das Parlament mitreden solle oder nicht. Gegen die verabschiedete Vorlage wurde schliesslich von rechten Kreisen das Referendum ergriffen. Dieses hatte 1996 Erfolg, womit alles beim alten blieb. Allerdings bekräftigte das Parlament nach der Volksabstimmung seinen Willen zu einer umfassenden Regierungsreform mit neuen Vorstössen (APS 1992:33f., 1993:35f., 1994:36f., 1995:33ff., 1996:33ff.).

Die Notwendigkeit institutionell-politischer Reform des schweizerischen Systems wird zwar tagtäglich beschworen. Gerade zur Regierungsreform haben Staatsrechtler und Politologen eine Reihe interessanter Vorschläge unterbreitet (Germann 1994, Kölz/Müller 1990), und zu Beginn der neunziger Jahre erschien der Druck von aussen, nämlich die «Europatauglichkeit schweizerischer Institutionen» als zusätzliches, gewichtiges Argument für die Regierungsreform. In der Tat wächst die Belastung der Regierung mit der zunehmenden Verflechtung von Innen- und Aussenpolitik enorm. Die Regierungsreform ist indessen nicht allein am Volk gescheitert, wo die populistische Opposition gegen die Aufblähung des Staatsapparats Erfolg hatte. Auch auf parlamentarischer Ebene war die Unzufriedenheit mit der fehlenden politischen Führung nicht in einen starken Reformwil-

---

5 Ich behandle diese Option ausführlich am Schluss von Kapitel 11 als Alternative zur Konkordanz.

len umzusetzen, und vor allem war der Bundesrat selbst nicht bereit, grössere Schritte in der Regierungsreform zu unternehmen. Die engen Systemzusammenhänge sind zweifellos ein Hindernis: Die Stärkung der politischen Führung des Bundesrats ruft nach parlamentarischer Reform (wie sie Rhinow/Petitpierre konsequenterweise anstrebten), und letztere hat Einfluss auf den Gebrauch der Volksrechte. Aber die Regierung braucht nicht die Gefangene des Systems zu sein. Man kann sich vorstellen, dass die politische Reform der neunziger Jahre grössere Chancen gehabt hätte, wenn sie vom Bundesrat selbst aktiv und mit Überzeugung vertreten worden wäre.

Kapitel 10: Direkte Demokratie

A. Entwicklung und Grundzüge der halbdirekten Demokratie

1. Zur Geschichte der Volksrechte

Die Entwicklung moderner Formen direkter Demokratie, in der die Beteiligten nicht als Eigentümergemeinschaft oder sonstige Körperschaft, sondern als individuelle Bürger entscheiden, ist eine Errungenschaft des 19. Jahrhunderts. Sie ist nicht frei erfunden worden, sondern geht, wie der Verfassungsrechtler Alfred Kölz (1992:320) gezeigt hat, auf starke Einflüsse politischer Ideen französischer Theoretiker aus der Revolutionszeit zurück.

Die heutigen Formen direkter Demokratie entwickelten sich zunächst auf Ebene der Kantone. Als 1831 in den liberalen Kantonen die demokratische Bewegung das Heft in die Hand nahm, revolutionierte sie unter dem Schlagwort der «Volkssouveränität» die politische Gesamtordnung. In Bern, Luzern, Schaffhausen, Aargau, St. Gallen, der Waadt und in Baselland setzte sich ein vom Volk genehmigtes modernes Verfassungssystem mit Gewaltenteilung durch, in welchem die politischen Behörden des Parlaments und der Regierung vom Volk gewählt waren. Die radikalen und demokratischen Kräfte wollten freilich im Namen der Volkssouveränität weitere «Vervollkommnungen» der Demokratie. Mit Frühformen der Volksinitiative wurde die Abänderung der Verfassung z.B. in Thurgau, Aargau und Schaffhausen möglich, wenn sie von einer Mehrheit der Stimmberechtigten verlangt wurde, und ähnlich konnten in St. Gallen bereits 1831 Gesetze des Grossen Rates mit dem «Veto» zu Fall gebracht werden. (Kölz 1992:305ff.). In den demokratischen Bewegungen der sechziger Jahre des 19. Jahrhunderts setzen sich neben dem Verfassungsreferendum die Volksinitiative und das fakultative Referendum in der heutigen zweistufigen Art durch: ein Quorum der Stimmberechtigten lanciert sie zunächst mit seiner Unterschrift, worauf im zweiten Schritt eine Volksabstimmung über das Begehren stattfindet, bei welcher die Mehrheit der Stimmenden entscheidet. Damit gibt das Referendum den Stimmberechtigten die Möglichkeit der Nachkontrolle von Parlamentsentscheidungen, während die Volksinitiative einer Gruppe von Stimmbürgern die Chance gibt, eigene Vorschläge in die Gesetzgebung einzubringen.

Die Entwicklung auf Bundesebene folgt später. Die Verfassung von 1848 enthält nur das (obligatorische) Verfassungsreferendum; das Gesetzesreferendum wird erst anlässlich der Totalrevision 1874, die Volksinitiative auf Partialrevision der Verfassung 1891 eingeführt. Neben den bürgerlichen Demokraten setzt auch die politische Linke grosse Hoffnungen auf die direkte Demokratie: «Selbst in der Repräsentativ-Demokratie von Zürich bestanden seit mehr als 20 Jahren harte Ausnahmegesetze gegen die Coalition der Arbeiter und die sozialdemokratische Presse. So lange die Arbeiter die Staatsgesetze durch ihre Ausbeuter fabrizieren und sich octroieren lassen, werden die Gesetze auch ungünstig für die Arbeiter und nur günstig für die Herren sein... Warum? Weil erfahrungsgemäss die Repräsentativkörper in ihrer Mehrheit aus Kapitalisten und deren Kreaturen, dem sozialen Fortschritt feindlichen Bourgeois bestehen, und wie der Sklavenhalter seiner Natur nach unfähig ist, je Gesetze im Interesse seiner Sklaven zu machen, so ist auch der Kapitalisten-Repräsentant unfähig, je Gesetze im Interesse der Arbeiter zu erlassen». Statt der «Repräsentativ-Demokratie» fordert der Zürcher Arbeiterführer Bürkli 1869 darum die «Volksgesetzgebung»...«Das Volk wird in der Freiheit den rechten Weg zur sozialen Erlösung schon instinktmässig fühlen, eben weil es die Leiden tagtäglich empfindet» (Bürkli 1869:2ff.).

In obenerwähntem Zitat kommt auf der einen Seite Misstrauen gegenüber dem Parlamentarismus und seiner Idee der Repräsentation zum Ausdruck, welches auch die bürgerlichen Demokraten teilten. Typisch für die Epoche ist auf der andern Seite der Glaube an den gesunden Menschenverstand des Volkes. Bei allem Pathos der «Volkssouveränität» und der «Volksgesetzgebung» im 19. Jahrhundert verblieb freilich der grösste Teil der Entscheidungen bei Parlament und Regierung. Auch nach der Einführung von Volksinitiative und Referendum konnte das Volk nur in einer begrenzten Zahl von Entscheidungen mitwirken. Das gilt bis heute, obwohl die Zahl der Verfassungsabstimmungen wie der Volksinitiativen in den letzten 50 Jahren sehr stark zugenommen hat. Aber die Volksrechte haben trotzdem einen anderen Typus von Demokratie hervorgebracht, worin Regierung, Parlament und Volk bei den wichtigsten politischen Entscheidungen zusammenwirken.

2. Das Grundkonzept der halbdirekten Demokratie

Die Mitwirkungsrechte des Volkes sind in ein System eingebaut worden, das ursprünglich repräsentativen, parlamentarischen Charakter hatte. Ich möchte deshalb von «direkter Demokratie» sprechen, wenn die Volksrechte, ihr Gebrauch oder die einzelnen Volksentscheide gemeint sind. Als «halbdirekte Demokratie» dagegen bezeichne ich die Gesamtheit des Entscheidungssystems, in welchem Regierung, Parlament und Volk zusammenwirken. Dieses System halbdirekter Demokratie ist einzigartig, die Volksrechte sind es nicht. Die meisten Länder kennen nämlich gewisse Mitwirkungsrechte des Volkes. In Kalifornien, einem der vielen Staaten der USA, der wie die Schweiz über Volksinitiative und Referendum verfügt, gelangen gar mehr Vorlagen vor das Volk als bei uns. Aber im Gegensatz zu den USA hat die Schweiz die Volksrechte auch auf nationaler Ebene verwirklicht, und kein Gegenstand – weder die Aussen- noch die Sicherheitspolitik – ist von der Mitsprache des Volkes prinzipiell ausgeschlossen. Volk und Parlament verbinden sich daher als Entscheidungsorgane umfassend im nationalen Politiksystem. Für einen solchen Typus der halbdirekten Demokratie bildet die Schweiz auf nationaler Ebene das einzige Beispiel – ein Gegenbeispiel zu den weltweit vorherrschenden Typen repräsentativer Systeme, welche die demokratische Mitwirkung auf die Wahlen beschränken.

10 Direkte Demokratie

Ich möchte die halbdirekte Demokratie als Entscheidungssystem charakterisieren, in welchem die Verfassung den Organen von Volk, Parlament und Regierung ganz bestimmte Entscheidungen zuweist:

Tabelle 10.1: Die konzeptionelle Idee der halbdirekten Demokratie beim Bund: Mitsprache des Volks nach dem Kriterium der materiellen Wichtigkeit politischer Entscheidungen

Politische Bedeutung der Entscheidung	Normstufe der Rechtsordnung	Beratende Behörde	Mitwirkung des Volkes
Höchste Wichtigkeit	Verfassung	Parlament	Obligatorisches Referendum und Volksinitiative
Hohe Wichtigkeit	Gesetz Bundesbeschluss	Parlament	Fakultatives Referendum
Geringere Wichtigkeit	Einfacher Parlamentsbeschluss Verordnung	Parlament Regierung	Keine Mitwirkung

- Das Volk, dem die höchste demokratische Legitimation zukommt, behält die Mitwirkung und Letztentscheidung in allen wichtigsten Politikfragen, die auf Verfassungsstufe zu lösen sind. Dies wird gewährleistet durch die Volksinitiative und durch das obligatorische Referendum.

- Das Parlament, dem die zweitgrösste Legitimation zukommt, entscheidet über die nächstwichtigen Fragen, und zwar auf Gesetzesstufe. In den meisten Fällen ist diese Entscheidung endgültig, aber sie steht unter dem Vorbehalt der Nachentscheidung durch das Volk: eine Gruppe von Bürgern kann das fakultative Gesetzesreferendum ergreifen; in diesem Fall zieht das Volk die Letztentscheidung an sich.

- Die Regierung, mit der geringeren demokratischen Legitimation als Volk und Parlament, ist für die Verordnungsgebung und Einzelentscheide geringerer Tragweite zuständig. Die Regierung handelt hier in einem eigenen Kompetenzbereich und unabhängig vom Parlament. Diese Unabhängigkeit gilt auch gegenüber dem Volk. Es gibt keine Nachkontrolle der Regierungsentscheidungen durch das Referendum, und im Prinzip auch keine Volksinitiative für Regierungsgeschäfte. Dies gilt sinngemäss auch für Parlamentsbeschlüsse von geringer Tragweite.

Dieses Grundkonzept halbdirekter Demokratie hilft uns, die Logik des schweizerischen Entscheidungssystems in verschiedenster Hinsicht besser zu verstehen:

1. Halbdirekte Demokratie als Selektionssystem: Mit der Durchsetzung der Volksrechte im 19. Jahrhundert stellte sich sofort die Frage: welche Entscheidungen soll und kann das Volk sinnvollerweise treffen, welche sollen weiterhin bei Parlament oder Regierung verbleiben? In dieser Frage ist eine gewisse Erwartungssicherheit erforderlich – sonst könnte darüber bei jeder politischen Entscheidung ein Kompetenzstreit entbrennen. Die Verfassung löst dieses Problem durch ein Selektionssystem origineller Art. Sie teilt die Letztentscheidungen von Volk, Parlament und Regierung den unterschiedlichen Rechtsstufen von Verfassung, Gesetz und Verordnung zu, die in der Praxis für drei Entscheidungskategorien unterschiedlicher Wichtigkeit genutzt werden sollen. Die Verfassung strukturiert also vor, welche politischen Fragen dem Volk, dem Parlament oder der Regierung zur Letztentscheidung zukommen. Sie erbringt damit bedeutsame Selektionsleistungen, welche ein System halbdirekter Demokratie mit ausreichender Erwartungssicherheit erst möglich machen. Nicht alle Entscheidungen, sondern die politisch wichtigsten der Verfassung selbst, und von den Gesetzen jene, die sich im Einzelfall wichtiger und umstrittener erweisen, unterliegen dem plebiszitären Nachentscheid.

2. Das Volk als Kontrollinstanz für wichtigste und wichtige Fragen: Die demokratische Kontrolle der politischen Eliten und ihres Gebrauchs staatlicher Macht folgt weder der Idee des Machtwechsels zwischen Regierung und Opposition des parlamentarischen Systems wie etwa in England, noch den «checks and balances» zwischen Regierung und Parlament des präsidentiellen Systems der USA. Vielmehr realisiert die halbdirekte Demokratie eine politisch differenzierte Entscheidungskontrolle nach der *Grundformel: «Alle wichtigsten Entscheide dem Volk, wichtige Entscheide in der Regel dem Parlament, übrige Entscheide der Regierung».* Die privilegierte Stellung des Volkes, die in dieser Formel zum Ausdruck kommt, stützt sich auf den Glauben der Volkssouveränität. Die authentischen Entscheidungen des Volkes geniessen die höchste Legitimität und haben Vorrang gegenüber allen anderen. Der Legitimitätsglaube direkter Demokratie ist eines der zentralen Elemente schweizerischer politischer Kultur: Referendum und Initiative werden in Umfragen sogar als wichtiger eingestuft als die Wahlen. Wird eine Vorlage vom Volk verworfen, so lassen die Behörden eine gehörige Frist verstreichen, bevor sie eine neue bringen. Die besondere Legitimität der Volksentscheidung kommt auch im System der Gerichtsbarkeit zum Ausdruck. Das Bundesgericht darf Bundesgesetze, die dem Referendumsvorbehalt unterstanden, nach Art. 113 BV nicht auf ihre Verfassungsmässigkeit überprüfen und auferlegt sich bei der Beurteilung der Verfassungsmässigkeit von kantonalen Gesetzen und Volksentscheiden besondere Zurückhaltung.

3. Der Schutz der Volksrechte durch Recht und Verfassung: Volksinitiative und Referendum sind, wie ich noch erläutern werde, vor allem Instrumente zum Ausdruck von Opposition. Wie kann nun gesichert werden, dass Regierung oder Parlament die Opposition des Volkes nicht einfach kalt stellen, z.B. indem sie alle Entscheidungen als «unwichtig» erklären? Hier zeigt sich wiederum die Bedeutung der Verfassung. Im Gegensatz zu Plebisziten vieler

Länder, bei denen Regierung oder Parlament nach politischer Opportunität festlegen, ob sie einen Entscheid der Volksabstimmung unterstellen, ist die Mitwirkung des Volkes in der Verfassung und der Rechtspraxis vorbestimmt. Zwar bleibt es eine eminent politische Frage, welche Materien «wichtiger» oder «weniger wichtig» sind und damit auf Verfassungs-, Gesetzes- oder Verordnungsstufe geregelt werden sollen. Diesen Vorentscheid treffen Regierung und Parlament. Bei aller Umstrittenheit im Einzelfall wird die Einweisung in die verschiedenen Erlassformen aber doch sehr stark von den Verfassungsgrundsätzen und einer festen Rechtspraxis vorbestimmt. Sodann darf, nach den Prinzipien der Hierarchie der Rechtsordnung, eine Norm unterer Stufe derjenigen auf oberer Stufe nicht widersprechen, und jedes Gesetz muss sich auf eine Verfassungsgrundlage stützen. Die Tabelle 10.2 zeigt, dass Regierung und Parlament ihre «Definitionsmacht» in der Nachkriegsperiode keineswegs dazu benützt haben, den Einfluss des Volkes einzudämmen. Im Gegenteil: der Anteil von Erlassen, die dem Referendum unterstehen, ist sogar eher wachsend, während der Anteil der Verordnungstätigkeit und der Parlamentsentscheidungen ohne Referendumsmöglichkeit geringer geworden ist. Der verfassungsmässige und rechtliche «Vorbehalt» der Kompetenzen des Volkes wird eher strenger gehandhabt als früher. Dies widerlegt die Technokratie-These, wonach mit der Entwicklung des komplexeren Interventions- und Leistungsstaats ein Übergewicht von Regierung und Verwaltung entstehe und der Entscheidungsanteil von Parlament und Volk schwinde.

Tabelle 10.2: Rechtsakte nach Normstufe

Normstufe	Anzahl Rechtsakte 1947	%	Anzahl Rechtsakte 1982	%
1. Verfassung	1	0.1	1	0.1
2. Gesetze und Bundesbeschlüsse (referendumspflichtig)	190	11.5	283	14.7
3. Bundesbeschlüsse (nicht referendumspflichtig)	169	10.3	109	5.6
4. Verordungen des Bundesrates	1209	73.6	1429	74.0
5. Sonstige	73	4.5	108	5.6

Quelle: Linder (1985)

3. Das Volk als institutionelle Opposition

Zwei wesentliche Annahmen der demokratischen Kräfte des 19. Jahrhunderts haben sich nicht erfüllt. Die erste betrifft die Funktion des fakultativen (Gesetzes-) Referendums. Bei seiner Einführung glaubten die fortschrittlichen Demokraten, das Referendum erfülle eine plebiszitäre Funktion, unterstütze und verstärke also die Legitimation der Mehrheitspolitik durch die Einheit von Volk und Behörden in allen wichtigen Fragen. Genau das Gegenteil war der Fall. Nach 1874 waren es die Konservativen, welche die Entscheidungen der freisinnigen Mehrheit systematisch attackierten und mit dem Referendum häufig zu Fall brachten. Von den fortschrittlichen Demokraten eingeführt, von den Konservativen benutzt, entpuppte sich das Referendum als ein höchst wirksames Oppositionsinstrument. Das ist es bis heute geblieben: einmal ergriffen, gewährt es den Gegnern eines neuen Gesetzes eine fünfzigprozentige Erfolgschance. Die zweite Annahme, die sich nicht erfüllte, war die Idee der «Volksgesetzgebung». Die Vorstellung, dass sich das Volk mit seinen eigenen Vorschlägen einen bedeutsamen Anteil an der Gesetzgebung verschaffe, ging nicht auf. Insbesondere die Hoffnungen der politischen Linken, dass das einfache Volk grundsätzlich anders entscheide als die mehrheitlich bürgerlichen Eliten, erhielt bereits 1894 einen grossen Dämpfer, als ihre Volksinitiative «Recht auf Arbeit» im Verhältnis von 4:1 verworfen wurde. Die Volksinitiative wurde zwar häufiger als das Referendum benutzt, und ihre Zahl übertrifft auch die Verfassungsänderungen, die vom Parlament vorgelegt wurden. Indessen werden Volksinitiativen in neun von zehn Fällen verworfen. So blieb die Zahl der angenommenen Volksbegehren mit rund einem Dutzend gering. Kommen Volksinitiativen also selten zum Erfolg, so dienen sie doch der Mobilisierung neuer Tendenzen und der Artikulierung von Forderungen jener Oppositionsgruppen und sozialen Bewegungen, die im Kompromiss der Konkordanz zu kurz kommen. Die Volksrechte sind damit eigentliche Instrumente oppositioneller Kontrolle der Entscheidungseliten und oppositioneller Artikulation.

4. Direkte Demokratie als Konkordanzzwang

Das Referendum hat, wie bereits vorne ausgeführt, zur Integration aller wichtigeren politischen Kräfte in den Gesetzgebungsprozess und zur Allparteienregierung geführt. Um zu verhindern, dass oppositionelle Kräfte die Entscheidung des Parlaments durch das Referendum zu Fall bringen, werden alle referendumsfähigen Gruppen am vorparlamentarischen Verfahren beteiligt und in eine Kompromisslösung eingebunden. Ähnlich wie das Referendum kann auch die Volksinitiative als Verhandlungspfand gebraucht werden. Diese indirekten, strukturbildenden Funktionen der Volksrechte sind ebenso bedeutsam wie ihre unmittelbaren Entscheidwirkungen, denn sie haben das schweizerische System, ursprünglich eher eine Mehrheitsdemokratie, zur Konkordanzdemokratie umgestaltet.

5. Modifikationen und Erweiterungen des Grundkonzepts halbdirekter Demokratie bei den Kantonen und Gemeinden

Das Grundkonzept der halbdirekten Demokratie kann auf allen Stufen – vom Bund bis zu den Gemeinden – wiedergefunden werden. Am weitesten entwickelt ist es auf Ebene der Kantone, deren zusätzliche Instrumente der Gesetzesinitiative, des Finanz- oder Verwaltungsreferendums etc. im Kapitel 7 erläutert sind. So unterschiedlich die Ausprägungen im einzelnen sein mögen, überall ist es der Sinn der direktdemokratischen Kompetenzen, eine selektive Nachkontrolle des Volkes jener Entscheide zu ermöglichen, die als die wichtigsten

10 Direkte Demokratie 241

angesehen werden und darum besonderer Legitimation bedürfen. Die meisten Modifikationen und Erweiterungen der Kantone können im vorne erläuterten Grundkonzept einfach verstanden werden: Sie verkörpern unterschiedliche Auffassungen dessen, was das Volk als «wichtigste politische Grundentscheide» betrachtet und sich deshalb in seinen Verfassungen an Kompetenzen selbst zugeeignet hat.

6. Ausgestaltung und Begrenzungen des Konzepts halbdirekter Demokratie beim Bund

Auch auf Bundesebene hat das Grundkonzept der halbdirekten Demokratie Erweiterungen erfahren, so mit dem Referendum für völkerrechtliche Verträge und für den Beitritt zu internationalen Organisationen (1921 und 1977). Zweimal wurde die Möglichkeit des Parlaments beschränkt, Gesetze dem Referendum zu entziehen (1939 und 1949). Länger ist die Liste abgelehnter Erweiterungen der Volksrechte. Nein sagten Volk und Stände zur Gesetzesinitiative (1872 und 1961), zum Finanzreferendum (1956) sowie zum Referendum in einzelnen, umstrittenen Aufgabenbereichen (Wasserrechtskonzessionen 1956, Atomare Bewaffnung der Armee 1963 oder der Militärausgaben 1987, beim Bau von Nationalstrassen 1978 und von Kernkraftwerken 1979). Während die meisten Kantone eine schrittweise Erweiterung der direkten Demokratie einführten und erprobten, blieben die Volksrechte beim Bund – mit Ausnahme des Staatsvertragsreferendums – im wesentlichen auf dem Stand von 1891. Die Idee, das Volk an allen wichtigsten und wichtigen Entscheidungen teilhaben zu lassen, kann darum heute nur noch teilweise eingelöst werden. Denn die Staatstätigkeit hat sich seither grundlegend verändert. Während Urnengänge zu Verfassungs- und Gesetzesänderungen von der Stimmbürgerschaft zuweilen als unwichtig empfunden werden[1], sind Einzelentscheide des Parlaments, der Regierung oder gar der Verwaltung für einzelne Bevölkerungsteile manchmal von vitaler Bedeutung. Die Streckenführung einer Nationalstrasse, die Bewilligung eines Endlagers für radioaktive Abfälle, ein Gerichtsentscheid über die Finanzierungspflicht der Krankenkassen sind für viele Bürgerinnen und Bürger weit folgenreicher und politisch wichtiger als die zugrundeliegenden Gesetze. Hier zeigen sich Grenzen der halbdirekten Demokratie beim Bund, deren Konzept auf Vorstellungen des Verfassungsstaats des 19. Jahrhunderts verblieb: Die Volksrechte erfassen auf der einen Seite nicht mehr alles Grundlegende und Wichtige, und sie sind auf der anderen Seite manchmal Betriebsamkeit für Nebensächliches und Unwichtiges. *Seit zwei Jahren: Anregungsmöglichkeit bei Gesetzen des Bundesrates*

---

1 Als Beispiel der Urnengang vom 3. März 1996 mit fünf Teilrevisionen der Bundesverfassung zu: Sprachenartikel, Kantonswechsel der Gemeinde Vellerat, Persönlicher militärischer Ausrüstung, Branntwein und Brennapparaten sowie Bundesbeiträgen an Bahnhofparkings. Zu den Folgerungen des Parlaments: APS (1996:45ff.).

B. Die Spielregeln direkter Demokratie beim Bund

1. Übersicht

Selbst wenn die Volksrechte beim Bund weniger ausgebaut sind als bei den Kantonen, so ist ihr System aus verschiedenen Gründen doch relativ komplex. Zunächst finden wir beim Referendum die Unterscheidung zwischen dem doppelten Mehr für die Verfassungsebene und dem einfachen Mehr auf der Gesetzesebene sowie die Sonderbestimmungen für das Völkerrecht. Dann ist bei der Initiative zu unterscheiden zwischen Begehren auf Total- und Partialrevision sowie für formulierte Begehren und allgemeine Anregungen. Schliesslich kommt noch ein weiterer Systemteil hinzu, nämlich die Regelungen des Dringlichkeitsrechts, für die eine besondere Form des Referendums, nämlich das resolutive (aufhebende) Referendum, vorgesehen ist. Tabelle 10.4 zeigt die Instrumente in vereinfachter Übersicht.

10 Direkte Demokratie

Tabelle 10.3: Übersicht über das Referendum und die Volksinitiative beim Bund

Instrument, Jahr der Einführung	Anwendungsbereich	Erfordernis für Zustandekommen	Bemerkungen
Verfassungs- (1848) und Staatsvertragsreferendum (1921, 1977) (obligatorisch)	Alle Verfassungsänderungen sowie für den Beitritt zu supranationalen Organisationen oder solchen kollektiver Sicherheit	–	Volks- und Ständemehr
Gesetzesreferendum (1874) (fakultativ)	Alle Gesetze sowie referendumspflichtige Bundesbeschlüsse	50'000 Unterschriften oder acht Kantone	Einfaches Volksmehr
Staatsvertragsreferendum (1921 und 1977) (fakultativ)	Ein Teil der Staatsverträge	50'000 Unterschriften oder acht Kantone	Einfaches Volksmehr
Resolutives Referendum (1949) (Nachträgliche Aufhebung eines Bundesbeschlusses) fakultativ oder obligatorisch	Für dringliche Bundesbeschlüsse, welche die Bundesversammlung dem Referendum entzieht	Nicht verfassungskonform: obligatorische Abstimmung. Verfassungsmässig: 50'000 Unterschriften	Beschluss tritt nach einem Jahr in Kraft, falls nicht verfassungskonform oder falls obligatorisches bzw. fakultatives Referendum erfolgreich
Verfassungsinitiative auf Totalrevision (1848)	Gesamterneuerung der Verfassung	100'000 Unterschriften	Erreicht das Begehren das Volksmehr, wird das Parlament neu gewählt und die Totalrevision ist an die Hand zu nehmen
Verfassungsinitiative auf Teilrevision (1891)	Ausformulierter Vorschlag oder allgemeine Anregung	100'000 Unterschriften	Werden nach Behandlung durch Bundesrat und Parlament zur Annahme oder Verwerfung empfohlen. Möglichkeit des Gegenvorschlags. Volks- und Ständemehr

2. Das obligatorische (Verfassungs-)referendum

Nach Art. 123 BV sind alle vom Parlament vorgeschlagenen Verfassungsänderungen, nach Art. 89 Abs. 5 BV der Beitritt zu supranationalen Organisationen (wie z.B. der EU) oder Organisationen kollektiver Sicherheit (wie z.B. der NATO) dem obligatorischen Volksentscheid mit doppeltem Mehr von Volk und Ständen unterstellt. Das obligatorische Referendum war bis in die dreissiger Jahre relativ selten. Mit der Entwicklung des Interventions- und Leistungsstaats seit den sechziger Jahren kam es sehr viel häufiger zum Zug, weil jede neue Bundesaufgabe nach Art. 3 BV einer verfassungsmässigen Grundlage bedarf, und weil die föderalistisch gesinnten politischen Kräfte häufig eine enge Auslegung der bestehenden Kompetenzen des Bundes erzwungen haben. Der grösste Teil der obligatorischen Referenden betrifft darum die Erweiterung oder Veränderung von Bundesaufgaben. Die Verfassungsvorlagen von Bundesrat und Parlament werden von Volk und Ständen relativ häufig, nämlich in mehr als einem Viertel aller Fälle, abgelehnt. Die Problematik, dass eine annehmende Volksmehrheit einer ablehnenden Kantonsmehrheit gegenüber stehen kann und umgekehrt, haben wir im Kapitel 7 «Föderalismus» ausführlich behandelt.

Tabelle 10.4: Obligatorische Verfassungsreferenden 1848–1997

Vorschläge der Bundesversammlung	188
Angenommen	140
Verworfen	48

Quelle: Bundesamt für Statistik, Bundeskanzlei

Tabelle 10.5: Wichtige Gegenstände von Verfassungsreferenden ab 1970

Jahr	Gegenstand	Ja-Stimmen % (Volk)	Annehmende Kantone Standesstimmen
1977	Erhöhung der Unterschriftenzahl für die Verfassungsinitiative	56.7	19
1977	Einführung eines zivilen Ersatzdienstes	37.6	0
1978	Gründung des Kantons Jura (Art. 1 und 80 BV)	82.3	22
1979	Stimm- und Wahlrecht für 18jährige	49.2	9
1986	Beitritt der Schweiz zur Organisation der Vereinten Nationen	24.3	0
1991	Senkung des Stimm- und Wahlrechtsalters auf 18 Jahre	72.8	23
1992	Einführung eines Zivildienstes für Dienstverweigerer	82.5	23
1992	Beitritt der Schweiz zum Europäischen Wirtschaftsraum (EWR)	49.7	7
1994	Einführung einer verbrauchsabhängigen Schwerverkehrsabgabe	67.1	22
1994	Erleichterte Einbürgerung für junge Ausländer	52.8	10

Quelle: Bundesamt für Statistik, Bundeskanzlei

3. Das fakultative (Gesetzes-)referendum

Alle Parlamentsentscheidungen zu Bundesgesetzen und ein erheblicher Teil der Bundesbeschlüsse[2] unterstehen dem Referendumsvorbehalt: Falls durch Sammlung von 50'000 Unterschriften innert 90 Tagen ein Referendum zustande kommt, ist das Gesetz der Volksabstimmung zu unterbreiten. Es tritt nur in Kraft, falls die einfache Mehrheit der Stimmenden die Vorlage genehmigt. Wie die untenstehende Tabelle zeigt, wird nur gegen einen geringen Teil von rund 7 Prozent der referendumspflichtigen Vorlagen tatsächlich das Referendum ergriffen. In den Fällen, in denen es zur Volksabstimmung kommt, sind allerdings die Protagonisten des Referendums in mehr als der Hälfte der Fälle erfolgreich.

Tabelle 10.6: Referendumspflichtige Vorlagen 1874–1997, inklusive dringliche Bundesbeschlüsse

Zahl der referendumspflichtigen Vorlagen	1889	
Nicht zustande gekommene Referenden	21	1%
Zustande gekommene Referenden	129	7%
Parlamentsvorlage erfolgreich	62	3%
Referendum erfolgreich	67	4%

Quelle: Bundesamt für Statistik, Bundeskanzlei

Tabelle 10.7: Referendumsthemen aus jüngerer Zeit

Jahr	Thema	Ja-Stimmen in %
1978	Ausbau der Alters- und Hinterlassenenversicherung (9. AHV-Revision)	65.5
1978	Einschränkung der Strafbarkeit des Schwangerschaftsabbruchs	31.2
1979	Bundesbeschluss zum Atomgesetz	68.9
1980	Gurten- und Schutzhelmobligatorium im Strassenverkehr	51.6
1982	Ausländergesetz	49.6
1992	Beitritt der Schweiz zu den Institutionen von Bretton Woods	55.8
1992	Bau neuer schweizerischer Eisenbahn-Alpentransversalen (NEAT)	63.6
1992	Erhöhung der Bezüge der Mitglieder der eidgenössischen Räte	27.6
1994	Beteiligung schweizerischer Blauhelme an friedenserhaltenden Operationen	42.8
1994	Neues Krankenversicherungsgesetz	51.8
1994	Zwangsmassnahmen im Ausländerrecht	72.9
1995	Aufhebung der Beschränkung des Erwerbs von Grundstücken durch Personen im Ausland	46.4
1996	Leistungskürzung in der Arbeitslosenversicherung	49.2

Quelle: Bundesamt für Statistik, Bundeskanzlei

---

2 Das sind in diesen Fällen Entscheide von gesetzgeberischer Tragweite, die aber als Einzelentscheide oder wegen zeitlicher Befristung nicht als formelles Gesetz verabschiedet werden.

Die hohe Erfolgsrate des Referendums macht letzteres zu einer starken Waffe. Entscheidend für das Schicksal einer Vorlage ist deshalb, ob es im vorparlamentarischen Verfahren wie in den eidgenössischen Räten gelingt, mögliche Opposition durch Kompromisse einzubinden. Sciarini und Trechsel (1996:201–232) haben gezeigt, dass ein hoher Konsens in der Schlussabstimmung eines Gesetzes sehr wohl das Risiko der Ergreifung des Referendums minimiert, nicht aber die Erfolgschancen eines einmal ergriffenen Referendums beeinträchtigt. Man kann also sagen, dass Verbände und Parlament in der Vermeidung des Referendums ein ausserordentlich grosses politisches Gespür haben, was ja auch in der Statistik von 93 Prozent der Gesetze zum Ausdruck kommt, die ohne Referendum über die Bühne gehen. Umgekehrt bleibt der Ausgang von Referendumskämpfen ungewiss: Ist das Referendum einmal ergriffen, so entgleitet die Vorlage der Kontrolle von Verbänden und Parlament. Aber auch für die Opposition bleibt das Wahrmachen eigener Referendumsdrohungen ein zweischneidiges Schwert.

Damit belohnt das schweizerische System nicht die systematische Opposition einer Parlamentsminderheit, dafür aber die sogenannte *«fallweise Opposition»*. Fühlt sich eine Gruppe in ihren partiellen Interessen verletzt, und glaubt sie an die Verletzbarkeit des Kompromisses von Verbänden und Parlament in der Volksabstimmung, so ergreift sie das Referendum. Dieses wird von den verschiedensten Gruppen ausgelöst, von praktisch allen Parteien, Verbänden, sonstigen Interessengruppen oder sozialen Bewegungen. Hin und wieder kommt es zu «unheiligen Allianzen» gegnerischer Lager, die den Kompromiss des Parlaments von zwei Seiten in die Zange nehmen. Ein Beispiel aus jüngerer Zeit bildet das NEAT-Referendum 1992, für das sowohl der grüne VCS wie die Automobilistenlobby unabhängig voneinander Unterschriften sammelten.[3] Schliesslich machen auch Regierungsfraktionen und ihre Parteien von der Möglichkeit fallweisen Ausscherens aus der Konkordanz Gebrauch. Aber selbst die parlamentarische Unterstützung eines Gesetzes bedeutet nicht notwendigerweise eine Ja-Parole der Partei im Referendumsfall, denn die Parlamentsfraktionen haben keine hohe Kontrolle über die Entscheidungen ihrer Partei. Es kommt vor, dass Parlamentarierinnen oder Bundesräte an Delegiertenversammlungen der eigenen Partei vergeblich für ihre Vorlage plädieren. So stand Bundesrat Ogi 1994 vor der SVP auf verlorenem Posten, als er den Delegierten die Blauhelm-Vorlage schmackhaft machen wollte. Die Meinungen waren gemacht, und die SVP beschloss ihre Nein-Parole mit grosser Mehrheit. Illustrativ ist aber auch der Fall des Raumplanungsgesetzes von 1976, das im Parlament durch allseitige Kompromisse abgestützt war. Als dann jedoch eine Aussenseitergruppe (die Westschweizer Union des producteurs suisses) das Referendum ergriff, löste sie die Opposition grosser Verbände und mehrerer Parteien aus. Es gibt labile Gesetzgebungskompromisse. Sie gleichen dem prekären Gleichgewicht eines Schiffs, dessen Deck mit losen Fässern beladen ist. Ein einziges rollendes Fass löst eine kleine Neigung aus, bringt alle übrigen Fässer ins Rollen und so das Schiff zum Kentern.

3 Die unheilige Allianz ist möglich, weil die Unterschriften mehrerer Referenden zum gleichen Gesetz für die Gültigerklärung von der Bundeskanzlei addiert werden.

4. Das resolutive (aufhebende) Referendum

Das Referendum braucht Zeit und verzögert die definitive Entscheidung über ein Gesetz. Das kann Bundesrat und Parlament in Krisen- oder Kriegszeiten in Schwierigkeiten bringen, wenn rasches Handeln gefordert ist. Deshalb sah die Verfassung von 1874 in ihrem Artikel 89 Ausnahmen vom Referendum vor. Es erlaubte der Bundesversammlung, «dringliche» Bundesbeschlüsse ohne Referendumsklausel zu verabschieden, falls die Umstände dies erforderten. In der Zeit der Weltwirtschaftskrise nach 1930, als der Gesetzgebungsprozess von allen Seiten blockiert war, machten Parlament und Bundesrat von diesem Dringlichkeitsrecht ungebührlichen Gebrauch; in der Wirtschaftspolitik wurde damit die Referendumsdemokratie praktisch ausser Kraft gesetzt. Dieses verfassungswidrige «Vollmachtenregime» wurde in zwei Anläufen beseitigt. Eine erste Revision fasste 1939 den Begriff der Dringlichkeit enger im Sinne zeitlicher Unaufschiebbarkeit und verlangte für dringliche Beschlüsse die absolute Mehrheit beider Kammern. 1949 kamen zeitliche Beschränkungen und das heutige System des «resolutiven» Referendums nach Art. 89 bis BV dazu. Jeder dringliche Beschluss ist zu befristen. Soll er mehr als ein Jahr gültig sein, untersteht er dem aufhebenden Referendum. Dies bedeutet: der Beschluss tritt unmittelbar in Kraft, verfällt aber nach einem Jahr, falls das Referendum ergriffen wird und erfolgreich ist. Für jene dringlichen Bundesbeschlüsse, die keine Verfassungsgrundlage haben, kommt das aufhebende Referendum obligatorisch zum Zug, falls der Beschluss mehr als ein Jahr gelten soll.

Mit dem revidierten System des resolutiven Referendums kann zwar auch heute noch die Bundesversammlung für die Dauer eines Jahres machen was sie will. Im übrigen kann aber die normale Referendumsdemokratie seit 1949 nicht mehr aufgehoben, sondern höchstens für ein Jahr aufgeschoben werden. Die letzte Periode, in der das Dringlichkeitsrecht häufiger zur Anwendung kam, waren die frühen siebziger Jahre, als sich zahlreiche wirtschafts- und umweltpolitische Probleme aufstauten. Dabei wurde Kritik laut, dass das heutige Verfahren dem Parlament immer noch zuviel Macht in die Hand gäbe (Auer 1976). Zudem wurde eine Verlängerung der Dauer von (verfassungsmässigen) Beschlüssen praktiziert, wenn kein Referendum ergriffen wurde. Das ist zwar formell nicht unzulässig, widerspricht aber Treu und Glauben: Der Verzicht auf das Referendum mag gerade deshalb erfolgt sein, weil man darauf vertraute, der Beschluss trete nach seiner erstmalig beschlossenen Frist ausser Kraft. Das Dringlichkeitsrecht ist inzwischen aber selten geworden, so dass die Kritik am Verfahren verstummte.

Vom Dringlichkeitsrecht zu unterscheiden sind die ausserordentlichen Vollmachten, welche die Bundesversammlung dem Bundesrat in den Kriegszeiten 1914 und 1939 zur Sicherung der Unabhängigkeit des Landes und zur Organisierung der Kriegswirtschaft übertrug. Gestützt auf seine Vollmachten, die nicht in der Verfassung verankert sind, verabschiedete der Bundesrat während des Zweiten Weltkriegs rund 1'800 Erlasse; das Parlament beschloss im gleichen Zeitraum rund 220 Gesetze. Die Beschlüsse des Bundesrats unterlagen zwar einer beschränkten Kontrolle des Parlaments, nicht jedoch dem Referendum. Heute würden Parlament und Bundesrat in derselben Situation zweifellos nach dem gleichen Muster vorgehen.[4]

5. Die Volksinitiative

Mit der Volksinitiative verlangen 100'000 Stimmbürger und Stimmbürgerinnen die Aufhebung, Änderung oder Ergänzung einer Verfassungsbestimmung (Partialrevision, Art. 121 BV) oder die Änderung der ganzen Verfassung (Totalrevision Art. 120 BV), worauf das Begehren von Bundesrat und Parlament behandelt und der Volksabstimmung unterstellt wird. Die Frist zur Sammlung der Unterschriften beträgt 18 Monate. Die Volksinitiative auf Totalrevision[5] ist nur ein einziges Mal – 1935 von den Frontisten – ohne Erfolg ergriffen worden und damit eher bedeutungslos geblieben, ganz im Gegensatz zur Initiative auf Partialrevision. Mehr als zweihundert Begehren sind seit 1891 entweder in der Form der allgemeinen Anregung oder eines konkreten Vorschlags eingereicht worden. Die zweite Möglichkeit wird in der Regel vorgezogen, denn Initianten tragen zumeist ein oppositionelles Begehren vor, das im Parlament wenig Unterstützung findet. Bei der allgemeinen Anregung müssen die Initianten daher befürchten, dass ihre Forderung in der parlamentarischen Ausformulierung verwässert wird, während ein ausformulierter Vorschlag unverändert – mit dem blossen Antrag auf Annahme oder weit häufiger der Verwerfung – dem Volk vorzulegen ist.

Trotzdem haben Bundesrat und Parlament die Möglichkeit der Beeinflussung, indem sie dem Volk einen Gegenvorschlag zur Initiative unterbreiten können. Mit der Aufnahme von Teilforderungen der Initianten hoffen die Behörden, dass das Volk sich für die mässigere Innovation entscheide und die radikalere Forderung der Volksinitiative verwirft. Dieses Kalkül ging in der Vergangenheit vor allem deshalb auf, weil es den Stimmbürgern verboten war, gleichzeitig für die Volksinitiative und den Gegenvorschlag ein Ja in die Urne zu legen. Veränderungswillige konnten damit nur für die Initiative oder den Gegenvorschlag stimmen. Das Verbot des «Doppelten Ja» verletzte aber die Anforderung, dass Stimmbürgerinnen und Stimmbürger mit ihrem Stimmzettel alle möglichen Präferenzen zwischen Status quo, Volksinitiative und Gegenvorschlag ausüben konnten, und spaltete die innovationswilligen Bürger in zwei Lager. Dies verschlechterte die Chancen der Initiativen in unfairer Weise, was das Parlament zu «taktischen Gegenvorschlägen» verleitete und Entscheidungstheoretiker zu heftiger Kritik veranlasste (Haab 1984). Einzelne Kantone hatten das Problem längst erkannt und mit dem «Doppelten Ja» gute Erfahrungen gemacht, falls es durch eine Stichfrage ergänzt wurde. Darin konnten Stimmbürger angeben, welcher Vorlage sie bei gleichzeitiger Annahme von Initiative und Gegenvorschlag den Vorzug geben wollten. Beim Bund musste zusätzlich

---

4 Aubert (1967 [1982]: nos. 1122 ff.) und ergänzende mündliche Informationen des Autors.
5 Wird ein entsprechendes Volksbegehren von der Mehrheit des Volkes angenommen, so sind beide Räte neu zu wählen, und die Totalrevision ist an die Hand zu nehmen.

das Problem des doppelten Mehrs von Volk und Ständen gelöst werden. Seit 1987, der Einführung des «Doppelten Ja», tritt beim Bund bei Annahme beider Vorlagen diejenige in Kraft, die bei der Stichfrage mehr Volks- und Standesstimmen erreicht. Erzielt hingegen eine Vorlage mehr Volks-, die andere mehr Standesstimmen, tritt keine Vorlage in Kraft (Art. 121 bis BV). Mit dem fairen Verfahren des «Doppelten Ja» wurde das Spiel taktischer Gegenvorschläge des Parlaments beendet. Seit 1987 unterbreiteten die eidgenössischen Räte dem Volk keinen einzigen direkten Gegenvorschlag mehr.[6]

Nicht alle Volksinitiativen gelangen zur Abstimmung. Einzelne können durch die Ereignisse überholt und damit gegenstandslos werden. Ein bis in die jüngste Zeit unbefriedigend gelöstes Problem bildet die zügige Behandlung und Ansetzung von Abstimmungen. Vor 1997 hatte das Parlament vier Jahre Zeit, um eine eingereichte Initiative zu behandeln, und die gesetzliche Frist betrug sogar fünf Jahre, wenn ein Gegenvorschlag ausgearbeitet wurde. Zusätzlich konnte der Bundesrat mit der Ansetzung der Abstimmung nach Belieben zuwarten. So wurden die beiden Krankenkasseninitiativen von 1985 und 1986 erst nach 355 bzw. 455 Wochen zu Abstimmung vorgelegt, und in den achtziger Jahren verlängerte sich die durchschnittliche «Wartefrist» für die Initianten gegenüber dem vorherigen Jahrzehnt von 171 auf 231 Wochen (Weltwoche 25.6.1997). Möglicher Verschleppungstaktik des Bundesrates, Volksbegehren in der Warteschublade auskühlen zu lassen, hat das Parlament 1997 ein Ende gesetzt. Für formulierte Initiativen hat der Bundesrat dem Parlament innerhalb eines Jahres einen Antrag vorzulegen; die parlamentarische Behandlung muss 30 Monate nach Einreichung der Initiative abgeschlossen sein, und innert weiterer neun Monaten muss die Volksabstimmung stattfinden. Das ist dem initiativ-erprobten Ladenketten-Chef Karl Schweri immer noch zu lang: er plant eine Volksinitiative, welche die Beratung und Vorlage von Volksbegehren innerhalb eines Jahres vorsieht – entsprechend einer gesetzlichen Vorschrift, die bis 1951 galt, aber selten eingehalten wurde.

Tabelle 10.8: Volksinitiativen und Gegenvorschläge 1848–1997

Anzahl eingereichter Volksinitiativen	217
Zurückgezogen oder gegenstandslos geworden	74
1997 hängig	22
Bis 1997 zur Abstimmung gebracht	121
Angenommen	12
Abgelehnt	109
Gegenvorschläge der Bundesversammlung	13
Angenommen	6
Abgelehnt	7

Quelle: Bundesamt für Statistik, Bundeskanzlei

6 Am 9. 6. 1996 kam zwar der Gegenentwurf der Bundesversammlung zur Volksinitiative 'Bauern und Konsumenten- für eine naturnahe Landwirtschaft' zur Abstimmung. Da die Initiative aber zuvor bereits zurückgezogen wurde, kam das Verfahren des «Doppelten Ja» nicht zum Zuge.

Tabelle 10.9: Beispiele von Volksinitiativen ab 1970

Begehren	Volk Prozent Ja	Annehmende Kantone (Standesstimmen)
Reduktion des Ausländerbestands 1970, 1974, 1977, 1988	46/34.2/29.5/32.7	7/0/0/0
Zivildienst aus Gewissensgründen 1984	36.2	1½
Straflosigkeit Schwangerschaftsabbruch 1977	48.3	7
Zwölf autofreie Sonntage 1978	36.3	0
Trennung von Kirche und Staat 1980	21.1	0
Moorschutz (Waffenplatz Rothenturm) 1987	57.8	20
40-Stunden-Woche 1988	34.3	2
Abschaffung der Armee 1989	35.6	2
Verbot des Baus weiterer AKW's 1984	45	6
Moratorium für den Bau von AKW's 1990	55	19½

Quelle: Bundesamt für Statistik, Bundeskanzlei

Initianten haben in der Vergangenheit alle möglichen Themen zum Gegenstand ihrer Begehren gemacht: grundlegende Entscheidungen wie die Einführung des Proporzwahlrechts, die Gleichstellung der Frauen oder die Abschaffung der Armee, eher gesetzgeberische Fragen wie das Absinthverbot oder das Verbot von Alkohol- und Tabakwerbung, aber auch Einzelentscheidungen wie die Beschaffung des Kampfflugzeuges FA-18, was von einigen Politikern als ein verkapptes Finanzreferendum kritisiert wurde. Zwar kann das Parlament eine Volksinitiative bei Rechtsmängeln für ungültig erklären. Es hat von dieser Kompetenz aber nur sehr zurückhaltenden Gebrauch gemacht. Eine zustandegekommene Initiative wird eben als Beweis dafür angeschaut, dass die Forderung einer Gruppe des Volkes wichtig sei, und der Test durch die Volksabstimmung wird der Ungültigkeitserklärung vorgezogen.

Die Verfassungsinitiative lässt deshalb praktisch alle Begehren zu, so dass die politische Forderung nach der Einführung der Gesetzesinitiative wie bei den Kantonen als überflüssig erscheint. Dem ist aber nicht so, denn mit ihrer Einführung würden sich zwei bedeutsame Änderungen ergeben: erstens würde die Anforderung des Ständemehrs entfallen, was die Erfolgschancen von Initiativbegehren erhöht. Zweitens könnten bestehende Gesetze zur Abänderung oder gar Aufhebung vorgeschlagen werden. Hier läge der bedeutsamste Unterschied: Gesetze, einmal angenommen, sind heute nur durch das Parlament revidierbar. Mit der Einführung der Gesetzesinitiative unterlägen sie dagegen dem permanenten Zugriff der Veränderung über die Volksinitiative.

Die Volksinitiative ist das Instrument der konservativen wie der progressiven Opposition (Delley 1978, Sigg 1978, Werder 1978). Es dient damit gegenteiligen Forderungen gleichermassen, etwa der Begrenzung des Fremdarbeiterbestandes und der repressiven Drogenpolitik auf der einen, der besseren Ausländerintegration oder der liberalen Drogenpolitik auf der andern Seite. Die Volksinitiative hat schon ungewohnte Koalitionen bilden lassen, wie 1913 und 1918, als die Sozialdemokraten und die Konservativen gemeinsam das Proporzwahlrecht gegen den Freisinn durchsetzten. Sie war das bevorzugte Instrument der politischen Linken und der Gewerkschaften vor 1959, die auch heute noch den geringeren Einfluss in der Konkordanz durch Volksbegehren wettmachen möchte (Mitbestimmung 1976, 40-Stunden-Woche 1987). Weit häufiger als von den grossen Parteien oder Verbänden wird die Volksinitiative heute aber von kleineren Aussenseitergruppen und sozialen Bewegungen benutzt.

C. Funktionen und Entscheidwirkungen des Referendums

1. Zur Wahrscheinlichkeit des fakultativen Referendums

Die Frage nach den Entscheidwirkungen beginnt mit einer Vorfrage: wann kommt es zur Auslösung des fakultativen Referendums? Das Ziel ist eindeutig: es geht um die Verhinderung einer Parlamentsvorlage, die von einer Gruppe als nachteilig betrachtet wird. Wir können darum theoretisch voraussagen, wann das Referendum nicht ergriffen wird. Dies ist dann der Fall, wenn keine Gruppe durch das Gesetz schlechter gestellt wird als vorher. Für Ökonomen ist dies eine Form des Pareto-Optimums. Ein solches wird in der Politik aus zwei Hauptgründen nicht erreicht oder gesucht: Erstens entscheidet auch die Konkordanz, bei der viele Gruppen am Verhandlungstisch sitzen, nach der Mehrheits- und nicht nach der Einstimmigkeitsregel. Zweitens suchen rationale Akteure unter Bedingungen der Mehrheitsregel die minimale Gewinn-Koalition, um ihren Nutzen am Entscheidergebnis zu steigern und mit möglichst wenig andern Akteuren teilen zu müssen. Damit steigt aber die Wahrscheinlichkeit, dass das Interesse einer Gruppe verletzt wird. Je stärker dieses verletzt wird, um so eher wird die benachteiligte Gruppe das Referendum in Erwägung ziehen. Dieser Punkt ist dann erreicht, wenn die Gruppe glaubt, dass nicht nur das Referendum zustande kommt, sondern auch in der Volksabstimmung ein Erfolg erzielt werden könnte. Wir sehen nun das Entscheidungsrisiko in der Konkordanz: Trotz grundsätzlicher Kooperationsbereitschaft besteht einerseits der Anreiz, ein Entscheidungsergebnis zu suchen, das die Interessen eines Teils der Regierungskoalition besonders gut berücksichtigt und für diese einen Zusatznutzen abwirft. Diese Strategie findet andererseits ihre Grenzen darin, dass der übergangene Akteur zur Opposition wird, das Referendum mit Erfolg ergreift und den Status quo als Endergebnis herstellt. Konkordanzpolitik ist damit geprägt von einer steten *Risikoabwägung zwischen einer Mehrheitskoalition und einer minderheitlichen, potentiellen Opposition.* Ihre Situation lässt sich theoretisch wie folgt darstellen:

Graphik 10.1: Risikoabwägung beim Referendum

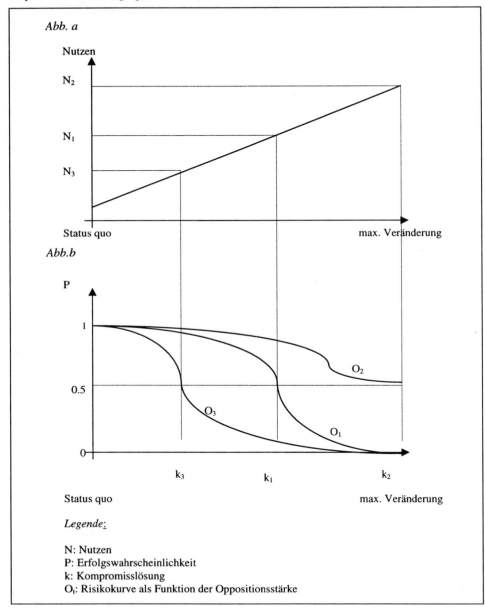

Die Mehrheitskoalition will mit einem neuen Gesetz eine Veränderung bewirken, welche ihren Nutzen am besten berücksichtigt. Ihr Nutzen ist dann am grössten, wenn ihr Kreis begrenzt ist und ihre Wertvorstellungen möglichst unverwässert in das neue Gesetz einfliessen können. Dieses Nutzenniveau N_2 in der Abb. a) entspricht zugleich der maximal gesuchten Veränderung des Status quo. Mit jedem Zugeständnis an die minderheitliche Opposition, welche den Status quo bevorzugt, nimmt der Nutzen der Mehrheitskoalition ab (Nutzenniveaus N_1 und N_3 und entsprechende Nutzenkurve in Abb. a). Umgekehrt verhält es sich mit der Erfolgswahrscheinlichkeit des neuen Gesetzes. Diese erreicht dann ihren grössten Wert $P=1$, wenn das Gesetz nahe am Status quo liegt, weil dann alle Interessen der Opposition berücksichtigt sind und sicher kein Referendum ergriffen wird. Die Erfolgswahrscheinlichkeit P der Vorlage sinkt mit zunehmendem Referendumsrisiko ($1-P$) und erreicht den Wert $P=0$, wenn die Ergreifung und der Erfolg des Referendums sicher sind. Wir nehmen an, dass die Erfolgswahrscheinlichkeit des neuen Gesetzes mit zunehmender Abweichung vom Status quo S-förmig abnimmt (Risikokurve O_1 in Abb. b).
Die Risikokurve ist eine Funktion der Stärke der Opposition. Je stärker diese ist, desto eher kann sie ein Referendum ergreifen, und desto besser stehen ihre Chancen, auch den Abstimmungskampf zu gewinnen. Mit zunehmender Stärke der Oppositionsgruppe verschiebt sich also die Risikokurve nach links. Die Oppositionsgruppe O_3 ist somit stärker als O_1, welche wiederum stärker als O_2 ist.

Es stellt sich nun die Frage, wie sich die Mehrheitskoalition zwischen maximalem Nutzen und minimalem Risiko entscheidet. Unter Konkordanzbedingungen ist anzunehmen, dass die Koalition grösst*mögliche* Veränderungen erreichen will. Sie verfolgt also nicht die Alles-oder-nichts-Strategie, sondern zieht einen Kompromiss mit der Opposition dem Status quo vor. Kompromisse werden bis zu jenem Punkt eingegangen, an dem die Erfolgswahrscheinlichkeit des Gesetzes wenigstens bei 0.5 liegt. Von diesem Punkt an kann sie annehmen, dass das Gesetz angenommen wird, weil sich mindestens 50 Prozent der Stimmenden für das Gesetz aussprechen. Bei O_1 (durchschnittliche Oppositionsstärke) liegt dieser Punkt bei k_1. Wird die Opposition stärker (O_3), muss die Koalition noch grössere Kompromisse eingehen (k_3) und erzielt auch einen wesentlich kleineren Nutzen N_3. Betrachten wir nun aber die Opposition O_2, so sehen wir, dass diese bei der Entwicklung eines neuen Gesetzes überhaupt nicht berücksichtigt werden muss, da ihre Chance, eine erfolgreiche Referendumskampagne zu führen, nie die 50 Prozent-Wahrscheinlichkeit erreicht. Die Koalition entscheidet also bei k_2, erreicht ihren maximalen Nutzen N_2 und kann kleine Oppositionsgruppen übergehen. Wir können daher die *Logik des Referendums – und der fallweisen Opposition* – wie folgt beschreiben:

1. Parlamentarische (Konkordanz-)Entscheidungen sind Risikoentscheidungen, in welchem eine Mehrheitskoalition zwischen der Wahrscheinlichkeit des erfolgreichen Referendums der oppositionellen Minderheit und dem mit grösserer Distanz zum Status quo zunehmenden Nutzen der Entscheidung abwägt.

2. Die indirekte Wirkung des Referendums ist die Annäherung aller Entscheidungen an den Status quo, die direkte Wirkung sein Erfolg in der Volksabstimmung, die den Status quo herstellt.

3. Bei vollständiger Information aller Akteure würden keine Referenden stattfinden. Die Koalition wüsste, bis zu welchem Punkt sie der im Volk mehrheitsfähigen Opposition entgegenkommen müsste, und die Opposition würde den Kompromiss dem Referendum vorziehen. Die nicht-mehrheitsfähige Opposition dagegen würde auch bei stärkster Verletzung ihrer Interessen übergangen, müsste aber das Referendum unterlassen, weil sie wüsste, dass sie nicht gewinnen kann.

4. Zu Referenden kommt es, weil jede Mehrheitskoalition versucht ist, bis an den kritischen Punkt zu gehen, an dem eine minderheitliche Opposition ihre Referendumsdrohung wahr macht, und wegen der Ungewissheit der Akteure. Die grösste Ungewissheit bildet natürlich die Präferenz der Stimmbürgerschaft, aber nicht nur. Der Referendumsfall tritt deshalb ein:

a. bei *Unterschätzung* einer Referendumsdrohung und der Oppositionsstärke durch die Koalitionsmehrheit;

b. bei *Überschätzung* der eigenen Kräfte durch die übergangene minderheitliche Opposition, oder durch Bindung an ihre eigene Referendumsdrohung: Selbst wenn sie weiss, keine Mehrheit im Volk finden zu können, wird sie das angedrohte Referendum in der Regel auch durchführen, um ihre Glaubwürdigkeit nicht zu verlieren;

c. bei Ergreifung des Referendums durch einen *Aussenseiter,* der in den Verhandlungen nicht dabei war oder der als Beteiligter kein Referendum angedroht hat.

Der Fall c. ist derjenige, dessen Risiko die Bundesbehörden in der Nachkriegszeit durch den Ausbau des vorparlamentarischen (Vernehmlassungs-)Verfahrens und die umfassende Beteiligung der interessierten Verbände vermindert haben. Trotzdem bleibt ein Restrisiko, weil die beteiligten Organisationen ihre Basis nur begrenzt kontrollieren oder weil sie aus ihrer Kompromisszusage aussteigen, wenn Bundesrat und Parlament das Ergebnis des vorparlamentarischen Verfahrens verändern. Fall a. und b. sind deshalb nicht auszuschliessen, weil auch unter den Routinebedingungen politischer Konkordanz ein Anreiz besteht, in einer kleineren Koalition bis an jenen Punkt zu gelangen, an dem einer der Partner in die Referendumszone gelangt.

Unser Modell beleuchtet die Gründe, warum es trotz Konkordanz zur politischen Ausmarchung durch Referenden kommt, und warum das Instrument von grösseren politischen Lagern bis zu den Kleinparteien, oder von mächtigen Verbandsorganisationen wie des Gewerbes bis zu jenen spontanen Studentengruppen benutzt wird, die 1978 das Referendum gegen das ETH-Gesetz ergriffen. Mindestens theoretisch zeigt sich aber auch, dass die Konkordanz nicht allen referendumsfähigen Gruppen überhaupt Chancen, geschweige denn gleiche Wertberücksichtigung einräumt: wer nicht glaubwürdig machen kann, ein Referendum auch zu gewinnen, darf ohne Bündnispartner nicht darauf hoffen, im Entscheidergebnis überhaupt berücksichtigt zu werden.

2. Die innovationshemmenden Entscheidungswirkungen des Referendums

Wir verstehen nun die doppelte Bremswirkung des Referendums. Dieses zwingt die fallweisen Koalitionen der Konkordanz zur Annäherung an den Status quo, und jene Gruppen, welche das Referendum ergreifen, wollen gar die Wiederherstellung des Status quo. Wer profitiert davon?

Vom Gesetzesreferendum ist oft gesagt worden, es sei das Instrument der rechtskonservativen Opposition. In der Tat zeigt Papadopoulos (1994b:137), dass in der Zeit von 1970–87 viele Referenden von einer kleinen Rechtspartei ergriffen wurden und in zwei von fünf Fällen einen Erfolg verbuchten. Dies ist für eine Periode des Ausbaus des Sozial- und Leistungsstaats nicht weiter verwunderlich. Mit ihrer Präferenz für den Status quo wollte die politische Rechte diesen Ausbau verhindern, und sie hatte überraschend hohen Erfolg im Volk. In den siebziger Jahren drängte sie unter Führung des damaligen Gewerbeverbandspräsidenten Nationalrat Otto Fischer (FDP) die gesamte Konkordanz in mehreren Referendumskämpfen auf die Verliererbahn, so etwa beim Hochschulförderungsgesetz 1978 (APS 1978:139f.). Die politische Linke hat das Referendum zwar nicht weniger oft ergriffen, konnte aber nur jedes fünfte gewinnen. Der geringere Erfolg hat zunächst mit der Tatsache zu tun, dass das Lager der Linken über einen geringeren Anhang in der Stimmbürgerschaft verfügt als das bürgerliche. Gewonnen hat die Linke vor allem Referenden, in denen auch sie das Status quo-Motiv vertrat, so zum Beispiel gegen die Einführung einer Bundessicherheitspolizei 1978. Wollte die bürgerliche Mehrheit heute im Zuge der Liberalisierung einen Abbau des Sozialstaats versuchen, könnte es gar zu einem Rollentausch gegenüber den siebziger Jahren kommen. Die politische Linke kann nämlich versuchen, die Vorteile des Referendums für die Herstellung des Status quo ähnlich zu nutzen wie früher die konservative Rechte. Jüngere Beispiele sind die erfolgreichen Referenden gegen die Zulassungsbeschränkungen vor Bundesgericht (1990), das Arbeitsgesetz (1996) oder die Sparbeschlüsse zur Arbeitslosenversicherung (1997). *Das Referendum begünstigt also nicht direkt die politische Rechte, sondern die Verteidiger des Status quo, und es benachteiligt nicht immer die politische Linke, sondern allgemeiner die Veränderungs- oder Reformtendenzen.*

Die bremsende Wirkung des Referendums hängt schliesslich damit zusammen, dass es *leichter ist, eine Abstimmung zu verlieren als zu gewinnen*. Ähnlich wie der Volksmund sagt: «Viele Hunde sind des Hasen Tod», so enthalten Abstimmungsvorlagen in der Regel nicht nur eine, sondern mehrere strittige Neuerungen, welche zusammen das Gesetz verletzbarer machen. Als Beispiel sei das eben erwähnte Arbeitsgesetz genannt. Seine Neuerungen bestanden in einer Flexibilisierung der gesetzlichen Arbeitsbedingungen, die von der organisierten Arbeitnehmerschaft als untragbare Benachteiligung empfunden wurde. Die Bürgerlichen setzten sich darüber hinweg. Sie sahen Anhaltspunkte dafür, dass die Gewerkschaften in der jüngeren Zeit mit ihren Referenden schlecht abgeschnitten hatten und keine Mehrheit mobilisieren konnten. Zudem konnte das Opfer der Flexibilisierung als notwendige Verbesserung der internationalen Konkurrenzfähigkeit der schweizerischen Wirtschaft ausgegeben werden. Insofern ist dies ein Fall der Nichtberücksichtigung einer Referendumsdrohung, der theoretisch plausibel erklärt werden kann (Fall einer schwachen Opposition O_2 mit maximalem Nutzen für die Mehrheitskoalition in meinem Modell). Das Gesetz sah allerdings auch eine Flexibilisierung der Nacht- und Sonntagsarbeit vor. Hier nun sahen sich Frauen und Kirchen betroffen, und letztere wandten sich mit ganz anderen Motiven gegen das Gesetz. Es ging ihnen um den Schutz des Sonntags vor seiner Profanierung zum gewöhnlichen Werktag. Frauen- und kirchliche Organisationen erweiterten sowohl die Thematik der Abstimmung, die Zahl der Konfliktpunkte wie die Referendumskoalition der Gewerkschaften. Daraus entstand eine mehrheitsfähige Opposition mit verschiedenen Motiven, die das Gesetz zu Fall brachte.

Schematisch können wir diese Situation wie folgt darstellen:

Graphik 10.2:   Abstimmungen mit einer oder mehreren Konfliktlinien:

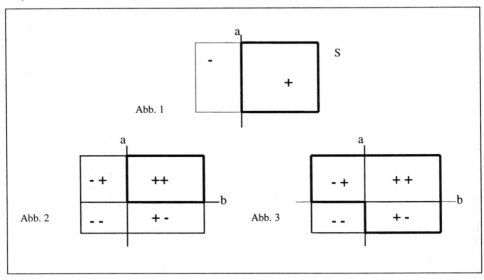

Die Konfliktlinie a teilt die Stimmbürgerschaft, dargestellt durch die Fläche S, in Gegner (–) und Befürworter (+) des umstrittenen Teils der Konkordanzlösung. Die Befürworter stellen in Abb. 1, fett umrandet, zunächst eine sichere Mehrheit dar. Diese geht dadurch

10 Direkte Demokratie

verloren, dass eine zweite Konfliktlinie b eröffnet wird, welche die Stimmbürgerschaft bei einem weiteren Teil der Konkordanzlösung in Befürworter und Gegner aufteilt (Abb. 2). Die vorher sichere Mehrheitslösung wird in Minderheit versetzt, denn sie wird nur noch vom Segment ++ unterstützt, während die Segmente — —, + — und — + allesamt verwerfen. Es leuchtet ein, dass die Bildung einer sicheren Mehrheitslösung um so schwieriger wird, je mehr die zweite Konfliktlinie rechtwinklig zur ersten steht, was heisst, dass die Konflikte unabhängig voneinander sind. Dies ist auch eine Teilerklärung dafür, warum Schlagworte wie «Föderalismus», «weniger Staat», «zu teuer» etc. von der Propaganda auch bei geringem sachlichem Zusammenhang gegen viele Referendumsvorlagen mit grossem Erfolg gebraucht werden (Gruner/Hertig 1983:134f.). Sie aktivieren latent vorhandene Konfliktlinien und versetzen die ursprüngliche Mehrheit in die Minderheit. Solche Situationen können im Parlament durch Verhandeln gelöst werden. Volksabstimmungen (auch diejenigen des obligatorischen Referendums und der Volksinitiative) sind fundamental verschieden: es gibt keine Verhandlungen, sondern nur noch die Mobilisierung von Tendenzen des Pro und Kontra, in denen der Status quo, aus erläuterten Gründen, begünstigt bleibt.[7]

Ist nun aber auch das Gegenteil möglich, dass eine zweite Konfliktlinie die Chance einer Volksabstimmung erhöht – also zu einem grossen Ja-Lager, wie das in Abb. 3 dargestellt ist? Das geeignete Objekt zur Untersuchung ist die Volksinitiative, die von allem Anfang an für eine Volksabstimmung konzipiert wird und die oft so formuliert wird, dass sie aus unterschiedlichen Motiven unterstützt wird. Ein einschlägiges Beispiel bildet die Moorschutz-Initiative von 1987. Sie richtete sich gegen den Bau eines Waffenplatzes in Rothenturm und verlangte generell den Schutz von Hochmooren in der Schweiz. Der Erfolg kam dadurch zustande, dass auch an sich militärfreundliche Umweltschützerinnen wie Militärgegner ohne Bezug zum Umweltschutz die Initiative unterstützten. Eine solche Situation entspricht Abb. 3, worin die drei Gruppen ++, + — und — + eine Mehrheit bilden. Wie die geringe Erfolgsquote von Volksinitiativen zeigt, ist diese Konstellation allerdings schwer vorauszusagen und stellt sich offensichtlich selten ein.

---

[7] Ebenso bietet das Modell eine Erklärung für den scheinbar überraschenden Befund von Sciarini und Trechsel (1996), wonach der Grad an Zustimmung, den eine Vorlage in der Schlussabstimmung des Nationalrats erreicht, sehr wohl das Risiko des Zustandekommens eines Referendums, nicht aber dessen Chancen in der Volksabstimmung verkleinert. Die Schlussabstimmung im Nationalrat ist ein guter Gradmesser für den Ausgleich unter den Entscheidungseliten. Diese haben aber keinen Einfluss darauf, welche Tendenzen und Konfliktlinien in der Referendumskampagne mobilisiert und zur Wirkung gebracht werden. Referenden sind daher eine selbständige Politikarena, die für die Entscheidungsträger wenig voraussehbar bleibt.

3. Die Integrationswirkungen der Referendumsdemokratie

Dem Preis der Innovationshemmung steht als Vorteil die Integrationswirkung des Referendums gegenüber. Wir haben die Rolle des Referendums für die längerfristige Integration aller politischen Kräfte in der schweizerischen Gesellschaft in Kapitel 2 einlässlich beschrieben. Wir können uns hier mit der Ergänzung begnügen, dass diese Integrationswirkung auch von den einzelnen Entscheidungen ausgeht. Das Referendum sorgt dafür, dass keine grössere Gruppe dauernd ohne Entscheidungseinfluss bleibt, dass auch die einflussreichsten Gruppierungen ihre Absichten nicht voll auf Kosten anderer durchsetzen können, und dass die Regierungsparteien zum Kompromiss gezwungen sind. Alle Akteure, auch Regierungsparteien, machen die Erfahrung der Minderheitsrolle – sei es als übergangener Partner in der Konkordanz oder als Verlierer in der Referendumsabstimmung. Mehrheits- und Minderheitsrollen sind zwar ungleich verteilt, aber solange diese wechseln, kann Integration stattfinden. Theoretisch lässt sich also sagen, dass das Referendum zwar die Innovationsleistungen des Entscheidungssystems senkt, dafür aber seine Integrationsleistungen steigert.

4. Der Einfluss des Verfassungsreferendums auf die Staatsentwicklung

Was die innovationshemmende und integrationsfördernde Funktion anbelangt, gilt selbstverständlich auch für das Verfassungsreferendum. Der einzige Unterschied liegt hier im genauer bekannten, aber höheren Entscheidrisiko: Die Abstimmung findet auf jeden Fall statt, erfordert aber das Doppelmehr von Volk und Ständen.

Da jede neue Bundeskompetenz einer Ergänzung der Verfassung bedarf, ist die Aufgaben- und Staatsentwicklung des Bundes direkt an das obligatorische Referendum gebunden. Die *Staatsentwicklung ist darum in hohem Masse Verfassungspolitik unter der Mitwirkung des Volkes*. Die Zurückweisung eines Viertels aller Vorschläge durch das Volk, aber auch der geringe Innovationsgehalt vieler Verfassungsvorlagen können als einer der wichtigen Gründe für folgende Merkmale der schweizerischen Staatsentwicklung angesehen werden:

1. Die historisch späte und bescheidene Entwicklung vieler Bundesaufgaben in den Bereichen der Wirtschafts- und Sozialpolitik. So wird der Wirtschaftsinterventionismus – vorher punktuell oder in den dreissiger Jahren durch Dringlichkeitsrecht gehandhabt – erst 1947 auf umfassende verfassungsrechtliche Grundlagen gestellt. Ebenso wird das Verfassungsversprechen der AHV von 1925 erst 1947 eingelöst, und jenes des Familienschutzes und der Mutterschaft (1946) bleibt gar unerfüllt; eine öffentliche Arbeitslosenversicherung mit Obligatorium wurde erst ab 1976 eingerichtet.

2. Die im internationalen Vergleich tiefe Staatsquote und ein kleiner Zentralstaat: Sie beträgt heute 37 Prozent, und auf den Bund entfällt bloss ein Drittel der Staatseinnahmen. Alle Steuern von Bund, Kantonen und Gemeinden sind referendumspflichtig. Wie bereits

10 Direkte Demokratie

vorne im Kapitel 7 erwähnt, dürfte die Eidgenossenschaft der einzige Zentralstaat sein, dessen Hauptquellen (Mehrwert- und Bundessteuer) bis heute nur provisorisch und befristet sind.[8]

3. Eine im internationalen Vergleich bescheidene Bundesverwaltung: Die öffentlichen Angestellten machen bloss 15 Prozent aller Beschäftigten aus, und auf den Bund entfällt wiederum nur ein Drittel aller Staatsangestellten. Vorlagen, die staatlichen Eigenbedarf signalisieren, oder Versuche der Ersetzung von Milizlösungen durch professionelle Mittel stossen auf besondere Skepsis der Stimmbürgerschaft.

4. Das Nicht-Engagement in der Aussenpolitik: Die Neutralitätspolitik, welche weltwirtschaftliche Integration mit aussenpolitischem Nichtengagement verband, war zwar bis anfang der neunziger Jahre offizielle Behördenpolitik. Versuche ihrer Öffnung (Vorlage zum Beitritt zur UNO 1986) und ihr Kurswechsel (EWR Vorlage 1992, Blauhelm-Vorlage 1994) sind aber von Volk und Ständen nicht honoriert worden. Während die aussenwirtschaftliche Integration schon in der Vergangenheit auf Verständnis stiess (EWG-Abkommen 1972, IWF-Beitritt 1992), dürfte jeder Versuch von Bundesrat und Parlament zur aussenpolitischen Öffnung und zum vermehrten aussenpolitischen Engagement einen steinigen Weg vor sich haben.

D. Funktionen und Entscheidwirkungen der Volksinitiative

1. Die Volksinitiative als Instrument politischer Innovation

Gilt das Referendum als *Bremse*, so wird die Volksinitiative oft als *Gaspedal* im schweizerischen System bezeichnet. Der Vergleich trifft insofern, als die Volksinitiative gerade das Gegenstück zum Status quo, nämlich die Veränderung will. Zwar gibt es auch «Bremsinitiativen», in jüngerer Zeit etwa die FA-18-Initiative (1994) als verdecktes Rüstungsreferendum gegen die Beschaffung eines neuen Kampfflugzeuges, oder der Lega-Initiative (1997) als vorauseilendes Referendum gegen die EU-Integration. In der Regel aber ist die Volksinitiative auf Neuerungen angelegt – genauer gesagt auf jene Veränderungen, welche die Konkordanz nicht will. Sie kommt daher selten aus der politischen Mitte, sondern von Gruppen, die sich deutlich rechts, oder noch häufiger links positionieren. Es lässt sich aber fragen, warum die Volksinitiative trotz ihrer geringen Erfolgschance von bloss 10 Prozent so häufig ergriffen wird – öfters als das Referendum. Eine Antwort liegt darin, dass die

---

[8] Das Finanzpaket von 1991, das eine dauerhafte Verankerung der direkten Bundessteuer und der Mehrwertsteuer gebracht hätte, wurde in der Volksabstimmung abgelehnt. Die 1993 angenommene Vorlage brachte keine definitive Einführung für Mehrwertsteuer und direkte Bundessteuer, sondern nur deren befristete Einführung bzw. deren Verlängerung bis zum Jahr 2006. Dauerhafte Einnahmenquellen besitzt der Bund nur im Bereich der Zölle und Abgaben (z.B. Schwerverkehrsabgabe).

Volksinitiative für verschiedene Zwecke gebraucht werden kann, und dabei muss es im Gegensatz zum Referendum auch nicht allein auf den Abstimmungserfolg ankommen. Davon handeln die nächsten Abschnitte.

2. Unterschiedliche Funktionen der Initiative

1. Die direkte Durchsetzung einer Forderung gegen die Behörden: Die Volksinitiative als Ventil: Das Konkordanzsystem berücksichtigt zwar mehr Interessen als ein Mehrheitssystem, aber nicht alle; schwache Gruppen und ihre Forderungen *können,* wie wir gesehen haben, dauernd aus dem organisierten Kompromiss ausgeschlossen bleiben. Die Regierungsparteien ihrerseits sind nicht davor gefeit, wichtige Tendenzen im Volk zu übersehen oder zu unterschätzen. Hier bietet die Volksinitiative ein wichtiges Korrektiv: Protest, Unzufriedenheit, politische Empörung können als politischer Dampf abgelassen und über das Ventil des Volksbegehren entscheidungswirksam in das System eingeleitet werden. Oppositionskräfte hoffen, dass Stände und Volk anders, d.h. näher an ihren Prioritäten und Präferenzen entscheiden als die Konkordanz. Als Beispiele direkten Erfolgs aus jüngerer Zeit seien genannt: der Moorschutz bzw. «Rothenturm» (1987), das Moratorium für den Bau von Kernkraftwerken (1990), der 1. August als Feiertag (1993) und die Alpenschutzinitiative (1994), welche die Verlagerung des Transitverkehrs auf die Schiene und den Verzicht auf neue Strassentunnels durch die Alpen forderte. Direkter Erfolg ist die Ausnahme; im Durchschnitt erreicht eine Volksinitiative auf eidgenössischer Ebene einen Stimmenanteil von ungefähr 30 Prozent.

2. Indirekter Erfolg mit den Behörden: Die Initiative als Schwungrad und Verhandlungspfand: Die Initianten sind nicht allein auf den unmittelbaren Abstimmungserfolg angewiesen; sie können hoffen, dass schon der Druck der Volksinitiative ausreicht, um Regierung und Parlament zu einem Gegenvorschlag zu veranlassen, der eine Teilerfüllung des Initiativbegehrens bringt. Die Volksinitiative ist in diesem Fall ein Verhandlungspfand. Zum indirekten Erfolg wird die Volksinitiative auch dann, wenn sie zwar abgelehnt wird, das Parlament aber Teilbegehren in der späteren Gesetzgebung berücksichtigt. Der Anstoss der Initiative wirkt nach wie bei einem Schwungrad. Gegenüber dem direkten ist dieser indirekte Abstimmungserfolg nach Werder (1978), Joye und Papadopoulos (1994:260) sehr viel bedeutsamer; rund ein Drittel der Volksinitiativen hinterlassen Spuren in der späteren Gesetzgebung. Als eines der bedeutendsten Beispiele aus jüngerer Zeit kann der Verfassungsartikel zur Gleichstellung der Frau bezeichnet werden, der als Gegenvorschlag zu einer Volksinitiative 1981 angenommen wurde und zu einem Gleichstellungsgesetz beim Bund (1995), zur Entfernung diskriminierender Regelungen aus der gesamten Rechtsordnung von Bund und Kantonen und zur gesellschaftlichen Verbreitung der Gleichstellung führte.

3. Die Mobilisierung neuer politischer Tendenzen und Themen: Die Initiative als Katalysator: Die völlige politische Offenheit der Volksinitiative erlaubt das Aufgreifen von

Themen und Vorschlägen, welche die Konkordanzmehrheit überhaupt aus ihrer Agenda heraushalten will. Damit ermöglicht die Volksinitiative die Mobilisierung neuer Tendenzen. Sie vergrössert den Raum des politisch Denkbaren und Möglichen, erweitert schliesslich die Agenda der Politik. Anders als bei der Initiative als Verhandlungspfand oder Schwungrad ist hier die Zeit für eine direkte Umsetzung in der Gesetzgebung noch nicht reif. Aber der Druck der Initiative zwingt Regierung und Parlament zur Neuorientierung: neuen Prioritäten und neuen Präferenzen wird der Weg geebnet. Als Beispiele sei auf die Begehren um ein Waffenausfuhrverbot (1972), um Straffreiheit für den Schwangerschaftsabbruch (1976) oder für eine Schweiz ohne Armee (1989), aber auch die erste Überfremdungsinitiative (1970) genannt.

4. Interne Mobilisierung und Selbstinszenierung: die Initiative als Wahlhelfer: Initianten können schliesslich auch andere Ziele als das Entscheidungsergebnis im Auge haben, zum Beispiel ihre Mobilisierung und Selbstinszenierung als soziale Bewegung, oder den Wahlerfolg als politische Partei. Die Initiative als Wahlhelfer wird von grossen (etwa der SP) wie den kleinen Parteien (Schweizer Demokraten oder Grüne) genutzt. Als Beispiel seien hier etwa die vier Volksinitiativen zur Reduktion des Ausländerbestandes (1970, 1974, 1977 und 1988) genannt. Sie dienten der Profilierung der Überfremdungsparteien, hielten das Thema im Gespräch und mobilisierten ihr Potential von Protestwählern auf Dauer.

3. Zwischen Erfolg und Innovation: Zur Entscheidungslogik der Volksinitiative

Ich möchte im folgenden diskutieren, wie weit die Art des angestrebten Erfolgs in Zusammenhang mit der Formulierung des Volksbegehrens steht, und gehe dabei von einem ähnlichen theoretischen «Trade off» aus wie beim Referendum: Wie die Konkordanzmehrheit abzuwägen hat zwischen möglicher Entfernung zum Status quo und Erfolg gegen das Referendum, so haben sich Initianten zu entscheiden zwischen maximaler Innovation und maximaler Erfolgschance ihres Begehrens. Dieser Zusammenhang wird in Grafik 10.3 dargestellt.

Initianten erreichen ihre Ziele oder ihren grössten Nutzen bei maximaler Abweichung vom Status quo, für den sie 100'000 Stimmen zusammenbringen. Diese «kleine Koalition» von 100'000 Opponenten kann sich sehr viel weiter vom Status quo weg bewegen als eine Koalition in der Konkordanz, wird dann aber auch einen geringen Erfolg im Abstimmungsergebnis erwarten müssen. Den Entscheidungserfolg von über 50 Prozent von Volk und Ständen wird die Bewegung eher dann erreichen, wenn sie ihre Forderung näher am Status quo formuliert. Damit besteht aber das andere Risiko, dass die Initiative, weil zu nahe an dem, was die Konkordanz offeriert, die Opposition überhaupt nicht mehr von den Stühlen reisst. Dieses Entscheidungsdilemma ist verschieden lösbar, je nachdem welche Funktion die Initiative anstrebt:

Graphik 10.3: Risikoabwägung zwischen Innovation und Erfolg bei Initiativen

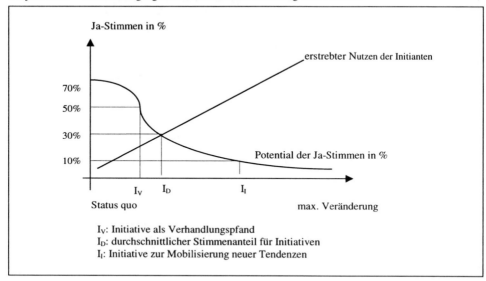

I_V: Initiative als Verhandlungspfand
I_D: durchschnittlicher Stimmenanteil für Initiativen
I_I: Initiative zur Mobilisierung neuer Tendenzen

a. Geringerer Innovationsgrad als Preis des direkten oder des Verhandlungserfolgs

Suchen Initianten den direkten Erfolg oder den Verhandlungserfolg, so sind sie in der Regel gezwungen, ihre Forderung durch nahe Anlehnung an den Status quo mehrheitsfähig zu machen. Das bedeutet Abstriche an den eigenen Maximalforderungen und eine geringere Veränderung des Status quo (Fall Iv in Graphik 10.3). Initiativen werden auch der Frage Beachtung schenken müssen, ob die Popularität ihres Begehrens durch eine zweite Konfliktlinie beeinträchtigt oder erhöht wird. Beides ist denkbar. In seltenen Fällen besteht die Möglichkeit, dass eine Forderung gerade dadurch mehrheitsfähig wird, dass sie mehrere Teilsegmente der Stimmbürgerschaft aus unterschiedlichen Motiven anzieht. Bereits in Abschnitt C haben wir das Beispiel der Moorschutz-Initiative erwähnt, die unter anderem das Rothenturm-Areal vor der Überbauung durch einen Waffenplatz schützte. Das Begehren sprach sowohl Militärgegner wie Umweltschützer an. In der erfolgreichen Kampagne stellten aber die Initianten vor allem den Umweltschutz in den Vordergrund. Sie wussten, dass diese Forderung eher mehrheitsfähig war, und dass zwar die meisten Militärgegner auch Sympathien für den Umweltschutz haben, nicht aber umgekehrt. Einen anderen Fall stellt die Armee-Halbierungsinitiative dar, in der die SP die Reduktion der Armeeausgaben mit der Verwendung der «Friedensdividende» für die Sozialpolitik verband. Die Initiative wurde 1995 vom Parlament für ungültig erklärt, weil sie zwei voneinander unabhängige Forderungen in den gleichen Volksentscheid verpackte und damit den Rechtsgrundsatz der «Einheit der Materie» verletzte (APS 1995:97). Dessen ungeachtet wäre die Koppelung der beiden Begehren für die Initianten vermutlich riskant gewesen. Zwar entspricht sie einem kohärenten Programm der politischen Linken, was mobilisierend hätte wirken können, aber eben nur für dieses politische Lager, das allein nicht mehrheitsfähig ist. Zwar gibt es viele bürgerliche und vor allem parteiungebundene Wähler, denen die Armeeausgaben ebenfalls zu hoch sind – aber diejenigen für den Sozialstaat auch. Die Forderung «weniger Armee» hätte darum durch ihre Koppelung mit der Forderung «mehr Sozialstaat» kaum einen höheren Stimmenanteil erreicht. Welche Koppelungen vorteilhaft sind, kann nur empirisch näher ermittelt werden; generell dürften sie zu schlechteren Ergebnissen führen, und zwar aus analogen Gründen wie beim Referendum.

Die Anlehnung an den Status quo ist auch bei der Volksinitiative als Verhandlungspfand zu beachten. Die Initiative muss soweit «realistisch» sein, dass die Behörden einen Erfolg des Begehrens nicht ausschliessen und es daher vorziehen, im Austausch gegen den Rückzug des Begehrens den Initianten ein Stück weit entgegenzukommen. Für die Initianten bedeutet dies zwar nochmals eine Annäherung an den Status quo, aber – statistisch betrachtet – statt der 10-Prozent-Erfolgschance einer Volksinitiative die 50-prozentige Erfolgschance eines Gegenvorschlags in der Abstimmung, oder den fast sicheren Teilerfolg, wenn das Parlament das Verhandlungsergebnis auf gesetzlicher Ebene regelt.

b. Hoher Innovationsgrad bei der Mobilisierung neuer Tendenzen und Themen

Neue Tendenzen und Themen sind selten über Nacht mehrheitsfähig. Sie werden zu Beginn bloss von Minderheiten und Aussenseitergruppen getragen. Diese riskieren in manchen Fällen, ausgegrenzt oder gar diskriminiert zu werden, weil sie gegen vorherrschende Anschauungen, Werte oder gesellschaftliche Tabus verstossen. Initianten kann es deshalb auch darum gehen, solche neuen Themen und Tendenzen überhaupt zum Thema der Politik zu machen. Sie werden sich nicht scheuen, auch radikale Forderungen zu stellen. Überlegungen zum direkten Abstimmungserfolg sind sekundär. Ein eindrückliches Beispiel dazu ist die Armee-Abschaffungs-Initiative. Die Mitglieder der «GSoA» (Gruppe für eine Schweiz ohne Armee) konnten sich keine Chance ausrechnen, dass ihr radikales Begehren Erfolg hätte. Sie brachten aber die Frage des Sinns, der Ethik und Nutzens militärischer Bewaffnung auf die Agenda der institutionellen Politik, und lösten während vier Jahren eine grosse öffentliche Diskussion aus. Sie erzielten mit 37 Prozent ein überdurchschnittliches Ergebnis und machten Kritik an der Armee möglich – an jener Institution also, die vorher ein politisches Tabuthema wie kein anderes gewesen war. Solche Initianten folgen bei der Formulierung ihrer Forderungen einer anderen Logik. Es geht nicht um die Erreichung der Mehrheit, sondern um die möglichst grosse Veränderung des Bewusstseins und der Haltung der Stimmbürgerschaft, aber auch um die Legitimierung einer Forderung und die längerfristige Beeinflussung der institutionellen Politik. Die radikale, zuweilen gesinnungsethische Formulierung eines Begehrens steht hier vor realpolitischen Erwägungen ihres Erfolgs, wie an vielen Initiativen abgelesen werden kann, so beispielsweise bei der Forderung nach 12 autofreien Sonntagen, bei einzelnen Ausländerinitiativen oder 1998 bei der Genschutz-Initiative.

c. Unterschiedlicher Innovationsgrad der Volksinitiative als Wahlhelfer

Die Wählerschaft der äussersten Rechten (Republikaner, Nationale Aktion, Schweizer Demokraten) blieb auf nationaler Ebene stets unter 10 Prozent. Die erste Überfremdungsinitiative 1970 dagegen erreichte 46 Prozent Ja-Stimmen, die späteren immerhin noch zwischen 29 und 34 Prozent. Initiativen können also erheblich grössere Stimmenanteile erreichen als ihre Bewegungen, und zwar aus drei Gründen. Erstens verteilen sich die Stimmen im Abstimmungskampf auf bloss zwei Lager, bei den Wahlen dagegen auf viele Parteien. Zweitens kann ein Teil der Wählerschaft zu einem Einzelthema radikaler eingestellt sein als in seinen übrigen Anschauungen, und drittens können Volksinitiativen von einer generellen Unzufriedenheit und einem Protestpotential in der Wählerschaft profitieren.

Der zweite und der dritte Grund machen die Volksinitiative als Wahlhelfer für die Parteien attraktiv: letztere hoffen, ihre Wahlanteile zu erhöhen. Die Ausschöpfung eines zusätzlichen Wählerpotentials muss aber darauf achten, die Stammwählerschaft nicht zu vergraulen. Darum gibt es keinen plausiblen allgemeinen Zusammenhang zwischen Innovationsgrad und Wahlhelfer-Initiative. Vielmehr hängt die Ausgestaltung der Initiative vor allem von der Position der eigenen Partei ab. Sie muss glaubhaft für das dauerhafte Profil einer Partei und ihrer Stammwählerschaft, und attraktiv für ungebundene oder Protestwählerinnen sein. Den Überfremdungsparteien dienen Begehren als Wahlhelfer-Initiativen, die relativ weit weg vom Status quo liegen, und zwar nicht nur in der Fremdenfrage, sondern auch in andern Themen, die sie als Opposition und Alternative zur Konkordanzpolitik profilieren. Die SP hat sich – als grosse Regierungspartei mit einer besser integrierten Wählerschaft – vermehrte Zurückhaltung aufzuerlegen. Die grossen bürgerlichen Parteien schliesslich machen selten Gebrauch von der Volksinitiative insgesamt, weil sie ihre Forderungen zur Veränderung des Status quo besser als andere in der Konkordanzpolitik selbst durchbringen.

4. Längerfristige Systemwirkungen der politischen Innovation und Integration

Die Literatur behauptet zwei längerfristige Hauptwirkungen der Volksinitiative: Erstens kompensiere sie die Innovationsschwächen eines überbremsten Systems (Hertig 1984:254). Zweitens trage die Initiative vor allem mit ihrer Ventilfunktion zur politischen Integration bei: Unzufriedene können mit ihren Begehren Dampf ablassen, finden teilweise Gehör bei den Behörden oder erfahren im Test der Volksabstimmung, wie das gesamte Volk über ihre Forderungen denkt.

Die punktuelle Innovationswirkung der Volksinitiative steht ausser Frage. Wie wir gesehen haben, entfaltet die Volksinitiative solche Wirkungen nicht nur im Fall ihrer Annahme, sondern auch als Verhandlungspfand und selbst bei ihrer Ablehnung. Fraglich ist dagegen, ob dank der Volksinitiative das Politiksystem insgesamt jene Interessen besser

10 Direkte Demokratie 265

berücksichtigt, die der organisierte Pluralismus vernachlässigt: die allgemeinen gegenüber den Gruppeninteressen, die Langfristinteressen gegenüber den kurzfristigen sowie die Bedürfnisse der «have nots» gegenüber denjenigen der «haves». Das führt zur zweiten Frage nach der politischen Integration.

Die Zunahme der Zahl der Volksbegehren in den letzten dreissig Jahren wird oft als wachsende Unzufriedenheit des Volkes, als Ausdruck eines tieferen Grabens zwischen Volk und Behörden gedeutet. Danach gelingt es den Regierungsparteien stets weniger, die verschiedenen gesellschaftlichen Interessen zu integrieren. Ich wäre vorsichtig gegenüber einer solchen eingleisigen Interpretation. Die steigende Anzahl von Volksinitiativen braucht weder eine «Systemkrise» noch eine «Gesellschaftskrise» zu bedeuten. Ebensogut kann sie als Ausdruck einer lebendigeren Demokratie verstanden werden, in welcher der Gegenstrom neuer Tendenzen aus der Gesellschaft schneller und ungehinderter artikuliert wird und ins Politiksystem einzufliessen vermag.

E. Der Gebrauch des Referendums und der Volksinitiative in den Kantonen

Das Instrumentarium der direkten Demokratie in den Kantonen variiert beträchtlich, wie wir im Kapitel 7 sehen. Das gilt auch für die Ausgestaltung der einzelnen Volksrechte. Die nachfolgende Tabelle 10.10 zeigt, dass die *Kantone unterschiedlich hohe Quoren für die Ergreifung von Referendum und Initiative* aufstellen. Während sich z.B. Aargau und Basel-Landschaft mit 0,9 Prozent der Stimmberechtigten begnügen, müssen im Kanton Neuenburg 5,7 Prozent der Stimmberechtigten eine Initiative unterzeichnen, damit sie zustande kommt. Gleichzeitig schwankt aber auch die Anzahl zustande gekommener (fakultativer) Referenden und Initiativen von Kanton zu Kanton. In der Periode von 1983–1996 waren in Zürich 43 Initiativen und 147 Referenden zu vermelden, im Kanton Jura immerhin noch drei Initiativen und 13 Referenden, und in den Kantonen Glarus, Appenzell AR und IR nichts von beidem.

Die Vermutung liegt nahe, dass *die Zahl der zustandegekommenen fakultativen Referenden und Volksinitiativen* von der Höhe der Hürden abhängt. Moser (1985, 1987) fand überraschenderweise keinen statistischen Zusammenhang. Die unterschiedliche Intensität direkter Demokratie in den Kantonen muss daher gesellschaftliche, institutionelle oder politische Gründe haben. Vatter (1997) hat sie systematisch untersucht. Danach beeinflussen die institutionellen Faktoren (Zahl der Volksrechte, Höhe der Hürden für die Unterschriftensammlung) trotz grosser Unterschiede die Häufigkeit des Gebrauchs der Volksrechte kaum. Auch die ökonomischen Faktoren (Veränderung des Volkseinkommens, Steuerbelastung, Arbeitslosenzahl) sind wenig relevant. Von mittlerer Bedeutung sind dagegen soziostrukturelle Merkmale. Je stärker der Anteil des Dienstleistungssektors, die Urbanisierung und die Bevölkerungsgrösse eines Kantons, desto öfter werden Referendum und Initiative benutzt. Politischen Faktoren schliesslich ist der grösste Einfluss zuzuschreiben. Eine höhere Anzahl der Regierungsparteien und der effektiven Parteien, ihre Polarisierung, vor allem aber die Stärke der grünen und grün-alternativen Parteien sowie die Volatilität von Wahlen führen zu einer aktiveren Inanspruchnahme der Volksrechte.

Tabelle 10.10: Quoren der Volksrechte, Zahl der Abstimmungen und Erfolgsgrad in den Kantonen 1983–1996

Kanton	Mindestanzahl Unterschriften (in Prozent der stimmberechtigten Bevölkerung)			Zahl der Abstimmungen (1983–'96) sowie Erfolgsgrad (Prozent angenommene Vorlagen in Klammer)		
	Verfassungs-initiativen (Teilrevision)	Gesetzes-initiativen	Fakultative Referenden	Initiativen	Fakultative Referenden	Obligatorische Referenden
Zürich	1,3%	1,3%	0,6%	43 (32,6)	8 (62,5)	139 (89,2)
Bern	2,2%	2,2%	1,5%	20 (15,0)	24 (54,2)	71 (87,3)
Luzern	2,2%	1,7%	1,3%	11 (18,2)	10 (80,0)	25 (88,0)
Uri	1,2%	1,2%	1,2%	5 (40,0)	8 (50,0)	74 (89,2)
Schwyz	2,5%	2,5%	2,5%	5 (20,0)	6 (33,3)	47 (74,5)
Obwalden	2,3%		0,5%	5 (80,0)	0	39 (94,9)
Nidwalden	1,9%	1,0%	1,0%	0	0	7 (57,1)
Glarus				0	0	0
Zug	3,2%	3,2%	2,4%	13 (30,8)	9 (33,3)	23 (78,3)
Fribourg	3,9%	3,9%	3,9%	3 (33,3)	8 (12,5)	20 (75,0)
Solothurn	1,8%	1,8%	0,9%	8 (37,5)	5 (60,0)	113 (86,7)
Basel-Stadt	3,1%	3,1%	1,6%	34 (38,2)	52 (55,8)	24 (75,0)
Basel-Landschaft	0,9%	0,9%	0,9%	16 (31,3)	21 (47,6)	79 (93,7)
Schaffhausen	2,1%	2,1%	2,1%	13 (38,5)	0	97 (88,7)
Appenzell A.Rh.	0,8%	0,8%		0	0	0
Appenzell I.Rh.			2,0%	0	0	0
St. Gallen	2,8%	1,4%	1,4%	6 (0)	6 (83,3)	36 (88,9)
Graubünden	4,0%	4,0%	2,4%	3 (0)	1 (0)	84 (96,4)
Aargau	0,9%	0,9%	0,9%	10 (30,0)	0	54 (94,4)
Thurgau	2,9%	2,9%	1,4%	9 (11,1)	6 (16,7)	60 (81,7)
Ticino	5,3%	3,7%	3,7%	11 (36,4)	8 (12,5)	2 (100)
Vaud	3,3%	3,3%	3,3%	19 (21,1)	5 (40,0)	5 (100)
Valais	3,4%	2,2%	1,7%	0	1 (0)	64 (85,9)
Neuchâtel	5,7%	5,7%	5,7%	3 (33,3)	11 (45,5)	50 (94,0)
Genève	4,8%	4,8%	3,4%	19 (31,6)	7 (28,6)	30 (73,3)
Jura	4,2%	4,2%	4,2%	3 (33,3)	6 (33,3)	7 (71,4)
Kantone insges.				259 (29,7)	202 (47,5)	1150 (87,7)
Bund (1848–1997)	2,2%		1,1%	121 (9,9)	129 (48,1)	188 (74,5)

Quelle: Lutz/Strohmann(1998), Lutz/Lehmann/von Erlach (1997) Vatter (1997), sowie Datenbank kantonaler Volksabstimmungen des Instituts für Politikwissenschaft der Universität Bern

10 Direkte Demokratie 267

Die Volksrechte werden in den Landsgemeinde- oder den kleinräumigen ländlichen Kantonen der Urschweiz, wo oft die «Wiege der direkten Demokratie» gesucht wird, schwach genutzt. Es sind die grossen, urbanisierten Kantone mit heterogenen Gruppen und einem politisch bereits organisierten Konfliktpotential, in denen Initiative und Referendum häufig benutzt werden. Direkte Demokratie ist dort besonders lebendig, wo die Einbindung der politischen Opposition weniger gelingt. Volksrechte sind darum, so Vatters (1997:765ff.) Fazit, mehr als ein Ausdruck direkten politischen Protests (Kriesi/Wisler 1996), nämlich ein wirksames und sensitives Instrument zur Konfliktbewältigung, und zwar gerade für die komplexeren und moderneren Teile der schweizerischen Gesellschaft.

Die Untersuchung Vatters scheint eine wichtige Alltagsbeobachtung auszublenden, nämlich die stärkere Kultur direkter Demokratie in der Deutschschweiz gegenüber derjenigen der Romandie. Die Beobachtung stützt sich zunächst auf einen institutionellen Vergleich. Die Gemeindeordnungen der französischsprachigen Kantone wie des Tessins orientieren sich sehr viel stärker an einem Grundmodell «repräsentativer» Demokratie mit weniger direktdemokratischen Einflussmöglichkeiten (Lafitte 1987, Linder 1994b, Ladner 1991b). Aber auch die Praxis der Volksrechte ist unterschiedlich, wie Huissoud und Joye (1991) am Vergleich der Städte Bern, Genf, Neuenburg, Winterthur, Lausanne und La Chaux-de-Fonds aufzeigten: Deutschschweizer Städte weisen ein Mehrfaches von Volksabstimmungen gegenüber denjenigen der Romandie aus.

Tabelle 10.11: Anzahl Abstimmungen in verschiedenen Schweizer Städten zwischen 1980 und 1990
Angenommene Vorlagen in Klammer

	Bern	Genf	La Chaux-de-Fonds	Lausanne	Neuenburg	Winterthur
Referenden davon:						
obligatorische	41 (37)					16 (12)
Finanzen	62 (56)					52 (36)
Budget	(10)					
ausserordentliche				1		
fakultative	4 (2)	(4)	2 (1)	6 (1)	2	6 (3)
Gegenvorschläge	2 (2)					(3)
Total Referenden	119 (107)	(4)	3	7 (1)	2	81 (54)
Initiativen	11 (4)	3 (2)	1		4 (1)	11 (2)
Total	130 (111)	12 (6)	3	7 (1)	6 (1)	92 (56)

Quelle: Huissoud/Joye (1991)

Kommen wir nochmals auf Tabelle 10.10 zurück, die auch *den Erfolgsgrad kantonaler Abstimmungen* ausweist. Im Vergleich zum Bund (1848–1996) liegt der Erfolgsgrad obligatorischer Referenden mit fast 90 Prozent deutlich höher. Hier kommt zum Ausdruck, dass bei etwa der Hälfte der Kantone auch viele (unbestrittene) Gesetzesvorlagen unter dieses Volksrecht fallen. Der Erfolgsgrad fakultativer Referenden liegt mit knapp 50 Prozent auf ähnlichem Niveau wie beim Bund. Auffallend ist die unterschiedlich starke Opposition, die den Regierungsvorlagen bei Ergreifung des Referendums in den einzelnen Kantonen erwächst. Die Volksinitiative schliesslich gelangt bei den Kantonen in einem Drittel aller Fälle zum Erfolg. Die Gründe für diese im Vergleich zum Bund fast dreimal so hohe Erfolgsrate habe ich im Kapitel 7 bereits erwähnt.

F. Die Volksabstimmung

1. Von der Lancierung eines Volksbegehrens bis zur Vorlage vor das Volk

Die Lancierung einer Volksinitiative oder eines Referendums innert 18 Monaten bzw. hundert Tagen gelingt nicht immer. Sie kann an der mangelnden Attraktivität des Themas, an der unzureichenden Organisationsfähigkeit oder an Geldmangel scheitern. Die Kosten einer Unterschriftensammlung dürften sich heute im Rahmen von zwei bis sechs Franken pro Unterschrift bewegen, also 200–600'000 Franken für eine Initiative. Trotzdem haben in der Vergangenheit auch kleine oder spontane Bewegungen ohne grosse Eigenmittel Initiativen lanciert, so etwa die GSoA oder die Bewegung der Jungen «Geboren am 7. Dezember» nach der EWR-Abstimmung 1992. Diese haben Mangel an Geld durch eigenes und durchaus professionelles Engagement ausgeglichen. Der Engpass kommt später im eigentlichen Abstimmungskampf, der bedeutend grösseren finanziellen und sonstigen Aufwand erfordert.[9]

Bei eingereichten Referenden wird von der Bundeskanzlei überprüft, ob die erforderliche Zahl der gültigen Unterschriften erreicht ist. Dann kommt der Bundesrat zum Zug. Er bestimmt, wann und mit welchen andern Vorlagen das Referendum zur Abstimmung kommt. Bei Initiativen prüft der Bundesrat die Rechtmässigkeit und erstellt eine Botschaft samt Empfehlung zuhanden des Parlaments. Hier finden die Beratungen, allenfalls auch die Verabschiedung eines Gegenvorschlags statt. Im weiteren bestimmt auch hier der Bundesrat die Agenda der Abstimmung, also die Frage, wann und mit welchen anderen Vorlagen eine Initiative oder ein Referendum zur Abstimmung kommen soll.

---

9 In der Revision der Volksrechte in der Bundesverfassung nimmt die Frage der Erhöhung der Unterschriftenzahl einen zentralen Stellenwert ein: Befürworter erhoffen sich eine Eindämmung der «Initiativenflut», Gegner befürchten die Aushöhlung der Volksrechte. Ich meine, die Wirkung der Erhöhung der Unterschriftenzahl werde von beiden Seiten überschätzt. Wie bereits erwähnt, hat die Höhe der Hürden für die Erreichung des Unterschriftenquorums in den Kantonen keinen Einfluss – dass sie auf Bundesebene einen grossen Einfluss hätte, ist daher nicht ohne weiteres plausibel zu machen, im Gegenteil: Nach Auskunft des kompetenten Beobachters der Bundeskanzlei (Dr. Wili) hatten Referendums- und Initiativkomitees nach der Verdoppelung der Unterschriftenzahlen 1977 nicht grössere Mühen mit der Erreichung der Quoren als vorher, und die Zahl der erfolgreich ergriffenen Referenden und Initiativen ist seit 1978 in der Tat nicht zurückgegangen.

2. Die Meinungsbildung im Abstimmungskampf

Bürgerinnen und Bürger stimmen individuell und geheim ab, Meinungen aber werden während der öffentlichen Diskussion im Abstimmungskampf gebildet. Der Abstimmung geht eine intensive Kampagne voraus. Die interessierten Akteure versuchen zu überzeugen, zu mobilisieren und die Wählerschaft in ihrem Entscheid zu beeinflussen. An einer einfachen Ja- oder Nein-Entscheidung enden auch die komplexesten Vorlagen. Deshalb muss ein Thema vor allem gegen den Schluss der Kampagne als vereinfachte Botschaft vermittelt werden. Legen wir einen Blick auf die Hauptakteure der Abstimmungskampagne.

a. Die Stimmbürgerschaft

Auf die Fragen, welche die Abstimmungsdemokratie stellt, sind die Stimmbürger unterschiedlich vorbereitet. Geht es um bürgerferne und abstrakte Vorlagen – z.B. eine Finanzfrage oder eine Justizreform – so haben die meisten Leute zunächst wenig Ahnung und kaum eine Meinung. In diesem Fall werden sie sich voll auf Drittinformationen verlassen müssen und ihre Meinung entsprechend bilden. Das Thema ist nicht prädisponiert. Andere Vorlagen wie etwa zur Ausländerfrage berühren die Bürgerinnen und Bürger hautnah. Diese haben eigene, direkte Erfahrungen mit Ausländern und Ausländerinnen gemacht und dabei auch unterschiedliche Gefühle sowie entgegengesetzte Meinungen aus verschiedensten Gründen gebildet. Mitglieder von Drittweltgruppen etwa werden sich aus ideellen Motiven für den Verbleib von Flüchtlingen in der Schweiz einsetzen. Gewerbetreibende haben ein Interesse an Ausländerkundschaft oder an tüchtigen Arbeitskräften, die unbeliebte Arbeit billiger verrichten. Auf der anderen Seite stehen jene, die sich in ihrer Arbeit unwohl fühlen, weil in ihrer Umgebung nur noch Türkisch und Spanisch gesprochen wird. Eltern können Angst haben, ihr Kind lerne zu wenig, weil die Mehrheit in der Schulklasse Ausländerkinder aus Unterschichten sind. Solche sog. Primärerfahrungen prägen auch die Einstellungen zur Fremden- oder Asylpolitik. Man spricht und diskutiert darüber in Familie, Nachbarschaft, bei der Arbeit und im Wirtshaus. Ein solches Thema ist prädisponiert.

Information und Propaganda im Abstimmungskampf versuchen nun die individuellen Wahrnehmungen zu erweitern und Einstellungen zu beeinflussen, möchten sich also beim Stimmbürger einschreiben. Sie treffen aber auf unterschiedliche Situationen bei nichtprädisponierten und prädisponierten Fragen. Im ersten Fall, der noch unbekannten Justizreform, schreiben sie sich bei der Stimmbürgerin gewissermassen auf ein Etikett ein, das noch leer ist. Im zweiten Fall der Ausländerfrage dagegen ist das Etikett schon übervoll beschrieben mit eigenen Einträgen der Bürgerin. Abstimmungskampagnen entfalten deshalb unterschiedliche Wirkung. Bei nicht-prädisponierten Vorlagen, also komplexen Fragen ausserhalb des persönlichen Erfahrungsbereichs, haben Behörden, Parteien, Medien wie auch die Propaganda erhebliche Chancen, die Meinung der Stimmbürgerschaft zu beeinflussen oder gar einen Meinungsumschwung zu bewirken. Bei den prädisponierten

Vorlagen, in denen sich die Stimmbürger aufgrund eigener Erfahrung ihre eigene Meinung bereits gemacht haben, ist dies weniger der Fall.

b. Der Bundesrat

Die bundesrätlichen «Erläuterungen zur Volksabstimmung» gehen als Informationsbroschüre an jeden Stimmbürger. Sie enthalten neben dem Abstimmungstext und der Stellungnahme der Regierung zu jeder Vorlage auch die Gegenargumente der parlamentarischen Minderheit oder des Referendums- bzw. Initiativkomitees. Die eigene Stellungnahme des Bundesrates in den Erläuterungen ist diskret. Sie fasst die Mehrheitsmeinung des Parlaments zusammen, betont aber vor allem die allgemeinen, längerfristigen und staatspolitischen Aspekte. In früheren Zeiten nahm der Bundesrat als Ganzes keine Stellung zu den Vorlagen. Dass er sich mit seinen Erläuterungen selbst positioniert und im Abstimmungskampf engagiert ist eine jüngere Entwicklung. Bundesräte, vor allem der zuständige Departementschef, treten heute vor allem in den elektronischen Medien auf, wo einzelne Sondersendungen des Fernsehens grosse Beachtung finden. Im Vergleich zum Ausland bleibt das Engagement der Regierung für ihre Vorlage trotzdem zurückhaltend. Bundesräte treten – ausser für ein Fünf-Minuten-Statement – nur in kontradiktorischen Sendungen zusammen mit andern Akteuren auf. Es gibt keine grossen Ansprachen des Präsidenten vor Plebisziten wie in Frankreich oder Interviews mit ausgesuchten Journalisten zur Massage des Publikums. Ebenso wenig macht die Regierung mit bezahlter Fernsehwerbung Propaganda für ihre Vorlage, wie dies in Österreich vor dem EU-Beitritt der Fall war.

c. Die politischen Parteien und ihre Politiker

Die politischen Parteien fassen in ihren Vorständen oder an ihren Delegiertenversammlungen Parolen zu jeder Abstimmungsvorlage. Der Abstimmungskampf ist eine Gelegenheit für eine Partei, sich mit ihrer Programmatik und ihren Ideen an einer konkreten Sachfrage zu profilieren. Stärker als in parlamentarischen Beratungen kommen hier die grundlegenden politischen Lager-Interessen zum Ausdruck. Entschieden wird entlang den traditionellen Konfliktlinien Links-Rechts, Stadt-Land, religiös-gebunden oder laizistisch, in jüngerer Zeit wieder öfters auch zwischen Deutschschweiz und Romandie[10]. Daneben werden auch neuere Spaltungen im Parteiverhalten sichtbar, etwa zwischen Ökologie und Ökonomie, oder zwischen Isolationismus und Öffnung der Schweiz. In der Parolenfassung setzt sich zwar in der Regel die Meinung der betreffenden Parlamentsfraktion durch. Die föderalistische Struktur und Unabhängigkeit der Parteien hat jedoch zur Folge, dass Kantonalparteien auch abweichende Parolen fassen. Vor allem die Mitglieder der eidgenös-

---

[10] Hier fallen dem tagespolitischen Beobachter etwa die grössere Wertschätzung der Romandie für individuelle Freiheiten im Strassenverkehr, für sozialpolitische Vorlagen, oder deren pro-Europa-Haltung auf. Eine systematische Analyse, die nach den dauerhaften Unterschieden suchte, weist vor allem auf die Sozialpolitik und die Landesverteidigung hin (Knüsel 1994:329ff.).

sischen Räte sind – neben ihren Auftritten in den nationalen Medien – gefragte Referenten an lokalen Parteiversammlungen und Podiumsveranstaltungen, die mit der zunehmenden Mediatisierung der Politik allerdings geringere Resonanz beim Publikum finden.

d. Verbände und weitere gesellschaftliche Organisationen

Wirtschafts-, Berufs-, Automobil- oder Umweltverbände, Krankenkassen oder mit gebührender Distanz gelegentlich auch die Kirchen schalten sich ein, wenn sie vom Abstimmungsgegenstand betroffen sind. Ihre Stellungnahme wendet sich zunächst direkt an ihre Mitglieder, mit denen sie ein besonderes Vertrauensverhältnis haben, wird aber auch als Verbandsparole öffentlich gemacht. Die Stellungnahmen der Verbände und anderer gesellschaftlicher Organisationen sind enger als die der politischen Parteien und auf die besondere Interessenlage zugeschnitten, die sie bei ihren Mitgliedern vermuten. Die mitgliederstarken Vereinigungen vermögen zumeist auch mehr Geld und professionelle Mittel in den Abstimmungskampf einzuwerfen als die Parteien.

e. Die Medien

Fernsehen, Radio und Presse schalten sich stark in das Abstimmungsgeschehen ein: sie machen die Vorlagen dem breiten Publikum verständlich, lassen Befürworter und Gegner zu Wort kommen und kommentieren selbst. Radio und Fernsehen sind auf Grund ihrer weitgehenden Monopolstellung und ihres Verfassungsauftrags zur Ausgewogenheit verpflichtet. Das direkte Streitgespräch von Politikern ist aufgrund seines Unterhaltungswerts zu einer bevorzugten Form politischer Fernsehsendungen geworden. Wegen ihrer hohen Einschaltquote wird zum Beispiel die Fernsehsendung «Arena» nicht zuletzt von Politikern als so entscheidend für die politische Meinungsbildung angesehen, dass sie ihre Auftritte professionell vorbereiten lassen, oder dass auch Bundesräte sich vor der Kamera direkt mit ihren politischen Gegnern auseinandersetzen. Die Tagespresse war während Jahrzehnten parteigebunden. Konzentration und Kommerzialisierung haben die Parteiblätter verschwinden lassen. Dennoch sind Zeitungen nicht «neutral», sondern versuchen, zur vermuteten Haltung ihrer bevorzugten Leserschaft nicht allzu quer zu stehen. Auf dem Platz Zürich etwa wird das Weltblatt der «NZZ», innenpolitisch liberal bis konservativ bürgerlich, an den meisten Volksinitiativen weniger Gefallen finden als der «Tagesanzeiger», der linksliberale Tendenzen des urbanen Publikums mitträgt und populärer, regierungskritischer daherkommt. Der «Blick» schliesslich, als deutschschweizerisches Boulevardblatt, verarbeitet Politik eher zu täglichen Geschichten und zu Politikern, die man mögen oder nicht mögen muss. So wird man, abgesehen von Eigenkampagnen, beim Blick wenig politische Linie finden: der Bericht vom schweizerischen Pensionierten, der weniger Unterstützung als ein Flüchtling erhält, schliesst andertags die Reportage über die inhumane Rückschaffung eines Asylbewerbers nicht aus.

f. Propaganda und politisches Marketing

Das letzte aber nicht unwichtigste Element in der öffentlichen Meinungsbildung ist die Propaganda. Als politische Propaganda möchte ich in diesem Zusammenhang jene Information bezeichnen, die ausschliesslich zum Ziel hat, mit ihrer Wirkung Mehrheiten zu bilden für jene, die sie bezahlen. Propaganda ist per Definition einseitig, braucht auch wenig mit dem politischen Inhalt der Vorlage zu tun haben – Hauptsache sie wirkt dahin, Stimmbürger zu mobilisieren und auf die gleiche Seite zu ziehen. Propaganda ist nicht trennscharf zu unterscheiden von anderer politischer Information oder Rhetorik. In unserm Zusammenhang lässt sie sich eingrenzen auf die Form der vereinfachten Aussage, die positive oder negative Gefühle zur Abstimmungsfrage evoziert und damit vor allem auf emotionale oder intuitive Wirkung zielt. Zur traditionellen Polit-Propaganda gehören das Plakat, das Inserat oder das Pamphlet, die allesamt von Slogans, Schlagworten, starken Bildern, Comics und mehr oder weniger Polemik geprägt sind.

Diese Form kurzfristig-handfester Propaganda im Abstimmungskampf wird heute überlagert durch subtilere Formen der Beeinflussung der öffentlichen Meinung, vor allem den «Public Relations» und des politischen Marketings (Longchamp 1991:304ff.). Diese längerfristigen Informationsstrategien zur Verbreitung eines vorteilhaften «Images» in der Öffentlichkeit können auch für politische Zwecke genutzt werden. Eines der ersten und prominenten Beispiele datiert aus den siebziger Jahren, als die Sozialdemokraten nach dem Bankenskandal von Chiasso 1978 eine Initiative für die schärfere Kontrolle der Banken lancierten. Eine der Grossbanken startete darauf hin eine Public Relations-Kampagne. In regelmässigen ganzseitigen Zeitungsinseraten informierte sie über die Tätigkeit der Banken und ihre Bedeutung für die schweizerische Volkswirtschaft. Die Vermutung lag nahe, dass die aufwendige Kampagne in Zusammenhang mit dem ramponierten Bankenimage nach Chiasso und dem Volksbegehren der Sozialdemokraten stand, doch wurde die Initiative nur gelegentlich am Rande erwähnt. Sechs Jahre später hatten es die Banken geschafft, ihr Image positiv zu verändern. In der Abstimmungsphase 1984 verzichteten sie gar auf eine umfangreiche Propaganda. Andere übernahmen die öffentliche Bekämpfung des Begehrens, und die Initiative scheiterte. Solche aufwendigen und professionellen Kampagnen leisten sich auch andere wirtschaftsstarke Akteure, etwa die mit Anti-AKW-Initiativen konfrontierte Elektrizitätswirtschaft oder die chemische Industrie im Vorfeld der Genschutz-Initiative. Die Rechnung kann aufgehen, weil für diese Akteure ein Geschäftsinteresse von Dutzenden oder Hunderten von Millionen Franken auf dem Spiel steht.

3. Wählerinnen und Wähler zwischen Wissen, Vertrauen und Propaganda

Befürworter der direkten Demokratie sehen deren Vorzüge nicht zuletzt im Diskussionsprozess, den sie auslöst. Anlässlich von Initiativen und Referenden setzt sich die gesamte Stimmbürgerschaft mit wichtigen Fragen der Politik auseinander. Sie macht Lernprozesse

10 Direkte Demokratie

in der öffentlichen Diskussion, ändert ihre Meinungen, Haltungen, Präferenzen und Perspektiven. Sie ist am Entscheid mitbeteiligt und findet sich mit dem Mehrheitsergebnis ab. Nach Meinung des amerikanischen Soziologen Benjamin Barber führt dies zu einer politischen Kultur von «strong democracy» (Barber 1984:178ff.). Auf der andern Seite steht die Meinung von Skeptikern direkter Demokratie seit dem politischen Denker Thomas Burke. Die Stimmbürgerschaft, so argumentieren sie, sei nur begrenzt fähig, die komplexen politischen Probleme überhaupt zu verstehen; Abstimmungskämpfe seien polarisierende Auseinandersetzungen, in deren Simplifizierung die Propaganda obenaus schwinge. Skeptiker befürchten, Abstimmungen würden nicht mit Stimmen, sondern letztlich mit genügend Geld entschieden, womit die gut gemeinten Institutionen der direkten Demokratie untergraben würden. Welche der Meinungen hat mehr für sich?

Eine zentrale Frage ist dabei zunächst, ob die Bürgerinnen und Bürger überhaupt verstehen, worüber sie abstimmen, oder ob sie durch die zuweilen komplexen Vorlagen überfordert sind. Zwei grössere politologische Studien haben die Kenntnisse der Stimmbürger über die Vorlage und die Fähigkeit, ihren Entscheid zu begründen, ausführlich untersucht. Die Ergebnisse von Hertig (Gruner/Hertig 1983:56) geben zunächst den Skeptikern Recht. Der Wissensstand der Stimmenden scheint in der Regel gering, selbst nach intensiven Kampagnen. Nur gerade ein Sechstel der Personen, die eine bis vier Wochen nach dem Urnengang befragt wurden, konnten sich zu den zentralen Punkten einer Vorlage äussern und für ihren Urnenentscheid ein Motiv nennen. Der Hälfte der Stimmbürger wird bloss eine mittlere, einem Drittel eine geringe Problemlösungsfähigkeit attestiert. Bisweilen stimmen die Bürger sogar gegen ihre eigenen Interessen. So glaubten 15 Prozent der Nein-Stimmenden bei der «Atominitative» 1979 fälschlicherweise, gegen den Bau von Atomkraftwerken zu stimmen. Sie votierten gegen den abgekürzten Titel der Vorlage und nicht für ihren Inhalt der direktdemokratischen Mitbestimmung bei Bau und Gewährleistung der Sicherheit von AKWs. Ohne Falschstimmer, die es auch auf der andern Seite gab, wäre das knappe Volksmehr (51 Prozent Nein) möglicherweise anders heraus gekommen, vermutete deshalb Hertig. Optimistischer ist dagegen die zweite Studie von Bütschi (1993). Sie attestiert 46 Prozent der Stimmbürgerinnen ein hohes oder gar vollkommenes Kompetenzniveau, 24 Prozent eine mittlere, und 30 Prozent eine geringe Kenntnis und Begründungsfähigkeit ihres Entscheids. Bütschi bestätigt dabei die Vermutung, wonach die Fähigkeit zum Verständnis vor allem vom Bildungsgrad wie von der Komplexität der Vorlage abhängt. Hier stösst Bütschi, bei günstiger allgemeiner Einschätzung der Kompetenz, allerdings auf ähnlich pessimistische Befunde wie Hertig. Zwar sind auch untere Bildungsschichten durchaus in der Lage, einfache Vorlagen zu verstehen und ihren Entscheid zu begründen. Bei komplexen Vorlagen sind indessen nicht nur die geringer Gebildeten zu mehr als der Hälfte, sondern auch die Gutgebildeten zu einem Viertel überfordert (Kriesi 1995:111).

Nun lässt sich freilich argumentieren, auf die eigene Kompetenz des Stimmbürgers komme es nicht entscheidend an (Hertig in Gruner/Hertig 1983:123f., Linder 1987:214).

Niemand, weder Parlamentarier, noch Berufsleute noch Konsumenten im Alltag besitzen volle Kenntnis über das, was sie entscheiden, und sie alle ersetzen fehlendes Wissen durch Vertrauen: Wer Auto fährt, braucht das Innere des Motors nicht zu kennen – die Motorpanne behebt der Mechaniker. Von den Technikern, die ein Kernkraftwerk betreiben, kennt keiner die gesamte Anlage, sondern nur einen Bereich. Im übrigen vertraut jeder darauf, dass die anderen ebenfalls professionelle Arbeit leisten. Das gilt auch in der Politik. Der Parlamentarier kennt nur einen Teil der Dossiers à fonds – für alle anderen wendet er sich an Kolleginnen, mit denen er gute Erfahrungen gemacht hat. Nach demselben Vertrauensprinzip kann auch die direkte Demokratie funktionieren. Bürgerinnen brauchen nicht alles selbst zu wissen, falls es einen verlässlichen Mechanismus gibt, der Wissen durch Vertrauen ersetzen lässt. Wem aber vertrauen Stimmbürger, wenn es zur Abstimmung kommt: dem Bundesrat, den politischen Parteien, den Medien, oder der Propaganda?

Die empirischen Befunde der Hertig-Studie sind eher ernüchternd. Erstens kannten zu Anfang der achtziger Jahre nur rund 60 Prozent der Befragten die Abstimmungsempfehlung des Bundesrates bzw. des Parlaments. Ebenso wussten oder errieten von den Parteisympathisanten nur 60 Prozent die Parole ihrer Partei. Stärker als den Einfluss von Bundesrat, Parteien und Medien schätzt Hertig (in Gruner/Hertig 1983:130f., 1984:269) indessen den Einfluss der Propaganda ein. Ihre einfachen Slogans bleiben beim Stimmbürger stärker haften als differenziertere Argumente von Presse, Parteien und Regierung. Neuere Studien zeigen ein günstigeres Bild. Wie Trechsel und Sciarini (1998) darlegen, stehen Zeitungsberichte an der Spitze der Informationsquellen: 80 Prozent der Befragten orientieren sich an ihnen. Dann folgt das Fernsehen mit 75 Prozent, Radio und Abstimmungserläuterungen mit fast 60 Prozent, während Inserate mit 42 Prozent, Drucksachen und Strassenplakate mit 40 bzw. 30 Prozent geringere Beachtung erreichen.

Trotzdem bleibt Hertig in einem Punkt bis heute unwiderlegt: die Propaganda erscheint als ein überaus bedeutsamer Faktor der Meinungsbildung. Wo Schlagworte und Propaganda wirkungsvoller sind als Argumente der Regierung oder der Medienredaktionen, verliert der Diskussionsprozess der direkten Demokratie von seinem Glanz, und der Ersatz von Wissen durch Vertrauen wird problematisch. Zwar ist die Propaganda nicht minderwertige Information. Ihre Qualität liegt darin, dass sie komplexe Sachverhalte vereinfacht und zuspitzt auf eine ebenso einfache Antwort, wie sie vom Stimmbürger letztlich verlangt wird: ein Ja oder ein Nein. Aber ganz unabhängig von der Frage ihres Wahrheitsgehalts weist bezahlte Propaganda aus demokratietheoretischer Sicht zwei gravierende Nachteile aus. Erstens verdeckt Propaganda in vielen Fällen die Herkunft ihrer Mittel und trägt jedenfalls im Gegensatz zu den gewählten Politikern keine Verantwortung für ihre Aussagen und das Ergebnis. Zweitens führt Propaganda zu einem Abstimmungskampf mit ungleich langen Spiessen dort, wo die Mittel einseitig verteilt sind. Sie sind es meistens, und nach Hertig in der Hälfte seiner 41 untersuchten Fälle mindestens im Verhältnis 2:1. Es gibt aber auch einzelne Abstimmungen, in denen die Ungleichverteilung ein Verhältnis von 10:1 oder 20:1 erreicht. Hier wird die direkte Demokratie zu einer Frage des Geldes, und die verfassungsmässige Garantie der unabhängigen Meinungsbildung wie der unverfälschten Partizipation wird zur Farce.[11]

4. Determinanten des Abstimmungserfolgs

Von den Motiven der Meinungsbildung klar zu unterscheiden sind Determinanten des Abstimmungserfolgs: erstere versuchen individuelles Verhalten zu erklären, letztere dienen dazu, aus statistischen Zusammenhängen prognostisches – nicht unbedingt kausales oder erklärendes – Wissen über den Erfolg des Gesamtergebnisses zu gewinnen. Für die Erhellung von Regelmässigkeiten oder Chancen des Abstimmungserfolgs können wir in der jüngeren Forschung drei Erklärungsansätze unterscheiden:

a. Propaganda

Abstimmungspropaganda scheint nach Hertig (in Gruner/Hertig 1983:130ff.) äusserst erfolgswirksam zu sein. In den 39 von 41 Vorlagen der Jahre 1977–80, die von einseitiger Propaganda der Zeitungsinserate begleitet waren, siegte die Pro-Seite in 68 Prozent, die Kontra-Seite sogar in 93 Prozent aller Fälle. Dort, wo die Propaganda stark einseitig war (Verhältnis der Zeitungsinserate mindestens 2:1), war der Erfolg des grösseren Werbebudgets noch eklatanter: die Pro-Seite (13 Vorlagen) siegte in 92 Prozent der Fälle, die Kontra-Seite in allen sieben Vorlagen, also zu 100 Prozent.
Dieser überaus starke statistische Zusammenhang zwischen Propaganda und Abstimmungsresultat berechtigt zur Frage: sind Abstimmungen käuflich? Nun ist aus einem statistischen Zusammenhang ohne entsprechende Theorie kein Kausalzusammenhang abzuleiten. Nach Hertig wäre es darum möglich, dass die Abstimmungen auch ohne die einseitige Propaganda gewonnen worden wären. Die Frage der Käuflichkeit bleibt daher offen, was heisst: die Ergebnisse sind als solche kein strenger Beweis für die Käuflichkeit von Abstimmungen – aber noch weniger ein Beweis des Gegenteils. Dies gilt auch nach den späteren und differenzierenden Ergebnissen von Möckli (1989) oder Longchamp (1991:308f.). Danach sind, wie bereits ausgeführt, die nicht-prädisponierten Vorlagen der Propaganda zugänglicher. Daraus lassen sich zwei Regelmässigkeiten postulieren: Der Ausgang bürgerferner, komplexer und abstrakter Vorlagen wie z.B. die Aufgabenneuverteilung zwischen Bund und Kantonen ist eher durch Propaganda beeinflussbar – und einseitige Propaganda wird ein zusätzliches Demokratieproblem. Prädisponierte Vorlagen

---

11 Anders als in den Staaten der USA bestehen in der Schweiz keine Regulierungen der Propaganda (z.B. Offenlegung der Finanzmittel, Höchstbeiträge für Einzelpersonen oder Firmen). Merkwürdigerweise scheint das die schweizerischen Politiker auch nicht zu stören: Die einen wohl deshalb nicht, weil sie sich nicht um die Vorteile einer ungehinderten Propaganda für «ihre Seite» bringen wollen, die andern, weil sie der direkten Demokratie ein offenbar ungebrochenes Vertrauen entgegenbringen, das aus politologischer Sicht so ganz unproblematisch nicht ist. Zur Frage aus juristischer Sicht: Stephan Widmer (1989).

wie zum Gurtentragen oder zur Armeeabschaffung dagegen verbindet die Stimmbürgerschaft aus eigener Erfahrung mit bestimmten Werten und Einstellungen. Hier vermag auch einseitige Propaganda den Abstimmungsausgang weniger zu beeinflussen.

b. Abstimmungsparolen der Parteien und Verbände

Einen stimulierenden Beitrag lieferte Schneider (1985), der den Einfluss der Wirtschaftslage sowie der Stellungnahmen von Parteien und Spitzenverbänden auf 75 wirtschaftspolitische Vorlagen aus den Jahren 1950–78 untersuchte. In seinem ökonomischen Modell erscheint die Wirtschaftslage als der wichtigste Faktor des Abstimmungsergebnisses. Steigt die Inflation und sinken die Realeinkommen, so nimmt der Nein-Stimmen-Anteil bei allen Abstimmungen zu. Dies bedeutet: Regierung und Parlament profitieren im Abstimmungskampf vor allem von der erhöhten Popularität, die ihnen die Stimmbürgerschaft in wirtschaftlich guten Zeiten entgegenbringt. In zweiter Linie hängt das Ergebnis von den Verbandsparolen ab. Bauernverband und Gewerkschaftsbund haben bei knappem Ausgang einen entscheidenden Einfluss. Die Parteien und ihre Parolen sind weniger wichtig; unter bestimmten Bedingungen haben allenfalls SP und SVP signifikanten Einfluss. Die prognostischen Qualitäten des Modells in der beobachteten Zeitperiode sind beachtlich. Der Ansatz Schneiders hat indessen kaum neuere Folgeuntersuchungen ausgelöst. Aus politologischer Sicht ist das Modell anfechtbar, weil es Politik auf eine grobe Interessenmechanik der Einkommensmaximierung von Gruppen reduziert. Es sagt nichts über die parlamentarische Interessenbildung, die Wirkung von Koalitionen oder die Vorgänge in der Abstimmungskampagne und vermag darum ebenso wenig wie die Propagandathese einen kausalen Einfluss von Wirtschaftslage und Parolen auf das Abstimmungsergebnis zu begründen.[12]

c. Partei- und Verbands-Koalitionen

Während die beiden vorherigen wissenschaftlichen Ansätze den Parteiparolen relativ wenig Kredit geben, sind diese für Politiker und Medienleute ein wichtiges Signal: Politikerinnen sind intuitiv skeptisch, wenn einer Vorlage, die in Bern rundherum unterstützt wird, in den Kantonen abweichende Parolen erwachsen. Ein Projekt, das von einer Regierungspartei bekämpft und von einer zweiten nur lauwarm unterstützt wird, gilt als zweifelhaft. Und manchmal wundert man sich, warum eine Kleinpartei das ganze politische Establishment ins Zittern bringen kann. Koalitionen von Befürwortern und Gegnern im Abstimmungskampf, ihre Grösse und Kohärenz gelten als wichtige Hinweise für die Volksmeinung und könnten in diesem Fall als aussagekräftige Indikatoren für den Ausgang von Abstimmungen benutzt werden. Hug und Papadopoulos (in Papadopoulos 1994a) haben Häufigkeit, Einfluss und Erfolg der verschiedenen Partei- und Verbands-Koalitionen

---

12 Zur Methodenkritik vgl. Hug (1994a:190).

an 132 Abstimmungen der Jahre 1970–87 systematisch untersucht. Die Arbeiten sind eher erklärender Art, könnten aber durchaus auch im prognostischen Sinne gebraucht werden. Aus der Vielzahl der möglichen Konstellationen erscheinen als häufigste Abstimmungslager (Hug 1994b:75):

- die Regierungsparteien gegen eine Aussenseiterpartei (28,5 Prozent aller Fälle),
- die bürgerlichen Regierungsparteien gegen die Linke (29,9 Prozent),
- alle Parteien ohne gegnerische Parteiparolen (10,9 Prozent),
- alle Parteien gegen eine einzige Aussenseiterpartei (12,4 Prozent).

Rein von der potentiellen Stimmkraft der Blöcke her müsste immer das erstgenannte Lager gewinnen, aber dem ist nicht so. Der relativ häufige Koalitionsfall der bürgerlichen (Regierungs)parteien gegen die Linke kommt nur in 65 Prozent der Fälle zum Erfolg, und gegen eine Aussenseiterpartei vermag sich die gesamte Regierungskonkordanz nur in drei von fünf Fällen durchzusetzen (Papadopoulos 1994b:137). Nach Hug und Papadopoulos sind diese Abweichungen von der einfachen Stärkemechanik von ausserordentlich vielen Faktoren abhängig, von denen hier folgende genannt seien: Koalitionen sind insgesamt wichtig – ihr Gesamteinfluss liegt statistisch gesehen immer höher als der Einfluss ihrer einzelnen Parteien. Grosse Koalitionen sind allerdings verletzbar durch abweichende kantonale Parolen; letztere signalisieren die geringe Kohärenz eines Abstimmungslagers. Kleinkoalitionen oder einzelne Aussenseiterparteien vermögen zuweilen überdurchschnittlich hohen Einfluss auszuüben – aber nicht immer: Ähnlich wie bei der politischen Linken schwankt der Einfluss ihrer Parolen stark, und deren mobilisierbare Anhängerschaft ist weniger zuverlässig als die der grossen bürgerlichen Parteien (Hug 1994a:196).

Im Gegensatz zu rein statistischen Prognosemodellen, in denen die Frage von Ursache und Wirkung stets offen bleiben muss, weisen die Arbeiten von Papadopoulos und Hug auf Regelmässigkeiten hin, die theoretisch begründbare Kausalitäten sichtbar machen. «Einfache» Erklärungen gibt es vorerst nicht; weit eher kommt die Vielfalt und Komplexität der Abstimmungskämpfe zum Vorschein.

5. Der Entscheid und seine Folgen

Stimmt das Volk im Sinne der Regierung, so registriert der Bundesrat am Abend des Abstimmungssonntags jeweils seine Zufriedenheit. Anders, wenn die Vorlage «bachab» gegangen ist. Die Fernsehrunde der Parteipräsidenten (Elefantenrunde) zeigt allgemeine Betroffenheit oder nochmals die ganze Gespaltenheit des Regierungslagers, wenn eine Partei von ihrer fallweisen Oppositionsrolle erfolgreich Gebrauch gemacht hat. Schwieriger ist die Lage des Bundesrats. Einerseits ist der Volksentscheid sakrosankt: Kritik am Volk, das «falsch» gestimmt hat, kommt schlecht an. Eine Niederlage in der Volksabstimmung ist indes weder ein Grund für den Rücktritt des verantwortlichen Departementschefs[13], noch bildet sie Anlass zur grundsätzlichen Änderung seiner Regierungspolitik. Der Grundtenor lautet deshalb: der Bundesrat «respektiert» den Volksentscheid. Das kann Verschiedenes heissen. Bei fakultativen Referenden mag eine veränderte Gesetzesvorlage, welche der erfolgreichen Opposition Rechnung trägt, schneller über die Bühne gehen als bei Verfassungsvorlagen, die auf jeden Fall wieder vors Volk kommen. Problematischer ist der «Respekt des Volkswillens» bei Annahme einer Initiative, welche die Bundesbehörden selbst ablehnten. So warnte Bundesrat Ogi im Vorfeld der Alpeninitiative, ihre Annahme hätte zur Folge, dass die N9 im Oberwallis nicht gebaut würde – um nach ihrer Annahme am 20. Februar 1994 zu erklären, sie könne trotzdem gebaut werden. Nach Annahme einer Volksinitiative können Jahre vergehen, bis das Gesetz verabschiedet ist und die Umsetzung beginnt. So beklagten sich die Umweltorganisationen, dass der Schutz der Hochmoore fünf Jahre nach der Abstimmung noch keinen Schritt weiter gekommen sei (APS 1992:195). Hierzu ist zu bedenken, dass die Annahme einer oppositionellen Initiative die Kräfteverhältnisse im vorparlamentarischen und parlamentarischen Verfahren für die Ausführungsgesetzgebung nicht verändert. Initianten müssen also auch nach der Abstimmung für die Umsetzung politischen Druck ausüben. Dabei sind die etablierten und beharrenden Kräfte politischer Verwaltung im Vorteil. Diese Erfahrung machen auch die Gewinner einer Referendumsabstimmung. So blieb etwa die Beendigung der Weisswein-Kontingentierung, die im erfolgreichen Referendum gegen den Rebbaubeschluss von 1990 verlangt wurde (APS 1990:120f), von den Westschweizer Weinbauern stark bekämpft und wurde bis zum Rücktritt von Bundesrat Delamuraz im März 1998 nicht umgesetzt. On verra.

G. Partizipation und Abstimmungsverhalten der Bürgerschaft

Im vergangenen Abschnitt haben wir gefragt: wer kann die Stimmbürgerschaft im Abstimmungskampf mobilisieren und für sich gewinnen? Jetzt kehren wir die Perspektive um: wie reagiert die Stimmbürgerin auf die Aufforderungen von Regierung, Politikern und weiteren Akteuren, am Urnengang teilzunehmen? Und von welchen Motiven lassen sich Stimmbürger in ihrem Entscheid leiten? In den beiden folgenden Abschnitten werden wir uns deshalb mit zwei politologischen Kernfragen befassen: der Partizipation und dem Abstimmungsverhalten der Stimmbürgerschaft.

---

13 Die bekannte Ausnahme war Bundesrat Max Weber, der 1953 nach Verwerfung seiner Finanzvorlage zurücktrat. Auch in ausserordentlich wichtigen Abstimmungen, z.B. dem EWR-Beitritt, bei dem es ja nicht ganz abwegig gewesen wäre, für den Fall der Ablehnung den kollektiven Rücktritt anzukündigen, vermied der Bundesrat eine plebiszitäre Bindung.

1. Die entscheidende Mehrheit

Wenn nach einer Abstimmung gesagt wird: «der Souverän hat entschieden», dann ist das zwar eine demokratische Mehrheit, aber nicht die Mehrheit der Wohnbevölkerung. Zunächst sind nur rund 65 Prozent der Wohnbevölkerung stimmberechtigt, denn Jugendliche unter 18 Jahren und Ausländer sind vom Stimm- und Wahlrecht ausgeschlossen. Sodann nehmen im Durchschnitt weniger als die Hälfte der Stimmberechtigten am Urnengang teil, nämlich etwa 40 Prozent. Halten sich Ja- und Nein-Stimmen bei knappem Ausgang fast die Waage, kann die «entscheidende Mehrheit» recht klein sein. Mit obigen Zahlen wäre sie 100 Prozent x 0,65 x 0,4 x 0,5 = 13 Prozent der gesamten Bevölkerung. Die Grafik 10.4 zeigt den Anteil der «entscheidenden Mehrheit» in eidgenössischen Abstimmungen in Prozent der Gesamtbevölkerung seit 1880.

Grafik 10.4: Entscheidende Mehrheiten in Prozent der Gesamtbevölkerung in eidgenössischen Abstimmungen seit 1880

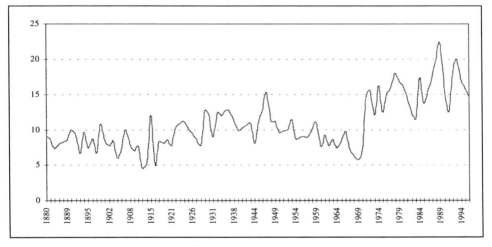

Quelle: Bundesamt für Statistik, Bundeskanzlei /Eigene Berechnungen in Anlehnung an Rhinow (1984)

Die Grafik 10.4 zeigt, dass Volksentscheide zumindest zur Zeit der schweizerischen «Männerdemokratie» bis 1971 den Willen einer recht kleinen Minderheit von 5–12 Prozent der Bevölkerung repräsentierten, während die entscheidende Mehrheit sich heute immerhin auf 12–22 Prozent der Wohnbevölkerung stellt. Trotzdem: die demokratische Volksmehrheit umfasst nie die Mehrheit der Wohnbevölkerung, und der «Volkswille» repräsentiert die tatsächliche Willensäusserung einer Minderheit. Es liesse sich daher einwenden, eine sorgfältige Repräsentativuntersuchung von 30'000 Personen würde die Meinungen und Einstellungen der Bevölkerung genauer wiedergeben. Doch selbst wenn dem so wäre, wären solche

Ergebnisse den Behörden wenig dienlich. Denn der Wert und die Rechtfertigung der direkten Demokratie liegen nicht in der genauen Wiedergabe demoskopischer Meinung, sondern in der Legitimation ihres Verfahrens. Die besondere Anerkennung und Hinnahmebereitschaft direktdemokratischer Entscheidung wird erreicht durch die Möglichkeit zur öffentlichen Diskussion und zur verbindlichen Mitwirkung jeder Bürgerin, also im Prozess der Meinungsbildung durch die Bürgerschaft und ihrer authentischen Entscheidung.

2. Regelmässige, gelegentliche Urnengänger und Abstinente

Wie bereits erwähnt, bemühen sich im Schnitt nur rund 40 Prozent der Stimmbürgerschaft an die Urne. Diese längerfristige Stimmbeteiligung ist recht stabil, wie aus Grafik 10.5 hervorgeht. Hingegen schwankt die Beteiligung zwischen den einzelnen Urnengängen recht stark.

Grafik 10.5: Stimmbeteiligung der Stimmberechtigten

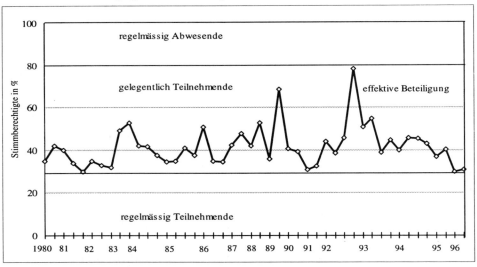

Quelle: eigene Auswertungen der VOX-Analysen sowie Bundesblatt

In der längeren Periode von 1970 bis 1996 (Tabelle 10.12) erreichte sie ihr Minimum (27 Prozent) bei den Abstimmungen über den Schutz der Währung und die Stabilisierung des Baumarktes (beide 1972) und ihr Maximum bei der EWR-Abstimmung 1992 mit einer Beteiligung von 79 Prozent. Die Partizipation ist stark vorlagenabhängig. Wenn das Abstimmungspaket eines Urnengangs ein wichtiges, kontroverses Thema enthält, kann mit höherer Beteiligung gerechnet werden als bei einem Urnengang mit bloss sekundären, unumstrittene Vorlagen.

10 Direkte Demokratie

Tabelle 10.12: Extremwerte der Stimmbeteiligung 1970–1996

Tiefste Stimmbeteiligung	
Schutz der Währung 1972	27%
Stabilisierung des Baumarktes 1972	27%
Bildungsartikel 1973	28%
Höchste Stimmbeteiligung	
Überfremdungsinitiative 1974	70%
Überfremdungsinitiative 1970	75%
EWR Vertrag 1992	79%

Quelle: Bundesamt für Statistik, Bundeskanzlei

Nicht alle Stimmbürgerinnen sind gleichermassen politisch aktiv. Die VOX-Analysen lassen drei Gruppen unterscheiden:

- Eine erste Gruppe von 26 Prozent der Befragten lässt sich als «regelmässige Urnengänger» bezeichnen. Diese Befragten geben an, von 10 Abstimmungen keine auszulassen. Hier finden sich vor allem «pflichtbewusste Bürgerinnen und Bürger», welche das Abstimmen als eine staatsbürgerliche Pflicht auffassen.

- Eine zweite Gruppe, rund 18 Prozent[14], können der Gruppe der «Abstinenten» zugerechnet werden. Sie beteiligen sich nach eigenen Angaben nie bis höchstens zweimal an zehn Urnengängen. Dafür gibt es mehrere Gründe: Unter den Abstinenten finden sich solche, die sich für Politik schlicht nicht interessieren, andere sind enttäuscht. Nicht wenige fühlen sich inkompetent oder überfordert – ihre Abstinenz kann als «Selbstzensur» interpretiert werden (Passy 1993).

- Die letzte und grösste Gruppe von rund 56 Prozent der Befragten, sind «unregelmässige» Urnengänger. Sie gehen «à la carte» zur Urne. Ihre Teilnahme hängt sehr stark von der Attraktivität des wichtigsten und umstrittensten Themas eines Urnengangs ab. Die Gruppe bewirkt das starke Schwanken der Stimmbeteiligung zwischen 30 und 70 Prozent an den einzelnen Abstimmungen.

---

14 Wir haben hier die Definition der drei Gruppen von Mottier (1993) und deren Auswertung von 10 VOX-Analysen der Jahre 1981–91 übernommen. Da die Teilnahme sozial erwünscht ist, leidet die Erfragung der Teilnahmedisposition an der bekannten Verzerrung des «Overreporting», d.h. die Angaben über die Teilnahme sind höher als die tatsächlichen. 18 Prozent Abstinente sind daher eine konservative Schätzung. Zu vermuten ist, dass von den 30 Prozent Antwortverweigerungen und Unentschiedenen zur Frage der Teilnahmehäufigkeit ein erheblicher Anteil auf Abstinente entfällt. Umgekehrt dürften auf die regelmässigen Urnengänger weniger als die selbstdeklarierten 26% entfallen.

3. Wer sind die Urnengängerinnen und die Abstinenten? – Ein Profil des Stimmvolks

Besonderes Interesse beansprucht die Frage, welche gesellschaftlichen Gruppen eher zu den aktiven Stimmbürgerinnen oder zu den Abstinenten gehören. Nachstehende Tabelle 10.14 zeigt über- und unterdurchschnittliches Teilnahmeverhalten verschiedener Gruppen, das Mottier (1993) aus VOX-Daten errechnet hat.

Tabelle 10.14: Partizipation verschiedener Gruppen in 24 Urnengängen 1981–91 *(nach Angaben der VOX-Befragten; Durchschnitt = 57%)*[15]

	Teilnahme unter dem Durchschnitt	%	Teilnahme über dem Durchschnitt	%
Geschlecht	Frauen	52	Männer	62
Zivilstand	Ledig	48	Verheiratet	63
	Geschieden/Verwitwet	46		
Alter	20–29	48	30–39	58
			40–49	64
			50–59	65
			60–69	70
			70+	63
Bildungsgrad	Primarschule	44	Berufslehre	58
	Sekundarschule	50	Gymnasium	69
			Universität	67
Berufsstatus	Arbeiter	47	Obere/mittl. Angestellte	62
	Untere Angestellte	48	Landwirte	58
			Freie Berufe	62
Politische Merkmale	Keine Parteibindung	48	Parteibindung	65
	Kein Behördenvertrauen	52	Vertrauen in Behörden	62

Quelle: Mottier 1993:128ff.

Die Beteiligungsunterschiede zwischen den einzelnen Gruppen sind teilweise beträchtlich. Insbesondere stechen die Beteiligungsdefizite der untersten Bildungsschichten sowie der untersten Berufsgruppen hervor. Die jüngsten Altersgruppen, sowie Ledige und Geschiedene dürften deshalb weniger zur Urne gehen, weil sie in der Regel auch weniger sozial integriert sind. Aber auch die politische Integration spielt eine Rolle, wie die geringere Partizipation der Parteiungebundenen und der Personen ohne Vertrauen in die Behörden zeigt.

---

15 Auch hier gilt das in Anm. 15 Gesagte: die angegebene Teilnahme liegt wegen des Overreporting rund 15% höher als die tatsächliche.

4. Das Problem der Partizipation aus demokratietheoretischer Sicht

Die Tatsache, dass mehr als die Hälfte der Stimmberechtigten der Urne fernbleibt, wird oft beklagt. Zwar gibt es stimmfleissige Kantone wie Schaffhausen, der als einziger noch den Stimmzwang kennt. Dessen Beteiligung fällt selten unter 65 Prozent und liegt in der Regel 20, manchmal gegen 30 Prozent über dem Landesmittel. Die Waadt, das Wallis, Jura und Neuenburg gehören umgekehrt zu den stimmschwächsten Kantonen. Befürchtungen, dass an der schwachen Beteiligung die Legitimität der direkten Demokratie leide, führen zu Vorschlägen wie der Wiedereinführung des Stimmzwangs, der Belohnung der Stimmenden oder der Einführung eines Quorums, bei dessen Nichterreichung der Parlamentsvorschlag dem Volksentscheid vorgeht. Solche Vorschläge zur Verbesserung der Stimmbeteiligung stossen allerdings in der politischen Öffentlichkeit auf wenig Gegenliebe[16]: das Stimmrecht wird heute weniger als staatsbürgerliche Pflicht denn als politisches Recht betrachtet, das auch die Freiheit einschliesst, es nicht zu gebrauchen.

Aus demokratietheoretischer Sicht bildet die prozentuale Stimmbeteiligung für sich genommen kein zuverlässiges Bewertungskriterium für die Qualität direkter Demokratie. Die durchschnittliche Stimmbeteiligung von 40 Prozent wird heute deshalb als «tief» bezeichnet, weil es kurze Phasen im 19. und 20. Jahrhundert gab, in denen die Beteiligung höher lag, und weil 100 Prozent eben mehr wären. Eine 95 oder 99 prozentige Beteiligung kommt aber nur in Diktaturen oder Regimes mit hohem sozialem Druck vor und ist deshalb von zweifelhaftem Wert. Ebenso gut liesse sich dagegen argumentieren, die Beteiligung sei an sich erstaunlich hoch. Einmal hat sie in den letzten 25 Jahren trotz eines Wertewandels zur Individualisierung und trotz grösserer Belastung der Stimmbürgerinnen durch eine wachsende Zahl von Abstimmungsvorlagen nicht abgenommen. Nimmt man Bund, Kanton und Gemeinden zusammen, so haben die Stimmbürger jährlich zu 20–30 Fragen Stellung zu nehmen, die teils komplex sind. Wer nur schon die amtliche Information zur Kenntnis nehmen will, hat vor einem Abstimmungssonntag oft mehrere Dutzend Seiten Botschaften durchzulesen. Schliesslich aber ist die Chance, dass eine Bürgerin gerade jene «Medianwählerin» darstellt, auf deren Stimme es für das Resultat ankommt, statistisch gesehen ausserordentlich klein. Aufgrund blosser Nutzenüberlegungen würde sie zuhause bleiben, weil der individuelle Nutzen des Urnengangs stets kleiner bleibt als der Aufwand[17]

---

16 Diese Erfahrung musste etwa Ständerat Zimmerli (BE) machen. Er verlangte in seiner parlamentarischen Initiative 1994, dass ein Parlamentsbeschluss nur dann als vom Volk abgelehnt gilt, wenn die ablehnende Mehrheit mindestens 33% der Stimmberechtigten ausmacht (APS 1994:43). Der Vorstoss fand wenig Befürworter und wurde im Herbst 1995 zurückgezogen.

17 Es handelt sich hier um das sog. «Voting Paradox», das auch für Wahlen gilt und das Ökonomen beschäftigt, deren Modell politischen Verhaltens von der individuellen Nutzenmaximierung ausgeht. Paradox für Ökonomen ist das Stimmverhalten deshalb, weil aus der Theorie rationalen Verhaltens die aktive Beteiligung nicht erklärbar ist, sondern nur die Wahl- bzw. Stimmabstinenz. Aus politologischer Sicht ist dies ein deutlicher Hinweis dafür, dass das Axiom rational-eigennützigen Verhaltens nicht ausreicht, um gehaltvolle Theorien der politischen Teilnahme in der Demokratie zu formulieren.

– aber trotzdem geht sie stimmen. Betrachtet man all diese Gründe, so liesse sich ebenso gut sagen, 40 Prozent durchschnittliche Stimmbeteiligung seien erstaunlich hoch, und es gibt kaum objektive und begründbare Kriterien zur Beurteilung «guter» oder «schlechter» Stimmbeteiligung.

Aus demokratietheoretischer Sicht liegt das eigentliche Problem denn auch weniger bei der geringen Stimmbeteiligung selbst, sondern bei deren Ursachen und Konsequenzen. In diesem Zusammenhang sind zwei Fragen zu stellen:

– vom Input her betrachtet: entspricht die Partizipation einer unverfälschten und gleichmässigen Teilnahme der verschiedenen Gesellschaftsschichten und Gruppen?

– vom Output her betrachtet: sind die Resultate der Abstimmung stabil, d.h. wird eine Vorlage gleich angenommen oder abgelehnt bei unterschiedlicher Stimmbeteiligung von z.B. 30 oder 70 Prozent?

Die zweite Frage muss uns nach bisherigem Kenntnisstand nicht allzu sehr beunruhigen. Stimmabstinenten weisen nicht generell andere Präferenzen aus als die Stimmenden. Immerhin wären einige Abstimmungen mit knappem Resultat und geringer Beteiligung anders herausgekommen, wenn sich mehr Abstinente beteiligt hätten (Di Giacomo 1993:270). Die erste Frage hingegen muss uns ernsthaft beschäftigen: Es ist ein gemeinsames Ergebnis der internationalen Partizipationsforschung, dass die verschiedenen sozialen Gruppen nicht gleichmässig an demokratischen Prozessen teilnehmen. Viele Studien stossen auf folgende Regelmässigkeiten:

– je anspruchsvoller das Verfahren und die Art der Partizipation, um so weniger beteiligen sich die unteren sozialen Schichten,

– je geringer die Partizipation der Berechtigten, um so grösser sind die Unterschiede der Beteiligung zwischen unteren und oberen sozialen Schichten.

Diesen beiden Regelmässigkeiten entgeht offensichtlich auch die schweizerische direkte Demokratie nicht. Die VOX-Daten zeigen, dass untere soziale, berufliche und Bildungsschichten deutlich weniger an die Urne gehen. Nicht immer, aber oft vergrößern sich diese Unterschiede bei unterdurchschnittlicher Stimmbeteiligung. Während einfache Vorlagen von einem Grossteil der Stimmberechtigten zu bewältigen sind, steigt bei komplizierten Vorlagen der Anteil jener stark an, die Mühe mit der Meinungsbildung haben und deshalb der Urne fernbleiben. Damit singt der Chor der schweizerischen direkten Demokratie mit einem eindeutigen Mittel- und Oberschichtsakzent,[18] und dies besonders dann, wenn die Vorlage komplex ist und das Risiko der Abstinenz wegen der «Selbstzensur» der Überforderten ansteigt. Damit *besteht* tatsächlich ein Legitimationsproblem direkter Demokratie,

---

18 Vgl. dazu Schattschneiders berühmte Kritik an Dahl's «New Haven»-Studie: «The flaw in the pluralist heaven is that the heavenly chorus sings with a strong upper-class accent». E.E. Schattschneider (1960:35).

und zwar weniger wegen der geringen Stimmbeteiligung an sich, sondern wegen ihres Anspruchs an Komplexität, die zur schwächeren Beteiligung unterer Schichten führt.

Aus einer demokratietheoretischen Position, welche die unverfälschte und gleiche Partizipation aller (Scharpf 1970) zum Ausgangspunkt nimmt, möchte ich folgende Postulate formulieren:

1. Einfachheit direkter Demokratie: Die Verfahren und Fragestellungen der direkten Demokratie müssen einfach bleiben. Es gibt Anhaltspunkte dafür, dass die Grenze zur Überforderung in einzelnen Abstimmungen bereits heute überschritten wird. Wer heute eine Erweiterung der Volksrechte mit komplizierten Verfahren und mit mehr Abstimmungen zu komplexen Fragen fordert, stellt noch höhere Ansprüche an die Bürgerschaft. Dies führt nicht notwendigerweise zu grösserer Demokratiequalität, mit hoher Wahrscheinlichkeit aber zu mehr Mittelschichtsdemokratie.

2. Stärkung des Einflusses von Wahlen: Wer vor allem eine Verbesserung des Einflusses unverfälschter und gleicher Partizipation wünscht, wird möglicherweise mehr erreichen durch die Stärkung der Wahldemokratie. In den schweizerischen Wahlen ist im Gegensatz zur Abstimmungsdemokratie kein Effekt der Diskriminierung unterer sozialer Schichten feststellbar – sie sind offensichtlich ein einfacheres Verfahren. Die Stärkung des Einflusses von Wahlen erfordert nicht notwendigerweise grosse Systemänderungen – es mag ausreichen, wenn das Parlament seine Funktion der Wahl des Bundesrates statt als blosse Bestätigung der Zauberformel echt wahrnimmt (näheres dazu im Kapitel 11 Konkordanz).

3. Diskussion der Stimmpflicht: Die Stimmpflicht, wie sie heute noch in Schaffhausen besteht, führt nicht nur zu einer höheren Stimmbeteiligung, sondern zu besseren Kenntnissen und zu einem höheren politischen Interesse der Stimmbürgerschaft (Wernli 1998). Daher ist die Stimmpflicht nicht einfach ein alter Zopf und Ausdruck autoritärer Vorstellungen, sondern erfüllt eine Funktion, die gerade heute wichtig ist: sie belebt eine politische Kultur aktiver Bürgerschaft. Die Wiedereinführung der Stimmpflicht dürfte zwar heute wenig populär sein, könnte aber mit durchaus guten Gründen diskutiert werden. Erstens berührt sie ein gesellschaftliches Tabuthema, nämlich die grundsätzliche Frage, ob eine Gesellschaft überleben kann, wenn sie nur individuelle Rechte kennt, aber keine Pflichten anerkennen will. Zweitens ist die Wahl- und Abstimmungsdemokratie ein Kollektivgut. Sie funktioniert nur, wenn sich viele daran beteiligen. Nichtwähler sind Trittbrettfahrer, die sich darauf verlassen, dass andere für sie zur Urne gehen. Ähnlich der Umweltgüter oder der Allmende braucht Demokratie Regeln über den Ausgleich von Rechten und Pflichten, oder von Leistung und Gegenleistung. Die liberale Ansicht, Volksrechte schlössen auch das unbelastete Recht auf Nichtteilnahme ein, ist zwar verlockend, aber einseitig. Sie übersieht, dass diejenigen, welche teilnehmen, eine Leistung erbringen, von der auch die Nichtteilnehmenden profitieren. Die Freiheit, nicht an Wahlen und Abstimmungen teilzunehmen, kann zwar durchaus weiter bestehen, aber nicht gratis und auf Kosten jener, die sich die

Mühe des Urnenganges nehmen. Mit der Einführung einer Stimmpflicht hätte der Bürger die Wahl zwischen zwei Formen der Leistung, die für alle, und für alle gleich gilt: entweder die aktive Teilnahme oder die Bezahlung eines Ersatzgeldes.

H. Das Abstimmungsverhalten

1. Ein Beispiel aus der praxisorientierten Abstimmungsforschung: das Referendum gegen das Asylgesetz 1987

a. Der Anlass des Referendums

Im folgenden soll typisches Abstimmungsverhalten am Beispiel des Referendums gegen das Asylgesetz (1987) und unter Verwendung der VOX-Nachbefragungsdaten illustriert werden. In den achtziger Jahren stieg die Anzahl der Asylgesuche sprunghaft an, von rund 3'000 jährlich (1980) auf über 37'000 (1990). Bundesbehörden und kantonale Stellen waren überfordert. Asylsuchende mussten unter Umständen Jahre auf den Entscheid über die Anerkennung ihres Flüchtlingsstatus warten. Entscheide, die eine Rückführung zur Folge hatten, wurden von vielen Bürgerinnen oder Bürgern als inhuman empfunden, entschiedene Gegner der Rückführung von Flüchtlingen versteckten sogar Asylsuchende vor der Polizei. Andererseits wuchs das Unbehagen grosser Bevölkerungsteile angesichts der steigenden Zahl Asylsuchender, die zusätzlich zu einer Million Ausländerinnen und Ausländern in der Schweiz bleiben wollten. 1985 verabschiedete das Parlament ein revidiertes Asylgesetz, mit dem der Vollzug beschleunigt und Rückführungsentscheide effektiver durchgesetzt werden sollten.

Das revidierte Asylgesetz war ein Kompromiss: Die Überfremdungsbewegung bekämpfte die wachsende Zahl der Flüchtlinge, die sie als «falsche Asylanten» bezeichnete, weil sie primär aus wirtschaftlichen Gründen und nicht wegen politischer Verfolgung in die Schweiz kämen. Ihre Wortführer schlugen drastische Einreiseverbote und vereinfachte Entscheidverfahren vor. Sie griffen dabei die ungelösten sozialen Spannungen und Konflikte auf, die als Folge des hohen Ausländeranteils von etwa 18 Prozent in der Bevölkerung virulent waren. Die Überfremdungsbewegung entdeckte damit die Achillesferse der Ausländerpolitik. Sie nutzte nämlich die neue Frage der Asylsuchenden und der weltweiten Migration erfolgreich, um die ältere und von ihren Dimensionen her bedeutsamere Frage des Zusammenlebens mit den Ausländern neu zu lancieren. Aufgrund der vorhandenen Polarisierung gelang es ihr, hohen politischen Druck zur Revision des Asylgesetzes zu erzeugen. Dem standen Flüchtlingsorganisationen, kirchliche Kreise, Grüne und Linke gegenüber. Diese waren gegen eine Änderung der liberalen Gesetzespraxis, die den Asylsuchenden ausreichende Möglichkeiten und Zeit liess, gegen ablehnende Entscheide zu rekurrieren, und sahen in der Gesetzesrevision die humanitäre Tradition der schweizerischen Flüchtlingspolitik bedroht. Die Flüchtlingsorganisationen ergriffen darum in Zusammenarbeit mit den Grünen und Teilen der Linken das Referendum. Es scheiterte in der Volksabstimmung: das Gesetz wurde am 5. April 1987 mit 1'180'082 Ja gegen 572'339 Nein oder 67,4 Prozent deutlich angenommen.

b. Die parteipolitisch geprägten Konfliktlinien im Urnengang

Das Stimmverhalten spiegelte die starke Konfliktlinie zwischen Links und Rechts, die durch entsprechende Parteiparolen aktiviert war. Unterstützt wurde die Regierungsvorlage von Parteisympathisanten der Schweizerischen Volkspartei (90 Prozent Ja), des Freisinns (88 Prozent) und der Christlich-Demokraten (70 Prozent). Gegen die Vorlage stimmten Sympathisantinnen der Sozialdemokraten (41 Prozent Ja), der Grünen (37 Prozent) und der kleinen Linksparteien (9 Prozent). In dieser typischen Abstimmungskoalition ist das linke Lager stimmenmässig nur etwa halb so gross wie das bürgerliche, und es kann eine Abstimmung nur gewinnen, wenn es die grosse Gruppe der Parteiungebundenen überzeugen kann, das rund die Hälfte aller Stimmenden ausmacht. Diese aber legten zu 72 Prozent ein Ja in die Urne. Wir können darum in einer groben Annäherung sagen, warum die Abstimmung für die Referendumsgruppen so deutlich verloren ging: ihre eigenen Reihen stimmten weniger diszipliniert gegen das Gesetz als auf der andern Seite die Bürgerlichen für die Regierungsvorlage, und das Lager der Parteiungebundenen konnte nicht gewonnen werden. Die politische Grundorientierung war allerdings nicht der einzige Faktor des Abstimmungsverhaltens: Bei den 20 bis 29jährigen fand die Vorlage keine Mehrheit (46 Prozent); ältere Gruppen dagegen akzeptierten die verschärften Massnahmen im Asylbereich (58–82 Prozent). Auch der Bildungsgrad spielte eine Rolle: je besser die formale Ausbildung, um so deutlicher war die Ablehnung: Stimmberechtigte mit neun Jahren Schulbildung stimmten zu 82 Prozent Ja, solche mit Universitätsabschluss dagegen nur zu 41 Prozent.

c. Motive der Stimmenden und Verhaltensgruppen in der Stimmbürgerschaft

Die individuellen Motive der Stimmbürger, die in der VOX-Analyse erfragt werden, geben wichtige Hinweise auf die Meinungsbildung. Sie glichen beim Asylgesetz-Referendum denjenigen früherer Volksinitiativen über die Begrenzung des Fremdarbeiterbestandes (Linder 1989). In der Frage der Asylgesetzrevision liessen sich darum drei Verhaltensgruppen mit unterschiedlichen Einstellungen und Motiven unterscheiden, die indessen allesamt von der Fremdarbeiterfrage vorgeprägt waren:

1. Grundsätzliche Gegner liberaler Asylpolitik: Befürworter von stärkeren Immigrations- und Asylbeschränkungen und damit der Gesetzesrevision von 1987 hatten eine Reihe von Motiven gemeinsam. Diese reichten vom Wunsch nach Begrenzung des Sozialkonflikts der Immigration, von den bürgerlichen Werten des Schutzes von Tradition und Schweizertum, der Senkung des Ausländeranteils bis zur Angst vor Überbevölkerung, vor Status- und schweizerischem Identitätsverlust.

2. Grundsätzliche Befürworter liberaler Asylpolitik: Ihre Ablehnung der Gesetzesrevision war vorwiegend von humanitären und rechtlichen Motiven bestimmt. Dahinter standen Werte wie Weltoffenheit und Rechtsgleichheit für Ausländerinnen, oder die Solidarität mit der Dritten Welt, denen in der politischen Kultur der Links-Grünen besondere Priorität zukommt. Bestimmte Lebenslagen begünstigen solche Motive stärker als andere: Junge leben eher als Alte in einer Umgebung, in der Ausländer nicht Fremdes darstellen; gut Ausgebildete sind von den Belastungen der Immigration in der Regel weniger betroffen als untere Berufs- und Bildungsschichten.

3. Pragmatiker: Während die Motive der grundsätzlichen Gegner und Befürworter zu einem starren Stimmverhalten in der Ausländerfrage führten, waren die Pragmatiker flexibel: ihr Entscheid hing von materiellen oder immateriellen Vorteilen ab, die sie für sich oder ihre Bezugsgruppe empfanden. Pragmatiker mochten gegen frühere Überfremdungsinitiativen, aber für die Regierungsvorlage eines strengeren Aufnahmeverfahrens für Asylsuchende gestimmt haben. Eine solche Haltung entsprach typischerweise Urnengängern ohne Parteibindung. Aber auch ein Teil des bürgerlichen Lagers konnte zu den Pragmatikern gezählt werden. Dieser sah in der Parlamentsvorlage jenen Kompromiss, den ihre Partei zwischen den extremen Tendenzen in der Flüchtlingsfrage gesucht hatte und dem er Vertrauen entgegenbrachte.

2. Die Bedeutung von Theorien für die Interpretation des Abstimmungsverhaltens

Das Beispiel der Asylgesetz-Revision zeigt, dass der einfache Ja-Nein-Entscheid, zu dem die Stimmbürger aufgefordert werden, von sehr vielen Motiven und komplexen Ausseneinflüssen geprägt sein kann. Dabei schimmern drei Hauptfaktoren durch, welche in der empirischen Forschung zur Erklärung des politischen Verhaltens herangezogen werden: Sozialstruktur, politische Werthaltungen und Nutzenüberlegungen. Die theoretischen Ansätze der internationalen Wahl- und Abstimmungsforschung (Kasten 10.1) messen ihnen unterschiedliche Bedeutung zu und haben zudem höchst unterschiedliche Vorstellungen davon, wie es zur Herausbildung von verhaltensbestimmenden Werthaltungen oder Einstellungen kommt. Jeder der Ansätze hat seine Stärken und Schwächen; keiner vermag das politische Verhalten umfassend zu erklären. Ob das Verhalten von Wählerinnen und Stimmbürgern letztlich einem Modell des «homo sociologicus», «homo politico-psychologicus» oder «homo oeconomicus» entspricht, ist daher auf theoretischer Ebene strittig. Das lässt sich mit unserem Beispiel gut zeigen. Die Gruppe der grundsätzlichen Überfremdungsgegner wären am ehesten dem sozial-psychologischen Ansatz der Parteiidentifikation zuzurechnen, die ähnlich wie das Lager einer liberalen Ausländerpolitik der Wertorientierung und den Parolen bestimmter Parteien folgt. Das Lager der Anhänger liberaler Asylpolitik setzt sich aber auch aus kirchlich gesinnten Teilen der Stimmbürgerschaft zusammen, was eher sozial-strukturell bedingte Haltungen zur Flüchtlingsfrage ausdrückt.

Kasten 10.1 Theoretische Erklärungsansätze des Abstimmungsverhaltens

> Die internationale Wahl- und Abstimmungsforschung lässt drei Grundansätze oder -schulen erkennen, deren Hauptideen sich wie folgt unterscheiden (Bezeichnung der Schulen und Hauptbegründer in Klammer):
>
> a. Der sozial-strukturelle Ansatz (Columbia-Schule, Lazarsfeld et al. 1969 u.a.)
> Danach sind Wahl- (und Abstimmungs-)verhalten des Einzelnen geprägt von seinem gesellschaftlichen Milieu, dessen Interessen von entsprechenden Organisationen repräsentiert werden. Organisationen wie diejenigen der Arbeiterschaft, der Bauern oder der Freiberuflichen vertreten die Interessen ihrer Mitglieder dauerhaft und zuverlässig auf politischer Ebene, können aber umgekehrt auch mit der zuverlässigen Unterstützung ihrer Basis rechnen. Wichtig ist in den Vorstellungen dieses Ansatzes die Einbindung in die gesamte Sozialstruktur: Wenn also z.B. Landwirte anders als Industriearbeiter, Katholiken anders als Protestanten wählen und stimmen, so hängt dies nicht nur von anderen Programmen und Parolen ihrer Partei, sondern auch vom Einfluss weiterer Organisationen, Vereinigungen und des Milieus ab, in denen der Einzelne aufgewachsen ist und lebt. Der Ansatz führt zur Annahme eines konstant-gebundenen politischen Verhaltens. Das entspricht am ehesten dem Weltbild eines sozial-gebundenen Menschen, also des «homo sociologicus».
>
> b. Der sozial-psychologische Ansatz (Michigan-Schule, Campbell et al. 1960 u.a.)
> Einstellungen und Haltungen zu einzelnen Sachfragen, Parteiidentifikationen und soziale Werte sind die bestimmenden Grössen für politisches Verhalten. Sie sind aber weit weniger direkt von der Umgebung geprägt als der sozialstrukturelle Ansatz annimmt, sondern bilden sich individuell im frühen Erwachsenenalter aus. Der sozial-psychologische Ansatz nimmt Kenntnis von der Lockerung gesellschaftlicher Bindungen und lässt auch Entwicklungen des sog. «gesellschaftlichen Wertewandels» berücksichtigen. So behauptet z.B. der amerikanische Soziologe Inglehart einen Wandel von «materialistischen» zu «postmaterialistischen» Werten, der sich in allen hochindustrialisierten Ländern ausbreitet. Aber auch der sozial-psychologische Ansatz kennt Konstanten. Nach Ansicht vieler seiner Vertreter bleibt die einmal ausgebildete Parteiidentifikation in den späteren Lebensphasen relativ konstant oder verstärkt sich sogar. Insoweit, als sowohl dem gesellschaftlichen Kontext wie der individuellen Entwicklung von Einstellungen ein Einfluss für das Verhalten zugeschrieben wird, könnten wir hier von einem gleichzeitig gebundenen wie ungebundenen «homo politicus» oder «psychologicus» sprechen.
>
> c. Der Rational-Choice-Ansatz (Rational Choice-Schule, Downs 1957 u.a.)
> Vertreter dieser Schule nehmen an, der Einzelne verhalte sich nicht nur im wirtschaftlichen, sondern im sozialen und politischen Leben rational-nutzenorientiert. Stimmbürger entscheiden sich also in Sachfragen weniger nach ihrer sozialen Herkunft oder nach sozial-politischen Werten, sondern nach der Überlegung, ob ihnen ein Ja oder Nein den grösseren Nutzen bringe, wobei dieser Nutzen nicht nur Geld, sondern auch nicht-geldwerte Güter wie Prestige, Ansehen oder sonstiges individuelles Wohlbefinden umfassen kann. Mehr als in den beiden anderen Ansätzen handelt der Einzelne allein für sich, weniger aufgrund von Gruppenloyalität oder sozialen Werten, sondern aufgrund nachvollziehbarer Nutzenüberlegungen im Sinne des sozial ungebundenen «homo oeconomicus».
>
> Weiterführende Literatur: Hardmeier (1995), Kriesi/Linder/Klöti (1998)

Die «Pragmatiker» schliesslich, die je nach Situation einmal für, einmal gegen Beschränkungen des Ausländerbestandes stimmen, entsprechen am ehesten den Vorstellungen des Rational-choice-Ansatzes, soweit es sich um parteiungebundene Stimmbürgerinnen handelt. Keiner der Ansätze liefert darum gleich gute Erklärungen für alle Stimmenden, und auch für die Nein- und das Ja-Lager müssen wir uns auf mehrere Ansätze einlassen. Das entwertet diese Ansätze nicht. Sie führen jene Analysen weiter, die sich in den Medien finden. Deren Abstimmungskommentare sprechen anschaulich, und manchmal mit viel Gespür, vom «Röstigraben», wenn sie vom unterschiedlichen Stimmverhalten der Deutschschweizer und Romands sprechen, von den «katholischen Stammlanden» bei religiösen Fragen, oder vom «Ost-West-Gefälle» bei Abstimmungen zur Gesundheitspolitik. Wissenschaftliche Untersuchungen überprüfen solche Beobachtungen systematisch und beziehen sie auf Theorien. Die Theorie ist farbloser; sie vermag manchmal aber zu zeigen, dass z.B. hinter dem unterschiedlichen Stimmverhalten zweier regionaler Gruppen Regelmässigkeiten stecken, die nicht einfach typisch schweizerisch, sondern allgemeinerer Natur und in den meisten europäischen Ländern auffindbar sind. Das gilt etwa für die kulturell-politischen Spaltungen der Religion, von Zentrum und Peripherie bzw. der Sprachen, oder für die sozio-ökonomischen Spaltungen von Stadt und Land oder von Links und Rechts, die in den meisten europäischen Ländern in ähnlicher Weise auffindbar sind.

Während die theoretisch orientierte Forschung sich oft auf die empirische Überprüfung einer einzigen Theorie konzentriert[19], bevorzugt die praxisorientierte Forschung die gleichzeitige Verwendung verschiedener Ansätze. Unser Beispiel des Asylgesetz-Referendums zeigt warum. Anschaulich zeigt sich hier, dass die Kombination verschiedener Ansätze vorteilhaft ist, wenn man möglichst viele Besonderheiten einer einzelnen Abstimmung erfassen will.

Welche Theorie ist nun aber die richtige, oder bescheidener gefragt: welche der Theorien ist für das Abstimmungsverhalten die brauchbarste? Eine der wenigen Arbeiten, die einen systematischen Vergleich konkurrierender Theorien am gleichen empirischen Material unternahm, ist diejenige von Vatter (1994). Seine Analyse an rund 30 kantonalen Abstimmungsfällen zeigte unter anderem, dass Stimmbürger bei öffentlichen Ausgaben des «Wunschbedarfs» wie etwa Sporthallen und Umfahrungsstrassen, sehr wohl von individuellen Nutzenüberlegungen ausgehen, nicht aber bei lebenswichtigen öffentlichen Gütern (z.B. Lawinenverbauungen oder Hochwasserschutz). Bei letzteren prägen sowohl solida-

---

[19] So wurde der sozial-strukturelle Ansatz nicht zuletzt dazu benutzt, das langfristig-konstante, aber regional unterschiedliche Abstimmungsverhalten zu erklären (z.B. Gilg 1987 oder Joye 1984), während Nef (1980) neben den alten Cleavages die Herausbildung einer «progressiv-aussenorientierten» und «konservativ-binnenorientierten» politischen Kultur postuliert, welche die Stimmbürgerschaft oft in zwei Lager teilt. Linder/Longchamp/Stämpfli (1991), die in einer Untersuchung des Postmaterialismus dem sozial-psychologischen Ansatz folgten, haben sehr wohl ein unterschiedliches Abstimmungsverhalten der Postmaterialisten – etwa für den Umweltschutz und gegen die Armee – festgestellt. Sie fanden aber keine Bestätigung für die plausible Vermutung, dass die individualistischen Postmaterialisten am ehesten zu den «selektiven Urnengängern» gehörten. Schliesslich sind neben Schneiders Prognosemodell (1985) verschiedene ökonomische Arbeiten zu finden, deren Befunde durchaus auf die Brauchbarkeit des Modells des «homo oeconomicus» in der direkten Demokratie hinweisen.

risches Handeln wie politisch vermittelte Werte das Abstimmungsverhalten. Die differenzierten Ergebnisse Vatters zeigen damit, dass das politische Verhalten der Stimmbürgerschaft (wie übrigens auch jenes der Politikerinnen und der Beamten) in gewissen typischen Situationen eher mit dem Rational-Choice-Ansatz, in anderen typischen Situationen besser mit den sozial-strukturellen oder -psychologischen Ansätzen erklärbar ist. Die Frage, ob Schweizerinnen und Schweizer am ehesten mit dem Portemonnaie, mit dem Herz oder mit dem Kopf abstimmen, kann darum nur so beantwortet werden: es kommt darauf an.

I. Die Reform der Volksrechte

War der lebhafte Aus- und Umbau der Volksrechte bis in die jüngere Zeit vor allem auf Ebene der Kantone zu beobachten, so sind seit den neunziger Jahren die Volksrechte beim Bund ein wichtiger Reformgegenstand geworden. Dazu haben nicht zuletzt das Problem der europäischen Integration und das negative Abstimmungsergebnis für den EWR-Vertrag 1992 beigetragen. Gerade unter Wissenschaftern wurde die direkte Demokratie kontrovers. Skeptiker äusserten grundsätzliche Bedenken am heutigen Sinn der Volksrechte: Germann (1975, 1991, 1994) hatte bereits 1975 die Stärkung der Sonderinteressen durch das Referendum und die geringe Innovationsfähigkeit der Konkordanz kritisiert. Er schlug ein Modell des Übergangs vom Konkordanz- zum bi-polaren Konkurrenzmodell unter Abbau der Volksrechte vor. 1991 monierte er das Übergewicht der föderalistischen gegenüber der demokratischen Mehrheitsregel: solange die Vetomacht der kleinen, aussenpolitisch verschlossenen Kleinkantone nur durch eine überstarke Volksmehrheit von 55–60 Prozent gebrochen werden könne, seien die Spiesse in der Aussenpolitik ungleich lang und eine Herausführung der Schweiz aus ihrer aussenpolitischen Isolation unwahrscheinlich. Die Gruppe um den Basler Ökonomen Borner (1990) ihrerseits hielt die Referendumsdemokratie als einen Hemmschuh für die notwendige wirtschaftliche Liberalisierung und eine rasche Innovationspolitik der Schweiz. Papadopoulos (1994c:295) kritisierte vor allem das fakultative Gesetzesreferendum. Er schlug dessen Umgestaltung zu einem nachträglichen, abrogativen Referendum vor, das erst eine gewisse Zeit nach Inkrafttreten der Gesetze verlangt werden könnte. Damit erhoffte er sich Lerneffekte, indem das Volk aufgrund praktischer Erfahrung mit einer neuen Regelung abstimmt. Auf der andern Seite vertraten wissenschaftliche Stimmen mit starken Argumenten den Ausbau und die Neubelebung der Volksrechte. Allen voran taten dies die Staatsrechtler Kölz und Müller im Rahmen eines persönlichen Verfassungsentwurfs, den sie 1990 der Öffentlichkeit zur Diskussion vorlegten. Sie schlugen die Ergänzung der Verfassungsinitiative durch die Gesetzesinitiative vor, sowie Erweiterungen des Referendums. Letzteres greife nicht mehr bei allen wichtigen Parlamentsentscheidungen und müsse deshalb auch für bedeutsame Finanz- und Verwaltungsbeschlüsse, etwa für neue Eisenbahnlinien oder die Bewilligung von Flughäfen, geöffnet werden (Kölz 1991:281). Interessant war die Entwicklung bei den Ökonomen, die sich in die Diskussion der Volksrechte einschalteten. Vertraten zunächst Borner et al. (1990), Brunetti oder Kleinewefers die Idee der Konkurrenzdemokratie oder die Erschwerung von Volksinitiative und Referendum, so ergriffen umgekehrt Frey oder Kirchgässner das Plädoyer für die direkte Demokratie, welche die Präferenzen der Stimmbürgerinnen direkter und besser zum Ausdruck bringe als das Repräsentativsystem (alle in: Borner/ Rentsch 1997).

Die Politik folgt heute eher den Befürwortern der Volksrechte und damit einer Grundströmung im Volk. Im Zusammenhang mit der Gesamtrevision der Bundesverfassung sollten die Volksrechte überarbeitet werden, und diese Revision tendierte insgesamt eher auf eine Ausweitung und den Umbau der Volksrechte denn auf eine Einschränkung. Das Projekt, das der Bundesrat dem Parlament 1997 vorlegte, beinhaltete folgende Vorschläge:

- die Einführung eines Finanz- und eines Verwaltungsreferendums, sowie der Gesetzesinitiative in Form der allgemeinen Anregung;

- die Möglichkeit des Parlaments, dem Volk in Referenden Alternativvorschläge zu unterbreiten;

- die Ausweitung des Staatsvertragsreferendums;

- die Überprüfung von Initiativen auf ihre (völkerrechtliche) Gültigkeit, wobei der Entscheid über die Ungültigkeit dem Bundesgericht übertragen werden soll;

- die Erhöhung der Unterschriftenzahl von 50 auf 100'000 (Referendum) bzw. von 100'000 auf 150'000 (Volksinitiative).

Mit den beiden ersten Vorschlägen tastete sich der Bundesrat nahe an jene Ausweitung der Volksrechte heran, die sich in den Kantonen durchgesetzt hat. Der Einführung der Gesetzesinitiative käme dabei wohl die grösste Bedeutung zu und würde die Verfassungsgebung mit ihren Doppelmehr-Abstimmungen entlasten. Allerdings sah der Revisionsentwurf nur die allgemeine Anregung vor, die das Parlament nach eigenem Gutdünken verändern kann und darum dem Misstrauen gegen die Behörden begegnen wird. Unter diesen Bedingungen wäre es wahrscheinlich, dass Initianten für ihre Begehren weiterhin die (formulierte) Verfassungsinitiative vorziehen, die dem Volk unverändert zu unterbreiten ist. Die Unterstellung wichtiger Einzelentscheide unter das Referendum würde auch den grundlegenden Sinn der direktdemokratischen Kompetenzordnung besser realisieren, wirklich alle wichtigsten Entscheide dem Volk zu öffnen. Die Erweiterung des Staatsvertragsreferendums trüge der Entwicklung Rechnung, wonach das internationale Recht stets bedeutungsvoller wird und auch immer weniger vom Landesrecht abgegrenzt werden kann. Bei der Ablehnung völkerrechtlicher Verträge wäre allerdings mit neuen Risiken zu rechnen, etwa dem Abbruch des Dialogs. Im Landesrecht ist der Dialog zwischen Regierung und Volk nach einer gescheiterten Vorlage kaum gestört, denn die beiden Partner brauchen sich gegenseitig. Bei völkerrechtlichen, insbesondere multilateralen Verträgen dagegen kann eine Ablehnung zum Abbruch des Dialogs führen: die internationalen Vertragspartner sind nicht unter Zwang, mit der Schweizer Regierung neue Verhandlungen zu führen. Anders als beim Landesrecht ist ein Drittpartner mit im Spiel, dessen Kooperation offen ist. Schliesslich sah der Entwurf vor, dass im Gegenzug zur weiteren Öffnung der Volksrechte die Unterschriftenzahlen zur Einreichung von Referendum und Initiative erhöht würden. Dahinter stand neben der Anpassung an die seit 1977 um 25 Prozent gewachsene Zahl der Stimmberechtigten die Überlegung, mit der Revision ein verbessertes Gesamtsystem der Volksrechte zu erreichen und die einseitige Öffnung zu vermeiden. Eine solche wäre in der Tat eine Einbahnstrasse: Volksrechte, einmal eingeführt, können kaum zurückgenommen werden, selbst wenn sie sich nicht bewähren.

Wie das Paket von Erweiterungen und Einschränkungen von Parlament und Volk beurteilt wird, ist ungewiss. Univox-Umfragen (Delgrande/Linder 1996/1997) zeigen erwartungsgemäss, dass Erweiterungen der Volksrechte populär sind, die Erhöhung der Unterschriftenzahlen jedoch auf verbreitete Skepsis stösst. In den parlamentarischen Beratungen im Frühling 1998 zeigte sich, dass die Erhöhung der Unterschriftenzahl auf breite und grundsätzliche Ablehnung stiess, was umgekehrt den Vorschlägen zur Erweiterung der Volksrechte den Wind aus den Segeln nahm. Es ist also nicht auszuschliessen, dass statt einer qualitativen Verbesserung der Volksrechte im Kompromiss zwischen Erweiterungen und Einschränkungen eine Null-Lösung resultiert, die alles beim alten belässt.

Kapitel 11: Das Entscheidungssystem der Konkordanz

A. Konkordanz als System der Machtteilung und korporatistischer Interessenvermittlung

1. Das schweizerische Konkordanzsystem als Kind einer Wirtschaftskrise

Die Kapitel 3–10 waren den *einzelnen Elementen* des Politiksystems gewidmet: Dem Volk als Instanz der Letztentscheidung bei Initiativen und Referenden, den Verbänden, sozialen Bewegungen und politischen Parteien als Input-Organisationen, dem Parlament und der Regierung mit ihren Konversions- und Outputfunktionen. Im folgenden geht es darum, das *Entscheidungssystem als ganzes* darzustellen. Die schweizerische Konkordanzdemokratie unterscheidet sich gegenüber dem gängigen Typus der Mehrheitsdemokratie in verschiedener Hinsicht:

- es weist insgesamt andere *Strukturen* aus, d.h. seine einzelnen Elemente sind anders miteinander verknüpft;
- einzelne seiner Elemente weisen andere *Funktionen* aus;
- die *Funktionsweise* seiner Entscheidungsprozesse ist anders und optimiert andere *Zielwerte* des Politiksystems.

Das Verständnis solcher Systemzusammenhänge ist wichtig. In der Umgangssprache wird nämlich «Konkordanz» zumeist als ein blosser *Politikstil* bezeichnet. Das lässt den Eindruck entstehen, Konkordanz könnte an- und abgelegt werden wie ein Kleid, das dem Stil gängiger Mode folgt. Dem ist aus politologischer Sicht überhaupt nicht so. Die schweizerische Konkordanz umfasst eine Reihe von festen Grundstrukturen und entsprechende Funktionsabläufe, die ebenfalls verändert werden müssten, falls man Politik nach dem Stil der Mehrheitspolitik vorzieht.

Erinnern wir uns daran, dass das schweizerische System – 1848 als Mehrheitssystem konzipiert – im 20. Jahrhundert zu einem völlig andersartigen System umgebaut wurde. Den Faktoren, die diesen Umbau zu einem System der Machtteilung und des politischen Kompromisses stimulierten oder gar erzwangen, sind wir schon verschiedentlich begegnet: Nach Neidhart (1970) übte das Referendum eine zentrale «strukturbildende» Funktion für die Herausbildung des Konkordanzsystems aus. Es zwang die Mehrheitskräfte zum Ausgleich mit einer stets wachsenden Zahl referendumsfähiger Gruppen in der Gesetzgebung und führte zur Allparteienregierung. Zwei weitere Faktoren sind zu nennen: Der Föderalismus wirkte von allem Anfang an als ausgleichender Mechanismus und als Bremse der Konservativen gegen die freisinnige Mehrheitspolitik im Bund, und die Durchsetzung der Proportionalwahl 1918 erwies sich als Schlüssel zur anteilsmässigen Besetzung aller Ämter und Machtpositionen im politischen System.

Den drei Faktoren des Referendums, des Föderalismus und der Proportionalwahl ist eines gemeinsam: sie gaben einzelnen Gruppen mehr Entscheidungseinfluss oder gar Vetopositionen in die Hand, die im Entscheidungsergebnis zu berücksichtigen waren. Die Integration dieser Kräfte, vor allem der Wirtschaftsverbände, war ein zentrales Systemproblem für die schweizerische Demokratie und gelang keineswegs bruchlos. In der Weltwirtschaftskrise der dreissiger Jahre kam es zum Beinahe-Zusammenbruch der Entscheidungsstrukturen, die nicht eingerichtet waren auf den Einfluss einer wachsenden Zahl referendumsfähiger Gruppen (Kasten 11.1).

Kasten 11.1: Der Beinahe-Zusammenbruch des schweizerischen Entscheidungssystems in der Krise der dreissiger Jahre

> Die Wirtschaftsverbände hatten seit den Anfängen des Branchenprotektionismus zu Ende des 19. Jahrhunderts eine dominierende Rolle in der Wirtschaftsgesetzgebung ausgeübt (Gruner 1956, 1964). Mit der zunehmenden Zahl und wegen divergierender Interessen wurde indessen die Integration der Verbände in den politischen Entscheidungsprozess zunehmend schwierig, insbesondere in den dreissiger Jahren, als sich die Schweiz dem doppelten Druck von aussen (Weltwirtschaftskrise und Nationalsozialismus) und von innen (Frontistenbewegung) ausgesetzt sah. Damals kam die bürgerliche Regierung sowohl von der linken Opposition wie von rechtskonservativer Seite unter Druck. Nationalsozialistische und faschistische Propaganda aus Deutschland und Italien verfingen auch in der Schweiz. Die Volksinitiative der antiparlamentarischen und ständestaatlichen «Frontenbewegung» auf eine Totalrevision der Verfassung wurde zwar 1935 verworfen und damit die «Verfassungskrise» gemeistert. Aber in der wirtschaftlichen Krisenzeit brach der gesetzgeberische Entscheidungsprozess zusammen: Einzelne Wirtschaftsverbände, die aus dem vorangehenden Jahrzehnt mit gestärkter Referendumsmacht hervorgegangen waren, stellten immer extremere Forderungen des Branchenprotektionismus an den Staat, blockierten sich dabei aber gegenseitig mit Referenden. Die bürgerlichen Regierungsparteien – gespalten zwischen Branchenprotektionismus und Liberalismus – wussten sich nicht auf ein gemeinsames wirtschaftspolitisches Krisenprogramm zu einigen, und die Linke wiederum vermochte mit ihrem keynesianischen Wirtschaftsprogramm keine Mehrheit zu gewinnen. Der politische Entscheidungsprozess war lahmgelegt. In der Zersplitterung der politischen Kräfte regierten Bundesrat und Parlament schliesslich mit Dringlichkeitsrecht und schalteten auch die direkte Demokratie aus: In der Zeit von 1930–38 wurden 91 Bundesgesetze und -beschlüsse dem Referendum entzogen; hinzu kam eine grosse Anzahl von Notverordnungen des Bundesrats. Die Beendigung des «Vollmachtenregimes» der dreissiger Jahre erforderte einen Ausbau der Entscheidungsverfahren, und ein Forum zur Integration der vielen referendumsfähigen Gruppen. Die Lösung wurde noch vor dem Zweiten Weltkrieg konzipiert (Botschaft des Bundesrates vom 10.9.1937, Bbl.37, Band 2:833ff.), aber erst 1947 im Zusammenhang mit den sog. «Wirtschaftsartikeln» realisiert. Erstens wurde 1947 auf Verfassungsebene den «zuständigen Organisationen» die «Anhörung» in der Gesetzgebung und die «Heranziehung zur Mitwirkung» im Vollzug wirtschaftspolitischer Fragen gewährt (Art. 32 BV). Zweitens wurde das vorparlamentarische Verfahren erweitert und formalisiert, womit eine bessere Anhörung und Berücksichtigung gesellschaftlicher Gruppen erreicht, aber auch eine Arena für die vorparlamentarische Verhandlung und Konfliktlösung unter den Direktinteressierten geschaffen wurde
> (Neidhart 1970:190ff.; Linder 1983a:276ff.).

Die kritische Bruchstelle des Systems lag bei der Integration der referendumsfähigen Wirtschaftsverbände. Die Lösung wurde 1947 durch die Anerkennung der Wirtschaftsverbände in der Verfassung gefunden, die diesen nun die «Anhörung» in der Gesetzgebung und

11 Das Entscheidungssystem der Konkordanz

die «Mitwirkung» im Vollzug gewährte. Entscheidend war zudem der Ausbau des vorparlamentarischen Verfahrens, das zu einem neuen Forum der Gesetzgebung wurde. Diese Stärkung der Rolle der Verbände in der politischen Demokratie war nicht unproblematisch. Sie war vom Faschismus als korporativ-ständestaatliches Gesellschaftsmodell unter Disziplinierung und Einschränkung der Demokratie propagiert worden. Die Ideen eines autoritären Korporatismus, die auch im konservativen Bürgertum Sympathien genossen, waren jedoch nach 1945 diskreditiert, und so suchte man die Stärkung und Integration der Verbände in einer Lösung, die man heute als liberale Variante des Korporatismus, oder als «Neo-Korporatismus» (Schmitter 1981) bezeichnet. Die faktische Macht der Verbände wurde zwar anerkannt. Mit der blossen «Anhörung» blieb die rechtliche Anerkennung der Verbände indessen weit hinter ihrem faktischen Einfluss zurück. Die Verfassung behauptete damit die formale Überordnung der politischen Demokratie gegenüber dem Verbandsstaat (Linder 1983a:286).

Der Aufbau einer *«wirtschaftspolitischen Konkordanz»* durch die Integration der Verbände erfolgte also früher als derjenige der politischen Parteien von 1959 in der Regierung. Mit der *Einrichtung des vorparlamentarischen Verfahrens* bot das politische System Anreize zur Zusammenarbeit zwischen Arbeitgebern und Arbeitnehmern. Diese vermochten nämlich in der Nachkriegszeit einen erheblichen politischen Einfluss auszuüben, vorausgesetzt sie zogen in der Arena des vorparlamentarischen Verfahrens am gleichen Strick. Dies wiederum förderte neben dem günstigen Wirtschaftsklima die Entwicklung der Sozialpartnerschaft.

So erscheint denn die parteipolitische Regierungskonkordanz als eine logische Entwicklungsfolge jener wirtschaftspolitischen Konkordanz, die sich nach 1947 aufbaute. Denn diese garantierte in der Struktur des vorparlamentarischen Verfahrens bereits jene Funktionen, die wir dem heutigen Konkordanzsystem zuschreiben: Dieses gewährt eine geregelte Teilnahme und den Einfluss aller referendumsfähigen politischen und gesellschaftlichen Organisationen im Entscheidungsprozess, sowie die politische Konfliktlösung durch Verhandeln und Kompromiss.

2. Die schweizerische Konkordanz als Modellfall der «Consensus Democracy»

Die schweizerische Konkordanz wird noch häufig als unvergleichlicher Sonderfall betrachtet. Zu Unrecht: auch andere Länder kennen Formen der Machtteilung und Politikstile der Kompromisslösung anstelle der Mehrheitspolitik. Zahlreich sind darum die Versuche der Politikwissenschaft, unter anderen Begriffen analytisch und vergleichend zu fassen, was in der Schweiz als «Konkordanz» bezeichnet wird: «Proporzdemokratie» (Lehmbruch 1967) verweist auf die Bedeutung anteilmässiger Beteiligung der verschiedenen Gruppen an der politischen Macht. «Verhandlungsdemokratie» (Neidhart 1970) widerspiegelt die Idee, dass Verhandlungen einen kollektiven Lernprozess auslösen können, in dem die Akteure zur Neubeurteilung von Konflikten, Änderungen ihrer Präferenzen und zu neuen Problemlösungen gelangen. «Amicable agreement» (Steiner 1974) unterstreicht die Idee einer Verständigungsbereitschaft politischer Eliten, während das Konzept der «Consociational democracy» (Lijphart 1969) insbesondere untersucht, wie Kompromisse der politischen Eliten auch von der Basis akzeptiert werden. Als eigentliche Gegenmodelle institutioneller Demokratie bezeichnet schliesslich Lijphart (1984) aufgrund eines Vergleichs von über 20 Ländern die «Majoritarian» und die «Consensus Democracy». Das schweizerische Konkordanzsystem erscheint darin als Modellfall des «power sharing» oder eben der «Konsensdemokratie», einem eigenen und verbreiteten Typus von Demokratie, der sich in mehreren Merkmalen vom vorherrschenden Modell der Konkurrenz- oder Mehrheitsdemokratie unterscheidet. Wir kommen darauf im letzten, vergleichenden Teil des Buches zurück.

3. Konkordanz und Verbandsstaat als Form des «Neo-Korporatismus»

Konkordanz und Verbandsstaat lassen sich unter einem zweiten theoretischen Konzept fassen. Die vergleichende Politikwissenschaft unterscheidet zwischen «pluralistischen» und «neo-korporatistischen» Systemen. Während sich pluralistische Systeme im Idealfall durch eine atomistische Konkurrenz der gesellschaftlichen Gruppen und ein punktuelles Lobbying der Verbände auszeichnen, sind neo-korporatistische Systeme von einer relativ zentralisierten Organisation vor allem der Wirtschaftsverbände geprägt, die informell zusammenarbeiten und als Verhandlungspartner gegenüber dem Staat auftreten (Lehmbruch 1979). Eine besondere Rolle spielt dabei die Sozialpartnerschaft: Arbeitgeber und Arbeitnehmer regeln die Konflikte zwischen Kapital und Arbeit einvernehmlich unter Beizug des Staates und erzielen dabei gemeinsame Vorteile durch Zusammenarbeit, Kompromiss und Flexibilität in der Wirtschaftspolitik.

Auch in vielen anderen europäischen Staaten war die Konsolidierung der Verbandsbeziehungen zum Staat im 20. Jahrhundert von korporatistischen oder liberal-korporatistischen Ideen geprägt (Schmitter 1981). Katzensteins (1984) Vergleich der Industriepolitik zwischen Österreich und der Schweiz hat, bei allen Unterschieden der Politik im einzelnen, auf die Bedeutung korporatistischer Grundstrukturen für beide Länder aufmerksam gemacht, und auch in vielen späteren Vergleichsstudien erscheint die Schweiz als ein relativ stark korporatistisch geprägtes System[1]. Wie im Kapitel über die Verbände näher ausgeführt, weist der Korporatismus schweizerischer Prägung allerdings einige Besonderheiten aus. Erstens ist das Verbandssystem relativ dezentralisiert. Zweitens finden wir anstelle einer paritätischen Machtverteilung zwischen Kapital und Arbeit ein Übergewicht der Arbeitgeber- und Unternehmerinteressen gegenüber den Gewerkschafts- und Angestelltenverbänden. Drittens sind korporatistische Entscheidungsstrukturen nicht nur zur Regelung der Beziehungen zwischen Kapital und Arbeit, sondern in allen politischen Aufgabenbereichen anzutreffen.

1 Für eine vertiefte Diskussion vgl. etwa: Kriesi (1995:335ff.).

4. Das vorparlamentarische Verfahren

Das vorparlamentarische Verfahren bildet jenen bedeutenden Teil der politischen Entscheidungsstrukturen, der zusätzlich zu den formellen Verfassungsorganen von Regierung, Parlament und Volk zur Aufnahme des Einflusses von Kantonen, Parteien, Verbänden und weiteren gesellschaftlichen Organisationen aufgebaut wurde. In dieser Arena findet statt, was Kriesi (1995:253ff.) als «informellen» Entscheidungsprozess bezeichnet. Das Verfahren umfasst zwei Hauptelemente: die Entwurfsarbeiten der Expertenkommissionen und das Vernehmlassungsverfahren.

1. Die Entwurfsarbeiten der Expertenkommission: Beschliesst der Bundesrat aufgrund eines parlamentarischen Vorstosses, einer Volksinitiative oder aus eigener Initiative die Revision eines Verfassungsartikels, eines Gesetzes oder eines bedeutsameren sonstigen Politikprogramms, so werden erste Grundlagen oder ein eigentliches Vorprojekt zumeist verwaltungsintern erarbeitet. Deren Weiterbearbeitung erfolgt in einer Expertenkommission, die vom Bundesrat auf Vorschlag des zuständigen Departementschefs ernannt wird. Expertenkommissionen erhalten in der Regel ein Mandat mit Vorgaben zur Ablieferung eines Gesetzes- oder Programmentwurfs samt Bericht. Diese Kommissionen bringen externes Fachwissen in den Entscheidungsprozess; gleichzeitig geht es aber um das Zusammenbringen politisch relevanter und repräsentativer Positionen, welche die Konfliktpunkte und -linien einer Vorlage frühzeitig erkennbar machen. So mögen einzelne Experten zwar reine Fachleute aus Wissenschaft und Praxis sein; in der Regel aber sind Personen gesucht, die gleichzeitig politischen Einfluss repräsentieren. Die personelle Zusammensetzung und die Ernennung einzelner Experten sind im Bundesrat hin und wieder umstritten. Letzterer nimmt in dieser Phase wenig inhaltlichen Einfluss, hingegen bemüht er sich um die strategische Kontrolle durch Zeitpunkt und Art des Verfahrens sowie durch die Auswahl der Experten. Im Widerspruch zu diesem strategischen Führungsanspruch steht freilich, dass bestimmten Spitzenverbänden die Möglichkeit gewährt wird, ihre Experten selbst zu bestimmen (Germann 1981:45).

2. Das Vernehmlassungsverfahren: Der Expertenbericht oder -entwurf wird vom Bundesrat entgegengenommen und je nachdem verändert den interessierten Kreisen (Verbänden, Parteien und Kantonen) zur Vernehmlassung unterbreitet. Das Vernehmlassungsverfahren bietet den Betroffenen Gelegenheit zur schriftlichen Stellungnahme und Kommentierung der Vorlage. Die Direktinteressierten äussern sich unterschiedlich: einzelne Stellungnahmen sind ausführlich und detailliert, andere kursorisch. Gewisse Verbände veröffentlichen ihre Äusserungen, andere nicht. Die Kantone werden praktisch zu jeder Vorlage eingeladen. Kleinere und mittlere Kantone sind allerdings durch die hohe Zahl der abzugebenden Stellungnahmen häufig überfordert. Die Auswertung der Ergebnisse erfolgt innerhalb des zuständigen Departements. Es gibt keine formellen Regeln darüber, wie die einzelnen Stellungnahmen berücksichtigt werden sollen. Es handelt sich um eine politische Wertung.

Von der Zielsetzung des Verfahrens, das Referendumsrisiko zu minimieren, ist jedoch klar, dass die Organisations- und Konfliktfähigkeit eines Akteurs – zumeist seine Referendums- oder Definitionsmacht – das entscheidende Kriterium für das Gewicht der Eingabe darstellt. Nach Abschluss des Vernehmlassungsverfahrens und Auswertung der Ergebnisse verabschiedet der Bundesrat die Vorlage in einer Botschaft an das Parlament.

Grafik 11.1: Der politische Entscheidungsprozess beim Bund

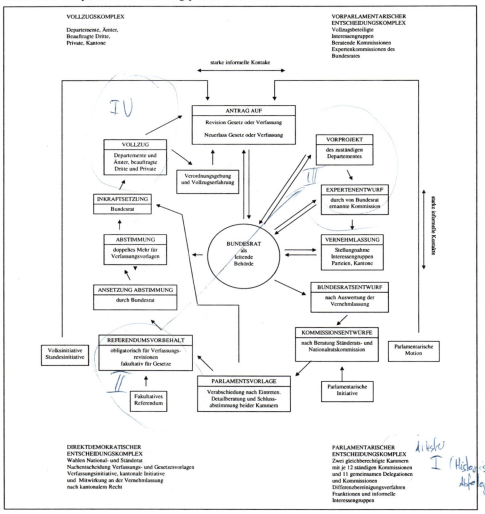

B. Das Gesamtsystem von Volk, Parlament, Regierung, Verbänden und Verwaltung

Betrachten wir in der Grafik 11.1 den gesamten politischen Entscheidungsprozess von der Anregung einer Neuerung bis zu deren Inkraftsetzung und ihrem Vollzug, so fällt das starke Zusammenwirken der verschiedenen Entscheidungsträger auf. Es lassen sich fünf Entscheidungskomplexe oder -arenen unterscheiden, die gegenseitig aufeinander bezogen sind. Als Systembeschreibung lässt sich vieles von dem zusammenfassen, was vorne ausführlich zu den einzelnen Entscheidungselementen gesagt wurde:

1. Der vorparlamentarische Entscheidungskomplex: Die starke Stellung der Verbände im Entscheidungsprozess gründet auf ihrer Möglichkeit, ihre Gruppenziele effizient mit Referendumsdrohungen zu verbinden. Doch ist dies nicht die einzige Quelle ihrer Macht. Verbände sind auch dort einflussreich, wo sie als Partner im Vollzug staatlicher Aufgaben auftreten und darum für den Staat unentbehrlich sind. Dies erklärt auch die starke Stellung der Kantone im vorparlamentarischen Verfahren. Sie brauchen nicht mit Referenden zu drohen. Die negative Stellungnahme einer Mehrzahl der Kantonsregierungen im Vernehmlassungsverfahren reicht in der Regel dazu, dass der Bundesrat eine Vorlage stark abändern lässt oder gar zurückzieht. Verhandlungsgeschickte Verbände dosieren Referendumsdrohungen. Bei zu häufiger Anwendung wird die Waffe der Referendumsdrohung stumpf, bei zu seltener Anwendung unternutzt ein Verband seine potentielle Macht. Ist das Gesetz einmal unter Dach und Fach, können die Verbände diese Vorsicht ablegen und verlagern ihren Einfluss auf einen anderen Entscheidungskomplex: In der nachparlamentarischen Umsetzung der Politik treten direktinteressierte Organisationen wie Kantone als einflussreiches Klientelsystem oder eingeübtes Netzwerk gegenüber der Verwaltung auf, während die Kontroll- und Aufsichtsmöglichkeiten des Parlaments begrenzt sind.

2. Der parlamentarische Entscheidungskomplex: Im Parlament, dem historisch ältesten und wichtigsten Entscheidungskomplex, fällt nach wie vor der bedeutendste Teil der politischen Entscheidungen. Zunächst kann das Parlament auf verschiedenste Orte einwirken. Seine Anregungen beschäftigen die Regierung; mit seinen Kontrollfunktionen interveniert es in der Verwaltung. Es kann gesetzgeberische Initiativen in seinen eigenen Kommissionen behandeln, im normalen Vorverfahren auslösen oder dort intervenieren. Frei vom Zwang eines parlamentarischen Systems, die Regierung und ihre Vorlagen zu stützen, geniessen die eidgenössischen Räte eine hohe Unabhängigkeit. Die doppelte, weil demokratisch und föderalistisch verankerte Legitimation sichert die hohe Akzeptanz des parlamentarischen Entscheidungsergebnisses. Das Parlament ist aber in seinem Handlungsspielraum auch doppelt begrenzt: auf der einen Seite steht die Nachkontrolle seiner Entscheidungen durch das Volk, und auf der anderen Seite das vorstrukturierte Verhandlungsergebnis aus dem vorparlamentarischen Verfahren. Diese Verhandlungsergebnisse sind für das Parlament ambivalent: zwar geben sie wichtige Hinweise auf die Interessenlage der Direktbetroffenen und auf die potentiellen Referendumsklippen, doch will sich das

Parlament, mit seiner anderen Machtstruktur und anderen Präferenzen, von den informellen Kompromissen des Verbandssystems nicht binden lassen und seinen autonomen Handlungsspielraum nutzen.

3. Der direktdemokratische Entscheidungskomplex: Das Referendum vermag, als Letztentscheidung, das Ergebnis des gesamten Entscheidungsprozesses der politischen Elite infrage zu stellen. Die Volksinitiative umgeht den gesamten vorparlamentarischen Entscheidkomplex und muss als formuliertes Begehren von Regierung und Parlament unverändert der Abstimmung unterbreitet werden. Der direktdemokratische Entscheidungskomplex beeinflusst die Regierung, das Parlament und die vorparlamentarischen Akteure in doppelter Weise. Zunächst haben die Volksrechte eine *Entscheidungsfunktion*: die Präferenzen von Volk und Ständen müssen vom Parlament antizipiert werden. Im Fall obligatorischer Referenden und Volksinitiativen soll die Entscheidung erfolgreich für die politischen Eliten ausgehen. Im Fall des fakultativen Referendums, also für den Grossteil der Entscheidungen in Gesetzesform, wird versucht, die Volksabstimmung zu vermeiden. Das führt zur *Strukturfunktion des Referendums:* zum Zwang der Konkordanz von Regierung und Parlament, zur Notwendigkeit einer vorparlamentarischen Arena. Sie erfordern also die grundsätzliche Bereitschaft der Fraktionen und Parteien zur Zusammenarbeit in Parlament und Regierung, sowie der Interessenorganisationen im vorparlamentarischen Verfahren. Diese Strukturen machen das Risiko des Referendumsfalls zwar einigermassen voraussehbar. Der Ausgang einer Referendumsabstimmung ist es aber nicht. Das hat das Volksrecht des fakultativen Referendums von seiner völligen Funktionsumwandlung zum Verbandsrecht oder als Verhandlungspfand der Organisierten bewahrt.

4. Der administrative Entscheidungskomplex: Die Verwaltung ist von einem blossen Vollzugsapparat zur *politischen Verwaltung* mit selbständigen Funktionen im Entscheidungsprozess geworden. Mit ihrem professionellen Ausbau wurden ihr instrumentelles Wissen, ihre Erfahrung über Defizite, Rahmenbedingungen und Gestaltungsmöglichkeiten des Vollzugs erweitert. All dies lässt sich in politischen Einfluss ummünzen, zumal die Rolle der Verwaltung durch das vorparlamentarische Verfahren gestärkt wurde: Sie organisiert diesen Prozess, bestimmt unter Anleitung der Regierung den Teilnehmerkreis in Expertengremien und der Anhörung im Vernehmlassungsverfahren, leitet die Verhandlungen und bereitet die Botschaft des Bundesrats an das Parlament samt Gesetzesentwurf vor. Die Position der Verwaltung im vorparlamentarischen Prozess ist die des Vermittlers, denn sie hat zumeist Eigeninteressen an politischen Reformen und ist damit auch am Erfolg von Vorlagen interessiert. Als Vermittlerin, und eingebunden in den Gesamtapparat eines Departements, vertritt eine Fachbehörde in der Regel allgemeinere und längerfristigere Interessen als ein einzelner Verband. Das braucht aber nicht immer der Fall zu sein. Wo sie vom Vollzug stark berührt ist, werden ihre engeren Eigeninteressen eine grössere Rolle spielen. Wenn sie, wie etwa die Landwirtschaftsverwaltung, in ihrem Bereich ein enges Klientelverhältnis unterhält, vertritt sie häufig verbandsnahe Ziele.

11 Das Entscheidungssystem der Konkordanz

5. *Die Regierung:* Der Bundesrat trifft wenige inhaltliche Entscheidungen zu einzelnen Vorlagen. Aber seine «leitende Funktion» kommt als strategischer Einfluss im Kreislauf des ganzen politischen Entscheidungsprozesses zum Ausdruck. Er kontrolliert mit seinen formellen Entscheidungen fast den gesamten Ablauf. Er gibt grünes Licht für die einzelnen Verfahrensschritte jeder Vorlage und sichert die Koordination der politischen Vorhaben in der Regierungsplanung. Seine materielle Entscheidungskompetenz kommt vor allem in der Umsetzung der Politik im administrativen Entscheidungskomplex zum Zuge. In der Gesetzgebung tritt der Bundesrat an drei Stellen prominent und deutlich auf. Zu Beginn signalisiert die Regierung, ob sie parlamentarischen Anregungen Folge geben will oder nicht. Nach Abschluss des vorparlamentarischen Verfahrens berät die Kollegialbehörde den Entwurf des Gesetzes und der Botschaft an das Parlament, wo der zuständige Departementschef die Position des Bundesrats vertritt. In der gegenseitigen Unabhängigkeit von Regierung und Parlament liegt eine der Bruchstellen des Systems und der Konkordanz. Der parteiübergreifende Kompromiss des Bundesrats stösst häufig auf Widerspruch in den Eidgenössischen Räten; regionalpolitische Interessen, oder die bürgerliche Ratshälfte sind hier besonders erfolgreich. Die dritte Phase öffentlichen Engagements der Regierung liegt in den Abstimmungskampagnen.

C. Die These komplementärer Funktion von Verbandssystem und Parlament, oder: wie die Konkordanz bei unterschiedlicher Wetterlage funktioniert

Findet das Konkordanzsystem keinen Kompromiss, der das Referendum umschifft, oder scheitert eine Vorlage wiederholt in der Volksabstimmung, so ist das Entscheidungssystem punktuell blockiert. Blockierungen können länger dauern, denn im Gegensatz zur Konkurrenzdemokratie gibt es keinen Ausweg über Neuwahlen oder andere Parlamentsmehrheiten, sondern nur den Neuversuch über eine modifizierte Vorlage[2]. Zu einer allgemeinen Blockierung des Systems wie in den dreissiger Jahren kommt es heute zwar nicht mehr, wohl aber in einzelnen Entscheidungsbereichen. Gegenwärtige Beispiele sind die Frage der Straffreiheit des Schwangerschaftsabbruchs, der Mutterschaftsversicherung oder der europäischen Integration. Die Problemlösungsfähigkeit des schweizerischen Systems ist also direkt von der Frage definiert, ob und wie weit der Interessenausgleich durch Kompromisse gefunden wird, bei denen Referenden unterlassen werden oder für die politischen Eliten erfolgreich gestaltet werden können. Dies hängt in erster Linie von den beiden wichtigsten politikgestaltenden Akteuren ab – dem Verbandssystem unter Vermittlung der Verwaltung sowie dem Parlament. Die zahlreichen politologischen Studien, die sich mit dem Verhältnis von Verbandssystem und Parlament und ihrer gemeinsamen Entscheidungsfähigkeit befassen, lassen letztlich drei Grundhypothesen erkennen:

---

2 Die Regierung beansprucht das Dringlichkeitsrecht nach Art. 89bis BV heute nur sehr selten.

1. Die These der Dominanz des Verbandssystems über das Parlament: Eine ganze Reihe von Studien schreibt dem Verbandssystem einen grösseren Entscheidungsanteil zu als dem Parlament. So betont Neidharts (1970) Längsschnittstudie die überragende Bedeutung des vorparlamentarischen Verfahrens zur Integration der zahlreichen referendumsfähigen Gesellschaftsinteressen. Insbesondere im Kommissionensystem sieht er eine Arena der Machtteilung und der Verhandlungsdemokratie, in welcher der schweizerische Gruppenpluralismus dank hoher Verständigungsbereitschaft und unter starker Leitung der Verwaltung zum Zentrum der politischen Gestaltung und Kompromissfindung aufrückt. Das Parlament scheint dem gegenüber weniger bedeutungsvoll, und die politischen Parteien vermögen im Gegensatz zu den Verbänden aus dem Referendum kein politisches Kapital mehr zu schlagen (Neidhart 1970:315ff.). Diese Einschätzung entspricht dem Grundtenor Gruners (1956), der in seiner historischen Studie die hohe Entscheidungsfähigkeit des Verbandssystems gegenüber dem fragmentierten Milizparlament betont.

2. Die These geteilter Entscheidungsdominanz und des hinkenden Kompromisses: Kriesi's machttheoretisch angelegte Elitestudie zu den 13 wichtigsten Entscheidungprozessen der frühen siebziger Jahre befasst sich ausführlich mit dem relativen Entscheidungsanteil von Verbänden samt Kantonen, von Verwaltung und Regierung sowie des Parlaments. Dieser variiert nach Art des Entscheidungsgegenstands. Danach war der Einfluss der Verbände vor allem in den grossen Reformwerken und beim EWG-Abkommen 1972 überragend, während Regierung und Verwaltung sowie Parlament bei staatspolitischen und Finanzfragen eher zum Zug kamen, zum Teil auch ein gleichwertiges Entscheidungsgewicht auswiesen (Kriesi 1980:601 sowie 1985:246). Vor allem aber zeigt Kriesi, dass die politische Integration durch Machtteilung und Konkordanz keineswegs zu einer gleichwertigen Interessenberücksichtigung führte. Der Einfluss der politischen Linken beschränkte sich auf die Felder der Sozialpolitik, während sie in weiten Bereichen nicht über den Status einer «formellen Kooptation» hinaus gelangte, d.h. zwar beteiligt war, aber keinen proportionalen Einfluss geltend machen konnte. Ein überproportionales Gewicht kam dagegen rechtskonservativen Gruppierungen zu, welche, angeführt vom Gewerbeverband und ihrem damaligen Führer Otto Fischer, viele politischen Reformversuche der siebziger Jahre über eine erfolgreiche Referendumspolitik zum Scheitern brachten. Kriesis Ergebnisse können zu folgender These zusammengefasst werden: Konkordanz wird von benachteiligten Akteuren auch bei unvollständigem oder einseitigem Interessenausgleich gestützt; konkordante Entscheidungen kommen zustande bei Entscheidungsdominanz des Verbandssystems *wie* des Parlaments.

3. Die These des exogen-gesellschaftlichen Einflusses: Wachstum als Bedingung des Kompromisses: Linder (1983a und 1987a) hat aufzuzeigen versucht, dass das Konkordanzsystem empfindlich auf gesellschaftliche Gesamtentwicklungen reagiert: Mit dem erstmaligen Einbruch der Wirtschaftskonjunktur 1973/74 wurde die Problemlösung durch Kompromisse schwieriger als in der Zeit zuvor, da keine Zuwächse mehr zu verteilen, sondern Verluste

11 Das Entscheidungssystem der Konkordanz

zuzuweisen waren. Statt der Positivsummen-Spiele sahen sich die politischen Akteure zunehmend vor Nullsummen-Spielen: ein Akteur konnte nur noch auf Kosten des andern Vorteile erringen. Gesellschaftlich hinzu kamen die Herausforderungen durch die neuen sozialen Bewegungen, die unter anderem die neue Konfliktdimension von Ökologie versus Ökonomie einbrachten. In wichtigen Politikbereichen – etwa der Kernenergie oder der Finanzen – kam es daher zu einer Polarisierung der Konkordanz. Statt wechselnder Koalitionen unter den Regierungsparteien spielte sich eine Blockbildung bürgerlicher Mehrheiten gegen die Links-grün-liberale Minderheit ein. Mit dem Verlust des Grundkonsens unter den Regierungsparteien stieg das Risiko einer bloss formalen Konkordanz: gegen aussen wurde Verhandlungsdemokratie gezeigt, im Entscheidungsablauf Mehrheitspolitik praktiziert. Einen Beleg für diese These aus dem vorparlamentarischen Verfahren liefert Poitry (1989), wonach gerade in wichtigen Vorlagen selbst lange Verhandlungen nur einen geringen Interessenausgleich zu erzielen vermochten. Auch die Sozialpartnerschaft wurde ein Stück weit zur Fassade: die Arbeitgeber spielten ihre grössere Stärke gegenüber den Arbeitnehmern durch einseitige Entscheidungsergebnisse aus. Als These des Systemverhaltens lässt sich formulieren: Wirtschaftswachstum sowie geringe politisch-ideologische Polarisierung begünstigen Verhandlung und Kompromiss und damit die Integrationsfähigkeit der Konkordanz; geringes Wachstum sowie politische Polarisierung erschweren sie.

Die Konkordanz hat offensichtlich in den bald vierzig Jahren ihres Bestehens nicht immer gleich, und auch nicht immer gleich gut funktioniert. Dass sie bei Schwierigkeiten nicht einfach aufgegeben wurde, hat mit ihrem Strukturcharakter zu tun: Konkordanz ist ein Zwangssystem, in welchem die gleichen Partner ungeachtet günstiger oder schlechter politischer Grosswetterlagen zusammenarbeiten müssen. Trotzdem stellt sich die Frage, warum das Konkordanzsystem auch dann funktionieren *konnte*, als sich nach 1959 die Konfliktlagen und Interessengegensätze zwischen den Verbands- und Parteilagern verschärften. Hier lassen sich meine These und diejenige Kriesis zu einer weiteren verbinden: Verbände und politische Parteien treffen auf unterschiedliche Konjunkturen der Integrations- und Handlungsfähigkeit. Es ist also mit Perioden zu rechnen, in denen die Integrationsfähigkeit des Verbandssystems höher ist als die des Parlaments und umgekehrt. Mängel der Integrationsfähigkeit des einen Teilsystems können aber durch das andere Teilsystem kompensiert werden. Für die Nachkriegszeit lassen sich dafür, in einer ersten und groben Vereinfachung, folgende Grundsituationen unterscheiden:

Tabelle 11.1: Integrationsfähigkeit von Verbandssystem und Parlament in der Nachkriegszeit

Hauptperioden	A vor 1960	B 1960–74	C 1975–90	D ab 1991
Integrationsfähigkeit von				
Verbandssystem	hoch	hoch	tief	tief
Parlament	tief	hoch	tief	hoch

1. Situation A: Diese markiert mehr oder weniger deutlich die Situation vor 1960 mit einer bürgerlichen Regierung, die nach Neidhart (1970) charakterisiert war durch den Ausbau des vorparlamentarischen Verfahrens und eine hohe Integrationsfähigkeit der Verbände mit wenig Referendumsfällen.

2. Situation B: Mit der Einführung der Zauberformel erhöht sich die politische Integrationsfähigkeit des Parlaments und zur Realisierung der politischen Konkordanz über den Bereich der Wirtschaftspolitik hinaus. In dieser Zeit erfolgt die Deckung des Nachholbedarfs staatlicher Infrastruktur und der Aufbau des Sozialstaats. Beide stehen im Zeichen der wirtschaftlichen Prosperität. Mit «Tschuditempo» (nach dem Namen des zuständigen Bundesrates) werden z.b. der Ausbau der AHV und der Nationalstrassen oder der Hochschulen in Angriff genommen. Die günstige Situation B hoher Integrationsfähigkeit von Verbandssystem und Parlament kommt zwar schon anfangs der siebziger Jahre ins Stocken; sie wird aber durch den erhöhten Gebrauch des Dringlichkeitsrechts überbrückt (Auer 1976). Wesentlich für beide Perioden ist aber, dass es vor allem auf das Verbandssystem und die Regierung ankommt; wo das Parlament ausfällt, wird mit dem Dringlichkeitsrecht auch das Referendum ausgeschaltet.

3. Situation C: Diese wird mit dem ersten Erdölschock und der Wirtschaftskrise 1973–74 eingeläutet. Sowohl Verbandssystem wie Parlament büssen deutlich an ihrer Integrationsfähigkeit ein. Ohne Wachstum wird die soziale Umverteilung wie in der AHV oder im Gesundheitswesen zu einem Nullsummen-Spiel, in welchem die eine Seite verliert, was die andere gewinnt. Nach dem Misserfolg der gewerkschaftlichen Mitbestimmungsinitiative 1976 schlagen die Arbeitgeber gegenüber den Arbeitnehmerorganisationen in der Sozialpartnerschaft einen schärferen Ton an. Die politische Agenda wird von zahlreichen Volksinitiativen neuer sozialer Bewegungen besetzt, die Parteien verlieren an Boden, das Parlament muss in Volksabstimmungen häufiger Niederlagen einstecken. Es kommt zur Polarisierung der Konkordanz. Sie wirkt deshalb lähmend, weil beide Entscheidungsarenen, Verbandssystem und Parlament, von den Grenzen der Interessenintegration betroffen sind.

4. Situation D: Die neunziger Jahre bringen ein neues Element ins Spiel: einen hohen wirtschaftlich-politischen Aussendruck. Die Globalisierung erzwingt die Öffnung und den verstärkten Strukturwandel der schweizerischen Volkswirtschaft. Auf politischer Ebene steht mit der Herausforderung der europäischen Integration eine Neuorientierung der gesamten Innen- und Aussenpolitik an. Mit Ausnahme des Verhandlungsbeitrags für die verworfene EWR-Vorlage bleibt der Entscheidungsbeitrag der Wirtschaftsverbände für beide Hauptfragen gering. Ein Teil der Arbeitgeberschaft zielt auf die Aufhebung der Sozialpartnerschaft; Arbeitgeber und Gewerkschaften können auf politischer Ebene nicht geeint auftreten und bieten kaum gemeinsame Vorschläge zur langen Rezession und zum Abbau der Arbeitslosigkeit. Gewerbe und Bauernorganisationen sträuben sich gegen den

11 Das Entscheidungssystem der Konkordanz

Aussdruck der Liberalisierung, während andere Wirtschaftszweige auch das politische Interesse am Standort Schweiz verlieren. Dagegen zeigen sich auf politischer Ebene des Parlaments neue Koalitionen. Es ist die politische Linke, welche z.b. der Liberalisierung des Binnenmarkts und der Landwirtschaft, oder der Revision des Kartellrechts zusammen mit einem Teil des gespaltenen bürgerlichen Lagers zur Mehrheit verhilft. Das Parlament führt seine eigene Reform durch und nimmt das Heft vermehrt in die Hand. Bis zu einem gewissen Grad kompensiert das Parlament mit einem stärkeren Entscheidungswillen und auf jeden Fall mit höherer Integrationsfähigkeit die schwächer gewordene Rolle der Verbände.

Die These komplementärer Integrations- und Leistungsfähigkeit von Verbandssystem und Parlament müsste freilich vertieft untersucht werden. Sie gibt aber zunächst eine plausible Erklärung dafür, warum das Konkordanzsystem zwar Perioden unterschiedlicher Leistungsfähigkeit ausweist, aber allen Unkenrufen zum Trotz in keine generelle Entscheidungskrise gelangt ist.

D. Konkordanz und Machtteilung – demokratietheoretisch betrachtet

1. Zur Theorie der Verhandlungsdemokratie

Die parlamentarische Mehrheitsdemokratie vermag Entscheidungen auch gegen eine widerstrebende Minderheit zu treffen, denn die Opposition vermag keine wirksamen Sanktionen gegen die regierende Mehrheit zu ergreifen bis zu dem Moment, in dem sie in der Lage ist, durch die Vertrauensabstimmung oder durch Wahlen selbst an die Macht zu gelangen. Anders das Modell der Machtteilung: Minderheiten und einzelne Gruppen besitzen dauernde Vetopositionen, mit denen sie Einzelentscheidungen verhindern können, falls diese gegen ihre Interessen verstossen. Kennzeichen von Entscheidungen der Konsensdemokratie ist deshalb nicht nur, dass sie von einer übergrossen Mehrheit getroffen werden, sondern dass sie keine Vetoposition verletzen. Sie werden im Idealfall über die Einstimmigkeit erreicht, nähern sich aber gegenüber der Mehrheitsentscheidung jedenfalls dem, was Ökonomen eine Form «pareto-optimaler» Entscheidung[3] nennen, weil ein Gleichgewicht unter den Beteiligten erreicht wird, das keinen Akteur wesentlich schlechter stellt als vorher. Solche Entscheidungen lassen über ihre Nähe zum Status quo[4] hinaus bestimmte Eigenschaften erwarten (Linder 1983b und 1994b):

1. Der Kompromiss: Keiner gewinnt alles, keiner verliert (mehr als die andern): Diese erste Eigenschaft ist unmittelbar einsichtig: Während die einfache Mehrheitsentscheidung die

---

3 Das Pareto-Optimum ist dann erreicht, wenn keiner der Verhandelnden besser gestellt werden kann, ohne dass ein anderer schlechter gestellt wird.
4 Dies habe ich vorne zur Logik des Referendums ausführlich behandelt.

volle Durchsetzung der Mehrheitsziele auch auf Kosten der Minderheit erlaubt, verbietet die Machtposition der einzelnen Gruppen diese Verlagerung von Kosten unter den Beteiligten. Die konkordante Entscheidung erfordert den Ausgleich der Kosten oder «negativen Externalitäten» im grösseren Kreis aller Akteure, die wegen ihrer Referendums- oder Vollzugsmacht beteiligt sind. Dies bedeutet in der Regel, dass jeder Akteur Abstriche an der Durchsetzung seiner eigenen Interessen machen muss, bis keiner mehr schlechter gestellt ist als im Status quo ante. Wie wir noch genauer sehen werden, brauchen Entscheidungsgewinne nicht gleichmässig verteilt zu werden. Was aber, wenn – wie in Zeiten wirtschaftlicher Rezession und der Sparpolitik – nicht Zuwächse, sondern Verluste zu verteilen sind? Da alle potentiell verlieren, ist von jedem Akteur ein Referendum zur Verteidigung des Status quo zu erwarten. Einen Ausweg bietet die «Opfersymmetrie», bei der die Verluste nach bestimmten Kriterien der Gleichbehandlung auf alle Beteiligten verteilt werden. Die Formel «keiner verliert» heisst dann: «keiner verliert mehr als die andern». Typischerweise wurden Einschränkungen des Staatshaushalts in den siebziger und achtziger Jahren durch lineare Budgetkürzungen erreicht. Das politische Problem dabei ist ein doppeltes. Zunächst müssen die politischen Eliten ihre Gruppenbasis von der Notwendigkeit der Verluste auf der Solidaritätsbasis «keiner verliert mehr als die andern» überzeugen können, so dass Referenden unterlassen werden. Sodann lassen proportionale Zuweisungen von Verlusten keine strukturellen Änderungen der Politik erwarten, sondern schreiben die Prioritäten früherer Politik für die Zukunft fest.

2. *Kompensationen und die Verwandlung von Nullsummen- in Positivsummen-Spiele:* Eine wichtige Technik zur Integration von Akteuren, die durch eine Vorlage zunächst Nachteile hinnehmen müssten, ist deren Kompensation durch Vorteile aus einer erweiterten Problemlösung oder in Aussicht gestellte Vorteile eines anderen Politikbereichs. Ein typisches Beispiel bildet die Landwirtschaft, deren enormer Strukturwandel in der Vergangenheit durch Kompensationsvorteile aus verschiedensten Bereichen – von der Sozialversicherung, dem Steuer-, Erb- und Bodenrecht bis zum verbilligten Bezug von Treibstoff – erleichtert wurde. Hinter dem, was hin und wieder eher abschätzig als «Päcklipolitik» kritisiert wird, steckt daher die Lösung eines bedeutsamen Problems: Verhandlungspolitik bietet die Möglichkeit, Nullsummen Konflikte in Positivsummen Konflikte zu verwandeln, bei denen es keine Verlierer gibt. Konsens und Kooperation unter Akteuren mit Vetopositionen werden eher erreicht, wenn die Liste der Verhandlungsgegenstände erweitert wird. Dies erhöht auch die Möglichkeit von gegenseitigen Kompensationen. Mit den zahlreichen Anforderungen, die an eine Lösung gestellt werden, werden jedoch oft auch die Ziele multipliziert, die mit einem einzigen Instrument erreicht werden sollen. Darunter leidet die Effektivität der staatlichen Politik. Ein anschauliches Beispiel dazu waren die Investitionsprogramme des Bundes, der im Konjunktureinbruch zu Mitte der siebziger Jahre ein Volumen von einer Milliarde Franken zur Ankurbelung der Wirtschaft bereitstellte. Der rasche Konsens wurde möglich durch die Berücksichtigung vieler Sonderwünsche: der

11 Das Entscheidungssystem der Konkordanz 309

Bauwirtschaft für Priorität von Bauvorhaben, der Kantone und der Wirtschaftsverbände zur Berücksichtigung besonders betroffener Regionen und Branchen. Wäre das Geld allein nach dem Kriterium der Beschäftigungseffekte ausgegeben worden, so hätte sich eine höhere Effektivität des Konjunkturprogramms erzielen lassen (Schwartz/Graf 1986). Die Bedingungen der Konkordanz für politische Innovationen, die ein Mittel konsequent auf die Erreichung eines einzigen wichtigen Ziels einsetzen, sind daher ungünstig.

3. Problemlösung durch Kooperation, Vertrauen und Lernprozesse: Verhandlungssituationen können idealtypisch durch zwei unterschiedliche Verhaltensmuster geprägt sein (Scharpf 1994): in *«Bargaining- Situationen»* verhalten sich Akteure ähnlich wie Pokerspieler. Sie versuchen, das Maximum aus ihren Karten für sich selbst herauszuholen und lassen sich nicht in ihren Fächer blicken. In *«Problem solving-Situationen»* dagegen sind die Akteure bemüht, die Auszahlung aus dem Spiel für sich selbst dadurch zu vergrössern, dass sie durch Kooperation den Nutzen des gesamten Spiels erhöhen. Dieses zweite Verhaltensmuster führt für die Gesamtheit der Beteiligten zu günstigeren Ergebnissen. Es bedingt aber Kooperation, Vertrauen und Lernprozesse, die unter eigennützigen Akteuren nicht selbstverständlich sind. Wenn der berühmte «helvetische Kompromiss» durch pragmatisches Problemlösen häufig erreicht wird, so lässt sich dafür eine Reihe von theoretischen Erklärungen angeben. Erstens führt der Konkordanzzwang dazu, dass die Akteure sich immer wieder treffen müssen, was, nach Axelrod (1987), kooperatives Verhalten begünstigt und illoyales Ausscheren aus dem Kompromiss erschwert. Sodann finden wir – mindestens auf parlamentarischer Ebene – eine Mehrzahl von Konfliktlinien, die nicht kongruent sind. Damit kommt es – je nach Problem – zu unterschiedlichen Koalitionen und wechselnden Mehrheits- und Minderheitsrollen. Das sind günstige Voraussetzungen für die grundsätzliche Kooperationswilligkeit aller Partner mit allen und für Lernprozesse. Wir sehen zugleich auch die *Achillesferse der Konkordanz.* Sie liegt dort, wo wechselnde Mehrheiten in der Polarisierung zu beständigen Mehrheits- und Minderheitsrollen erstarren, wie etwa in den achtziger Jahren im Bereich der Energiepolitik zwischen bürgerlicher Mehrheit und rot-grüner Minderheit. Hinter formaler Konkordanz verbirgt sich dann eine *informelle Mehrheitspolitik.* Dies muss als ungünstige Konstellation bezeichnet werden, denn Macht ist nach der Definition Karl Deutschs (1967), «die Möglichkeit, nicht lernen zu müssen». Formale Konkordanz mit zum voraus feststehendem «bargaining-Ergebnis» führt zu einer «ewigen Mehrheit», die keinerlei Lernbereitschaft zeigen muss, weil das Risiko des Machtwechsels anders als in der Mehrheitsdemokratie nicht zu fürchten ist. *Informelle Mehrheitspolitik kombiniert statt der Vorteile die Nachteile von Konkordanz- und Wettbewerbsdemokratie.* Lernleistungen erzielt Konkordanz also nur solange und dort, als wechselnde Koalitionen und Mehrheiten gebildet werden.

4. Die Austarierung zwischen Verbands- und Parlamentskompromiss: Für eine effektive Politiklösung müssen Verbandssystem und Parlament auch bei unterschiedlichen Präferenzen auf ähnliche Kompromisse kommen. Die Frage stellt sich deshalb, wie weit das

Parlament den Verbandskompromiss übernehmen will. Zwei Extremstrategien sind denkbar: Bei vollständiger Übernahme des Kompromisses im Parlament sind die Verbände maximal integriert und werden damit die Vorlage bei einem eventuellen Referendum voll unterstützen. Dabei müssen aber Widerstände im Parlament unberücksichtigt bleiben, was die Referendumsneigung erhöht. Das Parlament wird zudem ein Eigeninteresse daran haben, nicht zu stark in die Abhängigkeit der Verbände zu geraten. Die umgekehrte Extremstrategie kann darin bestehen, die Wünsche der Fraktionen optimal zu berücksichtigen. Verstösst dies gegen den vorparlamentarischen Kompromiss, so entbindet dies die Verbände von ihrer «Gegenleistung», nämlich der Unterstützung der Vorlage. Längerfristig würden damit das vorparlamentarische Verfahren und seine Vorteile der Integration gesellschaftlicher Interessen entwertet. Beide Extremstrategien sind daher nachteilig und zu vermeiden. In der Regel sind daher eine bloss partielle Übernahme des Verbandskompromisses und Veränderungen der Vorlage auch gegen den Willen einzelner Verbände zu erwarten. Das Ausscheren von einzelnen Verbänden, Parteien und weiteren Interessengruppen aus dem politischen Kompromiss und der Referendumsfall treten also nicht bloss wegen Ungewissheit ein, sondern auch wegen unterschiedlicher Präferenzen von Parlament und Verbandssystem. Zumeist gelingt allerdings die Einbettung des vorparlamentarischen Kompromisses in die Lösung des Parlaments im Sinne eines fortgesetzten «Problem-Solving». Dafür gibt es mehrere Gründe. Wie bereits erwähnt, ist die tatsächliche Ergreifung des Referendums riskant. Die Leitungen grosser Verbände und Parteien sind darum eher zurückhaltend oder halten bis zu einem gewissen Ausmass still, wenn ihre Interessen negativ berührt sind. Sodann findet sich eine personelle Verflechtung zwischen vorparlamentarischer und parlamentarischer Ebene. Einzelne politische Akteure treten im Verlaufe des Entscheidungsprozesses z.B. als Verbandsexperte oder Kantonsvertreter in einer vorparlamentarischen Kommission auf, sitzen als Volksvertreter im Parlament und vertreten die Vorlage an Delegiertenversammlungen ihrer Verbände und Parteien.

5. Besondere Verhaltenskultur der politischen Elite: Elitismus – hier beschreibend als besondere Verhaltenskultur der Entscheidungsträger gemeint – und direkte Demokratie scheinen Gegensätze zu bilden. Theorie und Forschung kommen zu differenzierten Schlüssen. In seinen empirischen Studien hat Kriesi (1980) gezeigt, dass Entscheidungsträger aus Wirtschaft, Verbänden, Regierung und Parlament stark vernetzt sind. Er fand einen engeren Kreis von Entscheidungsträgern, der sich durch einen hohen Einfluss auszeichnet, und gar einen engsten Elitenkreis im vorparlamentarischen Verfahren, dem ein hoher Einfluss in allen Entscheidungen zugeschrieben wird. Die Theorie des «Consociationalism» begründet plausibel, warum gerade in der Verhandlungsdemokratie mit besonderen gemeinsamen Wert-, Erwartungs- und Verhaltensmustern einer politischen Elite zu rechnen ist (Lijphart 1977). Verhandlungsdemokratie verlangt nämlich, dass politische Entscheidungsträger über die verschiedenen gesellschaftlichen Segmente, Gruppen, Lager und Parteien hinaus dauernd zusammenarbeiten. Erfolgreiche Kooperation setzt, wenn nicht gemeinsame

11 Das Entscheidungssystem der Konkordanz

Werte der Eliten, mindestens eine gemeinsame Wahrnehmungsfähigkeit von Problemen voraus, die über die engere Interessenperspektive der Gruppen hinausreicht, die sie vertreten. In wiederholten Verhandlungssituationen entwickeln Eliten zudem einen eigenen Kodex «angemessenen» Verhaltens, der auf die Erzielung wechselseitiger Kompensationen gerichtet ist und der sich von jenem der vertretenen Gruppe unterscheiden kann. Politische Eliten benötigen darum relativ unabhängige Mandate zum Verhandeln und eine gewisse Unabhängigkeit von der Gruppenbasis, die sie vertreten. Verhandlungsdemokratie ist also mit einem Elite-Basis-Problem konfrontiert, und sie kommt auch in der Schweiz aktuell in der populären oder populistischen Kritik an der «classe politique» und ihrer «Verfilzung» zum Ausdruck. Dabei werden allerdings zwei wichtige Punkte geflissentlich übersehen, die den politischen Elitismus im schweizerischen System begrenzen: Zum einen verlangen Referendumsdemokratie sowie das fragmentierte Verbands- und Parteiensystem besondere Überzeugungsarbeit der politischen Entscheidungsträger für ihre Kompromisse. Zum zweiten ist Konfliktlösung durch Verhandeln nicht nur ein politisches, sondern ein allgemeines gesellschaftliches Verhaltensmuster. Es findet sich auch ausserhalb der Politik als Verständigungsmuster zwischen verschiedenen Kultursegmenten und Gruppen sowie auf allen gesellschaftlichen Ebenen. Nicht nur im Gemeinderat werden die Sitze proportional verteilt, auch in den Vorständen der Dorfvereine versucht man alle Tendenzen angemessen zu vertreten. Vom schweizerischen Fussball- bis zum Gleitflieger-Verband wird man darauf achten, einem Deutschschweizer Präsidenten einen Vizepräsidenten französisch sprechender Zunge zur Seite zu stellen, damit alle Tendenzen zum Zug kommen.

2. Das schweizerische System im Vergleich zur parlamentarischen Mehrheitsdemokratie

Das schweizerische Politiksystem unterscheidet sich von den meisten parlamentarischen Systemen sowohl durch die Mitwirkung des Volkes an den wichtigen Entscheidungen wie durch seine ausgeprägte Konkordanz. Wie bereits erwähnt, bildet die Schweiz damit keinen unvergleichbaren Sonderfall. Vielmehr lassen sich auch andere Staaten mit Einrichtungen direkter Demokratie finden. Die vergleichende Politikwissenschaft identifiziert ein fliessendes Kontinuum von parlamentarischen Systemen zwischen der Mehrheits- und der Konsensdemokratie. Die folgende Vierfeldertafel zeigt eine erste Möglichkeit der Systematisierung:

Tabelle 11.2: Repräsentativsystem und halbdirekte Demokratie; Konsens- und Mehrheitsdemokratie.

	Parlamentarisches bzw. repräsentatives System	Halbdirekte Demokratie
Mehrheitsdemokratie	Grossbritannien Neuseeland	Einzelstaaten der USA
Konsensdemokratie	Niederlande Belgien	Schweiz

Besonders aufschlussreich ist hier ein Vergleich der Schweiz mit Grossbritannien, dessen System als «Westminster Modell» sich in beiden Dimensionen von der konkordanten, halbdirekten Demokratie unterscheidet.

Tabelle 11.3: Ein Systemvergleich Grossbritannien-Schweiz

	Parlamentarische Mehrheitsdemokratie	Halbdirekte Konsensdemokratie
Funktion der Parlamentswahlen	Wahl der Regierung der parlamentarischen Mehrheitspartei und demokratische Legitimation ihres Programms, stimulierter periodischer Machtwechsel	Kein direkter Einfluss der Parlamentswahl auf die Wahl der Regierung, kein Mandat für ein politisches Programm; kein Machtwechsel zwischen Regierung und Opposition
Funktion von Abstimmungen	Plebiszite als seltene Ausnahme; nicht bindend	Regelmässige und bindende Nachkontrolle wichtiger parlamentarischer Entscheide
Parteienwettbewerb	Starker Wettbewerb um Erringung der Regierungsmacht	Geringer Wettbewerb, beschränkt auf Repräsentationsstärke im Parlament, evtl. in der Regierung
Wahlsystem bzw. Verteilungsregel politischer Macht	Gewinner erhält alles, Majorzwahl angelegt auf Stimulierung des periodischen Machtwechsels zwischen Regierung und Opposition	Machtteilung: Proportionale Verteilung und Besetzung von Mandaten und Stellen, «fallweise» Opposition von Konkordanzpartnern statt Machtwechsel
Entscheidungszentrum	Institutionelle Konzentration der Entscheidungsmacht bei der Regierung bzw. Parlamentsmehrheit	Keine Konzentration; Abfolge autonomer Entscheidungsanteile von Interessengruppen, Parlament und Volk im Entscheidungsprozess
Vom System erwartete wichtigste Outputleistungen	Politischer Wandel und Innovation: Konsequente Umsetzung des Regierungsprogramms, auch auf Kosten der Minderheiten, legitimiert durch Wählerwillen und die Möglichkeit des Machtwechsels	Politische Integration und Berücksichtigung von Minderheiten: proportionale Machtteilung, Verhandlung und fallweise Problemlösung durch Kompromiss

Der Vergleich zeigt, wie unterschiedlich die Funktionen der einzelnen Institutionen und die erwarteten Entscheidungsleistungen sind. Das parlamentarische Mehrheitssystem Grossbritanniens konzentriert den Einfluss der Stimmbürgerschaft auf den Akt der Wahl. Dieser ist von überragender Bedeutung, geht es doch gleichzeitig um die Bestellung der Regierung wie ihres Programms. Entsprechend hart ist der Parteienwettbewerb, in dem es nur einen Sieger gibt: Das Majorz-Wahlrecht mit Einerwahlkreisen ist auf die Hervorbrin-

11 Das Entscheidungssystem der Konkordanz

gung einer eindeutigen parlamentarischen Mehrheit angelegt, und diese stellt die Regierung. Machtkonzentration und geringe institutionelle Hemmnisse schaffen ihr die möglichst ungehinderte Durchsetzung ihres Programms, und zwar auch auf Kosten der Opposition. Bei politischem Erfolg kommt es zur Wiederwahl. Hier liegt einer der wichtigsten Vorzüge des Systems: die Umsetzung selbst längerfristiger Programme wird möglich, falls sich die Regierung ausreichendes Vertrauen erwirbt. Wenn nicht, fällt die Regierung durch ein Misstrauensvotum oder verliert ihre Macht in den nächsten Wahlen an die Opposition. Selbst grosse Minderheiten können längere Zeit ohne jeden Einfluss verbleiben. In diesem System stehen darum die Innovationschancen besser als diejenigen gesellschaftlicher Integration.

Ganz andere institutionelle Zusammenhänge finden wir dagegen im schweizerischen System: Wahlen lösen keinen Machtwechsel aus, sondern höchstens Verschiebungen von Repräsentationsanteilen im Parlament. Der Parteienwettbewerb ist darum auch begrenzt. Wahlen sind keine Plattformen für Regierungsprogramme, dafür hat die Wählerschaft direkte Partizipationsmöglichkeiten an wichtigen Parlamentsentscheiden. Ein eigentliches Machtzentrum weist das schweizerische System nicht aus: kein Akteur vermag den Prozess als Ganzes nach seinem Willen zu steuern, vielmehr sind Verbandssystem, Regierung, Parlament und Volk nacheinander frei, anders zu entscheiden als der vorherige Akteur. Schliesslich sind auch andere Entscheidungsergebnisse, ein anderer Output des Systems zu erwarten. Der geringe gemeinsame Nenner der Konkordanz und die Unwägbarkeiten der direkten Demokratie lassen wenig Raum für Regierungsprogramme, langfristige oder konzeptionelle Planung. Fallweise, pragmatisch und in kleinen Einzelschritten wird entschieden unter Berücksichtigung aller Gesellschaftsgruppen und Parteien. Die Integrationsleistung ist höher als die Innovationsleistung.

3. Der Trade-off zwischen Wahl- und Abstimmungsdemokratie: Wer hat mehr politischen Einfluss: die Britin oder die Schweizerin?

Der vorangehende Vergleich zeigt einen fundamentalen Unterschied der Partizipation. In Grossbritannien, dem Musterbeispiel einer parlamentarischen Mehrheitsdemokratie, sind die Wahlen ein offensichtlich höchst effektives Mittel demokratischer Partizipation. Die Britin entscheidet mit dem Wahlzettel, wer zur Regierung gewählt oder auf die Oppositionsbänke verwiesen wird, und welches Wahlprogramm in der nächsten Legislaturperiode umgesetzt wird. Trotz aller Unverbindlichkeit der Wahlrhetorik macht es einen Unterschied, ob Labour oder die Conservatives regieren, und je nachdem reagiert auch die Börse. Darüber hinaus ist die Wahl ein einfaches Instrument der Partizipation. Das sind günstige Voraussetzungen für eine relativ gleichmässige Teilnahme der verschiedenen sozialen Schichten. Sind die Wahlen indessen vorbei, so hat die Britin bis zu den nächsten Wahlen nichts zu sagen. Zwar werden, wie überall, regelmässige Umfragen über die Popularität der Regierung publiziert; sie brauchen aber gerade eine englische Regierung erst zu beeindrukken, wenn Abgeordnete aus den eigenen Reihen die Mehrheitsfraktion im Stich lassen. Gerade umgekehrt ist dagegen die relative Bedeutung von Wahlen und Abstimmungen im System halbdirekter, konkordanter Demokratie. Für die Schweizerin sind Wahlen relativ bedeutungslos nicht nur wegen der (zufälligen) Stabilität der Wähleranteile der Parteien, sondern wegen ihrer prinzipellen Alternativlosigkeit. Die Schweizerin hat keinen Einfluss auf die personelle oder parteimässige Zusammensetzung des Bundesrats. Dagegen übt sie durch Abstimmungen einen höchst bedeutungsvollen Einfluss auf die wichtigsten Entscheidungen des Parlaments aus. Vor dieser Schweizerin als Angehörige des Stimmvolks haben alle Politiker dauernden Respekt: Bundesräte, Parlamentarier und Verbandspolitikerinnen. Umfragen zeigen, dass die Schweizerin Abstimmungen für bedeutsamer hält als Wahlen.

Das parlamentarische Mehrheitssystem Grossbritanniens maximiert offensichtlich den Einfluss der Bürgerschaft über die Wahldemokratie, während der Einfluss über die Abstimmungsdemokratie minim ist. Beim schweizerischen Machtteilungssystem ist es gerade umgekehrt. Daraus kann eine erste, wichtige Erkenntnis gezogen werden: Der politische Einfluss der Schweizerin ist nicht a priori höher als derjenige der Britin, denn ihren hohen Abstimmungseinfluss erkauft sie sich offensichtlich durch einen geringeren Einfluss bei den Wahlen.

Wäre es nun nicht möglich, ein System zu konzipieren, das den Stimmbürgerinnen gleichzeitig maximalen Einfluss über die Abstimmungs- und Wahldemokratie gewährt? Meine Antwort lautet nein, wenigstens auf Grund des theoretischen Wissens, das wir aus dem Funktionieren der Institutionen haben. Würden nämlich im englischen Westminster-Modell Referenden möglich, so schwänden die Chancen der Regierung, ihr Programm konsequent durchzuziehen. Umgekehrt sind die Möglichkeiten einer Aufwertung schweizerischer Wahlen begrenzt, solange die Volksrechte eine Nachkontrolle parlamentarischer Entscheidung erlauben. Genau diese Erfahrungen machten bürgerliche wie links-grüne «Blockregierungen» in den Städten Bern und Zürich oder im Kanton Genf, die in Abweichung vom Konkordanzprinzip mit Wahlprogrammen angetreten waren und ihrer Wählerschaft eine klare Alternative anbieten wollten: Sie mussten die demokratisch erwünschte Aufwertung der Wahlen mit einer häufigen Desavouierung ihrer Mehrheitspolitik in Volksabstimmungen bezahlen, die unter Konkordanzbedingungen problemlos über die Bühne gegangen wären.[5] Der Grund ist einfach: Wird der Wechsel von Regierung und Opposition in das System direkter Demokratie eingeführt, so ist es für die Opposition gleichermassen legitim und aussichtsreich, die Volksrechte für die systematische Schwächung der Regierung zu nutzen. Aus den «Sachabstimmungen» werden damit wahlstrategische Instrumente.

5 Ein illustratives Beispiel dazu bietet die Stadt Bern: das Budget der Rot-Grün-Mitte-Regierung 1992–96 wurde von den Bürgerlichen systematisch bekämpft und in Volksabstimmungen vier Mal bachab geschickt. Dabei ging es nicht mehr um inhaltliche Differenzen der Budgetgestaltung, sondern um das strategische Ziel, die politische Stellung der RGM-Regierung bis zu den nächsten Wahlen so zu schwächen, dass eine bürgerliche Mehrheitsregierung chancenreich würde.

11 Das Entscheidungssystem der Konkordanz

Aus solchen Zusammenhängen habe ich die Hypothese des «Trade-Offs» zwischen Abstimmungs- und Wahldemokratie formuliert. Sie behauptet, es sei nicht möglich, in einem politischen System gleichzeitig die Wahl- und Abstimmungsdemokratie zu maximieren. Die Ausgestaltung eines Systems für einen maximalen Einfluss der Bürgerschaft durch Wahlen zwingt zur Begrenzung ihres Einflusses durch Abstimmungen und umgekehrt.

Dieser Zusammenhang kann wie folgt dargestellt werden:

Grafik 11.2: Trade-Off zwischen Wahl- und Abstimmungseinfluss in Mehrheits- und Konsensus-Demokratien

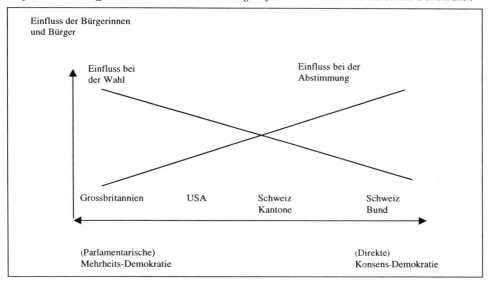

Am linken Ende des Spektrums steht die Mehrheitsdemokratie parlamentarischer oder präsidialer Art, welche den Einfluss durch Wahlen maximiert, am rechten Ende die konkordante, halb-direkte Demokratie. In diesem Spektrum können wir nicht nur die reinen Modellfälle Grossbritanniens und der Schweiz, sondern auch weitere Fälle situieren. Die Kantone und Gemeinden etwa gewähren höheren formellen Wahleinfluss durch die Volkswahl der Exekutiven; ihre Aufwertung zu echt konkurrenziellen Wahlen stösst aber auf das Hindernis oppositioneller Referendumspolitik, weshalb sie in der Regel vermieden wird. In den Einzelstaaten der USA finden wir zum Teil eine ausgeprägte Abstimmungsdemokratie; die Wahlen sind an sich nach dem Mehrheitsprinzip ausgelegt, aber weniger bedeutsam als in Grossbritannien. Zwischen Exekutive und Legislative besteht eine Gewaltenteilung, und die Parteienkonkurrenz erhebt nicht den Anspruch auf die Realisierung alternativer Gesellschafts- oder konzeptioneller Politikprogramme.

Stösst eine systematische Überprüfung im internationalen Vergleich auf prinzipielle Grenzen, so deutet der interkantonale Vergleich immerhin auf den hier postulierten Zusammenhang zwischen Wahl- und Abstimmungsdemokratie hin. Vatter (1997:762f.) stellt fest, dass in Kantonen mit geringerer Konkordanz die Häufigkeit von Volksinitiativen und fakultativen Referenden steigt. Dies belegt nicht nur die bekannte Integrationswirkung dieser beiden Volksrechte, sondern auch den umgekehrten Zusammenhang auf systematische Weise: die politischen Eliten können keine «echten», d.h. nicht konkordante Alternativwahlen ausschreiben, ohne mit einer für sie problematischen Zunahme oppositioneller Volksbegehren zu rechnen.

Der Umstand, dass der Einfluss der Bürgerschaft durch Abstimmungen und Wahlen im gleichen System nicht zugleich maximiert werden kann, sondern einem Trade-off unterliegt, ist für Demokratie- und Konkordanzreformen gleichermassen von Bedeutung. Für die Schweiz zeigt sich zumindest, dass halbdirekte Demokratie nicht einfach «besser» ist, weil sie den Stimmbürgern die Mitwirkung in Wahlen *und* Abstimmungen gewährt. Die Volksrechte ermöglichen direkte Partizipation, die Konkordanz aber entwertet die politische Bedeutung der Wahlen ein gutes Stück. Die Konkordanz als Folge der Volksrechte erweist sich sodann als institutioneller *Zwang*. Einmal eingerichtet, kann sie nicht einfach rückgängig gemacht werden. Das schweizerische System weist damit weniger Freiheitsgrade aus als parlamentarische Demokratien, welche Konkordanz *freiwillig* pflegen können, solange sie unter den politischen Gegebenheiten sinnvoll erscheint. Schliesslich ist auf die Frage eines weiteren Ausbaus der direkten Demokratie hinzuweisen. Wer diesen verlangt, hat zu berücksichtigen, dass ein solcher Ausbau die Konkordanzzwänge in der realen Politik noch verstärkt und Wahlen möglicherweise noch stärker entwertet. Umgekehrt muss in Kauf genommen werden, dass bei einer Stärkung des Einflusses der Bürgerinnen und Bürger durch Wahlen und Mehrheitspolitik die Volksrechte eingeschränkt werden müssen, weil sonst «Blockwahlen» zwar möglich, die Durchsetzung eines Mehrheitsprogramms jedoch wenig aussichtsreich erscheint.

E. Kritik an der Konkordanz

1. Die politische Umstrittenheit der Konkordanz

Die Kritik an der Konkordanz ist so alt wie diese selbst. Dass sie von allen Seiten geäussert wird, ist leicht erklärlich: Ein System der Machtteilung und des allseitigen Ausgleichs durch den Kompromiss sorgt, wie Politiker sich ausdrücken, auch für eine gleichmässige Verteilung der Unzufriedenheit. Beklagten zu Beginn der Zauberformel 1959 vor allem die Freisinnigen den Verlust ihrer dominanten, staatstragenden Rolle, so war in den achtziger Jahren bei den Sozialdemokraten die Konkordanz und ihre eigene Rolle als Regierungspartei heftig umstritten. Nach der Nichtwahl ihrer offiziellen Bundesratskandidatin Lilian

11 Das Entscheidungssystem der Konkordanz 317

Uchtenhagen diskutierte die SP den Regierungsaustritt an einem Sonderparteitag 1984[6]. Dabei richtete sich der Groll nicht nur gegen die Verhinderung der ersten Frau im Bundesrat. Nicht weniger thematisiert wurde der geringe Einfluss der politischen Linken in der Konkordanz, sowie die Rolle der Partei: Führte die Regierungsbeteiligung nicht zu einer Verbürgerlichung der SP, deren Programm und Gefolgschaft auf kritische Distanz zum Kapitalismus und auf grundlegende gesellschaftliche Reformen aus waren?[7] Die Partei lehnte den Antrag auf Regierungsaustritt deutlich ab, nicht zuletzt aus der Befürchtung, dass der «Jungbrunnen der Opposition» als Gang in die Wüste enden konnte, wenn keine klare Aussicht bestand, mit mehr Macht an die Regierung zurückzukommen. Die Diskussion drückte indessen ein Dilemma aus, dem zwar vor allem eine kritische Linke, aber bis zu einem gewissen Grad alle Regierungsparteien ausgesetzt sind. Konkordanz verwischt sowohl Konflikte wie politische Verantwortlichkeiten und setzt parteipolitischer Profilierung Grenzen. Zu Ende der achtziger Jahre, in einer Zeit neo-liberaler Ideologisierung und politischer Offensive, kamen bürgerliche Stimmen auf, die sich vom Hinauswurf der Sozialdemokraten aus der Regierung eine homogenere und handlungsfähigere Regierung versprachen. Zu einer stärkeren politischen Tendenz wurden diese Stimmen nie; die Preisgabe der Konkordanz ist auch für das bürgerliche Lager mit hohen Risiken und ungewissem Gewinn verbunden. Damit erweist sich die Konkordanz realpolitisch – wegen der Referendumszwänge – als überaus robust.

Das entbindet nicht von kritischer Analyse des Konkordanzsystems. Aus politikwissenschaftlicher Sicht scheint es mir fruchtbar, die Input- von der Output-Perspektive zu unterscheiden, wie dies Fritz Scharpf (1970:21ff.) in seiner Demokratietheorie tut. Im Sinne der Input-Perspektive möchte ich zunächst fragen: führt das System zu einer unverfälschten und gleichwertigen Partizipation der verschiedenen gesellschaftlichen Interessen? Unter Output-Gesichtspunkten ist sodann zu prüfen: welches ist die Qualität der Entscheidungen des Systems?

2. Input-Kritik: Ungleiche Beteiligung und die privilegierte Stellung der kurzfristigen Partialinteressen

1958 schon kritisiert der liberal-konservative Staatsrechtler Hans Huber den starken Verbandseinfluss im schweizerischen System wie folgt: «Gesamthaft darf man doch die Behauptung wagen, die Verbände hätten die sozialen Beziehungen weit mehr vermachtet. Politische und nichtpolitische Macht sind verkoppelt, die Legitimierung des politischen

---

6 Wie heftig die Frage die Partei bewegte, zeigte die Delegiertenzahl: statt der üblichen 3–500 liessen sich 858 von 1100 Sektionen mit 1317 Delegierten vertreten. Die in den Leitungsorganen dominierenden Austrittbefürworter wurden mit 773 gegen 511 Stimmen in die Minderheit versetzt (APS 1984:214).
7 Zur Dokumentation der Positionen für und gegen die Regierungsbeteiligung: Brassel/Degen/Gross/Tanner (1984).

Entscheidungshandelns durch den demokratischen Gedanken bleibt aus, das Volk steht nicht mehr als letzter Auftraggeber aller Herrschaft da, wie es sich in der Demokratie gebühren würde...», weiter:... «Das Gesetz verkörpert in unserem Bewusstsein auch nur noch selten den nationalen Gesamtwillen, weil dieser selber überwiegend gar nicht mehr existiert. Wir sehen klar den pluralistisch gespaltenen Gesetzgeber und sein Erzeugnis: Das Gesetz als oft einseitiges Ergebnis von Auseinandersetzung von Macht und Mächten, das Gesetz als Austauschergebnis von bisweilen sachfremden Zugeständnissen, das Gesetz auf dem Buckel anderer, die nicht hinreichend repräsentiert waren» (Huber 1958:381 sowie 1965:514 sowie beide in Huber 1971).

Huber nahm damit jene Kritik vorweg, die später von Politologen in der sog. «Pluralismusdiskussion» vertieft wurde: die Öffnung der politischen Demokratie für die verschiedenen gesellschaftlichen Gruppen erhöht zwar die Wertberücksichtigung des Entscheidungsprozesses. Aber die innerparteiliche Demokratie dieser Gruppen ist nur schwach ausgebildet. Deren Eliten rekrutieren sich aus den oberen Gesellschaftsschichten und es ist ungewiss, ob auch die Interessen der Nicht-Eliten zum Zuge kommen. Vor allem aber ist mit ungleichem Einfluss der verschiedenen gesellschaftlichen Gruppen zu rechnen: die kurzfristigen Partialinteressen, sowie die «haves» sind gegenüber den langfristigen Allgemeininteressen und den Gruppen der «have-nots» systematisch begünstigt. Die theoretischen Gründe liegen wie in Kapitel 5 näher ausgeführt darin, dass die Machtbildung von den Faktoren der Organisations- und Konfliktfähigkeit und damit von der Möglichkeit abhängt, Leistungen gegenüber Dritten zu verweigern.

Diese Argumente einer Pluralismuskritik (Scharpf 1970:29ff.) gelten freilich für jedes demokratische Entscheidungssystem, das den einzelnen gesellschaftlichen Gruppen neben den formellen Gewalten von Parlament und Parteien politischen Einfluss gewährt – also auch etwa für den Lobbyismus in den USA oder in Italien. Die schweizerische Konkordanz ist als eine besondere Form des Gruppenpluralismus aufzufassen, und deshalb muss die Argumentation der Pluralismuskritik auch spezifiziert und auf ihre Gültigkeit als «Konkordanzkritik» überprüft werden.

1. Zur «Vermachtung» des Verbandsstaats: Der Einfluss der Verbände beruht nur zum geringen Teil auf demokratischer Stimmenmacht nach dem Prinzip «Eine Person- eine Stimme», und weit mehr auf der Konfliktfähigkeit und Organisationsbereitschaft ihrer wirtschaftlichen und sozialen Ressourcen. Letztere sind ungleich verteilt. Ein starker Verbandsstaat relativiert den Einfluss demokratisch gebildeter Macht. Hubers Kritik zielt damit auf einen zentralen Punkt: Der Umstand, dass der nicht-demokratische Machteinfluss gerade stark ist in einem System, das aus der Norm direkter Teilnahme der Bürgerschaft seinen besonderen Legitimationsglauben bezieht, bildet einen verdrängten, aber fundamentalen Widerspruch schweizerischer Demokratie. Aus vergleichender Perspektive sind immerhin zwei Relativierungen der «Vermachtungsthese» anzubringen. Der Verbandseinfluss existiert erstens auch in Ländern ohne Konkordanz. In stark korporatistischen

11 Das Entscheidungssystem der Konkordanz

Systemen mit hoher Zentralisierung kann er zudem zu einer hohen Machtkonzentration weniger Verbände führen, während das schweizerische Verbandssystem immerhin starke föderalistische und branchenmässige Fragmentierungen kennt. Zweitens beruht wenigstens ein Teil des Verbandseinflusses auf der Referendumsfähigkeit der einzelnen Organisationen – hat sich also im Extremfall am direktdemokratischen Test zu bewähren und kann dort auch scheitern.

2. Der Ausschluss Dritter: Auch in der konkordanten, vorparlamentarischen Verhandlung sind nicht alle Gruppen, sondern die «zuständigen» Verbände beteiligt. Das begünstigt den Kompromiss, schliesst aber andere, Dritte aus. Theoretisch muss damit gerechnet werden, dass dieser eingeschränkte Kreis von Akteuren seinen Kompromiss auf Kosten Dritter und der Allgemeinheit trifft. Dazu gibt es überzeugende empirische Belege. In der Landwirtschaftspolitik beispielsweise führte das Subventionssystem zur chronischen Milchschwemme, die nach dem Willen des Parlaments eingedämmt werden sollte. Verwaltung und Milchproduzenten schlugen in den siebziger Jahren ein einschneidendes System der einzelbetrieblichen Kontingentierung vor. Die Massnahme wurde durch die Interessierten selbst effizient und unter relativer Zufriedenheit der über 35'000 Produzenten umgesetzt – aber unter nochmaliger Erhöhung der Milchmenge und unter entsprechenden Kosten für die Allgemeinheit, die von 580 auf 700 Mio. Franken anstiegen (Hauser et al. 1983, Linder 1987a).

3. Die Output-Kritik: geringe Innovation und die Privilegierung der saturierten Interessen

1. Innovationsschwäche: Mit Hinsicht auf ihre Entscheidungsergebnisse wird der Konkordanzpolitik angekreidet, dass sie zu systematischer Innovationsschwäche neige. Der Entscheidungsprozess dauert lange. Wie wir bereits ausgeführt haben, sind Konkordanzentscheidungen geprägt von der Nähe zum Status quo und vom Versuch, mit einem Instrument mehrere Ziele gleichzeitig zu bedienen. Ökonomen kritisieren, dass der Ausgleich verschiedener Interessen im Ergebnis auch zur Überversorgung führen kann – ein Vorgang, den etwa das Entscheidungsergebnis für zwei Tunnels der Neuen Alpentransversalen NEAT drastisch veranschaulicht. Der Doppelausbau ist unter wirtschaftlichen Überlegungen stark kritisiert worden, schien aber politisch unausweichlich: wäre mit der alternativen Lösung von Gotthard oder Lötschberg ein Landesteil unberücksichtigt geblieben, so hätten ihn dessen regionalpolitische Interessen zu Fall gebracht. Allgemein beurteilt Germann (1975) die schweizerische Konkordanz als ein «überbremstes System», dessen zahlreiche Vetopositionen zu häufigen «Null-Entscheidungen» führten.

2. Privilegierung der saturierten Interessen: Um im Gruppenpluralismus überhaupt gehört zu werden, bedarf es der Konflikt- und Organisationsfähigkeit eines Verbandes. Aus der Benachteiligung der langfristigen Allgemeininteressen und derjenigen der «have-nots» zieht Scharpf (1970:48ff.) das Fazit, beim Pluralismus handle es sich um ein System des begrenzten Interessenausgleichs grundsätzlich saturierter Interessen, das wenig als Arena struktureller

Reform tauge. Ob diese allgemeine Kritik für ein Konkordanzsystem mit hohem Verbandseinfluss in stärkerem oder geringerem Masse zutreffe, ist theoretisch nicht eindeutig zu entscheiden. Für eine starke Privilegierung der saturierten Interessen spricht der Umstand, dass die Bedeutung der Wahlen, die nach Scharpf den Interessen der benachteiligten Nicht-Eliten den besten Zugang zu ihrer Interessendurchsetzung eröffnen, im schweizerischen System von geringem Einfluss sind. Sodann gibt es keinen Grund, den vorparlamentarischen Verhandlungsprozessen generell altruistischere Muster zu unterstellen als den nicht-öffentlichen Gruppenverhandlungen. Für diese ist an die machttheoretische Kurzformel zu erinnern: «Wer hat dem wird gegeben» (Matth. 23.12.). Gegen die blosse Privilegierung saturierter Interessen in der Konkordanz spricht umgekehrt die These, wonach die Abstimmungsdemokratie jede einseitige Interessendurchsetzung dämpft und über die Volksinitiative punktuell neue und nicht-organisierte Tendenzen mobilisieren lässt.

3. Staatliche Eigenmacht der Verbände statt Markt und Wettbewerb: Die parastaatlichen Organisationen und jene Akteure, die in enger Verflechtung mit dem Staat am öffentlichen Aufgabenvollzug mitwirken, haben eine privilegierte Stellung. Sie definieren und beeinflussen wie im obigen Beispiel die Gesetze, die sie nachher selbst vollziehen, und schliessen Dritte sowie die weitere politische Öffentlichkeit von ihren Problemlösungen aus. Auch diese Interessenverflechtung ist nicht «konkordanztypisch» und kann ebenso in Wettbewerbsdemokratien beobachtet werden. Die Konkordanz verschärft aber das Problem politischer Kontrolle. Wegen des fehlenden Machtwechsels werden diese dauerhaften Arrangements politisch kaum kontrolliert, überprüft und verändert. Damit unterbleiben Lernleistungen. Vor allem die privilegierten Zweige der Binnenwirtschaft ziehen es vor, politische Renten zu ziehen statt sich dem Wettbewerb auf dem Markt auszusetzen (Borner et al. 1990:163). Heute allerdings sind die halbstaatlichen Verbandsverwaltungen genau wie die öffentlichen Unternehmungen Gegenstand starker Kritik geworden. Sie haben zur Aufhebung einzelner Arrangements wie z.B. der Käseunion, zur stärkeren Abgrenzung öffentlicher und privater Interessen oder zur Privatisierung geführt. Bezeichnenderweise wurden diese Reformen weniger aus innerem Antrieb als aus Gründen des weltweiten Liberalisierungsdrucks von aussen ausgelöst.

Die Output-Kritik der geringen Innovationsfähigkeit und der Privilegierung saturierter Interessen muss sich letztlich am empirischen Leistungsvergleich mit anderen Politiksystemen messen. Hier kommt nun die neuere vergleichende Politikforschung zu eher unerwarteten Ergebnissen. Armingeons (1996b) systematischer Vergleich der OECD-Länder von 1960–96 billigt den Konkurrenzdemokratien keine überlegene Innovations- und Anpassungsfähigkeit in der Wirtschaftspolitik zu, vermerkt für Verhandlungsdemokratien allerdings eine leicht höhere Tendenz zur Expansion der Staatsintervention. Weiter zeigt Abromeit (1992b) in ihren direkten Vergleichen zum «Gegenmodell» Grossbritannien, dass dessen hohe theoretische Innovationsfähigkeit an der «Stop-and-Go»-Politik bzw. am radikalen Kurswechsel der Politik bei Regierungswechseln leidet, während umgekehrt die

Chancen langsamer, aber schrittweiser Innovation des schweizerischen Systems eher unterschätzt werden (Lehner 1992). Keman (1996) schliesslich belegt in systematischen Vergleichen mit europäischen bzw. OECD-Ländern, dass die «Performance» der schweizerischen Wirtschafts- und Sozialpolitik überdurchschnittlich gut abschneidet. Zumindest die Frage der Innovationsfähigkeit des Konkordanzssystems ist also beim gegenwärtigen Stand der Forschung aus politologischer Sicht durchaus offen.

F. Alternativen zur Konkordanz

1. Die «grosse» Alternative: Konkurrenz statt Konkordanz

Germann (1975) und Borner et al. (1990) sind die beiden wissenschaftlichen Autoren, die nicht nur die Nachteile der Konkordanz analysierten und kritisierten, sondern sich darüber hinaus deutlich für einen «Systemwechsel» ausgesprochen haben, nämlich für die Preisgabe des schweizerischen Machtteilungssystems zugunsten einer (bi-polaren) Konkurrenzdemokratie. Beide sehen in der Konkurrenzdemokratie ein handlungsfähigeres System, das den Innovationsanforderungen der schweizerischen Gesellschaft besser gewachsen sei.

Kasten 11.2: Der Umbau des Konkordanz- zum bi-polaren Konkurrenzsystem

> Die Ablösung des Politikstils der Konkordanz durch den Stil der Mehrheitspolitik würde bedeutend mehr erfordern als den Hinauswurf einer Partei aus dem Bundesrat, nämlich den Abbau heutiger Konkordanzstrukturen.
>
> Germann (1975:201ff.) zeigte im Sinne eines «institutional design» die beiden Strategien, die der Umbau des schweizerischen Systems in Richtung einer bi-polaren Mehrheitsdemokratie erfordern würde. Das erste ist die *Beseitigung der «institutionellen Konkordanzzwänge»*, wonach die Volkskammer des Parlaments zum dominierenden Entscheidungszentrum wird. Dafür schlägt Germann vor:
>
> – die Reduktion der ständerätlichen Kompetenzen und die Wahl der Regierung durch den Nationalrat allein, sowie die Einführung des Berufparlaments zur Steigerung seiner Leistungsfähigkeit,
> – den Ersatz des fakultativen durch ein Parlamentsreferendum, die Erhöhung des Quorums beim Kantonsreferendum und die Erschwerung der Verfassungsinitiative,
> – eine offenere Regelung der Bundeskompetenzen (Art. 3 BV) zur Vermeidung von Volksabstimmungen mit Doppelmehr.
>
> Eine Reihe weiterer Massnahmen betrifft zweitens die *«Stimulierung der Bipolarität»* bzw. die Förderung eines Zweiparteiensystems:
>
> – die Einführungen des relativen Mehrheitswahlrechts mit Einerwahlkreisen,
> – die Umformung des Bundesrats: ein auf vier Jahre gewählter Bundespräsident mit Richtlinienkompetenz steht an der Spitze der übrigen Bundesräte, die auf Vorschlag des Präsidenten vom Nationalrat ernannt oder abberufen werden,
> – die Förderung der Zentralisierung der Parteien durch öffentliche Beiträge.

Germann hat im Sinne eines «institutional design» aufgezeigt, wie das schweizerische System zu einem Konkurrenzsystem umgebaut werden könnte. Der Entwurf von Germann scheint auch heute noch konsistent und bleibt – trotz geringer realpolitischer Chancen – aus politologischer Sicht ein ausserordentlich interessantes Lehrstück: Er benennt den Föderalismus und die direkte Demokratie als die institutionellen Hauptpunkte, die geändert werden müssten, um Konkordanz durch den politischen Wettbewerb zu ersetzen. Entgegen der Meinung Kriesi's (1995:218) kann man auch argumentieren, die Einschränkung der Volksrechte führe keineswegs zu einer Verringerung der Demokratiequalität, weil Germanns Modell insgesamt darauf angelegt ist, den Parteienwettbewerb und die Wahlen aufzuwerten. Selbstverständlich bleibt es eine politische Wertungsfrage, ob man den Einfluss der Stimmbürgerschaft in der Abstimmungs- oder in der Wahldemokratie maximieren will – auf jeden Fall kann man, wie wir zu zeigen versuchten, nicht beides zugleich haben. Wenn die meisten Politologen und Staatsrechtler die Abstimmungsdemokratie (Kölz/Müller 1990, Möckli 1994a, Auer 1996, Sciarini/Trechsel 1996) bevorzugen, so scheint mir Germann's Option für die Wahldemokratie zumindest theoretisch nicht weniger begründbar. Die Konzentration der Mitwirkung auf den Akt der Wahl weist nämlich, wie Scharpf (1970) zeigt, einige demokratietheoretisch bedeutsamen Vorteile aus: der einfache Mechanismus der Wahl benachteiligt die Unterschichten weniger als die Abstimmungsdemokratie mit ihrem Mittelstands-Bias und ermöglicht – bei Chancen des Regierungswechsels – programmatische Alternativen. Beides ist nach Scharpf unerlässlich, um den «have-nots» bessere Chancen der Interessendurchsetzung einzuräumen. Freilich weist Germanns Modell eine wichtige Blindstelle[8] aus: Die Stärkung der demokratisch gewählten Entscheidungsträger gegenüber dem Pluralismus saturierter Verbandseinflüsse ist ein entscheidender Punkt für die Effektivität. Die Einschränkung des Referendums ist dafür eine notwendige, aber noch keine hinreichende Bedingung. Die stärkere Trennung privater und öffentlicher Interessen, sowie die Entflechtung verbandsstaatlicher Strukturen wäre daher ebenso erforderlich.

Germanns Modell zeigt, dass die Einrichtung der Konkurrenzdemokratie und die Realisierung ihrer Vorzüge weit mehr erfordert als die Aufkündigung der Regierungsbeteiligung an eine der bisherigen Parteien oder deren freiwilligen Austritt. Die Veränderungen wären einschneidend. Vor allem die Einschränkungen der direkten Demokratie und des Föderalismus hätten realpolitisch kaum Chancen. Das gilt selbst für jene Gruppen, die, wie die politische Linke, im Konkordanzsystem eher benachteiligt sind und am ehesten vom bipolaren Konkurrenzsystem profitieren könnten. In diesem Zusammenhang sind Umfrageresultate aufschlussreich. Während Befragte des bürgerlichen Lagers mit dem Konkordanzsystem mehrheitlich zufrieden sind, fühlen sich Sympathisanten der SP in überwältigender

---

8 Eine zweite wichtige Blindstelle betrifft die Frage, ob konkurrenzdemokratische gegenüber den konsensdemokratischen Systemen tatsächlich höhere Innovationsleistungen erbringen. Diese Frage scheint aufgrund des heutigen Forschungsstands weniger eindeutig beantwortbar als vor zehn oder zwanzig Jahren.

Mehrheit im Konkordanzsystem benachteiligt. Sie wären aber noch weniger als die bürgerliche Wählerschaft bereit, auf einen Teil der Volksrechte zu verzichten (Longchamp 1991).

So ist es kein Zufall, wenn die Vorstösse zur Beseitigung der Konkordanz auch in den neunziger Jahren wenig Widerhall fanden. Jene neoliberalen Wirtschaftskreise, die den schlanken Wettbewerbsstaat nach dem Muster des englischen Thatcherismus fordern, erhoffen sich vorab auch die Befreiung aus den Fesseln der Sozialpartnerschaft. Ihre Vorschläge übersehen, dass es gerade die Unternehmungsklientel der Binnenwirtschaft ist, die von den Einrichtungen des Verbandsstaats profitiert. Die politische Basis des bürgerlichen Lagers scheint das, mit ihrer Wertschätzung der Konkordanz, besser zu wissen als die liberalistischen Meinungsführer. Umgekehrt scheint sich die politische Elite der Linken in der Konkordanz wohl zu fühlen, mobilisiert für die Erweiterung der direkten Demokratie und damit für die Verstärkung der Konkordanzzwänge. Auf dieser Seite wird indessen übersehen, dass die politische Basis mit der Verhandlungsdemokratie deutlich weniger zufrieden ist als ihre politische Führerschaft oder die bürgerlichen Wähler.

2. Die «kleine» Alternative: Revitalisierung der Konkordanz

Institutionelle Reformen hin zum bipolaren System sind ohne erhebliche Veränderungen der politischen Kräfte kaum zu erwarten. Hingegen kann Konkordanz auch anders gehandhabt werden als dies heute der Fall ist. Zwei ihrer grossen heutigen Schwächen – die Blockbildung und das Fehlen eines gemeinsamen politischen Programms – liessen sich ohne institutionelle Reform verwirklichen. In der ersten Zeit nach 1959 hatten die Regierungsparteien noch versucht, sich auf gemeinsame Legislaturziele zu einigen. Schon in den siebziger Jahren verzichteten die Fraktionen darauf, und auch die jüngsten Anläufe zur Erneuerung dieser Tradition durch eine überparteiliche Parlamentariergruppe «Groupe dialogue» scheiterten 1995. Solche Gespräche brauchen indessen nicht prinzipiell zu scheitern, und Germann (1994) verbindet sie mit einem weiteren Vorschlag: demjenigen von Koalitionsvereinbarungen nach den Wahlen. Das würde die «Verflüssigung» der Zauberformel ermöglichen. Die Regierung würde von jener Koalition gebildet, die sich auf ein gemeinsames Programm einigen kann. Die Logik des Vorschlags ist einsichtig. Der Gedanke der Konkordanz und einer übergrossen Mehrheit zur Minimierung von Referendumsrisiken wird beibehalten, aber diese Mehrheit besteht aus einer von Legislatur zu Legislatur wechselnden Koalition, die ein gemeinsames Politikprogramm realisieren will. Es bedeutet auch eine Annäherung an ein parlamentarisches System, in welchem die eidgenössischen Räte die Wahl des Bundesrates zu einer echten Wahl machen.

Eine solche *Revitalisierung der Konkordanz setzt keine institutionelle Reform voraus, sondern nur den Willen einer Mehrheit von Parlamentsfraktionen.* Trotzdem hat sie eine bedeutsame Hürde zu überspringen. Die Hauptakteure beurteilen einen solchen Vorschlag nicht in erster Linie nach dem «Nutzen» für eine bessere Konkordanz bzw. Regierungspolitik, sondern nach den Auswirkungen für ihre einzelne Partei. Unter dieser Perspektive sind eben nicht nur die Chancen verbesserter Kooperation relevant, sondern auch deren Risiken. Es besteht eine grosse Ungewissheit, wer dabei allenfalls gewinnen oder auch als Regierungspartei verlieren wird. Nichts desto trotz zeigt der Vorschlag Germanns, dass es Möglichkeiten anderer Gestaltung der Konkordanz im bestehenden System gibt, die noch keineswegs ausgeschöpft sind. Man wird sich darauf wohl erst dann besinnen, wenn es zu bedeutsamen Verschiebungen der Kräfteverhältnisse unter den Regierungsparteien kommt.

Kapitel 12: Perspektiven direkter Demokratie

A. Zur globalen Verbreitung direkter Demokratie

Die erste politologische Untersuchung, die 1978 die weltweite Verbreitung von Volksabstimmungen untersuchte, kam auf erstaunliche Resultate: Butler und Ranney (1978) zählten über fünfhundert nationale Volksabstimmungen. Ihre Verteilung freilich war ungleich. Die Schweiz, mit über 300 Referenden und Volksinitiativen, zeichnete für den grössten Anteil, Australien kam auf 39, Frankreich auf 20 und Dänemark auf 13 Volksabstimmungen. In allen anderen Ländern lag die Zahl der Volksabstimmungen unter zehn, doch hatten bis 1978 alle damaligen Länder mit Ausnahme der USA und der Niederlande eine Erfahrung mit nationalen Referenden gemacht. 15 Jahre später kamen Butler und Ranney (1994) bereits auf eine Gesamtzahl von 799 Volksabstimmungen. Wie Tabelle 14.1 zeigt, entfallen auf die Schweiz immer noch die Hälfte aller Volksabstimmungen. Es folgen das übrige Europa sowie Australien und Neuseeland mit unterschiedlichen Trends: stark wachsend ist die Zahl nationaler Referenden in Europa, eher sinkend in Australien und Neuseeland. Seit 1994 konnten – die Schweiz nicht mit gerechnet – Stimmberechtigte weltweit bereits wieder zu 158 Vorlagen Stellung nehmen. Auffallend sind die vielen Abstimmungen in Ost- und Mitteleuropa sowie in Südamerika. In Litauen, Weissrussland sowie in Ecuador kamen in dieser Zeitspanne besonders viele Vorlagen vors Volk.[1]

Tabelle 14.1: Nationale Referenden weltweit bis 1993

	Schweiz	Restliches Europa	Naher Osten	Asien	Nord- und Südamerika	Australien und Neuseeland	Total
bis 1900	57	11	–	–	3	–	71
1901–1940	78	33	1	–	12	21	145
1941–1980	170	53	63	24	18	37	365
1981–1993	109	52	29	6	16	6	218
Total	414	149	93	30	49	64	799

Quelle: Butler/Ranney (1994:5)

Es lassen sich drei wichtige Anwendungsbereiche unterscheiden. Ein erheblicher Teil nationaler Referenden hat die *Einrichtung einer neuen Verfassung* oder *die Etablierung eines neuen Regimes* zum Gegenstand. Territoriale Fragen haben eine ähnliche Bedeutung, falls sie mit der Errichtung eines neuen Staates oder der Veränderung eines Status

---

[1] Das Forschungs- und Dokumentationszentrum «Direkte Demokratie» an der Universität Genf erfasst alle Volksabstimmungen seit 1791 (http://c2d.unige.ch/c2d/international/all/index_all.html).

politischer Autonomie für eine bestimmte Region verbunden sind. In all diesen Fällen ist das Referendum Ausdruck des Prinzips der Selbstbestimmung eines Volkes oder dient der Legitimation eines fundamentalen politischen Wandels. Einige historische Beispiele bilden die Trennung Norwegens von Schweden (1905), oder die Teilung Togos, dessen englischer Teil sich Ghana anschloss, während der französische Teil die Unabhängigkeit wählte (1965). Aus jüngerer Zeit wären die Philippinen zu erwähnen, wo 1986 nach dem Ende des Marcos Regimes die Stimmberechtigten die neue Verfassung unter Corazon Aquino ratifizierten. Auch die Auflösung der Sowjetunion war von Volksabstimmungen begleitet. In den vielen Teilrepubliken wurde die Unabhängigkeit mittels Referendum untermauert, so in den baltischen Staaten, im Kaukasus und in den meisten zentralasiatischen Republiken (Butler/Ranney 1994:193f.). Ansonsten bildeten Volksabstimmungen zu Verfassungs- und Regimewechseln beim Umbruch in Mittel- und Osteuropa die Ausnahme. So sehr die «demokratische Revolution» vom Volk ausging, so wenig hatten beispielsweise die Deutschen zur Wiedervereinigung direkt etwas zu sagen (vgl. auch von Beyme 1994 sowie Gallagher/Uleri 1996).

Eine relativ neue Kategorie bilden Abstimmungen über den Beitritt zu transnationalen Organisationen oder Veränderungen im Status der Mitgliedschaft wie zum Beispiel der Europäischen Union. Hier geht es um die *Abtretung nationalstaatlicher Souveränitätsbefugnisse oder die gemeinsame Ausübung von Souveränitätsrechten durch den einzelnen Staat und die supranationale Organisation.* So sprachen sich die spanischen Stimmbürgerinnen 1986 für den Verbleib in der NATO aus. Dänen und Iren stimmten 1972 für den Beitritt zur EG, die Norweger dagegen; 1992 wiederum votierten die Däninnen gegen die Maastricht-Verträge und erzielten damit eine Nachbesserung, während Frankreichs Präsident Mitterand sein Plebiszit zu den Verträgen von Maastricht durchbrachte. In der letzten Erweiterungsrunde der EU liessen alle Kandidaten (Österreich, Schweden, Norwegen, Finnland) das Volk über den Beitritt entscheiden.

Eine dritte Gruppe von Volksentscheiden bilden *Plebiszite für wichtige Politik- bzw. Regierungsentscheide.* Für General de Gaulle, den ersten Präsidenten der Fünften Republik Frankreichs, war das Plebiszit ein wichtiges Instrument, um seine Politik unter der Ausschaltung von Parlament und Parteien durchzubringen: «Français et Françaises» hatten das letzte Wort über die Entlassung Algeriens aus der Kolonialherrschaft 1962; doch im Plebiszit von 1969 versagte das Volk dem Präsidenten die Gefolgschaft für die Senats- und Regionalreform; De Gaulle zog die Konsequenzen und trat zurück. Einige erste Schritte der Liberalisierung in Zentraleuropa begannen mit Plebisziten: 1987 lehnte Polens Stimmbürgerschaft eine erste Wirtschaftsreform ab, während die ungarische Opposition ein Referendum zur Wahlreform 1989 gegen den Willen der noch kommunistisch dominierten Regierung durchbrachte.

Die Wirkungen und Folgen einer Volksabstimmung hängen stark von ihrer Art und Ausgestaltung ab. Drei Hauptunterscheidungen sind hier zu treffen:

1. Die Verbindlichkeit

Eine Volksabstimmung kann als verbindliche Letztentscheidung ausgestaltet sein. Eine ausreichende richterliche Verfassungskontrolle ist nicht zwingend erforderlich. Angesichts seiner hohen Legitimation wird ein Volksentscheid akzeptiert, selbst wenn er gegen die Absichten der Regierungs- und Parlamentsmehrheit ausfällt. Oft haben Volksabstimmungen nur konsultativen Charakter; es ist dann eine Frage politischer Opportunität, ob sich die Regierung dem Verdikt des Volkes fügt oder nicht. Konsultativabstimmungen sind in der Schweiz selten und nur auf Ebene einzelner Kantone und Gemeinden vorgesehen (Müller/ Saladin 1979:417).

2. Die Auslösung der Volksabstimmung

1. Von den Behörden ausgelöste Abstimmungen zu eigenen Entscheiden (Behördenreferendum oder Plebiszit): Hier entscheiden der Präsident, die Regierung oder die Mehrheit des Parlaments, ob überhaupt, mit welcher Fragestellung und mit welcher Verbindlichkeit eine Volksabstimmung abgehalten werden soll.

2. Von der Verfassung vorausbestimmte Abstimmungen zu einem Behördenentscheid (obligatorische Referenden): Die Verfassung legt fest, dass bestimmte Behördenentscheide, z.B. Verfassungsänderungen, Gesetze oder sonstige Erlasse dem Nachentscheid des Volkes vorzulegen sind.

3. Von der Stimmbürgerschaft ausgehende Abstimmungen über Behördenentscheide (fakultative Referenden): Ein Teil der Stimmbürgerschaft kann verlangen, dass ein Behördenentscheid der Nachkontrolle in einer Volksabstimmung unterstellt wird. Welche Behördenentscheide dem Referendum offen stehen müssen, ist wie beim obligatorischen Referendum durch Verfassung oder Gesetz vorbestimmt. Hingegen liegt die effektive Ergreifung des Referendums in der Hand der Stimmbürgerschaft.

4. Abstimmungen über Begehren aus der Stimmbürgerschaft (Volksinitiativen): Hier haben eine bestimmte Anzahl von Stimmbürgerinnen das Recht, eigene Vorschläge der Volksabstimmung zu unterbreiten, die bei Zustimmung einer Mehrheit in Rechtskraft erwachsen. Richtet sich das Begehren bloss an die Behörden, so kann man von *Petitionen* oder *Volksmotionen* sprechen.

5. Abstimmungen über die Abwahl einer Behörde (Abberufungsrecht, engl. recall): Eine bestimmte Anzahl von Stimmbürgerinnen kann verlangen, dass die gesamte Stimmbürgerschaft über die Abwahl einer Behörde entscheide, oder ein Quorum der Stimmbürgerschaft kann die Abberufung direkt verlangen.

Das zuerst genannte Plebiszit oder Behördenreferendum unterscheidet sich in Funktion und Wirkung fundamental von den übrigen Instrumenten. Ist nämlich nur das Plebiszit vorgesehen, so bleibt die Beteiligung der Bürgerschaft auf jene Fälle beschränkt, in denen sich die Behörden von einer Beteiligung des Volkes Legitimationsvorteile für ihre Politik versprechen. Reichweite und Bedeutung direkter Demokratie beschränken sich damit letztlich auf die Unterstützung präsidialer Politik oder einer Regierung.

Ganz anders verhält es sich bei den übrigen Volksrechten: des Referendums, der Initiative und der Abberufung. Sie geben der Stimmbürgerschaft eigenständige Artikulations-, Entscheidungs- und Machtbefugnisse, korrigieren die Politik des Parlaments und sind insofern eigentliche Oppositionsinstrumente. Die Liste jener Länder, in denen das Volk durch seine Letztentscheidung die Befugnisse des Parlaments begrenzt oder korrigiert, ist kurz. Die landesweite Volksinitiative gab es während langer Zeit nur in der Schweiz und in Liechtenstein. In Europa sind neuerdings die Slowakei, Ungarn, Litauen und weitere neue Demokratien dazu gekommen. Relativ häufig finden sich Referenden für gewisse Verfassungsänderungen in Australien. In Italien besteht ein abrogatives Referendum für Gesetze: bereits in Kraft stehende Gesetze können nachträglich aufgehoben werden. So versuchten katholisch-kirchliche Kräfte in den siebziger Jahren, die laizistischen Scheidungsgesetze wieder aufzuheben. 1986 wurden in den Philippinen die Volksinitiative und das Referendum eingeführt.

3. Nationale und sub-nationale Volksabstimmungen

Während die Schweiz die direkte Demokratie auf allen föderalistischen Ebenen kennt, gibt es Länder, die sie nur auf unterer Stufe kennen, wie etwa deutsche Bundesländer auf kommunaler Ebene. Das wichtigste Beispiel sind die USA, die auf Ebene der einzelnen Staaten eine lebhafte direkte Demokratie pflegen. In allen US-Staaten mit Ausnahme Delawares setzt die Änderung der Verfassung ein obligatorisches Referendum voraus. Rund 100 Amendment-Abstimmungen wurden bis heute pro Staat durchgeführt. Damit scheint das Verfassungsreferendum auf der mittleren Föderalismusebene eine ähnlich hohe Bedeutung zu besitzen wie in der Schweiz. In 26 Staaten finden wir Formen des Gesetzes- und des Finanzreferendums, 21 Staaten kennen die Volksinitiative, und 16 Staaten das Abberufungsrecht. Nirgendwo auf der Welt haben die Stimmbürgerinnen so häufig Gelegenheit, sich zu Vorlagen an der Urne zu äussern wie in Kalifornien: von 1884–1990 kamen dort 1098 Geschäfte zur Abstimmung (Möckli 1994:145).

B. Praxis und Wirkungen direkter Demokratie: Ähnlichkeiten und Unterschiede zwischen der Schweiz und den US-Einzelstaaten

Den ersten, fundamentalen Unterschied der beiden Systeme haben wir bereits erwähnt: während die Schweiz die Volksrechte auf allen föderalistischen Ebenen kennt, sind Referendum und Initiative in den USA auf die Ebene der Gemeinden und der Einzelstaaten

12 Perspektiven Direkter Demokratie

beschränkt. Amerikanische Protagonisten direkter Demokratie hatten in den siebziger Jahren keine Chancen, die Volksrechte auf Bundesebene einzuführen. Jede Form von Plebisziten wurde als Widerspruch zur republikanischen Tradition des Präsidialsystems mit seinen «Checks and Balances» empfunden.

Für das Studium von Praxis und Wirkungen direkter Demokratie bietet sich ein Vergleich zwischen der Schweiz und den Einzelstaaten der USA wegen der vielen Gemeinsamkeiten jedoch geradezu an. Die Schweiz und die US-Staaten weisen die grössten Ähnlichkeiten hinsichtlich der Instrumente, der Praxis ihres Gebrauchs und der Korrektur und Ergänzung parlamentarischer Entscheidung durch das Referendum und die Initiative aus. Sodann haben die Ideen der schweizerischen direkten Demokratie die Entwicklung der Volksrechte in den US-Staaten zwischen 1890 und 1920 nachhaltig beeinflusst (Auer 1989, Cronin 1989:48ff.).

1. Gemeinsamkeiten

Die Evaluation der amerikanischen direkten Demokratie von Thomas Cronin (1989:196ff.) weist auf viele Gemeinsamkeiten mit den schweizerischen Volksrechten hin:

1. Es ist nicht eindeutig zu beurteilen, wie weit direkte Demokratie die politische Sensibilität und Verantwortbarkeit von Regierung und Parlament zu stärken vermag: Cronin stellt für die USA fest, dass Staaten mit ausgebauten Volksrechten wenig anfällig seien für Korruption und Diskriminierung, doch betont er gleichzeitig, dass ein systematischer Vergleich zwischen Staaten mit indirekter Demokratie an enge Grenzen stosse. Ähnliches liesse sich wohl für die Schweiz sagen: Kantone mit geringerer direkter Demokratie fallen nicht durch weniger Sensibilität und Verantwortbarkeit ihrer Behördenpolitik auf. Auf nationaler Ebene hat das Verfassungsreferendum die schweizerische Staatsentwicklung nachhaltig beeinflusst, und zwar im Sinne der jeweiligen Volks- und Ständemehrheit. Die Antizipation des mutmasslichen Volkswillens wie der föderalistischen Präferenzen der Kantone gehört sodann zu den wichtigsten Rücksichten des Gesetzgebers, so dass es auch für die Schweiz Argumente für eine gestärkte Sensibilität der Behörden hinsichtlich der Präferenzen der Stimmbürgerschaft gibt. Allerdings zeichnen sich Allparteienregierung und Konkordanz durch eine geringe Transparenz politischer Verantwortlichkeit aus. Da die Konkordanz in der Schweiz gerade auch als Folge der direkten Demokratie entstanden ist, würde ich von einer gemischten Bilanz sprechen: die Abstimmungsdemokratie beeinflusst die einzelne parlamentarische Entscheidung zum voraus im Sinne der vermuteten Akzeptanz bei Volk und Ständen, verwischt aber die Gesamtverantwortung der Regierung.

2. Direkte Demokratie hat nicht zur Volksgesetzgebung geführt und benachteiligt die Partizipation der unteren sozialen Schichten: Die direkte Beeinflussung der gesamten Gesetzgebung durch das Volk blieb in beiden Systemen ein früher Traum jener Befürworter direkter Demokratie, welche die Volksrechte einführten. So wie in der Schweiz über 90%

aller parlamentarischen Entscheidungen vom Referendum unberührt sind, bleibt der Einfluss des (fakultativen) Referendums auch in den US-Staaten punktuelle Ausnahme. Volksinitiativen weisen in den USA mit rund 45% eine deutlich höhere Erfolgsrate aus als in der Schweiz (Bund 10%, Kantone gegen 30%). Beide Systeme sind gleicherweise geprägt von einer Ungleichheit der Partizipation: Als anspruchsvolle Partizipationsform führt direkte Demokratie auch in den US-Staaten zur geringeren Teilnahme der unteren Einkommens-, Bildungs- und Berufsschichten (Cronin 1989:79). Nicht der Einfluss des Volkes, sondern derjenige der organisierten Gruppen hat nach Cronin in den USA zugenommen. Auch der unerwünschte Einfluss von Sonderinteressen und des finanzkräftigen Lobbyismus konnte durch das Referendum nicht unterbunden werden. Sinngemässes haben wir mit der tendenziellen Umwandlung des Referendums vom Volksrecht zum Verbandsrecht in Kapitel 10 vermerkt.

3. Direkte Demokratie hilft schwach organisierten Gruppen manchmal, ihre Forderungen aufzubringen oder gar durchzusetzen: Was Cronin am Beispiel der amerikanischen Bewegungen für den Umweltschutz oder für die Einführung der Todesstrafe belegt, gilt in verstärkter Form auch für die Schweiz, wo die Agenda nationaler Politik über die Volksinitiative auf vielfältige Art beeinflusst wird. An Cronins Feststellung, die Nutzung der Volksrechte bedinge eine Organisation der interessierten oder engagierten Bürgerinnen, lässt sich aus schweizerischer Sicht ein weitergehendes Argument anfügen: die Volksinitiative ist ein eigentlicher Kristallisationspunkt für die Organisierung neuer Probleme und Interessen, die sich vom lokalen auch auf den nationalen Rahmen übertragen lassen. Damit erweitert zumindest die Volksinitiative den Bereich des Denkbaren, Wünschbaren oder gar Machbaren in der Politik.

4. Direkte Demokratie stärkt eher die Verbandseliten als die sozialen Bewegungen, führt aber zur politischen Integration: Dieses Argument gilt zunächst für die Schweiz, wo vor allem das Referendum als Verhandlungspfand im vorparlamentarischen Verfahren gebraucht wird, und wo wegen des Konkordanzzwangs den Volksrechten eine integrative Funktion zugeschrieben wird. In den US-Staaten sind diese Bedingungen zwar nicht gegeben; trotzdem vermerkt Cronin vergleichbare Entwicklungen: Richteten sich die Bewegungen für mehr direkte Demokratie in der Regel gerade gegen die wohlorganisierten Verbände, so stellten sich letztere bald auf die neuen Spielregeln ein und nutzten die Volksrechte zu ihrem eigenen strategischen Vorteil. Für Cronin bedeutet dies keinen Nachteil: der amerikanische Pluralismus lebe von der Konkurrenz organisierter Interessen gleichermassen wie von verschiedensten sozialen Bewegungen von Links bis Rechts; es käme einzig darauf an, sie in handlungsfähige politische Mehrheiten zu integrieren. Hierzu leisteten die Volksrechte einen Beitrag. In den USA wie in der Schweiz unterliegen damit die Volksrechte einem Wandel zum Verbandsrecht.

5. *Die Entscheidungsergebnisse direkter Demokratie sind nicht schlechter als diejenigen des Parlaments:* Gegner der direkten Demokratie befürchten, dass ihre Entscheidungen zur Tyrannei der Mehrheit führten, Grundrechte verletzen könnten oder in schlechten Politikergebnissen endeten. Amerikanische Ergebnisse stimmen zunächst in einem wichtigen Punkt mit den schweizerischen überein: die Informationen und Kenntnisse eines Teils der Stimmbürger sind gering und führen zur Selbstzensur durch Abstinenz. Hingegen sieht Cronin keinerlei Hinweise für eine schlechtere Berücksichtigung von Minderheiten, Grundrechten oder sonstigen Freiheiten in der direkten Demokratie im Vergleich zu jenen des Parlaments. Ähnliches wird man von der Schweiz sagen können: Grundrechtsverletzungen durch Volksbegehren sind auf nationaler Ebene selten. Ausnahmen waren etwa das Schächtverbot zu Ende des letzten Jahrhunderts oder eine der abgelehnten Ausländerinitiativen. Die Verfassungswidrigkeit kantonaler Volksinitiativen kommt hie und da vor, steht aber der richterlichen Überprüfung bis vor Bundesgericht offen.

Diese günstige Einschätzung hat sicherlich mit den besonderen Rahmenbedingungen direkter Demokratie in der Schweiz wie in den USA zu tun: in beiden Ländern kann die repräsentative Demokratie auf eine gefestigte Tradition zurückblicken; die politische Stabilität steht ausser Frage. In keinem der Länder gab es in diesem Jahrhundert bürgerkriegsähnliche oder revolutionäre Verhältnisse. Das Urteil über die direkte Demokratie in den US-Staaten und der Schweiz kann sicher nicht verallgemeinert werden. Ganz andere Erfahrungen machten die instabilen Demokratien Deutschlands und Österreichs in den dreissiger Jahren: der Übergang von der Weimarer Republik zum autoritären Gewaltregime Hitlers wurde durch drei Plebiszite von 1933–36 «legitimiert», und der Anschluss Österreichs 1938 war durch eine Volksabstimmung vorbereitet. Wenn die Schweiz in jener Zeit die frontistischen Volksinitiativen ablehnte, so war wohl mit entscheidend, dass sich auch die überwiegende Mehrheit der politischen Eliten klar gegen die Ideen des Faschismus stellte. Von nicht geringerer Bedeutung dürfte indessen gewesen sein, dass die Schweiz mit ihrer gefestigten Kultur politischer Demokratie eine günstigere Situation zur Meisterung ihrer Verfassungskrise vorfand.

6. *Geld ist – ceteris paribus – der wichtigste einzelne Einflussfaktor für die Entscheidungsergebnisse direkter Demokratie:* Dieser klare Befund Cronins (1989:215) stützt sich auf zahlreiche Untersuchungsergebnisse, nach denen beispielsweise stark finanzierte Nein-Kampagnen im Kalifornien der achtziger Jahre zwischen achtzig und neunzig Prozent der Vorlagen zu Fall brachten[2]. Auch in den USA kostet es offensichtlich Geld, Unterschriften zu sammeln, eine effiziente Organisation für die Kampagne aufzuziehen, die politische Botschaft in die Medien zu bringen und mit geeigneter Propaganda in der Öffentlichkeit

---

2 Zu den zitierten wichtigeren Studien gehören Loewenstein (1982) und Zisk (1987), die offensichtlich auch von kausalen Beziehungen zwischen Propaganda und Abstimmungsergebnis ausgeht: bei anderer Verteilung der Abstimmungsmittel wäre auch das Resultat anders herausgekommen.

aufzutreten. Wie in der Schweiz sind Abstimmungen oft ein Kampf mit ungleichen Spiessen, weil die eine Seite über fünf bis zwanzigmal grössere Finanzmittel verfügt. An eindrückliche statistische – wenn auch nicht kausale – Zusammenhänge zwischen einseitiger Abstimmungspropaganda und Ergebnis haben wir auch für die Schweiz zu erinnern. Während in den USA immerhin gesetzliche und richterliche Versuche zur Herstellung von gleich langen Spiessen in Abstimmungskampagnen unternommen wurden, sind entsprechende Vorschläge in der Schweiz noch gar nie ernsthaft diskutiert worden.

Neben der Benachteiligung unterer Schichten für eine kompetente Teilnahme erscheinen die einseitig verteilten Ressourcen als der wohl grösste Mangel der Abstimmungsdemokratie. Sie unterhöhlen das demokratische Prinzip «eine Person-eine Stimme» sowie die Möglichkeit für den Einzelnen zur unvoreingenommenen Meinungsbildung. Cronin vergleicht denn auch die Situation einseitiger Ressourcenverteilung im Abstimmungskampf mit einer Gemeindeversammlung, in welcher die eine Seite über zwanzigmal mehr Zeit verfügt, ihren Standpunkt darzulegen. Die Professionalisierung des politischen Marketings schliesslich verschärft die Problematik einseitiger Ressourcenverteilung, auch wenn Geld zu einem Teil durch persönliches politisches Engagement in sozialen Bewegungen ersetzt werden kann.

2. Unterschiede

Gegenüber den genannten Gemeinsamkeiten sind zwei erhebliche Unterschiede zu erwähnen:

1. In den amerikanischen Staaten hat direkte Demokratie nicht zum «power-sharing» bzw. zur Konkordanz geführt. In den USA finden wir ein Zwei-Parteien System und das Wahlsystem des Majorz. Eine relativ homogene Mehrheit der weissen, protestantischen und angelsächsischen Stimmberechtigten führte in einem Grossteil der Staaten zu einer unangefochtenen politischen Hegemonie der WASP (White Anglo-Saxon Protestants). Das Referendum wurde nicht zum Instrument kultureller Minderheiten, mit dem sich wie in der Schweiz die Proportionalisierung politischer Macht oder der Übergang von der Mehrheits- zur Konsensdemokratie erzwingen liess. Ebenso wenig scheint die parlamentarische Politik in den Einzelstaaten im Schatten von Referendumsdrohungen zu stehen. Eine mögliche Erklärung liegt darin, dass amerikanische Interessengruppen direktere Einflussmöglichkeiten auf das Parlament haben: Während in der Schweiz oder in anderen europäischen Parlamenten für verschiedene Sachfragen auch formell getrennte Vorlagen zur Abstimmung zu bringen sind, gilt diese Regel im amerikanischen Parlamentarismus nicht. Lobbies können in praktisch allen Vorlagen versuchen, Zusätze in ihrem Interesse zu erwirken, selbst wenn sie völlig sachfremd sind. Mit sog. «non germane amendments» kann eine Vorlage zu einem bunten Konglomerat z.B. von Geldern für die Landwirtschaft, für Schulen, Strassen und sonstige Projekte werden. «Konstruktive Mehrheiten» werden so

12 Perspektiven Direkter Demokratie 333

unter verschiedensten Interessengruppen in einer gleichen «bill» gefunden. Der amerikanische Interessenausgleich wie die Integration verschiedener Gruppen können damit direkt im Parlament stattfinden. Damit entfällt für die USA auch die Transformation der staatlichen Systeme unter dem «Konkordanzzwang» der Volksrechte. Darum bleiben die Wahlen in den USA im Gegensatz zu jenen der Schweiz von hoher Bedeutung. Die amerikanische Literatur sieht die Volksrechte zumeist als Ergänzung des Grundkonzepts eines parlamentarischen Systems, und die Leitidee bleibt das repräsentative System. Die schweizerische Literatur dagegen drückt vor allem das Bewusstsein einer halbdirekten Demokratie aus, die sich von der Idee des Parlamentarismus grundlegend unterscheidet.

2. *Im Gegensatz zur amerikanischen ist die schweizerische direkte Demokratie auch auf nationaler Ebene verankert und geht von der Allzuständigkeit des Volkes für wichtigste Entscheidungen aus.* Wie bereits erwähnt, scheiterten die Versuche in den USA, Referendum und Initiative auch auf Bundesebene einzuführen. Neben der Unantastbarkeit der Institutionen des Präsidialsystems mit seinen «Checks and Balances» wurde ein weiteres Gegenargument ins Feld geführt: die Wirtschaftspolitik, vor allem aber die Aussenpolitik, seien nicht geeignet, in die Hand des Volkes gelegt zu werden. Hier unterscheidet sich die schweizerische Tradition gleich in doppelter Weise. Einmal gelang im 19. Jahrhundert der Transfer der kantonalen Volksrechte auf den Bund relativ schnell. Sodann forderten damals die Protagonisten direkter Demokratie, dass grundsätzlich alle wichtigen Entscheide der Mitwirkung des Volkes zu unterstellen seien. Diese Idee der Allzuständigkeit des Volkes setzte sich auch beim Bund sofort durch, allerdings nur in der Innenpolitik. Die Aussenpolitik blieb zunächst der Regierung nach Art. 102 BV vorbehalten. Wie Kälin (1986) nachgezeichnet hat, entsprach dies einer verbreiteten Konzeption im 19. Jahrhundert, die von der Anarchie der Staatenwelt und vom Recht auf Krieg ausging. In einer solchen feindlichen Umwelt sollte der Bundesrat die Landesinteressen möglichst frei und ungehindert vertreten können. Die Idee einer Mitsprache von Parlament und Volk in der Aussenpolitik konnte sich erst in der zweiten Hälfte des 20. Jahrhunderts entwickeln, und zwar vor dem Hintergrund einer veränderten Staatenwelt, in der friedliche Kooperation die Regel, Krieg zwischen Staaten die geächtete Ausnahme darstellt. Das Staatsvertragsreferendum wurde zwar schon 1920 eingeführt, entwickelte aber seine praktische Bedeutung erst mit seiner Erweiterung von 1977 (Art. 89 BV), die dem Volk eine Mitwirkung in den wichtigsten völkerrechtlichen Verträgen gewährt. Damit hat sich die Allzuständigkeit des Volkes sowohl in der Innen- wie der Aussenpolitik durchgesetzt. Freilich hinderte dies Bundesrat und Parlament nicht daran, «sensible» Politikbereiche von der Referendumsdemokratie abzuschirmen. Dies gilt vor allem für den Bereich der inneren und militärischen Sicherheit, für deren Regulierung weit mehr die Verordnung als das referendumspflichtige Gesetz gewählt wurde.

C. Die demokratietheoretische Perspektive: direkte Demokratie zwischen Realität und Utopie

1. Die Kontroverse: Parlamentarismus gegen direkte Demokratie

Die Frage, ob und wie weit das Volk nicht nur an der Wahl von Parlament und Regierung, sondern auch an den Sachgeschäften der Politik mitwirken solle, beschäftigt die moderne Demokratietheorie seit ihren Anfängen. Bei den amerikanischen Verfassungsvätern finden wir auf der einen Seite Benjamin Franklin und Thomas Jefferson. Beide waren skeptisch gegenüber Staatsgewalt und Regierungsmacht, setzten aber viel Vertrauen in den gesunden Menschenverstand und die Vernunft des Volkes. Insbesondere Jefferson hielt den Volkswillen als einzige legitime Quelle politischer Macht und wünschte sich «eine grösstmögliche Erfüllung des republikanischen Grundsatzes der Kontrolle durch das Volk»[3]. Auf der anderen Seite standen John Adams und James Madison, die Anwälte des Prinzips indirekter Demokratie: die staatlichen Geschäfte sollten durch kompetente, kluge und verantwortungsvolle Volksvertreter geführt werden. Sie waren skeptisch gegenüber irrationalen Regungen eines schlecht informierten Volkes und fürchteten den Missbrauch demokratischer Rechte. Die Position von Adams und Madison hat sich bekanntlich durchgesetzt, zunächst einmal in der amerikanischen Bundesverfassung mit den «Checks and Balances» eines Präsidial- und Repräsentativsystems. Darüber hinaus ist die repräsentative Demokratie zum weltweiten Normalmodell geworden und setzt damit auch die gängige Norm sinnvoller Demokratie. Viele der Argumente gegen eine erweiterte, direkte Demokratie haben sich seit Madison's Zeit kaum geändert: Teilnahme über die Wahlen hinaus übersteige den Horizont und die Kompetenz der meisten Bürger, die zudem nicht willens und nicht in der Lage seien, für die Politik viel Zeit aufzuwenden. So behauptet der prominente italienische Vertreter der Elitendemokratie, Giovanni Sartori, nicht weniger als «dass eine Referendumsdemokratie rasch und katastrophal an den Klippen der kognitiven Unfähigkeit scheitern würde» (Sartori 1992:133).

In der Schweiz warten wir seit 125 Jahren auf dieses Scheitern, und auch die US-Staaten widerlegen die pessimistischen Thesen einer Unfähigkeit der Bürgerschaft zur qualifizierten Mitwirkung. Für die Sache direkter Demokratie lässt sich daher theoretisch von zwei Seiten her mit guten Gründen argumentieren. Eine erste Argumentationslinie kritisiert vor allem die prinzipielle Unvollkommenheit des Repräsentativsystems. Falls nämlich das Repräsentativsystem mehr ist als ein Arrangement konkurrierender Machteliten, so muss das Modell etwas aussagen über die inhaltliche Rückbindung der Volksvertreterinnen zu ihrer Wählerschaft. Hier liegt aber bekanntlich eine seiner grossen Schwächen: ob Abgeordnete sich getreulich an den Willen ihrer besonderen Wählerklientel halten oder aber ihr Mandat frei nach eigener Überzeugung ausüben sollen, ist nicht nur ein Gewissenskonflikt

---

3 Jefferson, zitiert nach Cronin (1989:40).

12 Perspektiven Direkter Demokratie

von Parlamentariern in der Politik, sondern ebenso ein ungelöstes theoretisches Dilemma.[4] Der amerikanische Politologe Benjamin Barber (1984) etwa argumentiert darum, die prinzipelle Schwäche des Repräsentativmodells («thin democracy») könne nur durch authentische Mitwirkung der Stimmbürgerschaft («strong democracy») behoben werden. Die zweite Argumentationslinie geht von der normativen Position klassischer Demokratietheorie aus. Die «Entfaltung aller Fähigkeiten» des freien Individuums ist das zentrale Postulat liberaler Demokratietheorie seit dem 19. Jahrhundert geblieben; gleichzeitig kritisieren moderne Theoretiker wie etwa Macpherson (1983) oder Bäumlin (1978), dass die liberale Demokratie wohl der Entfesselung der Marktkräfte gedient habe, nicht aber der Entfaltung sozialer und politischer Fähigkeiten des Menschen. Das noch keineswegs abgeschlossene Projekt moderner Demokratie verlange darum die weitere Entwicklung politischer Partizipation, sei es durch die erweiterte Beteiligung im Politiksystem oder durch die Demokratisierung der Gesellschaft.

2. Halbdirekte Demokratie: Das Modell «sensibler Demokratie»

Die scharfen theoretischen Gegensätze zwischen dem Modell direkter und repräsentativer Demokratie verschwinden, wenn wir uns die reale Entwicklung moderner Demokratie vor Augen halten. Trotz seiner theoretischen Defizite ist das Repräsentativmodell in den Demokratisierungswellen des 20. Jahrhunderts zum global verbreiteten Typus geworden. Ihren aussergewöhnlichen Erfolg verdankt die repräsentative Demokratie, wie von Beyme (1994) vermutet, gerade ihrer doppelten Beschränkung auf den Bereich des Staates und auf den Akt der Wahl. Das Instrument der Wahl mit seinem Potential des Machtwechsels und der zeitlichen Begrenzung politischer Macht erscheint in der überwiegenden Mehrzahl demokratischer Länder als ausreichend, um die politische Stabilität und Legitimation der Regierung zu sichern. Demokratie «für» das Volk ist realistisch in dem Sinne, als die Bereitschaft zur Partizipation bei der grossen Mehrheit der Bürgerschaft begrenzt ist. Auch «thin democracy» ist offenbar in der Lage, eine demokratische politische Kultur zu stimulieren, die innergesellschaftliche Konflikte in der Regel friedlich austragen lässt. Die US-Staaten wie die Schweiz und ihre Kantone zeigen jedoch, dass dieses Modell nicht das einzige sein muss. In beiden Systemen waren es Volksbewegungen, welche die Erweiterung politischer Rechte über die Wahl hinaus gefordert und erfolgreich durchgesetzt haben. Zwar haben sich dabei die ursprünglichen Hoffnungen einer «Volksherrschaft», einer durchgängigen Demokratie «durch» das Volk, nicht realisiert. Volksinitiative, Referendum und Abberufungsrecht haben das Repräsentativsystem weder in den USA noch in der Schweiz abgelöst, sondern ergänzt. Indessen erwiesen sich auch die Befürchtungen der Gegner direkter Demokratie als unbegründet. Die erweiterte Mitwirkung des Volkes führt weder

---

4 Dazu etwa Pitkin (1969), Leibholz (1973) oder die Debatte zwischen Schwan und Offe in Hempfer/Schwan (1987).

zur «Pöbelherrschaft» noch zur Anarchie. Im Gegenteil: die Erweiterung des Repräsentativsystems durch Elemente direkter Demokratie ist möglich, und zwar auch in modernen und komplexen Industriegesellschaften.

Die Hoffnungen und Ängste beider Lager der philosophisch orientierten, klassischen Demokratietheorie haben sich damit nicht erfüllt, sondern wurden durch die reale Entwicklung zum Teil widerlegt. Der prognostische Wert der Demokratietheorie mit Hinblick auf Möglichkeiten und Grenzen direkter Demokratie war also mit Ausnahme eines gemeinsamen, aber unterschiedlich bewerteten Punktes gering: wo die Auslösung direktdemokratischer Entscheidung durch einen Teil der Bürgerschaft selbst erfolgen kann, dienen Volksrechte und direkte Demokratie immer der Korrektur parlamentarischer Entscheidung. Sie begrenzen den Handlungsspielraum von Regierung und Parlament und sind ihrer Natur nach Instrumente einer «Opposition von unten». Volksinitiative und Referendum, wie sie in den USA und der Schweiz realisiert wurden, führen damit auf ein drittes Modell halbdirekter Demokratie, das Cronin als «sensible democracy» bezeichnet. Es kombiniert Vorteile indirekter wie direkter Demokratie wie folgt:

Kasten 12.1: «Sensible Demokratie» – Cronins Modell der Synthese zwischen repräsentativer und direkter Demokratie

«1. Values representative institutions and wants legislators and other elected officials to make the majority of laws
2. Values majority rule yet understands the need to protect minority rights most of the time
3. Wants to improve the legislative process
4. Wants occasionally to vote on public policy issues
5. Wants safety-valve recall or vote of no-confidence procedures as a last resort for inept and irresponsible public officials – but is willing to make these options difficult to use
6. Wants to improve the ability of the ordinary person both to run for office and to use direct democracy procedures
7. Wants to lessen the influence of secrecy, money and single-interest groups in public decision-making processes
8. Trusts representatives most of the time, yet distrusts the concentration of power in any one institution
9. Trusts the general public's decision some of the time, yet distrusts majority opinion some of the time
10. Is indifferent to most initiatives and referenda except when it comes to its own pet initiative issue
11. Agrees with the central arguments of both the proponents and opponents of populist democracy, hence favours a number of regulating safeguards for direct democracy devices
12. Is fundamentally ambivalent toward popular democracy- favoring it in theory and holding a more sceptical attitude toward it as it is practiced in states and localities».

Nach: Cronin (1989:249ff)

Die Erfahrungen halbdirekter Demokratie zeigen, was repräsentative Demokratien von der Ergänzung durch Initiative, Referendum und Abberufungsrecht etwa zu erwarten hätten. Cronin's Vorstellung einer vorteilhaften Verbindung von direkter und repräsentativer

12 Perspektiven Direkter Demokratie

Demokratie zieht allerdings jene indirekten Auswirkungen der Volksrechte nicht in Betracht, die wir am Fall der Schweiz als «Konkordanzzwang» gezeigt haben. Die Skepsis, dass direkte Demokratie die Handlungsspielräume vor allem parlamentarischer Systeme begrenzt, dürfte eines der wichtigsten Hindernisse gegenüber jenen Bewegungen bilden, die heute z.b. auch in europäischen Ländern erweiterte Volksrechte verlangen.

Cronin's Modell ist sodann gerade als Vergleichsmassstab mit der schweizerischen Demokratie interessant. Denn auch diese beruht, wie wir gesehen haben, historisch wie in ihrer Funktionsweise auf der Anreicherung eines Repräsentativsystems durch erweiterte Volksrechte. Die Grundthese Cronin's liegt darin, dass sich diese Elemente vorteilhaft verbinden lassen. Wie wir sehen, kann sich dieses Amalgam halbdirekter Demokratie unter verschiedenen institutionellen Grundbedingungen entwickeln und bewähren. Auch in der Schweiz wirkt sich die erhöhte «Sensibilität» in doppelter Weise aus: einmal durch Möglichkeit der Stimmbürgerschaft, eigene Vorschläge bindend einzubringen, und dann durch die punktuelle Kontrolle der politischen Elite. Schliesslich finden sich einige gemeinsame Züge politischer Kultur: die Balance zwischen Vertrauen und Misstrauen gegenüber staatlich-politischer Macht, sowie die Ambivalenz in der Bewertung direkter Demokratie zwischen hoher Wertschätzung und tiefer Skepsis.

3. Möglichkeiten und Grenzen direkter Demokratie aus theoretischer Sicht

Es ist unschwer, den leitenden Zielwert moderner, liberaler Demokratietheorie zu formulieren: von den amerikanischen Verfassungsvätern oder von John Stuart Mill bis zu so unterschiedlichen modernen Theoretikern wie Crawford Macpherson (1983), Robert Dahl (1989) oder Richard Bäumlin (1978) geht es um die möglichst grosse Entfaltung aller Anlagen und Fähigkeiten der menschlichen Person. Dieses zentrale Leitmotiv der Theorie billigt der Demokratie einen doppelten Eigenwert zu, und zwar auf der Input- wie auf der Ouput-Seite des Politiksystems (Scharpf 1970). Auf der einen Seite gelten die Inputprozesse der Beteiligung – im Gegensatz zur ökonomischen Theorie im Sinne von Schumpeter oder Downs – nicht als blosse Instrumente zur Wahl der Regierung. Vielmehr wird demokratische Mitwirkung als bedeutsamer Teil der menschlichen Entfaltung selbst gesehen. Demokratie muss sich aus dieser Perspektive nicht notwendigerweise auf den Bereich des Staates beschränken, sondern kann sich auch in anderen gesellschaftlichen Bereichen entwickeln. Sodann sind politische Rechte die einzige Ressource, die, nach dem Prinzip von «one person one vote», egalitär verteilt ist. Aus dieser Input-Optik wird die Qualität von Demokratie vor allem daran gemessen, wie weit sie dem Anspruch gleicher und unverfälschter *Partizipation* entspricht. Auf der anderen Seite kann Demokratie auch daran gemessen werden, ob ihre *Ergebnisse* dem Anspruch vermehrter Gleichheit oder Gerechtigkeit entsprechen. In der output-orientierten Perspektive liegt also der Wert politischer Demokratie darin, dass ihre Entscheidungen die Interessen jener gesellschaftlichen Gruppen berücksichtigen, die Demokratie am meisten benötigen, also die aus historischen, wirtschaftlichen oder sozialen Gründen benachteiligten «have nots» oder «are nots».

Diese beiden normativen Festlegungen zur Partizipation und zu den Politikergebnissen scheinen mir als Ausgangspunkte für eine theoretische Einschätzung der Reichweite und Grenzen direkter Demokratie besonders geeignet. Denn die Weiterentwicklung politischer Partizipation wie die Förderung benachteiligter Interessen gelten als eine gemeinsame Schwachstelle der Repräsentativ-Demokratie, die durch den Ausbau direkter Demokratie behoben werden soll. Sind solche Erwartungen in die direkte Demokratie gerechtfertigt? Oder bleiben sie Utopie, angesichts der realen Grenzen direktdemokratischer Teilnahme, die wir heute aufgrund zahlreicher empirischer Befunde annehmen müssen? Das lässt sich unter folgenden Punkten diskutieren:

1. Die Ergänzung repräsentativer Demokratie durch die Erweiterung politischer Partizipation: Die Beispiele der US-Staaten wie der Schweiz und ihrer Kantone zeigen, dass die Ergänzung der Repräsentativdemokratie durch Formen unmittelbarer Teilnahme der Bürgerschaft durchaus möglich und sinnvoll ist. Sie braucht weder an der Komplexität gesellschaftlicher Verhältnisse, noch an der begrenzten Entscheidungskompetenz oder Partizipationsbereitschaft zu scheitern. Sie widerlegen die verbreitete Auffassung, dass mit den Repräsentativ-Systemen die Grenze praktikabler Demokratisierung erreicht wäre. Halbdirekte Demokratie kann darum als ein weiter fortgeschrittenes Demokratiemodell gesehen werden, das heute auch in europäischen Ländern vermehrt diskutiert wird. Halbdirekte Demokratie hat sich entgegen anderen Strategien der Demokratisierung (Vilmar 1973) von der Rätedemokratie bis zur «Teledemocracy»[5] über geschichtliche Episoden und einzelne Experimente hinaus durchsetzen können. Zu fragen ist allerdings, warum sich das Modell trotz seiner Vorzüge, ausser in den US-Staaten und der Schweiz, so wenig verbreitet hat. Ein Teil der Antwort dürfte darin liegen, dass Volksrechte von der Stimmbürgerschaft gegen die Vertreter des Repräsentativsystems durchgesetzt werden müssen und wohl nur dann zum Erfolg kommen, wenn die Legitimation indirekter Demokratie fragwürdig geworden ist. Weltweit scheint die Legitimationskraft parlamentarischer und präsidialer Systeme zwar gegenüber autoritären Tendenzen nicht über alle Zweifel erhaben, gegenüber Defiziten demokratischer Mitwirkung jedoch ausserordentlich stark zu sein. Schliesslich ist darauf hin zu weisen, dass die erfolgreichen Erfahrungen halbdirekter Demokratie eher in kleineren politischen Einheiten gemacht wurden. Wir wissen nicht, ob das Modell der halbdirekten Demokratie in den USA auch mit Erfolg auf den Zentralstaat übertragen werden könnte, oder auf Deutschland oder Frankreich mit ihren erheblichen aussenpolitischen Engagements innerhalb und ausserhalb der EU. Wenn

---

5 Mit dem Begrff der Teledemokratie sind hier jene Versuche gemeint, die durch Einsatz neuer, interaktiver Kommunikationstechnologie den Austausch zwischen Bürgerinnen und Behörden zu verbessern und zu erweitern suchen. Ihre Erfolge waren mindestens bis zu Ende der achtziger Jahre eher begrenzt (Arterton et al. 1984, Linder et al. 1993).

wirtschaftliche Märkte besser funktionieren, je grösser sie sind, braucht dies für die «politischen Märkte» direkter Demokratie nicht zuzutreffen. In gesamtamerikanischen Volksabstimmungen könnte die Qualität politischer Information wegen der grösseren Manipulationsmöglichkeiten von «big money» und Propaganda wohl eher sinken als steigen. Es ist darum ungewiss, ob die Verbindung von direkter und indirekter Demokratie in grossen Staaten ebenso erfolgreich gestaltet werden kann wie in kleinen. Als Gegenläufigkeit zur politischen Globalisierung, welche den Handlungsspielraum der Nationalstaaten beschränkt, liegen neue nationale Demokratisierungsbewegungen allerdings im Trend. Dänemark, das die Ratifizierung der EU-Abkommen von Maastricht und Amsterdam 1992 und 1998 von Volksabstimmungen abhängig machte, bietet dazu ein illustratives Beispiel.

2. Der Anspruch unverfälschter Partizipation: Das Modell halbdirekter Demokratie scheint zunächst einen offenkundigen Vorteil zu bieten: dort, wo die Bürgerinnen direkt entscheiden, werden alle Ungleichheiten der Repräsentation in Parlament oder von Repräsentanen der Verbände und Interessen ausgeschaltet. Das klassische Dilemma des Abgeordneten, der zwischen Wählerschaft, Allgemeininteresse und persönlicher Überzeugung zu entscheiden hat, oder das alte Oligarchieproblem von Verbandsspitzen, welche die Interessen der Organisation vor diejenigen ihrer Mitglieder stellen, verschwinden in der direkten Demokratie: Die Entscheidung ist authentisch, sie wird durch die Gesamtheit der Stimmbürger getroffen, die direkt berührt sind. Diese Argumentation ist nicht nur theoretisch durchschlagend; sie reflektiert gleichermassen den Legitimationsglauben an die Volksrechte wie das Misstrauen des Volkes gegenüber den politischen Eliten. Die empirischen Befunde der Wahl- und Abstimmungsforschung lehren uns allerdings, dass die Dinge so einfach nicht liegen. Auch die Partizipation an der direkten Demokratie ist sozial ungleich. Untere soziale Schichten nehmen um so weniger an der direktdemokratischen Entscheidung teil, je komplizierter und anspruchsvoller das Teilnahmeverfahren und die Abstimmungsgegenstände sind. Diese Form von Selbstzensur erinnert an Macphersons «Teufelskreis» politischer Apathie (1983:115ff.): ohne grössere gesellschaftliche Gleichheit kann Partizipation nicht erweitert werden und ohne Erweiterung politischer Teilnahme ist keine grössere Gleichheit erreichbar. Sodann ist an die Befunde zur Meinungsbildung zu erinnern: Geld und Propaganda sind ungleich verteilt und schaffen ungleich lange Spiesse im Abstimmungskampf. Damit steht auch die direkte Demokratie vor Problemen ungleicher und verfälschter Partizipation.

3. Grenzen der Legitimation partizipatorischer Demokratie: Die zentrale Leitidee demokratischer Partizipation läuft darauf hinaus, all jene Personen zu beteiligen, die in der jeweiligen Gesellschaft von den Folgen der Entscheidung betroffen sind. Die geschichtliche Realisierung dieses Prinzips war von politischen Auseinandersetzungen verschiedenster Art getragen. Die Devise «no taxation without representation», mit der die Neuengland-Staaten der USA ihre politische Unabhängigkeit von der englischen Krone forderten, verweist auf die demokratische Norm gesellschaftlicher Selbstbestimmung wie auf das moderne, ökonomische «Inzidenz»-Prinzip, das die Übereinstimmung von Nutzer- und Zahlerkreis als Voraussetzung «rationaler» kollektiver Entscheidung postuliert. Das Prinzip der «Inclusion» (Dahl 1989:119f.), wonach allen Mitgliedern einer Gesellschaft das Recht auf demokratische Mitwirkung eingeräumt werden soll, konnte sich nur allmählich gegen die ursprüngliche Beschränkung des Wahlrechts auf bürgerliche Männer durchsetzen, die den Status des Familienoberhaupts und eigenen Vermögens ausweisen konnten. Heute ist das allgemeine Erwachsenenstimmrecht unter Einschluss Besitzloser und der Frauen zur demokratischen Norm geworden. In ferner Zukunft mag es zur Norm werden, auch die Ausländerinnen nach gehöriger Frist, oder die Unmündigen über die Vertretung ihrer Erziehungsberechtigten in das Stimmrecht einzuschliessen. Damit wäre das Prinzip des Einschlusses aller Gesellschaftsmitglieder in die kollektiven Entscheidungen der Demokratie mit geringen Ausnahmen gewährleistet. Aber auch unter diesen optimistischen Annahmen bleibt partizipatorische Demokratie mit zwei wichtigen Mängeln behaftet.

Zunächst besteht das Problem der *Bindung künftiger Generationen*. Atomkraftwerke wurden zumeist vor 20 Jahren gebaut und werden noch etwa zwanzig Jahre Energie liefern. Die Risiken und Kosten der Endlagerung ihrer Abfälle aber wird späteren Generationen aufgetragen. In noch grösserem Ausmass werden Kosten und Risiken des ökologischen Raubbaus industrieller Gesellschaften auf die Nachwelt überwälzt. Die Nachhaltigkeit ist nicht gesichert, weder in der Entscheidungslogik des Marktes noch in jener der Demokratie. Auf dem Markt sind die ökologischen Kosten nicht in die Preise integiert, und in der Demokratie ist es nicht möglich, die künftigen Generationen an den politischen Entscheidungen zu beteiligen.

Das zweite Problem liegt in der internationalen *Problemverflechtung im Zuge der Globalisierung*. Demokratie und ihre kollektiven Entscheidungen wurden bis heute nationalstaatlich gedacht und realisiert. Berechtigung zur Teilnahme, Verantwortlichkeit, Zurechenbarkeit und Kontrolle politischer Entscheidung fielen im Rahmen einer territorial definierten, nationalen Gesellschaft zusammen. Globalisierung führt zur Entgrenzung und zum Auseinanderfallen dieser Bezugsgrössen. Unsere Nachbarländer sind betroffen vom schweizerischen Entscheid der Alpeninitiative, welche den transalpinen Verkehr von der Strasse auf die Schiene verlagern will. Der Kurs des Schweizer Frankens wird weniger von der Nationalbank, schon eher von der Deutschen Bundesbank und noch mehr von Akteuren des globalen Finanzmarktes beeinflusst. Nicht nur die Zurechenbarkeit politischer Entscheidung wird problematisch; die Handlungsfähigkeit des Nationalstaates schwindet in vielen Bereichen. Zwar versuchen die Staaten auf inter- und supranationaler Ebene etwas von dem aufzufangen, was zu globalen Problemen geworden ist. Die intergouvernementalen Organisationen sind allerdings begrenzte Lösungen für die allgegenwärtige Problematik einer globalen Allmende. Vor allem aber scheinen klassische Partizipationsvorstellungen direkter wie indirekter Demokratie, welche allesamt von territorial begrenzten Entscheidungsräumen ausgehen, nicht mehr zu greifen (Held 1995).

12 Perspektiven Direkter Demokratie 341

Es wäre darum verfehlt, die Legitimationsgrundlage politischer Demokratie ausschliesslich auf der Grundlage formeller Partizipation an ihren Institutionen zu suchen: es gibt prinzipielle Schranken, demos und topos, d.h. Volk und Entscheidungsthema, kongruent zu definieren und zusammen zu bringen. Dies übersieht auch jene Strategie, welche die Vervollkommnung der Demokratie hauptsächlich über den Ausbau der formellen Mitwirkung des Volkes im staatlichen Politiksystem sieht. Für viele Probleme sind andere Artikulationsmöglichkeiten und Arenen bedeutsamer, etwa jene, die sich im Rahmen der Zivilgesellschaft abspielen und nur indirekt auf die staatlichen Institutionen abzielen. Der Boden für Strafrechtsreformen, neue Formen des Entzugs von Drogenabhängigen oder der Schutz bestimmter Kulturgüter in der Schweiz wurden durch eine «aktive Öffentlichkeit» (Scharpf 1970) vorbereitet, also durch das Engagement von Ärzten, Juristen, Wissenschafterinnen und sonstiger Fachleute, die ihre Reputation auch in Anwaltschaften für politische Reformen einsetzen. Zu erwähnen sind aber auch jene Bürgerinitiativen und sozialen Bewegungen, welche – etwa in der Umwelt- oder Drittwelt-Problematik – genau jene Fragen aufgreifen, die als «zukünftige» oder «globale» Probleme aus dem zeitlichen oder territorialen Rahmen einzelstaatlicher Demokratie fallen. All diesen Artikulationsformen, Arenen, Bewegungen und Organisationen ist eines gemeinsam: sie mobilisieren die öffentliche Meinung und beeinflussen staatliches Handeln. Ihre Legitimationsbasis ist aber gerade nicht die formale Partizipation einer allgemeinen Bürgerschaft, sondern der qualifizierte Einsatz persönlicher Ressourcen, von Reputation und Organisationsfluss, die Legitimation an Menschenrechten oder an Kriterien der Leistung oder des Erfolgs für eine öffentliche Sache.

4. Der Trade-off zwischen Abstimmungs- und Wahldemokratie: Ich habe vorne die These ausführlich begründet, warum die Abstimmungsdemokratie ein Stück weit zur Entwertung von Wahlen führt, und warum umgekehrt Systeme, die einen maximalen Einfluss der Wählerschaft garantieren wollen, mit dem Ausbau direkter Demokratie unverträglich sind. Abstimmungs- und Wahldemokratie können also im selben System nicht gleichzeitig maximiert werden. Was Bürgerinnen an zusätzlichem Einfluss durch die Abstimmung zugewinnen, können sie an strategischem Einfluss durch die Wahl verlieren. Daraus haben Demokratietheoretiker unterschiedliche Konsequenzen gezogen.

Für eine erste, radikaldemokratische Position ist die jederzeitige Mitwirkung des Volkes der oberste Zielwert, jede «repräsentative Macht» grundsätzlich unerwünscht. Das Rätesystem marxscher Prägung setzte darum jeden Repräsentanten unter die Bedingung des imperativen Mandats, also der Bindung an den Willen der Basis. Konsequent verlangte das Modell auch die jederzeitige Abberufbarkeit der Räte – was nicht nur den Rat zum blossen Boten stempelte, sondern auch die Bedeutungslosigkeit und jederzeit mögliche Nichtigkeit der Wahl bedeutete. Das Modell scheiterte bekanntlich an seiner Anwendung in der Praxis (Bäumlin 1978, Macpherson 1983), und auch das blosse imperative Mandat legte im 19. Jahrhundert die eidgenössische Tagsatzung lahm. Aber in der politischen Kultur der

Deutschschweiz findet sich oft die Meinung, nur die direkte Demokratie sei wahre Demokratie, eine normative Position, die sich übrigens auch beim Staatsrechtler Giacometti (1960) findet.

Als zweite Position können wir diejenige Cronins nehmen, der in der «sensible democracy» eine vorteilhafte Ergänzung des Repräsentativsystems sieht. Wie vorne dargelegt, haben die Volksrechte in den US-Staaten nicht zur Konkordanz geführt. Für Cronin sind Abstimmungs- und Wahldemokratie im Gleichgewicht. Bezeichnenderweise hält er aber an zwei Beschränkungen fest: direkte Demokratie soll auf die gliedstaatliche Ebene beschränkt bleiben und auch dort nicht zum Zuge kommen, wo vitale Interessen des Gesamtstaats berührt sind, wie z.B. Aussenpolitik, Wirtschaftspolitik und Finanzen.

Die dritte Position finden wir beispielsweise in der «komplexen Demokratietheorie» Scharpfs. Er sieht in den Verhandlungsprozessen des Gruppenpluralismus wie in den anspruchsvolleren Partizipationsformen eine klare Benachteiligung der «have nots». Der einfache Akt der Wahl ist die einzige Form der Partizipation, welche diese Benachteiligung unterer Schichten zu vermeiden vermag. Scharpf will darum den Einfluss der Wahl maximieren und plädiert für ein Zweiparteiensystem, das mit einer starken Regierung gesellschaftspolitische Alternativen nicht nur programmatisch aufzustellen, sondern über Gruppenwiderstände hinweg auch zu realisieren vermag.

Diese Positionen sind lehrreich, nicht zuletzt für die Schweiz, in der die Frage des Ausbaus oder Abbaus der Volksrechte kontrovers ist. Aus demokratietheoretischer Perspektive nämlich scheinen die politischen Lager zum Teil gerade entgegen ihren Eigeninteressen zu handeln. Die schweizerische politische Linke einerseits fordert den Ausbau der direkten Demokratie mit dem konstruktiven Referendum, dürfte sich aber wenig darüber bewusst sein, dass von diesem komplizierten Instrument wohl eher ihr politischer Gegner profitieren wird. Für den Abbau der Volksrechte plädiert andererseits ein Teil eines auf politische Effizienz und Handlungsfähigkeit bedachtes Bürgertum, das sich wohl wenig im klaren darüber ist, dass es damit auch die politische Hegemonie des bürgerlichen Lagers gefährden könnte.

5. Direkte Demokratie als Potential für gesellschaftliche Demokratisierung: Der amerikanische Forscher Benjamin Barber (1974) war fasziniert vom intensiven Gemeinschaftsleben, das er in schweizerischen Berggemeinden und in den Kommunen Neuenglands antraf. Sie inspirierten ihn zu interessanten Zusammenhängen zwischen Demokratie und Gesellschaft. Blosse, und in seinen Augen minimale Repräsentativdemokratie («thin democracy») sei zugeschnitten auf eine individualistische Gesellschaft, in welcher politische Apathie vorherrsche. Dagegen stärke partizipatorische, direkte Demokratie («strong democracy») den aktiven Bürgersinn, die politische Verantwortlichkeit, das Interesse und die Kenntnisse ihrer Bürgerschaft. Direkte Demokratie ist darum nach Barber ein eigentlicher Schlüssel zur Demokratisierung der Gesellschaft und zur umfassenden Entfaltung der Person. Diese optimistische These erscheint nur teilweise bestätigt, wenn wir an die schweizerischen Erfahrungen anknüpfen. Einerseits kannte die Schweiz in der Nachkriegszeit den dramatischsten Verfall der Wahlbeteiligung unter den entwickelten Industrieländern. Vergleichende Umfragedaten zur politischen Kultur deuten darauf hin, dass die schweizerische Bürgerschaft zwar stolz ist auf ihre Partizipationsmöglichkeiten, aber keineswegs ein grösseres Interesse oder eine höhere Bereitschaft zur politischen Eigenbetätigung ausweist als diejenige anderer Länder. Zudem hat sich etwa die Gewerkschaftsbewegung eher weniger Mitwirkungsrechte im wirtschaftlichen Bereich erkämpfen können als in anderen europäischen Ländern, und nichts deutet darauf hin, dass z.b. das schweizerische Bildungswesen demokratischer ausgestaltet wäre als anderswo. Auf der anderen Seite sind unkonventionelle Formen politischer Tätigkeit und Mobilisierung in der Schweiz ähnlich verbreitet wie in Holland, Deutschland oder Frankreich; soziale Bewegungen haben über die Volksrechte direkteren Zugriff auf die politische Agenda, und das Referendum wie die Initiative scheinen das wichtigste Mobilisierungs- und Aktivierungsinstrument zu bilden (Kriesi 1995:293f.). Damit lässt sich zumindest behaupten, die direkte Demokratie stütze das Interesse und die Partizipationsbereitschaft in einer gesellschaftlichen Epoche, die geprägt ist vom Wertewandel der Individualisierung und der Entlassung des Individuums aus sozialen Bindungen. Problematisch scheint dagegen die Erwartung Barbers, eine «strong democracy» von Volksrechten führe zu einer besonders aktiven und interessierten Bürgerschaft und zur Demokratisierung weiterer gesellschaftlicher Bereiche. Volksrechte können kaum als ausreichende Schule der demokratisierten Gesellschaft gelten. Hält man am Postulat der Demokratisierung unter unverfälschter Beteiligung aller sozialen Schichten fest, so sind politisches Interesse und Mitwirkungsmöglichkeiten auch in anderen Lebensbereichen etwa der Arbeit oder der Schule zu suchen, und zwar in geeigneter Form, um auch zur Erlernung politischer «skills» beizutragen (Scharpf 1970:70ff.).

D. Fazit

Die Schweiz hat mit ihren Volksrechten ein Stück Demokratie erreicht und institutionell gefestigt, das gegenüber dem dominanten Repräsentativsystem als ein doppeltes Stück Utopie erscheint. Erstens erweitert sie Demokratie entgegen herrschender Voreingenommenheit zur Mitwirkung der einzelnen Bürgerinnen und Bürger auf allen Stufen und in allen Fragen, die politisch überhaupt zur Disposition stehen. Zweitens öffnet sie – vor allem mit der Volksinitiative – die politische Agenda, den Bereich des politisch Denkbaren und des politisch Möglichen. Diese Errungenschaft ist nicht hoch genug einzuschätzen, auch wenn man die theoretischen Grenzen und empirischen Beschränkungen direkter Demokratie anerkennt.

Die Initiativ- und Referendumsdemokratie hat die europäische Theoriediskussion noch keineswegs so beeinflusst, wie das eigentlich zu erwarten wäre. Zu den wenigen Ausnahmen gehören Luthart (1994) oder Schmidt (1995). Wenigstens drehen sich viele ausländische Diskussionen weit eher um Formen einer «deliberativen Demokratie», in denen es um die informelle Partizipation einer Teilöffentlichkeit von Betroffenen an einer bürgernahen Verwaltung oder um die Integration von Basisbewegungen in konflikthaften Planungs- und Vollzugsentscheiden geht (statt vieler: Neidhardt 1994, Zillessen/Dienel/Strubelt 1993). Gemeinsam ist diesen Partizipationsformen, dass sie Entscheidungen unter oder ausserhalb der parlamentarischen Gesetzesebene betreffen, dass sie den formellen Entscheidungsprozess nicht ersetzen sondern ergänzen, dass der Kreis der Beteiligten in den wenigsten Fällen repräsentativ für die Gesamtbürgerschaft ist, und dass ihrem Ergebnis bloss politischer Einfluss, aber keine rechtliche Verbindlichkeit zukommt. Das Ziel der Behörden liegt darin, höhere Legitimation für ihre eigenen Vorstellungen zu gewinnen oder Protestpotentiale zu integrieren, während es den Betroffenen in der Regel gerade darum geht, Alternativen oder Veränderungen zu Behördenprojekten aufzubringen oder letztere gar zu verhindern. Bürgerinitiativen in den USA waren dabei überaus erfinderisch; so evaluierte die US-Nationalstrassenbehörde schon in den siebziger Jahren über dreissig Verfahren verschiedenster Art, mit denen lokale Bürgerbewegungen die Strassenbauprojekte zu beeinflussen versuchten (Linder et al. 1993). Auch in der Schweiz sind Formen der «Offenen Planung» praktiziert worden, freilich mit weniger Phantasie. Die meisten Verfahren ähneln konventionellen Vernehmlassungsverfahren und bieten relativ wenig Chancen für zusätzliche Lernprozesse. Das «New Public Management» (Osborne/Gaebler 1994) schliesslich, das in den USA mit Hinblick auf eine bürgernähere Verwaltung zur Mode wurde, scheint in der Schweiz eher als verwaltungsinterne Reform zu laufen (Hablützel et al. 1995, Mastronardi/Schädler 1998). Im Gegensatz zur formellen direkten Demokratie, die in der Schweiz einen weit entwickelten Reifegrad ausweist, sind daher die zivilgesellschaftlichen Potentiale partizipatorischer Demokratie noch keineswegs ausgeschöpft.

Kapitel 13: Föderalismus im internationalen Vergleich

A. Kernelemente des institutionellen Föderalismus

Föderalismus bezweckt politische Einheit unter Wahrung grösstmöglicher Autonomie von Teilen eines Staatsverbandes. Duchacek formuliert dies in seinem Buch «Comparative Federalism, Nations and Men» wie folgt: «What water is for the fish, the federal system is for territorial unities that desire to manage their affairs independently (near sovereignly) yet within the confines of an all-inclusive national whole» (1985:42). Die föderale Autonomie ist von besonderer Bedeutung für Gesellschaften mit ethnischen, kulturellen oder sprachlichen Minderheiten. Solche Minderheiten profitieren von der föderalistischen Autonomie indessen nur soweit, als sie in den Territorien einzelner Gliedstaaten auch politische Mehrheiten ihrer eigenen Kultur oder Sprache zu bilden vermögen. Dies heisst in Erweiterung von Duchaceks Bild: Der Karpfen, der sich in jenen Teil des Teiches verirrt, in dem die Hechte schwimmen, ist nicht davor gefeit, gefressen zu werden. Föderalismus schützt also nur räumlich segmentierte Minderheiten. Damit unterscheidet sich der Föderalismus grundlegend vom gesellschaftlichen Pluralismus, der ebenso auf die gegenseitige Anerkennung und Gleichberechtigung unterschiedlicher Kultur oder Sprache zielt, aber mit anderen politischen Mitteln (etwa den Grundrechten) und ohne territorialen Bezug.

Was sind nun die Kernelemente eines föderalistischen Systems? Das Spektrum der modernen Staatenwelt ist vielfältig und reicht vom losesten Bündnis der Arabischen Liga, der vertraglichen Konföderation etwa zwischen Puerto Rico und den USA zu den Föderativstaaten und von dort hin bis zum zentralistischen Einheitssystem Frankreichs. Für den Komparatisten Duchacek bilden folgende Elemente das institutionelle Grundgerüst eines föderalistischen Systems:

1. Eine unverletzbare Identität und Autonomie der Gliedstaaten.
2. Eine erhebliche und entscheidungsrelevante politische Macht der Gliedstaaten.
3. Die gleiche (oder angeglichene) Repräsentation von Einheiten ungleicher Bevölkerungsgrösse.
4. Die Mitentscheidung der Gliedstaaten an Verfassungsänderungen des Zentralstaats.
5. Ein unabhängiger Kompetenz- und Entscheidungsbereich des Zentralstaats.
6. Die Unempfindlichkeit gegen Sezession durch einen dauerhaften politischen Willen zur nationalen Einheit – dies in Abgrenzung zu einem konföderalen System, wo dieser Wille fehlt.

Die ersten fünf Punkte finden sich zumeist als Verfassungselemente eines föderalistischen Systems und betreffen die Autonomie und die vertikale Machtteilung zwischen Glied- und Zentralstaaten. Das sechste Element jedoch verweist auf eine politische Dimension: Föderalistische Systeme sind vor allem für Gesellschaften zu erwarten, in denen ein

Spannungsfeld zwischen zentrifugalen (autonomistischen) und zentripetalen (zentralistischen) Kräften besteht. Föderalistische Systeme bleiben auf Dauer nur dann stabil, wenn ein Gleichgewicht dieser Kräfte besteht. Andernfalls werden sie zu Einheitsstaaten oder zerfallen in Einzelstaaten. Die UdSSR und Jugoslawien sind jüngere Beispiele des Zerfalls, in denen mit dem Ende der kommunistischen Herrschaft auch der Wille zur politischen Einheit zusammenbrach.

Föderalismus ist darum typisch für räumlich segmentierte Gesellschaften, in denen einzelne Teile auf zentrale *oder* dezentrale Autonomie drängen. Die Präferenz für Dezentralisierung oder Zentralisierung kann dem Föderalismus jedoch nicht eindeutig zugeordnet werden. Das beginnt im Semantischen. Im angelsächsischen Bereich hat Föderalismus oft einen zentralistischen Beigeschmack, wird jedoch hin und wieder auch zum Passwort für dezentrale Autonomie wie in Deutschland oder der Schweiz. Diese Ambiguität hat tiefere Gründe. Dort, wo ein föderalistisches System aus autonomen Einheiten entsteht, geben die Gliedstaaten einen Teil ihrer Souveränitätsrechte an die neue gemeinsame Regierung ab. Dieser Einigungsprozess bedeutet auch Zentralisierung. Nach der Bildung des föderalistischen Systems bleibt aber als dauerhafte Aufgabe, die Autonomie der Gliedstaaten sowie ihre kulturelle und politische Vielfalt zu wahren. So sagt Daniel Elazar (1985:23): «Federalizing does involve both the creation and maintenance of unity and the diffusion of power in the name of diversity».

Föderalismus kann damit, wie in der Schweiz, ein Ergebnis der «Nicht-Zentralisierung» sein. Umgekehrt führt «Dezentralisierung» nicht immer von einem unitarischen zu einem föderalistischen System wie etwa in Belgien. Die Dezentralisierung kann nämlich auch als blosse Delegation von Aufgaben verstanden werden, wie sie z.B. in den Niederlanden oder Frankreich betrieben wird. Diese braucht den Charakter eines unitarischen Systems nicht zu verändern, weil eine dezentrale Aufgabenerfüllung in Gemeinden oder in regionalen Departementen nach wie vor von den politischen Kompetenz- und Sachentscheiden der Zentralregierung abhängen kann. Im Unterschied dazu erfüllen Gliedstaaten eines föderalistischen Systems diese Aufgaben direkt: sie bestimmen grundsätzlich selbst, ob sie dafür Steuern erheben oder Gesetze einführen möchten.

B. Föderalismus: Eine Struktur, ein Prozess und eine politische Kultur

Unsere bisherigen Überlegungen galten vor allem der Verfassungsstruktur des Föderalismus. Die institutionell-vergleichende Betrachtung ist aufschlussreich, hat aber auch ihre Grenzen. So konstatiert Elazar (1985:22), dass viele Systeme mit föderalen Strukturen sich in der Praxis als überhaupt nicht föderalistisch entpuppten – ihre Strukturen verhüllten eine zentralistische Machtausübung, die in direktem Gegensatz zu den föderalistischen Grundsätzen stand. Solche Beispiele sind die UdSSR und Jugoslawien vor ihrem Zusammenbruch. Die zentrale Machtkontrolle dieser Systeme durch das kommunistische Ein-

Parteien-Regime war als solche wohl bekannt. Die meisten Beobachter unterschätzten aber die Tatsache, wie sehr der zentrale Machtapparat auch dafür beansprucht wurde, die territorialen Einheiten und deren Völker mit ganz unterschiedlicher Geschichte und Kultur zusammenzuhalten. Nach ihrer Aufsprengung erscheinen uns diese Staatsgebilde als künstlich – und doch hatten sie vorher unter föderalistischen Strukturen existiert, die denen der Schweiz oder der USA ähnlich waren.

Zu einem funktionierenden Föderalismus gehören deshalb nicht nur Strukturen, sondern auch autonomieschonende Entscheidungsprozesse und eine entsprechende politische Kultur. Am Beispiel der Schweiz haben wir aufgezeigt, dass die Kantone in das vorparlamentarische Entscheidungsverfahren des Bundes einbezogen sind. Ihre Stimme besitzt erhebliches Gewicht. Gegen den ausdrücklichen Widerstand der Kantone wird kaum ein Gesetz ins Parlament gebracht. Das Bundesgericht besitzt an sich bedeutende Kompetenzen zentraler verfassungsmässiger Kontrolle und der Rechtsvereinheitlichung. Es bemüht sich indessen um ausserordentliche Zurückhaltung, wenn es um Eingriffe in die Autonomie der Gemeinden oder der Kantone geht. Zum rücksichtsvollen föderalistischen Umgang gehört, dass Bundesbehörden sich mit den Kantonen besprechen oder mit ihnen als gleichberechtigte Partner verhandeln – auch in Fällen, in denen sie direkt entscheiden könnten. Und schliesslich finden sich beim Bund rechtliche Kompetenzen, die aus politischen Gründen nicht oder nicht voll ausgeschöpft werden. Solche Umgangsformen werden hin und wieder als überfällige Rituale oder ineffiziente Entscheidungsschwäche kritisiert. Dies verkennt die guten Gründe, aus denen sich im schweizerischen System eine hierarchische Befehlsordnung zwischen Bund und Kantonen nur wenig, der kooperative Politikstil dagegen stark durchgesetzt haben. Dazu gehörten historisch die geringe Macht des Bundes, die starke Verschiedenheit der Kantone, und in neuerer Zeit die Verflechtung der Aufgaben, zu deren Erfüllung jeder Partner den andern benötigt. Der Politikstil der Kooperation, der gegenseitigen Anpassung und Rücksichtnahme kann als politische Kultur interpretiert, aber auch als «angemessenes Verhalten» betrachtet werden, das Akteure in einem System nach der Theorie des Neo-Institutionalismus herausbilden.

Die politische Kultur und die Art der Führung von Entscheidungsprozessen sind nur zum geringsten Teil von der Verfassungs- und Rechtsordnung bestimmt. Der oben beschriebene Politikstil der Kooperation ist typisch für die Schweiz, aber nicht für andere föderalistische Systeme. Für Deutschland wären einige ähnliche, zum Teil aber auch deutlich hierarchischere Beziehungsmuster zwischen Bund und Ländern zu vermerken (Abromeit 1992: 25 und 40ff.), während die Sowjetunion eine zentrale politische Lenkung sowie eine zentrale Kommandowirtschaft trotz einer föderalistischen Verfassung mit ihren Republiken kannte. Strukturen und Prozesse sind zwei bedeutsame Dimensionen des Föderalismus, aber offenbar unabhängig voneinander. Von Elazar stammt der Versuch, verschiedenste Länder zwischen Föderalismus und Unitarismus zu situieren, und zwar auf beiden Dimensionen von (Verfassungs-)struktur und politischem Prozess (siehe Graphik 13.1). Wie erwartet, finden wir die «klassischen» Länder des Föderalismus wie die Schweiz, Kanada, USA und die BRD ungefähr am gleichen Ort jenes Quadranten, in dem beide Föderalismusdimensionen stark ausgeprägt sind. Den Gegenpol bildete 1985 noch die Ländergruppe um Frankreich – gleichermassen unitarisch in Struktur und Prozess. Das Schema zeigt nun aber auch Länder, die eine föderalistische Struktur mit zentralisierten Politikprozessen verbanden (wie die erwähnten Beispiele Jugoslawien und die UdSSR) sowie das umgekehrte: Israel oder Neuseeland gelten als unitarische Systeme, die aber zum Teil ausgesprochene Föderalisierungen ihres Politikstils ausweisen.

Graphik 13.1: Struktur und Prozess in föderalistischen und nicht-föderalistischen Ländern

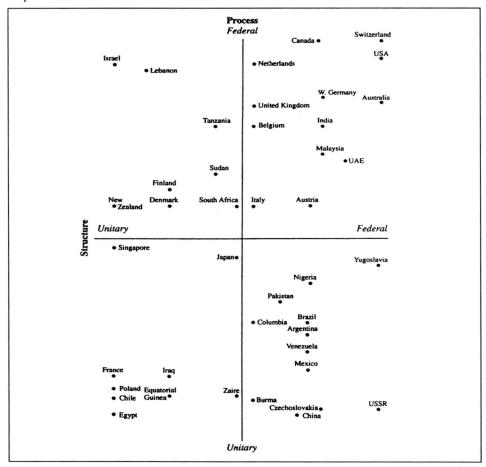

Quelle: Elazar (1985:24)

Mit der Berücksichtigung beider Dimensionen von Struktur und Prozess gewinnen wir ein realistischeres Bild föderalistischer Vielfalt. Elazar hat es noch um weitere Dimensionen bereichert – etwa der Koinzidenz von sozialer und politischer Einheit oder deren Diversität. In Kapitel 7 haben wir auf die unterschiedliche Philosophie des amerikanischen und schweizerischen Föderalismus hingewiesen – als Wettbewerb zwischen den Staaten und Kommunen wie in den USA, oder als interregionale Solidarität wie in der Schweiz. Doch auch damit sind wir in der Facettierung des Föderalismus noch keineswegs am Ende. Germann und Steiner (1985:123f.) zeigen, dass es auch innerhalb der schweizerischen Politik eher unitarische oder dezentrale Bereiche gibt.

So einfach sich also das strukturelle Grundkonzept des Föderalismus ausnimmt, so komplex und unterschiedlich sind seine Ausprägungen im politischen Prozess und seiner spezifischen Politikkultur. Letztere sind bedeutend schwieriger zu untersuchen, und es ist darum kein Zufall, dass wir über die Prozesse und Kulturen des Föderalismus weniger Vergleichswissen haben als über seine Strukturen. Hier kommt es aber gerade darauf an zu zeigen, dass Föderalismus über seine verfassungsrechtlichen Strukturen hinaus von einer spezifischen politischen Kultur und von der autonomieschonenden Art der Entscheidungsprozesse abhängt. Dies gilt auch für seine Wirkungen und Folgen.

C. Moderne Bedeutungen des Föderalismus

1. Föderalismus im Zeitalter der Globalisierung

Längst vor der heutigen Globalisierungsdebatte konstatierten Gesellschaftstheoretiker wie etwa Daniel Bell (1973:320), dass der Nationalstaat für viele politische Probleme gleichzeitig zu gross und zu klein ist. Einerseits drängt der Kapitalismus auf globale Liberalisierung der Märkte, weltweite Vernetzung und Entgrenzung. Nicht nur für die Wirtschaftsordnung, auch für die Fragen nationaler Sicherheit, der Ökologie oder der Ungleichentwicklung zwischen Erster und Dritter Welt ist der Nationalstaat darum zu klein geworden. Solche Probleme unterliegen der politischen Globalisierung. Mittels inter-, trans- und supranationalen Organismen wie der UNO, der WTO, der NATO oder der EU wird versucht, regulierbar zu halten, was der Kontrolle des Nationalstaats entglitten ist. Andererseits verstärkt der globale Kapitalismus viele Ungleichheiten im Weltmasstab und schafft neue Konfliktpotentiale, etwa durch die Zerstörung lokaler Kultur. Darum wird der Staat als zu grosser Dinosaurier mit kleinem Hirn kritisiert, unfähig, sich an den Bedürfnissen der Bürgerinnen und Bürger zu orientieren oder die kulturellen Besonderheiten lokaler und regionaler Gesellschaft zu schützen (Held 1991:197ff.). Hier erscheint der Nationalstaat als zu gross. Der Nationalstaat sieht sich damit dem doppelten Entwicklungstrend zur Internationalisierung und Regionalisierung (oder gar Trennung) ausgesetzt. Für beide Trends gibt das Konzept der Föderalisierung einige gute Antworten.

Föderalisierung ist erstens ein Mittel zur *Erweiterung überstaatlicher Zusammenarbeit.* Als historisches Beispiel kann die schweizerische Staatsgründung genannt werden: Sie fand als freiwilliger Zusammenschluss von Kantonen statt, die sich staatlich «souverän» betrachteten. Es ging nicht zuletzt um die Schaffung eines einheitlichen Wirtschaftsraums, für den die kantonalen Grenzen zu eng wurden. Der Zusammenschluss bedeutete zwar das Ende einer «vollen» Souveränität der Kantone – aber nicht das Ende einer begrenzten Autonomie und Staatlichkeit. Diese fand zudem ein neues Handlungsfeld, nämlich die gleichberechtigte Teilhabe der Kantone an den Entscheidungen der neuen Zentralgewalt. Mit dem Beginn des schweizerischen Nationalstaats wurden die Rechte politischer Autonomie auf die drei Ebenen des Bundes, der Kantone und der Gemeinden verteilt – was auch in der dreifachen Bürgerschaft zum Ausdruck kommt. Die Föderalisierung erlaubt in diesem Verbund bis heute, die Probleme der ehemals souveränen Kantone stufengerecht zu lösen: die einen bei den Gemeinden, die andern beim Bund.

Man könnte also sagen, die Kantone hätten mit der Föderalisierung 1848 einen kleinen «Globalisierungsschub» aufgefangen. Die heutige Staatenwelt reagiert auf einen grossen Globalisierungsschub, und auch darin sind einige Ansätze einer Föderalisierung zu erkennen. Am deutlichsten sehen wir das an der Europäischen Union, deren Länder sich zur Schaffung eines gemeinsamen Marktes zusammengetan haben. Die Selbständigkeit der supranationalen Ebene kommt unter anderem darin zum Ausdruck, dass die EU-Organe nicht nur Einstimmigkeits-, sondern auch (qualifizierte) Mehrheitsentscheide zu treffen vermögen, die für die Mitglieder bindend sind. Auch in diesem Fall haben die Nationalstaaten Souveränitätsrechte abgegeben, ohne dabei ihre Autonomie und Eigenstaatlichkeit aufzugeben. Ebenso wird der Idee angeglichener Repräsentation ungleich grosser Mitglieder nicht nur in der EU-Kommission, sondern auch im Ministerrat und im EU-Parlament nachgelebt. So besetzte Dänemark 1991, bevölkerungsmässig und wirtschaftlich eine Zwei-Prozent-Nation in der EU der Zwölf, bis zu sechs Prozent der Sitze oder Stimmen in den drei Organen. Deutschland dagegen, mit 19 Prozent der Bevölkerung und über einem Viertel der europäischen Wirtschaftskraft, belegte nur zwischen 12 und 16 Prozent der Sitze bzw. Stimmen. Kleine Staaten haben in der Entwicklung der EU oft eine bedeutsame Rolle gepielt (Goetschel 1998). Schliesslich sucht die EU nicht nur über das Einstimmigkeitsprinzip bei Vertragsänderungen, sondern auch über autonomieschonende Verfahren und das Prinzip der Subsidiarität einer Zentralisierung europäischer Kompetenzen und Aufgaben vorzubeugen. Gegenüber der einzelstaatlichen Föderalisierung sind zwei bedeutende Unterschiede festzuhalten. Einmal ist die EU kein staatliches Gebilde mit sachlicher Allzuständigkeit, sondern eine Zweckgemeinschaft für einen begrenzten Kreis wirtschaftlicher Aufgaben. Sodann ist die EU zwar ein Organismus mit vielen föderalistischen Zügen, aber es fehlt ihr bis anhin eine gleichwertige demokratische Legitimationsgrundlage, weil

13 Föderalismus im internationalen Vergleich

das Parlament nicht als zentrale Entscheidungsinstanz figuriert.[1] Trotzdem lässt sich die europäische Integration als Form der Föderalisierung sehen, die durchaus ähnliche Funktionen erfüllt wie die historisch älteren nationalen Föderalismen: sie ermöglicht Zusammenarbeit auf einer neuen, politisch selbständigen Ebene, belässt aber den Mitgliedern grösstmögliche Autonomie und die Möglichkeit zu politisch-kultureller Differenz. An Kategorien der Föderalisierung denkt auch David Held (1995:230) in der Weiterentwicklung inter- und supranationaler Organisationen: diese bleiben auf die Lösung einzelner Aufgaben beschränkt, würden aber unter annähernd gleicher Repräsentation der einzelnen Staaten auch gewisse Mehrheitsentscheide verbindlich treffen und der Bevölkerung der beteiligten Staaten gewisse bürgerschaftliche Rechte gewähren.

Föderalisierung wird nun aber zweitens auch in umgekehrter Richtung gesucht, nämlich zur *Lösung von Problemen, für die der Nationalstaat zu gross ist.* Hier ist nun zunächst die Dezentralisierung zu einem eigentlichen Trend geworden – und zwar über die historisch unitarischen Länder wie Frankreich oder Dänemark hinaus. Es gibt «technische» Gründe der Dezentralisierung – etwa der Grösse der Leistungsverwaltung, der räumlichen Distanzen, oder der effizienteren Leistungserbringung. Dabei geht es aber zumeist auch um die Mitwirkung dezentraler Stellen und um die Nutzung ihrer besonderen Legitimation. Sie kann über die funktional-technische Dezentralisierung hinaus zur politischen Föderalisierung führen. Die politische Föderalisierung wird nicht zuletzt dort gesucht, wo sprachliche oder kulturelle Differenzen zwischen einzelnen Teilen der Gesellschaft bestehen. Hier ist der (einheitliche) Staat nicht einfach zu gross, sondern wird als gemeinsames Gefäss politisch bestritten. Ein einschlägiges Beispiel bildet Belgien, das mit der Gewährung politischer Autonomierechte an die Sprachregionen Flandern und Wallonien und mit dem Sonderstatus Brüssel eine territoriale Föderalisierung vollzog. Aber auch die Sonderstatute von Regionen wie z.B. in Italien oder Spanien können als Vorstufen einer Föderalisierung betrachtet werden.

Das Konzept des Föderalismus ist darum keinesfalls ein blosses historisches Relikt. Im Gegenteil: der Prozess der Föderalisierung wie das Konzept des Föderalismus haben heute eine besondere Aktualität, indem sie auf beide globalen Trends – denjenigen der Sub-Nationalisierung wie denjenigen der Supra-Nationalisierung – befriedigende Teilantworten geben. Föderalisierung erlaubt handlungsfähige Mehrebenenpolitik unter grösstmöglicher Wahrung der Autonomie und differenzierter Mitwirkung der Mitglieder, und vermag darüber hinaus oft einen wirksamen Beitrag an eine Politik des Minderheitenschutzes zu leisten (Bächler 1997).

---

1 Maurice Duverger (1990) forderte zu Ende der achtziger Jahre, dass der Ministerrat und das Parlament ein europäisches Zweikammersystem bilden sollten, in dem alle wesentlichen Entscheidungen getroffen würden. Damit wären die Legitimationsgrundlagen von Föderalismus und Demokratie ähnlich verbunden wie in Deutschland, den USA oder der Schweiz. Die seitherige Entwicklung war von anderen Prioritäten, vor allem der EU-Erweiterung geprägt, und die Beschlüsse von Amsterdam haben das Parlament nicht wesentlich aufgewertet.

2. Der Schutz kultureller Differenz und Vielfalt

Der Vorzug des Föderalismus als Schutz ethnisch-kultureller Minderheiten ist ein doppelter, wie wir etwa am Beispiel der Schweiz sehen: Erstens schützt er Sprache und Kultur der Latins in den sieben Kantonen, in denen die Französisch- und Italienischsprachigen die Mehrheit bilden. Zweitens gibt er diesen Kantonen, nach dem föderalistischen Entscheidungsprinzip der Gleichwertigkeit der Standesstimmen, einen proportionalen Einfluss auf die Entscheidungen des Bundes. Versuche, den ethnisch-kulturellen Konflikt durch föderalistische Lösungen zu mildern, finden sich in Europa, Amerika, Afrika wie in Asien, also praktisch überall.

Aber der Föderalismus ist kein Allheilmittel, wie ein Blick in die Geschichte zeigt. In den USA etwa stand der Föderalismus nie unter der Zielsetzung des Schutzes kultureller Minoritäten. Die Staatsentwicklung achtete auf die Dominanz der Kultur der WASP, der White Anglosaxon Protestants, und so wurden neue Territorien als gleichberechtigte Bundesstaaten erst dann aufgenommen, wenn ihre Bevölkerung eine weisse Mehrheit aufwiesen. Den Indianern, und später den anderen kulturellen Minderheiten der Schwarzen, Hispanos oder Asiaten, die heute ihre Rechte auf anderem Wege einfordern, hat der Föderalismus also keine Autonomie gebracht. In Kanada liess sich der Sprachenkonflikt mit der französischsprechenden Minderheit trotz starker Föderalisierung nicht zufriedenstellend regeln; die Unabhängigkeitsbewegung in der Provinz Quebec wird wohl trotz ihrer Niederlage im Plebiszit von 1995 nicht aufgeben. Zwiespältig sind die Erfolge in Afrika. Scheint der Föderalismus ein wichtiges Element für die bisherige politische Konsolidierung in Südafrika zu bilden, so hat er in anderen Ländern Stammesfehden nicht verhindern können (Lemarchand 1997:104).

Der Schutz kultureller Vielfalt und Selbständigkeit ist also unter föderalistischen Strukturen nicht immer garantiert. Immerhin lassen sich einige Bedingungen angeben, unter denen föderalistischer Schutz von ethnischen oder kulturellen Minderheiten chancenreich wird:

1. Mehrere nicht zu kleine, aber nicht zu viele Minderheiten: Es bedarf keiner näheren Begründung, dass eine Zwanzig-Prozent-Gruppierung grössere Aussichten auf föderalistische Autonomie besitzt als eine Zwei-Prozent-Gruppierung, weil sie neben der nötigen Bevölkerungsgrösse für eine selbständige politische Einheit auch ein stärkeres politisches Gewicht in die Waagschale werfen kann. Wird föderalistische Autonomie von mehreren Gruppierungen beansprucht, so stehen die Chancen einer Bewältigung der damit verbundenen ethnisch-kulturellen Konflikte besser: Das Minderheitsproblem wird eher objektiviert und weniger als Auseinandersetzung oder Schwierigkeit mit einer einzigen Religion, Sprache oder Ethnie wahrgenommen. Eine zu grosse Zahl von Gruppierungen kann allerdings zum Nachteil werden. In Nigeria beispielsweise, dessen erste Republik 1960 drei Regionen auswies, beanspruchen heute nicht weniger als 36 verschiedene Stammesgesellschaften föderalistische Autonomie (Lemarchand 1997:103).[2]

13 Föderalismus im internationalen Vergleich

2. Keine geographische Übereinstimmung mehrerer Konfliktlinien: Eine Region kann gleichzeitig eine Sprach- und Religionsminderheit bilden und zudem von wirtschaftlicher Schwäche geprägt sein[3]. In diesem Fall können drei Konfliktlinien zu einer dreifachen Diskriminierung führen, welche auch durch föderalistische Strukturen nicht ohne weiteres zu verhindern sind. Günstigere Bedingungen politischer Autonomie sind gegeben, wenn die entsprechende Region kein nachteiliges Wirtschaftsgefälle oder gar einen höheren Wohlstand ausweist, die für die potentielle Benachteiligung als Minderheit kompensiert. Solche günstigen Bedingungen dürften etwa für das Baskenland gelten.

3. Keine «reine» räumliche Trennung ethnisch-kultureller Gruppierungen: Föderalistische Lösungen werden mitunter zur räumlichen Trennung verfeindeter Gruppen verwendet. So sah das Dayton-Abkommen für die Befriedung Bosnien-Herzegowinas unter anderem eine Kantonalisierung Bosniens entlang der Grenzen der drei Gruppierungen serbischer, kroatischer und bosnischer Herkunft vor. Damit wurde die serbische Kriegsstrategie der «ethnischen Säuberung» ungewollt ein Stück weit festgeschrieben. Was kurzfristig als realistische Lösung erscheinen mag, könnte längerfristige Kosten haben. Die Ethnisierung der Kantone schafft Restgruppen kultureller Minderheiten und begünstigt ethnisch-regionale Parteien, unter denen eine Fortsetzung ethnischer Politik zu erwarten ist. Wenn man das Ziel einer Föderation der drei ethnischen Einheiten vor Augen hat, so wäre es günstiger gewesen, wenn zumindest ein Teil der Kantone ethnisch gemischt wären. Nationale, nichtethnische Parteien hätten bessere Chancen im politischen Wettbewerb.

Mit Blick auf die Schweiz lässt sich sagen, dass alle drei genannten Bedingungen erfüllt waren. Die Zahl und die Grösse der Minderheiten waren nicht zu gering; sprachlich-kulturelle und konfessionelle Grenzen sowie die regionalen Wohlstandsgefälle waren nicht deckungsgleich. Das begünstigte die Entwicklung nationaler Parteien und verhinderte die Herausbildung ethnisch-sprachlicher oder konfessioneller Parteien mit Ausnahme der CVP. Damit waren gute Voraussetzungen geschaffen, die zweifellos vorhandenen ethnisch-kulturellen Gegensätze des 19. Jahrhunderts zu neutralisieren. Vor allem aber hat die Nichtübereinstimmung der Konfliktlinien dazu geführt, dass die meisten Politikerinnen und Stimmbürger sich sowohl in Mehrheits- wie Minderheitssituationen sehen, also auch beide Rollen erfahren. Ein freisinniger Politiker im Unterwallis z.B. gehört zur parteipolitischen Minderheit unter der

---

2 Das zunehmende Risiko für die föderalistische Balance ist ein doppeltes, wenn die Zahl der ehtnischen Gruppierungen hoch ist: hohe Autonomieforderungen der einzelnen Gruppen können einerseits zur Sezession führen. Auf der andern Seite vermag eine Zentralregierung die weitere föderalistische Aufteilung für die gesellschaftlichen Minderheiten als Strategie zur Stärkung ihrer Macht einzusetzen (divide et impera). Beide Risiken vermieden hat bisher offensichtlich Tanzania, wo mehrere Dutzend Ethnien relativ stabil zusammenleben—unter offensichtlich günstigen Bedingungen einer gemeinsamen Lingua franca, sowie dem Fehlen der Hegemonie einer einzelnen Kultur oder eines nachteiligen Kolonialerbes.

3 Diesen Fall haben wir vorne (Kapitel 7) an der Region des Juras kennen gelernt, der sich ja als Ausnahme politischer Integration in der Schweiz erwies.

CVP-Hegemonie, aber zur sprachlichen Mehrheit im Kanton. Auf nationaler Ebene dagegen wird er wohl zumeist der Mehrheit des bürgerlichen Lagers angehören, verbleibt jedoch in Konflikten zwischen Deutschschweiz und Romandie in der Minderheit.

Solche vorteilhaften Bedingungen zur Neutralisierung eines Kulturkonflikts finden sich selten. So können denn neben den günstigen Wirkungen des Föderalismus auch ungünstige ausgemacht werden (Kälin 1997, Linder 1997a):

– Föderalismus kann nicht nur zur Autonomie für Minderheiten, sondern auch zur Sicherung einer ethnisch-kulturellen Dominanz eingesetzt werden (USA).
– Föderalistische Systeme mit wenigen Minderheiten oder Gliedstaaten können instabil werden (Belgien, Kanada) oder gar auseinanderbrechen (Tschechoslowakei).
– Föderalisierung kann als Element der Ethnisierung verwendet werden (Bosnien), was ungünstige Bedingungen für die Überwindung eines Ethno-Nationalismus bedeutet.
– Minoritätenschutz im Föderalismus bleibt zumeist unvollständig, weil im Gliedstaat, in dem eine Minderheit Autonomie erreicht, ein neues und ungelöstes Minderheitenproblem entsteht.[4]

D. Nicht-territorialer Föderalismus

In der bisherigen Diskussion sind wir auf Beschränkungen und Ambivalenzen des Föderalismus als Instrument des Schutzes struktureller Minderheiten gestossen: Prinzipiell vermag Föderalismus nur räumlich segmentierte Minderheiten zu schützen. Deren Autonomie stützt sich dabei auf die Veränderung der Mehrheitsverhältnisse: im Rahmen eines politisch für sie definierten Territoriums wird die Minderheit zur Mehrheit. Es entsteht dabei eine neue Minderheit, deren Schutz ungewiss ist. Ist diese neue Minderheit ohne politisches Gewicht, so mag sie benachteiligt oder jedenfalls dominiert sein. Eine zu starke Segmentierung oder «reine» räumliche Trennung der föderalistischen Kammerungen schafft also neue Minderheitsprobleme, während bei zu schwacher Segmentierung keine föderalistische Lösung für das alte Minderheitenproblem möglich ist.

Als Ausweg, der beide Probleme vermeidet, wird darum hin und wieder auf das Konzept des «nicht-territorialen Föderalismus» zurückgegriffen. Dieses geht auf die historisch viel ältere Idee des Staates als Personengemeinschaft zurück, die ja bekanntlich erst in der Moderne durch das Territorialprinzip des Flächenstaats abgelöst wurde. So lebten bei der

---

4 Dies haben wir vorne am schweizerischen Sprachenschutz veranschaulicht. Der Sprachenschutz als Gleichwertigkeit der vier Landessprachen gilt auf Bundesebene und sichert über den Föderalismus die kantonale Autonomie von Minderheiten im Bereich der Sprachkultur. Innerhalb der Kantone jedoch gibt es, mit Ausnahme der mehrsprachigen Kantone GR, BE, FR und VS, keinerlei Schutz von Minderheitssprachen. Innerhalb eines Kantons haben sich Fremdspachige also zu assimilieren, d.h. sich der Spache der Mehrheit zu bedienen.

13 Föderalismus im internationalen Vergleich

germanischen Rückeroberung römischer Provinzen die ehemals römischen Bürger zusammen mit den Gothen, Vandalen, Burgundern und Franken im selben Gebiet, aber unter zwei Rechtssystemen: römische Bürger richteten sich weiterhin nach römischem Recht, die neuen Siedler nach germanischem Brauchtum, und entsprechend beurteilte die Gerichtsbarkeit die beiden Gruppen nach ihrer Herkunft, nach dem Prinzip des «ius sanguinis» (Ra'anan 1990:14). Noch verbreitet bis heute ist das ius sanguinis in Afrika. In Ruanda etwa finden sich für die verschiedenen Volksgruppen drei Rechtssysteme.

Der moderne Territorialstaat hat das «ius sanguinis» durch das «ius soli» ersetzt: nach dem Prinzip der Souveränität gilt das gleiche staatliche Recht in gleicher Weise für alle seine Einwohner. Indessen ist die Idee des «ius sanguinis» nicht ganz geschwunden. Zur Zeit der Donaumonarchie etwa propagierten Karl Renner und sein sozialdemokratischer Kollege Otto Bauer Formen eines nicht-territorialen oder korporativen Föderalismus. Nach Bauer soll nationalen Minderheiten insbesondere volle Autonomie bezüglich Ausbildung und rechtliche Unterstützung gegenüber der Bürokratie und den Gerichten gewährt werden. (Ra'anan 1990:20).

Korporativer Föderalismus als Schutz für strukturelle Minderheiten wurde z.B. 1925 in Estland, 1960 in Zypern eingeführt und steht neuerdings in einigen der ehemaligen Sowjetrepubliken zur Diskussion. Das für uns nächstliegende und interessanteste Beispiel ist Belgien, das Elemente des territorialen und nicht-territorialen Föderalismus verbindet. Seit 1970 ist dieses Land einerseits territorial in die drei Regionen von Flandern, Wallonien und Brüssel gegliedert. Darüber hinaus sind die Sprachgemeinschaften nicht-territorial organisiert: die erste Gemeinschaft umfasst alle Flämisch Sprechenden, diejenigen Flanderns wie der Brüsseler flämischer Zunge, während in der zweiten Gemeinschaft alle Französisch sprechenden Walloniens und Brüssel organisiert sind. Schliesslich finden wir noch die deutschsprechende Gemeinschaft Eupen-Malmédy.

Korporativer Föderalismus bietet eine Form des Schutzes kultureller Minderheiten an, der nicht an die Bedingung territorialer Segmentierung gebunden ist und dadurch auch einige der damit verbundenen Probleme vermeidet. Er weist gemeinsame Züge mit der «Versäulung» bzw. «Pillarization» aus, die im zentralistischen Holland bis 1970 ein Nebeneinander von gesellschaftlichen Institutionen für Protestanten und Katholiken kannte. Dieses Nebeneinander von speziellen Institutionen für kulturell verschiedene Volksgruppen wirft allerdings zwei Grundfragen auf: Erstens führt nicht-territorialer Föderalismus zu öffentlichen Institutionen wie Schulen etc., die spezifisch auf die Kultur, die Tradition und die Bedürfnisse der entsprechenden Volksgruppe zugeschnitten sind. Das kann auch die Bewahrung alter Vorrechte wie etwa von Präferenzrechten der Kasten Indiens samt ihrer Diskriminierungen beinhalten. Wie weit nun sollen und können Hoheitsrechte des gemeinsamen Staates an die kulturellen Gemeinschaften abgetreten werden, ohne dass Demokratie, Grundrechte und weitere Garantien eines politischen Pluralismus gefährdet sind? Zweitens erlauben die kulturspezifischen öffentlichen Einrichtungen Autonomie für die verschiedenen Gruppen, ohne dass sie territorial getrennt werden müssen. Wie weit sich zwischen diesen Teilgruppen ein friedliches Zusammenleben und ein gesellschaftlicher Pluralismus entwickeln kann, ist eine offene Frage.

Die drei folgenden Beispiele zeigen, dass das Spannungsfeld zwischen nicht-territorialem Föderalismus und gesellschaftlichem Pluralismus unterschiedlich strukturiert und gelöst wird.

In der Schweiz können die Schulen für die sprachlichen Minderheiten in zweisprachigen Kantonen und früher die konfessionellen Schulen als Beispiele für den nicht-territorialen Föderalismus gelten. Erstere sind gesellschaftlich erwünscht und haben sich gehalten. Die konfessionellen Schulen dagegen widersprachen dem politischen Willen der laizistisch-liberalen Mehrheit beim Bund. Sie hielten sich allerdings in manchen Kantonen bis in die sechziger Jahre und bildeten bis dahin ein Streitobjekt des Kulturkampfs des 19. Jahrhunderts. Aufgelöst wurden sie erst mit dem Abflauen des konfessionellen Konflikts in der Gesellschaft selbst, in welcher der katholische Teil auch den Pluralismus einer konfessionell-neutralen öffentlichen Schule anerkannte. Hier war die Entwicklung des gesellschaftlichen Pluralismus stärker als die kulturspezifische Differenz.

Belgien kann – bezüglich der Sprachenfrage – als umgekehrtes Beispiel gelten. Seine territoriale und nicht-teritoriale Föderalisierung soll nach Aussagen vieler Beobachter die Segmentierung und Trennung des gesellschaftlichen Lebens eher verstärkt haben; die Bindungen der gleichen politischen Parteien beider Teile sind gelockert, und manche sagen ein Auseinanderdriften dieses ehemals zentralistischen Landes voraus.

Noch anders das dritte Beispiel, Sarajevo, das zum vielzitierten Symbol und «Fanal» (Altermatt 1996) multikulturellen Zusammenlebens wurde: Hier lebten die Gruppen kroatischer Katholiken, bosnischer Muslime und serbischer Orthodoxer seit Jahrhunderten zusammen. Diese urbane Gesellschaft verfügt über die Kirchen hinaus über viele besondere Einrichtungen für die drei Gruppen, die getrennt benutzt werden. Sie hat eine doppelte Identität bewahren und entwickeln können, eine kulturspezifische für die drei Gruppen und eine gemeinsame der städtischen Gesellschaft. Der militärische Widerstand Sarajevos gegen die serbischen Belagerer galt nicht zuletzt auch der Verteidigung eines politischen Konzepts der Lösung des multikulturellen Konflikts: friedliches Zusammenleben auf der Grundlage eines nicht-territorialen Föderalismus bildete die Antithese zur problematischen Ethnisierung der Politik, die mit der Vertreibung kultureller Minderheiten aus angestammten Gebieten auf die Errichtung «ethnisch gesäuberter» Territorialstaaten gerichtet war.

E. Zur Frage der Sezession

Der Föderalismus gewährt seinen Gliedstaaten grösstmögliche Autonomie und vereinigt die Mitglieder gleichzeitig zu einer unzerstörbaren Einheit. Damit wird Föderalismus ein geeigneter Kompromiss für starke Polaritäten: Ein Teil der Gesellschaft drängt auf zentrale Einheit, der andere auf dezentrale Unabhängigkeit. Als politische Kompromissstruktur wird Föderalismus gerade deshalb gewählt, weil er diese Polarität auf Dauer in ein stabiles Gleichgewicht stellen will. Aber die Absicht kann scheitern: Föderalistische Systeme können aus dem Gleichgewicht geraten. Wenn eine der politischen Tendenzen Überhand gewinnt, enden föderalistische Systeme entweder im Zentralismus oder in der Auflösung in ihre Gliedstaaten.

Verbreitet sind heute Tendenzen der Sezession, d.h. der Unabhängigkeitsbestrebungen eines einzelnen Gliedstaats bzw. einer Region wie etwa der Slowakei. Unter Berufung auf ihre Geschichte, unter Betonung ihrer Besonderheit gegenüber dem Gemeinsamen reklamieren kulturelle Minderheiten volle staatliche Selbstbestimmung über die föderalistisch beschränkte Autonomie hinaus. Auch der Föderalismus kann nicht immer verhindern, dass kulturelle Minderheiten systematisch benachteiligt werden, was weitreichende Konsequenzen haben kann. Statt dass sich im gesellschaftlichen Pluralismus ein friedliches Nebeneinander mit der Mehrheit entwickelt, setzt sich im kollektiven Gedächnis die Geschichte als «Beweis» systematischer Zurücksetzung fest. Die Sozialpsychologie zeigt, dass sich dabei Entfremdung und Hass zwischen den verschiedenen Volksgruppen über Generationen hinaus verfestigen können (Esman 1990:14ff.). Auch föderalistische Systeme sind nicht vor Nullsummen-Konflikten gefeit, in denen der eine verliert, was der andere erhält. Kommen zu Nullsummen-Auseinandersetzungen in Fragen wirtschaftlicher Verteilung solche um Religion, Sprache und Kultur hinzu, so eskalieren Konflikte wie etwa in Quebec: die regionale Minderheit verlangt die Loslösung aus dem föderalistischen Verband, die Mehrheit auf der andern Seite stellt sich gegen das Begehren der Sezession.

Was sind Verfahren zur friedlichen Beilegung eines Konflikts um Sezession? Föderalistische Systeme mit einer beschränkten Zentralgewalt sind prinzipiell empfindlicher gegen Sezessionsbegehren als unitarische Systeme; bereits föderalisierte Teilregionen werden sich mit grösserer Legitimation auf den Grundsatz der «Selbstbestimmung» berufen können als solche, die überhaupt keine politischen Eigenstrukturen haben. Aber das Völkerrecht billigt keinen Teilen eines bestehenden Staates, und seien es auch föderalistische, ein Recht auf Sezession zu.

In der Schweiz wurden die Regeln für die Trennung des Jura von Bern im Verlaufe des Konflikts gefunden und angewandt. Der neuen Verfassung Äthiopiens wurden einige Sezessionsregeln eingefügt – aber erst nach der Trennung von Eritrea. Es mag darum sinnvoll sein, zum voraus über Regeln friedlicher Sezession nachzudenken. Zwei Grundfragen sind dabei zu beantworten. Die erste: unter welcher Entscheidungsregel sollte eine Föderation einen Gliedstaat entlassen? Wenn die Sezession von jedem Mitglied zu jeder Zeit verlangt werden kann, dann ist das föderalistische System offensichtlich nicht funktionsfähig. Falls die Zustimmung jedes einzelnen Gliedstaates notwendig ist, können die Regeln unter Umständen nutzlos sein, weil Sezession politisch unmöglich ist. So muss die Antwort irgendwo zwischen den beiden Extremen liegen. Die zweite Frage lautet: unter welchen Bedingungen ist die Forderung auf Sezession einer Region legitim? Diese Frage ist politisch von grösster Bedeutung: Entsprechend dem Selbstbestimmungsrecht der

Völker und ihrer Wichtigkeit sollte sie im direktdemokratischen Verfahren entschieden werden. Dabei bleibt das Problem noch ungelöst, dass es eine Minderheit in einer sezessionswilligen Region geben kann, welche bei der Föderation verbleiben möchte. Hierzu ist der Fall der Trennung des Jura von Bern instruktiv. Wie wir in Kapitel 7 einlässlich dargestellt haben, bekamen jeder Bezirk und die Grenzgemeinden das Recht des direktdemokratischen Mehrheitsentscheids, welcher Seite sie bei der Trennung angehören wollten. Dieses Verfahren führte gerade nicht zu einer vollständigen Loslösung vom Kanton Bern, wie es ein Teil der Jurassier unter Berufung auf historische Grenzen oder die ethnisch-kulturelle Einheit eines Jurassiervolkes verlangten. Vielmehr bestimmten die Einwohner kleiner politischer Untereinheiten aufgrund eigener Präferenzen, die nicht überall voraussehbar waren. Das Problem der Entstehung neuer Minderheiten wurde damit bestmöglich vermieden.

Wir sehen hier die grundsätzliche Fragwürdigkeit jeder Sezession: sie ist stets mit neuen Minderheitsproblemen verbunden. Diese sind unvermeidlich, weil die territoriale Segmentierung nie vollkommen ist. Die tschechoslowakische «Scheidung» ist dazu illustrativ: Die Slowakei trennte sich 1993 vom tschechischen Mehrheitsregime. Auf dem slowakischen Territorium finden wir allerdings unter den gut fünf Millionen Einwohnern 11 Prozent Ungarn, sowie weitere Gruppen von Tschechen, Russen, Ukrainern, Romas etc., deren je eigene Minderheitenfrage durch die Sezession überhaupt nicht gelöst wurde. Neue Minderheitenprobleme sind nicht nur im Falle föderalistischer Sezession, sondern grundsätzlich bei jeder Aufteilung bestehender Territorien nach ethnisch-kulturellen Kriterien zu erwarten. Mit dieser Hypothek ist die Politik grosser Mächte im 20. Jahrhundert durchwegs behaftet: diejenige der Engländer im Nahen Osten, der Kolonialmächte besonders in Afrika, oder der internationalen Gemeinschaft unter Führung der USA in Jugoslawien. Wo politische Teilungen direkt oder indirekt auf die Schaffung von Kulturnationen im Sinne der territorialen Einheit von Staat, Kultur, Sprache und Religion zielen, sind sie darum insgesamt fragwürdig. Statt der Chance gesellschaftlicher Pluralisierung vergrössern sie das Risiko eines Ethno-Nationalismus.

Sezession ist also eine ultima ratio: Wie in der Sage der Hydra enstehen beim Abschlagen des ersten neue Schlangenköpfe. Aus zwei Gründen können aber Regeln der Sezession trotzdem von Bedeutung sein. Erstens helfen geeignete Regeln, wie sie etwa im landesinternen Sezessionsfall des Jura entwickelt und angewandt wurden, neue Minderheitenprobleme zu minimieren und Alternativen zur Ethnisierung zu finden. Zweitens aber könnten Sezessionsregeln dazu dienen, den Sezessionsfall durch entsprechende Anreize zu vermeiden oder dessen Risiko wenigstens zu vermindern. Bestehen nämlich klare und geeignete Regeln für den Sezessionsfall, vermögen sie Gleichgewichte zwischen verschiedenen Minderheiten nicht nur in föderalistischen Systemen zu stabilisieren. Ein als ultima ratio geregelter Anspruch auf Sezession kann gleichzeitig die Stellung gefährdeter Minoritäten verbessern wie die Sensitivität der Mehrheit gegenüber der Minderheit vergrössern. Es steigt der Anreiz für eine Lösung von Konflikten, in der beide Teile gewinnen.

Kapitel 14: Zur Bedeutung des Modells der Konsensdemokratie

A. Die schweizerische Konsensdemokratie im internationalen Vergleich

Ein Bemühen zieht sich wie ein roter Faden durch die politische Geschichte der modernen Schweiz: Es soll keinen Gewinner geben, der alles bekommt, und keinen Verlierer, der leer ausgeht. Das Stichwort dazu heisst: Machtteilung durch politische Institutionen. Wir finden dies in vier zentralen Punkten:

1. In der multikulturellen Staatsgründung von 1848, die auf jeglichen Vorrang einer Kultur oder Ethnie verzichtet und den «Völkerschaften der Kantone» völlig gleiche Rechte zuerkennt.

2. Im föderalistischen Kompromiss der Verfassung von 1848, der den Ausgleich zwischen Protestanten und Katholiken, Radikalen und Konservativen, Zentralisten und Kantonsföderalisten schafft.

3. Durch proportionale Repräsentation, die im Wahlrecht des Nationalrats seit 1918, später im Bundesrat, im Bundesgericht, in den Expertenkommissionen und in der Verwaltung, den verschiedensten strukturellen Minderheiten anteilsmässigen Zugang zur politischen Macht verschafft.

4. Durch das System der Konkordanz, das – über die proporzmässige Beteiligung hinaus – alle referendumsfähigen Gruppen am Entscheidungsprozess beteiligt und die Mehrheitspolitik im 20. Jahrhundert durch den Politikstil des Verhandelns und des Kompromisses ablöst.

Diese umfassende politische Machtteilung hat zur Überwindung kultureller Gegensätze, zur Integration einer kulturell heterogenen Bevölkerung, und zur Identität einer schweizerischen Gesellschaft durch politische Institutionen und Prozesse geführt. Wie bereits in Kapitel 11 im Vergleich zwischen England und der Schweiz diskutiert, hat Machtteilung aber auch zu einem Typus von Demokratie geführt, in dem es keine regelmässige Machtablösung zwischen Regierung und Opposition mehr gibt, und der sich auch in andern Punkten von den vorherrschenden Demokratiemodellen unterscheidet.

Die Kombination der vier Elemente der Machtteilung zur Konkordanz, wie wir sie für die Schweiz finden, mag einzigartig sein. Aber die institutionelle Machtteilung und der Versuch, Mehrheitspolitik durch Verhandlungen in übergrossen Koalitionen abzulösen, findet sich auch in vielen anderen Ländern. Ähnliche Muster der proportionalen Machtteilung hat bereits Lehmbruch (1967) am damaligen Vergleich Österreichs, des Libanon und der Schweiz aufgedeckt. Die bedeutsamsten Versuche, den Politikstil der Konkordanz auch theoretisch und institutionell-vergleichend zu fassen, stammen von Arendt Lijphart, der sich seit den sechziger Jahren mit den Eigenheiten der Machtteilung (Power sharing) in «consociational»-Regimes und dem Prozess des «mutual or amicable agreement» befasste. Danach bildet die Machtteilung als «Konsens-Demokratie» (consensus democracy) einen eigentlichen Gegentyp zur «Mehrheits-Demokratie» (majoritarian democracy). Die zwei institutionellen Grundmodelle unterscheiden sich wie folgt:

Tabelle 14.1: Die Modelle der Mehrheits- und Konsensdemokratie in Anlehnung an Lijphart (1984)

	Mehrheits-Demokratie	Konsens-Demokratie
1. Exekutive	Machtkonzentration mit einfacher Mehrheit einer Partei	Machtteilung mehrerer Parteien, übergrosse Koalition
2. Gewaltentrennung Regierung/Parlament	Gering, Dominanz des Regierungskabinetts	Starke informelle und formelle Gewaltentrennung
3. Art des Parlamentarismus	Einkammerparlament oder Dominanz einer Kammer	Zweikammerparlament mit Repräsentaton von Minderheiten
4. Parteiensystem	Zweiparteiensystem	Mehrparteiensystem
5. Konfliktlinien im Parteiensystem	Eine einzige Konfliktdimension	Mehrere Konfliktdimensionen
6. Wahlsystem	Majorz	Proporz
7. Zentralismus/Föderalismus	Unitarisch, zentralistisch	Föderalistisch, dezentral
8. Verfassungstyp	Ungeschriebene Verfassung, Parlamentssouveränität	Geschriebene Verfassung mit Vetorechten von Minderheiten
9. Einfluss der Bürgerschaft	Repräsentative Wahldemokratie	Wahl- und Abstimmungsdemokratie[1]

Die beiden Modelle Lijpharts sind institutionelle Idealtypen, in welchen entweder der Gedanke der Mehrheitspolitik oder der Machtteilung durch Verhandeln durchgängig verwirklicht und damit «maximiert» wird. Dennoch kann unschwer nachvollzogen werden, dass die beiden Länder Grossbritanniens und der Schweiz je einem der Modelle weitgehend entsprechen. Das englische System folgt der Logik, die Mehrheitspolitik möglichst ungehindert auf allen Ebenen zur Entfaltung zu bringen: kompetitive Wahlen unter bloss zwei bedeutsamen Parteien und der einzigen Konfliktlinie Links/Rechts schaffen eine klare Mehrheit im Parlament, welche die Regierung allein stellt. Die Majorzregel des «Winner takes all» bei zwei annähernd gleich grossen Parteien macht das Regierungssystem auch für kleine Veränderungen in den Präferenzen der Wählerschaft sensibel und stimuliert darum

---

1 Das Unterscheidungsmerkmal direkter Demokratie figuriert nicht im Modell Lijpharts von 1984, weil es nicht in den empirischen Vergleich einbezogen werden konnte und weil Lijphart selbst offenbar unschlüssig war, wie weit das Element direkter Demokratie prinzipielle Erklärungskraft ausweist. Nun weist Vatter (1997) nach, dass das fakultative Referendum und die Volksinitiative im interkantonalen Vergleich die Konsensdemokratie begünstigen. Wir haben darum die direkte Demokratie dem Lijphartschen Modell beigefügt.

14 Zur Bedeutung des Modells der Konsensdemokratie

den Parteienwettbewerb und die Chance des Regierungswechsels. Solange eine Mehrheit im Parlament besteht, soll sie jedoch alle Möglichkeiten zur Umsetzung ihres Mandats erhalten: die Mehrheitspolitik soll weder durch institutionelle Gewaltenhemmung, noch durch den Föderalismus, politischen oder verfassungsrechtlichen Minderheitenschutz verhindert werden können. Genau das Umgekehrte, nämlich die Ausrichtung des Systems auf die Machtteilung und die Politik der Konsensfindung durch Verhandeln unter möglichst vielen politischen Kräften, lässt sich am schweizerischen System nachvollziehen.

Das Modell der «Mehrheits»- und «Konsensdemokratie» eignet sich aber nicht bloss als abstrakte Typisierung zweier Sonderfälle. Seine eigentliche, grosse Aussagekraft liegt im systematischen empirischen Vergleich, den Lijphart (1984) an 22 Ländern vornahm. Seine Untersuchung, wie weit westliche Demokratien eher dem Typus der Mehrheits- oder der Konsensdemokratie angehören, zeigte folgendes Bild:

Tabelle 14.2: Mehrheits- und Konsensdemokratie: Neun Clusters von demokratischen Regimes

		Dimension II (föderalistische Struktur)		
		Unitarische Mehrheitsstruktur	Mischform	Föderalistische Konsensualstruktur
Dimension I (Politikprozess)	Mehrheitsprozesse	Neuseeland Grossbritannien	Irland	Australien Österreich Kanada Deutschland USA
	Mischform	Island Luxemburg	Frankreich V Norwegen Schweden	Italien Japan
	Konsensualprozesse	Dänemark Israel	Belgien Finnland Frankreich IV Niederlande	Schweiz

Frankreich IV und V = Vierte und Fünfte Republik

Quelle: Lijphart (1984:219)

Zur Unterscheidung tragen zwei Merkmalsgruppen bei. Eine erste umfasst alle Prozessmerkmale von Regierung und Parlament, die zur Konsens- bzw. Mehrheitsdemokratie beitragen. Sie sind in Tabelle 14.2 in der Vertikalen eingetragen. Die zweite Gruppe betrifft jene Merkmale aus Tabelle 14.1, die Lijphart als Entscheidungsstrukturen der Mehrheits- oder Konsensdemokratie zugeordnet hat. Für die Konsensdemokratie sind dies die geschriebene Verfassung mit Minderheitsrechten, die Dezentralisierung und das Zweikammersystem. Diese (horizontale) Dimension in Tabelle 14.2 misst zusammengenommen den

Grad an Föderalismus eines Landes. Erwartungsgemäss finden wir in der Neun-Felder-Tafel Grossbritannien und die Schweiz als die beiden Extreme: sie entsprechen der «reinen» Mehrheits- bzw. Konsensdemokratie, und zwar in beiden Dimensionen des politischen Prozesses und des Föderalismus. In den übrigen Ländern finden wir eine Mischung: die USA, Kanada oder Deutschland weisen föderalistische und damit konsensuale Strukturen aus, sind aber im Regierungs- und Parlamentsprozess vom Stil der Mehrheitspolitik geprägt. Dänemark und Israel dagegen zeigen sich als Länder, in denen eine Machtteilung im politischen Entscheidungsprozess realisiert ist, während konsensfördernde Strukturen des Föderalismus fehlen.

Mehrheits- wie Konsensdemokratie bestimmen sich also nicht nur durch relativ dauerhafte Elemente der Verfassungsstrukturen des Föderalismus, sondern auch durch schneller veränderbare Elemente des Entscheidungsprozesses. Neuere Untersuchungen zeigen denn auch Länder, die sich in relativ kurzer Zeit eher der Konsens- oder Mehrheitsdemokratie zuwenden. Lijpharts Grundgedanke bleibt darin erhalten: wir finden ein feines Kontinuum von der Mehrheits- zur Konsensdemokratie, und Elemente der Konsensdemokratie zeigen sich sowohl in unitarischen wie in föderalistischen Systemen.

B. Machtteilung als friedliche Lösung des ethnopolitischen Konflikts

Der Konflikt zwischen verschiedenen Sprach-, Religions-, ethnischen oder sonstigen Gruppen ist in allen Weltregionen akut. Als historische Minderheitenprobleme demokratischer Industrieländer gelten etwa diejenigen der Basken in Spanien, der Katholiken in Nordirland oder der französischsprechenden Minderheit in Kanada. In der weltweiten Veränderung der gewaltsamen Auseinandersetzungen vom Krieg zwischen Völkern zum innergesellschaftlichen Gewaltkonflikt spielt der ethnische Konflikt eine zentrale Rolle, so etwa in Jugoslawien, auf dem ganzen afrikanischen Kontinent von Algerien bis Kenya und Nigeria, in Indien, Sri Lanka oder Pakistan. Die «Ethnisierung der Politik» löst heute weltweite Flüchtlingswellen aus. Diese werden derzeit auf rund 23 Millionen Menschen geschätzt – weitere 27 Millionen flüchteten in andere Regionen des eigenen Landes (Gurr 1997:8). Die Verschärfung des Kulturkonflikts gehört zu den wenig beachteten Schattenseiten der Globalisierung selbst, und diese verbreitet ihr Konfliktpotential weltweit: die Zahl der Flüchtlinge, die an der Schweizer Grenze anklopfen, hängt von den Ereignissen im Kosovo, in der Türkei, oder Sri Lanka ab. Und wenn auch nur ein geringer Teil dieser Flüchtlinge Aufnahme findet: daraus ist auch ein neuer Kulturkonflikt für die Schweiz entstanden.

Der amerikanische Konfliktforscher Ted Gurr, hat eine Schätzung von Minderheiten vorgenommen, die unter erheblichem politischem Risiko der Diskriminierung, Unterdrückung oder Verfolgung leben. Seine Statistik ist eindrücklich:

14 Zur Bedeutung des Modells der Konsensdemokratie

Tabelle 14.3: Gefährdete Minderheiten, nach Weltregionen

Weltregion und Zahl der Länder	Zahl der Länder mit gefährdeten Minoritäten	Zahl der Minoritäten unter politischem Risiko	Bevölkerung (1994/95) der Minoritäten in Mio	in %
Westliche Demokratien und Japan (21)	15	30	91	10,8
Osteuropa und Nachfolgeländer UdSSR (27)	24	59	54	12,3
Ost, Südost- und Südasien (21)	19	57	442	14,4
Nordafrika und Naher Osten (19)	11	26	94	27,3
Afrika südlich der Sahara (38)	28	66	227	36,9
Lateinamerika und Karibik (23)	17	30	112	23,3
Total (149)	114	268	1'020	17,7

Quelle: Gurr (1997:7)

Nach Gurr sind also heute weltweit rund 270 Minoritätengruppen politisch gefährdet. Dabei sind nur grössere Gruppen von über 100'000 in Ländern von über einer Million Einwohnern mitgezählt. Zwischen 1945–89 waren fast 100 Gruppen in schwere Gewaltkonflikte verwickelt, von denen 60 über zehn Jahre dauerten. Ende 1995 waren 40 Volksgruppen in schwere ethnopolitische Konflikte verwickelt, und in 24 Fällen war das Risiko der Eskalation hoch. 1993–94 forderten diese Konflikte rund vier Millionen Opfer, die halbe Million des Genozids in Ruanda 1994 nicht eingerechnet (Gurr 1997:6f.). Nach dem Fachurteil Gurrs ist der ethnopolitische Konflikt weltweit zur «wichtigsten Ursache von Krieg und von Kriegsopfern» geworden, dem erst nach dem Verschwinden des Ost-West-Konflikts die gebührende Aufmerksamkeit geschenkt wird.

Die friedliche Beilegung einmal ausgebrochener ethnopolitischer Konflikte scheint in zahlreichen Fällen auch auf längere Frist wenig aussichtsreich. Viele Bemühungen zielen indessen darauf, Potentiale des kulturellen Konflikts überhaupt zu vermeiden. Die Errichtung stabiler demokratischer Verhältnisse gilt dafür als eine der wesentlichen Voraussetzungen. Die neuere Friedensforschung zeigt freilich, dass Demokratisierung und Demokratie allein noch keine Garantie für die friedliche Entwicklung multikulturellen Zusammenlebens bilden.[2]

Dies gilt zumindest für das Modell der Mehrheitsdemokratie, dessen historische Tradition im weissen, angelsächsischen Protestantismus ihren Anfang nahm. Diese Gesellschaft

---

[2] Senghaas (1997:571) z.B. nennt für eine «Zivilisierung der Konfliktbearbeitung» folgende sechs Voraussetzungen: 1. ein staatliches Gewaltmonopol, 2. eine rechtsstaatliche Kontrolle des Gewaltmonopols, 3. eine arbeitsteilig-differenzierte Gesellschaft mit einem Mindestmass an Affektkontrolle in den sozialen Rollen, 4. Demokratisierung, 5. ein Mindestmass an Verteilungsgerechtigkeit und 6. eine politische Kultur konstruktiver Konfliktbearbeitung. Vgl. auch Matthies (1998).

teilt eine gemeinsame Sprache und Religion – sie ist kulturell homogen. Für eine solche Gesellschaft ist die Mehrheitsdemokratie ein geeignetes Verfahren der Konfliktlösung für das, was z.B. die englische Klassengesellschaft teilt, nämlich die soziale Frage. Denn zumindest jener Teil der Wählerschaft, der nicht strengen ideologischen Bindungen unterliegt, wird die soziale Frage pragmatisch beantworten, ob die Gesellschaft zu einem bestimmten Zeitpunkt mehr Freiheiten für die Unternehmerschaft oder mehr wirtschaftlichen Ausgleich für die Lohnabhängigen benötige. Die Präferenzen der Wählerschaft für Labour oder die Conservatives können sich daher ändern, und der Wechsel von Regierung und Opposition hat im England der Nachkriegszeit bedeutende Weichenstellungen erlaubt, in denen ganze Wirtschaftszweige einmal verstaatlicht und dann wieder reprivatisiert wurden.

Für multikulturelle Gesellschaften dagegen zeitigt dieses Modell ernsthafte Nachteile. Denn jede kulturelle Gemeinschaft weist stabile Anschauungen und Werte aus, die der inneren Integration wie der äusseren Abgrenzung dienen. Sie sind nur wenig veränderbar. Darum ist Mehrheitsdemokratie vor allem für kulturelle Minderheiten, die unter einer hegemonialen Mehrheit leben, eine schlechte Lösung: Nicht nur kulturelle Werte, sondern auch die ihr entsprechenden politischen Präferenzen sind der pragmatischen Änderung nicht zugänglich. Angehörige der protestantischen Mehrheit Nordirlands werden kaum für die katholische Minderheit stimmen können, ohne ihre Gruppenidentität aufzugeben und umgekehrt. Damit werden aber politische Mehrheits- und Minderheitsentscheide gewissermassen «ewig» festgeschrieben, und zwar durch die Mehrheits- und Minderheitsverhältnisse unter den ethnischen, sprachlichen oder kulturellen Gruppen. So rühmte Parteiführer Habia Rimana in Ruanda bei den Wahlen die «automatische Mehrheit» seiner Hutu-Partei. Der Vorzug des Modells der Mehrheitsdemokratie – die zeitliche Begrenzung politischer Macht und die Bewährung vor den Präferenzen der Wählerschaft – geht verloren. Je grösser eine Mehrheit und je homogener ihre dauerhaften eigenen kulturellen Werte, um so weniger braucht sie die Anschauungen kultureller Minderheiten zu berücksichtigen. Im schlimmsten Fall mag die Regierung ihre Mehrheitsstellung gerade dadurch zu verewigen, indem sie der eigenen Gruppe Vorteile zu Lasten der Minderheiten verschafft und diese offen diskriminiert. Pathologische Machtausübung im Sinne Karl Deutschs kann die Folge sein, nämlich Macht als «Möglichkeit, nicht lernen zu müssen» (Deutsch 1967). Solche theoretischen Überlegungen machen einsichtig, dass Demokratie unter der Mehrheitsregel «winner takes it all» die Konflikte mit ethnisch-kulturellen Minderheiten nicht notwendigerweise abschwächt oder auf friedlichem Wege lösen lässt.

Die Kritik an der Demokratie als «Diktat der Mehrheit» hat hier ihre besondere Berechtigung. Es bedarf darum korrigierender Instrumente. Zum Schutz von Minderheiten auf Verfassungsebene gehören neben dem Föderalismus zunächst die Grundrechte, die das Individuum vor Eingriffen in seine persönliche Freiheit schützen, oder Sonderstatute für bestimmte Personengruppen oder auch Regionen. Von besonderer theoretischer und praktischer Bedeutung ist hier nun das Modell der Machtteilung und der Konsens-Demokratie.

14 Zur Bedeutung des Modells der Konsensdemokratie

Schon in seiner frühen Beschäftigung mit der Konsensdemokratie vertrat Lijphart die These, dieses Demokratiemodell sei eine besonders geeignete Struktur für multikulturelle Gesellschaften und für die friedliche Lösung ihrer Konflikte. Zudem seien Mechanismen der Machtteilung, als formales Design demokratischer Institutionen, auch relativ leicht einzuführen und in verschiedensten Kulturräumen brauchbar (Lijphart 1977, 1990). Einen der härtesten Tests für diese These bildet der Kontinent Afrika. Hier kommen neben allen Schwierigkeiten ökonomischer Entwicklung die politischen Probleme komplexester ethnischer Durchmischung sowie der Rivalität von Subclans, Clans und Völkern hinzu. Die Entwicklung von Demokratie erfolgt unter ungünstigsten Ausgangsbedingungen und politischem Druck von aussen. Trotzdem fehlt es in Afrika nicht an Versuchen zur Einführung von Konsensdemokratie. Das bekannteste Beispiel ist Südafrika, wo die Überwindung des Apartheitregimes auf einer provisorischen Verfassungslösung der Machtteilung zwischen der weissen Minderheit und den schwarzen Bevölkerungsgruppen beruhte. Dieses bisher erfolgreiche Modell kontrastiert mit Ruanda. Hier vermochten Versuche institutioneller Machtteilung im Friedensabkommen von 1994 den Ressourcenkonflikt wie das kolonial mitgeprägte Erbe der Feindschaft zwischen Hutu und Tutsi nicht aufzuwiegen und einen neuen Genozid nicht zu verhindern. In zwei weiteren Ländern, Angola und Liberia, scheinen die Erfahrungen gemischt zu sein. Nach Lemarchand (1997:99ff.) sind Strukturen der Machtteilung zur Lösung ethnopolitischer Konflikte hilfreich, aber nicht ausreichend. Politischer Wille und eine politische Kultur von Bürgerschaft und Gemeinsinn müssten als notwendige Bedingungen für den Erfolg hinzu kommen.

Die Beispiele illustrieren die Grenzen des Modells der Konsens-Demokratie, welche Lijphart übrigens selbst aufzeigt: wie jede politische Verfassungsstruktur ist Konsens-Demokratie keine Garantie für die friedliche Lösung von Konflikten, sondern nur eine von wichtigen Bedingungen, die zusammen mit andern die Vermeidung oder Beilegung des ethnopolitischen Konflikts begünstigt. Sodann sind die Vorzüge des Modells vor allem relativ, also im Vergleich zum demokratischen Mehrheitsmodell zu sehen, das als Folge der Pax Britannica und Americana viel verbreiteter ist als die Konsens-Demokratie. Und schliesslich gibt es zwei typische Schwachstellen des Modells, die in der Literatur oft kommentiert sind: Zum einen wird der Konsens-Demokratie eine Tendenz zum Elitismus nachgesagt, bei dem die politischen Eliten ihre Verständigung auf Kosten der von ihnen vertretenen Gruppen aushandeln. Zum zweiten kann Konsensdemokratie als Fassade einer dominierenden Gruppe aufgebaut werden, welche Minderheiten nur formell kooptiert, ohne ihnen effektiven Entscheidungseinfluss zu gewähren (McRae 1990). Ein Beispiel dazu bietet etwa das Verhältnis zwischen der jüdischen Mehrheit und der arabischen Minderheit in Israel. Die Literatur spricht hier vom «Kontroll-Modell» durch eine hegemoniale Mehrheit (Lustick 1980).

Die Vorzüge und die näheren Erfolgsbedingungen der Konsens-Demokratie gegenüber dem Mehrheits-Modell lassen sich deshalb beim aktuellen Diskussionsstand wie folgt beschreiben:

1. Das Konzept proportionaler Beteiligung favorisiert Verhandlungslösungen, bei denen auch Minderheiten zum Zuge kommen: Damit wird zunächst jene Mehrheitspolitik vermieden, bei der Minderheiten leer ausgehen. Zwar gilt auch in der Konsens-Demokratie das formale Prinzip der Mehrheitsentscheidung. Wo aber proportionale Vertretung – etwa im Parlament, in Regierung und in der Verwaltung – sichergestellt ist, finden vor der formellen Entscheidung Verhandlung und Kompromiss statt. Dies gilt jedenfalls dann, wenn ein gewisser Grundkonsens vorhanden ist, die politische Integration höher einzustufen als die politische Hegemonie. Dieser Grundkonsens festigt sich in der Praxis, wenn Verhandlungslösungen gefunden werden, die sich für alle Gruppen als vorteilhafter erweisen als einseitige Mehrheitslösungen. Der Politikstil der Machtteilung und Konfliktlösung durch Kompomiss erfordert also, dass im Verhandlungsprozess Nullsummen-Konflikte in Positivsummen Konflikte oder «win-win» Situationen umgewandelt werden, bei denen es keine Verlierer gibt.

2. Proportionale Beteiligung hat hohe symbolische und politische Bedeutung für die gegenseitige Anerkennung verschiedener Gruppen als gleichwertige Partner: In vielen ethno-politischen Konflikten geht es nicht allein um materielle Vorteile oder Benachteiligungen. Ebenso wichtig für viele kulturelle Minderheiten sind immaterielle Werte der gesellschaftlichen Anerkennung. Für diskriminierte Gruppen ist diese Anerkennung überhaupt eine Vorbedingung, damit «rationale» Verhandlungspolitik im Sinne des gegenseitigen Vorteilsausgleichs zum Tragen kommt. Proportionale Beteiligung ist eine Form solcher Anerkennung, und weil sie mit wiederholten Begegnungen verbunden ist, wirkt sie vertrauensfördernd unter den verschiedenen Gruppen: «Verrat» einer Gruppe lohnt sich – im Gegensatz zu einmaligen Verhandlungssituationen – auf Dauer nicht.[3] Das schafft günstige Voraussetzungen für das eigentliche Ziel der Machtteilung: politisch-gesellschaftliche Integration.

3. Politische Strukturen der Machtteilung fördern interkulturelles Verständnis: Sie bringen zwar zunächst bloss die Eliten verschiedener Kulturgruppen zusammen. Ihr Verhalten in den Entscheidungsgremien läuft unter einem doppelten Risiko. Verständigen sie sich zu schnell und ohne Transparenz der Konfliktbearbeitung, so verlieren sie das Vertrauen ihrer Basis. Diese kann sich – etwa nach generationenlanger Auseinandersetzung – nicht einfach von ihren Feindbildern lösen oder sieht sich von ihrer politischen Führung verraten. Vertreten die politischen Eliten umgekehrt ihre Gruppenziele zu starr, so wird kein

---

[3] Man kann proportionale Beteiligung als eine Lösung des «Gefangenen-Dilemmas» sehen, bei der das Risiko des Nichteinhaltens einer Vereinbarung dadurch minimiert wird, dass statt eines einmaligen Verhandlungsspiels eine offene Zahl von Spielen unter gleichen Bedingungen stattfinden. Axelrod (1987) hat gezeigt, dass in solchen Situationen dauerhafte Kooperation (und Vertrauensbildung durch verlässliches Verhalten) selbst dort zustande kommt, wo die Kommunikations- und Verständigungsmöglichkeiten minimal sind.

14 Zur Bedeutung des Modells der Konsensdemokratie

Kompromiss erreicht. Werden diese beiden Risiken jedoch umschifft, so besteht eine Chance, dass das Verständigungsmodell der Eliten sich auch in der Gesellschaft verbreitet.

4. Die Verarbeitung von Kulturkonflikten und politische Integration müssen mit langen Zeiträumen rechnen: Der relativ harmlose Kulturkonflikt zwischen Protestanten und Katholiken in der Schweiz dauerte Jahrzehnte, bis er nicht nur auf politischer, sondern auch auf gesellschaftlicher Ebene ausgekühlt war. Mit einer langen Dauer von Kulturkonflikten ist in den heutigen, viel heftigeren ethnopolitischen Auseinandersetzungen um so mehr zu rechnen. Die Gründe dafür sind nicht zuletzt sozialpsychologischer Art: neben der Sozialkultur im allgemeinen werden gerade auch Erfahrungen kulturell bedingter Diskriminierung oder das Trauma von Verfolgung, Gewalt oder gar Genozid von einer Generation zur andern weitergereicht (Esman 1990:14ff.). Lange Zeiträume politischer Integration stehen im Gegensatz zur Beschleunigung von Modernisierungsprozessen im Zeitalter globalisierter Wirtschaft. Mindestens ein Teil des Modells der Konsensdemokratie – nämlich die föderalistische Machtteilung – ist auf Dauer angelegt und bildet durch ihre feste Struktur eines der wenigen Elemente, das für gesellschaftliche Stabilität durch friedliche Konfliktlösung sorgt.

5. Konsensdemokratie und Machtteilung sind unverträglich mit Hegemonieansprüchen einzelner Gruppen und mit der Konzeption eines monokulturellen Staats: Politische Machtteilung ist nur sinnvoll und möglich unter Anerkennung der Gleichwertigkeit verschiedener Gruppen und ihrer Kulturen. Das Konzept der Konsensdemokratie lebt damit von zwei Bedingungen: der Bereitschaft zu einem gesellschaftlichen Wertepluralismus und dem Verzicht des Staates auf die Bevorzugung einer bestimmten Ethnie, Religion oder Kultur. Zwar sind staatliche Strukturen auch unter demokratischen Vorzeichen immer ein Stück weit von ihrer spezifischen Gesellschaftskultur geprägt. Jedoch braucht das Modell der europäischen Demokratien, welches die Unparteilichkeit des Staates gegenüber den religiösen Bekenntnissen durch Grundrechte und die Trennung von Kirche und Staat lösen, nicht das einzig mögliche zu sein. Wesentlich ist aber der Verzicht auf eine einzige Staatskultur oder Staatsreligion und damit auf das Konzept eines monokulturellen Staates, das illusionär ist, weil es innerhalb der heutigen Flächenstaaten kaum eine monokulturelle Gesellschaft gibt.

6. Demokratiemodelle lassen sich nicht einfach von einem Kulturkreis in den andern exportieren: Das gilt schon innerhalb des kleinen und relativ homogenen europäischen Raumes. Einer Engländerin etwa, welche nach einer Lösung mit den sezessionistischen Bewegungen in Schottland, Wales oder Nord Irland sucht, würde ein Schweizer Experte vermutlich eine föderalistische Lösung empfehlen. Für die Engländerin wäre dieser Vorschlag jedoch undenkbar, erstens, weil Grossbritannien keine historische Erfahrungen mit dem Föderalismus gesammelt hat, und zweitens, weil schon das Wort «federalism» auf dem Inselreich ganz andere Assoziationen weckt als in der Schweiz, z.B. solche der

Zentralisierung. Das verweist auf die Bedeutung des kulturellen Faktors. Mögliche Formen von Demokratie, Verfassungsstaat und Grundrechten hängen nicht nur mit wirtschaftlichen Gegebenheiten eines Landes zusammen, sondern vor allem auch mit seiner Gesellschaftskultur. Die Entwicklung einer politischen Kultur der Demokratie muss daher an der eigenen und vorhandenen Gesellschaftskultur aufbauen.

Demokratie und Machtteilung sind also keine Rezepte, die in Ländern mit anderen wirtschaftlichen und sozialen Bedingungen ohne weiteres übernommen werden könnten. Erfolgreiche Adaptationsprozesse sind darum selektiv und bedingen die Übersetzung fremder Konzepte auf die eigenen Verhältnisse. So scheiterte in einer ersten Phase postkolonialer Demokratisierung in Afrika die Idee der Parteienkonkurrenz, weil die Nicht-Diskriminierung von Oppositionsparteien als Zeichen der Schwäche der regierenden Partei gedeutet wurde. Umgekehrt gleicht das afrikanische «Palaver» mit seiner extensiven Diskussion unter Vermeidung autoritativer Entscheidung unseren Formen der gesetzgeberischen Kompromisssuche durch Verhandeln. Es käme also darauf an, zu erfahren, ob die afrikanische Tradition des Palavers auch über die bisherige Grenze einer engeren Stammesgemeinschaft entwickelbar ist. Bei der Beobachtung oder Begleitung von Demokratisierungsprozessen aus unserer eigenen Sicht ist die Sensibilität für Differenzen wie für Ähnlichkeiten gleichermassen gefordert. So nehmen wir an der Demokratisierung Zentral- und Osteuropas vor allem die Schwierigkeiten wahr, gleichzeitig den wirtschaftlichen, sozialen und politischen Aufbau zu erreichen, sowie das Misstrauen gegenüber dem politischen Pluralismus oder die trügerische Hoffnung auf einen Ethno-Nationalismus. Weniger wahrgenommen wird indessen, dass es z.B. neben den tragischen Verirrungen des Ethno-Nationalismus in Ex-Jugoslavien in Sarajevo eine jahrhundertealte gesellschaftliche Erfahrung der Machtteilung zwischen den christlich-katholischen, orthodoxen und den muselmanischen Volksgruppen gibt. Auf globaler Ebene schliesslich findet Demokratisierung heute unter dem Druck der internationalen Staatengemeinschaft und des globalisierten Kapitalismus statt. Fraglich ist allerdings, wie weit dabei das partikuläre Ideal des westlichen Individualismus trägt. Schliesslich könnte es sich als vorausschend erweisen, das überall vorfindliche kommunitäre Erbe traditionaler Gesellschaften besser zu respektieren und als kulturellen Eigenwert dort zu unterstützen, wo es um die Eigenentwicklung von politischer Demokratie geht.

C. Folgerungen

Warum haben wir uns hier, in einem Buch über die schweizerische Demokratie, so ausführlich mit dem internationalen Vergleich der Konkordanz und mit den Möglichkeiten der politischen Machtteilung in multikulturellen Gesellschaften beschäftigt? Es gibt dafür zwei wichtige Gründe.

Zwar gehört Konkordanz zur schweizerischen Eigenart. In ihrer Bedeutung aber weist sie weit über die Schweiz hinaus. Als Verfassungsstruktur und als Stil der Verhandlungspo-

14 Zur Bedeutung des Modells der Konsensdemokratie

litik erweist sie sich als Muster eines selbständigen Demokratiemodells, das sich auch in anderen Ländern vorfinden lässt. Im internationalen Vergleich präsentiert sich die Konsens-Demokratie als ein eigentliches Gegenmodell zur Mehrheitsdemokratie, die sich vor allem unter angelsächsischem Einfluss als gängiges Modell in der weltweiten Demokratisierung durchgesetzt hat.

Zweitens ist die Entwicklung der Konsensdemokratie für die Schweiz zwar Geschichte, aber weltweit setzt sich diese Geschichte fort: Die Entwicklung von Strukturen der Machtteilung vermag einen wichtigen Beitrag zur Lösung der Kulturkonflikte in multiethnischen Gesellschaften zu leisten. Konsensdemokratie bietet einige wichtige Vorteile politischer Integration, die unter dem vorherrschenden Modell der Mehrheitsdemokratie weniger erreichbar erscheinen.

Beides relativiert den schweizerischen Sonderfall, bietet aber den Schlüssel für ein viel interessanteres Bild der Selbstwahrnehmung: ihre Geschichte und ihre politischen Strukturen machen die Schweiz interessant für andere. Die Konkordanz ist nicht einfach ein Kuriosum, sondern ein Politikstil, dessen Grundzüge andere Länder unter anderen Voraussetzungen erproben. Die Strukturen der Machtteilung haben der Schweiz eine ganz besondere Chance eröffnet: die Integration zu einer multikulturellen Gesellschaft. Aber dieser Prozess hat mehr als historische Einzelbedeutung: unter zum Teil viel schwierigeren Bedingungen stehen heute sehr viele Länder vor ähnlichen Aufgaben der politischen Integration und der Lösung von ethnisch-kulturellen Konflikten. Die Schweiz weist über ihren Sonderfall hinaus: das ist der Grund, warum der deutsch-amerikanische Soziologe Karl Deutsch die Schweiz vor zwanzig Jahren als «paradigmatischen Fall politischer Integration» bezeichnet hat. Es wäre falsch oder zumindest politisch unklug, aus einem solchen Selbstverständnis das Vorbild oder nachahmenswerte «Modell» für andere abzuleiten – sei dies nun in der eigenen Grundhaltung, in der Aussendarstellung oder in der Diplomatie. Aber die Geschichte der modernen Schweiz und ihre Strukturen politischer Machtteilung sind für Dritte relevant und von Interesse, weil sie erfolgreiche Erfahrungen und Institutionen für eines der wichtigsten Probleme zum Ausgang des 21. Jahrhunderts darstellen: für das demokratische Zusammenleben mehrerer Kulturen.

Kapitel 15: Zur Zukunftsfähigkeit der schweizerischen Institutionen

A. Ausgangsfragen

Die Frage, ob sich die Schweiz an der Europäischen Union beteiligen will, ist seit anfang der neunziger Jahre das zentrale und bisher ungelöste Thema der schweizerischen Politik geblieben. 1992 verwarfen Volk und Stände die EWR-Vorlage, welche der Schweiz eine wirtschaftliche Integration in den einheitlichen europäischen Markt ohne politische Beteiligung an den EU-Organen gebracht hätte. Seither hält sich der Bundesrat in seiner offiziellen Position alle drei Optionen offen – den politischen Alleingang, die Assoziierung nach dem Muster eines EWR-Vertrags, oder die volle Mitgliedschaft, für welche die Landesregierung schon vor der Abstimmung von 1992 ein Beitrittsgesuch gestellt hatte. Der Beitritt bleibt das Fernziel der Landesregierung, der sich auch die drei Regierungparteien SP, FDP und CVP angeschlossen haben, während die SVP sich fast überall als das Sammelbecken jener Kräfte profiliert, die jegliche politische Annäherung an die EU bekämpfen. Der Weg bilateraler Verhandlungen mit der EU über sieben Politikbereiche, mit denen die Schweiz beschränkte Abkommen erreichen wollte, erwies sich bis 1998 als nicht sehr aussichtsreich: Ein Ersatz für den 1992 zurückgewiesenen EWR-Vertrag ist wenig wahrscheinlich. Tendenziell spitzen sich die drei Optionen des Bundesrates auf zwei zu: den Alleingang und die volle Mitgliedschaft.

Technisch gesehen ist ein Beitritt zur EU – die grundsätzliche Bereitschaft der EU-Organe zur Aufnahme eines Landes vorausgesetzt – für jedes Land ein einfacher Entscheidungsprozess von vier Punkten, in denen über folgendes bestimmt werden muss:

1. Die Übernahme des «acquis communautaire» der EU, das heisst die Verpflichtung zur Übernahme des gesamten EU-Rechts und seiner Anwendung wie Landesrecht.
2. Die Regelung der Vertretungsrechte, d.h. die Beteiligung bzw. Sitzstärke in den EU-Organen der EU-Kommission, des Ministerrates, sowie des europäischen Parlaments.
3. Die Höhe der Beitragszahlungen an das EU-Budget.
4. Eventuell: die Beteiligung an der Währungsunion bei Erfüllung der Unionskriterien und das Wertverhältnis von Landeswährung und Euro.

Der Entscheidungsprozess ist deshalb «einfach» zu nennen, weil der Verhandlungsspielraum für Beitrittswillige gering ist. Insbesondere kann sich kein Land Ausnahmen vom «acquis communautaire» ausbedingen, sondern allenfalls einige Übergangsfristen für die Anpassung seines Landesrechts. Dies ist nicht erstaunlich, da die Aufnahme eines neuen Mitglieds die Zustimmung aller bisherigen EU-Mitglieder (Einstimmigkeit im Rat plus Ratifizierung der Übergangsbestimmungen aller Mitgliedstaaten gemäss ihren verfassungsrechtlichen Vorschriften) verlangt.

Politisch gesehen handelt es sich bei einem Beitritt allerdings um eine Frage von höchster Bedeutung: wirtschaftlich gesehen hat ein neues Mitglied an allen Vorteilen der europäischen Wirtschaftsintegration teil; staatspolitisch tritt das Land einen Teil seiner Hoheitsrechte an die supranationale Organisation ab und erwirbt sich dafür die Beteiligung und die Mitwirkungsrechte in den gemeinsamen Organen der EU.

Über die wirtschaftliche Opportunität eines schweizerischen Beitritts soll hier nicht diskutiert werden. Zwar stand die Frage der Vor- und Nachteile des gemeinsamen Marktes für die Schweiz im Zentrum der EWR-Abstimmungsdiskussion. Sie wird sich selbstverständlich bei einem Beitritt erneut stellen. Mit Sicherheit wird aber, wie bereits 1992, ein zweiter Fragenkomplex in der Meinungsbildung der Stimmbürgerschaft eine ebenso bedeutende, wenn nicht gar stärkere Rolle spielen: die schweizerischen Stimmbürgerinnen und Stimmbürger betrachten die Beteiligung an der europäischen Integration nicht nur als eine wirtschaftspolitische, sondern auch als eine staatspolitische Frage. Bereits in der EWR-Abstimmung waren Fragen nach der Neutralität und Souveränität, der Gewährleistung der Volksrechte und des Föderalismus für einen erheblichen Teil der Stimmenden ausschlaggebender als die wirtschaftlichen Vor- und Nachteile des Abkommens (VOX-Analyse Nr. 47). Was für die EWR-Vorlage zu beobachten war, dürfte auch bei einer Abstimmung über einen EU-Beitritt gelten: er ist vorerst eine staatspolitische Frage, in der es um die Identität der Schweiz geht.

Genau in diesem Punkt sind die Schweizerinnen und Schweizer in zwei Lager gespalten. Auf der einen Seite sind diejenigen, die an jener Schweiz festhalten, die sich in der äusseren Bedrohung des Zweiten Weltkriegs bewährt hatte und nachher zu einem besonderen Erfolg wurde: neutral, wirtschaftlich mit der Welt verflochten, aber ohne jedes aussenpolitische Engagement und ohne Bindungen, erpicht auf die volle Souveränität und Unabhängigkeit, die Einzigartigkeit des Föderalismus und der direkten Demokratie betonend. Diese traditionellen Identitätswerte werden auch in der veränderten Welt als eine erfolgreiche Grundlage des schweizerischen Sonderfalls gesehen. Es sind vor allem ländliche Bevölkerungsgruppen der Deutschschweiz, welche diese Werte vertreten. Auf der anderen Seite finden wir jene, welche aus der Veränderung der geopolitischen Lage nach dem Zusammenbruch der kommunistischen Regimes 1989 und aus dem Prozess der Globalisierung und der europäischen Integration ganz andere Schlüsse ziehen: sie möchten eine weltoffene Schweiz, die sich an internationalen Organisationen wie der UNO auch politisch beteiligt, als Land inmitten Europas auch EU-Mitglied wird und die Abstriche an der nationalen Unabhängigkeit für die Chancen der Wirtschaftsintegration und der kollektiven Sicherheit hinzunehmen bereit ist.

Souveränität, Neutralität, Föderalismus und direkte Demokratie sind darum Streitpunkte, die im Zusammenhang mit der EU-Frage die eigentliche Konfliktlinie zwischen Befürwortern und Gegnern markieren. Ist es wahr, dass unsere politischen Institutionen bei einem Beitritt völlig ausgehöhlt würden, wie die Gegner der europäischen Integration behaupten? Sind die schweizerischen Institutionen zunächst «europaverträglich» zu machen? Oder werden vor allem die Volksrechte beschnitten?

15 Zur Zukunftsfähigkeit der schweizerischen Institutionen

Die Frage der Zukunftstauglichkeit der schweizerischen Institutionen stellt sich freilich nicht nur im Zusammenhang mit der europäischen Integration. In der Öffentlichkeit weniger diskutiert, aber in seinen Konsequenzen womöglich weitreichender ist der Prozess der Globalisierung, der mit einer zunehmenden Verflechtung der Gesellschaften und einer «Entgrenzung» der Nationalstaaten und ihrer Volkswirtschaften verbunden ist. Im Gegensatz zu einem EU-Beitritt ist die Teilnahme am Prozess der Globalisierung nicht wählbar. Ausgelöst durch Technologieschübe und die weltweite Liberalisierung der Kapital- und Gütermärkte, werden alle Länder vom Prozess der Globalisierung erfasst, ob sie das wollen oder nicht. Es gibt sogar Stimmen, die das «Ende des Nationalstaats» verkünden. Gilt dies auch für den Kleinstaat der Schweiz? Wir halten die Globalisierungfrage für so bedeutsam, dass wir sie als erstes behandeln und der Europafrage voranstellen.

B. Globalisierung und ihre Auswirkungen

1. Zum Begriff der Globalisierung

Zunächst einige Präzisierungen zum Globalisierungsbegriff (vgl. McGrew 1996).

1. Man kann Globalisierung vereinfacht als eine *Internationalisierung und Verflechtung* nationaler Gesellschaften sehen. Diese Tendenzen sind keineswegs neu. Die Aussenhandelsverflechtung der Schweiz war schon immer hoch; die Exportquote von heute ist nicht wesentlich höher als vor dem Ersten Weltkrieg, und seit je hat die Schweiz einen hohen Anteil von Gütern importiert, die sie nicht selbst herstellte.

2. Neu sind drei Elemente. Die heutige Globalisierung stützt sich erstens auf neue, in dieser Art noch nie dagewesene *Kommunikationsmittel* des Computers, der Fernmeldetechnik und interaktiver, multimedialer Netzwerke, die jederzeit an jedem Ort der Welt verfügbar sind. Die explosionsartige Entwicklung der internationalen Finanzmärkte wäre ohne diese kaum möglich gewesen. Zweitens findet die *globale Vernetzung* heute vor allem im Bereich der zivilen Gesellschaft statt, und nicht mehr wie früher im staatlich-militärischen Bereich. Drittens ist Globalisierung begleitet von einem grossen Ausmass an *Institutionalisierung*, also von öffentlichen, vor allem aber nicht-gouvernementalen Organisationen mit einem hohen Grad von Regulierung ihrer Tätigkeiten.

3. Globalisierung ist *asymmetrisch und geprägt von gegenläufigen Tendenzen der Regionalisierung*. Die wirtschaftliche Verflechtung beispielsweise entwickelt sich intensiv zwischen den drei Welthandelszentren USA, EU und Japan, weit weniger zwischen diesen und Afrika oder Südamerika. Innerhalb der EU findet eine regional intensivierte Verdichtung statt, die für andere Regionen wiederum Ausgrenzung bedeuten kann. Das bedeutet auch neue politisch-ökonomische Machtgefälle: die alte Ordnung von Erster, Zweiter und Dritter Welt ist nach 1989 Geschichte. Entwicklungsländer beispielsweise können keine

Vorteile mehr aus der wirtschaftlich-ideologischen Konkurrenz zwischen westlichen Industrieländern und dem Ostblock ziehen. Dagegen sind die Finanzmärkte, die tagtäglich ein Hundertfaches des Wertes ausgetauschter realer Güter und Dienste ausmachen, zu einem Machtfaktor geworden, der ganze Volkswirtschaften beeinflusst. Über den Boom oder den Konkurs Südkoreas und Indonesiens bestimmten 1998 «Rating-Agencies» in New York aufgrund ganz weniger Bewertungskriterien, die von Nationalökonomen auch unterschiedlich interpretiert werden könnten. Trotzdem folgten die Finanzmärkte den «Ratings».

2. Globalisierung als politischer Prozess

Globalisierung ist gleichzeitig ein wirtschaftlicher, sozialer, kultureller, technischer und politischer Prozess (vgl. Waters 1995). Für die politische Globalisierung können wir folgende Merkmale festhalten:

1. Die Öffnung der nationalen Volkswirtschaften: Die weltweite Handelsliberalisierung war in den vergangenen 20 Jahren das erklärte Ziel der USA, der OECD, vor allem aber der Organe des GATT oder der heutigen WTO, und in Europa der EU. Mit dem freien Verkehr von Kapital, Waren, Diensten und Personen haben sich die Grenzen der nationalen Volkswirtschaften geöffnet. Diese Öffnung hat unterschiedliche Folgen für Kapital und Arbeit. Das Kapital ist extrem mobil geworden. Investiert wird dort, wo die komparativen Vorteile tiefer Löhne, geringer Fiskalbelastung etc. am grössten sind, und zwar bis in die einzelnen Produkte, die in einem Land entwickelt, im zweiten vorgefertigt, im dritten veredelt und im vierten Land abgesetzt werden. Arbeit dagegen sitzt am kürzeren Hebel. Für die wenigsten Arbeitnehmer ist globale Mobilität eine reale Chance. Ihre Qualifizierung ist Ergebnis langer Erfahrung oder Ausbildung, kann die Vorteile des Stellenwechsels nur lokal nutzen, ist aber gegen die rasche Entwertung ihrer Qualifikationen im Strukturwandel nur schlecht geschützt. Das politische Machtgleichgewicht in den europäischen Ländern zwischen Unternehmern und Gewerkschaften hat sich daher zugunsten des Kapitals verändert. Der Stimmbürger ist gespalten: Als Arbeitnehmer fürchtet er die Globalisierung, als Konsument heisst er sie willkommen. Einstige Beschäftigungspolitiken, etwa die Ankurbelung der privaten Nachfrage durch die antizyklische keynesianische Vergrösserung der öffentlichen Nachfrage, laufen in den offenen Volkswirtschaften leer.

2. Die geringere Handlungsfähigkeit des Nationalstaats: Mit der geringeren Kontrolle über seine Grenzen nimmt die Handlungsfähigkeit des Staates ab. Die Schweizerische Nationalbank z.B. verfügt rechtlich über die nötigen Instrumente, um mit ihrer Geldmengen- und Devisenpolitik für die Stabilität unserer Währung zu sorgen. Effektiv stösst ihre Möglichkeit, diese Politik heute unabhängig auch gegen die Politik der deutschen Zentralbank zu fahren, an enge Grenzen, und in den Währungsparitäten regieren heute die Devisenmärkte, nicht mehr die Zentralbanken. Auch wenn die Schweiz nicht Mitglied der EU ist, wird sie

15 Zur Zukunftsfähigkeit der schweizerischen Institutionen 375

von den Entscheidungen Brüssels dennoch unmittelbar betroffen, gehe es nun um die Freiheiten der Swissair, die Rentabilität der geplanten neuen Alpentransversalen (NEAT) oder die Einfuhrkontrolle und Deklarationspflicht gentechnisch veränderter Soja. Die alte Trennung von Innen- und Aussenpolitik wird fragwürdig. Innenpolitik wird zur Aussenpolitik und umgekehrt, oft aber mit der Folge geringerer Handlungsmöglichkeiten des Nationalstaats.

3. Geringere Zurechenbarkeit von nationaler Demokratie und Folgen der Politik: Die Demokratie hat sich bisher in nationalen Territorialstaaten entwickelt. Regierungen werden vom Volk eines bestimmten Landes gewählt, sind zuständig für die Politik innerhalb eines Landes, verantworten ihre Ergebnisse im nationalen Rahmen und werden je nachdem wiedergewählt oder nicht. Die räumliche Grenze war also weit mehr: sie bildete die gesellschaftlich-kulturelle Einheit politischer Herrschaft, ihrer Legitimation durch Demokratie und Volk, und der Zurechenbarkeit der Politik der Regierung. Dieser Zusammenhang geht heute verloren. Umweltschutzbewegungen in Europa haben zwar Gesetze erreicht, welche den Einsatz von schädlichem FCKW (Fluorchlorkohlenwasserstoff) in Kühlsystemen und anderen Produkten verbieten. Wenn nun die indische Regierung kein solches Verbot erlässt, und wenn ein europäisches Unternehmen in Indien Kühlschränke für den dortigen riesigen Markt mit der alten umweltschädigenden Technik herstellt, so sind wir zwar betroffen davon, können aber politisch ebenso wenig ausrichten wie gegen Tschernobyl. Was soll die Schweiz also Umweltpolitik betreiben, wenn dies die Welt nicht rettet? Und genau so mag ein indischer Politiker argumentieren: wieso sollen wir unsere Entwicklung durch Umweltschutz verteuern, wo doch die westlichen Industrieländer die begrenzten natürlichen Ressourcen weit mehr beanspruchen als die grossen Völker Indiens und Chinas? Mit der Globalisierung verschwindet also auch die begrenzte Verantwortlichkeit auf der weltweiten Allmende, und das Weltmarktsystem integriert die Umwelt- und Wiederbeschaffungskosten bekanntlich nicht in die Preise. Vor allem aber fallen demokratische Legitimation der Politik auf der einen Seite, und die Folgen der Politik auf der anderen Seite auseinander. Was demokratisch entscheidbar und beeinflussbar ist, scheint irrelevant, was unbeeinflussbar geschieht, ist nicht mehr fassbar und nimmt zu. Die engeren Grenzen staatlichen Handelns sind also nicht nur eine abstrakte Grösse; sie werden subjektiv erfahren als Gefühl politischer Ohnmacht.

4. Der Nationalstaat – am Ende? Es gibt Stimmen in der Globalisierungsdebatte, welche aus den genannten Trends das Ende des Nationalstaats behaupten. Mit der Globalisierung der Märkte sei eine politische Beeinflussung der nationalen Volkswirtschaften nicht nur unmöglich, sondern auch sinnlos geworden. Weiter wird auch gesagt, das Projekt des Sozialstaats nach europäischem Muster sei nicht fortsetzbar. Linke oder bürgerliche Regierungen müssten unter dem Druck der nationalen Wettbewerbsfähigkeit und der internationalen Steuerkonkurrenz ihre Einnahmen drosseln, ob sie dies wollten oder nicht. Zudem sei das Modell der Sozialpartnerschaft, das die Konflikte zwischen Kapital und

Arbeit auf dem Verhandlungsweg regle, antiquiert. Eine reine Wettbewerbsdemokratie mit einem Wechsel zwischen Regierung und Opposition wie in Grossbritannien, die durch keinerlei Verhandlungsmacht etwa der Gewerkschaften gebremst würde, sei das beste, und das letztlich einzig brauchbare Modell. Es setze sich damit ein liberalistischer Minimalstaat durch.

Gegen die Idee des Minimalstaats lässt sich auf normativer Ebene einiges einwenden (Saladin 1985). Ob die Tendenzen zum Minimalstaat real sind, hat Armingeon (1996b) systematisch vergleichend mittels Daten aus rund 20 OECD-Staaten überprüft. Seine Ergebnisse sind überraschend. Nach der Minimalstaatsthese müsste die Globalisierung zu einer Angleichung der staatlichen Budgets auf tieferem Niveau führen. Davon kann aber aufgrund der Daten nicht die Rede sein, im Gegenteil: In den meisten Staaten wuchsen in den letzten 20 Jahren die staatlichen Ausgaben wie die Sozialausgaben, gemessen am Anteil des Sozialprodukts. Ebenso wenig folgt der Anteil der staatlichen Beschäftigung der Minimalstaats-These. Es lässt sich keine Konvergenz auf tieferem Niveau beobachten. Und schliesslich wird auch die These der Überlegenheit der Wettbewerbs- über die Verhandlungsdemokratie nicht bestätigt. In der Leistungsfähigkeit staatlicher Politik, die anhand verschiedener Indikatoren verglichen werden kann, schneiden nach Armingeon sowohl die reinen Wettbewerbs- als auch die ausgesprochenen Verhandlungsdemokratien wie die Schweiz günstig ab, während Mischsysteme abfallen. Die These einer allgemeinen Entwicklung zum Minimalstaat entspricht darum eher liberalistischem Wunschdenken als empirischer Realität, und die Behauptung der Überlegenheit des Minimalstaats wird im internationalen Quervergleich widerlegt. Armingeons Ergebnisse unterstützen vielmehr eine andere These, wonach der Nationalstaat seine Handlungsspielräume nicht generell verloren hat. Die Arbeitsmarkt- wie die Sozialpolitik etwa bilden Felder, in denen ein einzelner Staat weiterhin autonom und effektiv tätig sein kann. Solche Politiken setzen auch ausreichende demokratische Legitimationsprozesse im nationalstaatlichen Rahmen voraus, um die innergesellschaftlichen Interessengegensätze und Konflikte glaubwürdig und verbindlich zu regeln. Mit anderen Worten: nationale Politik ist trotz Globalisierung relevant geblieben, aber nicht in allen Bereichen und nicht in allen ihren konventionellen Programmen.

Globalisierung, als auf die Spitze getriebene Freihandelspolitik, wird aber auch ihre politischen Grenzen finden. Wo Liberalisierung nämlich die inner- oder zwischengesellschaftlichen Ungleichheiten verschärft, werden Regierungen nicht untätig bleiben können. Von einer nationalen Wählerschaft gewählt, werden sie versuchen, Globalisierungsnachteile von ihrer Gesellschaft abzuwenden. Keine Regierung wird also Liberalisierung, Deregulierung oder Privatisierung als Selbstzweck betreiben, sondern nur in dem Umfang, als sie sich Vorteile für ihre eigene Gesellschaft verspricht. Die Vorstellung ist daher keineswegs abwegig, dass einem Globalisierungsschub eine Periode nationaler Interessenpolitik folgt – zumindest in jenen Ländern, in denen sich eine breite Wählerschaft durch die Globalisierung benachteiligt fühlt.

15 Zur Zukunftsfähigkeit der schweizerischen Institutionen

5. Die Globalisierung wichtiger Politikbereiche: Globalisierung führt zur Internationalisierung und Entgrenzung von Politik. Als Reaktion darauf sind gegenläufige Tendenzen auszumachen. So finden wir – scheinbar gegen den Trend – auch Massstabsverkleinerung der Politik. Der Nahbereich – Quartier, Nachbarschaft, Stadtteil, Region – ist zu einem Kristallisationspunkt neuer Politik von unten geworden. Die neuen sozialen Bewegungen verweisen auf neue Zugänge zur Politik, die sich weniger an alten Parteiideologien denn an der individuellen, erfahrenen Lebenslage festmachen. So werden Umwelt am Quartierbaum, globale Ungleichentwicklung an lokalen Solidaritätsbewegungen wie der «Erklärung von Bern», die Kernenergie in der Besetzung, der Kulturschock der Migration freilich auch an Übergriffen gegen Tamilen und andere Flüchtlinge politisch. Auch in ehemals zentralistischen Ländern Europas wird staatliche Politik heute vermehrt dezentralisiert, auf regionale und lokale Ebene delegiert.

Auf der anderen Seite kompensiert der Nationalstaat den Verlust der Kontrolle über die Zirkulation von Personen, Kapital, Gütern, Diensten, von Kultur und Information durch Zusammenarbeit auf übergeordneter Ebene. Internationale und supranationale Organisationen übernehmen Aufgaben, die nationalstaatlicher Kontrolle entglitten sind. Von ähnlicher Bedeutung sind die nicht-gouvernementalen Organisationen von Wirtschaft, Wissenschaft und Kultur, deren Zahl in den letzten 40 Jahren ein explosionsartiges Wachstum verzeichnete.

Es lassen sich mindestens vier Problemkreise benennen, in denen inter- oder supranationale Organisationen und ihre Regulierungen auf globalen Einfluss zielen. Es sind dies die folgenden:

– Friede und internationale Sicherheit resp. gesellschaftliche Stabilität,
– Entwicklung und sozio-ökonomische Ungleichheit zwischen Erster und Dritter Welt,
– Menschenrechte,
– Umwelt.

Wesentlich ist das Entstehen einer supra- und internationalen Politikebene über den Nationalstaaten, worin staatliche Souveränitätsrechte formell und de facto abgegeben werden. Verletzt ein Staat die Regeln des Völkerrechts, greift er einen andern Staat an oder bedroht er den Weltfrieden, so kann die UNO Sanktionen ergreifen, die sich über und gegen die Souveränität des betreffenden Staates stellen. So vermochte Iraks Saddam Hussein seine gewaltsame Annexion von Kuweit 1990 nicht zu vollenden, sondern wurde durch eine universell gebilligte Aktion mit kriegerischen Mitteln daran gehindert. Relativ neu ist, dass auch interne Menschenrechtsverletzungen als Bedrohung des Weltfriedens gewertet werden, und dass die Sicherung der Menschenrechte auch bei der Befriedung eines Konflikts durch die Völkergemeinschaft in Anspruch genommen wird. Letzteres sehen wir etwa bei der Umsetzung des Dayton Abkommens in Ex-Jugoslawien unter der Ägide der UNO und der OSZE. So unvollkommen diese Bemühungen auch sind, so bilden sie doch Teil einer übernationalen politischen Realität von Institutionen, Konfliktregelungsverfahren und Regulierungen, die sich entwickelt. Wie weit die heutigen Machtunterschiede von Grösse und Ressourcen der Länder abgebaut werden, ist eine offene Frage. Aber diese Macht ist nicht das Abbild reiner Wirtschafts- oder privater Macht, weil ein erheblicher Teil der Entscheidungsprozesse internationaler Organisationen aus den Delegationen von nationalen Regierungen hervorgehen. Das reine Machtprinzip «wer zahlt befiehlt» kann daher durch egalitärere Entscheidungsregeln – etwa «ein Staat-eine Stimme» – überlagert und relativiert werden.

6. *Konsequenzen:* Die Globalisierung kann heute als die eigentliche Herausforderung für den Nationalstaat gesehen werden. Im Zuge der Durchsetzung von Liberalisierungsinteressen vor allem der entwickelten Industrieländer und ihres Kapitals sinkt die Kontrolle aller Staaten über die Zirkulation von Waren, Dienstleistungen, Informationen, Technologie, Kulturgütern, von Menschen und Kapital. Ein Teil der auf nationaler Ebene verloren gegangenen Handlungsfähigkeit des Nationalstaats wird auf übernationaler Ebene kompensiert: es entsteht eine kollektive Handlungsebene der Staatengemeinschaft. Diese Handlungsebene geht über ein System von blossen bilateralen Verträgen zwischen zwei Staaten hinaus, welche die klassische Aussenpolitik prägten. Internationale Organisationen wie die UN können kollektive Aktionen zur Friedenssicherung treffen oder verhängen Massnahmen, von denen auch Nichtmitglieder wie die Schweiz im Falle der Irak-Sanktionen betroffen sind. Supranationale Organisationen wie die EU treffen Mehrheitsentscheidungen, welche für ihre Mitglieder von unmittelbarer rechtlicher Verbindlichkeit sind. Die Globalisierung setzt fort, was nach dem Zweiten Weltkrieg für das politische Problem von Krieg und Frieden begonnen hatte: Friedenssicherung konnte seither nicht mehr allein durch nationale Armeen garantiert werden; zunehmend wichtiger wurden Systeme kollektiver Verteidigung (NATO oder WEU) und kooperativer Sicherheit (OSZE) sowie Ansätze kollektiver Sicherheit (UNO). All diese Entwicklungen haben einen gemeinsamen Nenner: Nationalstaaten treten einen Teil ihrer Souveränität und ihrer Hoheitsrechte ab. Sie bleiben zwar unabhängig in vielen Bereichen, haben aber nicht mehr die letzte und oberste Entscheidung in allen Fragen, welche politisch zu entscheiden sind.

3. Auswirkungen der Globalisierung auf die Schweiz

Wenn oft davon gesprochen wird, das Umfeld der Schweiz habe sich nachhaltig verändert, so können wir das nun genauer benennen: es handelt sich vor allem um den Prozess der Globalisierung. Er trifft den einzelnen Staat unabhängig davon, ob er sich darauf einstellt oder nicht. Für die Schweiz von besonderem Belang sind folgende Punkte:

1. Souveränitätsverluste: Die Konzeption des souveränen Staates, der – bündnisfrei – alle ihn betreffenden Angelegenheiten kraft eigener Hoheit zu lösen vermag und alle seine Beziehungen gegen aussen nach eigenem Gutdünken über Verträge mit Drittstaaten zu regeln vermag, entspricht dem 19. Jahrhundert und hat in der schweizerischen Neutralitätspolitik nach dem

15 Zur Zukunftsfähigkeit der schweizerischen Institutionen

Zweiten Weltkrieg nochmals eine Blüte erreicht. Sie ist indessen nicht mehr haltbar, ja eine Fiktion geworden. Erstens hat sich die für die Schweiz besonders bedeutsame internationale Handelspolitik sehr stark von der bilateralen auf die multilaterale Ebene verschoben. Aussenhandelspolitik und Aussenpolitik sind zunehmend verflochten. Innenpolitik ist Aussenpolitik geworden und umgekehrt. Damit lässt sich die kleinstaatliche Devise wirtschaftspolitischer Integration und aussenpolitischer Abstinenz, welche die Neutralitätspolitik nach dem Zweiten Weltkrieg prägte, nicht aufrecht erhalten. Zweitens sind bedeutsame internationale Organisationen – selbst wenn sie als solche nicht eigentlich zu den supranationalen Organisationen gehören – mit eigenen Sanktionsgewalten etwa der Berichterstattung wie in der OECD oder schiedsgerichtlicher Art wie in der WTO ausgestattet, deren Ergebnisse die Schweiz befolgt – sei es aus politischer Raison oder aufgrund vertraglicher Verpflichtungen. Drittens ist die Schweiz von Entscheidungen inter- und supranationaler Organisationen direkt betroffen, ganz unabhängig davon, ob sie nun deren Mitglied sei oder nicht. Das gilt etwa für die Wirtschaftssanktionen der UNO in der Vergangenheit, gegenwärtig aber ganz besonders für die Anpassungen des schweizerischen Wirtschaftsrechts an das EU-Recht. So hat die Schweiz einen erheblichen Teil des sog. «Eurolex-Pakets» von 1992, mit dem das einheimische Recht dem «acquis communautaire» für den EWR-Beitritt angepasst werden sollte, inzwischen übernommen. Zudem wird in allen neuen Gesetzen die «Eurokompatibilität» als wichtiges Kriterium beachtet. Als weitere bedeutsame Anpassung kann die Übernahme der neuen GATT- bzw. WTO-Vereinbarungen genannt werden, bei denen der Referendumsverzicht der Bauern durch Kompensationen erkauft wurde. Der Grund für diesen «autonomen Nachvollzug» liegt darin, dass die faktische Wirtschaftsverflechtung diese Anpassung erzwingt, ansonsten mit ernsthaften Nachteilen im internationalen Handel und im EU-Wirtschaftsraum zu rechnen wäre. In diesen Bereichen ist zwar eine «formelle» Souveränität noch gegeben, aber keine materielle Souveränität mehr im Sinne autonomer politischer Gestaltungs- und Handlungsfreiheit.[1]

---

1 Souveränitätsverlust durch Globalisierung und autonomer Nachvollzug haben schon heute Auswirkungen auf die direkte Demokratie. Ein einschlägiges Beispiel bietet das Strassenverkehrsgesetz (SVG). Bei dessen Revision 1990 wurde gegen die Vergrösserung der zulässigen Lastwagenbreite von 2.30 auf 2.50 m noch ein Referendum ergriffen. Es löste einen lebhaften Abstimmungskampf auf, wurde jedoch verworfen. 1997 wurde eine SVG-Änderung in Kraft gesetzt, welche dem Bundesrat die Kompetenz gibt, die Bestimmungen über Fahrzeugabmessungen in eigener Kompetenz den Normen der EU anzupassen. Die Referendumsfrist lief am 10. April 1998 unbenützt ab. Schon am 1. Mai 1998 machte der Bundesrat von dieser Kompetenz Gebrauch und erhöhte – in Einklang mit der EG-Richtlinie 96/53 – die zulässige Breite für Kühllastwagen auf 2.60 m. Neu ist die Technik einer solche Einschränkung der Referendumsdemokratie keineswegs: mit der geläufigen Praxis der Gesetzesdelegation wurden in der Vergangenheit häufig Kompetenzen vom Parlament auf den Bundesrat übertragen. Neu ist bloss, dass sie zur Überwindung des Globalisierungsdrucks der europäischen Verkehrsharmonisierung und zum «autonomen Nachvollzug» unter Ausschaltung von Parlament und Volk verwendet wurde.
Bedeutsame Einschränkungen der direkten Demokratie – dies in Vorwegnahme folgender Absätze – haben also wenig mit der Frage einer EU-Mitgliedschaft zu tun, sondern gehen auch auf materielle Souveränitätsverluste und Anpassungszwänge an Globalisierungstendenzen zurück, von denen die Schweiz so oder so betroffen ist.

2. Die weitgehende Funktionslosigkeit bewaffneter Neutralität: Die schweizerische Neutralität hat mit dem Ende der bipolaren Welt des Ostens und Westens den grössten Teil ihrer politischen Bedeutung eingebüsst. Besondere Vorteile, wie sie für den neutralen Kleinstaat vor 1989 bestanden, sind im völlig veränderten politischen Umfeld nicht mehr auszumachen (Gabriel 1997, Riklin 1995). Sodann hat die Globalisierung im Sinne der Entstehung von Systemen kollektiver Sicherheit für Europa ihre besondere Bedeutung: die äussere Bedrohung im Sinne einer (atomaren) kriegerischen Auseinandersetzung zwischen Ost und West existiert nicht mehr; dagegen sind innergesellschaftliche Konflikte in den Ländern Mittel- und Osteuropas ein grösseres Risiko geworden. Friedenssicherung, Konfliktprävention, Konfliktvermeidung und Konfliktbearbeitung werden heute viel stärker auf dem Wege der OSZE, der Osterweiterung der EU und der NATO sowie der Partnerschaft für den Frieden gesucht. Nationale Armeen haben inzwischen für Europa einen geringeren Stellenwert. Abseitsstehen an den Systemen kollektiver Verteidigung und kooperativer Sicherheit wird von den Beteiligten als «Trittbrettfahren» ausgelegt. Bewaffnete Neutralität wird von Dritten als nationaler Egoismus wahrgenommen, weil sie Leistung und Gegenleistung im grösseren Rahmen verweigert. Insofern ist die Neutralitätspolitik, wie sie nach dem Zweiten Weltkrieg praktiziert wurde, weitgehend funktionslos geworden und birgt Risiken der Isolation (Bächler 1994).

3. Die Neudefinition des Landesinteresses: Ein erheblicher Teil seiner heutigen Aufgaben wurden dem Bund in der Zeit nach dem Zweiten Weltkrieg übertragen. Sie sind geprägt von den politischen Anforderungen einer Periode, in der die Bewahrung der Unabhängigkeit des Landes militärisch und wirtschaftlich an die Erfahrungen des Zweiten Weltkrieges anknüpfte. Das Oberziel lautete: grösstmögliche Selbstversorgung und damit Autonomie des Landes im Falle gestörter Aussenbeziehungen. Dies gilt vor allem für die Landwirtschaft und weitere Versorgungbereiche, in denen der Bund unter anderem «Massnahmen zur Sicherung der Landesversorgung mit lebenswichtigen Gütern und Dienstleistungen bei schweren Mangellagen» trifft (Art. 31 bis Abs. 4e BV). Auch in der Energiepolitik standen die nationale Selbstversorgung und die Verminderung der Auslandabhängigkeit als wichtige Motive für den Ausbau der Stromkraftwerke. Die Verkehrspolitik, der Strassen- und sonstige Infrastrukturausbau wie derjenige der Telekommunikation waren auf die nationale Selbstversorgung ausgerichtet.

Hier überall ist eine Neudefinition der Landesinteressen gefordert. Bisherige Anpassungen stehen an unterschiedlichem Ort. In der Landwirtschaftspolitik beispielsweise erfolgte unter dem Druck der Umweltschutzverbände und der WTO eine Umorientierung der Bundesbeiträge von der Landesversorgung auf das Ziel ökologiegerechter Produktion und der Landschaftspflege. Im Telekommunikationsbereich wurde der Liberalisierungs- und Privatisierungsdruck kanalisiert auf das Bemühen, den schweizerischen Monopolbetrieb des Telefons zu einem international konkurrenzfähigen Telekommunikationsunternehmen umzuwandeln. In anderen Bereichen gelang die Neudefinition des Landesinteresses bisher schlechter oder gar nicht. Die im europäischen Vergleich fortschrittliche, ökologisch inspirierte Verkehrspolitik mit ihrer Förderung des öffentlichen Verkehrs hat insbesondere auch nach der Annahme der Alpen-Initiative im EU-Rahmen bisher weder genügend Verständnis[2] noch ausreichende Unterstützung gefunden. In der Medienpolitik (Bereich Fernsehen) oder der Energiepolitik (Liberalisierung der europäischen Strommärkte) gibt es Akteure, welche die Liberalisierung als ausschliessliches Endziel sehen. Hier wird übersehen, dass Liberalisierungen als nationale Politik nur Sinn machen, wenn sie letztlich den Konsumenten und Produzentinnen des eigenen Landes zugute kommen – eine Einsicht, welche auch die liberalistischsten Regierungen wie diejenige Thatchers befolgte. Liberalisierung als solche ist zwar ein ideologisches Ziel bestimmter Gruppen, kann aber für die nationale Politik lediglich ein Mittel zur Verfolgung von Interessen der eigenen Gesellschaft darstellen, solange die Wahl von Regierungen durch die Stimmberechtigten eines Landes erfolgt. Das aber setzt die Definition und den politischen Konsens über nationale Interessen voraus – und es gibt schweizerische Politiken, in denen dieser Prozess noch nicht stattgefunden hat.

3. Die sekundäre Bedeutung der Europafrage im Zusammenhang mit Souveränitätsverlust und Funktionsverlust der Neutralität: Im Zusammenhang mit der Europa-Debatte figurieren die Frage der Souveränität und der Neutralität als bedeutsame Streitpunkte. Insbesondere das Lager der Europagegner und die Wortführer der Aktion für eine neutrale und unabhängige Schweiz AUNS haben mit ihrer Verteidigung der vollen Souveränität und Neutralität unbestreitbaren Erfolg gehabt. Es sind dies Identitätswerte, an denen breite Teile insbesondere der ländlichen deutschschweizerischen Bevölkerung hängen. Nichts führt aber aus politologischer Sicht daran vorbei, dass Souveränitätsverluste und die Funktionslosigkeit der bewaffneten Neutralität sehr wenig mit der Frage eines EU-Beitritts der Schweiz, aber sehr viel mit dem Prozess der Globalisierung, der Veränderung des geopolitischen Umfelds und der Verlagerung der nationalen Sicherheit auf Systeme kollektiver Sicherheit in Europa zu tun haben. Der aussenpolitische Bericht des Bundesrats von 1993 hat dies denn auch klar erkannt.[3] Zunächst wäre also eine Debatte über die Bewältigung der Folgen der Globalisierung zu führen. Freilich kann die Schweiz anders als in der Europafrage nicht darüber entscheiden, ob sie der Globalisierung beitreten will oder nicht. Die Debatte würde aber noch deutlicher machen, dass Sinn und Nutzen der Neutralität nicht allein von der Schweiz definiert werden können, und dass materielle Souveränitätsverluste unvermeidlich sind.

2 Dies kommt insbesondere in den bilateralen Verhandlungen zwischen der Schweiz und der EU zum Ausdruck. Die EU war erst bereit über das Landverkehrsdossier zu verhandeln, nachdem das bundesrätliche Umsetzungskonzept der Alpeninitative von ihr als mit der eigenen Transportpolitik vereinbar betrachtet wurde. Die Befürchtung der EU, dass die Alpeninitiative nur als Vorwand diene, ausländische Transporte zu diskriminieren, konnten bis heute nicht völlig zerstreut werden.
3 Bericht über die Aussenpolitik der Schweiz in den 90er Jahren (93.098), BBl. 146/I (153–242).

C. Anpassungen der schweizerischen Entscheidungsstrukturen für einen EU-Beitritt?

Als Ergebnis der voranstehenden Abschnitte lässt sich folgendes festhalten: der Bedeutungsverlust der schweizerischen Neutralität und die materiellen Souveränitätsverluste sind Ergebnisse der Globalisierung und nicht eine Frage des EU-Beitritts. Der wichtigste Unterschied hinsichtlich der Souveränitätsverluste im Bereich des europäischen Wirtschaftsrechts liegt darin, dass diese bei einem EU-Beitritt nicht nur materieller, sondern auch formeller Art sind: statt des «autonomen Nachvollzugs» erfolgt eine offene Übernahme der EU-Richtlinien und -Entscheidungen. Der bisher versteckte Souveränitätsverlust wird in diesem Fall offenkundig. Die Anpassungen erfolgen zudem nicht nach eigener Opportunität und eigenem Fahrplan. Der Eintausch des autonomen Nachvollzugs durch materielle *und* formelle Souveränitätsverluste kann darum erhebliche politische Kosten nach sich ziehen. Er bedeutet aber gerade nicht, dass die materiellen Handlungsmöglichkeiten geringer werden, im Gegenteil: Statt des blossen Nachvollzugs besteht die Möglichkeit der Mitwirkung an den Entscheidungen der EU, die aufgrund der Wirtschaftskraft der Schweiz von erheblicher Bedeutung sind.

Nun wird aber oft davon ausgegangen, ein EU-Beitritt hätte weitere Konsequenzen für die schweizerischen Entscheidungsstrukturen: der Föderalismus sei gefährdet, und insbesondere die direkte Demokratie sei in ihrer gegenwärtigen Form nicht weiter praktikabel. Dies sind keineswegs nur Argumente der EU-Skeptiker. So liessen die Bundesbehörden vor der EWR-Abstimmung untersuchen, wieviele Volksabstimmungen in der Vergangenheit unter der Hypothese einer Bindung an das EU-Recht nicht hätten stattfinden können, und der Politologe Germann (1990:26ff.) hielt das System der halbdirekten Demokratie im Verbund der parlamentarischen Demokratien der EU für grundsätzlich wenig geeignet. Tatsächlich gab es im Vorfeld der historischen 700-Jahr-Feier der Eidgenossenschaft von 1991 auch vorwärtsgewandte Versuche, die Zukunft des schweizerischen Staates, seiner Wirtschaft und seiner Gesellschaft prospektiv zu erschliessen. Dazu gehörte der Bericht der Expertengruppe «Schweiz morgen»[4], welcher 1991 idealtypische Entwicklungspfade der welt- und wirtschaftspolitischen Öffnung, der begrenzten Integration und des Alleingangs der Schweiz aufzeigte. Unter der Methode von Szenarien zeigte sich denn auch, dass die weltpolitische Integration am ehesten bei einer Anlehnung an politische Strukturen des Parlamentarismus, der Alleingang am wahrscheinlichsten bei einer Belassung der gegenwärtigen Entscheidungsstrukturen gelingen (Linder/Ballmer 1991:337ff.). Inzwischen belegen jedoch die versandeten Anläufe umfassender Regierungs- und Parlamentsreform und die Verdünnung des Projekts der Verfassungsreform auf eine blosse «Nachführung» erneut den geringen politischen Willen zur Strukturreform des schweizerischen Systems.

---

4 Schlussbericht der Expertenkommission «Schweiz morgen»(1991).

Wenn überhaupt, wird die Schweiz also am ehesten mit ihren jetzigen Strukturen der halbdirekten Demokratie, des Föderalismus und der Konkordanzregierung in die EU eintreten. In diesem Fall ist die Frage aber so zu stellen: haben direkte Demokratie und Föderalismus eine Chance, weiterhin erfolgreich praktiziert zu werden?

1. Zu den künftigen Handlungsmöglichkeiten direkter Demokratie

Zunächst ist festzuhalten, dass alle parlamentarischen Entscheidungen, die nach heutigem Recht der Referendumsklausel unterstellt sind, auch weiterhin dem Referendum offen sein können. Die Einschränkungen der Referendumsdemokratie sind zunächst weder grösser noch kleiner als jene, die dem Parlament auferlegt sind. Denn prinzipiell geht es nicht um besondere Einschränkungen der Referendumsdemokratie, sondern um jene formellen Souveränitätsverluste, welche die schweizerischen Entscheidungsorgane insgesamt durch die Abtretung von Hoheitsrechten an die EU eingehen, also die Regierung, das Parlament und das Volk.

Tangiert sind vor allem das Wirtschaftsrecht und seine verwandten Bereiche. Welche neuen Aufgaben die Union übernehmen soll, unterliegt uneingeschränkt der direkten Demokratie, denn Vertragsveränderungen der EU müssen einstimmig erfolgen. Sie geben Volk und Ständen den gleichen und enormen Einfluss wie etwa der Stimmbürgerschaft Dänemarks bei der erstmaligen Ablehnung der Maastrichter Verträge. Das kann auch zu Befürchtungen Anlass geben, dass die EU einer Mitgliedschaft der Schweiz mit Vorbehalten gegenübertritt. Innerhalb des Vertrags wird zunehmend nach dem Mehrheitsprinzip verfahren, auch wenn zentrale Bereiche wie z.B. die Steuerharmonisierung nach wie vor der Einstimmigkeit unterliegen. Bei der Anwendung und Umsetzung des sekundären Rechts sind zwei Konstellationen zu unterscheiden. EU-Verordnungen sind in jedem Land direkt anwendbar und haben Vorrang vor dem Landesrecht. Zusätzliche Übernahmen in das Landesrecht haben keine eigene materielle Bedeutung, sondern dienen der blossen Rechtssicherheit. Verordnungen sind jedoch relativ selten. Der grösste Teil der EU-Harmonisierung erfolgt durch Richtlinien. Diese sind nicht direkt anwendbar; den EU-Mitgliedern obliegt aber die Pflicht, dass sie die Richtlinien umsetzen. Der nationale Gesetzgeber verfügt dabei über rechtliche und politische Gestaltungsmöglichkeiten, wie die Richtlinien in verbindliches Landesrecht umgesetzt werden. Die nicht fristgerechte oder mangelhafte Umsetzung kann unter gewissen Voraussetzungen auch von Privaten angerufen werden und dem säumigen Mitgliedstaat vor nationalen Gerichten entgegengehalten werden. Grundsätzlich beschränkt sich indessen die Sanktion der Union auf die Verhängung von Bussgeldern. Andere Retorsionsmassnahmen stehen nicht zur Verfügung.

Von EU-Skeptikern wie von juristischer Seite wurde vielfach argumentiert, die Beschlüsse der eidgenössischen Räte über die Umsetzung von EU-Richtlinien oder zu EU-Verordnungen seien dem Referendum zu entziehen, weil sich die Schweiz bei ihrer Ablehnung in einen rechtswidrigen Zustand gegenüber Brüssel versetze. Aus politologischer Sicht überzeugt diese Auffassung wenig. Zwar gehen die (seltenen) EU-Verordnungen in jedem Fall dem Landesrecht vor. Materiell hat hier das Volk tatsächlich nichts zu sagen. Aber das gilt genau so für das Parlament und ist wie oben erwähnt nicht als Abbau direkter Demokratie, sondern als Souveränitätsverlust zu bezeichnen. Letzterer wird dadurch kompensiert, dass die Schweiz bei Erlass einer Verordnung in der EU nicht nur mitwirken, sondern dass sie zudem in Bereichen in welchen Einstimmigkeit verlangt wird, gewohnheitsrechtlich bei Verletzung vitaler Interessen ein Veto einlegen kann.

Aus politologischer Sicht überhaupt nicht einleuchtend wäre die Absicht, den Vollzug der EU-Richtlinien dem Referendum zu entziehen. In der Vergangenheit ist es öfter vorgekommen, dass Parlamente von EU-Mitgliedsländern einzelne Richtlinien aus Brüssel nicht fristgerecht oder unvollständig umgesetzt haben; so hat 1998 Frankreichs Parlament ein Jagdgesetz verabschiedet, das an den eigenen traditionellen Jagdzeiten festhält und bewusst gegen die von Brüssel verordneten Schonzeiten verstösst.[5] Diese Länder sind dabei das politische Risiko von Sanktionen der EU eingegangen, haben auch verhängte Strafen akzeptiert und sich früher oder später wieder in den «acquis communautaire» eingefügt. Integration ist ein politischer Prozess. Sie verläuft nicht in geistiger Achtungsstellung. Was in Frankreich dem Parlament recht ist, sollte in der Schweiz dem Volk billig sein. Jedenfalls gibt es keinen Grund, Spielregeln der direkten Demokratie zu verändern, und ein Spiel als solches zu verbieten, nur weil es auch verloren gehen kann. Dies leuchtet um so weniger ein, als bei der Umsetzung der Richtlinien beträchtlicher politischer Spielraum besteht: eine verlorene Vorlage kann modifiziert werden mit der Chance, einen neuen Referendumstest zu bestehen. Mag sein, dass der Fall einmal eintritt, bei dem das Volk in voller Kenntnis drohender Sanktionen die Umsetzung einer EU-Richtlinie mehrmals verwirft, und dass die direkte Demokratie länger braucht, um auch nach Sanktionen dem «acquis communautaire» zu folgen. Dabei werden sich im politischen Wechselspiel mit der Union auch wieder neue Optionen auftun. Die damit verbundenen diplomatischen Probleme vermögen es jedenfalls nicht zu rechtfertigen, die Risiken einer oppositionellen, aber authentischen Willensäusserung des Volkes durch Einschränkungen der direkten Demokratie zu unterbinden, zumal es sich in solchen Fällen um grundlegende Bewertungen handeln wird, für welche die Schweiz die Kosten mit Überzeugung zu tragen bereit ist.

Sinngemässes lässt sich für die Volksinitiative sagen. Die Eidgenössischen Räte befinden nach heutigem Recht über die Gültigkeit einer Initiative. Sie entwickelten eine grosszügige

---

5 Tages-Anzeiger vom 20.6.1998. Die Umsetzung von EU-Richtlinien durch das jeweilige Landesrecht birgt erhebliche politische Handlungsspielräume, die von den Ländern auch genutzt werden. Nichts zeigt dies deutlicher als die Streitfälle vor dem Europäischen Gerichtshof wegen mangelhafter oder nicht fristgerechter Umsetzung von Richtlinien. Italien mit 305 Fällen, Belgien mit 182, Frankreich mit 141 von 1973–96 sowie Griechenland mit 133 Fällen seit 1986 sind die Spitzenreiter. Im Jahre 1996 waren 17 Streitfälle aus Italien, 12 aus Griechenland, 10 aus Deutschland, sowie 6 aus Belgien, Frankreich, Spanien und Irland zu verzeichnen. (The Economist vom 17.5.1997, 35f.).

Praxis, die bisher nur in zwei Fällen[6] – wegen der Verletzung von Verfassungsrecht bzw. von zwingenden Grundsätzen des Völkerrechts – ein Volksbegehren für ungültig erklärt hat. Sollte nun in Zukunft jede Volksinitiative für ungültig erklärt werden, wenn sie gegen EU-Recht verstösst? Auch hier könnten die juristische und die politologische Auffassung unterschiedlich ausfallen. Juristisch lässt sich sehr wohl argumentieren, dass das Parlament zur Garantierung des «acquis communautaire» eine politische Verantwortung zu übernehmen hätte, womit grundsätzlich jede Volksinitiative dem Verdikt der Ungültigkeit verfallen könnte, soweit sie mit dem EU-Recht in Widerspruch steht. Politologisch lässt sich offener argumentieren: der echte Kollisionsfall einer angenommenen Volksinitiative, die gegen das EU-Recht verstösst und Sanktionen auslöst, dürfte der seltenste Endpunkt eines Entscheidungsprozesses sein. Vorher bestehen bedeutende politische Handlungsspielräume: falls das Parlament der blossen Ablehnung der Initiative nicht traut, kann es einen konformen Gegenvorschlag präsentieren. Das Begehren kann zudem vor der parlamentarischen Behandlung zum Gegenstand von Beratungen in den Organen der EU gemacht werden. Vor allem aber liesse sich die Volksinitiative auch für Begehren nutzen, welche die schweizerischen Behörden zu bestimmten Vorstössen in Brüssel verpflichten. Auf diese Weise kann das Volksbegehren durch seine Legitimität auch auf europäischer Ebene Impulsfunktionen auslösen.

Einer defensiven und restriktiven Sichtweise kann eine offensive Konzeption der Volksrechte gegenübergestellt werden, welche die politischen Handlungsspielräume – auch als «Oppositionsrechte» gegen die Organe der EU – konsequent aufsucht und nutzt (Möckli 1992, Abromeit 1996 und Epinay/Siegwart 1998).

2. Europäischer und schweizerischer Föderalismus: Gemeinsamkeiten und Unterschiede

Die EU ist ein beschränktes Zweckbündnis für wirtschaftspolitische Aufgaben. Auch wenn dieser Aufgabenkreis im Laufe der Zeit grösser geworden ist, so ist die EU kein selbständiger Staat. Es fehlt ihr die eigene völkerrechtliche Staatlichkeit, sie besitzt keine staatliche Allzuständigkeit und keine Kompetenz-Kompetenz: alle ihre Aufgaben erhält sie nur über die Einstimmigkeit oder die qualifizierte Mehrheit ihrer Mitglieder. Diese Konstruktion hat ihre Stärken und Schwächen, die sich auch theoretisch verstehen lassen. Ihre grosse Stärke bestand in der schrittweisen Eliminierung von Handelshemmnissen, von den traditionellen Zöllen bis zur gemeinsamen Währung. Die Eigendynamik dieses Prozesses lässt sich dadurch erklären, dass die Vorteile dieser «negativen Integration» (d.h. die Liberalisierung und Beschränkung staatlicher Befugnisse durch Rechtsharmonisierung) für alle Mitglieder grösser waren als die Nachteile des Souveränitätsverlusts. Da zudem die gemeinsamen

---

6 Beide Ungültig-Erklärungen datieren aus den neunziger Jahren: die SP-Armee-Halbierungsinitiative wegen Verletzung der Einheit der Materie (Koppelung von Armeefrage mit Sozialpolik) und die Ausländerinitiative der SD wegen Verletzung zwingenden Völkerrechts.

Vorteile den Mitgliedern vorbehalten wurden, hatten auch stets mehr Drittländer die Absicht, durch den Beitritt die Integrationsvorteile zu erlangen und den Preis des Souveränitätsverlusts zu bezahlen. Durch diese Eigendynamik wuchs der Kreis der Mitglieder mit den Süd- und Norderweiterungen von sechs auf fünfzehn, und auch mit der anstehenden Osterweiterung scheint der Kreis der Beitrittswilligen noch keineswegs geschlossen zu sein.

In anderer Hinsicht gibt es jedoch Grenzen: die negative Integration wird von den Mitgliedern nur soweit mitgetragen, als die Vorteile der Weiterentwicklung des gemeinsamen Marktes grösser sind als die Souveränitätsverluste. Freiburghaus (1997) zeigt plausible Gründe dafür auf, dass dieser Prozess sein Ende darin findet, dass die zusätzlichen Integrationsvorteile an einem gewissen Punkt geringer werden und die Souveränitätsverluste nicht mehr aufzuwiegen vermögen. Bereits die Einführung des Euro weist auf dieses Moment hin, wenn Länder wie Grossbritannien oder Schweden abseits stehen. Neben diesen Grenzen negativer Integration wird aber auch eine grundsätzliche Schwäche der positiven Integration (d.h. gemeinsame gestaltende Politiken und Transferleistungen) festgestellt (Scharpf 1994). So wird etwa beklagt, dass trotz der Souveränitätsverluste der einzelnen Staaten die EU ein handlungsunfähiger Akteur darin geblieben ist, für ihre Mitglieder eine gemeinsame Beschäftigungspolitik zu entwerfen, oder auch nur blosse Vorstellungen für eine gemeinsame Aussenpolitik zu formulieren. Für die positive Integration scheinen der EU-Konstruktion – im Vergleich zur negativen Integration – gleich mehrere Voraussetzungen zu fehlen: die notwendige demokratische Legitimation von Entscheiden, die bisher nur durch nationalstaatliche Demokratien aufgebaut werden kann, die Erreichung gemeinsamer Vorteile der Integration, und, damit verbunden, die höhere Effektivität gegenüber nationalstaatlicher Politik. Ganz abgesehen von der zunehmenden Heterogenität ihrer Mitglieder gibt es also gute Gründe zur Annahme, dass die EU nie zu einem europäischen Bundesstaat wird, sondern ein besonderes supranationales Gebilde mit vorwiegend wirtschaftspolitischen Aufgaben negativer Integration bleibt. Nach Freiburghaus (1997) ist dieser Prozess im wesentlichen sogar abgeschlossen. Man braucht diese «Schwäche» der EU nicht zu bedauern: gerade in ihrer jetzigen Form entspricht sie als Konstruktion dem Willen verschiedenster europäischer Nationalstaaten von Grossbritannien bis Griechenland. Alle diese Staaten haben eigene Traditionen, unterschiedliche politische Kulturen und Präferenzen und möchten ihre verbleibende Autonomie keineswegs aufgeben, sondern erhalten.

Unter diesen Vorzeichen lassen sich indessen Parallelen des nationalen Föderalismus und der europäischen Entscheidungsstrukturen angeben (Linder 1996). Die Entscheidungsstrukturen der EU können nämlich insofern als föderalistisch bezeichnet werden, als sie in allen Organen eine Mischung des Pro-Kopf-Vertretungsprinzips mit dem Länder-Vertretungsprinzip ausweisen. Dies lässt eine überproportionale Vertretung kleiner Länder zu, wie wir vorne am Beispiel Dänemarks zeigten. Einige der Kleinstaaten – etwa Luxemburg und die Niederlande – haben in der bisherigen Geschichte denn auch eine bedeutsame Rolle gespielt, und zugleich begünstigt die Angleichung der Stimmengewichte eine grössere Varietät von Koalitionsbildungen. Änderungen des Grundvertrags und die Aufnahme neuer Mitglieder bedürfen der Zustimmung aller; ein Austritt aus der Gemeinschaft – de facto mit Grönland 1985 schon vorgekommen – ist nicht vorgesehen. Dem Subsidiaritätsprinzip wird mit den Maastrichter Verträgen von 1992 in Art. 3b verstärkte Bedeutung eingeräumt. Danach soll das europäische Recht nur das regeln, was die nationale Regelungsfähigkeit übersteigt. Auch wenn diese Norm für sich allein keine direkte Wirkung zu entfalten vermag, bemühen sich heute die EU-Organe in Abkehr von früheren Tendenzen um zurückhaltende Regelungen im eigenen Kompetenzbereich und damit um autonomieschonende Verfahren. Alle diese Merkmale weisen auf eine starke föderalistische Komponente des europäischen Integrationsprozesses und auf eine föderalistische Struktur der EU-Organisation.

Im Falle einer EU-Mitgliedschaft könnte also die Schweiz von den besonderen Föderalismusvorteilen der Unionsstrukturen durchaus profitieren. Ihre eigenen Föderalismuserfahrungen sowie die überproportionale Gewichtung ihrer Stimme kämen ihr dabei neben dem wirtschaftlichen Gewicht zugute, um durchaus eine aktive Rolle in den Entscheidungsvorgängen zu spielen. Vor allem aber gibt es überzeugende Belege dafür, dass der supranationale Föderalismus der EU sinngemäss die Werte des nationalen Föderalismus zu sichern vermag. Das gilt insbesondere für die Erhaltung der nationalen Verschiedenheiten und ihrer politisch-kulturellen Vielfalt. Wie etwa Armingeon (1996b) aufzeigt, gleichen sich der nationale Politikstil und die politische Kultur der EU-Länder keineswegs an. Die Besonderheiten nationaler Sozialpartnerschaft, nationaler Mehrheits- oder Konsensdemokratie bleiben trotz wirtschaftlicher Integration erhalten. Nationale Politik bleibt schliesslich durchaus relevant: wirtschaftspolitischer Erfolg ergibt sich aufgrund von Vergleichsstudien nicht einfach aus der Mitgliedschaft an der EU, sondern muss durch eine effektive staatliche Wirtschaftspolitik umgesetzt werden (Keman 1996).

Keinen Hinweis gibt es umgekehrt dafür, dass im Integrationsfall die internen föderalistischen Strukturen zu leiden hätten. Das Beispiel Deutschland belegt mit der aktiven Rolle einzelner seiner Bundesländer in der europäischen Regionalpolitik, dass auch die unteren Ebenen eines föderalistischen Staates neue Handlungs- und Kooperationsmöglichkeiten entwickeln können.

Daraus können zwei Schlussfolgerungen gezogen werden.

Erstens gibt es keinen Anlass, schweizerische Entscheidungsstrukturen der direkten Demokratie oder des Föderalismus mit Hinblick auf die besonderen Bedingungen eines EU-Beitritts zu verändern. Pointiert gesagt: *Die halbdirekte, föderalistische Demokratie ist «eurokompatibel»*, so wie sie ist. Es wäre auch problematisch, grundlegende Entscheidungsstrukturen mit Hinblick auf Sonderprobleme anzupassen. Föderalismus und direkte Demokratie sind allgemeine Strukturen, die sich auf Dauer und für die Lösung aller Probleme zu bewähren haben. Im Vergleich zu anderen Grundstrukturen – etwa der repräsentativen oder der Mehrheitsdemokratie – haben sich die vorhandenen Entscheidungsstrukturen durchaus bewährt. Dies heisst überhaupt nicht, dass es keinen Reformbedarf im Institutionellen gäbe, nur hat er wenig mit der EU-Frage zu tun, sondern ist hausgemacht.[7] Das gilt insbesondere für die Regierungsreform.

Zweitens liegen zwei der oft kritisierten Hauptmängel der EU, nämlich ihre fehlende demokratische Legitimation und ihre begrenzte Handlungsfähigkeit im Sinne bloss negativer Wirtschaftsintegration, eigentlich im Interesse der Schweiz. Denn wenn die Schweiz dem EU-Integrationsprozess fern steht, so nicht deshalb, weil sie keine Integrationsvorteile hätte, sondern deshalb, weil politische Entscheidungsträger und das Volk die Souveränitätsverluste bisher höher bewerteten als andere Länder. Die Begrenzung der Souveränitätsverluste, sowie abschätzbare Begrenzungen der Integration dürften darum die wichtigsten Kriterien sein, unter denen die schweizerische Stimmbürgerschaft überhaupt einmal für einen EU-Beitritt zu haben ist. Wiederum pointiert gesagt: *Die für die Schweiz akzeptabelste EU ist darum jene, welche heute besteht.* Ihre föderalistische Struktur bei gleichzeitig geringer demokratischer Legitimation ist, wie wir oben gesehen haben, die wirksamste Barriere gegen Ausweitungen der Kompetenzen Brüssels. Umgekehrt eröffnet eine stärkere demokratische Legitimation – etwa durch das Europäische Parlament und den Ministerrat – auch grössere politische Handlungsmöglichkeiten über die negative Wirtschaftsintegration hinaus. Aus schweizerischer Sicht, die eine grösstmögliche Bewahrung der Unabhängigkeit und eine begrenzte Wirtschaftsintegration anstrebt, sind darum Forderungen nach stärkerer Demokratie der Brüsseler Entscheidungsstrukturen eigentlich nicht der Weisheit letzter Schluss: sie verkennen, dass in der Begrenzung der demokratischen Legitimation der EU auch ein wichtiger Schlüssel zur Begrenzung ihrer politischen Kompetenzen liegt.

D. Fazit

Die eigentliche Herausforderung der schweizerischen Entscheidungsstrukturen liegt in der derzeitigen Tendenz der Globalisierung. Die geringere Kontrolle des Nationalstaats über die Zirkulation von Kapital, Gütern, Diensten, Technologie und Information führt zu einer Begrenzung seiner Handlungsfähigkeit. Diese wird gerade auch in der Schweiz stark

---

7 Wie in den vorangegangenen Kapiteln erwähnt, liegt er im Föderalismus am ehesten in einer Gebietsreform, d.h. der Angleichung grösster und kleinster Einheiten auf jeder föderalistischen Stufe. Bei den Volksrechten finden wir ein zentrales «aussenpolitisches» Problem, das aber nicht mit der EU, sondern mit der Globalisierung zu tun hat: der innenpolitische Dialog zwischen Regierung und Volk wird in aussenpolitischen Situationen auf die Dreierbeziehung Regierung-Volk-Internationale Gemeinschaft erweitert. Letztere ist bei negativem Ausgang von Volksabstimmungen nicht auf weitere Verhandlungsrunden angewiesen, was ein gesteigertes Risiko aussenpolitischer Isolation bedeutet.

15 Zur Zukunftsfähigkeit der schweizerischen Institutionen

empfunden. Man denke nur an das Problem der strukturellen Arbeitslosigkeit, das in unserem Land vergleichsweise neu ist, darüber hinaus aber mit den traditionellen Mitteln der Arbeitsbeschaffung oder keynesianischer Wirtschaftspolitik politisch nicht mehr beeinflussbar scheint. Globalisierung stimuliert über die Intensivierung des internationalen Wettbewerbs nicht nur die Produktivität, sondern verschärft auch zwischen- und innergesellschaftliche Ungleichheiten. Neue Armutsschichten, vertiefende Kluft zwischen Arm und Reich, verschärfte Verteilungskämpfe zwischen den Sozialpartnern und die punktuelle Aufkündigung der Sozialpartnerschaft gehören zu den Stichworten schweizerischer Politik der neunziger Jahre. Hinzu kommen die Grenzen der Integrationsfähigkeit mit Bezug auf die ausländische Wohnbevölkerung und Teilgruppen des vergrösserten Flüchtlings-Zustroms. Für die nationale Politik scheint sich ein grösser werdender Graben zwischen Erwartungen und realen Handlungsmöglichkeiten aufzutun: Umfragen zeigen einen Vertrauensschwund gegenüber Regierung, Parlament und Parteien. Vor diesem Hintergrund gewinnt die «Identitätskrise» der Schweiz, die «Spaltung» zwischen konservativem und aussenorientiertem Schweizertum durchaus auch ihre materielle Dimension: Globalisierung hat ihre eigenen Gewinner und Verlierer.

Die politischen Entscheidungsstrukturen bis hin zur Sozialpartnerschaft stehen damit vor grösseren Belastungsproben als noch in den achtziger Jahren. Die schwergewichtige politische Beschäftigung mit den Staatsfinanzen und der öffentlichen Verschuldung darf nicht darüber hinweg täuschen, dass im Zuge der Globalisierung vor allem programmatische Reformen notwendig wären, um die durchaus verbleibenden Handlungsspielräume nationaler Politik zu nutzen. Die Neudefinierung des Landesinteresses in vielen Aufgabenbereichen, sowie die Reform des Sozialstaats gehören dazu.

Es ist zu erwarten, dass die grosse Mehrzahl der politischen Entscheidungsträger vermehrt dafür eintreten werden, jene Verluste an Handlungsmöglichkeiten wett zu machen, welche die Globalisierung unausweichlich mit sich bringt, und zwar durch die aktive Beteiligung der Schweiz auf der internationalen und supranationalen Ebene. Politiker werden als erste die Situation des «autonomen Nachvollzugs» als unbefriedigend, den traditionellen Weg der Handelsdiplomatie über bilaterale Verhandlungen als unzweckmässig, die zunehmende internationale Isolation als reale Gefährdung empfinden. Die in der direkten Demokratie erforderliche Überzeugungsarbeit wird es nicht leicht haben. Die traditionellen Werte der Unabhängigkeit, der bewaffneten Neutralität des Kleinstaats, des Föderalismus und der direkten Demokratie erfordern eine Neuinterpretation, die bisher wenig geleistet werden konnte. Euroskeptische Bewegungen wie die AUNS dagegen haben in der Europafrage mit einer rückwärtsgewandten Interpretation dieser Werte und der alten Devise «wirtschaftspolitische Verflechtung ohne aussenpolitisches Engagement» einen ausserordentlichen politischen Erfolg verbucht. Er könnte sich als dauerhaft erweisen, falls es auch ein grösseres Lager von «Globalisierungsverlieren» gibt, das sich aus erfahrener Enttäuschung an eine traditionelle Schweiz klammert und sich aus Protest gegen die modernisierungsgläubigen politischen Eliten wendet. Die Einbindung der Globalisierungsgeschädigten verweist auf die aktuelle Bedeutung des gesellschaftlichen Ausgleichs durch Sozialpartnerschaft und Konkordanz, denn mit den Gruppierungen der «weltoffenen» Schweizerinnen und der Globalisierungsgewinner allein lässt sich die Integration der Schweiz in die internationalen Gemeinschaften schwerlich bewerkstelligen.

Für die zentrale Frage des faktischen Souveränitätsverlustes lässt sich aus politologischer Sicht zumindest behaupten, dass er die Schweiz in jedem Fall trifft, und zwar unabhängig davon, ob Volk und Stände den Weg des Alleingangs weiter verfolgen oder die Mitgliedschaft in den UN und die europäische Integration wählen werden. Der einzige Unterschied liegt darin, dass im Integrationsfall die faktischen Souveränitätsverluste auch formell akzeptiert und als Preis für die Mitwirkung und die Vorteile in den inter- und supranationalen Organisationen bezahlt werden müssen. Ob die Integration oder der Alleingang für die Schweiz in zwanzig Jahren vorteilhafter sein werden, weiss letztlich niemand und hängt auch davon ab, von welchen Gruppen man spricht. Es gibt allerdings gute Argumente für die Annahme, dass just die zentralen schweizerischen Verfassungswerte in der Option des Alleingangs auf besondere Schwierigkeiten stossen (Gabriel 1996, Cottier 1996). Und auf der anderen Seite haben wir zu zeigen versucht, dass eine politisch selbstbewusste Schweiz im Integrationsfall auf ihre gewohnten Entscheidungsstrukturen des Föderalismus, der Volksrechte und der Konsensdemokratie keineswegs zu verzichten braucht.

Literatur- und Quellenverzeichnis

ABROMEIT, HEIDRUN (1992a). *Der verkappte Einheitsstaat*. Opladen, Leske und Budrich.
ABROMEIT, HEIDRUN, (1992b). *Kontinuität oder »Jekyll-and-Hyde-Politik«.* in Heidrun Abromeit und Werner Pommerehne (Hrsg.). *Staatstätigkeit in der Schweiz.* Bern, Haupt, pp. 159–192.
ABROMEIT, HEIDRUN (1993a). «*Föderalismus: Modelle für Europa.*» Österreichische Zeitschrift für Politikwissenschaft 22(2): pp. 207–220.
ABROMEIT, HEIDRUN (1993b). *Interessenvermittlung zwischen Konkurrenz und Konkordanz.* Opladen, Leske und Budrich.
ABROMEIT, HEIDRUN (1996). *Zur Integrationsfreundlichkeit schweizerischer Verfassungsprinzipien.* in Wolf Linder, Prisca Lanfranchi und Ewald R. Weibel (Hrsg.). *Schweizer Eigenart – eigenartige Schweiz. Der Kleinstaat im Kräftefeld der europäischen Integration.* Bern, Haupt: pp. 169–180.
ACKERMANN, CHARBEL (1984). *Vollzug und Durchsetzung von Berufsbildungsrecht in der Schweiz: eine empirische Untersuchung.* Zürich, Universität Zürich (Diss. iur.).
ALMOND, GABRIEL A. und SIDNEY VERBA (1963 [1989]). *The Civic Culture: Political Attitudes and Democracy in Five Nations.* Newbury Park, Sage.
ALMOND, GABRIEL (1987). *Politische Kulturforschung. Rückblick und Ausblick.* in Dirk Berg-Schlosser und Jakob Schissler (Hrsg.). *Politische Kultur in Deutschland. Sonderheft Politische Vierteljahresschrift 18.* Opladen.
ALTERMATT, URS (1986). *Die Wirtschaftsflügel in der CVP: Die «dynamische Mitte» unter Druck.* (Hrsg.). *Schweizerisches Jahrbuch für Politische Wissenschaft.* Bern, Haupt. 26 (1986): pp. 63–88.
ALTERMATT, URS (1989). *Katholizismus und Moderne: Zur Sozial- und Mentalitätsgeschichte der Schweizer Katholiken im 19. und 20. Jahrhundert.* Zürich, Benziger.
ALTERMATT, URS (Hrsg.) (1991). *Die Schweizer Bundesräte: ein biographisches Lexikon.* Zürich, Artemis & Winkler.
ALTERMATT, URS (1996). *Das Fanal von Sarajevo: Ethnonationalismus in Europa.* Zürich, Neue Zürcher Zeitung.
ANDREY, GEORGES (1983). *Auf der Suche nach dem neuen Staat (1798–1848).* in *Geschichte der Schweiz – und der Schweizer.* Basel, Helbing und Lichtenhahn. II: pp. 177–288.
ANNÉE POLITIQUE SUISSE (ab 1965). *Chronik zur schweizerischen Politik.* Bern, Institut für Politikwissenschaft.
ARBEITSGRUPPE «ZUSAMMENARBEIT IN DEN AGGLOMERATIONEN» (1992). *Zusammenarbeit in den Agglomerationen.* Bern, Institut für Politikwissenschaft.
ARMINGEON, KLAUS (1989). «*Sozialdemokratie am Ende? Die Entwicklung der Macht sozialdemokratischer Parteien im internationalen Vergleich 1945–1988.*» Österreichische Zeitschrift für Politikwissenschaft 18(4): pp. 321–345.

ARMINGEON, KLAUS (1993). «*Institutionelle Antworten auf wirtschaftliche Verwundbarkeit. Ein internationaler Vergleich der prozeduralen Regulierung der Arbeitsbeziehungen in kapitalistischen Industriegesellschaften.*» Politische Vierteljahresschrift 34(3): pp. 436–454.

ARMINGEON, KLAUS (1996a). *Konkordanz, Sozialpartnerschaft und wohlfahrtsstaatliche Politik in der Schweiz im internationalen Vergleich.* in Wolf Linder, Prisca Lanfranchi und Ewald R. Weibel (Hrsg.). *Schweizer Eigenart – eigenartige Schweiz. Der Kleinstaat im Kräftefeld der europäischen Integration.* Bern, Haupt: pp. 69–84.

ARMINGEON, KLAUS (1996b). *National governments and their capacity to act. A comparative analysis of the impact of globalization on domestic policies of OECD countries.* ECPR Joint Sessions, Oslo.

ARMINGEON, KLAUS (1998). *Es gibt sie doch, die Schweizer Wahlen! Die Unterschiedlichkeit des Wahlverhaltens zwischen Kantonen im internationalen Vergleich.* in Hanspeter Kriesi, Wolf Linder und Ulrich Klöti (Hrsg.). *Die Schweizer Wahlen 1995.* Bern, Haupt: pp. 273–295.

ARTERTON, CHRISTOPHER F., et al. (1984). *Telecommunication, Technologies and Political Participation.* Washington, Roosevelt Center for American Policy Studies.

AUBERT, JEAN-FRANÇOIS (1967 [1982]). *Traité de droit constitutionnel suisse.* Paris/ Neuchâtel, Dalloz/ Ides et Calendes.

AUBERT, JEAN-FRANÇOIS (1974). *Petite histoire constitutionnelle de la Suisse.* Bern, Francke.

AUBERT, JEAN-FRANÇOIS (1980). *So funktioniert die Schweiz: dargestellt anhand einiger konkreter Beispiele.* Basel, Cosmos.

AUER, ANDREAS (1976). *Les détours du «retour à la démocratie directe». Le droit fédéral d'urgence 1971–1975.* in *Mémoires publiées par la faculté de droit Genève. Mélanges offerts à la Société suisse des juristes.* Genève, Librairie de l' Université Georg.

AUER, ANDREAS (1989). *Le référendum et l'initiative populaire aux Etats-Unis.* Basel, Helbing und Lichtenhahn.

AUER, ANDREAS (Hrsg.) (1996). *Les origines de la démocratie direct en Suisse.* Basel/Genf, Helbing und Lichtenhahn/ Faculté de droit Genève.

AXELROD, ROBERT M. (1987). *Die Evolution der Kooperation.* München, Oldenbourg.

AYBERK, URAL, CARLOS GARCIA, MATTHIAS FINGER, et al. (1991). *Les partis politiques à coeur ouvert: enquête auprès des cadres partisans helvétiques.* Lausanne, L.E.P.

BÄCHLER, GÜNTHER (Hrsg.) (1994). *Beitreten oder Trittbrettfahren? Neutralität in Europa.* Chur/Zürich, Rüegger.

BÄCHLER, GÜNTHER (Hrsg.) (1997). *Federalism against Ethnicity? Institutional, Legal and Democratic Instruments to Prevent Violent Minority Conflicts.* Chur/Zürich, Rüegger.

BADIE, BERTRAND und PIERRE BIRNBAUM (1982). *Sociologie de l'état.* Paris, Grasset.

BALLMER-CAO, THANH-HUYEN (1988). *Le conservatisme politique féminin en Suisse: mythe ou réalité?* Genève, Georg.

BALLMER-CAO, THANH-HUYEN und JOHN BENEDIX (1994). *La représentation des femmes au Conseil national. Analyse de quelques déterminantes et des possibilités de promotion.* in Office Fédéral de la Statistique (Hrsg.). *La difficile conquête du mandat de députée. Les femmes et les élections au Conseil national de 1971 à 1991.* Berne, Office Fédéral de la Statistique.
BANASZAK, LEE ANN (1991). *The Influence of the Initiative on the Swiss and American Women's Suffrage Movements.* in *Schweizerisches Jahrbuch für Politische Wissenschaft.* Bern, Haupt. 31 (1991): pp. 187–207.
BARBER, BENJAMIN R. (1974). *The Death of Communal Liberty. A History of Freedom in a Swiss Mountain Canton.* Princeton, Princeton University Press.
BARBER, BENJAMIN R. (1984). *Strong Democracy. Participatory Politics for a New Age.* Berkeley, University of California Press.
BASSAND, MICHEL, MARIE-CLAUDE BRULHARDT, FRANÇOIS HAINARD, et al. (1985). *Les Suisses entre la mobilité et la sédentarité.* Lausanne, Presses polytechniques romandes.
BASSAND, MICHEL und FRANÇOIS HAINARD (Hrsg.) (1985). *Dynamique socio-culturelle régionale.* PNR. Lausanne, Presses polytechniques romandes.
BÄUMLIN, RICHARD (1961). *Verfassung und Verwaltung in de Schweiz.* in: *Verfassungsrecht und Verfassungswirklichkeit. Festschrift für Hans Huber.* Bern, Stämpfli: pp. 69–93.
BÄUMLIN, RICHARD (1978). *Lebendige oder gebändigte Demokratie.* Basel, Z-Verlag.
BELL, DANIEL (1973). *The Coming of Post-Industrial Society. A Venture in Social Forecasting.* New York, Basic Books Inc.
BENZ, ARTHUR, FRITZ W. SCHARPF und REINHARD ZINTL (1992). *Horizontale Politikverflechtung. Zur Theorie von Verhandlungssystemen.* Frankfurt/New York, Campus.
BLUM, ROGER (1983). *Für Volkssouveränität und Fortschritt: Die Volksbewegungen der Jahre 1830–1833.* in Alfred Schaub (Hrsg.). *Baselland vor 150 Jahren. Wende und Aufbruch.* Liestal: pp. 11–28, 174–176 und 210–234.
BLUM, ROGER (1995). *Eingekreiste Missionare. Probleme der Medienkommunikation vor schweizerischen Volksabstimmungen.* in Klaus Armingeon und Roger Blum (Hrsg.). *Das öffentliche Theater: Politik und Medien in der Demokratie.* Bern, Haupt: pp. 171–179.
BORNER, SILVIO, AYMO BRUNETTI und THOMAS STRAUBHAAR (1990). *Schweiz AG: Vom Sonderfall zum Sanierungsfall?* Zürich, Neue Zürcher Zeitung.
BORNER, SILVIO und HANS RENTSCH (Hrsg.) (1997). *Wieviel direkte Demokratie verträgt die Schweiz?* Chur/Zürich, Rüegger.
BOYSAN, TURHAN (1986). *Processus parlementaire.* in Christine Mironesco, Turhan Boysan und Yannis Papadopoulos (Hrsg.). *Débat sur l'énergie en Suisse. Les processus législatifs fédéraux de 1973 à 1983.* Lausanne, Presses polytechniques romandes.
BRÄNDLE, MICHAEL (1997). *Ideologien im Wandel? Eine Analyse der Wahlprogramme der schweizerischen Parteien FDP, CVP, SVP und SPS 1947–1995.* Bern, Lizentiatsarbeit am Institut für Politikwissenschaft, Universität Bern.

BRASSEL, RUEDI, BERNHARD DEGEN, ANDREAS GROSS, et al. (Hrsg.) (1984). *Zauberformel: Fauler Zauber? SP-Bundesratsbeteiligung und Opposition in der Schweiz*. Basel, Z-Verlag.
BRUGGER, ERNST A. (1986). *Föderalismus als Ziel und Voraussetzung für die Regionalpolitik. Eine regionalwissenschaftliche Analyse*. in Raimund E. Germann und Ernest Weibel (Hrsg.). *Handbuch Politisches System der Schweiz*. Bern, Haupt. III (Föderalismus): pp. 299–322.
BRUNNER, EMIL (1943). *Gerechtigkeit: eine Lehre von den Grundgesetzen der Gesellschaftsordnung*. Zürich, Zwingli-Verlag.
BRUNNER, MATTHIAS und LEA SGIER (1997). «*Crise de confiance dans les institutions politiques suisses? Quelques résultats d'une enquête d'opinion.*» Schweizerische Zeitschrift für Politische Wissenschaft 3(1): pp. 105–113.
BUNDESAMT FÜR FLÜCHTLINGE (1992). *Asylstatistik 1991*. Bern, Bundesamt für Flüchtlinge.
BUNDESAMT FÜR FLÜCHTLINGE (1996). *Asylstatistik 1995*. Bern, Bundesamt für Flüchtlinge.
BUNDESAMT FÜR STATISTIK (1990). *Kriminalstatistik Nr. 9*. Bern, Bundesamt für Statistik.
BUNDESAMT FÜR STATISTIK (1996). *Statistisches Jahrbuch der Schweiz 1997*. Zürich, Verlag Neue Zürcher Zeitung.
BUNDESAMT FÜR STATISTIK (1997). *Nationalratswahlen 1995. Übersicht und Analyse. (Bericht 17, Politik)*. Bern, Bundesamt für Statistik.
BUSSMANN, WERNER (1986). *Mythos und Wirklichkeit der Zusammenarbeit im Bundesstaat. Patentrezept oder Sackgasse?* Bern, Haupt.
BUTLER, DAVID und AUSTIN RANNEY (1978). *Referendums. A Comparative Study of Practice and Theory*. Washington D.C., American Enterprise Institute for Public Policy Research.
BUTLER, DAVID und AUSTIN RANNEY (Hrsg.) (1994). *Referendums around the World: The growing Use of Direct Democracy*. London, Macmillan Press.
BÜTSCHI, DANIELLE (1993). *Compétence pratique*. in Hanspeter Kriesi (Hrsg.). *Citoyenneté et démocratie directe. Compétence, participation et décision des citoyens et citoyennes suisses*. Zürich, Seismo: pp. 99–119.
BÜTSCHI, DANIELLE und SANDRO CATTACIN (1994). *Le modèle suisse du bien-être. Coopération conflictuelle entre Etat et société civile: le cas de l' alcoolisme et du vih/sida*. Lausanne, Réalités sociales.
CAMPBELL, ANGUS, PHILIP E. CONVERSE, WARREN E. MILLER, et al. (1960). *The American Voter*. New York, John Wiley.
COTTIER, THOMAS (1996). *Zwischen Integration und Weltwirtschaft: rechtliche Spielräume der Schweiz nach der Uruguay-Runde des GATT*. in Wolf Linder, Prisca Lanfranchi und Ewald Weibel (Hrsg.). *Schweizer Eigenart – eigenartige Schweiz. Der Kleinstaat im Kräftefeld der europäischen Integration*. Bern, Haupt: pp. 231–244.
COX, ARCHIBALD (1978). «*Federalism and Individual Rights under the Burger Court.*» Northwestern University Law Review 93.

CRAIG, GORDON A. (1988). *Geld und Geist. Zürich im Zeitalter des Liberalismus 1830–1869.* München, C. H. Beck.
CRONIN, THOMAS E. (1989). *Direct Democracy. The Politics of Initiative, Referendum, and Recall.* Cambridge/London, Harvard University Press.
CUENI, ANDREAS und STÉPHANE FLEURY (1994). *Etrangers et droits politiques: l'expérience des droits politiques des étrangers dans les cantons de Neuchâtel et du Jura.* Bern, Nationale Schweizerische UNESCO-Kommission.
DAHL, ROBERT A. (1989). *Democracy and its Critics.* New Haven/London, Yale University Press.
DE BEAUVOIR, SIMONE (1949 [1968]). *Le deuxième sexe.* Paris, Collection Soleil.
DEGEN, BERNHARD (1991). *Abschied vom Klassenkampf. Die partielle Integration der schweizerischen Gewerkschaftsbewegung zwischen Landesstreik und Weltwirtschaftskrise (1918–1929).* Basel, Helbing und Lichtenhahn.
DEGEN, BERNHARD (1993). *Sozialdemokratie: Gegenmacht? – Opposition? – Bundesratspartei? Die Geschichte der Regierungsbeteiligung der schweizerischen Sozialdemokraten.* Zürich, Orell Füssli.
DELGRANDE, MARINA und WOLF LINDER (1996/1997). *Univox Jahresbericht «Direkte Demokratie».* Zürich/Bern, GfS-Forschungsinstitut/Institut für Politikwissenschaft an der Universität Bern.
DELLEY, JEAN DANIEL (1978). *L'initiative populaire en Suisse. Mythe et réalité de la démocratie directe.* Lausanne, L' Age d' Homme.
DELLEY, JEAN-DANIEL, RICHARD DERIVAZ, LUZIUS MADER, et al. (1982). *Le droit en action : Etude de mise en oeuvre de la loi Furgler.* St. Saphorin, Georgi.
DEUERLEIN, ERNST (1972). *Föderalismus: die historischen und philosophischen Grundlagen des föderativen Prinzips.* Bonn, Bundeszentrale für politische Bildung.
DEUTSCH, KARL W. (1967). *The Nerves of Government: Models of Political Communication and Control.* New York, Free Press.
DEUTSCH, KARL W. (1976). *Die Schweiz als paradigmatischer Fall politischer Integration.* Bern, Haupt.
DI GIACOMO, FABIO (1993). *La décision des abstentionnistes.* in Hanspeter Kriesi (Hrsg.). *Citoyenneté et démocratie directe. Compétence, participation et décision des citoyens et citoyennes suisses.* Zürich, Seismo: pp. 261–274.
DOWNS, ANTHONY (1957). *An Economic Theory of Democracy.* New York, Harper and Row.
DU BOIS, PIERRE (1991). *«A la recherche de la «Romandie dominée». Les relations entre Alémaniques et Romands aux XIXème et XXème siècles du point de vue économique.»* Revue d' Allemagne et des pays de langue allemande XXIII(3 (juillet–septembre 1991)): pp. 401–417.
DUCHACEK, IVO D. (1970). *Comparative Federalism. The Territorial Dimension of Politics.* New York.

DUCHACEK, IVO D. (1985). *«Consociational Cradle of Federalism.»* Publius, The Journal of Federalism 15(2): pp. 35–48.
DUVERGER, MAURICE (1959). *Die Politischen Parteien.* Tübingen, Mohr.
DUVERGER, MAURICE (1990). *Le lièvre libéral et la tortue européenne.* Paris, Albin Michel.
EICHENBERGER, KURT (1980). *Der Staat der Gegenwart.* Basel, Helbing und Lichtenhahn.
EIDGENÖSSISCHE KOMMISSION FÜR FRAUENFRAGEN (1980–1990). *Die Stellung der Frau in der Schweiz / Gleiche Rechte für Mann und Frau / Die politische Repräsentation der Frauen in der Schweiz.* Bern, Eidgenössische Kommission für Frauenfragen.
EIDGENÖSSISCHES DEPARTEMENT DES INNERN (1989). *Zustand und Zukunft der viersprachigen Schweiz: Abklärungen, Vorschläge und Empfehlungen einer Arbeitsgruppe des EDI.* Bern, Eidgenössisches Departement des Innern.
ELAZAR, DANIEL J. (1985). *«Federalism and Consociational Regimes.»* Publius 15(2): pp. 17–35.
EPINEY, ASTRIDE und KARINE SIEGWART (1998). *Direkte Demokratie und Europäische Union – ein Problemaufriss.* in Astride Epiney und Katrine Siegwart (Hrsg.). *Direkte Demokratie und Europäische Union.* Freiburg, Universitätsverlag.
EPPLE-GASS, RUDOLF (1988). *Friedensbewegung und direkte Demokratie in der Schweiz.* Frankfurt, Haag + Herchen.
ERNST, ANDREAS, ALBERT TANNER und MATTHIAS WEISHAUPT (Hrsg.) (1998). *Revolution und Innovation. Die konfliktreiche Entstehung des schweizerischen Bundesstaates von 1848.* Zürich, Chronos.
ESMAN, MILTON J. (1990). *Political Psychological Factors in Ethnic Conflict.* in Joseph V. Montville (Hrsg.). *Conflict and Peace-Making in Multiethnic Societies.* Lexington, Lexington Books.
FARAGO, PETER (1987). *Verbände als Träger öffentlicher Politik: Aufbau und Bedeutung privater Regierungen in der Schweiz.* Grüsch, Rüegger.
FARAGO, PETER (1996). *Wahlen '95: Zusammensetzung und politische Orientierungen der Wählerschaft an den eidgenössischen Wahlen 1995.* Bern/Genf/Zürich, Forschungsgemeinschaft der politikwissenschaftlichen Institute der Universitäten Bern, Genf und Zürich.
FARAGO, PETER (1998). *Wählen Arme anders? Analysen zum Zusammenhang zwischen Einkommenslage und Wahlverhalten.* in Hanspeter Kriesi, Wolf Linder und Ulrich Klöti (Hrsg.). *Die Schweizer Wahlen 1995.* Bern, Haupt: pp. 255–272.
FARAGO, PETER und HANSPETER KRIESI (Hrsg.) (1986). *Wirtschaftsverbände in der Schweiz: Organisation und Aktivitäten von Wirtschaftsverbänden in vier Sektoren der Industrie.* Grüsch, Rüegger.
FAVEZ, JEAN-CLAUDE (1983). *Tu m'as dit d'aimer, j'obéis..* in Pierre Dubois (Hrsg.). *Union et division des Suisses.* Lausanne, Editions de l' Aire: pp. 93–112.
FELD, LARS P. und MARCEL R. SAVIOZ (1996). *Direct Democracy Matters for Economic Performance: An Empirical Investigation,* Universität St. Gallen.

FELDER, URS (1993). *Wahl aller Kantonsregierungen unter besonderer Berücksichtigung des Wahlsystems.* Steinhausen, (Selbstverlag).

FLUDER, ROBERT, HEINZ RUF, WALTER SCHÖNI, et al. (1991). *Gewerkschaften und Arbeitnehmerverbände in der schweizerischen Privatwirtschaft. Entstehung, Mitgliedschaft, Organisation und Politik seit 1940.* Zürich, Seismo.

FREIBURGHAUS, DIETER (1997). *Die Gemeinschaft als eigenständiges politisches System.* Lausanne, IDHEAP.

FREITAG, MARKUS (1996). «*Wahlbeteiligung in westlichen Demokratien. Eine Analyse zur Erklärung von Niveauunterschieden.*» Schweizerische Zeitschrift für Politische Wissenschaft 2(4): pp. 101–134.

FREY, BRUNO S. (1997). *Neubelebung: Direkte Demokratie und dynamischer Föderalismus.* in Silvio Borner und Hans Rentsch (Hrsg.). *Wieviel direkte Demokratie verträgt die Schweiz?* Chur/ Zürich, Rüegger: pp. 183–203.

FREY, RENÉ L. (1977). *Zwischen Föderalismus und Zentralismus. Ein volkswirtschaftliches Konzept des schweizerischen Bundesstaates.* Bern, Lang.

FREY, RENÉ L., ANDREAS SPILLMANN, BERNARD DAFFLON, et al. (1994). *Der Finanzausgleich zwischen Bund und Kantonen. Expertise zu den Finanzhilfen und Abgeltungen des Bundes an die Kantone im Auftrag der Eidg. Finanzverwaltung und der Konferenz der kantonalen Finanzdirektoren.* Bern, Eidgenössische Drucksachen- und Materialzentrale (EDMZ).

FRIEDAN, BETTY (1963). *The Feminine Mystique.* London, Gollancz.

GABRIEL, JÜRG M. (1990). *Das politische System der Schweiz. Eine Staatsbürgerkunde.* Bern, Haupt.

GABRIEL, JÜRG M. (1996). *Kleinstaatlichkeit und Identität – oder das Problem der Kontextlosigkeit.* in Wolf Linder, Prisca Lanfranchi und Ewald R. Weibel (Hrsg.). *Schweizer Eigenart – eigenartige Schweiz. Der Kleinstaat im Kräftefeld der europäischen Integration.* Bern, Haupt: pp. 215–230.

GABRIEL, JÜRG M. (1997). *Sackgasse Neutralität.* Zürich, vdf Hochschulverlag AG an der ETH Zürich.

GALLAGHER, MICHAEL und PIER VINCENZO ULERI (Hrsg.) (1996). *The Referendum Experience in Europe.* London/New York, Macmillan Press/ St. Martin's Press.

GAUDARD, GASTON (1986). *L' interdépendence et les disparités économiques entre les cantons.* in Raimund E. Germann und Ernest Weibel (Hrsg.). *Handbuch Politisches System der Schweiz.* Bern, Haupt. III (Föderalismus): pp. 267–298.

GERHEUSER, FROHMUT, ADRIAN VATTER und FRITZ SAGER (1997). *Die Berücksichtigung der Kantone beim Vernehmlassungsverfahren des Bundes.* Bern, Studie im Auftrag der parlamentarischen Verwaltungskontrollstelle.

GERMANN, RAIMUND E. (1975). *Politische Innovation und Verfassungsreform: Ein Beitrag zur schweizerischen Diskussion über die Totalrevision der Bundesverfassung.* Bern, Haupt.

GERMANN, RAIMUND E. (1981). *Ausserparlamentarische Kommissionen. Die Milizverwaltung des Bundes*. Bern, Haupt.
GERMANN, RAIMUND E. (1984). *Regierung und Verwaltung*. in Ulrich Klöti (Hrsg.). *Handbuch Politisches System der Schweiz*. Bern, Haupt. II: pp. 45–76.
GERMANN, RAIMUND E. (1986). *Die Beziehungen zwischen Bund und Kantonen im Verwaltungsbereich*. in Raimund E. Germann und Weibel Ernest (Hrsg.). *Handbuch Politisches System der Schweiz*. Bern, Haupt. III (Föderalismus): pp. 343–369.
GERMANN, RAIMUND E. (1990). *Bundesverfassung und «Europafähigkeit» der Schweiz*. in *Schweizerisches Jahrbuch für politische Wissenschaft*. Bern, Haupt. 1990 (30): pp. 17–28.
GERMANN, RAIMUND E. (1991). *Die Europatauglichkeit der direkt-demokratischen Institutionen in der Schweiz*. in *Schweizerisches Jahrbuch für politische Wissenschaft*. Bern, Haupt. 31 (1991): pp. 257–270.
GERMANN, RAIMUND E. (1994). *Staatsreform: Der Übergang zur Konkurrenzdemokratie*. Bern, Haupt.
GERMANN, RAIMUND E. (1996). *Administration publique en Suisse. L'appareil étatique et le gouvernement*. Bern, Haupt.
GERMANN, RAIMUND E. und WEIBEL ERNEST (Hrsg.) (1986). *Handbuch politisches System der Schweiz, Bd. III, Föderalismus*. Bern, Haupt.
GERMANN, RAIMUND E. und JÜRG STEINER (1985). «*Comparing Decision Modes at the Country Level*.» British Journal of Political Science 15 (January).
GESER, HANS (1981). *Bevölkerungsgrösse und Staatsorganisation. Kleine Kantone im Lichte ihrer öffentlichen Budgetstruktur, Verwaltung und Rechtsetzung*. Bern, Lang.
GESER, HANS (1987). *Kommunales Regieren und Verwalten: ein empirisches Handbuch*. Grüsch, Rüegger.
GESER, HANS, PETER FARAGO, ROBERT FLUDER, et al. (1987). *Gemeindepolitik zwischen Milizorganisation und Berufsverwaltung: Vergleichende Untersuchungen in 223 deutschschweizer Gemeinden*. Bern, Haupt.
GIACOMETTI, ZACCARIA (1960). *Allgemeine Lehren des rechtsstaatlichen Verwaltungsrechts*. Zürich, Polygraphischer Verlag.
GILG, PETER (1987). *Stabilität und Wandel im Spiegel des regionalen Abstimmungsverhaltens*. in *Schweizerisches Jahrbuch für Politische Wissenschaft*. Bern, Haupt. 27 (1987): pp. 121–157.
GILG, PETER und PETER HABLÜTZEL (1983). *Beschleunigter Wandel und neue Krisen (seit 1945)*. in *Geschichte der Schweiz – und der Schweizer*. Basel, Helbing und Lichtenhahn.
GILLIAND, PIERRE (1984). *Familles en rupture: Pensions alimentaires et politique sociale*. Lausanne, Réalités sociales.
GILLIAND, PIERRE (1988). *Politique sociale en Suisse*. Lausanne, Réalités sociales.
GOETSCHEL, LAURENT (1998). *Small States in and outside the European Union*. Bern, Haupt.

GRUNER, ERICH (1956). *Die Wirtschaftsverbände in der Demokratie.* Erlenbach-Zürich, Rentsch.
GRUNER, ERICH (1959). «*Zur Theorie und Geschichte der Interessenverbände.*» Schweizerische Zeitschrift für Volkswirtschaft und Statistik 95 (1959): pp. 335–342.
GRUNER, ERICH (1964). «*100 Jahre Wirtschaftspolitik. Etappen des Staatsinterventionismus in der Schweiz.*» Schweizerische Zeitschrift für Volkswirtschaft und Statistik 100 (1964): pp. 34–72.
GRUNER, ERICH (1974). *Miliz- und Berufsparlament.* Bern.
GRUNER, ERICH (1977). *Die Parteien in der Schweiz.* Bern, Francke.
GRUNER, ERICH (Hrsg.) (1987/88). *Arbeiterschaft und Wirtschaft in der Schweiz 1880–1914: Soziale Lage, Organisation und Kämpfe von Arbeitern und Unternehmern, politische Organisation und Sozialpolitik.* Zürich, Chronos.
GRUNER, ERICH (1988). *Rechts- und Schlichtungsmittel auf dem Arbeitsmarkt.* in Erich Gruner (Hrsg.). *Arbeiterschaft und Wirtschaft in der Schweiz 1880–1914.* Zürich, Chronos. 2: pp. 1213–1298.
GRUNER, ERICH und HANS-PETER HERTIG (1983). *Der Stimmbürger und die «neue» Politik. Le Citoyen et la «nouvelle» politique.* Bern, Haupt.
GURR, TED R. (1997). *Why Do Minorities Rebel? The Worldwide Geography of Ethnopolitical Conflicts and Their Challange to Global Security.* in Günther Bächler (Hrsg.). *Federalism against Ethnicity? Institutional, Legal and Democratic Instruments to Prevent Violent Minority Conflicts.* Chur/Zürich, Rüegger: pp. 3–14.
HAAB, CHRISTOPH (1984). *Die Ermittlung des wahren Volkswillens im Bundesstaat. Das Verfahren mit bedingter Eventualabstimmung (Doppel-Ja mit Stichfrage) als Lösung des Abstimmungsproblems bei Initiative und Gegenvorschlag.* Zürich, Schulthess Polygraphischer Verlag.
HABLÜTZEL, PETER, THEO HALDEMANN, KUNO SCHEDLER, et al. (Hrsg.) (1995). *Umbruch in Politik und Verwaltung. Ansichten und Erfahrungen zum New Public Management in der Schweiz.* Bern, Haupt.
HAERING BINDER, BARBARA (1996). *Entscheidprozesse der kommunalen Richtplanung. Eine Analyse der kommunalen Richtplanungen im Kanton Zürich Mitte der 80er Jahre.* Zürich, Eidgenössische Technische Hochschule Zürich.
HARDMEIER, SIBYLLE (1995). «*Die schweizerische Partizipationsforschung im Lichte aktueller theoretischer Zugänge und Debatten im Ausland. Ein Literaturbericht.*» Schweizerische Zeitschrift für Soziologie 21(1): pp. 131–154.
HARDMEIER, SIBYLLE (1997). *Frühe Frauenstimmrechtsbewegung in der Schweiz (1890–1930).* Zürich, Chronos.
HAUSER, HEINZ, KARL KOCH und FRITZ STAHEL (1983). *Die Einführung der einzelbetrieblichen Milchkontingentierung in der Schweiz.* Bern, Haupt.
HELD, DAVID (1991). *Political Theory Today.* Cambridge, Polity Press.

HELD, DAVID (1995). *Democracy and the Global Order. From the Modern State to Cosmopolitan Governance.* Cambridge, Polity Press.
HELD, THOMAS und RENÉ LEVY (1974). *Die Stellung der Frau in Famillie und Gesellschaft: Eine soziologische Analyse am Beispiel der Schweiz.* Frauenfeld, Huber.
HEMPFER, KLAUS W. und ALEXANDER SCHWAN (Hrsg.) (1987). *Grundlagen der politischen Kultur des Westens. Ringvorlesung an der Freien Universität Berlin.* Berlin, Walter de Gruyter.
HERTIG, HANS PETER (1984). *Volksabstimmungen.* in Ulrich Klöti (Hrsg.). *Handbuch Politisches System der Schweiz.* Bern, Haupt. II: pp. 247–277.
HIRSCHMAN, ALBERT O. (1970). *Exit, Voice and Loyalty: Responses to Decline in Firms, Organizations, and States.* Cambridge, Harvard University Press.
HOTZ, BEAT (1979). *Politik zwischen Staat und Wirtschaft. Verbandsmässige Bearbeitung wirtschaftspolitischer Probleme und die daraus resultierenden Konsequenzen für die Aktivitäten des Staates im Falle der Schweiz.* Diessenhofen, Rüegger.
HUBER, HANS (1958). *Staat und Verbände.* Tübingen, Mohr.
HUBER, HANS (1971). *Rechtstheorie, Verfassungsrecht, Völkerrecht: Ausgewählte Aufsätze 1950–1970: Zum 70. Geburtstag des Verfassers.* Bern, Stämpfli.
HUBER-HOTZ, ANNEMARIE (1991). *Das Zweikammersystem – Anspruch und Wirklichkeit.* in Parlamentsdienste (Hrsg.). *Das Parlament – «Oberste Gewalt des Bundes»? Festschrift zur 700-Jahr-Feier der Eidgenossenschaft.* Bern, Haupt: pp. 165–182.
HUG, SIMON (1994a). *Mobilisation et loyauté au sein de l'électorat.* in Yannis Papadopoulos (Hrsg.). *Elites politiques et peuple en Suisse.* Lausanne, Réalités sociales: pp. 161–201.
HUG, SIMON (1994b). *Les coalitions référendaires.* in Yannis Papadopoulos (Hrsg.). *Elites politiques et peuple en Suisse.* Lausanne, Réalités sociales: pp. 57–83.
HUISSOUD, THÉRÈSE und DOMINIQUE JOYE (1991). *Participation, insertion locale et démocratie directe dans les espaces urbaines.* in *Schweizerisches Jahrbuch für Politische Wissenschaft.* Bern, Haupt. 31 (1991): pp. 109–28.
HUTSON, JAMES H. (1991). *The Sister Republics.* Washington D. C., Library of Congress.
INGLEHART, RONALD (1977). *The Silent Revolution. Changing Values and Political Styles.* Princeton, Princeton University Press.
JEGHER, ANNINA (1998). *Der Einfluss von institutionellen, entscheidungspolitischen und inhaltlichen Faktoren auf die Gesetzgebungstätigkeit der Schweizerischen Bundesversammlung.* Bern, i. E.
JEGHER, ANNINA und WOLF LINDER (1996). *Der Einfluss von National- und Ständerat auf den Gesetzgebungsprozess: eine Analyse quantitativer und qualitativer Aspekte der parlamentarischen Gesetzgebungstätigkeit in der 44. Legislaturperiode (1991–95).* Bern, Institut für Politikwissenschaft.
JENKINS, J.R.G. (1987). *Jura Separatism in Switzerland.* Oxford, Oxford University Press.
JÖRIN, ROBERT und PETER RIEDER (1985). *Parastaatliche Organisationen im Agrarsektor.* Bern, Haupt.

JOST, HANS ULRICH (1983). *Bedrohung und Enge (1914–1945).* in *Geschichte der Schweiz – und der Schweizer.* Basel, Frankfurt, Helbing und Lichtenhahn. III: pp. 101–189.

JOST, HANS ULRICH (1992). *Die reaktionäre Avantgarde: Die Geburt der Neuen Rechten in der Schweiz um 1900.* Zürich, Chronos.

JOYE, DOMINIQUE (1984). *Structure politique et structures sociales. Analyse des dimensions écologiques des votations en Suisse 1920–1980.* Genève, Université de Genève.

JOYE, DOMINIQUE und YANNIS PAPADOPOULOS (1994). *Votations moteurs: les logiques du vote blanc et de la participation.* in Yannis Papadopoulos (Hrsg.). *Elites politiques et peuple en Suisse.* Lausanne, Réalités sociales: pp. 245–276.

KAASE, MAX und KENNETH NEWTON (1995). *A Crisis of Democracy?* in Max Kaase und Kenneth Newton (Hrsg.). *Beliefs in Government.* Oxford, Oxford University Press. 5: pp. 150–172.

KÄLIN, WALTER (1987). *Verfassungsgerichtsbarkeit in der Demokratie.* Bern, Stämpfli.

KÄLIN, WALTER (1997). *Federalism and the Resolution of Minority Conflicts.* in Günther Bächler (Hrsg.). *Federalism against Ethnicity? Institutional, Legal and Democratic Instruments to Prevent Violent Minority Conflicts.* Chur/Zürich, Rüegger: pp. 169–183.

KATZ, ELLIS (1994). *Cooperative – Dual – Competitive Federalism. The Pros and Cons of Model Building.* in Franz Gress, Detlef Fechtner und Matthias Hannes (Hrsg.). *The American Federal System. Federal Balance in Comparative Perspective.* Frankfurt a. M., Lang: pp. 91–103.

KATZ, RICHARD S. und PETER MAIR (1993). «*The Evolution of Party Organizations in Europe: The Three Faces of Party Organization.*» The American Review of Politics 14 (Winter): pp. 593–617.

KATZENSTEIN, PETER J. (1984). *Corporatism and Change: Austria, Switzerland and the Politics of Industry.* Ithaca/London, Cornell University Press.

KAUFMANN, OTTO K. (1965). *Frauen, Italiener, Jesuiten, Juden und Anstaltsversorgte: Vorfragen eines Beitritts der Schweiz zur Europäischen Menschenrechtskonvention.* in *Stillstand und Fortentwicklung im schweizerischen Recht: Festgabe zum schweizerischen Juristentag 1965 in St. Gallen.* Bern, Stämpfli: pp. 245–262.

KEMAN, HANS (1996). *Politischer Konsens und Konzertierung: Innenpolitik und die Festlegung politischer Grundsätze in Westeuropa.* in Wolf Linder, Prisca Lanfranchi und Ewald R. Weibel (Hrsg.). *Schweizer Eigenart – eigenartige Schweiz. Der Kleinstaat im Kräftefeld der europäischen Integration.* Bern, Haupt: pp. 85–107.

KERR, HENRY H. (1981). *Parlement et société en Suisse.* Saint-Saphorin, Georgi.

KITSCHELT, HERBERT (1990). *New Social Movements and the Decline of Party Organization.* in R. J. Dalton und M. Küchler (Hrsg.). *Challenging the Political Order.* Cambridge, Polity Press: pp. 179–208.

KLINGEMANN, HANS-DIETER, RICHARD I. HOFFERBERT und IAN BUDGE (1994). *Parties, policies and democracy.* Boulder, Westview Press.

KLÖTI, ULRICH (1986). *Regierungsprogramm und Entscheidungsprozess. Eine Erfolgskontrolle der Regierungsrichtlinien des Bundesrates für die Legislaturperiode 1975 bis 1979*. Bern, Haupt.
KLÖTI, ULRICH (1998). *Kantonale Parteiensysteme – Bedeutung des kantonalen Kontexts für die Positionierung der Parteien*. in Hanspeter Kriesi, Wolf Linder und Ulrich Klöti (Hrsg.). *Schweizer Wahlen 1995*. Bern, Haupt: pp. 45–71.
KLÖTI, ULRICH und WOLF LINDER (1998). *Vergleichende Perspektiven*. in Hanspeter Kriesi, Wolf Linder und Ulrich Klöti (Hrsg.). *Schweizer Wahlen 1995*. Bern, Haupt: pp. 297–314.
KNÜSEL, RENÉ (1994). *Plurilinguisme et enjeux politiques. Les minorités ethnolinguistiques autochtones à territoire: l'exemple du cas helvétique*. Lausanne, Payot.
KÖCHLI, YVONNE D. (1992). *Eine Frau kommt zu früh: das Leben der Iris von Roten, der Autorin von «Frauen im Laufgitter»*. Zürich, ABC-Verlag.
KÖLZ, ALFRED (1991). *Bewahrung und Neubelebung der schweizerischen Demokratie durch institutionelle Reformen*. in *Schweizerisches Jahrbuch für Politische Wissenschaft*. Bern, Haupt. 31 (1991): pp. 271–286.
KÖLZ, ALFRED (1992). *Neuere schweizerische Verfassungsgeschichte: ihre Grundlinien vom Ende der Alten Eidgenossenschaft bis 1848*. Bern, Stämpfli.
KÖLZ, ALFRED und JÖRG PAUL MÜLLER (1990). *Entwurf für eine neue Bundesverfassung: vom 16. Mai 1984*. Basel, Helbing und Lichtenhahn.
KREIS, GEORG (Hrsg.) (1993). *Staatsschutz in der Schweiz: die Entwicklung von 1935–1990*. Bern, Haupt.
KRIELE, MARTIN (1977). *Legitimitätsprobleme der Bundesrepublik*. München, C. H. Beck.
KRIESI, HANSPETER (1980). *Entscheidungsstrukturen und Entscheidungsprozesse in der Schweizer Politik*. Frankfurt, Campus.
KRIESI, HANSPETER (1984). *Die Zürcher Bewegung. Bilder, Interaktionen, Zusammenhänge*. Frankfurt, Campus.
KRIESI, HANSPETER (Hrsg.) (1985). *Bewegung in der Schweizer Politik. Fallstudien zu politischen Mobilisierungsprozessen*. Frankfurt, Campus.
KRIESI, HANSPETER (1995). *Le système politique suisse*. Paris, Economica.
KRIESI, HANSPETER (1998). *Wählen aus Überzeugung und strategisches Wählen bei den Ständeratswahlen 1995*. in Hanspeter Kriesi, Wolf Linder und Ulrich Klöti (Hrsg.). *Die Schweizer Wahlen 1995*. Bern, Haupt: pp. 193–218.
KRIESI, HANSPETER, RUUD KOOPMANS, JAN WILLEM DUYVENDAK, et al. (1995). *The Politics of New Social Movements in Western Europe. A Comparative Analysis*. Minneapolis, University of Minnesota Press.
KRIESI, HANSPETER, RENÉ LEVY, GILBERT GANGUILLET, et al. (1981). *Politische Aktivierung in der Schweiz. 1945–1978*. Diessenhofen, Rüegger.
KRIESI, HANSPETER, WOLF LINDER und ULRICH KLÖTI (Hrsg.) (1998). *Die Schweizer Wahlen 1995*. Bern, Haupt.

KRIESI, HANSPETER, BORIS WERNLI, PASCAL SCIARINI, et al. (1996). *Le clivage linguistique. Problèmes de compréhension entre les communautés linguistiques en Suisse.* Bern, Bundesamt für Statisik.

KUMMER, LORENZ (1997). *Erfolgschancen der Umweltbewegung: eine empirische Untersuchung anhand von kantonalen politischen Entscheidprozessen.* Bern, Haupt.

KÜNDIG, MARKUS (1990). *Wirtschafts- und Sozialinteressen in den kantonalen Parlamenten.* in Paul Stadlin (Hrsg.). *Die Parlamente der schweizerischen Kantone.* Zug, Kalt-Zehnder.

LADNER, ANDREAS (1991a). *Politische Gemeinden, kommunale Parteien und lokale Politik. Eine empirische Untersuchung in den Gemeinden der Schweiz.* Zürich, Seismo.

LADNER, ANDREAS (1991b). *Direkte Demokratie auf kommunaler Ebene – Die Beteiligung an Gemeindeversammlungen.* in *Schweizerisches Jahrbuch für Politische Wissenschaft.* Bern, Haupt. 31 (1991): pp. 63–68.

LADNER, ANDREAS (1997). *Politische Ideen und ihre Träger (Vorlesungsskriptum).* Bern, Institut für Politikwissenschaft, Universität Bern.

LAFITTE, PATRICIA (1987). *Les institutions de la démocratie directe en Suisse au niveau local.* Lausanne, IDHEAP.

LANZ, Christoph (1977). *Politische Planung und Parlament.* Bern, Francke.

LAZARSFELD, PAUL F., BERNARD BERELSON und HAZEL GAUDET (1969). *Wahlen und Wähler. Soziologie des Wahlverhaltens.* Neuwied, Luchterhand.

LEHMBRUCH, GERHARD (1967). *Proporzdemokratie: Politisches System und politische Kultur in der Schweiz und in Österreich.* Tübingen, Mohr.

LEHMBRUCH, GERHARD (1979). *Liberal Corporatism and Party Government.* in Philippe C. Schmitter und Gerhard Lehmbruch (Hrsg.). *Trends Toward Corporatist Intermediation.* London, Sage: pp. 147–183

LEHNER, FRANZ (1992). *Phänomen Schweiz: Aufstieg und kein Niedergang?* In Heidrun Abromeit und Werner Pommerehne (Hrsg.). *Staatstätigkeit in der Schweiz.* Bern, Haupt: pp. 283–304.

LEIBHOLZ, GERHARD (1973). *Die Repräsentation in der Demokratie.* Berlin/NewYork, Walter de Gruyter.

LEMARCHAND, RENÉ (1997). *Ethnic Conflict Resolution in Contemporary Africa. Four Models in Search of Solutions.* in Günther Bächler (Hrsg.). *Federalism against Ethnicity? Institutional, Legal and Democratic Instruments to Prevent Violent Minority Conflicts.* Chur/Zürich, Rüegger: pp. 95–106.

LEVY, RENÉ und LAURENT DUVANEL (1984). *Politik von unten: Bürgerprotest in der Nachkriegszeit.* Basel, Lenos.

LIJPHART, AREND (1969). *«Consociational Democracy.»* World Politics 21(2): pp. 207–25.

LIJPHART, AREND (1977). *Democracy in Plural Societies: A Comparative Exploration.* New Haven/London, Yale University Press.

LIJPHART, AREND (1980). *Language, Religion, Class and Party Choice: Belgium, Canada, Switzerland and South Africa Compared.* in Richard Rose (Hrsg.). *Electoral Participation. A Comparative Analysis.* Beverly Hills/London, Sage.

LIJPHART, AREND (1984). *Democracies. Patterns of Majoritarian and Consensus Government in Twenty-One Countries.* New Haven, YALE UNIVERSITY PRESS.

LIJPHART, AREND (1990). «*The Political Consequences of Electoral Laws, 1945–85.*» American Political Science Review 84: pp. 481–96.

LINDER, WOLF (1983a). *Entwicklung, Strukturen und Funktionen des Wirtschafts- und Sozialstaats Schweiz.* in Alois Riklin (Hrsg.). *Handbuch Politisches System der Schweiz.* Bern, Haupt. I: pp. 255–382.

LINDER, WOLF (1983b). *Abflachendes Wirtschaftswachstum und gesellschaftlicher Wertwandel als Prüfstein helvetischer Konkordanz.* in *Schweizerisches Jahrbuch für Politische Wissenschaft: Regierbarkeit.* Bern, Haupt. 23 (1983): pp. 121–140.

LINDER, WOLF (1985). «*Überrollt uns eine Gesetzesflut? Eine empirische Untersuchung über die quantitative Entwicklung des schweizerischen Rechts.*» Schweizerisches Zentralblatt für Staats- und Verwaltungsrecht(10).

LINDER, WOLF (1987/1988). *Untersuchungen zum Lohngleichheitsgrundsatz nach Art. 4 Abs. 2 BV.* Bern, Eidgenössisches Justiz- und Polizeidepartement. Arbeitsgruppe Lohngleichheit.

LINDER, WOLF (1987a). *Politische Entscheidung und Gesetzesvollzug in der Schweiz.* Bern, Haupt.

LINDER, WOLF (1987b). *Vom Einfluss neuer Bewegungen auf die institutionelle Politik.* in Martin Dahinden (Hrsg.). *Neue soziale Bewegungen – und ihre gesellschaftlichen Wirkungen.* Zürich, Verlag der Fachvereine an den Schweizerischen Hochschulen und Techniken: pp. 7–23.

LINDER, WOLF (1989). *Migrationswirkungen, institutionelle Politik und politische Öffentlichkeit.* in Walter Kälin und Rupert Moser (Hrsg.). *Migrationen aus der Dritten Welt.* Bern, Haupt.

LINDER, WOLF (1994a). *Démocratie directe – la panacée?* in Yannis Papadopoulos (Hrsg.). *Présent et avenir de la démocratie directe.* Genève, Georg.

LINDER, WOLF (1994b). *Swiss Democracy – Possible Solutions to Conflict in Multicultural Societies.* London, Macmillan.

LINDER, WOLF (1996). *Schweizerischer und europäischer Föderalismus – Gemeinsamkeiten und Unterschiede.* in Wolf Linder, Prisca Lanfranchi und Ewald Weibel (Hrsg.). *Schweizer Eigenart – eigenartige Schweiz. Der Kleinstaat im Kräftefeld der europäischen Integration.* Bern, Haupt: pp. 181–197.

LINDER, WOLF (1997a). *Federalism and Power-Sharing as a Means to Prevent Internal Conflict.* in Günther Bächler (Hrsg.). *Federalism against Ethnicity? Institutional, Legal and Democratic Instruments to Prevent Violent Minority Conflicts.* Chur, Zürich, Verlag Rüegger: pp. 185–193.

LINDER, WOLF (1997b). *Verfassung als politischer Prozess.* SAGW Kolloquium 1997: Herausgeforderte Verfassung: Die Schweiz im globalen Kontext (erscheint voraussichtlich 1999).

LINDER, WOLF (1998). *Parteien-, Persönlichkeits-, Europa- oder Traditionswahl? Eine systematische Untersuchung des Einflusses der Sachthemen auf den Wahlentscheid.* in Hanspeter Kriesi, Wolf Linder und Ulrich Klöti (Hrsg.). *Die Schweizer Wahlen 1995.* Bern, Haupt: pp. 131–160.

LINDER, WOLF und THANH-HUYEN BALLMER-CAO (1991). *Das politische System der Schweiz von morgen.* in *Schweizerisches Jahrbuch für Politische Wissenschaft.* Bern, Haupt. 31 (1991): pp. 337–361.

LINDER, WOLF und HANS HIRTER (1994). *Veränderte Proporzchancen und ihre Auswirkungen auf die Parteienvertretung im schweizerischen Nationalrat. Eine Modellrechnung.* Bern, Institut für Politikwissenschaft.

LINDER, WOLF, BEAT HOTZ und HANS WERDER (1979). *Planung in der Schweizerischen Demokratie: ein Forschungsprojekt des Instituts für Orts-, Regional- und Landesplanung der ETH Zürich.* Bern, Haupt.

LINDER, WOLF, PRISCA LANFRANCHI, DAMIAN SCHNYDER, et al. (1993). *«Teledemokratie» als Mittel der Bürgerbeteiligung.* in Bundesamt für Raumplanung (Hrsg.). *Mitwirkungsverfahren und -modelle, Vorschläge für eine Mitwirkungspolitik des Bundes nach Art. 4 RPG.* Bern: pp. 107–120.

LINDER, WOLF, CLAUDE LONGCHAMP und REGULA STÄMPFLI (1991). *Politische Kultur der Schweiz im Wandel: am Beispiel des selektiven Urnengangs.* Basel, Schweizerischer Nationalfonds.

LINDER, WOLF, SANDRO LOOSER, MILA TROMBITAS, et al. (1990). *Verbrauchsabhängige Heizkostenabrechnung – Förderung von erneuerbaren Energien: Evaluation von Prozess und Wirkungen in drei Kantonen.* Bern, Institut für Politikwissenschaft.

LINDER, WOLF, STEFAN SCHWAGER und FABRIZIO COMANDINI (1985). *Inflation législative? Une recherche sur l'évolution quantitative du droit suisse.* Lausanne, IDHEAP.

LIPSET, SEYMOUR M. (1960 [1981]). *Political Man. The Social Bases of Politics.* Baltimore, Johns Hopkins University Press.

LIPSET, SEYMOUR M. und STEIN ROKKAN (1967). *Cleavage Structures, Party Systems, and Voter Alignments: An Introduction.* in Seymour M. Lipset und Stein Rokkan (Hrsg.). *Party Systems and Voter Alignments: Cross-National Perspectives.* New York, Free Press: pp. 1–64.

LOEWENSTEIN, DANIEL (1982). «Campaign Spending and Ballot Propositions: Recent Experience, Public Choice Theory, and the First Amendment.» UCLA Law Review 29: pp. 513–546.

LONGCHAMP, CLAUDE (1991). *Herausgeforderte demokratische Öffentlichkeit. Zu den Möglichkeiten und Grenzen des politischen Marketings bei Abstimmungen und Wahlen in der Schweiz.* in Schweizerisches Jahrbuch für Politische Wissenschaft. Bern, Haupt. 31 (1991): pp. 303–326.
LUSTICK, IAN (1980). *Arabs in the Jewish State: Israel's Control of a National Minority.* Austin, University of Texas Press.
LUTHARDT, WOLFGANG (1994). *Direkte Demokratie: Ein Vergleich in Westeuropa.* Baden Baden, Nomos.
LÜTHI, RUTH (1997). *Die Legislativkommissionen der Schweizerischen Bundesversammlung. Institutionelle Veränderungen und das Verhalten von Parlamentsmitgliedern.* Bern, Haupt.
LÜTHI, RUTH, LUZIUS MEYER und HANS HIRTER (1991). *Fraktionsdisziplin und die Vertretung von Partikulärinteressen im Nationalrat.* in Parlamentsdienste (Hrsg.). *Das Parlament – «Oberste Gewalt des Bundes»? Festschrift der Bundesversammlung zur 700-Jahr-Feier der Eidgenossenschaft.* Bern, Haupt: pp. 53–71.
LUTZ, GEORG, LUKAS LEHMANN und EMANUEL VON ERLACH (1997). *Kantonale Wahlen und Direkte Demokratie. Nutzung und Erfolg von Volksrechten im Zusammenhang mit Determinanten des Wahlsystems.* Bern, Proseminararbeit am Institut für Politikwissenschaft, Universität Bern.
LUTZ, GEORG und DIRK STROHMANN (1998). *Wahl- und Abstimmungsrecht in den Kantonen.* Bern, Haupt.
MACPHERSON, CRAWFORD B. (1983). *Nachruf auf die liberale Demokratie.* Frankfurt a. M., Suhrkamp.
MADISON, JAMES, ALEXANDER HAMILTON und JOHN JAY (1987). *The Federalist Papers.* London, PENGUIN BOOKS.
MAIR, PETER und RICHARD S. KATZ (Hrsg.) (1994). *How Parties Organize: Change and Adaptation in Party Organizations in Western Democracies.* London, Sage.
MARCH, JAMES G. und JOHAN P. OLSEN (1989). *Rediscovering Institutions: The Organizational Basis of Politics.* New York, FREE PRESS.
MARTIN, WILLIAM (1926). *Histoire de la Suisse.* Paris, Payot.
MASNATA, FRANÇOIS und CLAIRE RUBATTEL (1991). *Le pouvoir suisse: 1291–1991: séduction démocratique et répression suave.* Lausanne, Editions de l' Aire.
MATTHIES, VOLKER (Hrsg.) (1998). *Gelungener Frieden.* Bonn, Dietz.
MCGREW, ANTHONY G. (1996). *Globalization: The Transformation of Political Space and Democratic Governance.* in Klaus Armingeon (Hrsg.). *Der Nationalstaat am Ende des 20. Jahrhunderts. Die Schweiz im Prozess der Globalisierung.* Bern, Haupt.
MCRAE, KENNETH D. (1964). *Switzerland: Example of Cultural Coexistence.* Toronto, The Canadian Institute of International Affairs.

McRae, Kenneth D. (1990). *Theories of Power-Sharing and Conflict Management.* in Joseph V. Montville (Hrsg.). *Conflict and Peace-Making in Multiethnic Societies.* Lexington, Massachusetts, Lexington Books: pp. 93–106.

Meier, Werner A., Heinz Bonfadelli und Michael Schanne (1993). *Medienlandschaft Schweiz im Umbruch: Vom öffentlichen Kulturgut Rundfunk zur elektronischen Kioskware.* Basel, Helbing und Lichtenhahn.

Meier-Dallach, Hans-Peter, Susanne Hohermuth und Rolf Nef (1985). *Soziale Strukturen und räumliches Bewusstsein.* Bern, Haupt.

Mesmer, Beatrix (1988). *Ausgeklammert – Eingeklammert. Frauen und Frauenorganisationen in der Schweiz des 19. Jahrhunderts.* Basel, Helbing und Lichtenhahn.

Michels, Robert (1911). *Zur Soziologie des Parteiwesens in der modernen Demokratie: Untersuchungen über die oligarchischen Tendenzen des Gruppenlebens.* Leipzig, Werner Klinkhardt.

Möckli, Silvano (1989). *Abstimmungsbudget und Abstimmungserfolg: Erfahrungen und Forschungsergebnisse aus den USA und aus der Schweiz.* St. Gallen, Institut für Politikwissenschaft Hochschule St. Gallen.

Möckli, Silvano (1992). *Direkte Demokratie und die Annäherung der Schweiz an die EG.* in *Schweizerisches Jahrbuch für politische Wissenschaft.* Bern, Haupt. 1992 (32): pp. 205–217.

Möckli, Silvano (1994). *Direkte Demokratie: Ein Vergleich der Einrichtungen und Verfahren in der Schweiz und Kalifornien unter Berücksichtigung von Frankreich, Italien, Dänemark, Irland, Österreich, Liechtenstein und Australien.* Bern, Haupt.

Möckli, Silvano und Peter Stahlberger (1987). *Die schweizerischen Landsgemeinde-Demokratien.* Bern, Haupt.

Moser, Christian (1985). *Institutionen und Verfahren der Rechtsetzung in den Kantonen / Institutions et procédures de la législation dans les cantons.* Bern, Institut für Politikwissenschaft an der Universität Bern.

Moser, Christian (1987). *Erfolge kantonaler Volksinitiativen nach formalen und inhaltlichen Gesichtspunkten.* in *Schweizerisches Jahrbuch für Politische Wissenschaft.* Bern, Haupt. 27 (1987): pp. 159–188.

Mottier, Véronique (1993). *La structuration sociale de la participation aux votations fédérales.* in Hanspeter Kriesi (Hrsg.). *Citoyenneté et démocratie directe. Compétence, participation et décision des citoyens et citoyennes suisses.* Zürich, Seismo: pp. 123–144.

Müller, Jörg Paul (1991). *Die Grundrechte der schweizerischen Bundesverfassung.* Bern, Stämpfli.

Müller, Jörg Paul (1993). *Demokratische Gerechtigkeit. Eine Studie zur Legitimität rechtlicher und politischer Ordnung.* München, dtv wissenschaft.

Müller, Jörg Paul und Peter Saladin (1979). *Das Problem der Konsultativabstimmung.* in Eugen Bucher und Peter Saladin (Hrsg.). *Berner Festgabe zum Schweizerischen Juristentag 1979.* Bern, Haupt.

NABHOLZ, HANS (1954). *Die Entstehung des Bundesstaates wirtschaftsgeschichtlich betrachtet.* in Hans Nabholz (Hrsg.). *Ausgewählte Aufsätze zur Wirtschaftsgeschichte.* Zürich, Schulthess.

NABHOLZ, RUTH (1998). *Das Wählerverhalten in der Schweiz: Stabilität oder Wandel? Eine Trendanalyse von 1971 bis 1995.* in Hanspeter Kriesi, Wolf Linder und Ulrich Klöti (Hrsg.). *Die Schweizer Wahlen 1995.* Bern, Haupt: pp. 17–43.

NEF, ROLF (1980). «*Struktur, Kultur und Abstimmungsverhalten.*» Schweizerische Zeitschrift für Soziologie 6/1980: pp. 155ff.

NEIDHARDT, FRIEDHELM (1994). «*Öffentlichkeit, Öffentliche Meinung, soziale Bewegungen.*» Kölner Zeitschrift für Soziologie und Sozialpsychologie Sonderheft 34: pp. 7–41.

NEIDHART, LEONHARD (1970). *Plebiszit und pluralitäre Demokratie: eine Analyse der Funktion des schweizerischen Gesetzesreferendums.* Bern, Francke.

NEIDHART, LEONHARD (1986). *Funktions- und Organisationsprobleme der schweizerischen Parteien.* in *Schweizerisches Jahrbuch für politische Wissenschaft.* Bern, Haupt. 26 (1986): pp. 21–46.

NIEDERER, ARNOLD (1956). *Gemeinwerk im Wallis: Bäuerliche Gemeinschaftsarbeit in Vergangenheit und Gegenwart.* Basel, Krebs.

NOHLEN, DIETER (1990). *Wahlrecht und Parteiensystem. Über die politischen Auswirkungen von Wahlsystemen.* Opladen, Leske und Budrich.

OECD, Organisation for Economic Co-Operation and Development (1996a). *Historical Statistics 1960–1994.* Paris, OECD.

OECD, Organisation for Economic Co-Operation and Development (1996b). *Revenue Statistics of OECD Member Countries 1965–1995.* Paris, OECD.

OECD, Organisation for Economic Co-Operation and Development (1997a). *Economic Outlook.* Paris, OECD.

OECD, Organisation for Economic Co-Operation and Development (1997b). *National Accounts: Detailed Tables Volume II 1983–1995.* Paris, OECD.

OLSON, MANCUR (1968). *Die Logik des kollektiven Handelns: Kollektivgüter und die Theorie der Gruppen.* Tübingen, Mohr.

OPPENHUIS, ERIK (1995). *Voting Behavior in Europe. A Comparative Analysis of Electoral Participation and Party Choice.* Amsterdam, Het Spinhuis.

OSBORNE, DAVID und TED GAEBLER (1994). *Reinventing government: how entrepreneurial spirit is transforming the public sector.* Reading (Mass.), Addison-Wesley.

PAPADOPOULOS, YANNIS (Hrsg.) (1994a). *Elites politiques et peuple en Suisse. Analyse des votations fédérales 1970–1987.* Lausanne, Réalités sociales.

PAPADOPOULOS, YANNIS (1994b). *Les votations fédérales comme indicateur de soutien aux autorités.* in Yannis Papadopoulos (Hrsg.). *Elites politiques et peuple en Suisse.* Lausanne, Réalités sociales: pp. 113–160.

PAPADOPOULOS, YANNIS (1994c). *Synthèse et perspectives.* in Yannis Papadopoulos (Hrsg.). *Elites politiques et peuple en Suisse.* Lausanne, Réalités sociales: pp. 277–305.

PASSY, FLORENCE (1993). *Compétence et décision politique.* in Hanspeter Kriesi (Hrsg.). *Citoyenneté et démocratie directe. Compétence, participation et décision des citoyens et citoyennes suisses.* Zürich, Seismo: pp. 213–231.

PITKIN, HANNA F. (1969). *The Concept of Representation.* in Hanna F. Pitkin (Hrsg.). *Representation.* New York, Artherton Press: pp. 19ff.

POITRY, ALAIN-VALÉRY (1989). *La fonction d'ordre de l'Etat: analyse des mécanismes et des déterminants sélectifs dans le processus législatif suisse.* Bern, Lang.

PRINCE, JEAN-CLAUDE (1994). *L' impact des conventions collectives de travail en Suisse.* Zürich, Schulthess.

RA'ANAN, URI (1990). *The Nation-State Fallacy.* in Joseph V. Montville (Hrsg.). *Conflict and Peace-Making in Multiethnic Societies.* Lexington, Lexington Books.

RAPPARD, WILLIAM E. (1912). *Le facteur économique dans l' avènement de la démocratie moderne en Suisse.* Genève, Georg.

REY, ALFRED (1993). *Finanzreformen für die Schweiz.* Solothurn, Verlag der Fachgruppe für kantonale Finanzfragen FkF.

RHINOW, RENÉ A. (1984). «*Grundprobleme der schweizerischen Demokratie.*» Referate und Mitteilungen des Schweizerischen Juristenvereins 2/1984: pp. 117–273.

RICKENBACHER, IWAN (1995). *Politische Kommunikation.* Bern, Haupt.

RIKLIN, ALOIS (1995). «*Isolierte Schweiz: Eine europa- und innenpolitische Lagebeurteilung.*» Schweizerische Zeitschrift für Politische Wissenschaft 1(2–3): pp. 11–34.

RIKLIN, ALOIS und SILVANO MÖCKLI (1991). *Milizparlament?* in Parlamentsdienste (Hrsg.). *Das Parlament – «Oberste Gewalt des Bundes»? Festschrift der Bundesversammlung zur 700-Jahr-Feier der Eidgenossenschaft.* Bern, Haupt: pp. 145–163.

RIKLIN, ALOIS und ALOIS OCHSNER (1984). *Parlament.* in Ulrich Klöti (Hrsg.). *Handbuch Politisches System der Schweiz.* Bern, Haupt. II: pp. 77–115.

RUFFIEUX, ROLAND (1983a). *La Suisse des radicaux (1848–1914).* in *Nouvelle Histoire de la Suisse et des Suisses.* Lausanne, Payot. III.

RUFFIEUX, ROLAND (1983b). *Y a-t-il eu un fossé en Suisse au lendemain de la seconde guerre mondiale?* in Pierre Dubois (Hrsg.). *Union et division des Suisses.* Lausanne, Editions de l' Aire: pp. 113–134.

SALADIN, PETER (1984). «*Bund und Kantone. Autonomie und Zusammenwirken im schweizerischen Bundesstaat.*» Zeitschrift für Schweizerisches Recht 103(II): pp. 431 ff.

SALADIN, PETER (1985). *Wozu noch Staaten?* Bern, Haupt.

SARTORI, GIOVANNI (1976). *Parties and Party Systems.* Cambridge, Cambridge University Press.

SARTORI, GIOVANNI (1992). *Demokratietheorie.* Stuttgart.

SAXER, ULRICH (1986). *Massenmedien und Kernenergie: journalistische Berichterstattung über ein komplexes, zur Entscheidung anstehendes, polarisiertes Thema.* Bern, Haupt.

SCHARPF, FRITZ W. (1970). *Demokratietheorie zwischen Utopie und Anpassung.* Konstanz, Universitätsverlag.

SCHARPF, FRITZ W. (1973). *Planung als politischer Prozess: Aufsätze zur Theorie der planenden Demokratie*. Frankfurt a. M., Suhrkamp.
SCHARPF, FRITZ W. (1994). *Optionen des Föderalismus in Deutschland und Europa*. Frankfurt, Campus
Scharpf, Fritz W., Bernd Reissert und Fritz Schnabel (1976). *Politikverflechtung: Theorie und Empirie des kooperativen Föderalismus in der Bundesrepublik*. Kronberg, Scriptor.
SCHATTSCHNEIDER, E. E. (1960). *The Semi-Sovereign People. A Realist's View of Democracy in America*. Hinsdale, Dryden Press.
SCHEIBEN, OSKAR (1987). *Krise und Integration: Wandlungen in den politischen Konzeptionen der Sozialdemokratischen Partei der Schweiz 1928–1936*. Zürich, Chronos.
SCHLOETH, DANIEL (1998). *Rational Choice in der Schweiz. Gibt es Hinweise für ökonomisches Wählen bei den Nationalratswahlen 1995?* in Hanspeter Kriesi, Wolf Linder und Ulrich Klöti (Hrsg.). *Die Schweizer Wahlen 1995*. Bern, Haupt: pp. 161–192.
SCHMID, GERHARD (1971). *Das Verhältnis von Parlament und Regierung im Zusammenspiel der staatlichen Machtverteilung*. Basel, Helbing und Lichtenhahn.
SCHMIDT, MANFRED G. (1995). *Demokratietheorien*. Opladen, Leske und Budrich.
SCHMITTER, PHILIPPE C. (1981). *Neokorporatismus: Überlegungen zur bisherigen Theorie und zur weiteren Praxis*. in U. von Alemann (Hrsg.). *Neokorporatismus*. Frankfurt, Campus: pp. 62–79.
SCHNEIDER, FRIEDRICH (1985). *Der Einfluss von Interessengruppen auf die Wirtschaftspolitik: eine empirische Untersuchung für die Schweiz*. Bern, Haupt.
SCHÜTTENMEYER, SUZANNE und ROLAND STURM (1992). «*Wozu Zweite Kammern? Zur Repräsentation und Funktionalität Zweiter Kammern in westlichen Demokratien.*» Zeitschrift für Parlamentsfragen 3: pp. 517–536.
SCHWARTZ, JEAN-JACQUES und HANS PETER GRAF (1986). *L'administration face au défi de la politique conjoncturelle: les programmes de relance 1975/76*. Bern, Haupt.
Schweiz morgen (1991). *Vier Szenarien zur schweizerischen Zukunft. Bericht der eidgenössischen Expertenkommission an den Bundesrat*. Bern, EDMZ.
Schweizerische Studiengesellschaft für Raumordnung und Regionalpolitik (ROREP) (Hrsg.) (1988). *Agglomerationsprobleme in der Schweiz*. Bern, Lang.
SCIARINI, PASCAL (1992). *La Suisse dans la négociation sur l'Espace économique européen: de la rupture à l'apprentissage*. (Hrsg.). *Annuaire suisse de science politique*. Bern, Haupt. 1992 (32): pp. 297–322.
SCIARINI, PASCAL, SIMON HUG und CÉDRIC DUPONT (1997). *Example, Exception or Both? Swiss National Identity in Perspective*. in Lars-Erik Cederman (Hrsg.). *Defining and Projecting Europe's Identity. Issues and Trade-Offs*.
SCIARINI, PASCAL und ALEXANDRE TRECHSEL (1996). «*Démocratie directe en Suisse: l'élite politique victime des droits populaires?*» Schweizerische Zeitschrift für Politische Wissenschaft 2(2): pp. 201–232.

SENGHAAS, DIETER (1997). *Frieden – Ein mehrfaches Komplexprogramm.* in Dieter Senghaas (Hrsg.). *Frieden machen.* Frankfurt, Suhrkamp: pp. 560–574.
SENTI, MARTIN (1994). *Geschlecht als politischer Konflikt: Erfolgsbedingungen einer gleichstellungspolitischen Interessendurchsetzung.* Bern, Haupt.
SIEGENTHALER, HANSJÖRG (1983). «*Konsensus, Erwartungen und Entschlusskraft: Erfahrungen der Schweiz in der Überwindung der Grossen Depression vor hundert Jahren.*» Schweiz. Zeitschrift für Volkswirtschaft und Statistik 119: pp. 213–233.
SIGG, OSWALD (1978). *Die Eidgenössischen Volksinitiativen 1892–1939.* Bern, Francke.
SOCIÉTÉ POUR LE DÉVELOPPEMENT DE L' ÉCONOMIE SUISSE (1992). *Miroir statistique de la Suisse 1991.* Genève, SDES.
SOLAND, ROLF (1980). *Joachim Leonz Eder und die Regeneration im Thurgau 1830–1831: Ein Kapitel aus der thurgauischen Verfassungsgeschichte.* Weinfelden, Mühlemann.
STADELMANN, JÜRG (1998). *Umgang mit Fremden in bedrängter Zeit.* Zürich, Orell Füssli.
STADLIN, PAUL (Hrsg.) (1990). *Die Parlamente der schweizerischen Kantone.* Zug, Kalt–Zehnder.
STEINER, JÜRG (1974). *Amicable Agreement versus Majority Rule: Conflict Resolution in Switzerland.* Chapel Hill (N. C.), The University of North Carolina Press.
STEINER, JÜRG (1990). *Power-Sharing: Another Swiss «Export Product»?* in Joseph V. Montville (Hrsg.). *Conflict and Peacemaking in Multiethnic Societies.* Lexington/Toronto, Lexington Books: pp. 107–114.
STEINER, JÜRG (1996). *Gewissen in der Politik: Entscheidungsfälle in der Schweiz.* Bern, Haupt.
STEINER, JÜRG (1998). *European Democracies.* New York, Longman.
STEINMANN, WALTER (1988). *Zwischen Markt und Staat, Verflechtungsformen von Staat und Wirtschaft in der Schweiz.* Konstanz, Wisslit.
STETTLER, PETER (1980). *Die Kommunistische Partei der Schweiz 1921-1931. Ein Beitrag zur schweiz. Parteiforschung und zur Geschichte der schweizerischen Arbeiterbewegung im Rahmen der Kommunistischen Internationale.* Bern, Francke.
STEWART, WILLIAM H. (1984). *Concepts of Federalism.* New York, London, University Press of America.
STREECK, WOLFGANG und PHILIPPE C. SCHMITTER (Hrsg.) (1985). *Private Interest Government. Beyond Market and State.* London, Sage.
STUCKEY, BARBARA und ERNST A. BRUGGER (Hrsg.) (1985). *Endogenous Development. Arbeitsberichte Nationales Forschungsprogramm Regionalprobleme.* Bern, Programmleitung NFP «Regionalprobleme».
TANNER, EGON (1982). *Ökonomisch optimale Aufgabenteilung zwischen den staatlichen Ebenen.* Bern, Lang.
THÜRER, DANIEL (1986). *Bund und Gemeinden. Eine rechtsvergleichende Untersuchung zu den unmittelbaren Beziehungen zwischen Bund und Gemeinden in der Bundesrepublik Deutschland, den Vereinigten Staaten von Amerika und der Schweiz.* Berlin, Springer.

TRECHSEL, ALEXANDRE und PASCAL SCIARINI (1998). «*Direct Democracy in Switzerland: Do Elites Matter?*» European Journal of Political Research 33(1): pp. 99–124.

TRECHSEL, ALEXANDRE H. (1994). *Clivages en Suisse: analyse des impacts relatifs des clivages sur l'électorat suisse lors des élections fédérales.* Genève, Université de Genève, Département de Science Politique.

TSCHÄNI, HANS (1983). *Wer regiert die Schweiz? Eine kritische Untersuchung über den Einfluss von Lobby und Verbänden in der schweizerischen Demokratie.* Zürich, Orell Füssli.

TSEBELIS, GEORGE und JEANNETTE MONEY (1997). *Bicameralism.* New York, Cambridge University Press.

URIO, PAOLO (1981). *L'origine sociale des hauts fonctionnaires.* Genève, Département de science politique.

VATTER, ADRIAN (1994). *Eigennutz als Grundmaxime in der Politik?* Bern, Haupt.

VATTER, ADRIAN (1997). «*Die Wechselbeziehungen von Konkordanz- und Direktdemokratie.*» Politische Vierteljahresschrift 38(4): pp. 743–70.

VATTER, ADRIAN, WOLF LINDER und PETER FARAGO (1997). «*Determinanten politischer Kultur am Beispiel des Schwyzer Stimmverhaltens.*» Schweizerische Zeitschrift für Politische Wissenschaft 3(1): pp. 31–63.

VATTER, ADRIAN und FRITZ SAGER (1996). «*Föderalismusreform am Beispiel des Ständemehrs.*» Schweizerische Zeitschrift für Politische Wissenschaft 2(2): pp. 165–200.

VILMAR, FRITZ (1973). *Strategien der Demokratisierung.* Darmstadt, Luchterhand.

VON BEYME, KLAUS (1984). *Parteien in westlichen Demokratien.* München, Piper.

VON BEYME, KLAUS (1994). *Systemwechsel in Osteuropa.* Frankfurt a. M., Suhrkamp.

VON GUNTEN, HANSUELI und HANS VOEGELI (1980). *Das Verhältnis der Sozialdemokratischen Partei zu anderen Linksparteien in der Schweiz (1912–1980).* Bern, Verlag für politische Bildung.

VON ROTEN, IRIS (1991 [1958]). *Frauen im Laufgitter: offene Worte zur Stellung der Frau.* Zürich/Dortmund, efef- Verlag.

VOX (ab 1977). *Analysen der eidgenössischen Abstimmungen und Wahlen.* Bern, Zürich und Genève, Schweizerische Gesellschaft für praktische Sozialforschung, Institut für Politikwissenschaft der Universität Bern, Forschungsstelle für politische Wissenschaft der Universität Zürich, Département de science politique, Université Genève.

WARE, ALAN (1996). *Political parties and party systems.* Oxford, Oxford University Press.

WATERS, MALCOLM (1995). *Globaliziation.* London/New York, Routledge.

WATTS, RICHARD J. (1991). *Linguistic Minorities and Language Conflict in Europe: Learning from the Swiss Experience.* in Florian Coulmas (Hrsg.). *A Language Policy for the European Community.* Berlin/New York, Mouton de Gruyter.

WEBER, MAX (1976). *Wirtschaft und Gesellschaft. Grundriss der verstehenden Soziologie.* Tübingen, Mohr.

WERDER, HANS (1978). *Die Bedeutung der Volksinitiativen in der Nachkriegszeit.* Bern, Francke.

WERNLI, BORIS (1998). *Die Bestimmungsfaktoren der Wahlbeteiligung. Eine vergleichende Analyse von 10 Schweizer Kantonen.* in Hanspeter Kriesi, Wolf Linder und Ulrich Klöti (Hrsg.). *Die Schweizer Wahlen 1995.* Bern, Haupt: pp. 73–100.

WIDMER, STEPHAN (1989). *Wahl- und Abstimmungsfreiheit.* Zürich, Schulthess Polygraphischer Verlag.

WINDISCH, ULI, DIDIER FROIDEVAUX, DENISE MAEDER, et al. (1992). *Les relations quotidiennes entre Romands et Suisses allemands: les cantons bilingues de Fribourg et du Valais.* Lausanne, Payot.

ZEHNDER, ERNST (1988). *Die Gesetzesüberprüfung durch die schweizerische Bundesversammlung: Untersuchungen der parlamentarischen Veränderungen von Vorlagen des Bundesrates in der Legislaturperiode 1971 bis 1975.* St. Gallen, Hochschule St. Gallen.

ZILLESSEN, HORST, PETER C. DIENEL und WENDELIN STRUBELT (1993). *Die Modernisierung der Demokratie: internationale Ansätze.* Opladen, Westdeutscher Verlag.

ZISK, BETTY (1987). *Money, Media and the Grass Roots: State Ballot Issues and the Electoral Process.* Newbury Park, California, Sage.

Abkürzungsverzeichnis

ACS	Automobil Club der Schweiz
AHV	Alters- und Hinterlassenenversicherung
Amtl. Bull.	Amtliches Bulletin der Bundesversammlung
APS	Année Politique Suisse
AUNS	Aktion für eine unabhängige und neutrale Schweiz
BA	Bundesamt
BAG	Bundesamt für Gesundheitswesen
BBl	Bundesblatt
BfS	Bundesamt für Statistik
BIGA	Bundesamt für Industrie, Gewerbe und Arbeit
BR	Bundesrat
BV	Bundesverfassung
CNG	Christlichnationaler Gewerkschaftsbund der Schweiz
CVP, cvp	Christlichdemokratische Volkspartei
E(W)G	Europäische (Wirtschafts-) Gemeinschaft
ED	Entwicklung - Développement
EDA	Eidg. Departement für auswärtige Angelegenheiten
EDI	Eidg. Departement des Innern
EDU, edu	Eidgenössisch-Demokratische Union
EFD	Eidg. Finanzdepartement
EFTA	European Free Trade Association
EJPD	Eidg. Justiz- und Polizeidepartement
EMD	Eidg. Militärdepartement
ETH	Eidg. Technische Hochschule
EU	Europäische Union
EVD	Eidg. Volkswirtschaftsdepartement
EVED	Eidg. Verkehrs- und Energiewirtschaftsdepartement
EVP, evp	Evangelische Volkspartei
EWR	Europäischer Wirtschaftsraum
FDP, fdp	Freisinnig-demokratische Partei
FP(S), fp(s)	Freiheits-Partei (der Schweiz, ex Auto-Partei)
GATT	General Agreement on Tariffs and Trade
GB, gb	Grünes Bündnis
GBH	Gewerkschaft Bau und Holz
GBI	Gewerkschaft Bau und Industrie
GP (S), gp	Grüne - Grüne Partei (der Schweiz)
GTCP	Gewerkschaft Textil, Chemie und Papier

IV	Invalidenversicherung
KPS	Kommunistische Partei der Schweiz
KVG	Krankenversicherungsgesetz
LdU, ldu	Landesring der Unabhängigen
LFSA	Landesverband freier Schweizer Arbeitnehmer
LP(S), lp	Liberale Partei (der Schweiz)
NA	Nationale Aktion
NEAT	Neue Alpentransversale
NPM	New Public Management
NR	Nationalrat
NZZ	Neue Zürcher Zeitung
OECD	Organization of Economic Cooperation and Development
OSZE	Organisation für Sicherheit und Zusammenarbeit in Europa
PdA, pda	Partei der Arbeit
POCH	Progressive Organisation der Schweiz
POP	Parti Ouvrier Populaire
PRD, prd	Parti radical-démocratique (vgl. FDP)
RML	Revolutionär-Marxistische Liga
SBV	Schweizerischer Bauernverband
SBVg	Schweizerische Bankiervereinigung
SD, sd	Schweizer Demokraten
SGB	Schweizerischer Gewerkschaftsbund
SGV	Schweizerischer Gewerbeverband
SHIV	Schweizerischer Handels- und Industrieverein (Vorort)
SKV	Schweizerischer Kaufmännischer Verband
SNB	Schweizerische Nationalbank
SR	Ständerat
SVG	Strassenverkehrsgesetz
SVP, svp	Schweizerische Volkspartei
TCS	Touring Club Suisse
UNESCO	United Nations Education, Scientific and Cultural Organization
VCS	Verkehrs-Club der Schweiz
VHTL	Verband Handel, Transport und Lebensmittel
VPOD	Schweizerischer Verband des Personals öffentlicher Dienste
VSA	Vereinigung Schweizerischer Angestelltenverbände
WASP	White Anglo-Saxon Protestants
WTO	World Trade Organization
WWF	World Wildlife Fund
ZSAO	Zentralverband Schweizerischer Arbeitgeber-Organisationen
ZVSM	Zentralverband Schweizerischer Milchproduzenten

Register statistischer Daten

Abstimmungen eidg. s. auch Referendum und Volksinitiative
- Beteiligung 1919–1995 *65*
- Beteiligung am Urnengang 1980–1996 *280, 281*
- Beteiligung nach soziodemographischen und politischen Merkmalen *282*
- Entscheidende Mehrheiten seit 1880 *279*
- Kollision von Volks- und Ständemehr 1866–1994 *180*
- Reform Ständemehr, Auswirkungen *184*
- Sperrminorität in sieben Abstimmungen *181*

Abstimmungen, kant. und kommunal
- Initiativen und Referenden 1983–1996 *266*
- Quoren *266*
- Volksabstimmungen in Städten 1980–1990 *267*

Abstimmungen, weltweit bis 1993 *325*

Ausgaben und Einnahmen
- Anteil Bund, Kantone und Gemeinden 1950–96 *147*

Ausländer und Asylsuchende *56*

Beschäftigung öffentliche Verwaltung, Bund, Kantone und Gemeinden 1950–91 *148*

Bundesrat: Zusammensetzung 1848–98 *221*

Frauenanteile in Behörden *63*
Frauenstimmrecht, int., Jahr der Einführung *61*

Gesetzgebung
- Quantitative Entwicklung 1947–82 *148*
- Rechtsakte nach Normstufe 1947 und 1982 *239*

Minderheiten, gefährdete, nach Weltregionen *363*

Parlament
- Abstimmungskoalitionen 1995–97: Stärke und Erfolg *214*
- Fraktionen: Zahl und Erfolg der Anträge 1995–97 *213*
- Fraktionsdisziplin 1920–91 (Rice-Index) *210*
- Interessengruppen 1983–89 (Rice-Index) *211*
- Parteistärken National- und Ständerat *99*
- Veränderung der Bundesratsvorlagen *203*
- Vorschläge zur Energiepolitik 1973–81 *207*

Parteien
- Links-Rechts-Positionierung 1947–95 *86*
- Parteiidentifikation 1971–95 *101*
- Parteistärken National- und Ständerat *99*
- Politische Kultur Schweiz-Deutschland-Österreich *64*
- Typologie kantonaler Systeme *88*

Referendum, obligatorisch
- Angenommene/abgelehnte Vorlagen 1848–1997 *244*
- Wichtige Ergebnisse ab 1970 *244*

Referendum, fakultativ
- Referendumspflichtige Vorlagen
  1874–1997 *245*
- Wichtige Ergebnisse ab 1978 *245*

Sprachgruppen
- Vertretung bei Bundesbehörden *43*
Staatsquoten, int. Vergleich 1960–94 149

Volksabstimmungen s. Abstimmungen
Volksinitiativen
- Initiativen und Gegenvorschläge
  1848–1997 *249*
- Wichtige Ergebnisse ab 1970 *250*

Wahlen, eidg.
- Beteiligung 1919–1995 *65*
- Beteiligung internationaler Vergleich
  67
Wahlen, kommunal
- Beteiligung nach Gemeindegrösse *102*
Wählerschaft
- Sozialstatistische Merkmale *68, 282*
- Allgemein-politische Orientierungen
  69
- Links-Rechts-Positionierung *86*
Wahlsystem
- Erfolgswert und Wahlkreisgrösse *94*
- Auswirkungen Proporz-Majorz *97*

Zentralisierungsgrad, int. Vergleich *150*

Sachregister

Abrogatives Referendum 291
Abstimmungen (Parlament) 211ff
Abstimmungen (Volk und Stände) 268–78
– Abstimmungskampf 269ff
– in den Kantonen 266
– Meinungsbildung 269ff
– Motive der Stimmbürger 287
– Parolen 276f
– Partizipation 278ff
– Propaganda 272, 275, 332
– in den Städten 267
– Verfahren 268
– Verhalten 286ff
Abstimmungen (Volk) weltweit 325ff
Abstimmungsverhalten, Theorie des 288f
Abstimmungs- vs. Wahldemokratie 285, 313f, 341
Administrativer Entscheidungskomplex 302
Afrikanische Staaten und Konsensdemokratie 365
Agglomerationen und Föderalismus 185ff
Aktion für eine neutrale und unabhängige Schweiz AUNS 81, 128, 381
Aktive Öffentlichkeit 77, 341
Anti-AKW-Bewegung 129, 163
Arbeiterbewegung 49f, 128, 236
Arbeitgeberorganisationen 52, 109ff, 111, 306
Arbeitnehmerorganisationen s. Gewerkschaften
Arbeitsparlament 194
Assimilation, Prinzip der 41
Asylgesetz 56, 286
Aufgabenentwicklung 144
Ausgleich, regionaler 165ff

Ausländerpolitik 55f, 269, 286
Ausländerstimmrecht 60
Auswanderer 169
Ausschluss Dritter 117, 319
Aussenpolitik 203, 378ff
– und direkte Demokratie 181, 259, 292f
Autopartei 106

Bauernverband 109ff, 276
Bargaining vs. Problem solving 309
Basel Stadt und Land (Trennung) 31
Belgien (Föderalismus) 351, 355f
Beziehungen Bund – Kantone 140f, 177ff, 347
Bikameralismus s. Zweikammersystem
Bindung künftiger Generationen 340
Blockregierungen 314, 316
Bosnien 173, 353
Bundesgericht 42, 139, 174ff, 201, 238,
Bundesrat 219–34 , 270
– und Aussenpolitik 192
– Funktionen 227
– Einfluss auf Gesetzgebung 227f, 303
– Kollegialprinzip 223ff
– Rücktritt 277
– bei Volksabstimmungen 270
– Wahl und Zusammensetzung 220–23
Bundespräsident 175, 219, 223
Bundesstaat, Schaffung des 27–36
Bundesversammlung 201
Buongoverno und Malgoverno 215
Bürgerrecht 33, 169

Christlichdemokratische Volkspartei 39, 68ff, 86, 104, 212ff, 221f
Christlichsoziale 104

Cleavages s. Konfliktlinien
Consensus Democracy s. Konsensdemokratie
Consociationalism s. Konsensdemokratie

Dänemark 165, 350, 383
Definitionsmacht 110, 230, 239
Demokratie s. auch Demokratietheorie, Demokratisierung 33, 55
- direkte s. Direkte Demokratie
- Entwicklung 33f, 59, 325ff
- und Föderalismus 35, 151, 179ff
- halbdirekte 236ff
- und Minderheiten 35, 363f
- parlamentarische 311
- präsidiale 193f, 219
- repräsentative 267, 334
Demokratietheorie
- Input- und Outputperspektive 317ff, 337ff
- und Machtteilung 30ff, 307ff
- und Partizipation 283f, 337ff
- und Pluralismus (-kritik) 120f, 318f
- und politische Rechte 59
- und Soziale Bewegungen 133f
- und Volksrechte 334ff
Demokratie- und Föderalismusprinzip 35, 151, 179ff
Demokratisierung 33f, 337ff, 368
Departementalprinzip 228
Deutschland 62, 64, 150ff, 220, 331, 347, 350, 387
Dezentralisierungstheorem 187
Differenzbereinigungsverfahren 196
Direktdemokratischer Entscheidungskomplex 302
Direkte Demokratie (s. auch Abstimmungen, Referendum und Volksinitiative) 24, 235–294

- und Aussenpolitik 181, 259, 292f
- und gesellschaftliche Demokratisierung 342
- Entstehung 236
- bei EU-Beitritt 383ff
- und Frauenstimmrecht 62
- Institutionen s. Volksrechte
- in Kantonen 155, 265ff
- und Konkordanz 240, 305, 309, 316, 332
- Reichweite und Grenzen 239f, 337ff
- vs. repräsentative Demokratie 66, 236, 291f, 322
- in den Städten 267
- Theorie der 334ff
- im internationalen Vergleich 325
- im Vergleich zu US-Einzelstaaten 329ff
Diskriminierung
- von Ausländern 54
- von Frauen 54, 61, 260
- der Katholiken 54, 40
- der politischen Linken 50, 235
- von Minderheiten 54, 126, 263, 362f
Diskursive Ethik 205
Doppeltes Ja bei Initiativen 248
Dringlichkeitsrecht 247, 296

Eigennutz und Solidarität 170, 216, 283, 291
Einheit der Materie 262
Einhelligkeit von Politik und Moral 205, 215f
Einigungskonferenz 196, 199
Elitismus 310
Energiepolitik 162ff, 207
Entscheidende Mehrheit 279
Entscheidungsprozess, gesamter 300ff
- halbdirekter Demokratie 236ff
- im Parlament 209ff

Sachregister 421

- in der Regierung 224ff
Erfolgswert im Proporz 93f
Ethik 75, 216
Ethnisierung der Politik 47, 353, 358, 362
Ethno-Nationalismus 368
Ethnopolitischer Konflikt 362ff
- politische Voraussetzungen der Lösung 366
Europäische Integration und Schweiz 371, 382ff
Europäische Union 350
- Föderalismus der 386
- Frage des Beitritts der Schweiz 371, 382fff
- EWR-Abstimmung 181, 371f
Evangelische Volkspartei EVP 86, 106, 213f
Expertenkommissionen 231, 299

Fahrende 55
Fallweise Opposition 24, 246, 253f
Fichenaffäre 130, 205
Finanzausgleich 167
- -politik 146f
- -referendum 241, 292
Flüchtlingspolitik 56, 286f
Föderalismus 24f, 135–89, 345–58
- Aufgabenverteilung 140, 160
- und Demokratie 35, 151, 179ff
- und Europäische Integration 350
- und EU-Beitritt 385ff
- und Globalisierung 349
- Institutionen des 142ff
- Kernelemente 345f
- kooperativer 138, 159
- Kritik 187ff
- und politische Kultur 168, 347
- und Minderheitenschutz 35, 41, 176, 352ff
- nicht-territorialer 354ff

- und Politikvollzug 159ff, 177ff
- schweizerischer 135ff
- Staatsaufbau 139
- Theorien des 345ff
- und Unitarismus 348
- im internationalen Vergleich 149f, 345ff
- Verhältnis Bund – Kantone 140f, 177ff, 347
Formelle Kooptation 304, 365
Fraktionen 200, 209f
Fraktionsdisziplin 194, 210
Frankreich 270, 326, 384
Französische Revolution 27, 235
Frauenbewegung 130
Frauenstimmrecht 55, 60ff
- in Appenzell Innerrhoden 174ff
Frauenvertretung 55, 223, 229
Freiburg (Sprachenfrage) 42
Freie Liste s. Grüne Partei
Freiheitspartei der Schweiz 86, 106, 213f
Freisinn gegen Konservative 28ff, 38
Freisinnig-demokratische Partei 68ff, 86, 104, 213ff, 221ff
Freiwilliger Proporz 96
Friedensabkommen 52, 113
Frontisten 296
Funktionen von Wirtschaft, Staat und Gesellschaft 21ff

GATT s. WTO
Geld und Abstimmungen 274, 275, 331f
Gemeinden 140, 156–159
- und Parteien 100
Gemeinwerk 33
Gemeinwohl 216
Gesetzesinflation 148
Gesetzesinitiative 241, 250
Gesetzgebung 202
- Veränderungsanteil Parlament 203

Gewerbeverband 109ff, 304
Gewerkschaften 49, 52, 109ff, 111, 276
Gewinnstrategien im Ständeratsmajorz 95ff
Gleichstellung der Frau 55, 94, 130
Globalisierung 25, 306, 340, 350, 373ff
– Folgen auf Politik 57, 374 ff
– Merkmale 373
Greenpeace 133
Grossbritannien (Vergleiche mit) 238, 311, 313, 367
Grüne Partei der Schweiz GPS 86, 106, 213ff
Gruppenpluralismus 54, 120, 125
– und Demokratietheorie 120f, 317f
– Kritik des 120, 318
Gruppe für eine Schweiz ohne Armee GSoA 263, 268

Halbdirekte Demokratie 236–41
Have-nots und haves 121, 265, 319, 338
Holland 53, 85, 165, 355

Identität, nationale 20, 23, 372
Implied powers 152
Inclusion, Prinzip der 59, 340
Initiative s. Volksinitiative
Innenpolitik, Verflechtung mit Aussenpolitik 375
Innovation
– kantonale 162
– und Konkordanz 319
– und schweizerisches Politiksystem 321
– und Referendum 255
– und Volksinitiative 259
Integration, politische 22ff. 36–58, 130f
– Gelingen und Misslingen 45f
– Grenzen der schweizerischen 54–58
– durch Referendum und Initiative 39, 258, 264

Integrationsfähigkeit der Konkordanz 305ff
Interessengruppen 109–122, 210, 296
Internationalisierung s. Globalisierung
Interventions- und Leistungsstaat 244
Irak (und UN) 377
Italien (resolutives Referendum) 328
Ius sanguinis und ius soli 355

Juden 54, 55,
Jura, Trennung von Bern und Kantonsgründung 45–47, 171–74, 358
– Ausländerstimmrecht 60

Kaiseraugst, KKW 129, 163f
Kanada 40, 352
Kantone 153–156
– Aufgaben und Kompetenzen 140
– Autonomie 140
– Strukturen 153–156
– Verhältnis zum Bund 140f, 177ff, 347
– Volksrechte und Abstimmungen 155, 265f
Kantonsreferendum 142
Kantonsregierungen 91, 153
Katholiken
– politische Integration 37–40
– Sondergesellschaft der 37
Katholisch-Konservative Partei 37f, 105
Käuflichkeit von Abstimmungen 275, 331
Klassenkampf 49f,
Koalitionen bei Volksabstimmungen 250, 251ff, 276ff
– parlamentarische 214f
Kollegialitätsfalle 226
Kollegialsystem 223–27
Kollision von Volks- und Ständemehr 179–185
Kommissionen
– parlamentarische 200–205

Sachregister

– ausserparlamentarische 231
Kommunistische Partei 49, 106
Kompromiss, Eigenschaften des 227, 307f, 340ff
Konferenz der Kantonsregierungen 144
Konfessionskonflikte, historische 38ff
Konfliktlinien 31, 44, 46, 84, 197, 256, 270, 287, 353
Konflikt- und Organisationsfähigkeit 118f, 300, 318
Konfliktlösung durch Verhandeln 307ff, 366
Konkordante Entscheidung
– theoretische Eigenschaften 307f
Konkordanzsystem 24, 51, 91, 295–324
– Entscheidungsrisiko der 251
– Entstehung 295f
– Funktionsweise 303 ff
– Handlungsfähigkeit 305f
– Integrationsfähigkeit 54, 305ff
– Kritik 309, 316ff
– Revitalisierung 323
– Übergang zum Konkurrenzsystem 321–23
– im internationalen Vergleich 359–369
– Zwang 240, 305, 309, 316
Konkordate 143
Konsensdemokratie 24, 297, 311, 359–369
– zur Lösung des ethnopolitischen Konflikts 362ff
– Merkmale der 360
– Schweiz als Modell der 297, 361
Konsens- vs. Mehrheitsdemokratie 311ff, 360
Konservative gegen Freisinn 28ff
Korporatismus s. Neokorporatismus
Krise des Entscheidungssystems 296
Kulturkampf 22, 37f, 356
Kumulieren 94

Landesinteresse, Neudefinierung des 380
Landesring der Unabhängigen LdU 86, 106, 213f
Landsgemeinde 153
Landwirtschaftspolitik, selbstverwaltete 117
Liberale Partei (LPS) 86, 106, 213ff
Liberalisierung 53, 116, 255, 376, 381
Liberalismus vs. Staatsinterventionismus 48, 161
Logik kollektiven Handelns 118f, 318
Low salience These 66
Loyalty and exit These 169

Macht und Machtbildung 39, 109, 118f, 206, 230, 231, 309, 318f, 374, 378
Machtteilung s. auch Konsensdemokratie 226, 304
Majoritarian democracy s. Mehrheitsdemokratie
Majorz 82, 92–98
Marketing, politisches 272
Medien 76f, 271
Mehrheitsdemokratie 54, 295
– und strukturelle Minderheiten 364
Mehrsprachigkeit 44
Milizparlament 198
– system 73ff
– verwaltung 74, 231
Minderheiten
– und Demokratie 364ff
– gefährdete 363
– konflikte 352ff
– strukturelle 35, 352
Mindeststandards 166
Minimalstaatsthese 376
Mitberichtsverfahren 230
Mittelschichtsdemokratie 284f
Monokultureller Staat 41, 367
Moral und Politik 205, 215

Multikultureller Konflikt 87, 362ff
- und (Konsens-)Demokratie 362–68
- und Föderalismus 352–56
Multikultureller Staat 22, 30f, 173

Nationalstaat,
- Bildung des 27ff
- Ende des 375
- multikultureller 22, 30
- und Souveränität 378ff
Nationalrat 196f s. Parlament
- Wahl und Zusammensetzung 93–99, 139
Neoinstitutionalismus 347
Neokorporatismus 53, 120, 298
Neue Linke 128
Neuenburg (Ausländerstimmrecht) 59f
Neue soziale Bewegungen 125–134
Neutralität 32, 379f
Nicht-territorialer Föderalismus 354–56
Nicht-Regierungsparteien 99
Nicht-Zentralisierung 36, 136, 346
Norwegen 53
Nullsummen-Konflikt 62, 305, 308, 366

Opposition, fallweise 24, 246, 253f
Organisations- und Konfliktfähigkeit 118f, 300, 318f

Öffentliche Ausgaben und Einnahmen 147
Öffentliche Meinung 76, 269
Öffentlichkeit, politische 76, 205
Österreich 53, 64, 62, 270, 298

Panaschieren 94
Parastaatliche Organisationen 116f
Parlament 191–217
- Entscheidungsprozess 209ff
- Fraktions-Koalitionen 212f
- Funktionen 201-209
- Parteistärken 99
- und Semi-Professionalismus 197–199
- Stellung im System 193
- Suprematieverlust 191f
- Untersuchungskommissionen 205
- Zweikammersystem 195
Parlamentarischer Entscheidungskomplex 301
Parlamentarisches System 193, 219, 311
Partei der Arbeit PdA 51, 107
Parteibindungen 71f, 101ff
Parteien 79 – 107, 209–215, 270
- Entstehung und Funktion 79ff
- Mehrheitsverhältnisse in den Kantonen 88, 90f
- Organisation 89f
Parteiensystem 81ff
- Fragmentierung 88ff
- und politischer Wettbewerb 82f
Parteiparolen 276
Parteistärken 99
Partizipation
- bei Abstimmungen 65, 278ff
- und Demokratietheorie 283f
- Ungleichheit 28ff, 329
- bei Wahlen 65
Partizipatorische Demokratie, Reichweite und Grenzen 339ff
Plebiszit 327f
Pluralismus, Grenzen schweizerischen 54–58
Politikplanung 162ff, 166, 202, 240, 229f
- verflechtung 138, 159–162, 189
- vollzug 114f, 116f, 159ff, 177ff, 230
Politik von unten 127ff
Politische Kultur 63ff, 212, 224, 337, 368
- und Föderalismus 347

Sachregister

- Integration, Grenzen schweizerischer 54–58
- Legitimation und Entscheidung 237f
- Kommunikation 77
- Nation 22,
- Öffentlichkeit 76, 205
- Planung 202, 229, 240
- Verwaltung 228–31

Politischer Katholizismus 37–40
- Wettbewerb 82f

Politisches Verhalten, Theorie des 71, 288f
- Eigennutz und Solidarität 170, 216, 283, 291

Positivsummen-Konflikt 62, 305, 308, 366
Power Sharing s. Machtteilung
Prädisposition der Stimmbürger 269f
Präsidiales System 193f 219
Propaganda 272f, 275f, 332
Progressive Organisationen der Schweiz POCH 107, 128
Proportionale Vertretung 42, 229, 231
Proporz (Wahlen) 82, 92–98
Proporzdemokratie s. Konsensdemokratie
Protest 126
Public Relations 272

Quoten, politische 43, 55, 223
Quoren bei Volksrechten 235, 265, 268

Radikale Partei s. Freisinnige
Rational choice-Modell 72, 170, 216, 283, 288
Redeparlament 194
Referendum 243–248, 251–259
- Erfolgschancen 251–255
- fakultatives Gesetzes- 245, 292
- Funktionen und Wirkungen 125, 255ff

- und Konkordanz 240, 295, 305, 309, 316, 332
- obligatorisches Verfassungs- 243–44, 258
- resolutives (aufhebendes) 242, 247f
- Risikoabwägung beim 251–55
- und Staatsentwicklung 258
- theoretische Wahrscheinlichkeit 251–55

Regeneration 28, 33
Regierung 219–234 s. Bundesrat
Regierungsreform 232–34
Regierungsparteien 99
Regierungsrichtlinien 229
Repräsentationstheorie 205
Repräsentative Demokratie 267, 334
Repression 130
Republikaner 106
Resolutives Referendum 242, 247f
Restmandate 93
Revolutionär-Marxistische Liga RML 107, 128
Risikoabwägung
- beim Referendum 251–55
- bei der Volksinitiative 261–64
Romandie, Vergleiche zur Deutschschweiz 23, 40, 43, 87, 161, 267, 270, 290
Röstigraben 44, 88, 290

Sachverstand der Stimmbürgerschaft 273, 334
Sarajevo 356
Schriftsteller und Politik 78
Schweden 53
Schweizer Demokraten SD 86, 86, 106, 213f
Schweizerische Volkspartei SVP 68ff, 105, 213ff, 221ff
Selbstverwaltung, bäuerliche 117

Sensible Demokratie, Modell der 335ff
Separatismus 171
Sezession 29, 54ff, 356ff
Solidarisches Verhalten 137, 170, 216, 288
Sonderbund 29
Souveränitätsverlust 35, 378f, 386, 388
Sozialdemokratische Partei SPS, 49, 68ff, 86, 105, 213ff, 221ff
Soziale Bewegungen 125–134
Sozialpartnerschaft 51f, 112ff, 297f, 306, 389
Sozialpolitik 53, 146, 161
Sozialpsychologisches Verhaltensmodell 71, 288f
Sozialstrukturelles Verhaltensmodell 71, 288f
Spaltungen 84
- Deutschschweiz-Romandie 30, 40, 84f, 87
- Kapital-Arbeit bzw. Rechts-Links 47ff, 84, 161, 207, 214, 287
- Katholiken-Protestanten bzw. Laizismus 30, 37ff, 84, 87
- Materialismus-Postmaterialismus 85
- von Parteien 49, 84, 89, 104ff
- Stadt-Land 30, 84
- Traditionen-Reformen 85
Sperrminorität 180, 196
Sprachenfreiheit 41f, 354
Staatenbund von 1815 27
Staatsaufbau, föderalistischer 139
- interventionismus 48
- nation 22, 30
- quote 149, 258
- schutz 55, 130, 205
- vertragsreferendum 243, 292, 333
Standesinitiative 142
Ständemehr 142, 180–184
Ständerat 142, 196f s. Parlament

- Föderalismuseffekt 196
- Parteieffekt 196
- Wahl und Zusammensetzung 93–99, 139
Stärkeres Mehr 183–4
Steuern 146, 147f, 157, 258
Stimmbeteiligung 65, 280f
Stimmpflicht 67, 285
Stöckli s. Ständerat
Strong democracy 273, 335, 342
Subsidiarität 113, 136–7, 161, 387
Supranationale Organisationen 377
Systemkrisen 65
Systemvergleiche
- Abstimmungs- Wahldemokratie 313ff
- Bund - Kantone 153f
- Deutschland-Österreich-Schweiz 64
- Föderalismus Schweiz – USA 137, 168
- Föderalismus – Unitarismus 348
- Grossbritannien – Schweiz 312, 360
- Halbdirekte – repräsentative Demokratie 66, 235f, 291, 311, 322, 334ff
- Konkordanz – Konkurrenzdemokratie 320f, 376
- Konsens– – Mehrheitsdemokratie 311f, 360f
- Kulturnation – Staatsnation 30
- Proporz – Majorz 97
- Pluralismus – Korporatismus 319f
- Präsidiales – Parlamentarisches System 193f, 219
- US-Einzelstaaten – Schweiz 328ff
- Wirtschaft-Staat-Gesellschaft 21ff

Teledemocracy 338
Totalrevision der Verfassung 138
Trade-Offs
- im Kollegialsystem 226
- beim Referendum 251

Sachregister 427

– zwischen Verbandssystem und Parlament 305f, 310
– bei der Volksinitiative 261
– zwischen Wahl- und Abstimmungseinfluss 285, 312f, 341
Tschechoslowakei (Trennung) 358

Umweltbewegung 128
Ungleichheit
– politischer Macht 119ff, 304, 317f, 330
– der Mittel im Abstimmungskampf 274, 331f
– der Partizipation 280ff, 329f, 339
United Nations Organization (UNO) 377f
United States of America (USA) 126
– Einflüsse auf die schweizerische Demokratie 32
– Vergleiche direkte Demokratie 236, 275, 328ff
– Vergleiche Föderalismus 135, 137, 150ff, 168, 352
– Vergleiche Regierungssystem 193, 219, 238, 315
Unverfälschte Partizipation 285, 339

Verbände 109–123, 211, 271, 296, 298, 303–307, 317–321, 322
– Einfluss auf Gesetzgebung 114ff, 210f, 296f, 304f, 317f
– Funktion und Organisation 109ff
Verbandsmacht 109f, 118ff, 121, 212, 301, 304
Verbandsstaat 53, 114ff, 297, 316–321
– Kritik des 120f, 317–321
Verfassungspolitik 144–147
– höchstrichterliche 176
– direktdemokratische 258
Verfassungsreferendum s. Referendum
– und Staatsentwicklung 258

Verhandlungsdemokratie s. Konsensdemokratie
Verhandlungspolitik, Theorie der 307ff
Verhalten, politisches
– in Abstimmungen 286ff
– Theorie des 71, 288
– in Wahlen 68ff
Verhandlungsdemokratie, Theorie der 307ff
Vernehmlassungsverfahren 299f
Verwaltung
– Einfluss auf Gesetzgebung 302
– politische 192, 227ff
– Verwaltungsmacht 230
Verwaltungsreferendum 154f, 292
Veto 34, 235
Volatilität bei Wahlen 72
Volksabstimmungen s. Abstimmungen
– in den Kantonen 266
– im internationalen Vergleich 325ff
Volksinitiative 248–251, 259–265
– Funktionen und Wirkung 259–65
– Gesetzesinitiative 241, 250
– Risikoabwägung bei der 261–64
Volksrechte 235–43, 291–93
– auf Behördenabwahl, 154, 327
– Entstehung 235f
– bei den Kantonen 154f, 235, 240, 265–268
– als Instrument der Opposition 239
– Reform der 291–93
– System beim Bund 243
– vergleichende Systematik 327
– Verbreitung weltweit 325ff
Volkssouveränität 34, 235
Volkswille, Respektierung des 277
Vollmachten der Regierung 247, 296
Vollzugsföderalismus 177
Vorparlamentarischer Entscheidungskomplex 301

Vorparlamentarisches Verfahren 192, 254, 297, 299ff
Voting paradox 283

Wahlbeteiligung 65ff, 102
Wahlentscheid 70ff
Wählerschaft 68ff
Wahlpflicht s. Stimmpflicht
Wahlsystem, Modifikationen des 99f
Wahlticket 95ff
Wahlverhalten 68ff
Wertewandel 66, 288
Westminster Modell 312f
Willensnation 30
Wirtschafts- und Sozialstaat 51
Wirtschaftspolitik 53, 115f, 145f
– Entwicklung 145
World Trade Organisation (WTO) 349, 379

Zauberformel 51, 222
Zivilgesellschaft 57, 73ff
Zukunft schweizerischer Institutionen 371ff
Zusammenwirken der Entscheidungsträger 301ff
Zweikammersystem 196

Prof. Dr. Wolf Linder / Prisca Lanfranchi / Prof. Dr. Ewald R. Weibel (Herausgeber)

Schweizer Eigenart – eigenartige Schweiz

Der Kleinstaat im Kräftefeld der europäischen Integration

Publikation der Akademischen Kommission der Universität Bern
306 Seiten, 12 Abbildungen, 1 Tabelle
kartoniert Fr. 38.– / DM 43.– / öS 314.–
ISBN 3-258-05318-9

Wichtige Elemente schweizerischer Identität – wie Konkordanzdemokratie, Föderalismus oder Kleinstaatlichkeit – werden aus Sicht verschiedener Disziplinen von in- und ausländischen Fachleuten auf ihre Einzigartigkeit bzw. Vergleichbarkeit mit anderen westeuropäischen Staaten hin untersucht. Beiträge ausländischer Beobachter liefern dabei einen Kontrast zur Selbstwahrnehmung schweizerischer «Eigenart». Ausgehend von den Befunden der Autoren werden Optionen für eine Europapolitik der Schweiz diskutiert sowie Bedingungen und Strategien einer Reorientierung und Weiterentwicklung schweizerischer Identität skizziert.

Verlag Paul Haupt Bern · Stuttgart · Wien

Prof. Dr. Hanspeter Kriesi / Prof. Dr. Wolf Linder / Prof. Dr. Ulrich Klöti

Schweizer Wahlen 1995

«Selects. Swiss Electoral Studies» Band 2

VIII + 342 Seiten, 25 Abbildungen, 66 Tabellen
gebunden Fr. 48.– / DM 54.– / öS 394.–
ISBN 3-258-05818-0

«Swiss Electoral Studies» Band 2 bringt die Hauptergebnisse der bisher grössten Wahluntersuchung in der Schweiz für die landesweit und in zehn Kantonen mehr als 7000 Personen befragt wurden. «Schweizer Wahlen 1995» zeigt in zwölf Beiträgen die Gründe für die Teilnahme und Abstinenz der Schweizer und Schweizerinnen an der National- und Ständeratswahl sowie die Motive der Stimmbürgerschaft für die Wahl der einzelnen Parteien. Das Wahlverhalten besonderer Gruppen – etwa der Frauen und der Armen –, der Einfluss des Alters sowie die Besonderheiten der kantonalen Parteisysteme und der Ständeratswahl kommen ausführlich zur Sprache. Eine Trendanalyse seit 1971 sowie internationale Vergleiche runden das Bild der Wahlen 1995 ab.

Die Swiss Electoral Studies sind das Ergebnis einer Gemeinschaftsforschung der politikwissenschaftlichen Institute der Universität Bern, Genf und Zürich, die vom Schweizerischen Nationalfonds unterstützt wurde.

Verlag Paul Haupt Bern · Stuttgart · Wien

Prof. Dr. Wolf Linder (Herausgeber)

Wissenschaftliche Beratung der Politik / L'expert et la politique

Schweizerisches Jahrbuch für politische Wissenschaft 29
Annuaire suisse de science politique 29

306 Seiten, 6 Abbildungen, 4 Tabellen
kartoniert Fr. 45.– / DM 54.– / öS 394.–
ISBN 3-258-04112-1

Welche Rolle spielen Experten in der Politik? Welche Funktion hat Wissenschaft im politischen Entscheidungsprozess? Was sind die Gründe zunehmender «Verwissenschaftlichung» der Politik, aber auch die Schwierigkeiten des Umgangs zwischen Politikern und Experten? Führt wissenschaftliche Beratung der Politik zur Expertokratie, oder eröffnet sie neue Chancen für die Demokratie? Diesen Fragen stellt sich das Jahrbuch 1989 der Schweizerischen Vereinigung für politische Wissenschaft. Aktuelle Beiträge von Praktikern und Wissenschaftern geben Aufschluss über theoretische Grundlagen, Entwicklungen, praktische Leistungsfähigkeit und Grenzen sowie künftige Perspektiven wissenschaftlicher Beratung der Politik, die auch in der Schweiz von vielfältigen Wandlungen geprägt ist.

Verlag Paul Haupt Bern · Stuttgart · Wien